姜忠尽,南京大学非洲研究所教授。

1938年7月出生于江苏省沛县。

1964年7月毕业于南京大学地理系经济地理专业。

1982年6月~1984年7月在坦桑尼亚达累斯萨拉姆大学地理系进修并从事非洲地理研究工作。

1991年12月~1992年6月应邀在美国伊利诺伊大学研究非洲问题。

1998年10月~1999年10月在肯尼亚、埃塞俄比亚、乌干达、坦桑尼亚等四国研究非洲农牧业和农村发展。

2007年发起并创建"走非洲,求发展"论坛。

2011年8月~9月南非、刚果(金)、刚果、加蓬、马里等五国实地考察研究农业和农村发展问题。

主要研究领域:非洲农牧业和农村发展;非洲能源;非洲矿业;非洲城市化问题。

主要编著(包括合著):《非洲之旅》、《非洲石油地理》、《非洲经济社会发展战略问题研究》、《国际能源贸易研究》、《非洲地理趣闻录》、《世界文化地理》、《中国大百科全书》(非洲条目)、《中非三国——从部落跃向现代》、《"走非洲,求发展"论文集》、《第二届"走非洲,求发展"论坛论文集》等。译著(包括合译):《加纳地理》、《坦桑尼亚图志》、《撒哈拉》、《毛里求斯》等。发表非洲专题论文80余篇。

2010 年 11 月在中国驻南非大使馆（左起：南京大学外国语学院副院长刘成富，姜忠尽，前中国驻南非大使、中国政府非洲事务特别代表刘贵今，中国驻南非大使钟建华及夫人陆青江参赞）

1998 年 11 月肯尼亚内罗毕大学留影

2011 年 8 月考察南非开普角自然保护区

1984年5月坦桑尼亚热带草原与马赛游牧民合影

1984年5月坦桑尼亚桑给巴尔岛考察椰林带

1992年3月在美国伊利诺伊大学图书馆非洲分馆

2011年9月考察马里塞林格地区养鱼场

1998年12月肯尼亚高地考察玫瑰园

1999年8月考察乌干达金贾尼罗河源头

2011 年 8 月刚果(金)贝达村孩子们

2011 年 8 月加蓬海岛公园一景

1999 年 5 月埃塞俄比亚高原民宅一景

2011 年 8 月刚果农业技术示范中心菜园

2011 年 8 月刚果(金)贝达村木薯田

2011 年 9 月马里农村一景

非 洲 研 究 文 丛

农业部农业国际交流与合作项目

非洲农业图志

主　编　姜忠尽

副主编　周秀慧　史云亘　刘宏燕

南京大学出版社

图书在版编目(CIP)数据

非洲农业图志/姜忠尽主编. —南京:南京大学
出版社,2012.9
(非洲研究文丛)
ISBN 978 - 7 - 305 - 09558 - 0

Ⅰ.①非…　Ⅱ.①姜…　Ⅲ.①农业—概况—非洲—图
集　Ⅳ.①F34 - 64

中国版本图书馆 CIP 数据核字(2012)第 001167 号

出版发行　南京大学出版社
社　　　址　南京市汉口路 22 号　　　　　邮　编　210093
网　　　址　http://www.NjupCo.com
出 版 人　左　健

丛 书 名　非洲研究文丛
书　　名　**非洲农业图志**
主　　编　姜忠尽
责任编辑　吴　华　严　婧　　　　编辑热线　025 - 83596997

照　　排　南京紫藤制版印务中心
印　　刷　江苏凤凰通达印刷有限公司
开　　本　889×1194　1/16　印张 22　字数 713 千
版　　次　2012 年 9 月第 1 版　2012 年 9 月第 1 次印刷
ISBN　978 - 7 - 305 - 09558 - 0
定　　价　98.00 元

发行热线　025 - 83594756　83686452
电子邮箱　Press@NjupCo.com
　　　　　　Sales@NjupCo.com(市场部)

前　言

　　非洲是仅次于亚洲的世界第二大洲，在广袤的非洲土地上蕴藏着丰富的农业资源和发展农业的巨大潜力，非洲儿女们在历史上对人类社会进步作出过重大贡献。

　　已有证据表明早在公元前五六千年撒哈拉地区就出现了农业社会的村庄，在那里发现了人们大量食用油棕和牛豆的证据。大量史证已肯定非洲是世界重要的农业起源中心之一。研究表明，约有250种以上的农作物起源于非洲。在人类社会发展的历史进程中，非洲人民的福祉理应与世界经济社会的发展同步，生活水平也应同步不断提高。然而，严酷的事实是，长期的西方殖民主义入侵与殖民统治，阻滞了非洲的正常发展，把非洲人民推向了痛苦的深渊，导致非洲成为世界上最为贫穷落后的大洲。对非洲的贫困和当今的粮食危机，不少西方政客和学者，往往回避这与西方列强的掠夺和压迫有着根源性关系。然而无可争辩的事实是，当今非洲的粮食危机，就是殖民统治时期西方列强强行推行采矿业和出口作物单一经济、排挤粮食作物的殖民政策的延续性后果之一。

　　作者自20世纪80年代以来多次赴非洲国家实地考察农业和农村发展，深刻感悟到非洲农业的落后与复杂。必须认识到，非洲国家众多，国情有别，发展水平不一，各有其个性，但反贫困的目标是一致的。一是大多数农村地区至今仍是以一家一户分散的小农经济为主体，农田地块小而分散，承袭落后的传统耕作方法，锄和砍刀是基本农具，农民文化素质普遍低下，文盲率较高，大批农业援助项目往往因现代农业技术人才短缺而不能自力经营。二是现代农业技术的不发达和现代农业技术人才的短缺将是长期制约非洲农业未来发展的重要约束性因素。三是各国的农业结构和作物分布，仍残有殖民统治时期遗留下的深刻烙印。因此，加强非洲农业基础研究，探索非洲不同地区不同地理环境条件下，土地资源的综合开发利用形式、粮食安全、传统农业向现代农业转型模式的途径和保障机制，对中国有效开展中非农业合作具有重要的现实意义。

　　《非洲农业图志》是国内第一部图文并茂的专题性非洲农业地理专著，由文字和地图相对应配合，以强化农业的空间透视。图志内容涉及广泛，包括地形、水资源、气候、植被、土壤、人口、民族、农业史、种植业、畜牧业、林业、渔业、农产品加工、农产品贸易、营养安全等诸多方面，着重研究非洲农业地理现象的空间分布规律和地域组合特征，探索在不同自然环境条件下，农业各部门的优化地域组合形式，开启了以图志形式研究非洲农业的重要尝试。

　　本图志是在利用参考国内外文献，主要利用联合国粮农组织的统计进行量化分析和编制专题性地图的基础上完成的。附图底图是以中国地图出版社的非洲地图为依据修改而

1

成。由于非洲农业文献资料条件和作者学识水平的限制,图志中难免有不少缺陷,敬望广大读者和专家们提出宝贵意见。

各章负责:姜忠尽(第一、九章),周秀慧(第二、六章),史云亘(第一、八、十章),姜忠尽、刘宏燕(第三、四、五、七章)。参加编写人员:金 茜、浦潇梦、黄紫虹、张大伟、赖志明、王琴芳、吴慧亭、徐晓峰、袁 燕、刘 菲、陈 晨、王 玉、华文彬、张 莹、姜 磊、霍禹同。徐晓峰协助主编做了大量工作。全图志由姜忠尽制定编写大纲、统稿、修改和定稿。

本图志在编写过程中,得到农业部国际合作司卢肖平、唐盛芫、王锦标、顾卫兵、余杨和农业经济研究中心张亚辉、祝自冬、秦路等同志的鼎力相助和支持,在此表示衷心感谢。

姜忠尽

2011 年 12 月于南京大学非洲研究所

目录 CONTENTS

第一章
总 论

非洲全称阿非利加洲（Africa），位于东半球的最西部，东濒印度洋，西临大西洋，南隔厄加勒斯海遥望南极洲，北隔地中海与欧洲相望，东北隔红海和苏伊士运河与亚洲为邻，成四海环绕之势。

非洲大陆东至哈丰角（东经 51°24′，北纬 10°27′），南至厄加勒斯角（东经 20°2′，南纬 34°51′），西至佛得角（西经 17°33′，北纬 34°45′），北至吉兰角（东经 9°50′，北纬 37°21′），面积约为 3029 万平方千米（包括附近岛屿），南北约长 8000 千米，东西约长 7403 千米，约占世界陆地总面积的 20.2%，仅次于亚洲，为世界第二大洲。

第一节　农业在非洲国计民生中的地位

一、农业是非洲最重要的经济部门

农业一直是非洲国家重要的经济部分，其产值在 GDP 中基本稳定在 25% 左右，大多数非洲国家仍然是传统的农业国。农业在国计民生中占有重要地位，不仅是重要的生产部门，也是重要的国民收入来源。

从表 1-1-1 可以看出，非洲有 3 个国家的农业 GDP 超过了总 GDP 的一半，其中几内亚比绍达到了 64%；有 6 个国家的农业 GDP 接近总 GDP 的一半，如埃塞俄比亚、卢旺达等；有 8 个国家的农业 GDP 占总 GDP 的 1/3 左右，如贝宁、布基纳法索等；有 20 个国家的农业 GDP 大约占总 GDP 的 1/4；有 8 个国家的农业 GDP 占总 GDP 的 10% 以下，这些国家不以农业经济为主导经济。

表 1-1-1　2007 年非洲国家农业 GDP 占总 GDP 的比重[①]

区间	10%以下	10%～20%	20%～30%	30%～40%	40%～50%	50%～60%
个数	8	10	10	8	6	3
国家	阿尔及利亚、安哥拉、博茨瓦纳、刚果[②]、加蓬、毛里求斯、南非、斯威士兰	喀麦隆、埃及、几内亚、莱索托、毛里塔尼亚、摩洛哥、纳米比亚、塞内加尔、突尼斯、津巴布韦	乍得、科特迪瓦、厄立特里亚、冈比亚、肯尼亚、马达加斯加、莫桑比克、苏丹、乌干达、赞比亚	贝宁、布基纳法索、布隆迪、加纳、马拉维、马里、尼日尔、尼日利亚	刚果（金）[③]、埃塞俄比亚、卢旺达、塞拉利昂、坦桑尼亚、多哥	中非、几内亚比绍、利比里亚

---

① 资料来源：联合国粮农组织（下文简称 FAO）统计.
② 本文中刚果共和国简称为"刚果".
③ 本文中刚果民主共和国简称为"刚果（金）".

二、农业是非洲最重要的生产部门

农业是大部分非洲人生产、生活和收入的主要来源。2008 年全洲农业人口占总人口的 50％ 以上，从事农业生产的劳动力占总全州劳动力总数的 60％ 以上，如图 1－1－1 和图 1－1－2 所示，除少数产油国和工矿业较发达的国家外，大多数非洲国家的农业人口和农业劳动力的比例都在 80％ 以上。

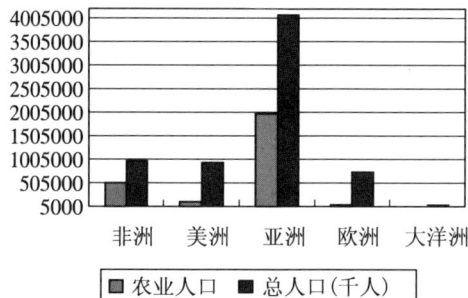

图 1－1－1　2008 年世界各洲农业人口与总人口对比①

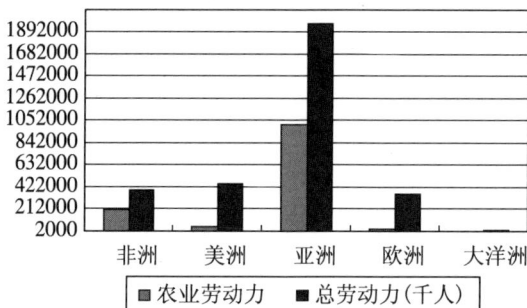

图 1－1－2　2008 年世界各洲农业劳动力与总劳动力对比②

表 1－1－2　2008 年非洲各国农业人口占总人口比重③

区间	10％以下	10％～20％	20％～30％	30％～40％	40％～50％	50％以上
个数	3	2	6	4	6	34
国家	利比亚、毛里求斯、留尼旺	佛得角、南非	阿尔及利亚、吉布提、加蓬、摩洛哥、尼日利亚、突尼斯	刚果、莱索托、斯威士兰、西撒哈拉	贝宁、博茨瓦纳、喀麦隆、科特迪瓦、纳米比亚、圣赫勒拿	安哥拉、布基纳法索、布隆迪、中非、乍得、科摩罗、刚果（金）、赤道几内亚、厄立特里亚、埃塞俄比亚、冈比亚、加纳、几内亚、几内亚比绍、肯尼亚、利比里亚、马达加斯加、马拉维、马里、毛里塔尼亚、莫桑比克、尼日尔、卢旺达、圣多美和普林西比、塞内加尔、塞舌尔、塞拉利昂、索马里、苏丹、多哥、乌干达、坦桑尼亚、赞比亚、津巴布韦

---

① 根据 FAO 统计制图.
② 根据 FAO 统计制图.
③ 资料来源:FAO 统计.

表 1‐1‐3 2008 年非洲各国农业劳动力占总劳动力比重①

区间	10%以下	10%~20%	20%~30%	30%~40%	40%~50%	50%以上
个数	3	1	6	4	3	36
国家	利比亚、毛里求斯、南非	佛得角	阿尔及利亚、埃及、加蓬、摩洛哥、尼日利亚、突尼斯	刚果、莱索托、纳米比亚、斯威士兰	贝宁、博茨瓦纳、科特迪瓦	安哥拉、布基纳法索、布隆迪、喀麦隆、中非、乍得、科摩罗、刚果(金)、吉布提、厄立特里亚、赤道几内亚、埃塞俄比亚、冈比亚、加纳、几内亚、几内亚比绍、肯尼亚、利比里亚、马达加斯加、马拉维、马里、毛里塔尼亚、莫桑比克、尼日尔、卢旺达、圣多美和普林西比、塞内加尔、塞舌尔、塞拉利昂、索马里、苏丹、多哥、乌干达、坦桑尼亚、赞比亚、津巴布韦

从表 1‐1‐2 和表 1‐1‐3 中可以看出,非洲有 34 个国家的农业人口超过总人口的一半,36 个国家的农业劳动力超过总劳动力的一半,其中布基纳法索超过了 90%;有 6 个国家的农业人口接近总人口的一半,如贝宁、博茨瓦纳、喀麦隆等,其中 3 个国家的农业劳动力接近总劳动力的一半;5 个国家的农业人口低于 20%,4 个国家的农业劳动力低于 20%。

三、农业是非洲国家重要的外汇收入来源

自 20 世纪 70 年代以后,随着非洲油气工业迅速、大规模的生产和输出,以及矿产品出口的扩大,农业在整个非洲出口贸易中的地位下降,退居第二位,但农产品出口值仍占全洲出口总值的 1/3 以上。据 2008 年联合国粮农组织(下文简称 FAO)统计,非洲有 8 个国家农产品出口值占出口总值的 50% 以上,其中少数国家如冈比亚、马拉维、布隆迪等,这一比重更高过 80%,甚至在 90% 以上。非洲经济的主要增长源自国内需求的增加,其贡献率在 1/3~3/4,而国内需求的增加主要取决于农业增长。农业增长还是平衡社会经济关系、促进政治稳定的主要政策工具。

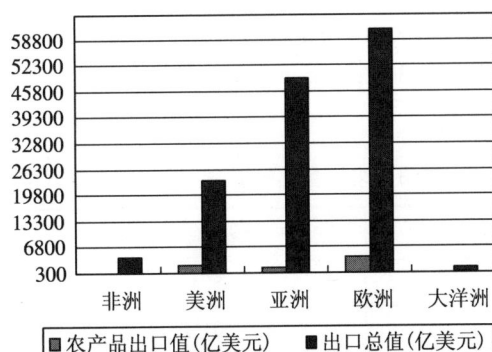

图 1‐1‐3 2007 年世界各洲农产品出口值与出口总值②

---

① 资料来源:FAO 统计.
② 根据 FAO 统计制图.

表 1-1-4 2008 年非洲各国农产品出口值在出口总值中的比重①

区间	10%以下	10%～20%	20%～30%	30%～40%	40%～50%	50%以上
个数	22	10	5	4	4	8
国家	阿尔及利亚、安哥拉、博茨瓦纳、佛得角、乍得、刚果、刚果(金)、埃及、赤道几内亚、加蓬、几内亚、莱索托、利比亚、毛里塔尼亚、纳米比亚、尼日利亚、塞舌尔、南非、苏丹、突尼斯、赞比亚、摩洛哥	马达加斯加、毛里求斯、莫桑比克、尼日尔、塞内加尔、塞拉利昂、厄立特里亚、斯威士兰、马里、索马里	喀麦隆、中非、津巴布韦、加纳、乌干达	科摩罗、坦桑尼亚、多哥、冈比亚	科特迪瓦、利比里亚、圣多美和普林西比、贝宁	布基纳法索、布隆迪、吉布提、埃塞俄比亚、几内亚比绍、肯尼亚、马拉维、卢旺达

由图 1-1-3 可以看出,大洋洲的农产品出口额在各大洲中是最高的,达到 20%以上;其次是美洲,其值达到 10%左右;欧洲达到 7%左右,非洲是 5%以上,亚洲最少,只有 3%。

由表 1-1-4 可以看出,非洲有 8 个国家的农业出口额占到其出口总额的 50%以上,其中马拉维达到 90%以上;有 4 个国家的农业出口额占到其出口额比重的 40%～50%之间,如科特迪瓦、利比里亚等;有 22 个国家农业出口额所占的份额不足 10%,其中大部分都是矿产出口国,如尼日利亚、阿尔及利亚、利比亚和安哥拉是主要石油输出国,南非则主要出口工矿产品。

四、非洲是世界重要的热带经济作物生产和出口地区之一

非洲热带经济作物的商品性是随着殖民掠夺发展起来的。殖民政权为了宗主国的利益极力推广热带经济作物的种植,使许多国家陷入严重依赖一种或少数几种农产品的单一农业经济之中。独立之后,非洲国家经过几十年的经济结构调整,力图改变经济作物片面发展的状况,主要的几种出口作物在世界出口中的地位下降。但对非洲国家来说,主要的经济作物仍然是农产品出口的主要来源,对世界市场的依附性仍然较强。

根据表 1-1-5,非洲主要经济作物的出口量在世界出口总量中基本都占有很大的比重,可可的出口量占到世界的一半以上,剑麻和茶占到 30%以上,棕榈仁占到 18.5%,咖啡占到 11%以上,花生达到 7%左右。

表 1-1-5 2008 年非洲主要经济作物出口量在世界中的比重②

	非洲出口量(吨)	世界出口量(吨)	占世界比重(%)
可可	1793005	2746970	65.27
咖啡	686013	6150634	11.15
花生	12370	179766	6.88
棕榈仁	12477	67601	18.46
剑麻	26107	79841	32.7
茶	549299	1701607	32.23

---

① 资料来源:FAO统计.
② 资料来源:FAO统计.

第二节　农业自然资源综合评价

一、自然地理环境主要特点

非洲面积广大，地域辽阔，大陆轮廓较完整；自然条件复杂多样，区域特点各异。由于地理位置、地质构造、地形、气候等自然因素的影响，非洲形成了一些比较突出的地理特征。

1. "高原大陆" ▶ ▶ ▶

"高原大陆"是非洲基本地形特征的一个总轮廓，地表的平均海拔高度为 750 米，但绝对最大高度为 5895 米（乞力马扎罗山）。全洲地表起伏相对较小，除了南北两端和东非局部地区外，整个大陆基本上是一个波状起伏的大高原。海拔 200～2000 米的台地、高原占总面积的 86.6%，远高于其他各洲而居首位。

如图 1-2-1 所示，非洲的地势大致东高西低，南高北低，从东南向西北倾斜。从刚果河口向东北方向到红海西岸的卡萨尔角划一弧线，非洲大陆大致分为西北和东南两大部分。西北部分地势较低，多为平均海拔 500 米左右的低高原和台地，故称"低非洲"，分布有一系列的盆地、洼地和较低的高原山地，仅局部地区有较高的山峰。东南部分地势较高，多为平均海拔 1000 米以上的高原，故称"高非洲"（如图 1-2-2）。自北向南分布着有"世界屋脊"之称的埃塞俄比亚高原、谷深崖陡的东非高原和面积广大的南非高原。著名的"东非大裂谷"纵贯南北，沿裂谷地带，湖泊众多，火山成群。

东非大裂谷[①]（East African Great Rift Valley）是世界大陆上最长的断裂带，长达 7000 千米，约等于赤道周长的六分之一，通过红海北接西亚裂谷带，纵贯非洲东部，被称为"地球表面最大的伤疤"。它是遍布全球陆面和洋底的巨大断裂系统的一部分，对非洲特别是东部非洲的自然环境产生了巨大的影响。由于地壳抬升、断裂，伴随着大规模的火山活动和岩溶作用以及地壳的错动和升降，形成了面积广大的熔岩高原、断陷谷地、断层湖、火山锥等，构成非洲独特的自然景观环境，从而在地形、地貌、水文、气候等多方面形成了非洲农业以及人类经济活动的基本环境条件。

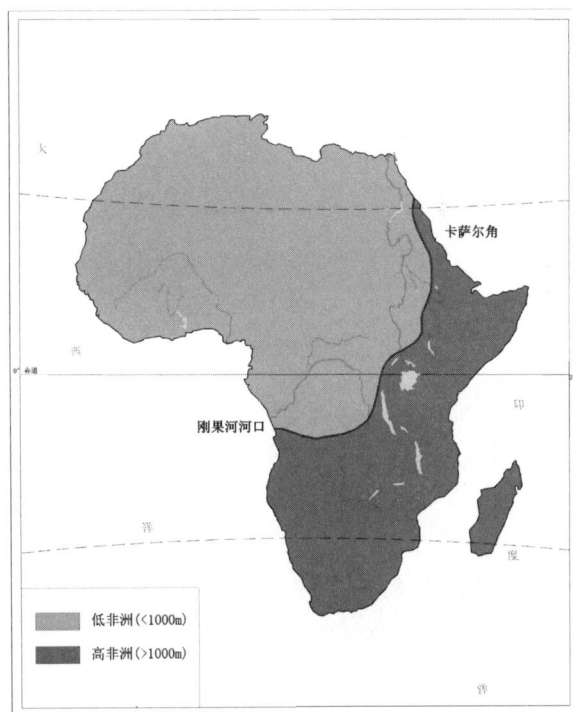

图 1-2-1　高低非洲

---

① W. M. Adams. The Physical Geography of Africa[M]. London：Oxford University Press，1996：18～31.

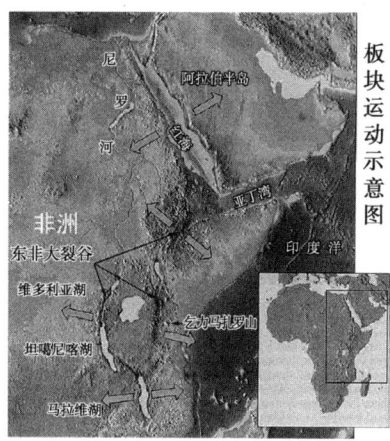

图 1-2-2　东非大裂谷

2. "热带大陆" ▶ ▶ ▶

非洲大陆大部分处于低纬度,整个非洲基本处于南纬 35°和北纬 37°之间,洲域 75%左右的土地都处于南北回归线以内。非洲在世界各大洲中的低纬度地理位置的特点决定了在非洲热带、亚热带气候占绝对优势。这在非洲的热带自然景观上表现得特别突出。非洲拥有世界上最大的热带荒漠和热带稀疏草原带,以及仅次于南美洲的热带雨林带,这是非洲自然地理的一个突出特点。炎热几乎是整个非洲普遍的气候特征,在非洲,最冷月绝大部分地区的月平均温度在 10℃以上,其中撒哈拉沙漠以南和卡拉哈迪沙漠以北地区更在 15℃~20℃以上;最热月绝大部分地区的月平均温度在 20℃~25℃以上,撒哈拉沙漠以北地区更高达 30℃~35℃。迄今为止,已知的世界极端高温的最高纪录,是在利比亚的阿齐齐耶(首都的黎波里以南 40 千米)测得的 58℃高温。非洲大陆上最热的地区主要分布在以撒哈拉沙漠为中心的北部非洲地区,由于其地势比较平坦,海拔不高,没有较大的地形障碍阻隔,并且该地区位于非洲内陆,天气晴朗,靠近赤道太阳高度角较大,因而形成一个最高气温超过 50℃的面积辽阔的"火炉区"。

3. 荒漠面积广大 ▶ ▶ ▶

非洲大约有一半面积的地域是干旱、半干旱的气候环境,荒漠景观面积十分广大。由于非洲大陆处于南北两个副热带高压带的控制,所以干燥气候覆盖面积比较大。其中撒哈拉沙漠占据非洲地表面积的 3/10,成为世界上面积最大的沙漠。无论从非洲荒漠面积的绝对数值来看,还是从它所占的全洲面积比例来看,荒漠面积之大,在世界各大洲中都是居于首位的。

非洲存在着广大的干旱和半干旱地区,由于非洲其特定的地理环境,这些地区发育成各种荒漠地形和荒漠景观。

4. 自然景观呈带状对称分布 ▶ ▶ ▶

自然景观呈带状分布并大致对称于赤道,这是非洲大陆独有的自然地理特点。非洲的这种自然景观的独特分布主要是由非洲的地理位置和地形等因素所决定的。就其地理位置而言,非洲是世界几大洲中唯一一个赤道横贯中部的洲,并且南北两端所占的纬度大致相等,这是非洲自然景观带南北对称分布的决定性因素。非洲特殊的纬度位置,加上地形和洋流等因素的干扰影响相对较小,使得非洲的气候随纬度的变化而呈地带性分布的规律充分地表现出来,进而形成了非洲土壤类型和植被类型的条带状分布,并且南北对称于赤道。人们形象地称非洲的这种独特的自然景观带为"斑马带"。

分布在赤道两侧的为热带雨林带,也称为赤道雨林带,即热带湿润常绿阔叶林。该区域的范围大体在南、北纬 5°~10°之间。在热带雨林的外围分布着一种过渡类型的热带季节林,其区域的局部地方可以延伸到接近南、北纬 15°～20°的地方。

热带稀树草原带分布在热带雨林带的南北两侧,通过东非高原连接,呈马蹄形。该区域大体分布在北纬 10°～17°之间和南纬 15°～20°之间。该自然带属于赤道季风气候和热带气候带,干湿季节分明。

热带荒漠带分布于南北两个副热带高压带,该地区属于热带干旱和半干旱地区,全年干燥少雨,植被覆盖率很小,有大面积的无植物沙漠区域。

非洲大陆东西两岸分布有亚热带森林带,形成突出的常绿硬叶林群落。在非洲大陆的西岸分布着主要的亚热带森林带,即地中海型植物带,在北非地中海沿岸和南非的西南端,生长着许多旱生特征明显的硬叶林和有刺的常绿灌丛。

北宽南窄的大陆轮廓和南高北低的地势,使得北部非洲的地带性规律比南部非洲表现得更为突出。受洋流和山地等非地带性因素的影响,在非洲西半部景观的地带性规律表现得比东半部更明显,形成了世界上唯一的低纬度大陆东岸荒漠带。

二、农业自然资源的基本特征与评价

高原面积广,对于非洲自然环境和农业发展起着十分重要的作用。非洲大部分地区的气候、植被、土壤类型以及动植物种属的分布规律与同纬度的其他大洲相比,有显著的差异,这在很大程度上与高原大陆特点有着密切的关系。平坦的高原,使光、热、水的分布具有一致性、渐变性和水平地带性,而相应的农业分布也具有比其他大洲更为明显的地带性特征,这对于农业生产部门的结构、作物的构成、牲畜的组合以及农业经营方式都产生重大的影响。

非洲自然景观类型多样,分布广泛。热带雨林带占非洲面积的 18.7%,分布在赤道两侧的刚果盆地和几内亚湾沿岸。这里终年高温多雨,水热充沛,有利于林木的生长,植物种类异常丰富,农作物可全年生长。河网水系发达,湖泊众多,水资源相当丰富。土壤类型以砖红壤和红壤为主,在森林覆盖条件下,土壤肥力自然更新状况良好。因此,热带雨林带生态环境非常有利于多种多年生热带作物和一些一年生热带作物的种植,这里拥有丰富的气候、生物、土壤和土地资源,是非洲热带经济作物最重要的生产地带。但是该地带森林一旦被毁坏,很容易造成水土流失和土壤退化。

非洲热带草原带面积广大,气候条件为半干旱到半湿润类型,干湿季交替分明,形成独特的季相变化明显的"萨王纳"(Savanna)景观,农事活动的季节性规律十分明显。雨季水热充沛,农事繁忙;旱季呈现枯黄景色,如无人工灌溉条件,则难以进行耕作,是农业活动休闲期。本带土地资源非常丰富,具有种植热带雨育一年生作物的巨大潜力;同时牧场广阔,适宜发展畜牧业,因此是非洲重要的农牧业地带之一。然而旱季漫长,降水少且变率大,给农牧业发展带来一定的限制。水资源的合理开发成为农牧业发展的关键。

除了热带雨林和草原带以外,非洲还有大面积的热带荒漠带,在干旱、半干旱气候的影响下,终年干燥少雨,植被稀少,土壤贫瘠沙化,农业生态环境相当恶劣。居民常以游牧为生,耕作仅限于少量有灌溉条件的绿洲,因此绿洲是居民的生产活动中心。在热带和亚热带特征下发育了红壤、砖红壤、红棕壤、褐土和大面积的荒漠土,可以说具有较为丰富的发展农业多样化生产的水、热、土资源基础。

非洲的农业生态环境的非地带性表现也很突出,从而增加了农业环境的多样性和复杂性,如西北非独特的地中海夏干型景观,发展了亚热带地中海式园艺业的特色雨育农业;东非高原和大裂谷带地势高峻,高差大,农业生产布局的垂直分异非常突出。尽管崎岖的地形对农业产生很大的限制,但是复杂多样化的生态环境也有利于农业的多样化综合发展。

三、农业自然资源利用状况分析

综上所述,从全非洲看,虽然在水分、热量、土壤等资源方面的条件均有利于农业生产发展,但是,从自然生态环境特征来看,也显现出许多限制农业发展的因素,主要表现在如下方面。

1. 水资源时空分布不均,水热组合失调,致使生态环境具有一定的脆弱性 ▶ ▶ ▶

"热带大陆"的非洲热量充足,但是水资源的地区分布非常不均,丰富的农业热量资源不能充分地利用,尤其是内陆大面积的干旱沙漠地区,土地资源难以开发利用。此外,非洲热带草原广布、干季漫长、雨季降水变率大、地表径流利用率低、地下水资源开发限制因素较多等,致使生态环境十分脆弱。

2. 热带土壤性质差、肥力低,农牧业开发利用风险较大 ▶ ▶ ▶

热带土壤的物理和化学性质决定了土壤的有机质含量低、肥力低、结构差,一旦农牧业开发不当,极易发生土壤侵蚀退化等生态风险。

3. 人类不合理的经济活动对自然环境产生不同程度的负面影响 ▶ ▶ ▶

非洲森林的滥砍滥伐、毁林造地,农业的刀耕火种、粗放经营,草原的过度放牧等不合理的开发活动,加剧了非洲土壤沙化的威胁以及高原山地的水土流失现象,而热带荒漠的水资源匮乏问题更加突出。

4. 地形对农业的影响 ▶ ▶ ▶

由于水热条件的垂直分异明显,山地和高原呈现出生态环境的多样性,这有利于农业的综合发展,但往往产生许多限制影响。山地高原区土壤贫瘠、质地差,土地资源缺乏,可耕地资源有限,热量不足,作物生长期短,有些热带经济作物种植受到限制;山地高原因地形障碍,影响水分分布,往往成为农业界线;不同的坡度,对农业土地利用的影响也很大,阴坡、阳坡农业特点截然不同;更为重要的是在山地高原区从事农业活动极容易造成水土流失,非洲常见的顺坡种植现象造成山地高原区严重的水土流失,农业生产受到影响,生态环境破坏严重;非洲的山地高原区是非洲许多河流的发源地和绿洲水源地,从很多方面对非洲农业产生十分重要的影响;同时,山地高原由于地形因素也对非洲农业经济活动构成了很多交通障碍。

第三节　农业社会经济条件分析

一、人口与劳动力

2009 年非洲人口数量达 10.08354 亿[①],占世界人口总数的 14.88%,仅次于亚洲,居世界第二位,人口增长率约为 2.3%,与 1980~1990 年间 3%的增长率相比虽然有所下降,但仍大大超过 1.2%的世界人口年均增长率,居各大洲首位,人口增长形势严峻,见表 1-3-1、图 1-3-1 所示。

---

① African Statistical Yearbook,2010.

表 1-3-1 1961～2010 年非洲历年人口增长一览表[1]

年 份	人口（百万）	增长率（%）	年 份	人口（百万）	增长率（%）
1961	292.014		2000	819.462	2.40
1965	322.31	2.54	2005	921.07	2.35
1970	366.795	2.65	2006	942.657	2.34
1975	418.765	2.76	2007	964.669	2.34
1980	482.232	2.90	2008	987.091	2.32
1985	556.134	2.88	2009	1009.891	2.31
1990	638.726	2.73	2010	1033.043	2.29
1995	726.284	2.53			

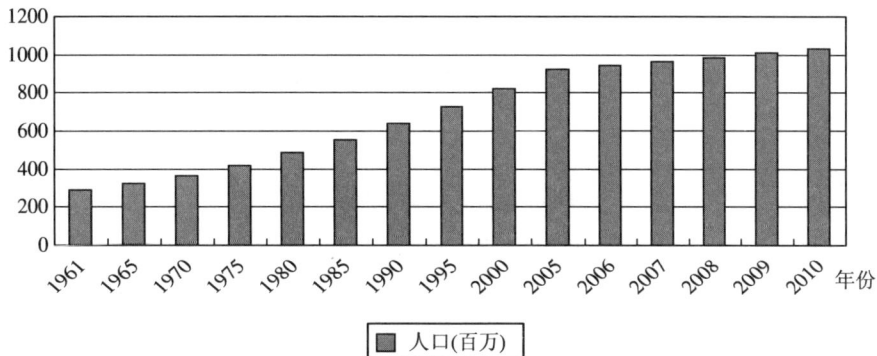

图 1-3-1 非洲人口增长趋势图（1961～2010 年）

近数百年来,由于各种历史、自然、经济等要素的影响,非洲人口数量经历了不平衡的发展过程。据估计,1650 年全洲人口约 1 亿,从 16 世纪末起,持续几百年的罪恶的奴隶贸易使非洲变为掠夺奴隶的场所,千百万的非洲黑人被贩运到美洲各地,这不仅破坏了非洲各族人民的经济和文化的正常发展,而且极大地阻碍了非洲人口的增长。直到奴隶买卖被禁止后的 1900 年,全洲人口不过 1.2 亿,即整整 250 年间总共只增长 20%。[2]

奴隶买卖禁止后,非洲人口开始明显增长,但是 19 世纪后半叶以后,非洲大陆又遭帝国主义列强的瓜分,沦为殖民者大肆掠夺资源、残酷剥削廉价劳动力的场所。在殖民统治下,卫生保健条件差,人口死亡率高,所以增长率并不高。1950 年全洲人口 2.22 亿,即 50 年间增长 85%。在此期间,在热带非洲中地理位置和自然条件较优越、殖民者掠夺土地规模较大的地区,开始出现当地居民的"人口稠密区"。在这些地方,集约和半集约的农业在逐步发展。[3]

见表 1-3-1 所示,第二次世界大战后,特别是 1960 年以来,非洲国家纷纷获得独立,民族经济得到迅速发展,人民生活水平逐渐提高,医疗卫生事业不断改善,非洲人口出现了持续高速增长的现象,人口以平均 2.7% 的速率增长,到 1980 年已达 4.7 亿,即 30 年间增加了 111.7%[4],占世界总人口的 10.5%,成为同期世界各洲中人口增长速度较快的一个洲。

与出生率直接相关的是生育率,非洲人口生育率是世界上最高的。在非洲,由于政治、经济、历史和传统观念等综合因素的作用,大家庭制和一夫多妻制盛行,多生多育十分普遍。在肯尼亚,妇女平均每人生 8 个孩子。

尽管在埃及和突尼斯等北非国家人口增长趋势放缓,但撒哈拉以南非洲地区妇女生育孩子的数量超过世界其他地区。据世界银行统计,1965 年撒哈拉以南非洲地区妇女的总和生育率为 6.6 个,1989 年仍

---

[1] 资料来源:联合国人口统计署.

[2] 曾尊固,等.非洲农业地理[M].北京:商务印书馆,1984:77.

[3] 同[2].

[4] 同[2].

保持这个水平,到 2000 年,才稍稍下降为 6.0。在全球范围内,每位妇女平均生育 2.6 个孩子,拉丁美洲妇女生 4 个,亚洲 3 个,发达国家 2 个。

1980 年以来,由于出生率的上升、死亡率的下降以及居高不下的人口生育率,非洲人口仍然保持了较高的增长率,30 年间人口增长 109.41%,人口对土地的压力也由此凸显。然而此时积贫积弱的非洲在农业发展上无法与人口增长保持一致,非洲是世界各大洲中唯一食物产量赶不上人口增长的大洲,贫穷、饥饿等社会问题困扰着非洲。

1. 人口结构 ▶ ▶ ▶

（1）年龄结构

同西方发达国家人口趋于老龄化形成鲜明对比,非洲国家的人口构成呈现低龄化趋势。据统计,15 岁以下的少年儿童占非洲总人数的 50%,有些国家甚至高达 70%,60 岁以上的人口仅占非洲总人口数的 5%。在今后十几年,随着更多的妇女进入育龄期,非洲将始终保持生育高峰,所以,这种人口的低龄化结构在短时期内无法改变。从人口统计学角度上看,这种人口结构的缓慢变化,特别是非洲高比例的非劳动年龄人口,在很大程度上制约了农业的发展。

（2）性别结构

非洲性别比较均衡,见表 1-3-2,女性数量略高于男性。

表 1-3-2 非洲女性人口比例①

年 份	1980	1990	2000	2005	2006	2007	2008	2009
女性人口比例(%)	50.3	50.2	50.2	50.2	50.2	50.2	50.1	50.1

2. 人口分布 ▶ ▶ ▶

由于人口的"爆炸式"增长,人均耕地减少,农村人口不断涌入城市,改变了非洲城市和农村人口的分布,这种畸形的城市化在过去 20 年中使内罗毕、阿比让、达累斯萨拉姆等非洲城市的人口增长了 7 倍。尼日利亚拉各斯的人口比 1950 年增加了 16 倍。据非洲经济发展中心预测,到 2000 年非洲国家人口超过 100 万的城市将达 60 个,而 1950 年只有 1 个。1973 年,非洲城市人口仅占总人口的 24.87%,农村人口占到 75.13%;到了 1990 年和 2009 年,撒哈拉以南非洲地区的农村人口比重分别下降到 72% 和 63%。②

非洲属地广人稀的大陆,2007 年,平均每平方千米 31 人。但由于历史因素和自然条件的共同影响,各地人口疏密极不平衡,约有 1/3 的人口集中在面积仅占 1% 的区域里。尼罗河谷地、西北部地中海沿岸等地区,平均每平方千米达 500 人以上,成为世界上人口最密集的地区之一;而大部分地区人口稀少,每平方千米不到 4 人的地区占全洲面积的 60%,其中撒哈拉、卡拉哈迪和纳米布三大沙漠区的人口密度均在每平方千米 0.5 人以下,是世界人口最稀疏的地区之一。

一般说来,非洲人口较稠密的地区有下列几处:

① 滨海地区,特别是地中海、几内亚湾和印度洋沿岸,一般是欧洲殖民者最先入侵的地方,是殖民统治的中心和据点,经济比较发达,人口较多,尤其是城市人口多集中于此。据统计,距海 200 千米的沿海地区,面积约占全非的 19%,居住着非洲近一半的人口。

② 内陆高原,如东非高原、埃塞俄比亚高原、尼日利亚北部高原和南非高原,地势高,气候较温和湿润,疾病较少,农牧业比较发达,也居住着较多的人口。

③ 殖民者为了掠夺非洲的资源,先后修筑了几万千米的铁路,沿线经济发展较快,人口也较密集。

---

① 资料来源:African Statistical Yearbook, 2010.
② 世界银行. 2011 年世界发展指标[M]. 北京:中国财政经济出版社,2011:128.

④ 干燥地区的沿河及"绿洲",灌溉农业比较发达,人口也相应集中。如苏丹北部的尼罗河谷地,是一条"绿色长廊",人口密度高达每平方千米 540 人之多。

⑤ 岛屿,特别是印度洋中的一些小岛,自然条件较好,人口稠密,如毛里求斯每平方千米人口为 486 人,留尼旺岛每平方千米也超过 200 人。

除上述地区人口密集外,其他地区人口均很稀少。

3. 人口质量 ▶ ▶ ▶

(1) 文化素质

劳动力文化素质低是非洲人口的一个重要特征,世界各大洲中非洲人口受教育程度最低。据联合国教科文组织估计,非洲大陆约有 4 亿文盲,占非洲总人口的 60%,占全世界文盲总数的 40%。其中,撒哈拉以南非洲地区过去 7 年间文盲总人数共增加 1950 万人,目前已成为全世界文盲人数最多的地区。此外,35% 的非洲国家学龄儿童入学率不到 40%,整个非洲有 20% 的男孩和 38% 的女孩无法进入小学,中学的失学率更高。2000 年,男性成人文盲率在 30% 以上的国家占全非洲的 70%,文盲率在 50% 以上的国家占全非洲的 1/3;女性成人文盲率更高,70% 的国家 10 个成人女性中有 4 个是文盲,40% 的国家 10 个成人女性中甚至有 7 个是文盲。[1]

但这种情况正在逐渐改善,2007 年,男性成人文盲率在 30% 以上的国家仅占全非洲的 15%,文盲率在 50% 以上的国家占全非洲的比例下降到 13%;女性成人文盲率在 70% 以上的国家仅占 9%,文盲率在 40% 以上的国家占全非洲的比例下降到 23%。[2] 在广大的非洲农村,主要是撒哈拉以南的非洲地区(简称 SSA)目前的平均成人识字率已经超过 30%,再加上非洲大多数国家具有全民教育的传统条件,进一步提高劳动力教育素质的前景应该是较为乐观的。

(2) 健康素质

由于食物短缺,营养水平低,再加上医疗卫生条件差,非洲人口的健康素质在世界各大洲中也是最低的。美国著名粮食问题专家戈林在 2000 年的非洲粮食研讨会上指出,非洲大陆 1975~2000 年挨饿人口增长了 45%,达到 1.75 亿,而人均粮食产量在过去 25 年中却减少了 12%。预计到 2025 年,非洲大陆营养不良的儿童数量将达到 4000 万(如图 1-3-2)。又据世界卫生组织估计,将近 50% 的非洲人享受不到任何医疗服务,大约 55% 的人喝不到干净的饮用水。

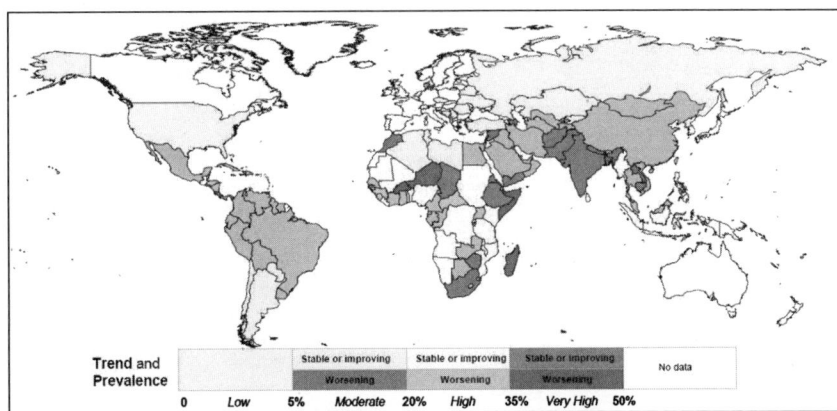

图 1-3-2 世界儿童营养状况[3]

表 1-3-3 显示了非洲的成人死亡率从 1990 年的 37.4% 增加到 2007 年的 40.1%,肺病发生率也从

---

① 文云朝. 非洲农业资源开发利用[M]. 北京:中国财政经济出版社,2000:15.
② African Statistical Yearbook,2010.
③ FAO 统计,2009.

1990 年的每 10 万人中的 168 人增加到 2007 年的 363 人。根据联合国艾滋病联合规划署和世界卫生组织的报告,在全世界 3610 万艾滋病人和艾滋病毒携带者中,仅撒哈拉以南非洲地区的患者就达 2530 万人,占成人患者总数的 70%和儿童患者总数的 80%。[1] 虽然近年来非洲医疗卫生条件逐渐改善,饮用安全水人口以及疫苗接种比例都有所提高(见表 1-3-4、图 1-3-3),但在世界各大洲中仍然是卫生条件最差的。此外,艾滋病的蔓延给非洲经济发展带来了灾难性后果。2008 年非洲每千人新感染艾滋病的成人和儿童人数远远超过世界其他各区,如图 1-3-4 所示,所带来的最严重的后果就是劳动人口因此而急剧减少,许多国家由于艾滋病失去了 1/3 的农业劳动力。艾滋病以及其他的疾病对农业生产和社会稳定造成了严重的影响。

表 1-3-3 非洲劳动力基本质量[2]

人口基本素质	年 度	非 洲
出生时的预期寿命(年)	1990 2000 2007	51 51 52
成人死亡率(每 1000 个 15 至 60 岁的成人的可能死亡比率)	1990 2000 2007	374 414 401
肺病发生率(每 10 万人中的人数)	1990 2000 2007	168 319 363
HIV 艾滋病传染率(大于 15 岁的每 10 万人中的人数)	2007	4735
成人识字率(%)	1990~1999 2000~2007	51.8 64.3

表 1-3-4 非洲人口健康及疫苗接种状况[3]

年份	可饮用安全水		结核接种		白喉接种		麻疹接种	
	1990	2006	1990	2008	1990	2008	1990	2008
比例(%)	59	64	74	83	57	74	57	74

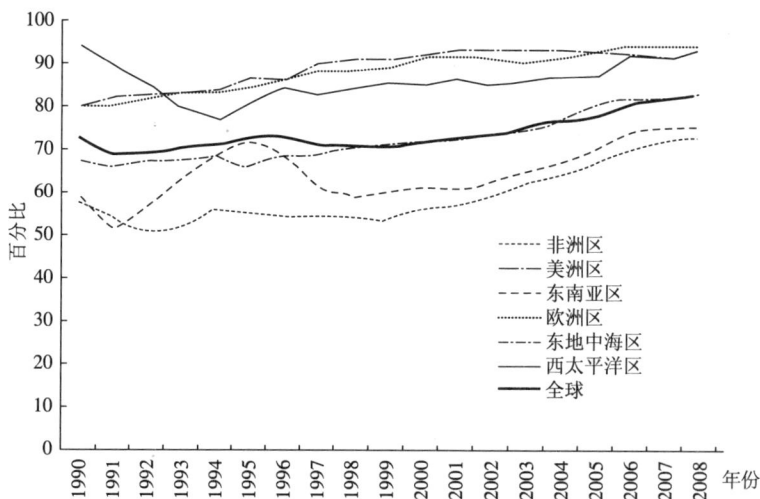

图 1-3-3 世界各地区 1 岁以下儿童麻疹疫苗接种率[4]

---

[1] World Health Statistics, 2009.

[2] 资料来源:World Health Statistics, 2009.

[3] 资料来源:African Statistical Yearbook, 2010.

[4] 世界卫生组织. 世界卫生统计, 2010.

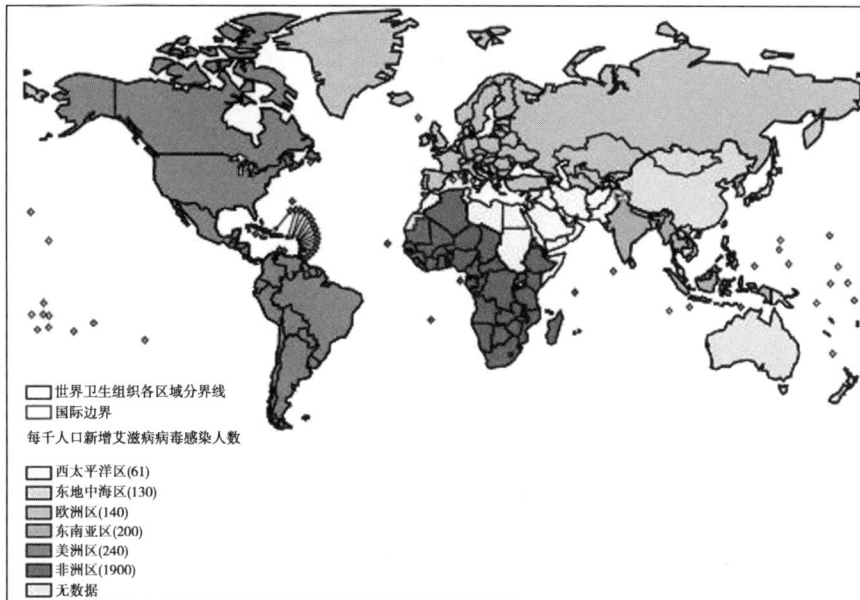

图 1-3-4 世界各地区成人和儿童新感染艾滋病病毒的人数[①]

（3）农业科技人才

非洲的农业科研从业人员数量较少，科研机构规模相对较小。2000 年 27 个撒哈拉以南非洲国家的农业科研人员只有 8746 人。据 Beintema 等（2004 年）的统计，撒哈拉以南非洲地区目前有 400 个从事农业研发的机构，但 40％的机构只有不到 5 个工作人员，93％的机构工作人员少于 50 人。[②] 科研机构农业科研人员数量过少，难以形成有效的科研力量，科研水平和能力受到严重的制约。

4. 劳动力与人口迁移 ▶ ▶ ▶

（1）农业劳动力

2008 年非洲农业人口占总人口的比例在 51.13％以上，其中撒哈拉以南非洲地区农业劳动力占总人口 60％以上（见表 1-3-5、表 1-3-6，如图 1-3-5）。

表 1-3-5 SSA（撒哈拉以南非洲）地区农业人口及占总人口的比例[③]

年 份	1979~1981	1989~1991	1999~2001	2004	2007	2008
农业人口（千人）	225138	281379	384431	407630	433138	440154
总人口（千人）	309913	414477	599432	659467	762376	781277
所占比例（%）	72.64	67.89	64.13	61.81	56.81	56.33

每年，非洲都有大量劳动力流入城市，他们大多只能从事报酬很低的体力工作，其收入不足以反哺农业，甚至不能养活自己。从农村流入城市的劳动力多数为青壮年男子，而且是受过教育的青壮年男子，留在农村从事农业的绝大多数是未受过教育的妇女和老人。因此，SSA 地区的农业劳动力存在女性化和老龄化的问题。要通过这些农业劳动力来提高耕作技术，接受新的农业技术，更需要在教育和培训上有相应的安排。

在东非和中南非的一些地区，如维多利亚湖周围地区，乌干达部分地区，卢旺达、布隆迪两国，肯尼亚中央高地，坦桑尼亚东北部地区以及马拉维的大部，人口分布密集，劳动力充裕。那里早在殖民者入侵之

---

① 世界卫生组织. 世界卫生统计，2010.

② Beintema N. M. ，Eduardo Castelo-Magalhaes，Howard Elliott，and Mick Mwala. Agricultural Science and Technology Indicators：Zambia. ASTI Country Brief，No. 18，International Food Policy and Research Institute.

③ 资料来源：FAO 统计.

前,就已经发展起比较集约的种植业,以后建立了资本主义农场,发展生产,并吸引丧失土地的农民前来做工。目前本区人口绝大部分是农村人口。1997年,全区农业人口11879.2万人,占总人口的87.9%,农业劳动力6038.9万人,占劳动力总数的79.2%。[①]

表1-3-6 非洲及世界农业人口及非洲占世界比例[②]

年份	总人口(千人)					农业人口(千口)				
	1994~1996	1999~2001	2006	2007	2008	1994~1996	1999~2001	2006	2007	2008
非洲	726244	819171	941920	963887	987091	417171	450350	490531	497152	504683
世界	5712809	6115333	6591551	6670799	6750057	2520445	2571199	2609906	2613386	2617264
比例(%)	12.71	13.40	14.29	14.45	14.62	16.55	17.52	18.79	19.02	19.28

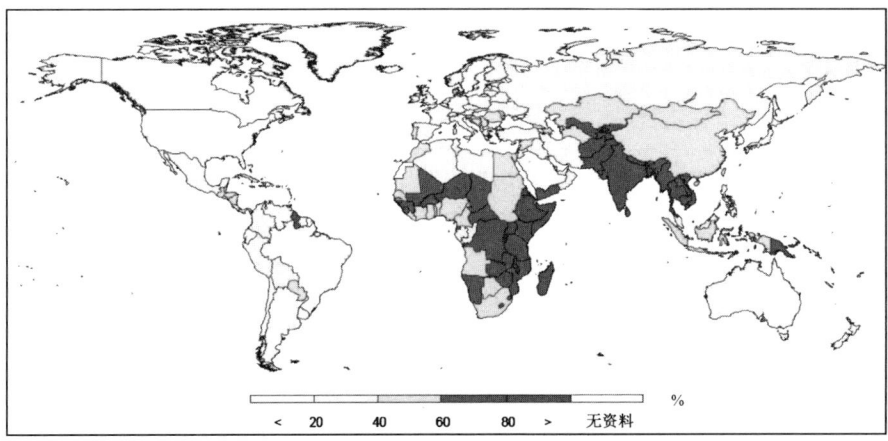

图1-3-5 农村人口在总人口中所占份额[③]

(2)人口移动[④]

在非洲有一种特殊的宗教性人口移动,即北非、西非、东非的穆斯林去往麦加朝圣,这种移动对于移出地区的农业有一定的影响,因为这种移动往往要持续数月数年,由于路途遥远,朝圣者需要经常停留做工以赚取进一步旅行所需要的收入。还有些朝圣者留居他处不再返回家乡。

除了上一种特殊的人口移动外,由地区经济发展水平差异引起的人口移动对非洲的农业生产也有很大的影响。这种洲内人口移动主要有三种。

第一种是永久性移动,即农村人口移居城市或人口的城市化。移居城市者多是青壮年男子,特别是在农村受过一定程度教育的青壮年男子,造成农村地区缺乏有文化的劳动力,严重影响农业的发展。

第二种是定期往返移动,即农民按合同到工矿区工作少则几个月,多则几年,合同期满返回农村。后果与上一种移动相同,使移出地区的农村失去大量人手。

第三种是季节性往返运动,即某些地区的农民在外地(主要是经济作物产区)的农忙季节前去做短工。以西非热带草原带的农民向南部沿海可可产区的移动规模最大,它对于可可产区的发展起了推动作用,对移出地区的农业影响不大。近几十年来,这种季节性移动在逐渐减少,但向经济作物产区的永久性移动却在增多,从而扩大了地区间农业发展的不平衡。

---

① 文云朝.非洲农业资源开发利用[M].北京:中国财政经济出版社,2000.
② 资料来源:FAO统计.
③ FAO统计年鉴,2009.
④ 曾尊固,等.非洲农业地理[M].北京:商务印书馆,1984:79,82.

二、民族与宗教

1. 民族 ▶ ▶ ▶

非洲是世界上民族成分最复杂的地区,学者们研究指出,非洲约有大大小小 200～250 个民族。其中,最大的几个民族是埃及人、豪萨人、阿尔及利亚人、阿姆哈拉人、摩洛哥人、苏丹人等。这些大民族一般多分布于历史悠久、经济文化相对发达的地区;而非洲中、南部的民族一般人数都比较少,有的还处在部落或部族阶段。与世界各大洲相比,非洲的民族问题有其明显的特殊性,即民族众多且社会形态各种各样;民族成分十分复杂,而民族形成过程又存在很大的差异,民族共同体的一体化过程具有相当的普遍性。从民族分布状况和民族形成过程来划分,可以把非洲主要人种和民族集群大体分为六个分布区。[①]

(1)北非和东北非

主要属哈米特人和闪米特人地区,包括闪含语系的各民族,如阿拉伯人、埃及人、柏柏尔人、阿姆哈拉人等。该地区的各国或多或少是单一民族成分的国家。

(2)西非和部分中非地区

属苏丹人地区,民族成分十分复杂,包括了语言、文化、民族形式和社会发展水平各不相同的众多民族。如豪萨语族的豪萨人、布拉人、曼达拉人、巴杰人,中班图语族的莫西人、格鲁西人、塞努弗人,西班图语族的富尔贝人、沃洛夫人、谢烈尔人,几内亚语族的克鲁人、阿肯人、埃维人、约鲁巴人、伊博人,以及桑海人、曼德人、卡努里人等等。

(3)中非和部分东非地区

此区包括中、东非赤道地区和赤道以南地区,基本上是班图语系各民族。如尼亚卢旺达人、隆迪人、马拉维人、巴刚果人、巴努巴人、索戈人、基库尤人、卢赫亚人、斯瓦希里人等。

(4)南部非洲

此区是在殖民统治下民族发展畸形的地区,但占绝大多数的仍是班图族,如科萨人、祖鲁人、佩迪人、巴苏陀人、茨瓦纳人、文达人、斯威士人等。而科伊人(霍屯督人)及萨恩人(布须曼人)主要分布在卡拉哈迪沙漠地区。

(5)马达加斯加

主要是马尔加什人。

(6)刚果盆地

主要是俾格米人的分布区,散布在密林之中,仍过着狩猎和采集的生活,他们三五成群住在用树枝和草叶搭成的茅屋里,崇拜图腾。

除非洲北部地区民族成分较简单外,撒哈拉以南地区的民族构成是十分复杂的。造成这种复杂局面的因素主要有三个:首先是历史上多次的民族迁移,主要是班图语系尼格罗各族人民在热带非洲由北向南,部分是由南向北的多次迁徙,这些移民在移居他处时,又根据其固有的生产习惯和经验,选择活动范围,从而影响移居地区的农业分布,这种迁徙过程中造成的农业地区差异,至今在非洲农业特点和分布上留有痕迹;其次是阿拉伯人从亚洲移居非洲,同当地居民混合,以及一部分当地居民的阿拉伯化;再次是近代帝国主义对非洲的殖民侵略和分割,它使非洲的民族问题更加复杂化。

欧洲列强在瓜分非洲时,没有考虑非洲大陆传统的社会、经济、民族和文化结构特点,强行肢解了许多具有相同历史文化背景部族的同时,又将许多历史背景不同、文化语言各异的部族拼凑成一个殖民地。[②]

---

① 文云朝.非洲农业资源开发利用[M].北京:中国财政经济出版社,2000:13～16.
② 人民网.黄泽全.国际评论:非洲冲突根源是民族问题,http://jczs.sina.com.cn

例如,在西非几内亚湾沿岸,民族的分布与自然地理和民族区划一样,是横向即东西方向延伸的,而帝国主义国家在划分这个地区时却主要是南北向的。这样一来,这一带的每一个民族聚居区,便被弄得支离破碎、四分五裂。西方殖民当局还在非洲实行"非洲人治理非洲人"的间接统治,制造部族矛盾,煽动宗教情绪,为非洲国家独立后产生部族冲突埋下了隐患。尖锐的民族问题使非洲传统的社会和经济秩序遭到严重破坏,也给非洲农业的发展造成了障碍。

2. 语言① ▶▶▶

非洲的当地语言种类繁多,一般认为多达800余种语言,如按语系归类,大约可区分出六大语系:闪米特-含米特语系、尼日尔-科尔多凡语系、尼罗-撒哈拉语系、科伊桑语系、南岛语系、印欧语系,但使用范围较广的语言只有几十种。由于非洲长期处于殖民统治之下,宗主国不仅在政治上统治殖民地,在经济上控制殖民地,同时也在文化上侵蚀殖民地,宗主国的语言往往被定为官方语言。因此,即使在今天,非洲相当大的范围内仍在使用英语、法语和葡萄牙语,如图1-3-6所示。

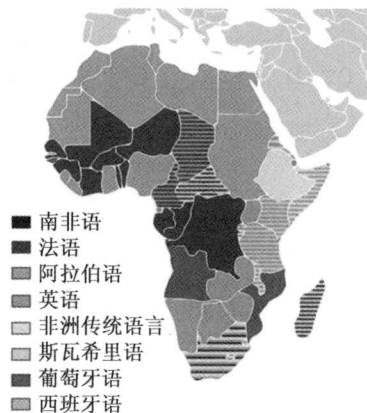

- 南非语
- 法语
- 阿拉伯语
- 英语
- 非洲传统语言
- 斯瓦希里语
- 葡萄牙语
- 西班牙语

图1-3-6 非洲语种分布图

3. 宗教② ▶▶▶

非洲信仰的宗教主要有三种:传统宗教、伊斯兰教和基督教。传统宗教是非洲黑人固有的、有着悠久历史和广泛社会基础的宗教,伊斯兰教和基督教是后来从外界传入非洲的宗教。从表面上看,撒哈拉以南37个黑人国家中,穆斯林和基督徒占全国人口多数的国家有21个(伊斯兰教8个,基督教13个),超过传统宗教信仰者占多数的国家(6个),如图1-3-7和图1-3-8所示。实际上,传统宗教在非洲社会生活的各个方面仍有根深蒂固的影响。因为,伊斯兰教和基督教在任何一个黑人国家里都没有能够真正取代传统宗教,而是同传统宗教融为一体。不论是伊斯兰教还是基督教在非洲都有一个吸收传统宗教的因素,走本地化道路的过程。

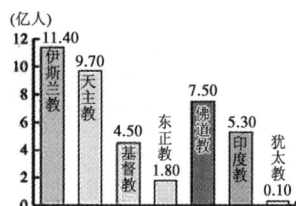

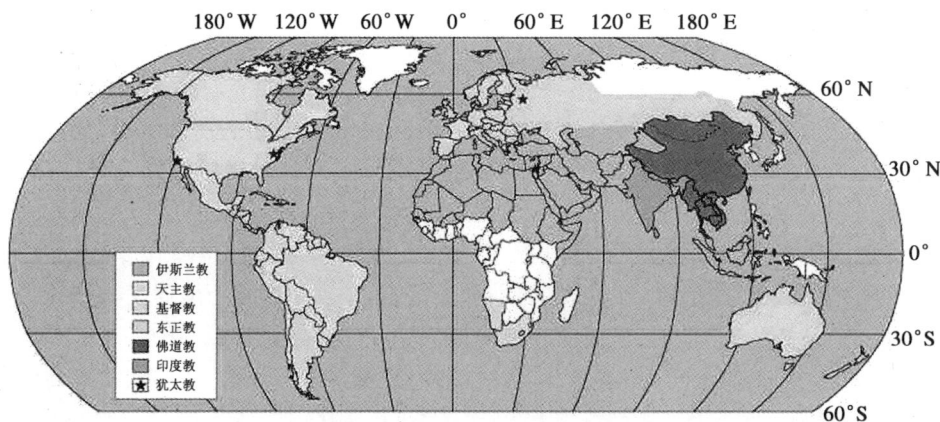

图1-3-7 世界宗教分布图

---
① 姜忠尽. 世界文化地理[M]. 南京:江苏教育出版社,1997:262~263.
② 姜忠尽. 世界文化地理[M]. 南京:江苏教育出版社,1997:96~100.

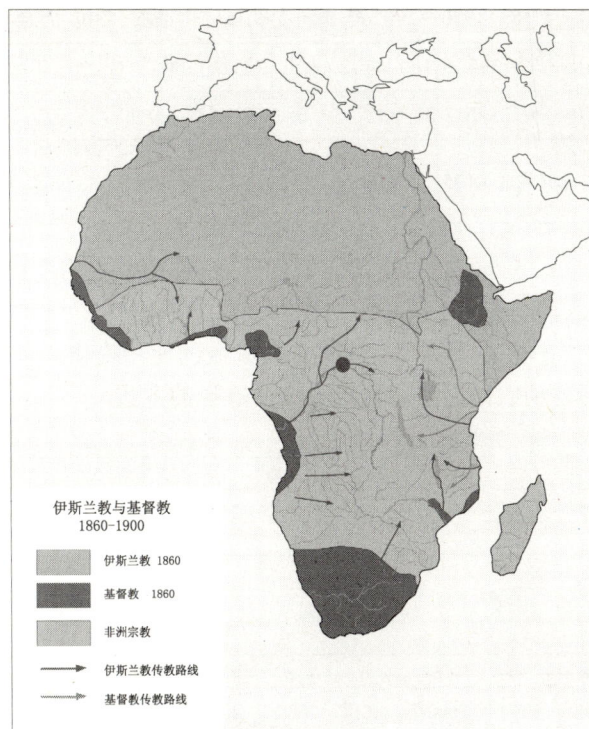

图 1-3-8　非洲宗教传播路线图

各民族的传统习俗和宗教信仰对农业产生的影响也是明显的。例如,伊斯兰教规禁止养猪和饮酒,这就对信奉伊斯兰教为主的居民所在地区的养猪业、葡萄种植业产生影响。伊斯兰教的土地继承制度对农业生产起着消极的影响。它规定父亲死后,其土地由遗孀和所有男性后嗣平分,这一点对于仅有少量土地的小农亦不例外。因此,随着世代的传续,土地被分得越来越小,越来越支离破碎,造成土地使用上的困难。

三、农业物质技术装备

农业的物质技术装备包括一些农业的基础设施、农业装备、生产技术和水利灌溉设施等。

1. 农机具 ▶ ▶ ▶

目前,非洲大部分地区农业仍然保持着传统的生产方式,个别地方还沿袭着"刀耕火种"的生产方式。1983年非洲农业生产的动力81%是依靠人力,16%依靠畜力,只有3%依靠机械,农业机械化水平很低。1989年非洲农用拖拉机仅52.5万台,仅占世界总量的2.0%;收割脱粒机4.46万台,只占世界总量的1.1%。表1-3-7和表1-3-8显示了20世纪80年代和近10年非洲部分农用技术指标。

表 1-3-7　1980~1989 年非洲农机具使用情况(单位:万台)[1]

	1980 年	1981 年	1982 年	1983 年	1984 年	1985 年	1986 年	1987 年	1988 年	1989 年
农用拖拉机	43.9	45.4	46.2	46.8	48.6	50.8	51.9	52.2	52.2	52.5
收割脱粒机	4.26	5.77	5.81	5.49	5.11	4.98	4.96	4.85	4.64	4.46
挤奶机	133	134	141	142	142	117	118	123	124	124

[1]　资料来源:FAO 统计.

表 1-3-8　1990～2007 年非洲农机具使用情况(单位:万台)①

	1990 年	1991 年	1997 年	1998 年	1999 年	2000 年	2001 年	2002 年	2003 年	2004 年	2005 年	2006 年	2007 年
拖拉机	51.865	52.872	54.089	53.511	53.2327	53.55	54.415	54.99	55.079	55.625	59.305	61.801	62.628
联合收割机-脱粒机	4.2694	4.204	3.8667	3.8495	3.7896	3.7152	3.6516	3.618	3.5901	3.6167	3.6613	3.6665	3.6054

从图 1-3-9 和表 1-3-7、表 1-3-8 中可以看出,非洲使用的农用拖拉机数量是不断上升的,联合收割机-脱粒机数量变化不大,甚至有所下降,农用拖拉机的使用比重较大。与世界平均水平相比,非洲的农业机械化水平是非常低的。非洲较为宽广的土地为其机械的使用提供了前提,但有限的资金是一种障碍。因此,畜力替代机械进行各项农作活动仍然是一种可选择的方式。

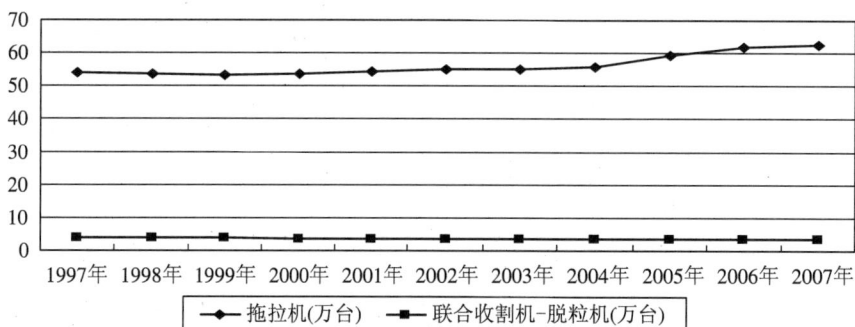

图 1-3-9　非洲农机具使用情况②

2. 水利灌溉设施 ▶ ▶ ▶

水利灌溉设施对提高农作物的产量有很重要的作用,主要是可以降低降雨量对农作物生产的不利影响。例如,阿尔及利亚和肯尼亚兴建了一批灌溉设施,使得其在较低的降雨水平下也保持了一定甚至较高的谷物单产,2007 年分别为每公顷 3348 千克和 1512.6 千克。但是目前,96% 的非洲农场缺乏灌溉设施,完全依赖降雨。

虽然如此,非洲却有着悠久的灌溉历史,早在几千年前,尼罗河两岸就有了农业灌溉活动。到了近代欧洲殖民者入侵以前,在一些集约化的耕地上,灌溉有了进一步的发展。在殖民者入侵非洲以后,他们为了发展资本主义商品农业,在非洲部分地区兴修了一些水利工程设施。20 世纪 60 年代以来,许多非洲国家纷纷独立。为了发展民族经济,增加粮食和其他一些作物的生产,不少国家开始重视发展水利,不断增加农田水利方面的投入,扩大灌溉面积,这极大地改善了农业生产条件,提高了农作物的产量。其中,北部非洲的经济发展状况较好,对农业农田基础设施建设的投入也较多,它的农业装备、生产技术、农业灌溉都居非洲前列。

3. 农业科学技术 ▶ ▶ ▶

农业科技水平落后也是非洲农业发展的主要障碍之一。在 20 世纪 60 年代初,非洲许多国家粮食自给率为 98%,到了 20 世纪 90 年代却降到 50% 左右。从 1973 年至今,非洲一直是联合国的粮食救助对象,而农业科技落后是其主要原因。目前,90% 的农业生产仍使用简单的手工工具,农业机械化水平很低;高品质种子不仅成本高,而且在当地市场上难以购得;化肥投入极其不足,灌溉面积很小。因此,尽管农业科技近些年飞速发展,但非洲的粮食产量在近 50 年中没有太大提高。要推动非洲农业科技的进步,主要

---

① 资料来源:FAO 统计.
② 根据 FAO 统计制图.

针对两个方面：一是发展粮食自给的耕作制度和栽培技术，二是加强针对出口创汇的加工技术。还有一些专家指出，非洲非常需要生物技术，因为通过生物技术手段可以提高粮食的产量和营养成分，从而解决非洲人的饥饿和营养不良等问题，而非洲的生物技术发展水平远远落后于世界其他地区。

同样，非洲的信息科技发展水平也十分低下。在人类迈入信息化时代的今天，一些普通的通讯和信息产品在撒哈拉以南的非洲地区仍是奢侈品，有些乡村至今仍"与世隔绝"。在这类地区，每千人仅拥有31.6 部电话和 9.2 台计算机。尽管非洲 1996 年就雄心勃勃地提出了信息社会计划，但由于各种客观条件制约，信息科技的发展非常缓慢，农业信息科技更是进展不大。

虽然受到自身历史、制度、国家综合实力以及国际环境等多方面因素的影响，农业发展仍然面临很多困境，但近年来非洲农业发展出现了良好的态势。据 FAO 统计数字显示，2007 年非洲农业平均增长 5%，北非国家达到 7%。

四、乡村工业

1. 非洲乡村工业发展的战略意义与实践 ▶ ▶ ▶

（1）研究非洲乡村工业发展的意义

① 消除二元经济格局。发展中国家的二元经济结构，在地理上表现为充斥现代工业和现代文明的大城市与以传统农业为主的落后农村的并存，人才技术和资金集中在城市，而农村中则滞留着众多过剩的非熟练劳动力。这种状况也称为现代工业与现代文明集中的"区位"与"非区位"的并存，或称为"中心"与"外围"的对立，即城乡对立。两种地区相互隔绝，人才、技术和资金很难流动，阻碍着发展中国家实现农业的现代化。

消除这种二元经济格局的根本方法是实现工业化，但不是仅仅在城市中建立大工厂以及工厂集中的工业区，而是要在城市建立大工厂及建设新工业区的同时，在农村发展农产品加工和利用农村自由的中、小工业，并在农村发展各项非农业生产项目。发展乡村工业有利于改善许多发展中国家农村劳动力自由丰富而资金短缺的现状。

发展乡村工业的意义，从根本上说，就是要消除"区位与非区位"或"中心与外围"即城与乡之间的隔绝与对立。因为发展乡村工业的过程，也就是把现代城市与落后农村联系起来的过程，是现代技术、人才以及部分资金向农村扩散的过程。当现代技术、人才和资金与农村丰富的劳动力资源、自然资源相结合时，就不仅是创造新的物质财富，而且是推动农村经济和文化发展，特别是提高农村劳动力的熟练程度和文化素质。在发展乡村工业的过程中，还可以加速开发某些较落后的地区，甚至建立某些新的居民区。乡村工业发展将会带动这些偏远地区的交通运输业，促进其商品流通，打破这些偏远地区长期保持的自然经济的封闭状态，有助于改变乡村贫穷落后的状况，改变工业布局偏重于城市的现状，帮助农村地区发展经济。

乡村工业发展将工业文明注入农村，促进了农村科学、文化、教育和公共福利事业的发展，大量的人力资本投入打破了狭隘封闭的传统观念，现代科学知识和市场观念提高了农村劳动者的专业技能和经营管理水平，造就了一大批农民企业家和新型农民。农民素质的提高和生活的改善缩小了城乡差别和工农差别，加快了工业化和城镇化建设，推动了农村社会的全面发展。

一个国家的工业化道路不仅决定了农业在国民经济发展中的地位和状况，而且也决定了乡村工业的状况。如果走片面强调发展资金和技术密集型的城市重工业的工业化道路，虽然目标是加快实现工业化，但是后果却是加强了二元经济格局。而农村工业发展不起来，农村经济状况就很难改观。[①]

---

① 丁泽霁，陈宗德. 改造传统农业的国际经验——对发展中国家的研究[M]. 北京：中国人民大学出版社. 1992：137.

② 与农业相互促进,带动乡村经济开发。通过乡村工业带动乡村经济开发,就可以使乡村经济发展与工业化相适应,改变原来乡村经济结构拖工业化后腿的状况。因为乡村工业能够从提高乡村劳动力的熟练程度、提高乡村收入水平和提高乡村社会购买力、为工业化开拓市场等许多方面来促进工业化进程。

发展乡村工业有助于逐步打破和消除发展中国家一般存在的两个恶性循环。一个恶性循环是贫困的恶性循环,即由于贫穷,使投资不足,以致生产水平低下,造成居民实际收入水平低,从而形成投资的力量很弱,如此循环不已。而发展农村工业,就可以提高居民收入水平,因为乡村工业初建所需投资较少,可以降低开办企业的最低门槛,然后逐步提高生产水平。另一个恶性循环是工业化方针失误导致的恶性循环,即为了迅速工业化,往往强调扩大投资规模,并企图以此来吸收劳动力,但强调扩大投资却会转向追求新技术而减少吸收劳动力,以致过剩的非熟练的大量农村劳动力与现代化的大工业并存并立。而注意发展劳动密集型的农村工业就有助于吸收更多的农村过剩劳动力,消除片面发展重工业和城市大工业所造成的畸形产业结构。[①]

乡村工业还可以增加加工的农产品出口,减少初级农产品原料出口,从而提高农产品出口换汇的价值,改善发展中国家的贸易条件。

③ 提供农民就业岗位与增加收入,降低农村贫困率。乡村工业将大批生根于土地的农民"解放"出来,使之成为为工业提供劳动力的工资劳动者和半工半农者,解决了人口增长与土地数量有限之间的矛盾,劳动力资源由传统农业部门向工商业部门转移。将农业中多余的劳动力转移到工商业,又为工业品创造出容量更大的国内市场。农民将农耕与手工业相结合,生活在"二重经济"之中,人均产出得以提高,生产生活条件得以改善。[②]

乡村工业有利于利用土地资产和充裕的农村劳动力,对促进农村经济发展、增加农民收入和补给农民生活都具有重要意义。乡村工业化必然引发农民文化、观念的变革。

从社会发展方面看,乡村工业发展对提高城乡居民生活质量、促进农村和谐社会的实现具有不可估量的积极意义。乡村工业的发展不仅使轻工业产品市场实现了从卖方市场向买方市场的转变,增加了城镇居民的实际收入,而且农村劳动力大量转移到乡村企业就业,也增加了农民的工资性货币收入以及股金分红、承包和租赁所得,成为农民脱贫致富的主要途径。在农民接受工业的同时,工业也在接受农民、影响农业、改变农村的面貌。

(2) 非洲乡村工业的实践

① 非洲乡村工业门类。世界各国对乡村工业的定义和统计口径不尽相同。但大体上可以说,乡村工业是指地理位置在城市以外的广大农村、分散开办的从事商品性生产的中小型企业,包括各种制造业、采矿业、建筑业、公用事业、商业服务业、农产品加工业等等。每个企业的规模小、职工人数少和投资额少。开办这种企业的,有农业生产者,也有到农村来投资的工商业者和城市居民。[③]

非洲的乡村工业,即农村所办的工业和建筑业的总称,是指对各种原材料进行初加工和深加工以及开采农村矿产资源的生产部门,主要包括建材、纺织、机电、冶金、化工、食品、饲料工业等。[④] 乡村一般地处交通不便的偏远地区,居民主要从事各类服务业、手工业及小型加工业,产品消费市场有限。目前非洲主要的乡村工业包括三类:

➤ 为人民生活服务的食品、服装、造纸、化肥等农副产品加工业。

非洲很多国家工业基础薄弱,以简单农畜产品加工为主。在农村,除经济作物需要加工外,能获得增值的还有农村食品和畜产品的加工,有 50.6% 的工业增值来源于食品加工,其主要产品有碾米、榨油、面

① 中国非洲问题研机会,时事出版社编辑部. 非洲经济发展战略[M]. 北京:时事出版社,1986.
② 田源. 撒哈拉以南国家的发展路漫漫[J]. 编译参考,1997(4):11～16.
③ 丁泽霁,陈宗德. 改造传统农业的国际经验——对发展中国家的研究[M]. 北京:中国人民大学出版社,1992:140.
④ 陈宗德,姚桂梅. 非洲各国农业概况[M]. 北京:中国财政经济出版社,2000.

包、牲畜饲料、肉类、乳品、皮革等。

纳米比亚以简单畜产品加工为主。贝宁是个落后的农业国,独立前,基本上无工业可言,独立后逐步发展起一些农产品加工工业,主要由油类、纺织和食品三部分组成。乍得农牧产品加工企业以棉花加工为主,另有一些纺织、卷烟、面粉、饮料、制糖、畜产品、农机制造等中小企业。乌干达主要是农产品的加工,包括咖啡、棉花、茶叶、食糖、烟叶、食油、酿酒以及奶制品和谷物加工等。刚果(金)的乡村工业产品以食品加工业为主,近年来,因资金短缺、原料供应不足,开工率仅30%,其产值在国内生产总值中所占的比例微乎其微(约1.3%)。科特迪瓦特别重视农产品加工业的发展,强调利用经济作物生产大国的优势,建立具有科特迪瓦特色的工业基础。科特迪瓦是非洲国家中农业加工业较发达的国家,尽管如此,除个别产品外,农业产品总体加工能力仍很薄弱。

➤ 为加工工业服务的产品生产和协作。

非洲的乡村工业基础薄弱。撒哈拉以南非洲工业部门的产值仅占国内生产总值30%左右,其中制造业仅占国内生产总值的15%,工业主要以农产品和矿产品的加工为主。

卢旺达乡村工业的规模很小,而且相对有限,多数是以农副产品为主要原料的小型加工厂和加工作坊,其主体是建在咖啡、茶叶产区的咖啡加工厂和茶叶加工厂,产品主要供出口。

坦桑尼亚最大的加工制造业是农产品加工部门。农产品初步加工的工业通常位于种植区附近,在农产品加工方面,建立了现代化谷物加工厂、榨油厂和咖啡加工厂等。

埃及农村的工业产品主要是依靠农作物为原料的产品,像小型的面粉加工厂,牲畜、家禽的饲料厂,棉籽榨油厂,小轧花厂,通心面厂,蔬菜、水果加工厂等,尤其是埃及的缝纫厂,利用农村妇女的廉价劳动力,是埃及成衣出口的重要来源。

农产品加工业是多哥经济的重要部门,而且随着近几年国内生产条件的提高,农产品加工业有所增长,最突出的是棉花加工业。

➤ 手工艺品生产。

在热带非洲国家的农村工业品中,木雕一直是深受世人欢迎的。盛产的各类乌木和珍贵硬木是木雕的极好材料。木雕作品大多数为男女的造型和野生动物雕像,例如,女性木雕有的用头顶水、水果、木柴、农副产品等。动物造型的有象、狮、长颈鹿、猴子、豹、犀牛等,造型逼真,风格独特,既有夸张与变形风格的作品,也有自然与写实风格的作品。尼日尔的农村手工业大约占国民生产总值的5%,从业人员2万左右,大部分是手工纺织工人。主要手工产品有棉毯、马鞍、金银器皿、农具、狩猎武器等。此外,农村中还有制陶、制盆、编织等手工业。

② 原料与产品市场状况。乡村工业有其先天不足的一面,即资金、技术、市场、信息与基础设施等条件皆不及城市工业,原材料的来源往往存在地域上的限制,从业人员文化素质较低,难以形成现代化的生产管理系统,以致产品的档次和质量低,无法同城市工业品竞争,社会上对农村工业容易产生偏见和轻视,城市企业也就不愿轻易向乡村工业投资。

利用当地资源的非洲乡村工业,消费市场狭小,不过工业经济作物的利润回报率比粮食利润回报率要高得多。基于国内外市场的需求,非洲工业经济作物具有很大的潜力。[①]

③ 乡村工业的经营形式。乡村工业着重于农产品原料加工,正可发挥非洲具有的丰富的乡村资源优势。非洲农村企业的经营形式,可以概况为五种:

➤ 农民在从事农业的同时,利用自有简单设备,加工当地农产品或利用当地资源的制品。

➤ 较大的农场主或农业经营者开办的小型农产品加工厂。

➤ 城乡居民个人在农村开办的小型工业企业和商业服务业等企业。

➤ 农民合作社组织经营的农产品加工厂和农工联合企业。

---

① 陈宗德,姚桂梅.非洲各国农业概况[M].北京:中国财政经济出版社,2000.

➤ 城市工商企业、国家工商企业，以及外国资本企业、跨国公司等经营的大型农工联合企业和农产品加工企业。[①]

苏丹的乡村工业产品主要集中在国营农场和农业合作社。因为这些国营单位和集体单位经营的农作物品种比较齐全，这样就出现一些农作物产品加工工厂，如面粉加工厂、奶制品厂、皮革厂、鱼罐头厂、肉制品厂等。但总体说来，苏丹的乡村工业还处于初级阶段，其制成品一般来说质量不高。[②]

2. 非洲乡村工业的发展进程及其影响要素 ▶▶▶

(1) 非洲乡村工业的发展过程

独立时，非洲各国只有几家矿山和初级产品加工厂。农村中沿用着刀耕火种的耕作方式，生产力水平非常低下。殖民统治造成的二元经济和单一经济结构，使城市之外仍处于落后的自然经济状态。

独立以后，非洲各国政府都表明要发展民族经济。政府的政策对加速农业生产商品化的进程起着重要作用，随着民族经济发展对农产品需求的增加，各国政府采取了措施促进农业商品化的发展，提高农业生产水平。在少部分商品化程度较高的非洲地区，农村经济的主导产业已从初级食品生产向二、三产业进行转移，收入分配实现了较高程度的货币化。[③]

在1980年以前，几内亚的农业工业品主要表现为两种形式，一种是以制作竹、藤等编织工艺品为主的手工个体生产经营形式，另一种是以食品加工、制糖、制茶为主的接受外国援助的国营农场经营形式。自1985年实施新经济政策以后，受中国乡镇企业发展的影响，一大批从事乡村工业品生产的私营和外资合营企业不断出现。以粮食生产为主、多种经营为辅的农场基地示范点正在全国得到推广，乡村工业品逐渐丰富，农业工业品市场也日益繁荣和发展起来。

独立以后，坦桑尼亚工业有相当大的发展，首先是以发展主要农作物为主的加工业，特别是那些利用当地原料生产的消费品工业。农产品与能源材料的加工则是工业的主题，政府积极发展为国内市场提供消费品的进口替代工业、农业原料加工工业，并采取鼓励国内外私人投资、向投资者提供土地和其他服务、以关税手段保护国内市场等战略措施。

乌干达在20世纪70年代和80年代初的经济凋敝、政治动荡，使乡村工业受到极其严重的打击，到1986年，农村工业产品估计仅为1970~1972年的1/3左右。1987年以后，乡村工业稳步恢复，虽然有快有慢，1990~1997年期间制造业生产增长13%，其中粮食加工、木材、造纸、烟草和制革发展成绩最好。然而这种增长是对于极其凋敝的基数而言，至今制造业仍然不超过国内生产总值的10%。

总的来说，非洲现代工业规模弱小、水平低下，传统手工业在国计民生中仍有重要意义，整个工业水平处在工业化前期的起步阶段。这种二元经济结构特征同样反映在城乡经济社会的巨大差别上，表现为规模小而水平不高的现代城市经济与广大的落后的传统农村经济。

(2) 非洲乡村工业发展的制约性因素

① 乡村工业资源。非洲国家发展工业具有不少有利的客观条件，而很多的资源和能源其实都来自农村，因此在农村利用其本身的资源，就地发展工业，可以节省大量的运输成本，但由于交通运输条件差，限制了资源的开发。

首先，非洲的矿产资源丰富，据考察，世界上发展工业所必需的五十种矿产资源非洲几乎都有，其中有些矿产的蕴藏量和产量在世界上都占有突出的地位，如铬、锰、钻石、黄金、铜、锡、铝矾土、磷酸盐、石墨、石棉等。其次，非洲具有丰富的热带作物，可提供充足的原料。再次，非洲的能源也很丰富，有五大河流，流域面积占大陆面积的三分之一，水能资源占世界的27%。另外，石油资源也很丰富，但这些丰富的资源仅适宜于大规模的现代化开采，开采小矿山是不经济的。

---

① 丁泽霖，陈宗德. 改造传统农业的国际经验——对发展中国家的研究[M]. 北京：中国人民大学出版社，1992：140.
② 陈宗德，姚桂梅. 非洲各国农业概况[M]. 北京：中国财政经济出版社，2000：444.
③ 陈宗德，姚桂梅. 非洲各国农业概况[M]. 北京：中国财政经济出版社，2000：371.

②乡村劳动力。非洲的农业劳动力占全洲劳动力总数的60%以上,除少数产油国和工矿业发达的国家外,大多数非洲国家的农业人口和农业劳动力的比重都在80%以上。

建立乡村工业的必要条件是在农村存在着过剩的劳动力,或存在着可利用的自然资源。就多数发展中国家的情况而言,农村有劳动力过剩和资金不足两个特点,必须从这两方面出发来探索乡村工业的发展之路。

一方面,乡村工业要充分利用农村众多过剩劳动力,建立劳动密集型产业。许多发展中国家的农村里存在大量非熟练劳动力,只有发展劳动密集型的非农产业,才能够在充分利用这些过剩劳动力的同时提高其劳动熟练程度和文化素质,并且能够使其中成长为熟练劳动力的一部分人较容易地转移到城市大工业中去,为工业提供充足的熟练劳动力。大量过剩劳动力转移到非农业部门中就业,也有助于农村社会的安定。

进入20世纪70年代,许多国家城市工业发展的实践证明,城市工业不能为日益增多的流入城市的农村劳动力提供就业岗位,证明了过去的经济理论中靠城市工业吸收农村过剩劳动力的设想是不符合70年代的现实的。特别是许多国家农村中无地农民的数量剧增,形成广大农村失业者阶层,必须解决他们在农村中的就业问题。因此,必须发展农村工业和乡村非农产业,解决农村过剩劳动力就业。①

在非洲的农村,对农、牧民来说,手工业属于副业。传统的手工业者有铁匠、织工、皮靴匠、陶器匠、木匠等等。在农业区,他们的生活水平稍高于农民。农村劳动力文盲率高,接受教育的人数少,致使科学技术十分落后,即使引进先进的科技和设备,也很难在广大的农村普遍推广应用,这是制约农村发展的最重要的因素。②

③农业生产方式的变革。非洲国家存在着复杂的土地制度,各国在独立后都面临着如何解决殖民统治时期的土地制度阻碍社会生产力发展的重大问题。经过30年的实践表明,要解决问题不仅要从法律上变革土地所有制,而且要从经济上变革传统农业生产方式。③

以农为本,优先发展农业和农产品加工业,是非洲国家实现工业化不可逾越的阶段。非洲国家发展较为成功者,都是较好地解决了农业问题,而后才较顺利地发展工业和其他事业,形成良性循环。相反,很多国家由于农业问题未能解决,工业化也成泡影,整个经济陷于困境。非洲国家每年花费宝贵的外汇进口数以千万吨的粮食,不仅影响经济发展,也危及政治独立。要实现政治独立、经济独立,首先必须解决“肚子独立”。④

④国家工业基础。发展乡村工业的前提条件是城市大工业有一定的基础。应该认识到,任何国家的工业化都是从城市发展工业开始的。只有城市工业有了一定发展,有了技术、人才和设备的基础,才能向农村扩散。但是在城市工业迅速发展的条件下,也可以在城市大工业发展的同时来发展乡村工业。非洲是一个工农业资源、劳动力资源非常丰富的大陆,对发展工业是有利的。

非洲城市工业的迅速发展既为农村经济变革提供了物质基础,同时也对农村发展提出新的挑战,要求改变原有的以单一初级农产品出口为主的农业经济格局和农村落后的状态。城市工业化的迅速发展,生产方式加紧向农业部门渗透,加速了传统农村的改造过程。

乡村工业发展是以城市工业发展为条件并受其推动的,非洲广阔的农村地区拥有丰富的土地、物产和劳动力资源,所缺少的是资金和技术,这对城市企业家有着巨大吸引力。但是非洲很多国家独立后,由于实行不适当的国有经济政策,对外经济关系也较为封闭,生产力提高很慢,国内市场有限,农业资源未能得到充分利用,所以乡村工业品的生产也很落后。⑤

①李智彪.非洲的人口、资源、环境与可持续发展[J].西亚非洲(双月刊),1997(3).
②陈宗德,姚桂梅.非洲各国农业概况[M].北京:中国财政经济出版社,2000(71):428.
③吴能远.论非洲工业发展战略[M]//非洲经济发展战略.北京:时事出版社,1986:59~74.
④丁顺珍,刘月明,杨京鸣.非洲国家工业发展缓慢的原因及前景[M]//非洲经济发展战略.北京:时事出版社,1986:75~86.
⑤丁泽霁,陈宗德.改造传统农业的国际经验——对发展中国家的研究[M].北京:中国人民大学出版社,1992:137.

3. 非洲乡村工业化与城市化的互动关系 ▶ ▶ ▶

（1）非洲城市化扩展不是工业化的结果

一般说来，经济发展促进城市化进程，反之亦推动经济发展，客观上相互存在着同步推进的关系。但在非洲，城市化进程并没有带来相应的经济发展，也不是工农业发展的结果，它是由于农村人口激增，而农业并未得到相应发展，无法养活增加的农村人口，致使大量的农民盲目流入城市谋生而导致的。

为了与高速发展的工业化和城市化扩展相适应，非洲必须强化乡村工业发展，带动乡村工业的全面开发。

（2）非洲工业化进程十分缓慢

制造业相对发达的非洲国家包括南非、津巴布韦、尼日利亚、肯尼亚、埃及、摩洛哥、突尼斯等，只有南非和埃及可以列入正在进行工业化的国家的行列，其他几个国家，制造业有了一定的发展，已朝工业化迈出了初始的步伐，开始了工业化进程。其余的非洲国家则尚未开始工业化。因而，工业化作为一项历史任务，仍有待非洲国家付出艰辛努力才能实现。

乡村工业的社区特征反映出大多数就业都采用兼业形式，半工半农，从而无法完成农村剩余劳动力从农民向市民的真正转变，因此，引导乡村工业向一定区域的中心小城镇聚集，是加速工业化进程的必然战略选择。

（3）重工轻农和重城轻乡严重制约农村经济发展，阻滞城乡整体推进

非洲国家在发展计划中，偏重工业，忽视农业；注重城市，轻视农村。一般而言，城市（尤其是大城市）往往是一个国家或一个地区的政治、经济和文化中心，因此工业、商业、服务业和交通运输业比较集中和完备。非洲国家独立后，为发展民族经济，偏重推动工业化，而城市则成为政府投资的重点地区。

在发展中国家，政府在投资、信贷和金融政策上都会优先考虑城市地区。长期以来，非洲国家对于农业生产缺少足够的重视，农业生产投入长期处于低下水平，致使农业生产发展缓慢，农民收入低、生活贫困，农民的生产积极性遭到严重挫伤。以塞拉利昂为例，20世纪60年代政府对农业的投资仅占该国公共投资的10%左右。进入20世纪70年代至80年代，不少国家对农业的投入还出现下降趋势，据联合国粮农组织的调查，1978～1982年间，17个非洲国家农业投资年均下降0.1%。此外，非洲国家对农产品的收购价格偏低，塞拉利昂政府对生姜、咖啡和可可的收购价还不足世界市场售价的50%。近年非洲国家对农业生产总的经济投入仍然很低，平均每个农民的经济消费只有10美元。据估计，许多非洲国家的农业投资在政府预算中比重不足10%，严重制约了农业的发展。

政府的这种偏重城市、忽视农村的政策，使得国家经济发展不平衡，城乡差距拉大，进而使得大量的农村人口盲目外流，进入城市。

五、运输邮电条件

1. 交通运输 ▶ ▶ ▶

非洲的交通运输在第二次世界大战后有了较快的发展，但同其他各洲相比，非洲仍是世界交通运输业比较落后的一个洲。

（1）特点

非洲交通运输的特点是大多数线路从沿海港口伸向内地，彼此相互孤立，不仅各国之间缺乏足够的交通联系，而且许多国家内部也往往相互隔绝，至今还没有形成完整的交通运输体系；各类交通设施技术标准零乱而落后；大宗初级产品的输出造成货流的单向性，运出量远远超过运入量。这是殖民主义者对非洲长期统治和掠夺的结果，同非洲的整个经济面貌一样，非洲交通运输业的殖民地性仍未发生根本性改变。

（2）现状

南部非洲、马格里布地区是非洲交通运输比较发达的地区,撒哈拉沙漠、卡拉哈迪沙漠以及热带森林地区则是没有现代交通运输线路的空白区。这种线路的畸形分布造成了运输业发展的不平衡。在沿海,尤其是大城市及其周围地区,交通运输已日趋先进,高速公路、立体交叉已经出现;而在内陆的一些偏远地带,至今仍然保持着牲畜驮运、头顶背负的传统运输方式。

非洲的交通运输以公路为主,另有铁路、水运、航空等方式。近几年来,铁路、航空的发展很快,但总的来说,非洲的交通运输业仍落后于经济发展的步伐,无论是线路情况、运输能力或运输设备都不能满足需要,这种状况严重地阻碍着各国工农业的发展。

这片美丽富饶的大陆,虽然历经了几个世纪的坎坷,却仍然蕴藏着巨大的发展潜力,交通运输业的发展前景十分广阔。随着各国民族经济的发展,许多国家迫切地要求改变交通运输的落后状态。它们采取各种措施,克服人员、资金、技术以及管理上的种种困难,积极发展与本国经济相适应的交通运输。

（3）对农业的影响

交通运输条件对于发展非洲农业生产亦有重要意义,对棉花、花生、剑麻和伐木一类运输量大的部门尤其如此。从农业角度看,凡集中的经济作物产区和原有的林区,一般的交通运输还比较方便。但在其他地区,交通网非常稀疏,有的地方连公路都没有,有的地方只有少数晴通雨阻的简易土路,这对于广大地区传统农业的改造和商品性农业的发展是一大限制性因素。

（4）种类

① 公路。1976年底,全洲共有公路160多万千米,其中大部分是简易的土路,沥青路面约21万千米,占公路总长的13%左右。南非、几内亚湾沿岸国及西北非公路网最密集。1993年,非洲拥有公路182万千米。

② 铁路。历史、地理、政治、经济的等多种原因导致了非洲铁路迄今仍较为落后。2005年,全洲铁路营运里程9.5万千米,约占世界铁路总长度的6%,现有铁路里程已超过10万千米,但按密度计算,居世界各洲之末。约1/4的铁路路线集中在南非,其次是北非和西非沿海地区,全洲尚未形成统一的铁路网,铁路货运仍以矿产和农林产品为主。现除坦赞铁路建成通车外,许多新线正在施工中。到目前为止,非洲尚无一条贯穿全大陆的铁路。

落后的运输条件不仅降低了经济作物的收益,还降低了其在世界市场上的竞争力。非洲出口经济作物以咖啡、可可、棉花、剑麻等为主,由于出口经济作物的种植是一种大规模的商品经济活动,面向海外,因此便利的交通条件是发展的关键,所以许多种植园分布在沿海地区以及铁路沿线地带。例如东非由沿海伸向内陆通向剑麻、可可区的北方铁路,服务托罗茶叶、咖啡产区的肯尼亚—乌干达铁路等。

对于落后的非洲大陆来说,铁路运输应该是最经济的运输方式。恶劣的气候导致非洲的公路难以维护,空运价格又很高,造成内陆国家的产品运不出去,丰富的矿石、原木也无法得到大量的开采。相对来说,铁路受恶劣气候的影响则较小一些,如果能建成高速可靠的铁路运输网络,非洲国家就能大幅降低进出口商品的运输成本,推动整个非洲经济的发展。意识到交通运输基础设施对其经济发展的重要性,非洲国家已经开始重视发展铁路运输,各国纷纷将其列入国家经济发展计划。一些非洲国家,尤其是西非国家,正在创造良好的内部环境,吸引海外投资者和海外建设队伍,来发展本国铁路产业。在铁路交通等基础设施建设方面,非洲各国打破传统铁路项目建设的理念,从自筹资金发展为吸引外资、低息贷款、他国捐赠、特许经营等方式发展铁路运输,建立全洲性的铁路网也已逐渐成为非洲各国的共识。2004年10月在利比亚首都的黎波里召开的非洲铁路联盟第二次会议上提出建设10大铁路通道的建议,并列出了10大铁路干线的清单,见表1-3-9。如果这10条铁路干线的建议能够实施,那么非洲的铁路运输将翻开崭新的一页,非洲经济也将迎来全新的面貌,这不仅有利于整个非洲民族的融合与团结共进,利于非洲各国间的交流联系,而且对非洲经济一体化有着特殊的意义。

表1-3-9　十大铁路干线

序　号	干线通道	连　接　区　域
1	北非通道	摩洛哥至阿尔及利亚、突尼斯、利比亚、埃及、毛里塔尼亚
2	东非—南非通道	坦桑尼亚至赞比亚、津巴布韦、莫桑比克、南非
3	北非—中非—南非通道	利比亚至尼日尔、乍得、中非、刚果、安哥拉、纳米比亚和南非
4	东北非通道	苏丹至埃塞俄比亚、肯尼亚、坦桑尼亚、乌干达
5	西非—中非通道	塞内加尔至马里、布基纳法索、尼日尔、尼日利亚和乍得、科特迪瓦至加纳、多哥至贝宁、尼日利亚及喀麦隆
6	东北非—西非通道	苏丹至乍得、尼日利亚
7	北非—西非通道	塞内加尔至毛里塔尼亚、摩洛哥
8	中非—东非通道	苏丹至中非、喀麦隆
9	东非—中非—南非通道	坦桑尼亚至卢旺达、刚果、乌干达、达累斯萨拉姆至戈基马、布隆迪
10	中非通道	喀麦隆至加蓬、刚果(金)

③ 水运。[1] 非洲是世界第二大洲,北临地中海,西濒大西洋,东为红海和印度洋,东北面和北面有两个狭窄地段——苏伊士地峡和直布罗陀海峡,与欧亚大陆分开。北对欧洲,东毗亚洲,西望美洲,非洲正好位于东西方联系的交通线上,成为世界上唯一的被重要航线包围的大洲。[2] 这使得非洲海运业在世界地位较为重要,每年货运装船量占世界13%。绝大多数沿海国都有现代化的港口,建立了自己的船队。从非洲大陆来看,水资源十分丰富,河流水量大、流域广,湖区降雨量充沛,但大部分河流流经高原山地,坡大流急,缺乏航运之利。主要的河流尼罗河、刚果河(扎伊尔河)等航道不稳,通航意义有限,这大大阻碍了非洲的经济发展进程。

非洲水运的特点:水运货物量年内变化幅度较大,受自然条件制约严重;海上货运出口大于进口,进出口货物品种单一;海港数量多,规模较小,设备较为落后;海港分布不均,发展情况亦存在差异;港口与区域之间的连接度不紧密。主要港口见表1-3-10、图1-3-10所示。

表1-3-10　非洲主要港口分布一览表

港口名称	中译名	港口代码	所属国家或地区	所属航线
ALEXANDRIA	亚历山大	EGALY	埃及	地中海
PORT SAID	塞德港	EGPSD	埃及	地中海
SUEZ	苏伊士	EGSUE	埃及	红海
PORT SUDAN	苏丹港	SDPZU	苏丹	红海
ASSAB	阿萨布	ETASA	埃塞俄比亚	红海
MASSAW	马萨瓦	ETMSW	埃塞俄比亚	红海
DJIBOUTI	吉布提	DJJIB	吉布提	红海
BANJUL	班珠尔	GMBJL	冈比亚	西非

---

① 王婵婵.非洲海港的特征及其未来发展战略[M]//姜忠尽."走非洲,求发展"论文集.成都:四川人民出版社,2008:165～192.
② 冯德显.非洲海港形成发展及其在非洲经济发展中的作用[D],1986年6月.

港口名称	中译名	港口代码	所属国家或地区	所属航线
CASABLANCA	卡萨布兰卡	MACAS	摩洛哥	西非
CONAKRY	科纳克里	GNCKY	几内亚	西非
MINDELO	明德卢	CVPGR	佛得角	西非
SANTIAGO	圣地亚哥	CVSCX	佛得角	西非
COTONOU	科托努	BJCOO	贝宁	西非
DAKAR	达喀尔	SNDKR	塞内加尔	西非
DOUALA	杜阿拉	CMDLA	喀麦隆	西非
FREETOWN	弗里敦	SLFRE	塞拉利昂	西非
LAGOS	拉各斯	NGLAG	尼日利亚	西非
LIBREVILLE	利伯维尔	GALBL	加蓬	西非
LOME	洛美	TGLFW	多哥	西非
LUANDA	罗安达	AOLAD	安哥拉	西非
TEMA	特马	GHTEM	加纳	西非
CAPE TOWN	开普敦	ZACPT	南非	西非
DURBAN	德班	ZADUR	南非	非洲
EAST LONDON	东伦敦	ZAELS	南非	非洲
JOHANNESBOURG	约翰内斯堡	ZAJOH	南非	非洲
PORT ELIZABETH	伊丽莎白港	USPOE	南非	非洲
BEIRA	贝拉	MZBEW	莫桑比克	东非
MAPPUTO	马普托	MZMAP	莫桑比克	东非
BERBERA	柏培拉	SOBER	索马里	东非
DAR ES SALAAM	达累斯萨拉姆	TZDAR	坦桑尼亚	东非
TANGA	坦加	CG	坦桑尼亚	东非
ZANZIBAR	桑给巴尔	TZZNZ	坦桑尼亚	东非
MOMASA	蒙巴萨	KEMBA	肯尼亚	东非
PORT LOUIS	路易港	MUPLU	毛里求斯岛	东非
PORTVICTORIA	维多利亚港	SCPVI	塞舌尔	东非
TAMATAVE	塔马塔夫	MGTMM	马达加斯加	东非

④ 航空。非洲的航空始于20世纪,具有经济意义的航空运输是从20世纪30年代开始的。1913年,法国的飞机第一次成功飞往突尼斯的比塞大,从此建立了北非同欧洲之间的空中关系。最初,航空主要是应用于邮政业务,如瓦赫兰—阿利坎特、马赛—帕尔马—瓦赫兰等航线,开始就只用于邮政运输。20世纪30年代起逐渐经营客运业务,不过当时非洲的客运一直以海运为主。到了第二次世界大战以后,航空的客运量才有较大幅度的上升。非洲主要国际机场见表1-3-11所示。

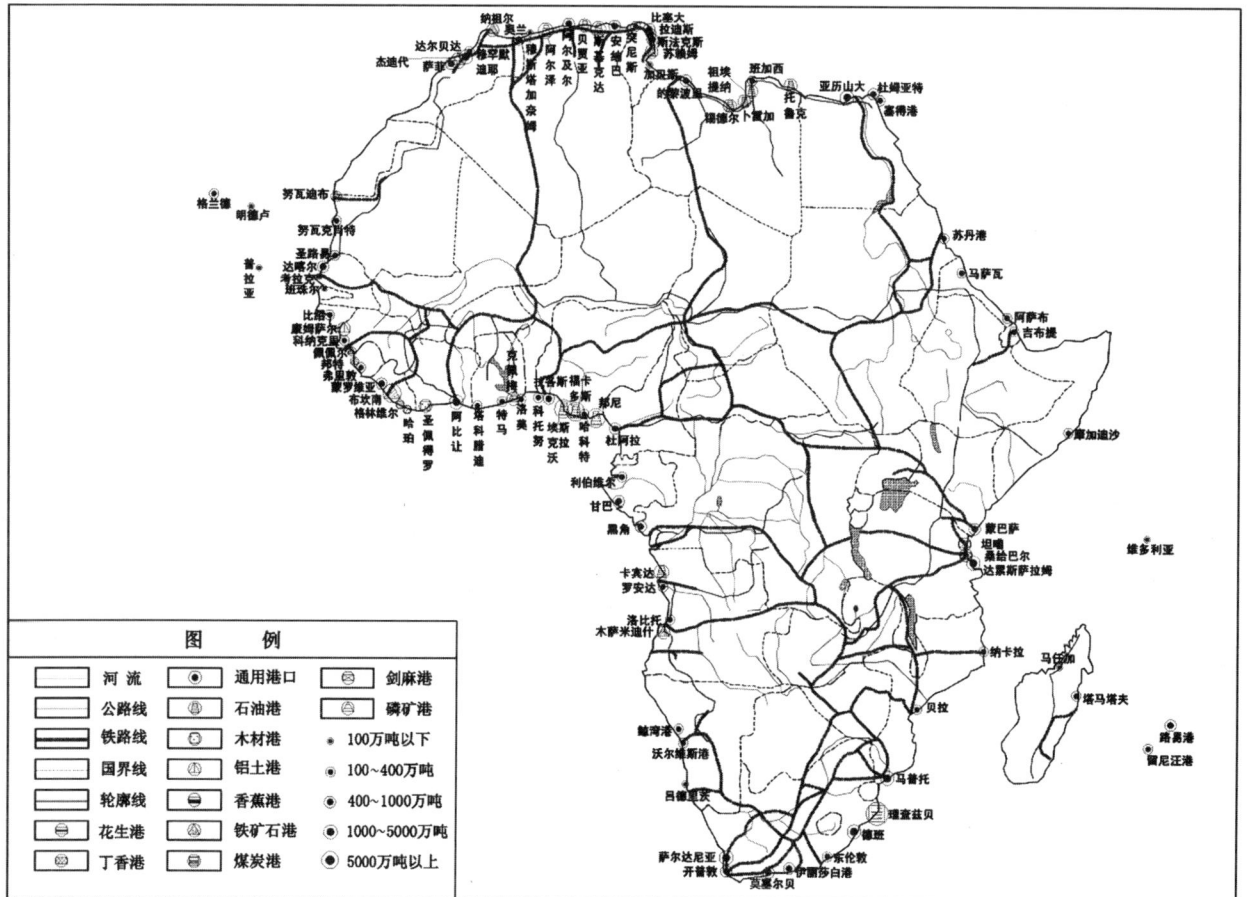

图 1-3-10 非洲主要港口分布图

表 1-3-11 非洲主要国际机场一览表

国家	机场中文	机场英文名	三字代码	国家	机场中文	机场英文名	三字代码
埃及	开罗	CAIRO	CAI	冈比亚	班珠尔	BANJUL	BJL
苏丹	喀土穆	KHURTOM	KRT	毛里塔尼亚	努瓦克肖特	NOUAKCHOTT	NKC
苏丹	马斯喀特阿曼	MUSCAT	MCT	中非	班吉	BANGUI	BGF
埃塞俄比亚	亚的斯亚贝巴	ADDIS—ABABA	ADD	喀麦隆	雅温得（首都）	YAOUNED	YAO
吉布提	吉布提	DJIBOUTI	JIB	赤道几内亚	马拉博	MALABO	SSG
肯尼亚	内罗毕	NAIROBI	NBO	乌干达	坎帕拉	KAMPALA	KLA
利比亚	的黎波里	TARABULUS	TIP	卢旺达	基加利	KIGALI	KGL
阿尔及利亚	阿尔及尔	ALGIERS	ALG	坦桑尼亚	达累斯萨拉姆	DAR-ES-SALAAM	DAR
阿尔及利亚	安纳巴	ANNABA	AAE	布隆迪	布琼布拉	BUJUMBURA	BJM
突尼斯	突尼斯	TUNIS	TUN	刚果	布拉柴维尔	BRAZZAVILLE	BZV
摩洛哥	拉巴特	RABAT	RBA	加蓬	利伯维尔（首都）	LIBREVILLE	LBV
摩洛哥	卡萨布兰卡	CASABLANCA	CAS	圣多美和普林西比	圣多美	SAO TOME	TMS
乍得	恩贾梅纳	NDJAMENA	NDJ	莫桑比克	马普托	MAPUTO	MPM
尼日尔	尼亚美	NIAMEY	NIM	马拉维	利隆圭	LILONGWE	LLW

国家	机场中文	机场英文名	三字代码	国家	机场中文	机场英文名	三字代码
尼日利亚	阿布贾	ABUJA	ABV	赞比亚	卢萨卡	LUSAKA	LUN
尼日利亚	拉各斯	LAGOS	LOS	津巴布韦	哈拉雷	HARARE	HRE
尼日利亚	哈科特港	PORT HARCOURT	PHC	安哥拉	罗安达	LUANDA	LAD
马里	巴马科	BAMAKO	BKO	博茨瓦纳	哈伯罗内	GABORONE	GBE
布基纳法索	瓦加杜古	OUAGADOUGOU	OUA	纳米比亚	温得和克	WINDHOEK	WDH
贝宁	科托努	COTONOU	COO	南非	约翰内斯堡	JOHANNESBURG	JNB
多哥	洛美	LOME	LFW	南非	德班	DURBAN	DUR
加纳	阿克拉	ACCRA	ACC	南非	开普敦	CAPE TOWN	CPT
科特迪瓦	阿穆苏克罗	YAMOUSSOUKRO	ASK	毛里求斯	毛里求斯	MAURITIUS	MRU
科特迪瓦	阿比让	ABIDJIN	ABJ	马达加斯加	塔那那利佛	ANTANNNARIVO	TNR
塞拉利昂	弗里敦	FREETOWN	HGS	科摩罗	莫罗尼	MORONI	YVA
利比里亚	蒙罗维亚	MONROVIA	MLW	塞舌尔群岛	马埃	SEYCHELLES	SEZ
几内亚	科纳克里	CONAKRY	CKF	塞内加尔	达喀尔	DAKAR	DKR

最初的航线大多是殖民地与它们的宗主国之间的连接线,航线不多,大型机场少,设备简陋。从20世纪50年代起,随着非洲国家的相继独立,各国的航空事业得到了迅速的发展。各国除了积极发展国内航线外,还十分注重开辟国际航线。

非洲的航空运输量在世界总量中所占的比重较小,但它的发展速度却超过了世界平均数。例如,1975年,非洲的航空旅客千米数只占世界(不包括中国和前苏联)的 3.1%,而它的增长率却高于世界平均数。1970~1975年世界旅客千米总量平均每年增长10%,而非洲为 18.8%。从空运总吨千米来看,非洲也只占世界(不包括中国和前苏联)的 2.9%,但是,非洲从1970~1975年平均每年增长 18.7%,而世界只有9.7%。

2. 邮电通讯[①] ▶ ▶ ▶

非洲不同国家邮政电信的市场环境和发展水平不尽相同,总体上邮电通讯事业落后,特别是广大农村地区电话普及率非常低,很多国家不同移动网络不能互联互通,数据传输基本上没有市场。从世界范围看,邮电分营的比例很高,中美洲加勒比海地区、北美洲占100%,东欧占94.74%,西欧占78.26%,南美洲占55.56%,亚洲及太平洋占40%,而非洲最低,仅占32.43%。但随着全球化进程脚步的加快,以及和其他国家在邮电通讯领域广泛开展合作,非洲的邮电通讯市场正进入快速增长期,发展前景良好。

非洲邮电通讯业最发达的国家是南非。南非邮政网络覆盖全国,且服务内容全面。目前,南非的邮政网点多达近2500个。南非的国家电讯公司是南非,同时也是非洲最大的电讯公司,全球的排名在30位以内。在南非可以直拨全球226个国家和地区的电话。南非还有发达的移动通讯业务,VODACOM和MTN两家公司包揽了南非的移动电话网络通讯业务。此外,南非的数据传输业务也很发达。

(1) 固定电话

固网在非洲发展至今时间很短,几乎和无线通讯同时起步。非洲地广人稀,沙漠地区面积广大,且天气炎热,有线线路的架设、维护成本较高。非洲部分地区局势不稳,对有线线路影响较大。南非拥有最大型的电话网络和最高的电话普及率,岛国毛里求斯和塞舌尔拥有着最高的电话密度,其次是纳米比亚、博

---

① 霍禹同.非洲通信业[M]//姜忠尽.第二届"走非洲,求发展"论坛论文集.南京:南京大学出版社,2011:185~189.

茨瓦纳和斯威士兰。在其他的国家中,电话密度都是低于10％的。事实上,在广大的乡村,却大约只有20％的电话安装数量。非洲固定电话的发展现状可以概括为总体发展水平低和发展速度缓慢。到2003年,非洲固定电话总用户数约为2500万,每百人中固定电话用户数平均仅有3.0,其中绝大部分为城市中的少数有钱人,农村地区和城市中的穷人很难享受电话服务。公用电话在非洲发展水平同样很低,据ITU(国际电信联盟)2002年报显示,全球约有35万部公用电话,其中仅有7.5万部分布在非洲,大约8500人才有一部公用电话,而世界平均水平是每500人即有一部。非洲固定电话发展缓慢,从1995年到2003年的8年时间里,每百人中的固定电话用户数仅从1.9上升到3.0,增长幅度很小。① 非洲地区的电话设施仍然十分缺乏,普及率很低,有很大的发展空间。

近年来,非洲固定电话变化不大,一般呈现用户缓慢下降的趋势。截至2007年9月底,非洲2843.5万固定电话用户中,有75％的用户集中在6个非洲国家。南非、埃及、阿尔及利亚、摩洛哥和突尼斯5国电信用户的总和,占到整个非洲的60％以上。比如,埃及的固定电话用户数是尼日利亚的9倍。

（2）广播电视

非洲广播电视诞生较晚。第二次世界大战以前非洲地区只有南非、埃及等极少数国家办有广播。战后随着民族解放运动的发展,各国都很重视兴办广播,因为非洲文盲多,交通又不方便,广播的传播效果远比报刊好。目前各个独立国家都有广播,绝大部分还办了电视。一般都是国营体制,经费来源有三种:国家拨款、收听收视费和广告费。

但是非洲广播电视的发展也面临诸多困难,主要是资金不足、专业和技术人员缺乏、制作力量薄弱。另外,居民收入水平低,许多地区缺乏电源,这又影响了接受工具的普及。目前全非洲收音机数量只占世界总数的6.5％,电视机数量只占世界的2.7％,而人口却占世界的1/8。地区和国家之间也不平衡,北非地区要比撒哈拉沙漠以南发达一些。收音机千人拥有数最高的是只有8万人口的岛国塞舌尔(560台),最低的是布基纳法索(34台);电视机千人拥有数最高的是加蓬(251台),最低的是乍得(1.4台)。②

（3）互联网

1993年以前,在非洲几乎找不到互联网。到了1997年,在几乎全部的非洲国家首都,都有可以提供互联网服务的地方了。到1999年3月,非洲的互联网用户数为114万,其中90万(80％)在南非。而目前全世界的互联网用户已达1.59亿,其中北美就占了55％,非洲的用户数只占全球的0.7％。在南非、津巴布韦和埃塞俄比亚,国有电信公司是它们各自国家里的主要互联网提供商。在别的国家,私有公司单独运营着这项业务。

非洲互联网处于起步阶段。截至2007年底,非洲约有5000万互联网用户,普及率约为1/20,一半以上互联网用户位于北非国家和南非。在撒哈拉沙漠以南非洲地区,只有3％的人口上网。非洲宽带普及率很低,截至2007年底,只有约200万固定宽带用户,宽带普及率不到1％,只有5个非洲国家宽带普及率超过1％。

（4）移动电话

20世纪80年代中期移动电话开始进入非洲,并且在南非、刚果(金)和毛里求斯等国家缓慢发展。到1997年,只有6个国家没有移动电话的网络。大多数移动网络的类型是基于GSM。由于地理和文化原因,非洲的移动通信已经超过了固定通信的数量,并且呈逐年增加的趋势。到1998年6月底,非洲的蜂窝移动通信用户总数为246万,比1997年6月底的141万增加了75％,高于当年全球51％的增长率。但1998年6月全球的蜂窝移动通信用户已达到2.48亿,非洲所占比例不足1％;而在非洲的蜂窝移动通信用户总数中,南非一国就占了75％。就普及而言,全非洲为0.5％,只有南非达到了相当于世界平均水平的4.8％。③

---

① 沈火林.非洲电信业发展现状分析[J].世界电信,2004(7):11.
② 张允若.外国新闻事业史[M].北京:人民日报出版社,2004.
③ 艾恩.非洲电信市场的现状、问题与潜力[J].世界电信,1999(10):37.

非洲的通信行业还远未成熟,有着巨大的潜在的发展空间。非洲的市场容量不可忽视,非洲各国对发展通信技术都表现出了极大的热情。在未来几年,非洲的通信业会有高速的发展。

六、农业发展的政策和资金条件

1. 促进非洲农业发展的内部政策 ▶ ▶ ▶

从长远看,非洲国家实现粮食自给大有可为,只要非洲各国切实加大对农业领域的投资力度,并因地制宜制定农业发展计划,非洲地区不仅可以实现粮食自给自足,还有潜力成为"世界粮仓"。非洲国家采取了与中国一致的农业战略定位,即农业是国民经济的基础。这为农业的发展创造了有利的环境。

作为非洲经济发展战略总体蓝图的"非洲发展新伙伴计划"(NEPAD)重视农业的发展,所以称其为"非洲经济增长的发动机"。21世纪以来,非洲各国纷纷进行农业战略的调整,一些以前摈弃了农业发展规划的国家也开始重新重视计划在农业发展中的作用。

但是,非洲的农业政策多数较为简单,或仅是一些原则。而且,非洲各国政策及战略措施实施的经验表明,由于受到内部力量和外部条件的制约,政府无力为农业提供更多的支持,也无力确保政策的执行和监管。以2003年非盟国家发表的《关于农业和粮食安全的马普托宣言》为例,非盟国家在这份宣言中承诺在五年内将10%的国家预算拨给农业和农村发展。来自19个样本国的数据显示,63%的国家划拨少于5%,21%的国家处于5%到10%之间,而仅有16%的国家达到了10%以上。[①]为贯彻NEPAD,非洲各国首脑签署的《非洲农业综合发展规划》(CAADP)是一个复兴农业增长、保障粮食安全和促进农村发展的框架性文件,重申签署国要将国家预算的至少10%用于农业发展。然而即使在用于农业发展的预算中,真正用于作物生产,特别是粮食作物生产的比例相当小。

可喜的是,许多非洲国家已认识到对农业的长期持续投入对于确保农业进入良性循环的重要性。西非国家经济共同体已决定到2010年将累计投资40亿美元,其中大部分用于帮助农村经济的主体——小型家庭农户。该组织还将通过其投资的发展银行,每年提供一亿美元,支持农业生产力的发展。

2. 非洲农业发展的国际援助 ▶ ▶ ▶

国际范围内对粮食安全的日益重视,也有利于非洲的农业发展。尽管自20世纪80年代以来,对农业部门的国际发展援助占总援助额的比重从19%下降到了4%[②],但作为全球援助的重点区域,对非洲的国际发展援助占总援助额的比例始终保持在1/3左右。进入21世纪以来,随着贫困、粮食安全等问题的出现,加上各国对21世纪发展目标(MDG)的承诺,各个援助方增加投入的意识有所提升。2009年G8峰会确定了200亿美元用于粮食安全和农业发展,其中很大比例流向SSA国家。官方农业发展援助的承诺在2007年达到1990年以来的最高值,即28亿美元,但仍比20世纪80年代的援助承诺均值低1亿美元。为了重新联合国际社会帮助农业和促进农村地区的发展,扭转发展中国家对农业投资日趋减少的趋势,把农村贫困人口的需求纳入到国家政策投资计划中,2005年世界银行制定了《农业和农村发展战略——走近农村贫困人口》计划书,倡导对工业国家的农业贸易和援助政策进行改革,并率先提高农业援助的规模。在世界银行的带动下,许多国家的援助机构均表示增加农业援助。

投向SSA国家的ODA(官方发展援助)始终保持在10亿美元以上。对于SSA国家而言,国际发展援助资金在农业财政预算中的比例依旧相当高。24个SSA国家的发展援助在其农业支出总量中的比例平

---

① NEPAD/Ajuba,2006.
② 2008年发展合作论坛报告:国际发展合作的趋势和进展.

均为 28%。① IMF 的统计数据表明,2005 年坦桑尼亚接受农业官方开发援助(ODA)总额为 5400 万美元,同年的农业总支出则为 3000 万美元,远低于农业 ODA 额度。

私人基金洛克菲勒基金会与比尔 & 梅林达·盖茨基金会 2006 年联手发起了一项庞大的农业援助项目,成立了"非洲绿色革命联盟"(AGRA),由联合国前秘书长安南担任主席。联盟初期投资 1.5 亿美元,承诺 5 年内每年投资 1 亿美元,资金主要用于研制更能抗病、抗旱的农作物种子,加强种子和化肥的流通网络,加强灌溉系统,以及通过大学培养非洲的农业科技人员。

外商直接投资(FDI)对非洲农业的发展也有着重要作用,但从 FDI 的产业流向来看,只有很小的比例流向农业部门。尽管投资额度不大,研究表明 FDI 也提高了农业生产率,但仅限于茶叶、糖业等经济作物。

总的来说,发展非洲农业,既需要非洲国家自身增加投入,又需要国际社会的长期援助。非洲国家由于长期积贫积弱,自身力量有限,但要有重视农业的主观投资意愿,而想要尽快摆脱粮食安全问题、发展农业,国际援助就显得尤为重要。

七、农业生产要素投入

1. 化肥 ▶ ▶ ▶

根据 FAO 的统计数据,非洲在农用生产物资化肥方面的投入远远低于世界平均水平,见表 1-3-12 所示。2007 年,世界人均肥料生产量为 26 吨/人,人均肥料消费量为 27 吨/人,而非洲人均肥料生产量仅为 6 吨/人,人均肥料消费量为 4 吨/人(如图 1-3-11)。2007 年非洲每公顷可耕地仅使用 18 千克肥料,而世界每公顷耕地使用肥料为 127 千克,非洲还未达到世界平均水平的 15%。从 2004~2007 年的肥料生产与消费趋势看(如图 1-3-12、图 1-3-13),世界肥料生产量和消费量都呈现逐年增长的趋势,而消费量的增长速度要高于生产量;非洲肥料生产量有所增长,而消费量却出现了逐年下降的趋势。

据分析,使用传统的农家肥,每公顷粮食产量可以提高 200~600 千克,如果同时加入化肥(60 千克氮和 30 千克磷),单产可增加 1600 千克。② 由于优质种子的成本高,而且在当地市场上难以获得,因此为了克服非洲农业发展的障碍,应加大农用物资的投入,增加化肥和农家肥的使用量。

表 1-3-12　2004~2007 年非洲与世界肥料生产量(吨)与消费量对比数据一览表③

年 份	非 洲		世 界	
	生产量	消费量	生产量	消费量
2004	5905129	4731767	165030171	163310249
2005	5552294	4898499	167193623	165423051
2006	5539810	4009742	169461713	170334797
2007	6104981	3911850	175561114	179472366

① 世界银行,2008.
② 李淑芹,石金贵. 全球粮食危机与非洲农业发展[J]. 世界农业,2008(10).
③ 资料来源:FAO 统计.

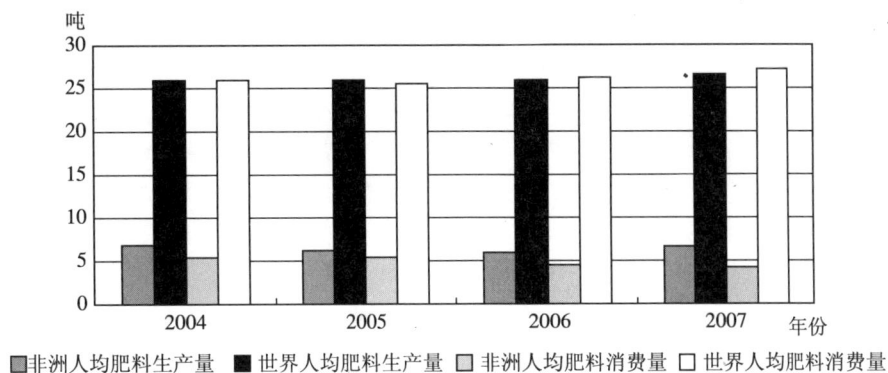

图 1－3－11 2004～2007 年非洲与世界人均肥料生产量与消费量对比图[①]

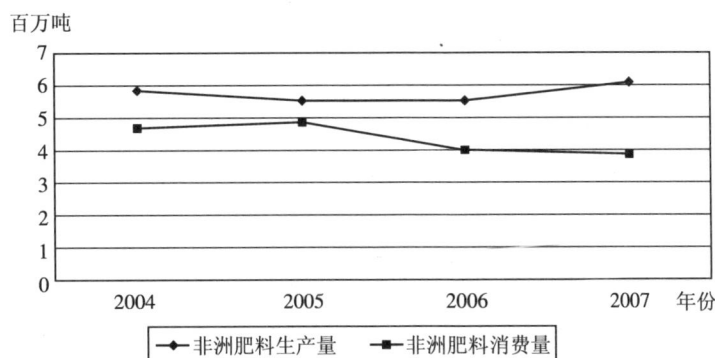

图 1－3－12 2004～2007 年非洲肥料生产量与消费量发展趋势图[②]

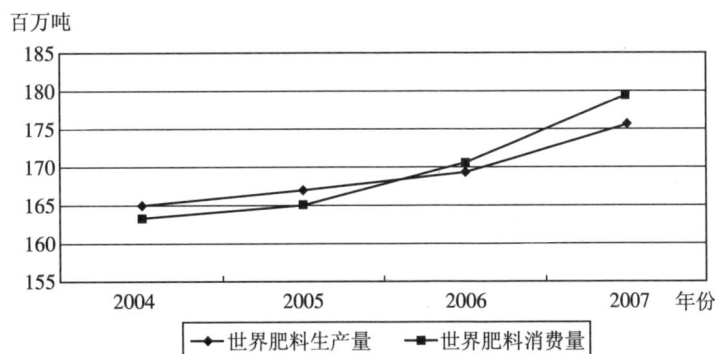

图 1－3－13 2004～2007 年世界肥料生产量与消费量发展趋势图[③]

2. 农药 ▶ ▶ ▶

非洲不少小农户,由于缺乏资金以及农作物价格低廉和旱灾等原因,几乎不使用肥料及农药,通常只在大型种植园和国家农场使用农药。在非洲的病、虫、草害(包括鸟害等)中,每年因病害损失 15.6％,因虫害及鸟害损失 16.3％,因杂草损失 16.6％,总计为 48.9％,在各大洲中居首。在脱粒、收获后的谷类贮藏时,因虫害和鼠害的危害损失也很大。[④] 此外近年来由于非洲一些国家农业生产持续下降,农民收入减

---

① 根据 FAO 统计制图.
② 根据 FAO 统计制图.
③ 根据 FAO 统计制图.
④ 张一宾. 非洲的农业和植物保护现状[J]. 中国农药,2007(2).

少,不少人盲目地使用农药来增加农作物产量,但滥用农药大面积污染了水源和土地,而且对居民和牲畜的生命构成了严重威胁。

非洲农药市场最大的国家是南非。南非的农药市场是个不断增长的市场,其农药市场总销售额大约为全球市场的 2%,而整个非洲市场销售额仅为全球的 3%。虽然其市场份额不是很大,却极具发展潜力。因为非洲各个国家粮食问题严重,大力发展农业是各国经济发展的基础,但是,受支付能力影响,很多国家不能直接从欧洲、美洲或亚洲购买农药。南非政府和银行等金融机构通过为南非农药贸易商、农场主提供各种形式的金融支持服务,使他们得以降低生产成本,并不断获得贸易机会和产品销售渠道。如今南非已成为南部非洲的贸易中心,其周边国家,如纳米比亚、博茨瓦纳、莱索托、斯威士兰、刚果、津巴布韦、莫桑比克等所需的农药主要从南非进口。随着非洲国家农业的发展,其农药需求将会越来越大。

3. 种子 ▶ ▶ ▶

非洲各国在新品种采用上一直处于较低的水平,在良种推广率上也非常落后,撒哈拉以南非洲国家的主要作物,如水稻、小麦、玉米、高粱、木薯、马铃薯,良种推广面积占各自播种面积的比例是世界上最低的[1],即使新品种推广较好的玉米和小麦也只达到 40% 和 60% 左右,水稻、高粱、木薯和马铃薯等非洲主要粮食作物的良种推广率仅分别为 22%、17%、19% 和 15%,而中国各主要作物的良种推广率都达到了 100%。[2]

非洲应推广使用高产优质种子,如杂交高产稻种等。据研究,在其他条件相同的情况下,仅使用高产种子,其产量可增加 25% 左右。但由于优质种子的成本比较高,在非洲市场广泛推行还存在一定困难。

非洲近年来也开始致力于新品种的开发和利用,如 2006 年成立的"非洲绿色革命联盟"(AGRA)旨在推进非洲的绿色革命。AGRA 计划在非洲开发 1000 个作物新品种,使其具有高产抗旱、耐贫瘠和其他环境胁迫的特性。目前,非洲新稻(NERICA)和抗花叶毒木薯(Mosaic Resistant Cassava)的推广成效显著。非洲新稻种植面积约为 20 万公顷,新木薯品种的种植面积达到了 25 万公顷。从总体水平来看,SSA 国家的良种推广的面积也在逐年增加。1970 年,SSA 国家的良种种植面积仅占到 1%,1980 年这一比重略升至 4%,1990 年增加到 13%,1998 年增加到 27%。[3]

第四节　农业发展史略

一、农业起源

非洲农业的产生与其地理环境有着密切的联系。非洲地形以高原为主,地势起伏不大,大陆地势由东南向西北倾斜,东南部为海拔 1000 米以上的高原及台地,包括埃塞俄比亚高原、东非高原、德拉肯斯堡山脉和开普山脉等;西北部大多是平均海拔不足 500 米的低高原。高原大陆内夹杂着盆地,河流水网密布,尼罗河、刚果河、尼日尔河为非洲的主要大河。[4]

---

① World Bank. Africa Development Indicators 2007 [R]. Washitong D. C.

② 蒋和平,孙祎琳. 我国农业植物新品种保护的现状与对策[J]. 农业科技管理,2001(6).

③ Beintema N. M., Eduardo Castelo-Magalhaes, Howard Elliott, and Mick Mwala. Agricultural Science and Technology Indicators:Zambia. ASTI Country Brief, No. 18, International Food Policy and Research Institute.

④ 姜忠尽. 世界文化地理[M]. 南京:江苏教育出版社,1997:256.

关于非洲农业起源的时期目前还不能得到确切的答案。已有证据表明,早在公元前五六千年撒哈拉地区就存在着农业社会的村庄,在那里找到了人们大量食用油棕和牛豆的证据。而通过来自毛里塔尼亚南部的提季特·瓦拉塔的研究,可以肯定的是,公元前 1000 年左右,在今天非洲纯属于沙漠的地方已经出现了发达的农业社会。关于非洲农业最早的文字记载是由阿拉伯作者提供的,通过研究证实,公元前 10 世纪前后,西非的农业已经相当发达。按伦敦大学非洲史教授罗兰·奥利佛的意见,赤道以南非洲在公元前 500 年前后从采集走向作物栽培。到公元前 1000 年,非洲大陆上虽然还存在少数以采集、狩猎为生的社会,但绝大多数地区已经确立了农业为主的社会。

公元前 3000 年,在撒哈拉以南西起大西洋、东至埃塞俄比亚高原的广阔草原地带,人们从当地的野生作物中培养出了小米、高粱等今天仍在非洲作为主食的谷物,随后这些品种传入中东。[①] 波尔梯勒在《农业起源》一书中,认为高粱起源于三个中心:西非、尼罗河—埃塞俄比亚地区和东非。他还认为小米栽培的中心有四个:南非、乍得湖地区、尼罗河地区和东非。

直至 20 世纪 60～70 年代,非洲作为世界农业的起源中心之一的结论才得到肯定。古代非洲存在着若干个农业发源地,大体上以尼罗河流域—北非、西非、东非等几个地带为中心发展起来[②],如图 1-4-1 和表 1-4-1 所示。

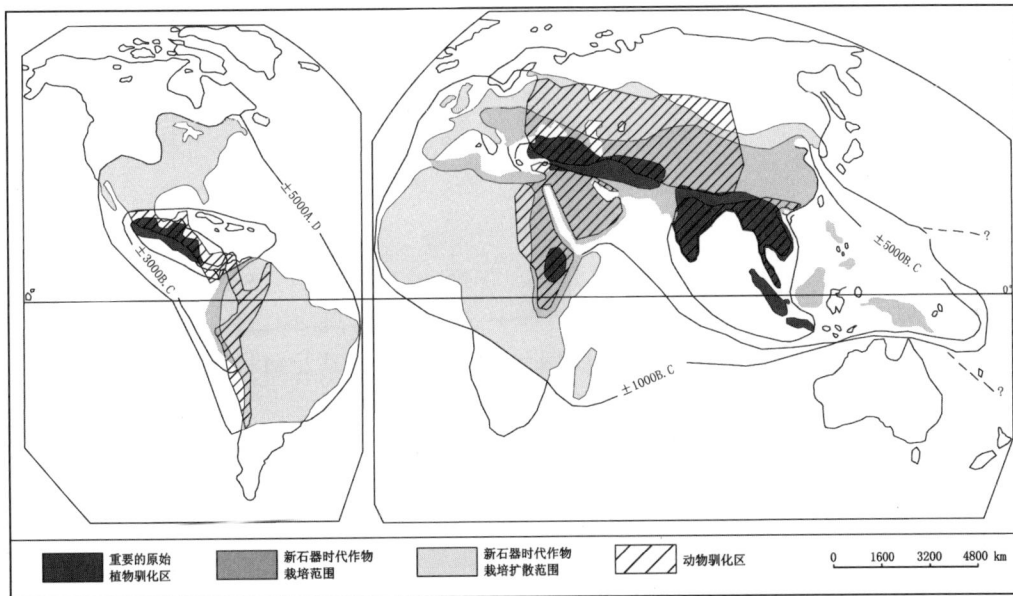

图 1-4-1　世界作物栽培扩散及动物驯化区图

表 1-4-1　非洲农业起源中心

起源中心	范　围	主　要　作　物	饲养牲畜
尼罗河流域—北非中心	埃及、尼罗河上游努比亚、苏丹地区以及利比亚至摩洛哥的狭长沿海地带和内陆撒哈拉的部分地区	大麦、小麦、蓖麻、亚麻、无花果树、枣椰树、桎树、芦苇草、豆类、稷类、油棕作物等	牛、猪、狗、绵羊、山羊
西非中心	塞内加尔河流域和尼日尔河的中、上游以及乍得湖盆地周围	蜀黍、密会狼尾草及蹄状狼尾草、多种黍状马唐植物、多种稻属植物、块茎作物、油料作物、薯蓣属植物、豆科植物、刺激性植物等	牛、狗、山羊、羚羊
东非中心	埃塞俄比亚、肯尼亚等在内的东非高原地区	蜀黍类植物、大麦、小麦、黑麦、高粱、芝麻等	牛、山羊、绵羊

① 屠尔康. 非洲农牧业的起源和发展[J]. 西亚非洲,1981(4).
② 陆庭恩. 非洲农业发展简史. 北京:中国财政经济出版社,2000:38.

1. 尼罗河流域—北非中心 ▶ ▶ ▶ ▶

该中心包括埃及、尼罗河上游努比亚、苏丹地区以及利比亚至摩洛哥的狭长沿海地带和内陆撒哈拉的部分地区。尼罗河分为上埃及(阿斯旺至开罗地区的狭长肥沃地带)和下埃及(尼罗河北部至地中海的三角洲地带),考古学者通过在这两个地带的发掘,证明埃及在新石器时期(公元前 6000 年至 3000 年)存在多种文化,有塔萨文化、纳加达文化、法尤姆文化、马阿迪文化等。各地区文化都存在不少差异,但都有其共同点:实行以农业为主的混合经济,即种植、畜牧、渔猎相结合。当时尼罗河流域的农业已经发展到相当高的程度,普遍种植的作物有大麦、小麦、蓖麻、亚麻,此外还种植无花果树、枣椰树、桎树及芦苇草等,养殖的牲畜有牛、绵羊、猪、狗,同时捕猎羚羊、鸵鸟、河马、鳄鱼、龟和鱼类等补充食用。

尼罗河流域的农业和畜牧业的发展对北非及其他地区的农牧业产生了深远的影响。北非的新石器时代文化是由当地传统和外来影响共同作用产生的,大体可分为地中海新石器文化、撒哈拉新石器文化和后期卡普萨新石器文化三种类型。在对北非地区的考古发掘中,证明当时该地区已有相当发达的农业,其中地中海新石器文化(公元前 5000 年至 3000 年)的发展程度最高。对阿尔及利亚的盖特拉遗址的发掘表明,当时开始出现从事农业的群体,并饲养山羊、绵羊和狗等。撒哈拉新石器文化(公元前 8000 年至公元前 3000 年)遗址位于北非内陆,阿尔及利亚的阿梅克尼遗址的发掘表明当时人们以群体方式聚居,主要作物为稷类、豆类和油棕作物,饲养牛作为主要畜力,同时以捕鱼(鲶鱼、鲈鱼)作为生计补充。后期卡普萨斯新石器文化遗址(公元前 5000 年至公元前 3000 年)分布在前两者之间,当时的人们以牛作为主要畜力。北非地区新石器时代的农业作物品种比较单一,以大麦、小麦为主,同时种植无花果和豆类,畜牧业以饲养山羊、绵羊、猪和狗为主。[①]

2. 西非中心 ▶ ▶ ▶ ▶

该中心的核心地带大致包括塞内加尔河流域和尼日尔河的中、上游以及乍得湖盆地周围,是尼罗河流域农业起源时发展形成的农业系统。公元前 4000 年末,西非农业已经传播到古代埃及和努比亚境内,同时也抵达今日的埃塞俄比亚。该中心的农业以多种蜀黍、密会狼尾草及蹄状狼尾草、多种黍状马唐植物、多种稻属植物、块茎作物、油料作物(如油棕、橄榄等)、薯蓣属植物等为主。豆科植物(落花生、大豆)、刺激性植物(如可乐果)均起源于西非中心。西非中心畜牧业出现时间早于种植业,以游牧为主,主要饲养牛、狗、山羊和羚羊。[②]

3. 东非中心 ▶ ▶ ▶ ▶

该中心包括埃塞俄比亚、肯尼亚等在内的东非高原地区。约在公元前 2000 年,埃塞俄比亚高地出现定居农业,种植的作物以蜀黍类植物、大麦、小麦、黑麦、高粱、芝麻为主。考古学家认为,该地的农业传统有两类,北部建立在谷物和油料作物种植的基础上,西南部以种植香蕉等作物为主。约公元前 1500 年,农作物种植向南方传播,东非裂谷地带成为农业传播的走廊,从埃塞俄比亚高地传播到肯尼亚和坦桑尼亚裂谷两边的高地,并向周围扩展。该中心畜牧业饲养出现得比种植业早,以饲养牛、山羊、绵羊为主。[③]

二、起源的农作物种类

经研究表明,约有 250 种以上的农作物起源于非洲,大体上可以分为谷类作物、豆类作物、油类作物、

---

① 陆庭恩.非洲农业发展简史[M].北京:中国财政经济出版社,2000:38~41.
② 李继东.非洲农业的起源和发展[J].农业考古,1991(4):70.
③ 陆庭恩.非洲农业发展简史[M].北京:中国财政经济出版社,2000:43~44.

块茎作物、纤维作物、瓜果作物、饮料作物、染料作物等八类。①

1. 谷类作物 ▶ ▶ ▶

▶ 非洲稻,与亚洲水稻有别,具有坚硬笔直的散穗花序,颖果呈棕色或红色,起源于塞内加尔河、冈比亚河上游和尼日尔河中下游。栽培水稻从尼日尔河三角洲向周围扩散,遍布西非和几内亚湾广大地区。

▶ 高粱,即约翰逊草,起源于西非、尼罗河流域—北非、东非三个中心,向世界其他地方扩散。高粱在非洲不同地域生长,如生长于西非的芦粟、塞内加尔的珍珠粟、几内亚的分枝粟等,有着不同的地域特色,高粱后广泛传播于印度等地。

▶ 小麦,因品种不同,起源地不同,如硬小麦起源于埃塞俄比亚。

▶ 塔夫稷,起源于埃塞俄比亚,现为东北非一带的主要谷物。

▶ 佛尼奥,起源于西非地区,现仍是喀麦隆北部及塞内加尔至乍得湖周围一带居民的主要食物。

▶ 画眉草,起源于埃塞俄比亚,至今是西北地区少数民族食用的主要谷物。

2. 豆类作物 ▶ ▶ ▶

▶ 苜蓿,源于埃及的土著作物,与当地的羽扇豆一起作为饲料供牲畜食用。

▶ 豇豆,起源于西非地区几内亚湾内陆一带,后传播至东非、南非和北非广大地区。

▶ 地豆,起源于西非,生长习性类似于南美起源的花生。

3. 油料作物 ▶ ▶ ▶

▶ 蓖麻,起源于东非,用以榨油,远古引种至亚洲,后传入美洲、欧洲。

▶ 芝麻,品种繁多,起源于西非,后传入东非、北非。

▶ 卡利特,起源于西非,一种形状像梨的油料作物,取其核制油,用作照明,与泥土混合后可作为涂料,可食用。

▶ 油棕,起源于赤道非洲,最早在刚果河下游培育,用于制取棕油,后遍及热带森林地区。

4. 块茎作物 ▶ ▶ ▶

▶ 黄秋葵,起源于西非地区,后向非洲其他地区扩散,埃及及加勒比海的安提瓜、巴巴多斯种植较多。

▶ 薯蓣(几内亚薯),起源于西非几内亚湾和内陆,向南传播至喀麦隆和刚果河盆地,品种繁多,有黄色薯蓣、白色薯蓣、甜味薯蓣、苦味薯蓣等,是当地居民的主要食物。②

▶ 薯豆,其籽和根茎可食用,味甜,起源于西非地区,后传入中部非洲及广大地区。

▶ 薄荷属薯(卡费尔土豆),起源于西非南部地区及其邻近地带,后传入印度。

▶ 无果实香蕉(埃塞俄比亚香蕉),茎可食用,起源于埃塞俄比亚,至今已遍布南部地区。

5. 纤维作物 ▶ ▶ ▶

▶ 棉花,起源于西苏丹地区一种名叫 G. anomalum 的野生植物,史前传入印度,后传入东非及北非地区,公元前6世纪传入埃及。

① 陆庭恩.非洲农业发展简史[M].北京:中国财政经济出版社,2000:45～51.
② 李继东.非洲农业的起源和发展[J].农业考古,1991(4):71.

➤ 安姆巴利,起源于西非,并在该地区广泛种植,东非的一些地方也种植这种植物,可在撒哈拉沙漠中生长。

6. 瓜果作物 ▶ ▶ ▶

➤ 葫芦(匏瓜),起源于西非,公元前2000年传入埃及。

➤ 西瓜,起源于非洲,古代西非居民进行栽培,供食用,此外还用其瓜子榨油,后传遍整个非洲。

➤ 南瓜,起源于西非,后传入赤道以南地区。

➤ 央加,形似黄瓜,起源于西非。

➤ 阿奇,形似苹果,起源于西非。

➤ 龙葵,起源于西非,果实可食用。

➤ 合欢树,起源于苏丹。

7. 饮料作物 ▶ ▶ ▶

➤ 咖啡,起源于东非埃塞俄比亚高地,用来做刺激性饮料,后传入波斯、也门、印度尼西亚和斯里兰卡。

➤ 可乐树,起源于西非草原地带,用来做刺激性作料,果实可食用,也可用来做饮料品。

➤ 落生葵,呈红色,起源于西非,可用来做饮料品,后传遍整个非洲大陆。

8. 染料作物 ▶ ▶ ▶

➤ 红蓝,起源于埃塞俄比亚,后传入埃及。

三、古代非洲农业区域的形成与发展

古代非洲因其地理环境的差异,各地区的经济、社会发展不一,其农业的发展亦不平衡。随着生产力的发展、国家兴衰的影响,古代非洲逐渐形成了四个农业区——东非高原农业区、西非内陆农业区、尼罗河流域—北非地中海沿岸农业区以及赤道以南农业区(包括刚果河流域、东非印度洋沿海和湖间地区、南部非洲腹地等),见表1-4-2所示。

1. 东非高原农业区[①] ▶ ▶ ▶

该区包括埃塞俄比亚、厄立特里亚、肯尼亚等地,是非洲原始时代农牧业起源的一个重要中心。原始时代的埃塞俄比亚是农业和牧业的社会,据考古发现,其牲畜的饲养早于农作物种植。公元前1000年,随着萨巴人和其他一些部落的居民进入埃塞俄比亚的东北部及厄立特里亚,这些地区开始种植大麦、小麦,生产工具也丰富起来,开始使用摇动犁进行耕作,同时饲养牲畜的技术也得到提高(如对牛、羊进行挤奶等技术)。

公元前700年,居住在埃塞俄比亚和厄立特里亚的人种群体积极向外扩张,建立了阿克苏姆王国。阿克苏姆王国包括了厄立特里亚在内的埃塞俄比亚北部地区,西至苏丹南部领土,东至阿拉伯半岛西南部。当时的人们大多从事农业和牧业,牛拉犁耕田已被普遍使用,铁器工具(铁犁头、铁弯刀、铁锄等)已广泛用于生产。农作物种类丰富,除大麦、小麦、扁豆、豌豆外,还种植棉花、芝麻、花生、葡萄、烟草等,但在农产

---

① 陆庭恩.非洲农业发展简史[M].北京:中国财政经济出版社,2000:85~89.

品中缺乏蔬菜和水果。此外,阿克苏姆人还大量养殖牛、山羊、绵羊、马、驴、骡等。人们挤牛、羊奶制成黄油用作妇女化妆品。此外,养蜜蜂也很普遍,制造蜂蜜、蜜酒供食用,同时捕捉和饲养大象,用于搬运农产品。

公元 7 世纪起,由于北方部落不断南下侵犯,阿克苏姆王国开始衰落了,其政治中心不断南移,进入中部地区,与外界联系的通道不复存在。由于孤立、隔绝,加上内部统治集团的纷争,阿克苏姆王国越来越与外界隔绝,经济越来越落后,其农业的发展停滞不前。

2. 西非内陆农业区[①] ▶ ▶ ▶

该区主要包括尼日尔河上游和塞内加尔河、冈比亚河交界地区(简称"三河交界区"),尼日尔河中下游地区,乍得湖周围和尼日利亚北部周边地区,其农业是由距今 6000 年前黑色人种独立发展起来的。三河交界区是西非农业的最早起源地,当地的部落发展了农业。

13 世纪中叶,原臣服于加纳的马力王国起兵征服加纳并占领苏苏王国、麦马国、桑卡拉国等,建立了马里帝国。当时马里大力发展农业,鼓励开垦荒地,扩大耕地面积,种植稻谷、高粱、蔬菜,同时引进棉花种植和棉纺加工技术。15 世纪末,马里帝国广泛种植棉花,大量生产纺织品并出口。

从 15 世纪初,西非内陆地区经济、政治中心逐渐向尼日尔河中游转移,桑海王国趁马里帝国衰败之际迅速崛起。15 世纪末,桑海帝国的疆域西至塞内加尔河上游,北部深入撒哈拉沙漠腹地,控制着塔加扎产盐区,东至与加涅姆—博尔努王国接壤的阿加德兹,扼制了通往突尼斯和埃及的商道,兼并了一些豪萨人建立的城邦,南占尼日尔河河曲地带。当时桑海王国的农耕实行锄耕和热带大草原的轮耕制,焚烧草木作为化肥,实行选种、深耕,使用粪肥,并在河谷中发展园艺作业。国家大力发展水利,挖掘运河,将尼日尔河水引进干旱贫瘠的沙漠地带,组成水利灌溉网络。尼日尔河流域人口稠密,是农业的中心,那里的居民主要从事农业,也兼营渔业和畜牧业(以养牛为主)。此外,乍得湖和尼日利亚北部的周边地区也早已开始种植高粱、稻米、小米。

公元 10 世纪末,豪萨人建立了城邦,在豪萨地区(尼日利亚北部的周围地区,东接加涅姆—博尔努王国,北至阿伊尔高原,西到尼日尔河流域,南达乔斯高原)大力发展农业。主要作物有稻米、小米、高粱、豆类、槐蓝、棉花等,棉花主要用于纺织。此外,牲畜放牧是豪萨人普遍重视的一项生产活动,主要饲养马、驴、骡、牛、山羊、绵羊等。同时驯狗用于看家与放牧。

3. 尼罗河流域—北非地中海沿岸农业区[②] ▶ ▶ ▶

该区包括埃及、苏丹和北非沿海的马格里布诸国。古代埃及是非洲大陆上最早出现的国家,大体经历了王朝时期、外来占领时期、阿拉伯化和奥斯曼帝国时期三个阶段。古埃及人利用尼罗河水从事灌溉农业,农作物非常丰富,有大麦、小麦、亚麻、蔬菜、葡萄、橄榄、纸草、香料等。饲养的牲畜主要有绵羊、牛、驴、猪,牛牵犁,驴负载,猪供食用。

公元 16 世纪初至 19 世纪初,奥斯曼帝国时期的农业主要依靠冬季播种,来年春季收获。冬季作物约占全年播种面积的 80%,主要有大麦、小麦、苜蓿、亚麻、豆类、葱、蒜、粟等,夏季种植的作物则以大麦、西瓜、蔬菜、甘蔗、棉花等为主。由于当时埃及居民多以麦、豆类为主食,因此大麦、小麦、豆类作物、亚麻等的种植几乎遍及整个埃及,而棉花、甘蔗、玉米、高粱、葱等则主要产于上埃及和中埃及地区,大米则主要集中在尼罗河三角洲地区种植。

古代苏丹的农业起源可以追溯到公元前 3000 年左右,它与埃及的频繁接触促进了农业的发展。公元前 2000 年,在尼罗河上游第二瀑布与第六瀑布之间出现了一个库施国。当时的农作物以谷类为主,主要是当地的高粱以及大麦、小麦,棉花是主要的经济作物,此外还种植豆类(扁豆)、黄瓜、葫芦、葡萄等,果树

---

① 陆庭恩. 非洲农业发展简史[M]. 北京:中国财政经济出版社,2000:76~77.
② 陆庭恩. 非洲农业发展简史[M]. 北京:中国财政经济出版社,2000:53~75.

的培植技术也较为发达。当时果园林立,枣树、苹梨为大宗作物。同时畜牧业也得到了相应程度的发展,普遍饲养牛、羊、驴兼养鸡。

北非地中海沿岸诸国,包括利比亚、突尼斯、阿尔及利亚和摩洛哥,在古代也是尼罗河流域—北非地中海沿岸农业区的一个重要组成部分。公元前 4000 年后,北非地中海沿岸的居民从埃及学会了栽培农作物和饲养家禽。公元前 2000 年时,他们种植的农作物已相当丰富,主要是大麦、小麦、无花果、蚕豆、鹰嘴豆等,此外还种植葡萄、椰枣树、橄榄树。饲养牲畜以绵羊、山羊和牛为主,牲畜是财富的象征。

公元前 1400 年左右,居住在西亚地中海沿岸、从事海外商业活动的腓尼基人开始霸占柏柏尔人活动的农牧业发达地区,建立了一系列殖民据点性质的商业城市,其中以迦太基(突尼斯沿海)为盛。当时人们普遍种植大麦、小麦、豆类、亚麻、芝麻等,大麦、小麦和豆类是人们主要的粮食。此外迦太基统治者十分重视种植葡萄、石榴、无花果、胡桃、橄榄、梨等作物,葡萄用以酿酒,橄榄用以榨油。迦太基人重视畜牧业,不仅大量饲养马、驴、骡、牛、山羊、绵羊等,还驯象、养鸡、养蜂。

公元 429 年,北非地区经历了汪达尔人、托勒密王朝、拜占庭帝国和阿拉伯帝国的统治,这个时期的农业呈多样化发展,出现了许多过去没有的农作物,如谷类中的粟既有亚洲类型,也有意大利类型,此外还有裸麦、燕麦。染料作物和油料作物也丰富起来,有郁金、靛青、白芥子、黄花等。根、茎、叶类作物有菠菜、胡萝卜、马齿苋等。水果中也有了新品种,出现了以前没有的柠檬、枸杞、樱桃、桃、橘等。

4. 赤道以南农业区[①] ▶ ▶ ▶

该地区包括大陆南半部,从西非的比夫拉湾到东非沿海马林迪一线以南,约占整个非洲大陆领土的 1/3 以上。该区的农业发展是同班图人的大迁徙紧密相连的。[②] 班图人的迁徙使得锄耕农业不断向赤道以南地区扩展。

古代刚果国是西赤道非洲班图人建立的最强大的国家,其领土包括安哥拉西北部、刚果(金)西南部和刚果的一部分,是一个以农业为主的国家,其居民主要从事农业兼营捕鱼。农作物主要以木薯、甘薯、高粱、玉米、香蕉为主。

大湖地区(维多利亚湖、坦噶尼喀湖、基武湖、爱德华湖、艾伯特湖之间的辽阔湖沼地带)是班图人较早迁徙到达的地带,班图人还与当地的土著逐渐融合,形成了新的氏族。这些氏族普遍从事农业,种植农作物,主要有小米、高粱、玉米等,有的还种植香蕉、花生、甜薯和山芋,普遍实行灌溉和集约耕作的方法。此外,有些氏族还饲养了绵羊、山羊、狗、鸡和蜜蜂。

东非海岸地区(东非沿海自索马里首都摩加迪沙至莫桑比克境内索法拉沿印度洋海岸地带)是班图人到达大湖地区后随即到达的地区,普遍种植高粱、小米和其他粟类作物,以饲养狗、鸡、牛、驴为主。

公元前 12 世纪左右,开始出现一系列城邦国家,这些国家普遍以农业生产为主,辅以渔业、采矿业。农业种植以薯类(卡拉里)、豆类、高粱、玉米为主,此外还种植椰子、柠檬、甘蔗、槟榔、蔬菜和香草。沿海和诸岛屿居民种植的椰子树是农业的重要项目,棉花种植也较为普遍,陶制纺锤的利用促进了纺织业的发展。此外人们还出海捕鱼,出口珍珠、贝壳、玳瑁以获取资金。

公元 1000 年至 1600 年,班图人逐渐进入南非。到 18 世纪中叶,班图人在南非的迁徙活动基本结束。此前的南非地区非常落后,班图人的到来逐渐改变了南非的经济形势。玉米是当时主要的农作物,此外还遍地种植粟类作物、花生、地豆、蚕豆、葫芦、西瓜、南瓜、红薯和稷等。畜牧活动以定居为主,饲养牛、绵羊、山羊、马、骡、狗、猪等,牛是财富的象征。

① 陆庭恩. 非洲农业发展简史[M]. 北京:中国财政经济出版社,2000:89~97.
② 葛佶,等. 简明非洲百科全书(撒哈拉以南)[M]. 北京:中国社会科学出版社,2000:63.

表 1-4-2 古代非洲的农业区域

农业区域	范 围	主要作物	饲养牲畜
东非高原农业区	埃塞俄比亚、厄立特里亚、肯尼亚等地	除大麦、小麦、扁豆、豌豆外,还种植棉花、芝麻、花生、葡萄、烟草等	牛、山羊、绵羊、马、驴、骡等
西非内陆农业区	尼日尔河上游和塞内加尔河、冈比亚河交界地区,尼日尔河中下游地区,乍得湖周围和尼日利亚北部周边地区	稻谷、高粱、蔬菜、棉花、小米、槐蓝等	马、驴、骡、牛、山羊、绵羊等
尼罗河流域—北非地中海沿岸农业区	埃及、苏丹和北非沿海的马格里布诸国	大麦、小麦、亚麻、蔬菜、葡萄、橄榄、纸草、香料、苜蓿、木薯、亚麻、豆类、葱、蒜、粟、玉米、香蕉、无花果、蚕豆、椰枣树等	绵羊、牛、驴、猪等
赤道以南农业区	大陆南半部,从西非的比夫拉湾到东非沿海马林迪一线以南	木薯、甘薯、高粱、玉米、香蕉、粟类作物、花生、地豆、蚕豆、葫芦、西瓜、南瓜、红薯、稷等	狗、鸡、牛、绵羊、山羊、马、驴、骡、猪等

四、殖民统治时期的农业(出口经济作物的畸形发展)

殖民统治确立后,殖民者加快了对非洲土地的掠夺,非洲的农业产生了巨大的变化。殖民者利用各种手段巧取豪夺,霸占大片肥沃的土地,然后将霸占的土地转交给垄断公司开辟种植园,或转交给白人移民建立农牧场,实行雇佣劳动,从而在非洲大陆发展资本主义的生产关系和土地占有形式,出现资本主义性质的商品性农牧业。殖民者在非洲强制推行单一经济作物制,把非洲变为宗主国的原料基地,将农民的生产同市场联系起来,使得非洲农业生产严重依赖国际市场,而且排斥了粮食生产和畜牧业,导致非洲国家粮食自给自足的能力下降,从粮食出口国变为粮食进口国,从根本上动摇了自给性经济的基础。[①]

非洲出口经济作物种植业的发展始于 19 世纪末,形成于 20 世纪 20～30 年代。它的发展完全是出于西方殖民者开辟原料来源,掠取非洲财富的需要。在这个过程中,非洲农村原有的自然经济及其生产结构不同程度地趋于瓦解,并被强行纳入资本主义国际劳动分工。资本主义商品性农牧业和小商品经济的形成使得非洲出现了许多集中的经济作物产区,包括埃及和苏丹尼罗河流域的棉花产区,东非沿海及附近岛屿的剑麻、丁香产区和内陆的棉花、咖啡、茶叶产区,西非沿海的可可、橡胶、棕榈、咖啡产区和内陆的花生、棉花产区,南部非洲的烟叶、甘蔗产区等。此外还在东非的部分地区和南部非洲地区形成了一些商品性粮食产区和畜牧业产区。今日非洲农业分布的格局,大体上就是在这一时期形成的。

这种片面倚重一两种出口作物的结构,造成了整个农业甚至国民经济的不均衡,使得国家经济严重依赖国际市场,经常受到外部因素的剧烈冲击,越来越脆弱,成为了独立后非洲国家经济发展的障碍,是影响独立后多数非洲国家经济发展的不利因素。[②]

1. 棉花 ▶ ▶ ▶

棉花是许多国家被迫种植的一种重要作物。1882 年英国殖民者占领埃及后,开始把埃及变成英国的棉花种植园。后来西方殖民者在苏丹、乌干达、尼亚萨兰等地加紧发展棉花种植,将种植谷物的土地

① 曾尊固,等.非洲农业地理[M].北京:商务印书馆,1984:63～64.
② 同①.

改种棉花。1905年乌干达首次出口棉花54包,1915年增至32535包,10年增加了600倍。此外,法属西非殖民地的一些地区(尼日尔河盆地、多哥中部平原),以及尼日利亚、肯尼亚、坦噶尼喀等也是重要的产棉区。

2. 可可 ▶ ▶ ▶

可可盛产于东非和西非殖民地。黄金海岸(加纳)可可豆的出口量急剧增长,从1901年的536吨增长到1939年的23.6万吨。自20世纪中期起,黄金海岸的可可豆出口量始终保持在当时世界可可供应量的50%左右。1891年加纳首次出口可可0.03吨,而到1926年出口量增至23.1万吨,几乎占了世界总产量的一半,35年内增幅达770万倍。此外,尼日利亚、喀麦隆、科特迪瓦、多哥等地区的可可出口量也在增加,非洲90%的可可都输往国际市场。

3. 咖啡 ▶ ▶ ▶

咖啡的产地遍布撒哈拉以南非洲的许多地区,以东非的埃塞俄比亚,西非的科特迪瓦、乌干达、肯尼亚、坦噶尼喀最为重要,此外还有刚果、马达加斯加、安哥拉等国。1948~1952年,非洲大陆的咖啡年产量为28万吨,而1959年咖啡产量增至670万吨。

4. 花生 ▶ ▶ ▶

殖民时期非洲的花生种植业发展迅速。从塞内加尔起,整个西部海岸地带到南非,以及中非各国的广阔地带,都遍植花生,全非洲的花生产量从1934~1938年的平均年产量190万吨,增至1957~1960年的平均年产量4000万吨。20世纪50年代非洲花生产量在世界上的份额占到了30%左右。

5. 茶叶 ▶ ▶ ▶

茶叶主要产于东非地区,尼亚萨兰和肯尼亚是其重要的产地。茶叶种植投入大,一般多产于欧洲人经营的农场。由于茶叶价格的提升,20世纪50年代非洲茶叶在世界市场上的份额占到了40%~50%。

6. 橡胶 ▶ ▶ ▶

橡胶集中于利比里亚、刚果(金)、加蓬、刚果、中非、乍得。非洲天然橡胶的生产和采集在20世纪20年代后得到了很大发展。

7. 油棕产品 ▶ ▶ ▶

棕榈仁和棕榈油是殖民者在非洲进行掠夺的重要油料作物产品。英国在其西非殖民地,法国在赤道非洲殖民地和西非殖民地迫使当地居民栽培油棕,采集其果实进行加工,然后将油棕产品运往欧洲。至20世纪50年代,非洲油棕产品在世界市场上的份额约为80%。

除了上述几种经济作物外,丁香、葡萄、剑麻在一些非洲地区的产量都很高。丁香集中产于莫桑比克。剑麻集中产于肯尼亚、坦噶尼喀、安哥拉、莫桑比克,20世纪50年代非洲剑麻的产量占到了世界份额的65%。非洲一些地区还盛产水果,如菠萝、香蕉、葡萄、柑橘等,水果的出口在几内亚、埃及、突尼斯、阿尔及利亚、南非等国的对外贸易中占据重要地位。

非洲经济作物的片面发展,使得许多地区的国民经济严重依赖于一种或少数几种农产品,农作物的耕地面积急剧减少,产量低下,当地的粮食供应问题日益凸显,国民经济基础十分脆弱,财政收入和人民生活都受到了世界市场的严重制约。

五、独立时的农业特征[①]

1. 生产技术落后,自给型农业占主导地位 ▶ ▶ ▶

在西方殖民主义入侵之前,非洲基本上是以农业为基础的自给自足型的自然经济。西方殖民统治后,为了将非洲变成世界的原料供应地而兴办了种植园和农场,并采用资本主义的经营方式,雇用廉价的非洲劳动力,采用现代生产技术以提高生产率和商品化程度。直到非洲独立时,这些种植园和农场仍主要集中在经济作物产区,绝大部分非洲地区的农业仍处在自给或半自给状态。非洲从事自给型农业生产的劳动力约占整个农业劳动力的80%,其耕地面积约为总耕地面积的70%。同时,这一时期的生产方式落后,因受尽殖民主义与本地封建地主、氏族头人、部落酋长的剥削,广大农民根本无法改变生产工具和耕作方法,部分地区甚至停留在刀耕火种和土地轮作制阶段。

2. 经济作物单一,粮食无法自给 ▶ ▶ ▶

西方殖民者统治非洲期间,为满足宗主国需要,在非洲片面发展采矿业,并侵占大量良田,大力推行单一经济作物,此外还采取各种强制措施迫使当地农民种植规定的出口作物。这种掠夺性强制措施造成了非洲农业的畸形结构,粮食种植面积大量减少,许多国家的粮食不能自给,依赖进口,造成粮食日益短缺。

3. 土地制度复杂多样 ▶ ▶ ▶

西方殖民主义侵入非洲前,非洲土地制度主要有部落村社土地占有制和封建土地占有制。西方殖民主义侵入非洲后,公开侵占良田,兴办农场种植园,甚至有些地方还鼓励非洲农民个人开发土地,并向他们颁发土地证书,然后让他们种植某种经济作物,形成个体农民经济。这些个体农民所占的小块土地,名义上仍属公有,但其使用权可以转让、出租和买卖。此外,非洲本地的一些酋长、封建地主,也在白人农场和种植园经济的刺激下在自己占有的土地上兴办农场和种植园。如此一来,到非洲独立时,除了少数地方停留在原始公社所有制之外,非洲的土地制度大体有三种类型。

(1)封建土地占有制居优势,同时存在白人移民土地占有制和非洲人种植园占有制

这种土地制度主要存在于北非诸国和埃塞俄比亚。封建土地占有制在西方殖民者入侵非洲前就盛行于北非诸国和埃塞俄比亚。西方殖民者入侵后,为了巩固和扩大各自国家的实力,对封建地主阶级采取扶持政策,封建地主阶级的势力得到了加强。在这些国家中,大部分土地集中在封建地主阶级和外国公司手里,90%的农民没有土地,受到严重的剥削,生活贫困,无力发展生产。

(2)白人移民土地占有制居优势,同时存在氏族、部落村社土地占有制和非洲人种植园土地占有制

这种土地制度主要存在于非洲的东部和南部。西方殖民者在侵占非洲某一国家后,通常将这一国家的土地收归宗主国或殖民当局所有,任其支配和使用,而且通常占领的土地土质肥沃,矿产丰富。殖民者在霸占的土地上大力兴办农场和种植园,大力开采矿产资源,不仅使非洲成为西方列强原料供应的基地和商品销售市场,而且使非洲农民日益贫困,沦为白人的廉价劳动力,成为他们榨取巨额利润的对象。

(3)村社形式下个体农民土地占有制和封建部落酋长土地占有制居优势,同时存在少量白人移民土地占有制

这种土地制度主要存在于非洲西部。非洲自古以来就流行氏族、部落土地占有制,即土地归氏族、部落公社所有,尤以撒哈拉以南地区为甚。氏族、部落酋长有权将土地分配给氏族成员耕作,成员对土地有

---

① 陆庭恩.非洲农业发展简史[M].北京:中国财政经济出版社,2000:149～154.

使用权,但没有所有权,不能出售、抵押或转让,劳动产品归劳动者支配。

总体而言,非洲独立时期的农业特点是:生产力落后,农业结构畸形,土地占有制度复杂多样。

第五节　农业地域分布规律与农业经济类型

一、农业地域分布规律

农业生产具有强烈的区域性,原因主要有两点:一是由于自然条件的地带性与非地带性的差异,这种不同自然条件导致的区域差异决定了农业生物的生长范围和适合生长的程度;二是社会经济条件的差异,这种不同社会经济条件产生的差异影响了农业资源的利用方向,农业的结构、布局、经营方式和生产水平等。尽管不同地区的农业生产状况各不相同,看似杂乱无章,其实是有规律地分布的,在一定的地区范围内既有明显的差异性,又有基本的一致性和相似性。

鉴于农业生产的区域性,进行农业生产时必须要遵循因地制宜的原则。按照区域的差异性和类比分析法,再根据不同农业区发展生产的有关科学依据,对非洲农业生产发展区特作如下的划分:

1. 赤道两侧对称纬向水平地带性 ▶ ▶ ▶

由赤道向南北两侧纬度递增,温度则随经纬度的增高而下降,降雨量递减,日照充足。赤道地带温度最高,不适宜发展畜牧业,适合发展林业、热带木本经济作物、商品性种植园、薯类的粮食作物。向南北两侧过渡到热带稀树草原地带,干雨两季交替,适合发展一年生喜温性的谷类作物玉米、高粱,经济作物花生、棉花以及畜牧业。

2. 高原地区垂直地带性差异 ▶ ▶ ▶

海拔在 1000 米以上的高原地,其热量和水分的条件会随着海拔的增高而呈现带状的有规律更替,从而造成农业的垂直差异,即通常所说的"立体农业"。不同的纬度和海拔高度地带内,其垂直带结构类型各不相同,因而农业垂直结构的类型也有所不同。作物和牲畜组合反映出明显的垂直地带性差异。

二、农业地带

由于非洲各地的土地类型、气候条件、水源分配等不均衡的因素,导致了非洲各地的农业生产和特点的不同,大致可将非洲划分为八大农业地带:阿特拉斯山区农牧业、撒哈拉沙漠绿洲农业与畜牧业、西非热带草原带农牧业、刚果盆地热带森林带农林业、东非裂谷高原农牧业、隆达—加丹加高原农牧业、南非高原农牧业、东非岛屿农业[1],如图 1-5-1 所示。

---

① 曾尊固,等.非洲农业地理[M].北京:商务印书馆,1984.

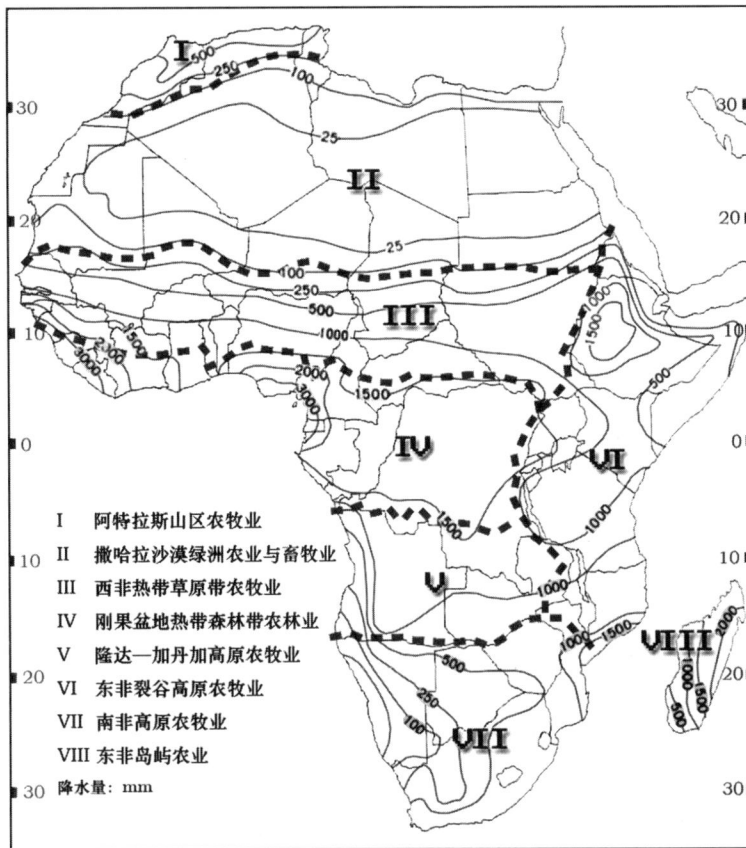

图 1-5-1 非洲农业地带图

1. 阿特拉斯山区 ▶ ▶ ▶

它是非洲唯一以麦类为主要粮食作物,油橄榄为主要经济作物,果树园艺发达的地带。盛产小麦、大麦、橄榄、葡萄、柑橘、蔬菜等。

2. 撒哈拉沙漠绿洲 ▶ ▶ ▶

它是非洲最大的灌溉农业区和棉花产区,为尼罗河流域和撒哈拉沙漠绿洲农业区域之一。畜牧业以饲养骆驼和羊为主,牧民过着随水草而居的游牧或半游牧生活。椰枣和单峰骆驼是这个地区著名的特产。

3. 西非热带草原带 ▶ ▶ ▶

它包括北邻撒哈拉沙漠的萨赫勒带和其南的苏丹草原带,是以农牧业为主要农业部门的地带。缺林少水是制约萨赫勒地区农牧业发展的主要因素,所以该地带以牧业为主,种植业规模很小。这里的土地资源十分丰富,全年高温,日照量相当充足,但是雨量稀少而且年变率较大,缺少森林,植被又十分稀疏,因此严重制约着当地的种植业和林业的发展,而成为了非洲典型的牧区。畜牧业一向都是这里农村的主导经济部门。经营粗放、传统的游牧和半游牧是畜牧业的基本特征与主要的经营方式。畜牧业具有很大的发展潜力和比较优势,通过水源的开发,改善草场的条件,推广并繁殖优良的品种,该地区畜牧业的发展潜力将会得到进一步的发挥。该地区不适合种植业的发展,仅在一些河谷地带在有灌溉的条件下可以发展稻谷的生产。

苏丹热带草原地区面积达到了约 400 万平方千米,土地资源异常丰富。这里土地类型的多样化和气候的雨旱季分明,给主要经济部门农牧业的开发创造了良好的自然基础条件。一年生喜温性谷类作物玉米、高粱和经济作物花生、棉花均分布在这里,因此这里是非洲大陆喜温性粮食作物和经济作物分布最为广泛、最为集中的地区之一,是非洲最大的棉花生产区,棉花出口量仅次于北非干燥带,居非洲第二位。畜牧业在整个非洲地区都占有重要地位,热带草原地区的自然资源正适合畜牧业的发展,所以这里也是非洲牛、羊集中分布的地区之一。

水分条件是苏丹草原地区农牧业开发中具有关键性作用的因素,比如抗旱能力比较差的粮食作物玉米,在水分条件相对较好的地区分布广泛,在粮食生产中居于优势地位。如果可以开辟水源,克服干旱,改善供水条件,改进生产机制,这里的农业生产水平将进一步得到提高。另外,改变当地历史上沿袭已久的牲畜饲养和放牧方式,将其逐步发展为农牧业互相结合的模式,是当前中西非热带草原地区农牧业综合开发的一个重要趋势。

在进一步发挥区域比较优势并推动农牧业结合的基础上,苏丹草原地区应该因地制宜,扩大适宜于本地区的玉米和水稻等商品粮的生产,同时通过推进农牧业结合和商品畜牧业的发展,进一步发挥畜牧业的优势。

4. 刚果盆地热带森林地带 ▶ ▶ ▷ ▷

它位于赤道两侧低纬度地区,总面积达到了 462 万平方千米,是世界三大雨林区之一。这里全年气温高、湿度大,除了海拔在 2000 米以上的高山外,大部分地区海拔在 500 米以下,年平均气温为 25℃～27℃,年降水量大多在 1000～2000 毫米以上,是世界上著名的热带植物资源宝库。这里的自然气候条件造就了丰富的热带森林资源,奥堪美榄、非洲梧桐、非洲桃花心木、非洲楝等珍贵木材闻名于国际市场,科特迪瓦、加纳、喀麦隆、加蓬等国家已成为世界原木主要的出口国,更使得热带木本经济作物可可、咖啡、橡胶、菠萝、椰子、油棕、香蕉等产品的产量和出口量在非洲乃至世界都占有十分重要的地位。同时这里的农业经济类型、种植方式的演化,生产集约化的发展趋势也别具特色,如科特迪瓦、刚果(金)、尼日利亚、加纳、喀麦隆、利比里亚等国家的香蕉、橡胶、油棕、菠萝等作物的商品性种植园经营的发展水平和规模都领先于非洲其他许多地区。

对于粮食作物来说,这里南北纬 4°之间的地带缺乏明显的旱季,给木薯、薯蓣、芋等块根类作物提供了良好的生态环境,但是一年生喜温性作物、谷类作物的结实成熟和越冬作物的栽培却因此受到了制约,这样就导致了薯类成为占有压倒优势的粮食作物,并且在世界上也占有一定地位。另外,这里的畜牧业极不发达。

5. 隆达—加丹加高原 ▶ ▶ ▶ ▷

它主要包括安哥拉、赞比亚和刚果(金)的加丹加高原地区。地形以高原为主,绝大部分地区海拔高度在 1000 米上下,大部分起伏平缓,可耕种地和宜牧地广阔。气候大部分为热带草原气候,降雨量偏少,降水变率较大。种植业是主要农业部门,主要作物为玉米、木薯、高粱、小麦、咖啡、剑麻、烟草等。畜牧业以养牛为主,以定居放牧业和半游牧为主。农牧业有较大的发展潜力。

6. 东非裂谷高原 ▶ ▶ ▶ ▷

它包括埃塞俄比亚高原和东非高原。埃塞俄比亚高原的农牧业组合很特别,这里大量种植的农作物在世界其他地区很罕见,例如,苔麸、食用芭蕉、努格、恰特等。这里的畜牧业占据着非洲的重要地位,牛、羊、马、驴、骡等数量均居 8 个地带首位,世界最集中的骆驼饲养区也在这里。

东非和中南非高原是非洲最大的剑麻、烟叶、茶叶、腰果、椰子、除虫菊的产区和出口地区,种植业种类繁多。这里亦盛产咖啡、甘蔗、棉花,但是商品生产不发达,也是非洲主要的内陆渔区。

7. 南部非洲 ▶ ▶ ▶

它是非洲唯一可以大量出口粮食的地区,也是非洲商品性农牧业最发达的地区,还是世界市场上羊毛出口的地区,除此之外,还大量出口蔗糖、水果、肉类、鱼类、蔬菜,以采伐人工林为主的木材产量居非洲重要地位。

8. 东非岛屿 ▶ ▶ ▶

它是非洲重要的蔗糖出口地区,也是世界重要的香料产区。

三、农业经济类型

不同于世界其他几个洲,尤其是欧洲和北美洲,非洲农业的发展是在它特定的自然环境和各种社会经济条件综合作用之下的历史发展产物。非洲的农业经济成分很复杂,在分布上也存在着明显的地区差异。

目前来说,非洲的农业经营方式有原始的、传统的和现代化的三种,在传统的和现代化的方式中又可细分为粗放的、半集约的和集约的三类,以传统经营方式为主;如果按照其经济职能来分的话,就有自给、半自给和商品生产三种。

原始的经营方式是指具有血缘关系的人群为了获得生存所需的野生动植物而进行的以采集和狩猎为主的原始性生产活动,所谓"农业",只局限于原始热带森林和沙漠深处的很小范围;传统的经营方式是指以分散的个体劳动为基础,使用最简单的工具从事当地传统的农业活动或者依靠天然草场饲养牲畜的生产活动;现代化的经营方式是指建立在雇佣劳动基础之上的、采用现代农业技术和经营管理的农业活动,如现代农牧业和种植园等,多半属于农业生产条件相对最好的地区。"粗放"、"半集约"和"集约"是相对传统经营方式的一种相对划分,是按照传统的生产工具的改进程度和草场与土地利用方式的演变程度进行划分。

非洲农业经济类型的多样化依赖于其土地占有形式的多样性与农业经营方式的复杂化。因为农业经济发展阶段和生产力发展水平等不同,在原始经济和现代化的农业经济类型中存在着不少中间过渡的农业经济类型。针对非洲农业经济到底有哪些类型,国内外的许多学者都进行了深入研究,由于采用的研究方法不同、研究的角度和标准不同,因而存在着许多不同的划分非洲农业经济类型的方法。在此,我们借鉴曾尊固先生在《非洲农业地理》中的划分方案[①],介绍如下:

1. 原始的采集、渔猎经济 ▶ ▶ ▶

这种农业经济类型是非洲,同时也是世界最古老的。在一个原始的公社里,成员们利用自制的简单工具进行集体的采集和渔猎来满足集体的、最低限度的生活需要,他们常常过着游荡的生活。居住在刚果盆地的俾格米人、博茨瓦纳人和纳米比亚中部的卡拉哈迪盆地的布须曼人仍在沿袭着这种原始的农业经济类型。

这种残余的原始经济类型正随着经济社会的演进逐步地变化,继而由其他经济类型所取代。

2. 粗放的自给、半自给性畜牧业 ▶ ▶ ▶

这种农业经济类型以游牧、半游牧和自给、半自给为特点,是非洲最重要的农业经济类型之一,广泛分布于交通不便的地区,如荒漠、半荒漠地带与草原地带。对于游牧民族来说,牲畜是他们主要的甚至唯一的生活来源。牲畜的生存依赖水、草,因而不同季节不同地区的水、草条件影响着人们的生活地点,有时甚至会居无定所。因此,这种条件下的畜牧业生产力水平低下,饲养方式依靠天然的自然条件,牲畜改良很难实现。但是这种经济类型正在逐步地被现代化经济改变,游牧民族的生活也正逐渐得到改善,他们主要

---

① 曾尊固,等.非洲农业地理[M].北京:商务印书馆,1984:66~74.

通过畜产品来换取周围农业区的粮食作物、经济作物。

虽然粗放的自给、半自给性畜牧业正缓缓地衰落，但是作为一种经济类型，它在可以预见的未来还是能长期存在的。

3. 粗放的自给、半自给性农业 ▶ ▶ ▷

这种农业经济类型是撒哈拉沙漠以南、地广人稀的非洲热带森林地区和热带草原地区最主要的农业生产方式。这里每个人能使用的耕地量相当大，农民们使用锄头、斧头和砍刀来完成农业作业，所得仅能供应家庭的生活需要，难以形成商品性生产。这里土地量虽大，但是还是对自然条件有很大的依赖性，农民们借助刀耕火种来开辟适宜种植作物的土地。其中一种最普遍的土地利用方式就是撂荒耕作制式，这种耕作制式的特点就是无固定的地块，较短种植期与较长撂荒期相互交替。

这种粗放的自给、半自给性农业经营方式在使土地生产力低下的同时，也会对草原和森林生态资源构成一定的威胁。

4. 半集约的半自给性农业 ▶ ▶ ▷

与之前一种农业经济类型相比，半集约的半自给性农业经济类型更先进一些，主要分布于北非和东非。这里以小农经济为主，有固定的地块，实行定期轮作，施肥和固氮作物的种植是重要的环节，种植作物的年限高于休闲期，田间管理比较细致。

这种农业经济类型的生产力水平略高，随着经济作物的推广种植，有一部分农产品将向小商品生产发展变化。

5. 粗放和半集约的小商品性农业 ▶ ▶ ▷

这种农业经济类型是非洲许多国家获得独立和实行土地改革后，向商品性农业转变的过程中形成的一种农业经济类型，故而也是非洲发展较快、分布较广的一种农业经济类型。这种作物结构不以农民们种植供自己消费的粮食作物为主，而是以种植供出售的经济作物为主，但是生产力水平并不高，生产工具、经营方式等并未发生本质的变化，农民中的贫富分化比较严重，各种农活也主要依靠家庭成员一起承担，雇工不发达。

6. 集约的小商品性农业 ▶ ▶ ▷

这一种农业经济类型是非洲传统农业中生产力水平最高，分布区域却比较局限的一种。它主要分布在热带非洲，比如东非一些水热条件配合良好、土壤肥沃的火山区，人烟密集、农业集约的地区，是重要的经济作物、谷类和薯类作物的产区。

集约的小商品性农业现正逐步向现代化的方向发展。

7. 现代化的商品性农牧业 ▶ ▶ ▷

这种农业经济类型是建立在现代技术和管理基础上的农业生产体系，以外国人经营的、本国私人经营的、国营的规模不一的农场、牧场和种植园作为组织形式，散布在非洲各个地方。它们涉及许多主要的经济作物，并以市场为目标。

现代化的商品性农牧业是非洲现代农业的发展方向。

从以上七种非洲主要农业经济类型的介绍中可以看到，非洲农业的薄弱环节就是商品性农业生产。但就非洲的农业发展情况来看，半集约和集约的小商品性生产也是发展商品经济不可忽视的力量。

第二章
非洲农业自然资源

第一节　土地资源

一、土地资源类型与分布

1. 非洲地形分类 ▶ ▶ ▶

非洲高原面积广大,除大陆南北两端和东非局部地区外,整个大陆可以看做是一个波状起伏的大高原,所以非洲有"高原大陆"之称。非洲地表起伏变化不大,高低不太悬殊,地势东南高、西北低,从东南向西北倾斜。非洲中部偏西处分布着世界上最大的盆地——刚果盆地,其北部分布有朱夫盆地、乍得盆地、尼罗河上游盆地、费赞盆地等。盆地的低洼处分布着尼日尔河中游平原、乍得湖平原、白尼罗河中游平原等。

主要的高原有埃塞俄比亚高原、东非高原、南非高原:埃塞俄比亚高原是非洲最高的高原,平均海拔为 2500~3000 米,位于非洲东部;东非高原位于非洲东部,平均海拔在 1200 米左右,有"湖泊高原"之称;南非高原位于非洲南部,最高海拔为 3657 米,是非洲最大的高原。

从非洲各种地形所占比重来看,86.6%为海拔 200~2000 米的台地和高原,3.7%为海拔 2000 米以上的高原和山地,仅 9.7%为 200 米以下的平原和低地(如图 2-1-1),更加突出了非洲以高原为主的地形特点。[1]

根据构造基础、地形特点与主要地貌类型,非洲大致可分为阿特拉斯褶皱山地区、撒哈拉沙漠台地区、上日几内亚—刚果台地区、东非裂谷高原地区、南非高原区、沿海岛屿几个地形区。阿特拉斯褶皱山地区由非洲大陆西北部的阿特拉斯山系所组成;撒哈拉沙漠台地区由阿特拉斯山地以南,年降雨量 250 毫米等雨量线以北,从大西洋岸到红海岸之间的广大干燥沙漠区组成;上日几内亚—刚果台地区由撒哈拉沙漠以南、东非裂谷带以西、刚果河与赞比西河分水岭以北,至大西洋岸的广大地区组成;东非裂谷高原地区由赞比西河以北、红海西岸的卡萨尔角以南、刚果盆地和尼罗河上游盆地以东的大陆部分组成;南非高原区由刚果河与赞比西河分水岭以南的南非高原组成;沿海岛屿由马达加斯加岛屿群组成。

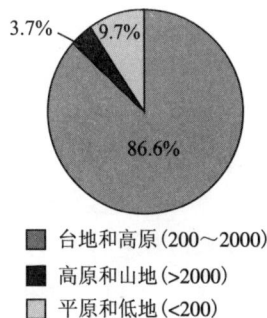

图 2-1-1　非洲地形比例

图例:
- 台地和高原(200~2000)
- 高原和山地(>2000)
- 平原和低地(<200)

3.7%　9.7%　86.6%

---

[1] 苏世荣,等. 非洲自然地理[M]. 北京:商务印书馆,1983:10~14.

2. 非洲土壤类型与分布[①] ▶ ▶ ▶

（1）土壤基本分布规律和土壤类别

影响土壤的最关键因素是水热条件，以及引起水热再分配的地质地形因素。非洲的地形与气候特点造就了非洲丰富多彩的土壤类型及分布特征。非洲土壤在水平方向上，从赤道两侧向南北依次有规律地更替而呈现明显的纬向地带性和南北对称性。同时，受地形影响，其水热状况的重新分配和土壤组成，使土壤的纬向地带性受到干扰，因此东非高原山地地区对称性表现不明显，在某些地区出现弯曲、偏离和中断的现象，而随着海拔高度的变化，又呈现出垂直地带性。在裂谷带，土壤分布、类型的复杂性增加。从赤道向大陆的南北两端延伸，依次呈带状分布着砖红壤、砖红壤化红壤、红壤、热带弱富铝土、热带半干旱红棕色土、热带半漠境土、热带及亚热带漠土、亚热带半漠境旱土、地中海半干旱红棕色土及地中海型红棕壤，以及种类繁多的隐域性土壤。热带土壤和亚热带干燥土壤为主要土类，约占非洲总面积的 2/3，其中荒漠土面积约为 1000 万平方千米以上，在世界各大洲中位居第一。

非洲大陆的土壤可分为 26 个基本土壤单元，它们分别是砖红壤、砖红壤化红壤、红壤、热带及亚热带弱富铝土、热带及亚热带棕色土、热带及亚热带半干旱红棕色土、热带山地贫盐基腐殖质薄层土、地中海型红棕壤、亚热带及地中海型山地棕壤、地中海型山地栗钙土、地中海半干旱红棕色土、热带及亚热带半漠境干旱土、热带及亚热带漠土、石灰岩土、盐土、碱土、黏盘土、热带低地腐殖质灰化土、湿土、有机土、变性土、火山灰土、砂土、石资土、幼年土、冲积土。

（2）主要土类及分布[②]

铁铝土和漠境土是非洲大陆数量最大的土类。铁铝土以砖红壤、砖红壤化红壤、红壤为代表，发育在赤道热带多雨气候区内。

砖红壤主要分布在刚果盆地的中部和北部、几内亚到冈比亚的大洋沿岸、马达加斯加东部，形成于高温高湿、无真正旱季、年平均气温 25℃以上、年降雨量 1400～2500 毫米的气候条件下，植被为热带雨林或热带稀树草原。土体颜色基本是砖红色，有时是黄色、暗红色或红色。粘粒含量大于 15%，但无可塑性。开垦后土壤有机质、氮素及矿物质营养元素含量低，适宜种植芋类、木薯、玉米、高粱、谷子、花生、豆类、棉花、香蕉、可可、咖啡、橡胶树、茶等。

砖红壤化红壤主要分布在西非的塞内加尔、几内亚、马里、科特迪瓦、加纳、多哥、尼日利亚、喀麦隆、中非、苏丹、埃塞俄比亚、肯尼亚、乌干达、卢旺达、布隆迪、坦桑尼亚、安哥拉、扎伊尔、刚果、加蓬、马达加斯加。分布区炎热多雨，高温高湿，但有较短的旱季。该土壤类型物理特性较好，肥力较高，常可种植各种热带植物。

红壤主要分布在几内亚、科特迪瓦、加纳、马里、尼日利亚、坦桑尼亚、安哥拉等炎热，雨量较少，又有明显而较长旱季的地区。这些地区年平均气温为 24℃～30℃，年降雨量为 800～1200 毫米。土壤被淋洗的程度低于砖红壤，pH 值为 5～5.6，仍呈酸性至强酸性反应。矿物质养分保留较多，腐殖质含量稍多，但不超过 2%，铁、铝也有大量的富集，土体呈红色。红壤肥力高于砖红壤。

热带及亚热带漠境土分布面积占全非洲面积的 1/3，广泛分布于热带及亚热带荒漠和半荒漠地区。包括撒哈拉沙漠、卡拉哈迪沙漠、纳米布沙漠、索马里半岛等荒漠、半荒漠地区，形成于年降雨量 250 毫米以下、蒸发作用强烈、相对湿度很低的干燥气候条件下，植物稀少且以旱生植物为主。土壤有机质缺乏，灌溉条件下方能种植作物。

非洲还有一些非地带性土壤，如盐碱土（分布于干燥及半干燥气候条件下的排水不良地区）、草甸土（分布在河流的泛滥阶地上）、沼泽土（在各大河的河谷及三角洲均有大面积的沼泽土）、火山灰土（分布在受火山活动影响的地区）、石质土（在非洲大陆分布很广）、冲积土（在大、小河流两侧及海滨均有分布）。

---

① 苏世荣，等.非洲自然地理[M].北京：商务印书馆，1983：145～162.

② W. M. Adams. The Physical Geography of Africa[M]. London：Oxford University Press，1996：140～147.

二、土地利用类型

　　土地利用类型是根据土地利用的地域差异划分的,反映土地用途、性质及其分布规律的基本地域单元,是人类在改造利用土地进行生产和建设的过程中所形成的各种具有不同利用方向和特点的土地利用类别。

　　土地资源按农业利用方式,可以分为耕地、林地、草地、其他用地、未利用地、裸地以及各类用地的后备用地。这里主要对非洲的耕地资源、林地资源、草地资源这三种主要的土地资源进行一些分析,见表2-1-1所示。

表 2-1-1　各洲三种主要的土地资源面积(千公顷)及比例比较①

	耕　　　地		林　地		草地牧场		土　　　地
	面积	百分比	面积	百分比	面积	百分比	面积
世界	1411117.4	10.85	3937326.3	30.27	3378173.2	25.97	13009115.0
非洲	219183.3	7.39	627335.7	21.16	910961.0	30.73	2964396.4
北美洲	215532.0	11.55	613545.2	32.87	2536850.0	13.59	1866616.0
南美洲	112586.1	6.40	823037.5	46.77	454395.0	25.82	1759709.0
亚洲	504537.1	16.31	573582.6	18.54	1089584.4	35.22	3093948.9
欧洲	277456.4	12.57	1002715.0	45.43	180837.8	8.19	2207219.0
大洋洲	45572.5	5.37	205542.2	24.21	392975.0	46.28	849094.7

　　根据联合国粮农组织2007年统计的土地数据,非洲土地资源总量是 $2.96×10^9$ 公顷,居世界各大洲第二位。其中农用土地面积 $1.75×10^9$ 公顷,非农用土地 $1.21×10^9$ 公顷,农用土地比例低于世界总体水平,居世界各大洲末位。其中农用土地中耕地面积为 $2.19×10^8$ 公顷,占农用土地比重的 7.39%;林地面积为 $6.27×10^8$ 公顷,占农用土地比重的21.16%;草地牧场面积为 $9.11×10^8$ 公顷,占农用土地比重的30.73%。与世界整体水平相比,其耕地和森林所占的比重偏低,耕地比例仅高于南美洲和大洋洲,森林比例仅高于亚洲(如图2-1-1)。

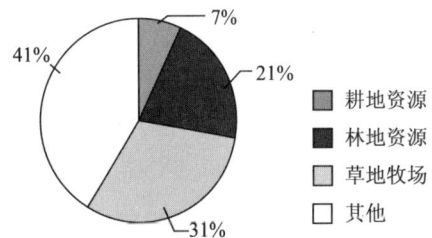

图 2-1-2　非洲三种主要的土地资源所占比重

1. 耕地资源 ▶ ▶ ▶

　　非洲耕地面积为 $2.19×10^8$ 公顷,为总土地面积的7.39%,是所有土地利用类型中所占比例最小的一类。从世界范围来看,非洲耕地面积比例比世界水平少3个百分点以上,居各大洲的第四位,该耕地面积百分比显然偏小。

　　图2-1-3是根据1961年至2007年非洲各区域(东非、中非、北非、南非、西非)耕地变化情况所绘制的折线图。数据提取时间间隔为:2001~2007年每年一次,1971~2000年每5年一次,1961~1970年每10年一次。通过对图表数据信息的比较分析,我们可以发现,非洲的耕地"东西多"、"南北少"。非洲的耕

───────────

　　① 资料来源:FAO统计.

地面积有增长的趋势。其中西非的耕地增长尤为明显,这主要取决于西非的地形和地理优势。相比较而言,西非是非洲自然条件较为优越的地区,人口密度最大,1/5 的土地上供养着 1/3 的人,耕地面积本来就是非洲最大的地区,由于人们的发展需要,耕地开发也成为必然。尤其是 2000 年以来,西非耕地增长尤为迅速。此外东非和北非耕地面积也有增长趋势,但增长速度相对缓慢;中非和南非耕地面积较少,从 1961 年至 2007 年,耕地面积基本保持不变。

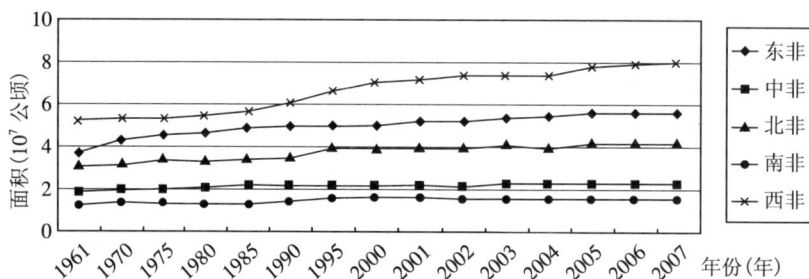

图 2-1-3　非洲各区域耕地面积变化趋势①

2. 林地资源 ▶ ▶

非洲大陆的森林主要为天然森林,以阔叶林占绝对优势,它们有热带雨林、热带旱季落叶林、热带稀树草原和亚热带混合交林等。② 非洲林地面积为 6.27×10^8 公顷,为总土地面积的 21.16%,所占比例比耕地要高出许多。从世界范围来比较,非洲林地面积比例依然较低,居各大洲的第五位,低于世界水平近 10 个百分点。但从总量来看,非洲林地面积高居世界第三,仅次于南美洲和欧洲。非洲热带雨林资源极其丰富,是世界热带木材主要产区之一,发展潜力巨大。

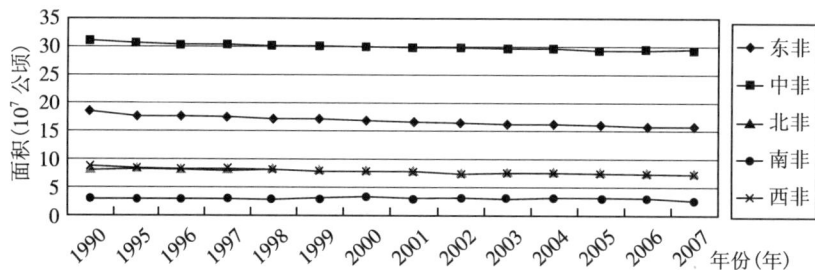

图 2-1-4　非洲各区域林地面积变化趋势③

图 2-1-4 数据提取时间间隔为:1995~2007 年每年一次,1990~1995 年每 5 年一次。从纵向数值对比来看,非洲林地面积的地区分异较大。其中中非的林地面积最大,为 2.93×10^8 公顷;而南非的林地面积只有 0.29×10^8 公顷,仅为前者的 1/10,是非洲林地面积最小的地区。从变化趋势来看,非洲各区的林地面积都在减少,尤以东非为最。自 1990 年至 2007 年,东非林地面积减少了 0.28×10^8 公顷,减少量达 14.95%。其他各区域林地面积有所减少,但减少的量不大,基本保持不变态势。非洲耕地面积在增加,林地面积在减少,这从侧面反映出非洲在经济领域有不同程度的增长,尤其是种植业和林业。

3. 草地和牧地 ▶ ▶ ▶

非洲草地、牧场辽阔,面积为 9.11×10^8 公顷,占农用土地比重的 30.73%,是所有土地利用类型中所

---

① 根据 FAO 统计制图.
② 文云朝. 非洲农业资源开发利用[M]. 北京:中国财政经济出版社,2000.
③ 根据 FAO 统计制图.

占比例最大的一类。非洲草地、牧场面积百分比超出世界水平要近 5 个百分点,仅次于大洋洲和亚洲,居世界第三。非洲草场主要是热带草原,其次为半荒漠和荒漠。热带草原指热带雨林和热带荒漠之间的广大地区,包括稀树草原在内;荒漠与半荒漠多分布在气候干旱的撒哈拉沙漠、纳米布沙漠、卡拉哈盆地南部和上卡鲁高原等地。[1]

图 2-1-5 是根据 1961 年至 2007 年非洲各区域草地牧场面积变化情况所绘制的折线图。数据提取时间间隔为:2001~2007 年每年一次,1971~2000 年每 5 年一次,1961~1970 年每 10 年一次。从图上可以看出,非洲草地和牧地的地区差异相对较小,介于耕地与林地之间。其中东非的草地和牧地面积最大,为 2.39×10^8 公顷,中非的草地和牧地面积为 1.34×10^8 公顷。非洲各地区的草地和牧地面积变化趋势没有耕地和林地那么明显,总的看来,变化也比较稳定。东非的草地和牧地面积在 1990 年以前有增加趋势,而在 1991 年出现转折点,开始降低,至 1995 年又开始缓慢增加,之后趋于饱和。西非和北非都有缓慢增加的趋势,南非和中非基本保持在一条水平线上。

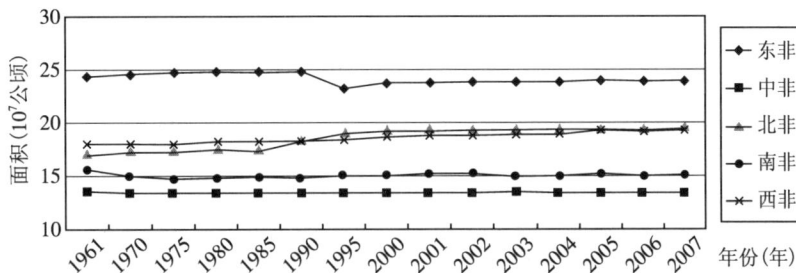

图 2-1-5　非洲各区域草地和牧地面积变化趋势[2]

三、土地利用与生态平衡

1. 土地自然特征与农业 ▶ ▶ ▶

非洲大部分是起伏平缓的高原以及高原面上的浅平盆地,相对高差小,地面起伏对农业利用没有明显障碍,这是发展农业生产的有利条件。在热带非洲,长期强烈的化学风化和生物作用,使地层形成厚度超过 20 米的风化层并发育为深厚的土层,适合于农业开发。地面组成物质对土地利用的限制突出表现在北部的干燥区。在广大的撒哈拉沙漠中,干燥的气候形成难以利用的石质、砾质的戈壁和连绵的沙丘。南部非洲的卡拉哈迪盆地中分布着大面积未固结的第四系细沙,大多已被植物固定,不合理的耕垦和放牧易致流沙复起。以高原为主的地形还形成了独特的冲积平原与崎岖山地的分布,从而造成农业及其发展潜力的地区差异。

另一方面,非洲有不少大大小小的冲积平原分布于内陆。这些冲积平原按成因多数属于两类:一类是在非洲大陆最近一次抬升过程中,由原先的内海、内陆湖等逐渐涸出,成为坦荡的平原;另一类是沿裂谷带分布的断块陷落盆地。这两类冲积平原的土层深厚,地表平缓,农业发展潜力较大。

在非洲大陆边缘和东非大裂谷沿线的山地,地形复杂,山间高原和谷地有不少宜耕、宜牧土地,但山地对土地利用形成很大限制。非洲大陆边缘的山地,大都由断裂作用形成,这类山地坡面往往高耸险峻,地势崎岖,农业利用困难。东非大裂谷临裂谷一侧陡坡土地难以利用,另一侧坡度平缓的倾斜山地有许多农用地资源,且往往发育成深厚肥沃的土壤。此外,山地对非洲的农业还产生更多方面的影响,诸如垂直分

---

① 文云朝. 非洲农业资源开发利用[M]. 北京:中国财政经济出版社,2000.
② 根据 FAO 统计制图.

异、水热条件、交通阻碍等。山地由于水热条件的垂直差异,形成了独特的山地农业特点,如北非、东非热带草原中的人口密集、农业集约的"孤岛"。[①]

2. 非洲土地利用的生态环境效应 ▶ ▶ ▶

深入分析非洲生态环境特征,不难看出非洲生态环境相当脆弱,倘若农业开发利用不当,极易使生态环境恶化。

热带雨林带光、热、水和生物资源配合有序,土地资源丰富,非常有利于农业发展。但是,热带土壤的脆弱性和热带病虫害的蔓延成为了该地带土地资源利用的重要障碍。该地带暴雨频繁,降雨前后气温变化大,容易引发病害。在山地区,一方面,土地粗放开发,水土流失较严重;另一方面,交通不便,土地、生物等资源没有得到合理充分的利用。在非洲热带林区,现有耕地约 6689 万公顷,在已耕地中撂荒休闲地约占 40%。[②]更严重的是,热带森林区大面积的滥砍滥伐,不合理的农业垦殖致使自然肥力本来不低但结构性差、更新快速的富铝土失去森林的庇护,发生严重的水土流失、土壤退化现象,丧失森林更新与农业利用的可能性。热带雨林以木材生产为目的的土地经营管理方式,不仅不能使经济、社会和环境效益实现统一,而且更加剧了森林被毁,使生态环境脆弱性加大。热带雨林带没有严冬,流行的病虫害如苯苯蝇、疟蚊、蝇虫等可以终年繁衍,这也是本带不容忽视的一个重要生态环境问题。

非洲热带草原带约占非洲总面积的 40%,土地利用方式具有其独特性。该带年内降水季节分配不均,旱季漫长,降水年内年际变率大,土地资源数量丰富而质量差。该区域的土壤类型中红棕色土分布最广,结构松散、土层薄、肥力低、保水保肥抗侵蚀力差,容易受风蚀和流水侵蚀,农牧业利用存在一定困难。

非洲热带草原的旱季焚荒是农牧民世世代代沿袭的习俗。虽然是一种落后的生产方式,但对于非洲草原目前的土地利用模式来说,成为当地牧民清理外来林木、恢复地力、保护牧场的社会、经济、环境的综合平衡方式。然而,它降低了地表植物种类和覆盖率,易引起土地侵蚀、沙化等生态环境恶化趋向。随着非洲农牧业生产技术的进步,这种平衡总有一天会被打破,对于热带草原生态环境发展演变又会带来重大影响。

非洲热带荒漠带降水稀少,广大地区缺乏地表径流,部分地区居民利用地下水、高山融水、常流河水等发展灌溉农业、畜牧业等粗放的农业活动。撒哈拉地域的大部分地区因受干旱气候和荒漠土地的限制,人们难以定居并从事农耕活动,地表水源和植被条件也不利于发展大规模集约化畜牧业,只有部分地表和地下水条件较好、土地又适于农耕的地方有较多的农作物种植而成为绿洲。因此,整治和改造荒漠生态环境对于非洲荒漠地区是一项艰巨的任务。埃及、利比亚、阿尔及利亚等非洲荒漠面积较大的国家在开发利用荒漠土地资源方面取得了一定的成效,同时也取得了可喜的生态和社会效益。主要的途径和措施有:广开水源,扩大灌溉面积;改善草场,发展畜牧业,使牧民趋向定居;增建和完善水利设施,提高农业生产水平;营造防护林网,改善区域农业生态环境;有效地发挥土地资源潜力,建立农业生产基地,提高土地利用率,适当发展集约化农业生产。

非洲的西北和东部以及南部高原山地区是地势较高、地形崎岖的山地和高原。山地和高原由于水热条件的垂直分异明显、生态环境的多样性,从而有利于农业的综合发展。但山地高原区土地土壤贫瘠、质地差,土地资源缺乏,可耕地资源有限,热量不足,作物生长期短,有些热带经济作物种植受到限制;山地高原因地形障碍,影响水分分布,往往成为农业界线;坡度的不同,对农业土地利用的影响也很关键,阴坡、阳坡的农业特点截然不同;更为重要的是,山地高原区农业活动极容易发生水土流失,尤其是非洲常见的顺坡种植现象,造成山地高原区严重的水土流失,生态环境破坏严重。非洲的山地高原区是非洲许多河流的发源地和绿洲水源地,对非洲农业的很多方面有十分重要的意义。

东非高原是非洲大陆地势最高、高差最大的自然地理单元。东非大裂谷的东支斜穿埃塞俄比亚高原

---

① 曾尊固,等.非洲农业地理[M].北京:商务印书馆,1984.

② 张同铸.非洲经济社会发展战略问题研究[M].北京:人民出版社,1991.

中部,把高原分割为西北和东南两部分。西北部分被众多河流切割成顶平边陡、土层深厚的桌状地,农业开发利用率较高,而有些壑谷相间分布地区,表土较粗糙,地表切割强烈,可耕地很少;东南部分,地势向西南方向倾斜,河流较浅,谷底分布许多内陆湖泊,有一定宜耕宜牧地可为农业利用,但是,该地带地势高峻,农业布局具有明显的垂直分异特点,加之该地区气候较干燥、土地切割强,容易造成水土流失,土地资源利用限制因素多。鉴于东非高原一带土地开发历史悠久,土地开垦程度高,高原上盛行坡耕,又缺乏必要的防护措施,因此,农业土地开发需慎之又慎,生态保护任务艰巨。东非高原的南部大部分地区较为平坦,土地资源丰富,可耕地和宜牧地广阔,土壤较肥沃。东非高原的维多利亚湖区及其附近山地,土地垦殖率较高,但由于过度放牧和垦耕,水土流失成为农业土地利用的严重障碍;而高原上河流谷地、盆地地底等分布较广,雨季积水成沼泽湿地,旱季得不到灌溉,土地开发垦殖程度不高,有待于兴修水利设施,发掘其土地生产潜力,促进土地资源的合理利用。

　　非洲大陆南部是由断崖三面环绕的内陆高原,土地类型相对较复杂,既有成片的草地和雨后积水浅洼地,也有大面积的盐沼低地。虽然这些低山坡和丘陵坡地可以开垦和放牧,但是,该地带地表较为破碎,又加上该地降水少,时空分布差异大,气候干旱,荒漠面积较大,土地质量较差,主要以牧业为主,粗放经营,土地开发利用的生态环境问题较大。

　　位于非洲大陆西北部的阿拉斯加山地区,影响农业的因素主要是宜耕土地较少且降水偏少,限制了农业对光热资源的有效利用。该地域属于地中海气候的沿海地带,降水集中于冬季且年内年际变率大。因此,兴修水利不仅是该地域发展农业生产的重要保障,也是今后进一步开发利用各类土地、充分发挥当地土地资源潜力的前提条件。虽然自然环境不利于农耕,但却有特殊的生态环境意义。首先,山地有相对较为丰富的降水、地表水和地下水,是发展灌溉的主要水源;其次,山地森林植被具有明显的涵养水源、保持水土的作用,同时山地牧草资源丰富,为畜牧业的发展提供了有利条件;再次,横亘于该地南部的山脉,在减弱沙漠热风沙尘对沿海农业的侵袭方面起了重要的屏障作用。[1]

第二节　气候资源[2]

　　非洲既是一块暖热的大陆,又是一块具有典型赤道湿润气候和副热带干旱气候的大陆。非洲拥有辽阔的沙漠和广大的热带草原气候区。“热带大陆”或“无冬大陆”是对非洲气候的基本概括。非洲最主要的气候特征便是高温,全洲大部分地处热带地区,素有热带大陆之称,非洲(Africa)在拉丁文中更有“阳光灼热”的意思。非洲气候干燥,干燥气候区约占全洲面积的1/3。沙漠面积广大,其中的撒哈拉沙漠总面积达 900×10^4 平方千米以上,是世界上最广大的沙漠。这些地区的年降雨量大多在 100 毫米以下,同时降雨分布极不均匀,赤道多雨带有些地区年降雨量大于 10000 毫米;许多沙漠地区空气湿度低,云量小,晴朗酷热的天气相当普遍,降雨量少到 10 毫米以下,有些地区甚至连续几年不下雨。非洲气候还有非常特殊的一点,那就是受地理位置和地形结构影响,气候类型按纬度地带性规律呈带状分布,并对称于赤道。非洲是全球唯一的气候带几乎对称分布于赤道两侧的大陆。[3]

① 张同铸. 非洲经济社会发展战略问题研究[M]. 北京:人民出版社,1991.
② W. M. Adams. The Physical Geography of Africa[M]. London:Oxford University Press,1996:34~58.
③ 盛承禹. 世界气候[M]. 北京:气象出版社,1988.

一、热量资源

1. 气温[①] ▶ ▶ ▶

非洲大陆处于热带和副热带纬度,除最南部和最北部的冬季可见霜雪外,其他非高山地区最冷月平均气温仍在 10℃ 以上。非洲的年均温大概呈由赤道向高纬度渐减的趋势,但在海陆分布的影响下,各地区情况并不都和这种总的趋势一致,撒哈拉和卡拉哈迪盆地等干旱地区表现得较为明显。差值的大小也随时间各异,冬季各月差异较小,夏季各月差异较大。

（1）1 月平均气温

1 月份的时候太阳直射南半球,南半球盛夏,北半球隆冬。非洲气温南北差异较大。1 月平均气温最低,温度由赤道向北递减,等温线值大致随纬度的增高而逐渐降低,但不与纬线保持严格的平行。北非最暖热的部分,主要分布在赤道至北纬 10° 之间,这些地区月平均气温一般在 25℃ 以上,其中几内亚湾北岸中段沿海低地在 27℃ 以上,最高温处（大致在索马里的最南部）更超过 31℃。山脉的影响,使部分地区气温比周围同纬度地区低,如下几内亚高地及埃塞俄比亚—索马里高原等处,平均气温略低,大致为 20℃～25℃。

北纬 10° 以北,气温逐渐降低,在富塔贾隆及提贝斯提等高原山地地区,气温较周围低地明显下降,形成局部的低温区域。撒哈拉北部开始降到 12.5℃ 以下。在最北部的地中海沿岸,平均气温大约在 10℃～13℃。北非西北部的撒哈拉低地沙漠,平均气温降低到 10℃ 以下。非洲 1 月气温最低地区出现在阿特拉斯山,该地区由于地处北部,地势又高,平均气温低至 5℃ 以下。

南非 1 月是暖季,1 月平均气温较北半球高,南部沿海地区平均气温高达 22.5℃。由于洋流的存在,南非的气温带状分布没有北非明显。世界著名寒流本格拉寒流 1 月份一直由非洲南部西海岸北流,该寒流对南纬 15° 以南地区影响较大。纳米比亚及南非的沿大西洋岸一带受该寒流的影响,平均气温降到 20℃ 以下,比同纬度的东岸地区低约 8℃～10℃ 左右。南纬 5° 至赤道地区以及卡拉哈迪盆地地区月平均气温均在 25℃ 以上。1 月份最热地区出现在大陆的赤道附近,西岸自加蓬至安哥拉的沿海低地、东岸自赤道至南回归线之间的沿海平原、内陆的卡拉哈迪盆地,以及马达加斯加岛四周,尤其是沿海地带等处,平均气温都在 25℃ 以上。东非高原、赞比亚高原、比耶高原、维拉高原、达马腊兰高原、马塔贝莱高原,以及莱索托和南非境内的高原地区,与马达加斯加岛的中央高地等处,平均气温因地势高而降低,一般在 20℃～25℃ 之间。

（2）7 月平均气温

7 月份的时候太阳直射北半球,北半球盛夏,南半球隆冬,与 1 月份刚好相反。7 月平均气温大都在 25℃ 以上,最高平均气温中心地区平均温度一般都在 30℃ 以上。在撒哈拉沙漠地区,其西部北回归线两侧,有广大的区域月均温在 35℃ 以上。非洲之角也是非洲 7 月份最炎热的地区,其中最热的部分可超过 38℃。撒哈拉往北,气温有所降低。和 1 月份一样,7 月份气温也受寒流影响,影响区域为西北非的沿岸地区,该地区温度比同纬度地区要低十几度。如北纬 21°～28° 之间的西岸,沿海地带 7 月平均气温在 22.5℃,而内陆可超过 37.5℃。

高原对温度等温线的水平分布造成影响,西起富塔贾隆,东到埃塞俄比亚等高原地区,虽处 30℃ 等温线的闭合区,由于地势较高,平均气温都在 25℃ 以下,埃塞俄比亚高原的更高处可低至 20℃ 以下。焚风效应也造成局部气温分布异常,例如埃塞俄比亚高原以东、索马里高原以北的沿海及内陆低洼地区,处于西

---

① 苏世荣,等.非洲自然地理[M].北京:商务印书馆,1983:82～90.

南风的背风位置,7月均温都在35℃以上,形成一个小范围的酷热区。

南半球此时正值隆冬,气温大致由赤道的20℃~25℃向南随纬度的升高而降低。在南回归线以南的高地多在5℃~10℃之间,最低处在5℃以下。马达加斯加岛的平均气温也随着地势的升高而降低,可到15℃以下。

（3）其他温度情况

① 极端高温。非洲极端高温均出现在平均高气温区内,其分布情况与高温区分布近似。极端高温区分布在北纬15°左右,气温达到50℃以上。撒哈拉西部低地区内出现极端高温的范围最广,撒哈拉沙漠、红海及亚丁湾沿岸均有50℃以上的记录。利比亚的阿济济亚创出世界最高的气温记录,其气温高达57.8℃。

② 极端最低气温。极端最低气温的分布主要受纬度、海拔、寒流等因素的影响。非洲极端最低气温均出现在高原高山地区,可低至-10℃以下。由于影响最低气温的很多因素不稳定,所以最低气温随时间、空间的变化而相差很大。

③ 气温年较差和日较差。非洲气温赤道地区年较差较小,往两极方向,年较差逐渐加大。赤道地区年较差一般在1.5℃以下,南北纬15°之间地区年较差一般小于6℃,南纬30°左右的内陆可达15℃~16℃左右。沙漠地区温差较大,撒哈拉沙漠中部气温年较差高达15℃以上,西部可达25℃以上。非洲气温日较差的分布与气温年较差分布情况基本类似,而且分布更有规律性。但大部分地区气温日较差大于年较差,特别是赤道地区年较差在1.5℃~3℃之间,日较差在6℃~10℃左右。沙漠地区以及盆地地区日较差较大。

2. 日照[①] ▶ ▶ ▶

日照情况一般用年日照时数或月日照时数来反映,它的分布情况和年降雨量、云量的分布形势刚好相反,云雨多的地区年日照时数少,云雨少的地区年日照时数多。沙漠地区一般年日照时数最多。撒哈拉沙漠、卡拉哈迪沙漠、索马里半岛及马达加斯加岛沿岸等干旱少雨区,年日照时数都超过3600小时。撒哈拉沙漠是世界日照时数最多的地区之一,中部年日照时数更可多达4300小时。日照时数从沙漠地区向多雨地带逐渐减少,北非从撒哈拉沙漠向两侧递减,南非从卡拉哈迪沙漠向四周递减。几内亚海湾沿岸和赤道多雨地带是年日照时数最少的地带,年日照时数一般小于1600小时,有的地区甚至仅有1000小时左右。

月日照时数分布情况和年降雨量、云量的分布形势也相反。12月份和7月份是月日照时数最为典型的两个月份,它们分别可以代表非洲冬季和夏季的日照情况。12月份的北半球正值冬季,是日照最短的季节,纬度最北的地中海西部沿岸地区和热带辐合多雨带是日照时数最短的地区,月日照时数不到120小时。日照时数由北向南增加,在北非东部北纬15°附近月日照时数达到300小时以上,是北非月日照时数最多的地区。再向南延伸,月日照时数又逐渐减少,直到南纬5°~15°地区月日照时数在120小时左右。再向南延伸,由于开始远离赤道多雨带,月日照时数又开始递增,到纳米比亚等地区日照时数达到非洲12月月日照时数最大值,月日照时数高达360小时。7月份热带辐合带北移,日照最少的地区往北移到赤道至北纬10°左右地区,这些地区月日照时数大多都在150小时以下,个别地区甚至不到30小时。再往北延伸至北纬25°,月平均日照时数迅速增加到360小时。其他地区7月平均月日照时数大致在200~300小时之间。

3. 湿度[②] ▶ ▶ ▶

大气干燥程度一般用湿度来表示,常用绝对湿度、相对湿度、比较湿度、混合比、饱和差以及露点等物理量来表示。

非洲各地区的湿度差异较大,空气湿度的大小与日照长短成负相关关系,与降雨量的大小呈正相关关系。非洲有一空气湿度较大区,南北非各有一个较小空气湿度区。其他广大地区的空气湿度介于二者之

---

① 苏世荣,等. 非洲自然地理[M]. 北京:商务印书馆,1983:90~91.

② 苏世荣,等. 非洲自然地理[M]. 北京:商务印书馆,1983:91~92.

间,但随自然环境的差异,湿度的分布差异较大。非洲空气湿度较大的地区是赤道多雨地带和几内亚海湾沿岸,这些地区年降雨量较大,空气相对湿度通常在85％以上,个别地区甚至还超过90％。向两极方向延伸,空气湿度开始减少,北非和南非分别出现两个空气湿度较小的干燥地区。北非的撒哈拉沙漠地区空气干燥,年平均相对湿度一般小于30％,个别地区在20％以下;南非湿度最小的地区分布在卡拉哈迪沙漠,该区空气湿度较小,空气比较干燥,年平均相对湿度在50％左右。寒流和信风等一些气候因素也对湿度影响较大。

二、雨水资源

对于自然景观的形成、动植物生长和人类生活及生产来说,降水是非常重要的一个因素。非洲多数地区的水供应是紧张的,甚至是缺乏的。非洲境内降水的地区差异、季节差异很大。降水的地区差异由多年不降雨至年降雨量多至几千毫米,最多的可到10000毫米以上。降水的季节差异表现为非洲各地区降雨量的季节分配不均匀,不均匀的状况也因地而异。有的地区降水季节差异不大,降水较为均匀,有的地区则有明显的干湿季,有的地区则雨量很少,季节降水甚至无规律可寻。

影响降水的因素主要有信风、气旋和地形等。此外,洋流、湖泊、高空环流等因素也对降水分布产生一定的影响。影响北非地中海沿岸,南非南部、东南部沿海地带降雨的天气系统主要是温带气旋,其他广大地区大面积降水的主要成因是热带辐合带。降水的一般形式是降雨,此外,非洲降水也依靠一些特殊的降水形式,包括雪、雷、雹和水平降水等。

1. 非洲降雨量[①] ▶ ▶ ▶

非洲降雨量最多的地区主要在赤道及其两侧的热带地区。这些地区的温度高,湿度大,一经具备适当的凝结条件,即可降雨。由此向南、向北,在大多数的月份内或全年内都处于副热带高压带下沉气流的影响范围内,且影响趋势由赤道热带多雨区向外而逐渐增强,所以雨量随纬度的逐渐增加而急剧减少,直至半干燥及极干燥的沙漠地区,甚至出现无雨区。再向两极方向,在接近大陆的边缘地区,已进入每年有一定时间西风活动的范围(地中海气候区),雨量又逐渐增多,最终达到相当湿润的地区。

由赤道至南北纬5°附近,即赤道多雨带,年降雨量一般在2000毫米左右,个别地区多达10000毫米,是非洲雨量最大的地区。南纬5°~10°地区,年降雨量一般在500~1500毫米之间,再往南降雨量急剧下降,直至地中海型气候地区,降雨量不足20毫米。赤道多雨带以北的撒哈拉沙漠年降雨量在100毫米以下,雨量少的地区在5~10毫米以下,甚至出现无雨区。再往北的地中海沿岸由于受温带气旋的影响,年降雨量在100~300毫米左右。

1月份和7月份是两个比较典型的降雨季节。1月降雨量的分布,基本反映了非洲北半球冬季和南半球夏季降水的分布规律;7月份刚好相反,反映的是非洲南半球冬季和北半球夏季的降水分布规律。1月份撒哈拉高压发达,受哈马丹风的影响,北纬5°~10°以北的地区降雨量较少,月降雨量一般在10毫米以下。北纬10°~30°以北的地区降雨量更少,大部分地区几乎无雨。受温带气旋的影响,北非地中海沿岸降雨量相对较大,月降雨量可达50~100毫米以上。南非受热带辐合带的影响较大,南纬5°向南至南纬15°月降雨量迅速增加,南纬10°~15°地区,月降雨量一般在200~300毫米之间,是多雨地带。再往南,降雨量逐渐减少,由几百毫米降至几十毫米,有的地区甚至降至2毫米以下。7月份撒哈拉热低压发达,赤道至北纬15°之间地区是雨量最多的地带,月降雨量在100~200毫米以上,局部甚至有降雨量超过1000毫米的地区。再往北,降雨量迅速下降,至北纬20°地区,降雨量已减至10毫米以下。南非主要受南印度洋

---

① 苏世荣,等.非洲自然地理[M].北京:商务印书馆,1983:93~95.

高压影响。南纬 5°以南地区受盛行反气旋环流影响,降雨量较小,绝大部分地区在 10 毫米以下。最南端沿海地区受温带气旋和东南信风的影响,雨量有所增加,可超过 50 毫米。

2. 降雨日数和降雨强度[①] ▶ ▶ ▶

（1）降雨日数

年降雨日数指的是一年中日降雨量大于或等于 1 毫米的降雨日数,简称雨日。非洲降雨日数的地区分布与降雨量的分布大体一致,年降雨量大小和年降雨日多少呈一定的正相关关系。赤道热带多雨区也是雨日最多的地区,一般在 120 天以上,多的地区达到 160 天以上,如刚果盆地和几内亚湾沿岸。由赤道多雨区向两极方向延伸,随着降雨量的减少,雨日也逐渐减少。在干燥地区每年雨日只有几天,有些地区在某些年份可能完全没有雨日,及至进入地中海气候区,雨日又有增加,少的约 20 天（如东部埃及沿海一带）,多的约 80 天（如西部摩洛哥、突尼斯沿海一带）。马达加斯加岛的东侧迎风区全年面临来自印度洋面的湿风,是全非洲雨日最多的地区,雨日一般在 160 天以上,有的地区可以超过 200 天。

（2）降雨强度

反映降水强度的主要指标是 24 小时最大降雨量,它的分布受地形和其他条件影响较大。非洲 24 小时最大降雨量的地区分布有一定的规律性,但跳跃水平比较显著。降水强度大的地区一般也是年降雨量多的地区。

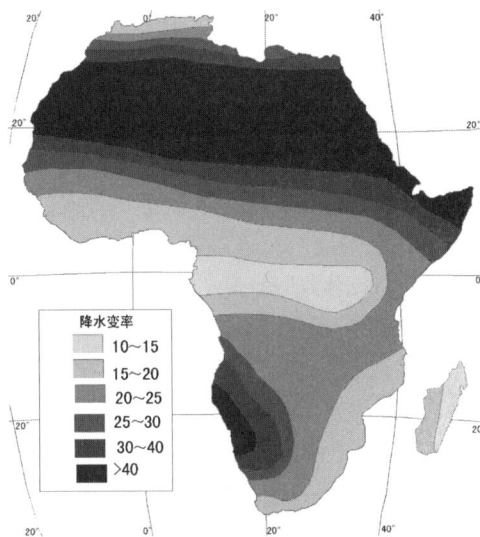

图 2-2-1　非洲降水变率

非洲北纬 18°～南纬 9°之间的大西洋沿岸、南纬 2°～6°和南纬 14°～30°之间的印度洋岸和马达加斯加岛沿岸地区是非洲 24 小时最大降雨量最大的地区,一般都超过 200 毫米。马达加斯加岛的北端和几内亚湾的湾头,日雨量都曾超过 500 毫米,留尼汪岛上有高达 1210 毫米的记录。

非洲 24 小时最大降雨量以沙漠干旱地区为最小。撒哈拉北纬 20°～30°之间除大西洋沿岸以外,24 小时最大降雨量均在 50 毫米以下,其中一些地区甚至在 3～5 毫米以下,是非洲 24 小时最大降雨量最小的地区。[②]

3. 降水变率[③] ▶ ▶ ▶

降水变率指的是降雨量的年（或季、月）际变化,这里指的主要是年降水变率。一般来说,纬度越高,距海越远,海陆差异越明显的地方,降水变率越大。非洲降雨量年变率的地区差异与年降雨量呈相反的趋势:雨量多的地区变率小,雨量少的地区变率大。总体上看,非洲各地区的年降雨量差异较大,如图 2-2-1 所示。

赤道多雨区的年变率在非洲各地区中是最小的,最少年雨量都在平均年雨量的一半以上,两者的差数在某些地区小到不足平均量的 1/5。撒哈拉沙漠地区、卡拉哈迪盆地、纳米布沙漠地带和索马里半岛等干燥地区的降水年变率最大,有些地区降暴雨的时候,降雨量可达几十毫米,有时则是全年无雨,甚至连续多年无雨。半干燥草原地区介于这两类地区之间,雨量年变率也处于两者之间。年雨量最小的时候,不足平均量的一半,有时甚至在平均量的 1/3 以下。这些地区经常出现旱灾,在这些地区生活的人数又多,降水对他们的生活及生产活动产生极为重要的影响,降雨量持续几年低于平均值时,将造成极为严重的旱灾。

① 苏世荣,等.非洲自然地理[M].北京:商务印书馆,1983:97～99.

② 盛承禹.世界气候[M].北京:气象出版社,1988.

③ Roy Cole. Survey of Subsaharan Africa—A Regional Geography[M]. London:Oxford University Press,1996:19.

北非的苏丹草原区在 20 世纪 70 年代就发生过连续几年干旱的情况,草原荒漠化对农牧业造成严重的经济损失,导致人畜死亡。非洲降雨量的降水季节变化因地而异,时空分布对比较为显著,有些地区有明显的干湿季变化,而有的则不明显。非洲降水的地区分布和季节变化主要有以下几个类型:双雨季型、夏雨冬干型、冬雨夏干型、全年少雨型、全年降雨型。这些类型的分布规律是以赤道地带的双雨季型为中心,向南向北大致对称分布着夏雨型、少雨型和冬雨型。①

赤道多雨带(即最邻近赤道的低纬度地区至南北纬 5°之间的地区)雨量较大,即使在少雨季节也不显干燥。随着热带辐合带南北移动,在每年春季和秋季这些地区降雨量较大,出现两个相对的多雨期和两个相对的少雨期,形成双雨季降雨类型。

随着离开赤道的距离的加大,两个多雨期的时间间隔越来越短。赤道多雨带往两极方向延伸,北半球至北纬 5°~20°之间的苏丹草原地带,南半球至南纬 5°~30°之间以及西岸全年干旱少雨区形成夏雨冬干的降水类型区。这些地区夏季主要受热带辐合带大雨带的影响,雨水丰富;冬季主要受哈马丹风的影响,雨量较少,甚至出现无雨区,形成夏雨冬干降雨类型。

北非地中海沿岸地区以及摩洛哥大西洋沿岸地区冬季气旋活动较为频繁,主要受低气压控制,降雨量较为丰富;夏季地中海区被低压控制的地区转变为被高压控制,降雨量较少,形成冬雨夏干降雨类型,也称地中海气候降雨类型。此外,南非西南部的开普地区也有部分地区是该类降雨类型。

在北纬 20°到北纬 31°~34°之间的撒哈拉沙漠,以及南纬 12°~30°左右的纳米布沙漠及卡拉哈迪沙漠地区雨水极少,极其干燥,有些年份有些偶然性的阵雨,有些年份则全年无雨,是全年少雨的一种特殊类型。

在非洲南岸的东部地区、南端的克尼斯纳地区的极小地域,没有明显的干湿季节变化,冬季受地中海气候影响,夏季受夏雨型的气候影响,月降水较为平均,年降雨量也相差不大,是典型的全年降雨类型。②

三、气候类型与气候区③

非洲大陆东西向大致由东经 51°至西经 17°,南北向大致由南纬 34°至北纬 37°,地处 7 个气候带中的 4 个气候带,它们分别是赤道气候带、赤道季风气候带、热带气候带和副热带气候带。7 个气候带分别对应 7 个气候区,它们分别是热带雨林气候、热带稀树草原气候、热带干燥气候、地中海气候、中纬高地草原气候、亚热带湿润气候、热带山地气候,这 7 个气候区在非洲都有所分布。

1. 热带雨林气候区 ▶ ▶ ▶

本区主要分布在南北纬 10°之间,包括扎伊尔盆地中北部、加蓬、赤道几内亚、喀麦隆的沿海区和尼日利亚的尼日尔河三角洲及其以东的部分,以及利比里亚、塞拉利昂、几内亚、东非沿海的局部地区和马达加斯加岛的东部。该气候区全年受赤道气团控制,终年高温,年降雨量大,空气潮湿。年平均气温在 26℃ 以上,月平均温度在 25℃~28℃之间,但 32℃ 以上高温很少出现。气温年较差很小,一般在 5℃~6℃,赤道附近年较差最小,约在 2℃ 左右。日较差变化也不大,大多在 8℃~16℃ 之间。年降雨量普遍在 1500~2000 毫米以上,有些地区多达 3000~4000 毫米,甚至有超过 10000 毫米的地区。该气候区有一个或两个多雨季,非雨季也有相当的降雨量,并不显得干燥。刚果盆地主要受赤道大陆气团影响,是典型的赤道雨林气候,雨量曲线呈现明显的两个高点。几内亚湾的西部沿岸地区受几内亚季风影响,年降雨量达 3000~4000 毫米,是雨量最大的地区。马达加斯加岛的东部处于东南信风带迎风坡,降雨频率较大,年降雨量大

① 苏世荣,等.非洲自然地理[M].北京:商务印书馆,1983:99~100.
② 盛承禹.世界气候[M].北京:气象出版社,1988.
③ 苏世荣,等.非洲自然地理[M].北京:商务印书馆,1983:102~112.

多在 2500 毫米以上,没有明显的干季。该地区受信风影响,气温的年较差、日较差都比较小。

2. 热带稀树草原气候区 ▶ ▶ ▶

本区主要分布在热带雨林气候区的两侧,它的范围大致包括北非的苏丹草原、南非高原的东部和东北部、东非高原的赤道两侧地区、马达加斯加岛的西部地区。雨季时它的气候特征与热带多雨区类似,干季时与干燥区类似。所以,该气候区被看做"过渡气候区"。热带稀树草原气候的主要特征是夏季多雨,冬季干燥,有明显的干湿季变化。

该气候区云雨量较少,气温高于赤道热带多雨区,少有酷热的天气,各月平均气温为 24℃～30℃。由于纬度较高,空气湿度较小,气温的年较差为 5℃～10℃,比赤道热带多雨区要大。年降雨量在 500～1000毫米左右,在赤道热带多雨区的邻接区域可多达 2000 毫米,而在干燥区的邻接区域则可少到 400 毫米。该区植物可全年生长,但年降雨量小于赤道热带多雨区,故形成热带稀树草原景观。本区气候可以分为冷干季、热干季和雨季三个季节。南北两半球的干湿季节恰好相反。北半球的冷干季为 11～2 月,受干燥的东北风的影响,降雨较少;热干季为 3～4 月,雨季到来之前出现最热月(一般在 4 月或 5 月);5～10 月热带辐合带位于北半球,非洲热带稀树草原气候区为雨季。南半球的冷干季、热干季和雨季则刚好相反,分别为 5～8 月、9～10 月和 11～4 月。由于受印度洋的东南信风影响,南北半球的雨量分布刚好相反。北半球雨季雨量自西向东减少,南半球雨季雨量自东向西减少。

3. 热带干燥气候区 ▶ ▶ ▶

热带干燥气候区分热带沙漠气候和干草原气候区两类,分界线大致在 400 毫米等雨量线。热带干燥气候区分布在热带稀树草原气候区的外缘,包括北非的撒哈拉沙漠及相邻的萨赫尔地区,南非的卡拉哈迪沙漠、纳米布沙漠以及它们边缘的稀疏干草原地带。马达加斯加岛西南部的沿海低地也属于该气候类型区。本区气候的主要特征是全年干燥少雨,气温变化剧烈,以荒漠和半荒漠景观为主。撒哈拉沙漠的极端气温曾高达 57℃,沙漠气温日较差在 28℃～33℃左右。7 月平均气温在 35℃以上,冬季平均温度在 16℃上下,西撒哈拉北部最冷月平均气温为 10℃,偏北地区且有结霜现象。气温年较差较大,一般在 17℃～22℃左右。撒哈拉沙漠地区降雨量极少,一般在 100 毫米以下,少的只有几毫米,甚至无雨。撒哈拉南北边缘地区雨季有所不同,南面接近夏雨区,所以雨期在夏季;北面接近地中海气候区,雨期在冬季。南非干燥区的干燥程度比北非略低。卡拉哈迪沙漠区的雨量稍多于撒哈拉沙漠,稀疏干草原比较常见。纳米布沙漠直达海边,受本格拉寒流的影响,雨日极为罕见,雾日相对较多。马达加斯加岛西南部沿海低地区处于东南风的背风坡,干燥少雨,但该岛南部山地高原地区年降雨量可达 300～500 毫米以上,平均气温约为 20℃～27℃,植被景观为干草原景观。

4. 地中海气候区 ▶ ▶ ▶

非洲有两个地中海气候区,分别位于非洲大陆最北和最南端的地区。一个在阿特拉斯山地以北、以西,直到地中海、大西洋的岸边,被称为"橄榄气候区";一个在南非的开普敦附近的较小地区,被称为"石楠气候区"。

地中海气候区夏季受副热带高压带的控制,冬季受温带气旋影响,主要特征是夏季干热、冬季暖湿。橄榄气候区最冷月均温也在 10℃以上,夏季最热月均温在 25℃以上,高温可达 40℃以上。该气候区主要植被类型为硬叶常绿灌丛,橄榄是代表植物。开普敦地区的气温略低于大陆北端的同类气候区,植被以石楠科植物为主。

5. 其他小范围气候区 ▶ ▶ ▶

(1)中纬高地草原气候区
中纬高地草原气候区在非洲所占面积较小,分布在南非高原南部。该气候区地势较高,纬度偏南;气温较低,年平均温度在 18℃以下,气温年、日较差比较大;年降雨量在 200~750 毫米之间。

（2）亚热带湿润气候区

亚热带湿润气候区是非洲所占面积较小的一个地区,分布在南方东南沿岸的纳塔尔地区。该区终年温暖湿润,年平均气温在 20℃以上,最冷月均温在 16℃以上,气温年较差较小。年降雨量分布比较均匀,一般在 1000 毫米左右。该区植物繁茂,以山毛榉为主,因此该气候区也称山毛榉气候区。

（3）热带山地气候区

埃塞俄比亚高原和米通巴山脉是典型的热带山地气候。该类气候类型垂直地带性分布规律比较明显,气温和降雨量都随海拔的变化有相当大的差异。海拔高的地区年平均温度低于 15℃,海拔低的地区年平均温度在 20℃~25℃之间;降雨量少的地区只有 200 毫米,多的高达 1500 毫米。

四、农业气候资源利用[①]

非洲大部分地区年平均气温在 10℃~20℃以上,积温在 8000℃以上。因此,非洲热量资源是非常优越的,远优于世界其他大洲。非洲终年高温,使作物、牧草、林木可以茂盛生长,气温日较差大,有利于养分积累。但是,持续高温加剧大气干旱,给农业活动与人畜生活造成困难。在热带非洲,唯有那些高地、山区创造了类似亚热带、温带的居住和生产环境,人们在那里可以从事多种多样的农业活动。

粮食生产是非洲最普通的农业活动。热量条件对非洲粮食作物的分布形式有相当大的影响,主要表现为:一年生喜温性谷类作物是广泛种植的作物（当然具体作物种类的选择还要依其他自然和经济社会条件而异）,木薯及与之有相似热量要求的块根、块茎类作物主要种植在热带地区海拔较低处,麦类作物则主要分布在非洲的亚热带地区以及热带非洲的海拔较高处。非洲从最北端到最南端都具备种植喜温性作物的热量条件。由纬度 25°向北和向南,年内适宜生长的时期愈来愈短,在这些地区种植一年生喜温性谷类作物,就会成为夏季作物。喜温性谷类作物的种植范围还受海拔高度的限制,即使在邻近赤道的纬度上,2000 米以上的高处也不利于生长。但在海拔 1700 米以上的亚热带高地、山区,气温年较差比较大,冬半年气温较低,最冷月平均气温都在 10℃~15℃,比较适宜该类作物生长。对于经济作物来讲,一年生喜温性经济作物广泛种植,亚热带多年生经济作物分布于南、北两端,热带多年生经济作物中对气温条件要求较高者集中分布于热带非洲海拔较低处,对气温条件要求较低者广泛分布于热带非洲,并可分布到海拔较高处,种植上限可达到海拔 1400~1800 米。

农业气候资源中的降水是非洲最大的限制条件,也具有复杂的时空分布特点。非洲干旱区面积广大,干旱是农业生产面临的主要威胁之一。非洲降水资源的时空分布不平衡,全年多雨区一般农作物无需灌溉;而在干旱半干旱区（包括夏雨冬干区的相邻部分）发展灌溉农业、合理利用水资源的必要性最大。

五、农业气象灾害[②]

农业气象灾害是不利气象条件给农业造成危害的现象。由温度因子引起的有热害、冻害、霜冻、热带作物寒害和低温冷害;由水分因子引起的有旱灾、洪涝灾害、雪害和雹害;由风引起的有风害;由气象因子综合作用引起的有干热风、冷雨和冻涝害等。非洲农业气象灾害主要是干旱、暴雨、冰雹和干热风等。

干旱是非洲最为主要的气候灾害。干旱是因长时期降水偏少,造成空气干燥、土壤缺水、水源枯竭,影响农作物和牲畜正常生长发育而造成其减产的现象。干旱灾害影响区主要分布在非洲撒哈拉及其周围的

---

① 曾尊固,等.非洲农业地理[M].北京:商务印书馆,1984:12~16.
② W. M. Adams. The Physical Geography of Africa[M]. London:Oxford University Press,1997:45~47.

大范围区域、南部非洲以及东非高原的小范围地区。非洲除地中海沿岸几内亚湾与近赤道地区外,绝大部分地区干旱少雨或无雨。从 7 月降水分布图上看,几乎整个赤道以南的非洲大陆和北纬 15°以北的北非地区都是无雨或少雨区,尤其是北非,除西北非沿岸以外,广大地区雨量不足 250 毫米,其中很大一部分地区不足 50 毫米。这些地区除了极端干旱外,还会伴有夏季高温,日较差较大,常常产生扬沙天气,有时连野外行走都会感到困难。干旱直接危害到非洲土地开发和农牧业生产,使人畜饮水发生困难,农牧民群众陷于贫困之中。同时,干旱又引发其他自然灾害,造成草场植被退化、土地荒漠化等生态环境恶化的现象。[1]

除此之外,非洲大陆由于热带辐合带的影响,会产生热带气旋,形成雷暴、冰雹等灾害性天气。大部分的热带气旋在马达加斯加、毛里求斯、留尼汪岛移动转向,少数到达并影响非洲东南沿海,多半发生在 1～4 月期间,如图 2-2-2 所示。在东非高原一带有时也会产生雷暴天气。雷暴、冰雹常常给农林牧业、交通运输及人们财产造成直接损失。

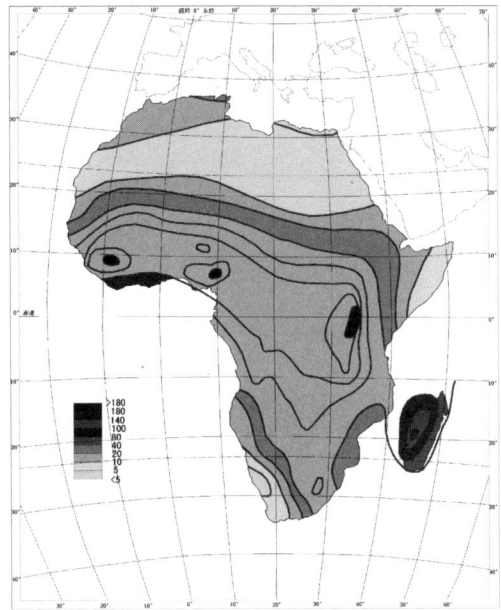

图 2-2-2 非洲年平均雷暴雨频率

非洲大约 20%的地区一年有 100 多个雷暴雨日,有些地区雷暴雨日数高达 200 多个。东非高地、喀麦隆山地和富塔贾隆高地,是非洲最集中的雷暴雨区。

1. 沙尘暴 ▶ ▶

沙尘暴是指强风将地面大量尘沙卷入空中,使空气特别浑浊,水平能见度低于 1 千米的天气现象,它的形成与地球温室效应、厄尔尼诺现象、森林锐减、植被破坏、物种灭绝、气候异常等因素有着不可分割的关系。沙尘暴是一种高强度风沙灾害,只有在那些气候干旱、植被稀疏的地区,才有可能发生沙尘暴。由于沙尘暴的巨大破坏力会对人类生活和生产产生极大的影响和危害,沙尘暴的发生就不仅是一种自然现象,而且也是一种自然灾害。世界沙尘暴共有四个高活动区,即中亚、北美、中非(如图 2-2-3)和澳大利亚,沙尘暴天气多发生在内陆沙漠地区,源地主要是非洲的撒哈拉沙漠,北美中西部和澳大利亚也是沙尘暴天气的源地之一。

图 2-2-3 苏丹沙尘暴[2]

沙尘暴,尤其是特强沙尘暴,是一种危害极大的灾害性天气。当其形成之后,会以排山倒海之势滚滚向前移动,携带沙砾的强劲气流所经之处,通过沙埋、狂风袭击、降温霜冻和污染大气等方式,大片农田被沙埋或被刮走活沃土,农作物受霜冻之害,致使有的农作物绝收或大幅度减产。它能加剧土地沙漠化,对大气环境造成严重污染,对生态环境造成巨大破坏,对交通和供电线路等基础设施产生重要影响,给人民生命财产造成严重损失。

2. 哈马丹风 ▶ ▶ ▶

哈马丹风是发源于撒哈拉沙漠副热带高压的一种地方风系。在冬季,由于它与北大西洋高压脊相连接,并受到欧亚大陆高压的影响,因而成为势力强大的风系,控制整个北非和西非,在撒哈拉东部为北风,

① 盛承禹.世界气候[M].北京:气象出版社,1988.

② www.k6j.cn

在撒哈拉西部为东北风。

由于风来自撒哈拉沙漠,冬季浩瀚的沙漠使哈马丹风变得冷而干燥,西非各地一年中最低气温就出现在哈马丹风盛吹之时;而到旱季末(4~5月),它又变成为强烈的干热风,此时也就成了西非的最热季节,马里、乍得的46℃、47℃的绝对最高气温纪录就出现在这个季节。大风经常达5~6级以上,卷起地面上大量的沙尘,形成黄尘蔽日的尘暴天气。此时天空昏暗,能见度很低,地面水平视程往往超不过200~300米。雨季初期持续的干热风天气,常常给当地农业生产造成严重的自然灾害,使庄稼幼苗大批枯死,不得不重播或改种其他作物。

当哈马丹风吹来时,风力强劲,一路带来大量的干燥尘埃,悬浮在空中,可达1500米以上高度。因此这些尘埃遮天蔽日,致使能见度极差,有时降到10米以内,大大影响交通运输,迫使飞机停航。这种风每次一般持续2~5天,刮了几十个小时之后,狂风会源源不断地把撒哈拉沙漠的红色细沙夹带着吹来,在空中形成无数旋转着的六七百米高的沙柱,形成高不见顶的"土墙",使天空红蒙蒙一片,待红色细沙沉降下来,本来绿色的大地被抹上了一层红色,屋顶、树木及其他植物的叶片上都盖上了一层厚厚的红色尘埃,使得这里成为一片红色世界。更可怕的是,几内亚湾沿岸本来是空气中湿度较大的地区,这里的人、动植物都适应了这种环境。但哈马丹风的到来,带来了极端干燥的空气,使本区的空气相对湿度急剧下降,空气也随之由湿润变得干燥,持续久了还会发生干旱,大地干裂成龟背状;放在桌上的面包由于水分的蒸发很快变成了面包渣;木质箱子由于木材失去水分而纷纷散架;甚至人也逃脱不了灾难,因为人们长期适应了潮湿的环境,一下子难以适应干热天气,极端干燥的空气使人的皮肤干燥裂口,于是人们把它称为可怕的"魔风"。

第三节　水　资　源

大气降水是可用水资源中最重要的组成部分,是可重复利用的第一性水资源。非洲气候特点是高温、少雨、干燥,气候带分布呈南北对称状。非洲降雨量从赤道向南北两侧减少,降水分布极不平衡,有的地区终年几乎无雨,有的地方年降水多达10000毫米以上。全洲1/3的地区年平均降雨量不足200毫米。东南部、几内亚湾沿岸及山地的向风坡降水较多。

非洲虽然拥有大面积的干旱、半干旱地区,但据联合国粮农组织统计,非洲拥有5.4×10^{12}立方米的丰富水资源,但由于缺少资金和相关设施,目前只有4%的水资源得到开发和利用,因此,利用水资源的潜力巨大。

非洲地表水和地下水资源的不平衡分布反映了降雨量随时间、空间的极端变化。在非洲既有水资源短缺的严重干旱地区,如分别在北部和西部地区的撒哈拉沙漠、卡拉哈迪沙漠,也有水资源充沛的中非热带地区。非洲每年平均可更新水资源大约是3950立方千米,约为全球水资源可用量的10%,接近非洲人口占世界总人口的比例12%。

一、地表水资源

1. 河网分布与水资源补给 ▶ ▶ ▶

非洲地表水资源主要受气候和地形因素的控制,其河网的分布充分反映了各地区的降雨量。总量上看,非洲拥有尼罗河、刚果河、尼日尔河、赞比西河等大河,全洲每年的河流径流总量为4657立方千米,约占世界河流径流总量的 12%,仅次于亚洲和南美洲,居世界第三位。非洲还拥有维多利亚湖、坦噶尼喀湖、马拉维湖等巨大天然湖泊和沃尔特水库、纳赛尔水库、卡里吧水库等大型人工湖。仅据 20 个最大天然湖和人工湖的不完全统计,湖泊水面积达 21 万平方千米。除此以外,在热带非洲有几百处经常性沼泽,总面积超过 26 万平方千米,还有许多季节性沼泽。但是,非洲地表水资源分布极不均衡。非洲雨量最丰富的地区在南、北纬 10°之间,这里河网的密度也最大。其次是在南纬 10°与南回归线之间,相比赤道两侧地区,雨量略少,河网仍然相当密集。而与此对应的北半球同纬度地区则由于气候干燥,河网非常稀疏,有些地区没有常流河,甚至成为无流区。与之相联系,形成外流区、内流区和无流区,其中,外流区以大西洋居多,多分布于非洲许多大河,其次是印度洋流域;内流区与无流区面积广大,约占全洲总面积的 29.6%。

非洲径流系数最高、径流量最大的地区位于赤道、几内亚湾和马达加斯加岛东部地区,它们的年降雨量均为 2000~4000 毫米或更多。阿特拉斯山脉和德拉肯斯山脉的迎风坡也是多径流区。由于非洲高地、盆地较多,因此出现很多的河流的辐散中心和辐聚中心。其中埃塞俄比亚高原范围广、雨量多,是非洲最大的水系发源地,尼罗河水系、刚果(金)河水系、赞比西河的两条重要支流以及高原东侧的许多独立小水系都从这里发源。而富塔贾隆高原是尼日尔河、塞内加尔河、冈比亚河及其他许多小河的水源地,这两个高原是非洲两个突出的高径流区,被分别称为"东非水塔"和"西非水塔",如图 2 - 3 - 1 和图 2 - 3 - 2 所示。[①]

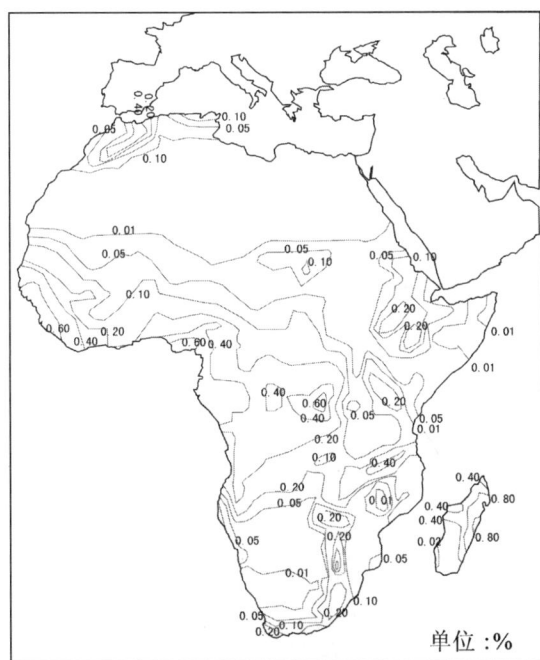

图 2 - 3 - 1 非洲径流系数

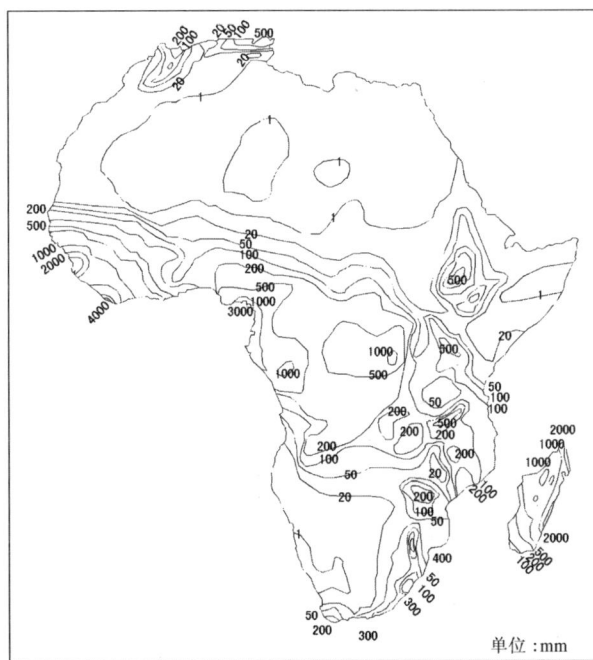

图 2 - 3 - 2 非洲径流量

从降水和径流变化的关系看,非洲径流的季节变化明显且类型多变,主要有赤道型、几内亚湾型、热带型、沙漠型、地中海型等类型,河川径流特征随气候和降水而同步变化。

非洲水资源的补给主要依靠降水,人均水资源补给量为 4528 立方米,表 2 - 3 - 1 为非洲各地区年降雨量以及水资源补给量情况。

从表中可以看出中部地区是非洲水资源补给量较大的地区,其次是几内亚湾地区,两个地区共占水资源年补给量的 72%,其他地区水资源年补给量都不足 10%,北部地区仅占 1%。

---

① W. M. Adams. The Physical Geography of Africa[M]. London:Oxford University Press,1997:107.

表 2-3-1　非洲各地区降雨量和水资源补给量①

地　区	年降雨量（毫米）	降雨量（10⁶ 立方米）	水资源补给量（10⁶ 立方米）	水资源年补给量占百分比（%）	人均水资源补给量（立方米）
北部	96	549959	46842	1	307
苏丹-撒哈拉	311	2671364	159600	4	1413
几内亚湾	1356	2873971	951940	24	4853
中部	1425	7592517	1876180	48	19845
东部	920	2665720	285260	7	1544
南部	659	3110159	270130	7	2518
印度洋群岛	1510	895250	340951	9	17042
非洲	678	20358940	3930903	100	4528

2. 主要河流及其水文特征 ▶ ▶ ▶

（1）尼罗河（如图 2-3-3）

尼罗河全长 6650 千米，是世界最长的河流。它源于东非高原布隆迪境内，下游入维多利亚湖，流经卢旺达、布隆迪、坦桑尼亚、肯尼亚、乌干达、刚果（金）、苏丹、埃塞俄比亚和埃及九国，是非洲流经国家最多的一条国际性河流。流域面积约 2.80×10^6 平方千米，在非洲各河中居第二位。河口的平均流量约为 2200 立方米/秒，位于非洲第四位。尼罗河全部水量有 60% 来自青尼罗河，32% 来自白尼罗河，8% 来自阿特巴拉河。在不同时期内各条河流水量的比例也不同：在洪水期，青尼罗河占 68%，阿特巴拉河占 22%，白尼罗河只占 10%；在枯水期，白尼罗河占 83%，青尼罗河占 17%，阿特巴拉河断流，不对干流供水。③

图 2-3-3　尼罗河②

尼罗河上游位于赤道地带，支流众多，水量丰富，径流季节变化不大；中游处于热带草原区，水量变化较大，洪水期与枯水期变化明显；下游经热带沙漠地区成为"客河"，水量逐渐减少且季节变化明显，水文情况复杂。

尼罗河的河流体系现在均由坐落在尼罗河本身或其干流上的一系列堤坝控制，最大的是在主流上的亚斯文高坝。

（2）刚果河④（如图 2-3-4）

刚果河全长 4370 千米，仅次于尼罗河，居非洲第二。流域面积为 3.69×10^6 平方千米，河口年平均流量为 39000 立方米/秒（最大流量达 80000 立方米/秒），都远远超过非洲其他河流，居于非洲首位。它发源于刚果（金）南部的加丹加高原，流经安哥拉、喀麦隆、中非共和国、刚果、赞比亚和刚果（金）六国，流域面积的 60% 在刚果（金）境内。

图 2-3-4　刚果河⑤

---

① 资料来源：FAO AQUASTAT 2005 年调查（2002 年数据）.

② www.bjminsu.com

③ 刘德生.世界自然地理[M].北京：人民教育出版社，1999.

④ 苏世荣，等.非洲自然地理[M].北京：商务印书馆，1983：127～129.

⑤ http://travel.southcn.com

刚果河虽然长度不及尼罗河，但其流量却达尼罗河的 16 倍。在距离河口数十千米的范围内，海水也是淡水，形成深水河口。刚果河的支流极多，河网稠密，其常年流量大而稳定，最小流量与最大流量的比例是 1：3，远低于尼罗河的 1：48，是世界各大河中流量变化最小的河流之一。刚果河流域位于山地盆地之间，流域范围内有众多著名的瀑布群，水力资源丰富。虽然刚果河水量变化较小，有利于航运，但是河床内有多处急滩和瀑布，阻碍了航运的发展，目前只能分段通航，可航运里程约 14000 千米。

（3）尼日尔河（如图 2-3-5）

尼日尔河全长 4160 千米，流域面积为 2.09×10^6 平方千米，河口年平均流量为 6300 立方米/秒，是西非最大的河流流域。它发源于几内亚与塞拉利昂交界处的落马山东麓，流经几内亚、马里、科特迪瓦、尼日尔、布基纳法索、贝宁和尼日利亚等国，流入几内亚湾。尼日尔河的上、下游都在热带多雨区，水量丰沛，支流密布，而中游穿过沙漠地带，支流稀少，水量减少，造成尼日尔河复杂的水文特点：下游有两次洪峰，而上、中游只有一次。尼日尔河上游水量极

图 2-3-5　尼日尔河[1]

为丰富，马里境内的库利科罗的平均流量为 2300 米/秒。中游流量只有 1000 米/秒，下游再度进入热带多雨区后，因为接受了贝努埃河等支流，水量增加。因此，尼日尔河除了有灌溉之利外，中、下游河段还有航运之便。[2]

（4）赞比西河（如图 2-3-6）

赞比西河长约 2660 千米，是南部非洲和非洲大陆流入印度洋的第一大河。流域面积达 1.33×10^6 平方千米，河口年平均流量为 16000 立方米/秒，仅次于刚果河而居第二位。它发源于安哥拉东北边界的隆达-加丹加高原，流经赞比亚、纳米比亚、马拉维、津巴布韦和莫桑比克等国，注入莫桑比克海峡。

图 2-3-6　赞比西河[3]

赞比西河流经热带干、湿气候区，流域内降雨量少于热带多雨区。东部接近海洋，比较湿润，西部则较干；流域南部靠近干旱气候区，有些支流是时令河。由于气候有明显的干湿季，河流流量也随季节而变化。夏半年雨季是丰水期，冬半年干季是枯水期。河流流域内的降雨量从北部的 1500 毫米向南递减至 650 毫米，故西南部雨量较小但变率大，支流大多是间歇性河流；而西北部雨量较多，支流流量较稳定。

赞比西河和刚果河情况类似，因为大部分河段流经海拔 500～1500 米的南非高原，形成了很多急流和瀑布，多达 72 处，只能分段通航。另一方面，众多的瀑布蕴藏着极为可观的水能资源。[4]

除上述著名大河流外，非洲大陆还拥有塞内加尔河、奥兰治河、朱巴河与谢贝利河、林波波河等众多世界著名河流，见表 2-3-2 所示。

①　www.tupian.hudong.com
②　苏世荣，等.非洲自然地理[M].北京：商务印书馆，1983：129～134.
③　http://hydraulics.xaut.edu.cn
④　苏世荣，等.非洲自然地理[M].北京：商务印书馆，1983：132～133.

表 2-3-2 非洲主要河流①

河流名	水 系	河长（千米）	流域面积（10⁴平方千米）	河口流量（立方米/秒）
尼罗河	大西洋	6670	287	2300
刚果河	大西洋	4640	370	39000
尼日尔河	大西洋	4160	210	6340
赞比西河	印度洋	2660	135	16000
谢贝利河	大西洋	2000	30	320
奥兰治河	大西洋	1860	102	490
朱巴河	印度洋	1600	19.6	546
林波波河	印度洋	1600	44	170
奥卡万戈河	内流流域	1600	80	250
塞内加尔河	大西洋	1430	44.1	760
沙里河	内流流域	1400	65	1222
沃尔特河	大西洋	1400	38.8	140
鲁菲季河	印度洋	1400	17.7	800
冈比亚河	大西洋	1120	7.7	—

3. 主要湖泊与水库② ▶ ▶ ▶

湖泊水是地表水不可缺的重要组成部分,对于工农业生产贡献匪浅。非洲的湖泊较多,面积大小不同,深浅各异,地区分布也很不均衡。绝大多数湖泊分布在有丰富雨水和凹地的东非大裂谷内,其他地方因气候较干燥,湖泊较少,散布在内陆盆地,见表 2-3-3 所示。

表 2-3-3 非洲主要湖泊

名 称	面积（平方千米）	最大深度（米）	海拔高度（米）	所 在 国 家
维多利亚湖	69000	80	1134	肯尼亚、坦桑尼亚、乌干达
坦噶尼喀湖	32900	1435	773	布隆迪、坦桑尼亚、刚果（金）、赞比亚
马拉维湖	30800	706	472	马拉维、莫桑比克、坦桑尼亚
乍得湖	16000	12	243	喀麦隆、乍得、尼日尔、尼日利亚
图尔卡纳湖	6405	73	375	埃塞俄比亚、肯尼亚
阿尔伯特湖	5350	48	619	刚果（金）、乌干达
姆韦鲁湖	5100	37	931	刚果（金）、赞比亚
班韦乌卢湖	5000	10	1140	赞比亚
鲁夸湖	4500	—	794	坦桑尼亚
塔纳湖	3500	72	1830	埃塞俄比亚
基伍湖	2816	488	1460	卢旺达、刚果（金）
基奥加湖	2590	8	1036	乌干达

---

① 苏世荣,等.非洲自然地理[M].北京:商务印书馆,1983:136～137.
② 苏世荣,等.非洲自然地理[M].北京:商务印书馆,1983:139～144.

名　称	面积(平方千米)	最大深度(米)	海拔高度(米)	所 在 国 家
马伊恩东贝湖	2300	7	340	刚果(金)
爱德华湖	2150	117	912	刚果(金)、乌干达
阿巴亚湖	1250	13	1268	埃塞俄比亚
基坦吉里湖	1200	5	800	坦桑尼亚
奇尔瓦湖	1040	3.5	550	马拉维

非洲的湖泊主要有两类:断层湖和凹陷湖。

非洲大多数较大湖泊属于断层湖,它们集中分布于东非高原的大裂谷内,一般湖形狭长,湖底深陷,湖岸多陡崖峭壁,呈串珠状分布于东非大裂谷带上。由于湖区雨水多,大多数湖均有河流相通,湖泊出口处一般形成急流和瀑布。分布在东非高原大裂谷带东支上的断层湖从南向北有马拉维湖、鲁夸湖、埃亚西湖、纳特龙湖、奈瓦沙湖、巴林戈湖、图尔卡纳湖、乔乌湖、查莫湖、阿巴亚湖、沙拉湖、阿比亚塔湖、齐瓦伊湖、阿贝湖等,沿大裂谷带西支分布有坦噶尼喀湖、基伍湖、爱德华湖、阿尔伯特湖(蒙博托湖)等。

非洲的凹陷湖分布在内陆盆地和高原洼地,由地表升降或挠曲作用形成洼地积水后而成,多为圆形,一般深度不大。非洲的凹陷湖有湿润型湖和干燥型湖之分。湿润型湖以维多利亚湖最大、最著名,湖泊面积水深变化不大;干燥型湖以乍得湖最典型,面积和水深有明显的季节变化,由于水源不足,还会出现断水等现象,从而形成盐湖和碱湖。

(1)维多利亚湖(如图 2-3-7)

维多利亚湖面积为 6.9×10^4 平方千米,是非洲第一、世界第二大淡水湖,仅次于北美洲苏必利尔湖。它位于东非高原盆地中部的肯尼亚、乌干达和坦桑尼亚三国交界处。它南北长约 400 千米,宽约 240 千米,湖水最大深度为 80 米,平均约 40 米,湖面海拔为 1134 米,年内变幅只有 0.3 米。维多利亚湖处于赤道多雨区,雨量的季节分配均匀,所以湖水水位变化极小。湖面广、湖水深,对湖盆内的气候有显著影响。湖水自北岸流出,流量稳定,约为 600 立方米/秒,是白尼罗河的主要水源。

(2)坦噶尼喀湖(如图 2-3-8)

坦噶尼喀湖面积约为 32900 平方千米,是非洲第二大淡水湖。它位于刚果(金)、坦桑尼亚、布隆迪、赞比亚等国交界处,属于标准的裂谷型,形状狭长,自西北向东南延伸约 720 千米,最宽处约 70 千米,狭处仅 40 千米,湖面海拔 773 米。坦噶尼喀湖湖水很深,平均约 700 米,最深处为 1435 米,比海面还低 662 米,成为仅次于亚洲贝加尔湖的世界第二深湖。它西面与刚果河通连,成为刚果河一个稳定的水源。

图 2-3-7 维多利亚湖①

图 2-3-8 坦噶尼喀湖②

---

① www. aojiu. com. cn
② http://2fimg4. bjsoyo. com

（3）马拉维湖（如图2-3-9）

马拉维湖面积为30800平方千米，是非洲第三大淡水湖。它位于马拉维、坦桑尼亚、莫桑比克等国交界处，属于标准的裂谷型湖。马拉维湖的轮廓和延展方向都与坦噶尼喀湖相似，长约560千米，最宽处80千米，狭处32千米，湖面海拔472米，平均深度约273米，北端最深处达706米，比海面低234米，为非洲第二深湖。湖区在热带干湿气候区内，雨量的季节分配不均匀，湖水的涨落幅度约在1米上下。马拉维湖的南端出口与希雷河相连，因而成为赞比西水系的一部分。

（4）乍得湖（如图2-3-10）

乍得湖为非洲四大湖之一，是世界著名的内陆湖泊之一。它位于乍得盆地中央，在乍得、尼日尔、尼日利亚、喀麦隆等国交界处，属凹陷洼地型湖。湖面面积随季节变化，雨季时可达到2.2万平方千米，旱季时可缩小一半以上。湖面海拔为281米，东部深，西部浅，平均深度为1.5米，最大深度达12米，水源主要补给者为沙里河，占总补给量的2/3，还有科马杜古约贝河、恩加达河、姆布利河等补给源。乍得湖是非洲重要的淡水鱼产区之一。

图2-3-9　马拉维湖①

图2-3-10　乍得湖②

（5）主要水库

水库是人工湖泊，它既是人们利用河水的主要工程，又是影响河流水文特征，使之发生变化的重要因素，它对河流的季节变化、河系的发展以及流水地貌的发育均有一定影响。非洲已建有大中型水库600余座，现有水库总库容约为7980亿立方米。非洲的水库分布不均，南部占39%，几内亚湾地区占29%，北部地区占24%。中部地区和印度洋群岛是降雨量最大的地区，水库数量最少。非洲的5大水库总库容达5650亿立方米，占非洲总库容的71%。近几十年内非洲建成不少大水库，如尼罗河上的纳赛尔水库、赞比西河上的卡里巴水库及卡博拉巴萨水库、沃尔特河上的沃尔特水库、尼日尔河上的凯因吉水库等，见表2-3-4所示。

表2-3-4　非洲最大的5座水库③

水　库	所在河流	所在国家	库容（亿立方米）	用　途
卡里巴	赞比西河	赞比亚、津巴布韦	1880	发电
阿斯旺高坝	尼罗河	埃及	1620	灌溉、发电、防洪
阿科松博	沃尔特河	加纳	1480	发电
卡博拉巴萨	赞比西河	莫桑比克	390	灌溉、发电、防洪
科苏	邦达马河	科特迪瓦	280	发电

① www.english.cri.cn
② www.feizhoubiaoge.blog.163.com
③ 李淑芹，石金贵.非洲水资源及利用现状[J].水利水电快报,2009(30):1.

这些水库规模大小不同,但都发挥着重要的作用。它们不仅有效地控制了径流变化,在调节流域水量、防洪、灌溉、发电、渔业及航运等方面也有重大贡献。

4. 沼泽湿地 ▶ ▶ ▶

非洲大陆广泛分布着沼泽湿地,这些都让其成为水系统中不可缺少的一部分。面积较大的如尼日尔河内陆三角洲、乍得湖周围、苏丹境内尼罗河上游盆地、刚果河中游、赞比西河流域、基奥加湖周围、赞比亚东部的班韦乌卢湖等低地沼泽。在刚果(金)南部、安哥拉、莫桑比克、马拉维、赞比亚、津巴布韦以及东非一些国家境内还有很多雨季积水、旱季干涸的季节性沼泽,此外,还有沿海沼泽和盐沼泽。

二、地下水资源

除地表水资源外,非洲大陆的地下水资源也十分丰富。即使在撒哈拉沙漠的地下,经数十年大规模的勘探,已证实存在一个贮水量约为 50 万亿立方米的巨大地下水库,该地区的地下水早已被利用。非洲的地下水资源主要集中充填在中生代与新生代沉积岩层的盆地内,其中较为著名的有阿尔及利亚-突尼斯盆地、费赞盆地、利比亚沙漠、塔奈兹鲁夫特盆地、泰内雷盆地、乍得湖盆地等。这些盆地的下白垩砂岩层水质优良,属淡水(矿化度小于 1 克/升)或微咸水(矿化度 1~3 克/升),可用于农业灌溉。据统计,非洲地下水灌溉面积为 247 万公顷,占总灌溉面积的 19.8%。

非洲多数地区地下水含水层较深,需要钻井开采利用。但在非洲的有些地区,承压水以自流泉形式被开发利用。如在撒哈拉沙漠内部的费赞盆地北部、阿杰尔高原边缘以及大阿特拉斯山脉、撒哈拉阿特拉斯山脉的山前地带均有流量大小不等的泉水分布,这些泉水成为了当地绿洲农业重要的灌溉水源。此外,非洲地下水还包括部分由河流补给的浅层潜水,因其分布范围有限、水量水位变化大、矿化度较高而只有局部利用价值。[1]

三、水资源特点

非洲河流的补给几乎全靠当年的降水。因此,河流流量的季节变化主要取决于降雨量的季节分配。非洲的降水与径流的最突出特点是地区分布不均。赤道地区、几内亚湾沿岸和马达加斯加岛东部是非洲最主要的多雨区,因而是全洲径流系数最高、径流量最大的地区。另外还有大陆北端的阿特拉斯山脉和南端的德拉肯斯山脉的迎风坡区,以及被称为"东非水塔"和"西非水塔"的东非的埃塞俄比亚高原和西非富塔贾隆高原,均为非洲高径流区,是非洲许多重要河流的发源地。而占非洲 1/3 以上的干旱地区,成为世界上最大的无流区,沙漠地区分布着一年中大部分时间干涸的干谷。径流地区分布差异悬殊之大,非其他洲所见。非洲地表水资源的第二大特点是降水与径流的分布同气候植被等自然要素一样具有十分明显的南北对称性,大致以赤道地带为中轴线,南北两侧的热带稀树草原地带的降水和径流均逐渐减少,河网密度趋向稀疏;至北纬 15° 和南纬 20° 左右的热带沙漠地带,地表几乎无径流;在大陆南北端的地中海型气候区,年降雨量有所增加,河网变密,径流也相应增多。

从降水与径流变化之间的关系来看,非洲河流径流的季节变化可归纳为以下类型。[2]

---

① 文云朝.非洲农业资源开发利用[M].北京:中国财政经济出版社,2000:118.
② 苏世荣,等.非洲自然地理[M].北京:商务印书馆,1983:121~122.

1. 赤道型 ▶ ▶ ▶

它是赤道多雨区河流的代表类型,主要在赤道地带的刚果河下游和加蓬等地,这些地区降水丰富、河网密集。它的突出特点是:① 因为有庞大的水系和流域内降水丰沛,所以水量丰富;② 因为该流域内降水的时间分配相当均匀,各月虽不完全相等,但没有过于偏多或偏枯的现象,所以流量稳定;③ 流量曲线有两个峰值,这和雨量的两个高点有密切的关系,5 月及 11~12 月是降水最多的时节,相应地非洲流量最大的刚果河的最大流量也出现在该时期,且最大与最小流量相差一般不超过一倍。

赤道型是相对刚果河的干流而言的,至于它两侧的支流大体上都只有一个汛期,因而流量的季节变化也比较大。

2. 几内亚湾型 ▶ ▶ ▶

它是几内亚湾沿岸河流的代表。这一带雨量丰富,河网稠密,年降雨量一般在 2000 毫米以上,局部超过 3000 毫米,流量的季节变化较为显著。受几内亚季风气候的影响,夏季多雨,冬季少雨,降水出现明显的季节性。在夏秋季 7~9 三个月西南季风盛行、降水丰沛的时期,河流量也最大,汛期水量一般占全年水量的 1/2 至 3/4;冬季由于哈马丹风到来,造成雨量锐减,河流出现最小流量,因而冬季为枯水季节。

3. 热带型 ▶ ▶ ▶

这一类型主要分布在南北纬 10°~20° 之间以及东非高原赤道两侧的热带草原地区。年雨量一般为 500~1000 毫米,干湿季节分明,雨水多集中于雨季。河湖水量变化很大,流量曲线呈现一高一低的特征,这是由季风气候决定的。汛期多在雨季或雨、干交替时期出现,即北半球在 8~10 月,南半球在 2~4 月,大、中河流的汛期流量约占年总量的 50%,小河可达 80% 以上。它的特点是流量较少,汛期较晚,汛期流量占总流量的比值更高。该类型以塞内加尔河和冈比亚河为代表。

4. 沙漠型 ▶ ▶ ▶

它的特点是河流流量小而变化大,洪水期持续的时间很短,一般为几小时或几天;径流出现的次数不定,数次、数十次不等,取决于降水情况;持续时间也不定,有时数小时,有时甚至数日。撒哈拉沙漠、卡拉哈迪沙漠、纳米比亚等沙漠地带,因降雨量稀少,故河流量也少,且多为间歇河,而湖泊多为潜水咸湖,有的甚至为盐沼。该类型河流以撒哈拉沙漠中的伊阿阿尔河和卡拉哈迪盆地的莫洛波河为代表。

5. 地中海型 ▶ ▶ ▶

此类型分布在非洲南北两端的地中海型气候区,夏季炎热干燥,冬季温和多雨,年降雨量一般不足 1000 毫米,河流的流量季节变化明显,流量曲线显示明显的一高一低起伏状,但在时间上与热带型不同。洪水期出现在冬季,水量占全年的 1/2 以上,枯水期出现于夏季。如地中海沿岸的谢利夫河、木卢亚河、塞布河等,它们的汛期一般在 1~3 月或 12 月到次年 2 月,枯水期在 8~9 月。

但像尼罗河这类长河流会流经几个气候区,各河段的径流都带有所在气候区的特点,全河往往出现一些独特的情况。如尼罗河上游段处于赤道地带,支流多而水量丰富,径流随季节变化较小;其中游位于热带草原地区,水量变化大,洪水期明显;下游流经热带沙漠地区,水量趋于减少且随季节变化较大。

四、水资源利用

目前,非洲水资源的利用主要包括三个方面:农业用水、生活用水以及工业用水(见表 2-3-5)。其中,农业用水是非洲水资源利用的主要方式,平均占总用水量的 86%,主要包括灌溉和牲畜饮水。其次是生活用水,工业用水最少。中部非洲农业用水占56%,生活用水占总用水量的32%,工业用水为12%,均比其他地区高,但是地区人均用水量仅为21立方米/人,可见中部地区水资源极为短缺。另外各地区以及地区内部均有较大差异,例如,印度洋群岛地区人均用水量为786立方米/人,远高于非洲人均用水量247立方米/人。

表 2-3-5 非洲水资源利用现状[1]

地 区	农业用水 (10⁶ 立方米)	占比 (%)	生活用水 (10⁶ 立方米)	占比 (%)	工业用水 (10⁶ 立方米)	占比 (%)	地区用水 (10⁶ 立方米)	占非洲总用水量比例(%)	人均用水量 (立方米)
北部	79657	85	8837	9	5395	6	93889	43.7	616
苏丹-撒哈拉	52369	95	2133	4	445	1	54948	25.7	486
几内亚湾	8821	71	2456	20	1115	9	12395	5.8	63
中部	1114	56	640	32	239	12	1993	0.9	21
东部	12445	88	1549	11	221	1	14215	6.6	77
南部	15134	70	5194	24	1330	6	21675	10	202
印度洋群岛	14809	94	650	4	258	2	15717	7.3	786
非洲	184349	86	21642	10	9003	4	214814	100	247

水资源在非洲农业用水方面有着极其广泛的作用,除了农业灌溉外,其他的还有水面养殖、开发水能资源、向缺水地区供水促进土地资源开发、发展水运事业等等。但是农业灌溉是非洲水资源利用的主要方式,也是非洲农业发展的基础。尼罗河谷地及其三角洲的灌溉农业就是著名的例子。早在公元前3000年,埃及人创造了淤灌法等水利设施,尼罗河两岸的土地因此得到充足的水分滋养,棉花等种植业也日益发展。后来在尼罗河上修建了很多水坝,保证了两岸农田日常的灌溉,使该地区成为了富庶之域。而今数十年来,在尼罗河上修建的一系列水坝则保证了两岸农田常年灌溉的需要。现在,埃及的全部耕地都能得到灌溉,在尼罗河上游的苏丹,已成为非洲大陆水利灌溉较为发达的国家之一。[2]

尽管如此,但从整体上看,非洲水利灌溉事业还很不发达,全部耕地仅有6%左右得到灌溉,远低于亚洲(33%)和欧洲(12%),也不及南、北美洲(8%～10%),仅仅稍高于大洋洲(4%)。非洲的许多国家,如喀麦隆、乍得、刚果、埃塞俄比亚、加纳、尼日尔、尼日利亚、刚果(金)、乌干达、坦桑尼亚、赞比亚等,农田灌溉率不及3%。

非洲不同地区农业灌溉存在很大差异(见表 2-3-6)。2002年非洲灌溉面积为1344.5万公顷,占耕地面积的6%,低于世界18%的平均水平,而且灌溉分布极不平衡。由于北部和南部地区比较干旱,且是非洲经济发展较快的地区,农业灌溉技术发展较快。其中北部非洲灌溉农业较为发达,灌溉面积约634万公顷,占非洲耕地面积的15%。中部非洲农业灌溉最不发达,灌溉面积和水管理面积均为最低,分别只有13.2万公顷和45.6万公顷。几内亚湾、东部和印度洋群岛地区的水灌溉面积也都低于10%。

由于非洲水资源分布不平衡,发展灌溉的必要性也很不一致。全年多雨区,发展灌溉的必要性只是出现在少数情况下;而在少雨区,发展灌溉的必要性最大,这些地区没有灌溉就没有农业,但是当地地表水资源却最为贫乏,因此开发利用"客河"就具有了重要意义。迄今,除了尼罗河、奥兰治河外,"客河"的开发利用还不充分,如著名的尼日尔河中游和塞内加尔河下游区,每年的实际灌溉面积分别只有4万公顷与2万公顷。因此,利用"客河"水资源发展少雨区灌溉农业是非常必要的。另一方面,非洲少雨区面积广大,即使"客河"得到充分利用,也只能灌溉可耕地的一部分。因而,多年来人们设想从多雨区向少雨区跨流域调水的方案,但是不管是从技术上还是从资金上看,这种方案短期内不可能实现。比较现实的是局部的调水

---

① 李淑芹,石金贵. 非洲水资源及利用现状[J]. 水利水电快报,2009(30):1.

② 文云朝. 非洲农业资源开发利用[M]. 北京:中国财政经济出版社,2000.

计划以及在保护生态环境的前提下充分开发利用"客河"及地下水。

表 2-3-6　非洲主要地区灌溉情况①

地　区	灌溉面积（公顷）	占比（%）	内陆湿地和谷地自然灌溉面积（公顷）	占比（%）	洪水区自然灌溉面积（公顷）	占比（%）	水管理面积（公顷）	占比（%）
北部	6339756	100	—	—	—	—	6339756	41
苏丹-撒哈拉	2619950	89	67356	2	257984	9	2945290	19
几内亚湾	565257	39	196606	14	681914	47	1443777	9
中部	132439	29	322500	71	1000	0	455939	3
东部	616143	73	233195	27	—	—	849338	6
南部	2063427	91	181900	8	8510	1	2253837	15
印度洋群岛	1107903	99	9750	1	—	—	1117653	7
非洲	13444875	87	1001557	7	959158	6	15495590	100

　　整体上讲，非洲现在开发和利用的水资源较少，用于灌溉的 60% 的水资源都是被浪费的。非洲目前的灌溉方式主要是地表灌溉、喷灌和微灌等。喷灌在南部地区使用最为广泛。几内亚湾、东部和中部地区主要使用小型喷灌。只有通过改善灌溉水平、建设灌溉设备，才可以有效推动非洲的农业发展。表 2-3-7 反映了非洲各流域的灌溉潜力。发展农业用水是提高土地生产力和劳动生产力的关键，有人提出集水系统是一种有效的农业用水方式。② 在西非和南非，集水系统对于作物生产来说有着极大的开发潜力，可以以此增强对水资源的保护和提高对洪水的利用率，在河流的上游集水系统更有开发潜力。而目前为止，非洲干旱、半干旱区国家还很少意识到建立一个有效的集水系统来提高水资源利用率和农业灌溉效率的必要性。同时非洲农业用水还存在导致土壤盐碱化、缺少投入高效灌溉技术的资金、缺少适合小型农业的简单的用水技术等问题。

表 2-3-7　非洲各流域的灌溉潜力情况③

流　域	灌溉潜力（公顷）	占比（%）	灌　溉　地　区
刚果河	9800000	23	中部、东部、南部非洲
尼罗河	8000000	19	中部非洲、苏丹-撒哈拉、中部和东部非洲
尼日尔河	2816510	7	北部和中部非洲、几内亚湾、苏丹-撒哈拉
赞比西河	3160380	7	中部、南部、东部非洲
乍得湖北部	1163200	3	中部非洲、苏丹-撒哈拉、几内亚湾
里夫特山谷	844010	2	苏丹-撒哈拉、东部非洲
塞内加尔河	420000	1	几内亚湾、苏丹-撒哈拉
伏塔河	11487000	3	几内亚湾、苏丹-撒哈拉
奥兰治河	390000	1	南部非洲
雪梨加坝	351460	1	苏丹-撒哈拉、东部非洲
林波波河	295400	0.5	南部非洲
奥卡万戈河	208060	0.5	中部和南部非洲

---

　　① 资料来源：FAO AQUASTAT 2005 年调查（2002 年数据）。

　　② Agromisa. Water Harvesting and Soil Misture Retention. Agrodok—Technocal Centre for Agricultural and Rural Cooperation (ACP-EU). Series No. 13, 1997, Wageningen, The Netherlands. P. 91.

　　③ 资料来源：FAO AQUASTAT 2005 年调查（2002 年数据）。

流　域	灌溉潜力(公顷)	占比(%)	灌　溉　地　区
内陆南部	54000	0	中部和南部非洲
内陆北部	2199050	5	北部和东部非洲、苏丹-撒哈拉
内陆西部	6268650	15	苏丹-撒哈拉、几内亚湾、中部和南部非洲
北部南部	1584200	4	南部非洲
中部海岸	1927460	4.5	苏丹-撒哈拉、东部和南部非洲
马达加斯加河群岛	1534990	3.5	印度洋群岛
非洲	42504370	100	

第四节　生物资源

一、生物资源特点与分布

生物资源包括动植物资源和微生物资源等。非洲生物资源丰富,森林、草原广阔,动物种类繁多,盛产红木、黑檀木、花梨木、柯巴树、乌木、樟树、栲树、胡桃木、黄漆木、栓皮栎等经济林木。咖啡、枣椰、油棕和香蕉都起源于非洲。现在非洲生产的可可、棕油、剑麻、丁香、花生、棉花等都在世界上占有重要的地位。

1. 植物资源分布特点 ▶ ▶ ▶

非洲植物种类总数超过4万余种,森林面积占非洲总面积的21%,大致以赤道为中轴南北对称分布。它们在不同的自然环境条件下,形成了不同的植被类型。从植被的形成历史及植物区系成分来看,非洲一般分为三个植物区,即泛北植物区、古热带植物区和好望角植物区。非洲占有全球六大植物区中的三个区,是世界占有植物区最多的一个洲(如图2-4-1)。[①]

非洲赤道雨林主要生长在位于赤道的刚果盆地和几内亚湾沿岸,该地区受几内亚湾暖流的温热气流影响,全年高热高湿。在刚果盆地以东的东非地区,由于受到亚洲大陆东北信风的影响,地势较高,降雨量减少,因而没有赤道雨林。赤道沼泽林分布在刚果盆地中心的低洼积水地区。季雨林以露兜树和榕树为主,在刚果盆地周围和几内亚湾沿岸以北地区生长,以半圆形包围赤道雨林。在东非高原和中部非洲的南部,即在热带露兜树、榕树季雨林向东和向南地区,分布着各种热带干旱落叶阔叶林和疏林。在气候相对干旱的地区,即北纬10°以北和南纬15°以南地区,连续生长着热带狼尾草、羊蹄甲稀树草原。在东非,它与热带干旱落叶林和旱生疏林交错分布,向外分布着热带须芒草、猴面包稀树草原,再向外是热带荒漠化稀树草原。各种热带、亚热带荒漠植被生长在最为干旱的撒哈拉地区和南部非洲的卡拉哈迪地区。由于受干燥信风的影响,荒漠植被一直分布到大西洋沿岸,但由于沿海地区较大的湿度,在撒哈拉大西洋沿岸出现了亚热带常绿硬叶林向南延伸、热带型森林和草原向北延伸的趋势。亚热带常绿硬叶林和亚热带常绿针叶混交林分布在非洲南北端的北非阿特拉斯山地和南非的好望角地区。

非洲植被的主要特点如下。[②]

① 苏世荣,等.非洲自然地理[M].北京:商务印书馆,1983.
② 苏世荣,等.非洲自然地理[M].北京:商务印书馆,1983:170~173.

图 2-4-1 非洲植物地理区

（1）种类繁多,区域差异明显

非洲植物有 4 万多种,仅热带非洲就有 1.3 万～1.5 万种,好望角虽然面积较小,却分布着 1.4 万多种植物。非洲特有种植物也较多,仅好望角就达 3000 多种。非洲气候类型多样,植物的分布也具有较大的差异性。从植物区系来看,非洲占有世界六大植物区中的三个植物区和五个植物亚区。同时,非洲拥有世界最大的热带稀树草原、热带荒漠和亚热带常绿硬叶林,以及仅次于南美洲的世界第二大热带雨林。

（2）特有种较多

由于非洲气候、地形的复杂性以及植物区系、历史因素等,非洲植物出现大量特有种。如好望角超过 20％ 的植物是非洲特有种,马达加斯加岛有大约 6021 种特有种,地中海亚区的植物中有 60％ 是特有种。纳米布沙漠中的贝氏百岁叶被称为"活化石",是一种古老的,具有重要的研究、经济价值的特有种。还有仅见于马达加斯加岛和南美洲亚马逊平原的旅人蕉,也是世界稀有植物。除此以外,北非的阿拉伯树胶,热带稀树草原上的波巴布树,加那利群岛的龙血树、珠巴枣椰子和金雀花等,都是非洲特有物种。

（3）热带、亚热带植被占优势

非洲 95％ 以上的地区位于热带、亚热带,受该地区气候的影响,形成了很多热带、亚热带植被,主要植被类型有热带雨林、热带稀树草原、热带荒漠和半荒漠、亚热带常绿硬叶林、热带山地植被等。

（4）南北带状对称分布

受气候特点的影响,非洲植被也呈带状、南北对称分布,在非洲大陆西半部分最为明显。在赤道地区的刚果盆地和几内亚湾沿岸生长着茂密的热带雨林,向南北两侧延伸,依次分布着热带稀树草原、热带草原、热带荒漠、亚热带草原和亚热带常绿硬叶林。

在东部非洲和部分受地形、信风因素影响的地区,该特征会受到干扰和破坏。如在东非和北非的山地,植被出现垂直带状分布;北非阿特拉斯山地的植被垂直带自下而上为亚热带地中海稀树草原、地中海油橄榄矮林或灌丛、亚热带山地针叶林;东非高原植被带自下而上为热带雨林、干旱落叶阔叶林或热带稀树草原、常绿阔叶混交林、热带山地常绿灌丛。

2. 动物资源 ▶ ▶ ▶

非洲的野生动物品种繁多且数量巨大,其蹄类哺乳动物和淡水鱼种类分别为 90 多种和 2000 多种,都远远多于其他洲,非洲大象和非洲斑马如图2-4-2和图2-4-3所示。

图2-4-2　非洲大象[1]

图2-4-3　非洲斑马

根据非洲各地区的不同景观,结合动物区系特点,可划分为以下几个类群。

（1）地中海亚热带森林动物群

包括地中海沿岸的阿特拉斯山地和非洲最南端的山地,代表动物是北非蛮羊,又名髯羊和无尾猿,分布在多岩石的山巅,也栖于沙漠中的小丘陵,栖息在沙漠区的蛮羊耐热、耐晒。鸟类以兀鹰为代表。地中海沿岸低地有狼、跳鼠等。猿猴类因人类活动的影响已近于灭绝。

（2）热带沙漠和半沙漠动物群

在北非撒哈拉沙漠和南非卡拉哈迪沙漠,气候恶劣,植物稀少,只有少数动物能适应并生存。前者比较有代表性的是单峰驼,其尾侧有鬃毛,小耳可以折叠,鼻孔有瓣膜等,可以防止风沙的侵入。在半沙漠的石山上栖息着狒狒,其手指和足趾短粗,较适于爬山。鸟类如鸵鸟、横斑沙鸡、代胜百灵等。

南非的沙漠和半沙漠地区,动物较少。非洲狮已绝迹,主要是黑背胡狼和斑鬣狗。斑鬣狗主要分布在热带、亚热带草原和半沙漠地区。

撒哈拉沙漠东北部的尼罗河流域是沙漠中的"绿色走廊",水禽成群分布,河马和鳄鱼较为常见。

（3）热带草原动物群

在南北沙漠间的地区主要为稀树草原,有蹄类、羚羊、斑马、犀牛、河马、长颈鹿等是该区域的优势种群。代表鸟类有红嘴奎利亚雀、缨翅夜鹰、鸵鸟等。该地区鸟类在雨季会迁徙离开赤道,而在冬季会迁来大批候鸟。草原上的河湖区,分布着锤头鹳、鲸头鹳、小红鹳等鹳类。

（4）热带森林动物群

在赤道附近的刚果河流域、尼日尔河下游、几内亚湾沿岸低地等阴暗稠密的雨林地区,有很多树栖动物。产于西非的低地大猩猩和产于扎伊尔东部的山地大猩猩是类人猿的代表。在茂密的灌丛和草本植物中栖息着有蹄类的狮、豹。热带森林的鸟类种类丰富,有非洲绿鸠、小弯嘴犀鸟、灰颈岩鹛、阔嘴鸟等。

二、主要植物类型[2][3]

1. 热带雨林（热带湿润常绿阔叶林）（如图2-4-4）▶ ▶ ▷

热带雨林即热带湿润常绿阔叶林,其分布范围与热带雨林气候区相一致,主要分布在赤道南北纬

---

① www.dljs.net

② 苏世荣,等.非洲自然地理[M].北京:商务印书馆,1983:174～188.

③ W. M. Adams. The Physical Geography of Africa[M]. London:Oxford University Press,1996:165～171.

5°～10°之间地带,局部地区可以伸展到15°～25°纬度地带,从刚果盆地、几内亚湾沿岸直至塞拉里昂,在加蓬沿海被"阿克拉-多哥热带草原"所间隔,向东至尼罗河上游及大湖区。东非由于降雨量偏少,雨林仅见于一些山地迎风坡。向南主要以沿河谷分布的走廊林形式延伸到津巴布韦。雨林还出现在马达加斯加岛东部沿海东南信风的迎风坡。非洲热带雨林总面积达2亿公顷,占世界热带雨林总面积的1/4,是仅次于南美洲亚马逊热带雨林区的世界第二大热带雨林分布区。

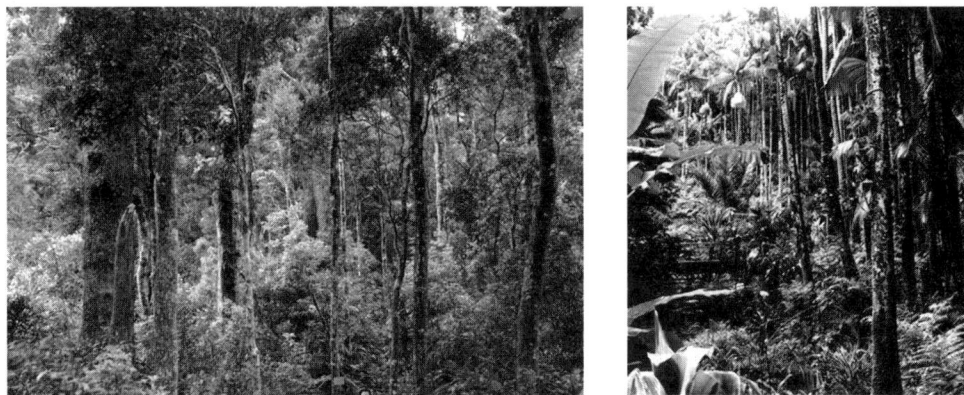

图2-4-4 热带雨林[①]

非洲热带雨林的植物种类成分异常丰富,有1万多种植物,其中3000多种是非洲独有品种。森林构成复杂多样,高大的乔木占绝对优势,一般每公顷有50～90个树种,但有经济价值的树种不多。木材总蓄积量大,原始林每公顷为300～800立方米,次生林每公顷为200～400立方米,但适合工业采伐价值的蓄积量并不大,每公顷仅3～6立方米。由于交通不便,运输困难,加上树种复杂,林内蔓藤缠绕,施工困难,且大多数非洲国家缺乏资金和工程技术人员,森林资源不能得到充分利用,非洲西部和中部的大片森林资源中,目前能利用的约占10%左右。

雨林的主要用材树种有奥堪美榄、非洲楝、安哥拉楝、非洲桃花心木、大绿柄桑、非洲紫檀、非洲乌木、非洲猴子果、非洲梧桐、乌森绿心木和玫瑰木等几十种。其中奥堪美榄、桃花心木、大绿柄桑、非洲紫檀、非洲乌木等是著名的珍贵树种。奥堪美榄是非洲最重要的工业用材树种,被称为"树中之王",生长快,8～9年可达20米高,树干挺拔笔直,干径1米左右,成材率高。其材质轻,软硬适中,强度及韧性较大,耐腐性能好,不干裂和挠曲,纹理细而美观,且有浓郁的芳香气味,特别适合制作胶合板与薄板,被称作"胶合板之王"。桃花心木树干通直,材质优良,具有优美的纹理和色泽,被广泛用来制作高级家具、大型细木、装饰板、雕刻艺术品和车厢等。此外,非洲热带雨林中还生长有多种名贵的经济树种和果树,如咖啡树、可可树、橡胶树、丁香、油棕、柠檬等。[②]

2. 热带稀树草原 ▶ ▶ ▶

热带稀树草原林又称干旱林,在非洲分布极为广泛,约占非洲总面积的40%,是世界最大的热带稀树草原分布区,也是世界此类植被发育最为典型的地区,被称为"萨王纳"(Savanna)。又分为"多树萨王纳"、"稀树萨王纳"和"荆棘萨王纳",森林资源价值较高的是前两类,主要分布在北纬5°～17°和南纬5°～25°之间,北以撒哈拉沙漠南缘和苏丹北部为界,向南延伸到卡普高原和南非东部山地以北,中部被热带雨林所间隔。干旱林的海拔高度在1500米以下,有明显的旱生特征,生长稀疏,树木低矮,干型不良,以致木材蓄积量和生产率都较低,商品价值亦低。随着降雨量由低纬向高纬,向南、北中纬度地区的递减,干旱林逐渐变得稀疏与矮曲,其木材蓄积量和经济价值也越来越低。干旱林一般以生产杆材和薪材为主。主要树种

① www.dljs.net
② 周秀慧,张重阳.非洲森林资源与林业持续经营[J].世界地理研究,2007(3):93～95.

有猴面包树(如图2-4-5)、金合欢树(如图2-4-6)、齐墩果、红铁树、风车子、榄仁树等,还有经济价值较高的卡利特油果树、乳香、没药树和阿拉伯胶树等。代表性的树种波巴布树被称为"热带稀树草原的哨兵",树高20~25米,树干直径可达10米,寿命可长达4000~5000年,有植物界的"长命树"之称,耐干耐火,广泛分布于热带稀树草原中。在撒哈拉、纳米布、卡拉哈迪沙漠及半沙漠地区,分布有各种灌木林,树种有合欢、柽柳、海枣、洋槐等。在沙漠中的绿洲还分布有椰枣以及无花果、橄榄、核桃和杏等果树。这些树种的经济利用价值不高。[①]

图2-4-5　非洲猴面包树

图2-4-6　非洲金合欢树

3. 热带旱季落叶林 ▶ ▶ ▶

热带旱季落叶林又叫雨绿林,广泛分布于热带非洲有长达5~6个月旱季的东非和中南非的许多地区,是仅次于热带雨林的第二木材产区。旱季落叶林一般是由8~20米高的落叶乔木组成的混交林。主要用材树种有安哥拉紫檀、短盖豆、舒曼风车子,在较湿润地区有艳榄仁树、大绿柄桑、车轴子等。其中安哥拉紫檀干燥性能好,不变形,不易出现辐裂和劈裂,耐久性及抗磨力好,是制造高级家具、细木工制品和嵌木地板的上等木材。[②]

4. 热带、亚热带荒漠和半荒漠 ▶ ▶ ▶

图2-4-7　非洲热带荒漠

这些地区(如图2-4-7)由于气候干旱,植被种类比较少,最为普遍的是禾草和灌木。在荒漠中生长着一些特殊生活型的植物,它们特殊的旱生结构可以减少蒸腾面积,保持水分。还有一种荒漠生活型的短生植物,其一年生的植物构造简单,单茎短生,植株矮小,一般高30~40厘米,有的在极端干旱环境下仅有1~2厘米;多年生植物较少,其生长期很短,一般为2个月左右,有些甚至20天为一个生命周期。

在荒漠和半荒漠中的植物数量和种类也有较大差异。一般生长在沙质荒漠中的植物多在砾质荒漠或石质荒漠,固定、半固定沙丘地区的植被多在流动沙丘地区。沙质荒漠以白刺、怪柳属为主,砾质的典型植物有沙蓬、沙拐枣,石质荒漠中主要是多刺的垫状灌木,盐质荒漠地区的典型植物是猪毛菜属、硷蓬属、合头草、盐爪爪、假木贼、盐穗木、盐节木以及菊科的一些属。

---

① 文云朝.非洲农业资源开发利用[M].北京:中国财政经济出版社,2000:95~99.
② 周秀慧,张重阳.非洲森林资源与林业持续经营[J].世界地理研究,2007(3):93~95.

5. 亚热带常绿硬叶林和灌丛（地中海植物）▶ ▶ ▶

该地区的气候特点是夏季非常干燥、冬季温和多雨，其植被亦主要取决于这种气候特征。分布范围为非洲大陆南北两端的地中海气候区。

北非地中海气候区典型植被为栎林、油橄榄矮林、灌丛，主要分布在阿特拉斯山地的低山丘陵区。

非洲大陆南端地中海气候区的面积比较小，特有种丰富。植被主要类型有山龙眼、欧楠矮林、灌丛。灌丛的结构和群落外貌与北非地中海的硬叶常绿灌丛十分相似。该地区是很多著名花卉的原产地，如百合科、天竺葵属、罂粟属等。

6. 山地植被 ▶ ▶ ▶

非洲高山型植被不多，而分布范围小且分散。热带山地森林主要分布在埃塞俄比亚高原、喀麦隆山、鲁文左里山、乞力马扎罗山等海拔700～2400米的丘陵山地。亚热带山地林主要分布在阿特拉斯山脉、德拉肯斯山脉等，主要是山地针阔混交林、针叶林和竹林。热带山地的树种较多，主要的用材树种有东非罗汉松、高塔圆柏、非洲松、非洲樟、非洲桧、非洲楝及东非绿心木等。其中东非罗汉松是经济价值较高的用材树种，每公顷木材积蓄量可达100立方米。此外，在北非亚热带山地及大西洋沿岸和地中海沿岸，除产大西洋雪松、阿勒颇松、冷杉等工业用材林外，还有大片栓皮栎油橄榄的经济林。

7. 草本沼泽 ▶ ▶ ▶

草本沼泽分布在非洲内陆盆地积水的洼地和沿河地区，这些地区通常排水不良，且很潮湿。主要的植物有纸莎草，还有一定数量的大叶莎草、芦苇、羊草、伞房花序蘑草、水烛、稗属、香蒲属等。田皂角属的 *Aeschynomene elaphroxylon* 是该植被类型唯一常见的乔木植物。

三、森林资源的开发与保护

1. 非洲森林资源的开发利用特点 ▶ ▶ ▶

非洲蕴藏着丰富的、极为宝贵的自然财富。非洲森林资源的开发主要有以下几个特点。

（1）用材树种多，区域差异明显

非洲的森林主要有热带雨林、热带旱季落叶林、热带稀树草原林和温带混交林等。

热带雨林是非洲木材的最大产区，虽然树种繁多，一般每公顷可达到50～90种，但适合工业采伐的蓄积量不大。热带雨林主要的用材树种有奥堪美榄、桃花新木、大绿柄桑、非洲楝、非洲紫檀、非洲乌木等，这些均是珍贵树种。其中，奥堪美榄是非洲最重要的工业用材树种，主要用于制造胶合板、薄板、家具等，有"树中之王"之称。此外，还有筒状非洲楝、安哥拉楝、非洲猴子果、非洲梧桐、乌森绿心木和玫瑰木等。非洲热带雨林还有大量热带经济树种和果树，如橡胶、油棕、丁香、可可、咖啡、菠萝、芒果和柠檬等。

热带旱季落叶林广泛分布于热带东非和中南非的许多地区，是仅次于热带雨林的第二大木材产区。安哥拉紫檀、短盖豆、舒曼风车子、艳榄仁树等是其主要用材树种。

非洲热带稀树草原是世界上此类植被发育最为典型的地区，但木材蓄积量、生产率和商品价值都比较低。一般以生产杆材和薪材为主，还有乳香、没药树和阿拉伯胶树等。

热带山地地区树种多样，有经济价值较高的东北罗汉松，还有高塔圆柏、非洲桧、东北绿心木等。在北非亚热带山地和大西洋、地中海沿岸，出产大西洋雪松、冷杉等工业用材和栓皮栎、油橄榄等经济林木。

作为木材来源的森林，在不同的地区、不同的林型中，有着不同的生产力。热带的郁蔽林生产力最高，每年每公顷可产新材3立方米；针叶林与矮疏林次之，分别为2立方米和1立方米；灌丛生产力最小，年仅

0.1 立方米。温带的常绿阔叶林及落叶林一般为 0.5～1.0 立方米。

非洲森林采伐几乎遍及各个国家,但以尼日利亚、苏丹、坦桑尼亚、马里、肯尼亚和埃塞俄比亚六国最多,皆在 2000 万立方米/年以上,它们共占非洲总采伐量的 58%;南非、埃塞俄比亚、斯威士兰、肯尼亚和阿尔及利亚是采伐针叶林的主要国家,采伐量均在 100 万立方米/年以上,共占全非洲针叶林采伐量的 90%。[①] 森林资源中还包括许多林副产品,如阿拉伯树胶、栲胶、乳香、没药和栓皮等。其中阿拉伯树胶主产国苏丹,产量占世界总产量的 90% 左右。非洲的人工林既有起到保护环境作用的各种防护林和水源涵养林,也有相当一部分用于提供林产品,是非洲森林资源的不可忽视的部分。

(2)开发受地理、交通、经济等条件制约

非洲很多森林资源由于交通不便,林内蔓藤缠绕,难以施工,或是距海岸港口、交通干道距离过远而未被开发利用。如非洲内陆的刚果北部地区和刚果(金)中部地区,许多珍贵用材因这些原因,早已逾龄却得不到及时开采。

大多数非洲国家由于缺乏资金和专业技术人员,给充分利用森林资源带来了困难,因此非洲的森林资源的利用率还是很低的。

(3)开发规模与资源潜力不相称

非洲森林资源丰富,覆盖面积约 6.5 亿公顷,占世界森林覆盖总量的 17% 左右,人均占有面积约为 0.8 公顷,略高于世界平均水平(0.6 公顷),但是多数非洲国家工业性采伐规模有限,除了满足本地市场的需要,只有很少剩余供出口,且工业采伐主要集中在中、西非沿海国家。

(4)采伐受外国公司或外国资本控制

外国公司以"森林租借地"的形式对非洲许多珍贵树种进行掠夺式的开发,特别是交通方便的林区,林木已被外国公司采伐殆尽。在木材主要生产国,即中、西非沿海国家,大部分欧洲公司垄断并控制该地区的木材采伐,这些外国公司首先从交通方便的铁路沿线、沿海平原及原木能顺流浮送的河流两岸和下游大量采伐。目前科特迪瓦附近地区、加纳西南部、尼日利亚的本代尔洲、加蓬的沿海平原及可以通航的河流两岸,特别是奥果韦河下游、刚果南部等交通方便的主要林区,森林资源已经耗竭或趋向耗竭。

非洲的木材多以原木出口,出口原料、进口成品的现象占据主导地位,使非洲在国际林产品贸易中处于不利地位。

(5)采伐结构以薪炭材为主

非洲大多数国家森林采伐还是以农村自给、半自给为主要方式,主要用于薪材、木炭和房用材。薪材生产在非洲有重要地位,占全球薪材总量的 1/4。尼日利亚、埃塞俄比亚、刚果(金)、肯尼亚、坦桑尼亚、加纳和南非是非洲薪材的主要采伐国家。2002 年 5.7 亿立方米的原木中,有约 5.2 亿立方米为薪材,超过 90%,远高于世界平均水平(53%);而工业用材仅为 4805.5 立方米,不足非洲木材采伐量的 10%,远低于世界平均水平(47%)。

中、西非沿海各国是非洲工业性用材的最大采伐区,占非洲工业用材总量的 43.4%,以采伐阔叶林为主,而针叶林的工业用材比重较大。

非洲大陆的森林资源退化严重,并且仍以较快的速度消减着。根据联合国粮农组织发布的《2000 年世界森林资源评估报告》,1990～2000 年全球年均毁林面积为 939.1 万公顷,年均毁林率为 0.22%,而非洲每年毁林 526.2 万公顷,年均毁林率高达 0.78%,远高于世界平均水平。森林资源

图 2-4-8　非洲水土流失[②]

①　文云朝.非洲农业资源开发利用[M].北京:中国财政经济出版社,2000:95～99.

②　www.jjtang.com

的消减,引发了众多的环境和生态危机,虽然已经引起重视,但是随着非洲人口增长和经济的发展,合理开发利用及保护森林资源也是一项相当艰巨的任务。[①]

非洲森林资源退化的原因是多方面的:一是随着人口的增长,对粮食的需求增加,使森林面积逐渐缩小;二是游耕制、轮种制等滥垦行为造成土地荒漠化生态危机;三是过度采伐,导致森林生态系统退化,同时造成某些最珍贵树种的消失;四是森林火灾;此外,军事冲突、政治动乱、开矿毁林和欧洲人的掠夺性采伐方式等使森林无法得到安全、持续经营[②],如图 2-4-8~2-4-10 所示。

图 2-4-9　刚果(金)砍伐森林[③]

图 2-4-10　坦桑尼亚烧荒

2. 非洲森林资源的保护 ▶ ▶ ▶

采取有效措施保护非洲森林资源是一项紧迫的任务,根据非洲的经济社会背景,可以从社会技术、经济政策、人才信息等方面来寻求解决方法。

(1) 开发新能源,减少薪材使用

非洲至今有很多国家仍然以薪材作为主要生活能源,不仅浪费资源,还会对环境造成有害影响。抑制薪材的消耗是非洲绝大部分国家面临的普遍任务,这不仅要求改变能源消费结构,更重要的是根据各国的能源资源潜力,积极开发新能源,如大力发展太阳能、风能等。

(2) 合理开采,开发新林区,保护天然林

关键是改善基础设施条件,特别是交通运输,防止部分交通便捷地区森林资源的过度开采,同时开发新林区,种植人工林。对保护生态环境作用大的高价值的森林,采取保护措施,如实施天然林保护工程,建立森林自然保护区和森林公园等,禁止开采非洲濒临灭绝的珍贵树种。

(3) 发展替代产业,平衡发展农林牧业

非洲所产木材大部分是以原木的形式出口,不但不利于非洲森林资源的可持续利用,而且妨碍了当地木材加工工业的发展。寻求替代产业,如森林旅游业、果树栽培业、养殖业、茶业、蜂业、草药种植业等特色产业,不仅能带来可观的经济效益,对非洲森林的资源保护也十分重要。

(4) 政府加强管理,制定并实施森林可持续经营标准与指标,并进行生态认证

非洲的许多珍贵树种,由于缺乏管理与保护,乱伐、偷伐现象严重,有的已濒临灭绝。制定森林可持续经营标准与指标,如国际热带木材组织(ITTO)的《热带天然林可持续经营标准与指标》,值得非洲国家参考、采用。

生态认证是另一项可借鉴的制度,是由欧美国家发起并执行的有关进口和在市场上销售热带木材及

---

①　文云朝.非洲农业资源开发利用[M].北京:中国财政经济出版社,2000.

②　侯元兆,等.热带林学[M].北京:中国林业出版社,2002.

③　www.dljs.net

其制品的标签制度,标签上确认这些木材何时产于何国何处的已实现可持续经营的森林。

(5)改进林业加工技术,发展树木的集约化栽培业

有规划地发展桉树等速生树种的工业人工林,并在其周围建立造纸厂及其他木材加工厂,构成一个现代化的林业产业带。该产业是依靠现代林学技术和密集资本投入建立的专业化生产体系的林业生产方式——木材培育产业,不仅有经济优势,更具有生态效益。

四、草地资源开发利用与草场建设

草地资源是一种可更新资源,是农业资源的重要组成部分。非洲的草地资源具有面积大、类型多、总体质量不高等特点。非洲的草场资源总面积约88248.9万公顷(1994年统计),约占世界草场总面积的1/4,草地类型多样,以平原为主,热带草原为其主要类型。

非洲热带草原植被以稀疏林地为主,典型的稀树草原发育在降雨量750~1000毫米、年内有3~5个月旱季的地区。主要树种是金合欢和波巴布树,散布在草原上,地面植物以1~1.5米的禾本科草类为主,有芒草、管属、苞茅等。另外高原草地主要以豆科的伊苏豆属、短盖豆属、单翅龙脑和玖尔百木属等树种为主。[①]

非洲丰富的草场资源使畜牧业成为非洲仅次于种植业的第二个农业部门,非洲畜牧业产值约为农业总产值的1/5。在毛里塔尼亚、索马里、博茨瓦纳等国,超过70%的人口是牧民;苏丹、尼日利亚的牧民也占其总人口的20%~36%。乍得、布基纳法索、尼日尔等国的畜产品出口值占其农产品出口总值的30%~50%。因此,非洲畜牧业的地位非常重要。

非洲长期依赖天然草地经营畜牧业。20世纪以来,草地荒漠化现象十分严重,载畜量水平更是低下。据联合国粮农组织的调查,非洲现有的畜群已超过草原牧场载畜能力的50%~100%。在有些草原牧场地区,甚至把条件优良的牧场开垦为耕地。长期超载放牧以及随意开垦破坏,致使草原严重退化。据统计,非洲草地以每年2590万公顷左右的速度递减。自1968年以来,非洲草地损失已达7亿多公顷,占原草地面积的25%。热带草原是非洲用于放牧的主要场所,其特点是其水草资源随季节变化较大,雨季水草丰美,但到了夏季,干旱情况严重,由于缺水,植物干枯,牧草数量、质量均明显下降。另外,水源的不均匀分布也影响草场的均衡使用,旱季时地表江流减少,大面积的草场无法利用;同时,在水量充沛的河流湖泊和水井附近,集中了大批牲畜,造成过度放牧和部分草场退化。

非洲历年放牧草场的面积变化很小,约在9亿公顷左右,占非洲土地总面积的30%。在地中海和北非干旱地区、萨赫勒地区、稀树草原地区以及南部非洲半湿润和半干旱地区面积变化较为明显。[②]

非洲需要提高草场利用率,人工栽培植被以提高其生产力,发展集约型的草地农业,并吸收借鉴成功国家的有用经验。如美国的普列利草原,该草原大部分已开垦为作物种植区,发展肉牛业,形成了著名的玉米肉牛带;新西兰60%以上的天然草地已改良为优质的人工草地,围栏放牧发展畜牧业,成为世界著名的羔羊肉和羊毛的出口国。但是改良草场的前提是充足的资金、技术支持,对于非洲来说,综合治理、改良草场是一个循序渐进的过程。

① 曾尊固,等.非洲农业地理[M].北京:商务印书馆,1984:53.
② 文云朝.非洲农业资源开发利用[M].北京:中国财政经济出版社,2000.

第三章
非洲粮食作物

第一节　粮食作物生产布局特征与地区差异

一、粮食作物结构地域类型[①]

　　非洲的粮食作物在各国的种植结构不尽相同,有些国家主要生产玉米、高粱,有些国家则以块根作物为主。不同作物的分布与当地的气候条件、农业技术的发达程度密切相关。

　　由于赤道横贯大陆中部,非洲的自然环境具有比较典型的水平地带性,气候类型呈带状,沿纬线东西延伸、南北对称、依次更替的递变规律十分明显,充分表现出非洲气候的独特性。以赤道地区的热带雨林气候为中轴(因地势受东非高原影响,未及大陆东岸),向南、向北依次递变为热带草原气候、热带沙漠气候和地中海型气候,而且北非的热带稀树草原、热带荒漠、半荒漠气候区呈带状,自大西洋沿岸直抵红海和印度洋沿岸。在此气候环境的制约下,非洲粮食作物的地理分布也表现出相似的规律性。非洲国家和地区可分为六个不同的粮食作物结构类型。

1. 以玉米为主的类型 ▶ ▶ ▶

　　主要分布在东部、南部非洲的亚热带草原和干湿季分明的热带草原带。玉米是首要粮食作物,其次是薯类、高粱、粟、豆类等。在赞比亚的粮食作物种植面积中,玉米占66％,薯类占19％,高粱和粟合占6％,豆类占5％。在肯尼亚,玉米占50％,薯类占7％,高粱和粟合占4％,豆类占31％。

2. 以薯类为主的类型 ▶ ▶ ▶

　　主要分布于中非、西非热带雨林带和与其相邻的热带草原地区。薯类占绝对优势,次要作物是玉米和豆类。在刚果(金)的粮食作物的种植面积中,薯类占68％,玉米占6％,豆类占6％。在中非共和国,薯类占49％,玉米占22％,豆类占6％。

3. 以高粱、粟类为主的类型 ▶ ▶ ▶

　　主要分布于中非、西非热带草原带偏干旱的地区和萨赫勒地带。高粱、粟占重要地位,其他作物居于次要地位。在苏丹的粮食作物种植面积中,高粱和粟合占90％,小麦占3％。在纳米比亚,高粱和粟合占

---

　　① 曾尊固,等.非洲农业地理[M].北京:商务印书馆,1984:99～101.

78％,薯类占11％,玉米占5％。在马里,小米和高粱合占60％左右。

4. 以麦类为主的类型 ▶ ▶ ▶

主要分布于北非的地中海型气候带与热带非洲海拔1500米以上气候比较凉爽的山地、高地地区,麦类(小麦和大麦)处于优势地位。在利比亚的粮食作物种植面积中,大麦占50％,小麦占33％,薯类占4％,豆类占3％。西撒哈拉是唯一一个只种植大麦,而不种植其他粮食作物的国家。

5. 以稻谷为主的类型 ▶ ▶ ▶

集中于西非的塞拉利昂、利比里亚、几内亚、几内亚比绍及马达加斯加五国。在利比里亚的粮食作物种植面积中,稻谷占59％。在塞拉利昂,稻谷更是占到77％。

6. 以玉米和小麦为主的类型 ▶ ▶ ▶

主要分布在南非高原热带草原地区,玉米种植面积最大,其次是小麦,如南非玉米和小麦的种植面积分别占70％和70％。

二、粮食生产

非洲的主要粮食作物包括玉米、小麦、豆类作物、薯类作物、高粱、粟类和稻谷等。

1990年以来,非洲粮食作物产量、种植面积均稳步提升(见表3-1-1)。从产量上看,2008年总产量3.68亿吨,是1990年的1.76倍,年均增长约3.2％;从种植面积上看,2008年总种植面积14501.03万公顷,是1990年的1.42倍,年均增长约2％,如图3-1-1～3-1-2所示。

表3-1-1　1980、1990、2008年非洲粮食作物结构与产量[①]

	粮食作物产量合计(万吨)	粮食作物种植面积合计(万公顷)	粗　粮				细　粮			
			产量(万吨)	占比(％)	种植面积(万公顷)	占比(％)	产量(万吨)	占比(％)	种植面积(万公顷)	占比(％)
1980年	14562.86	8125.00	5508.12	37.82	5137.85	63.23	1752	12.03	1282	15.78
1990年	20386.96	10331.14	6702.48	32.87	6481.71	62.74	2638	12.94	1460	14.13
2008年	36810.98	14501.03	10870.93	29.53	8724.1	60.16	4430	12.03	1898	13.09

从种植结构上看,2008年,玉米产量占粮食作物产量比重为15.15％,种植面积占总种植面积比重为23.42％;小麦占比分别为5.42％和6.91％;大麦占比分别为1.07％和3.42％;豆类作物占比分别为3.56％和17.54％;薯类作物占比分别为61.20％和19.32％;高粱占比分别为6.96％和22.14％;稻谷占比分别为6.64％和7.25％。与1990年相比,玉米、麦类占比有所下降,而其他各类作物占比均呈现不同程度的增加,如图3-1-3～3-1-6所示。

---

① 资料来源:FAO统计.

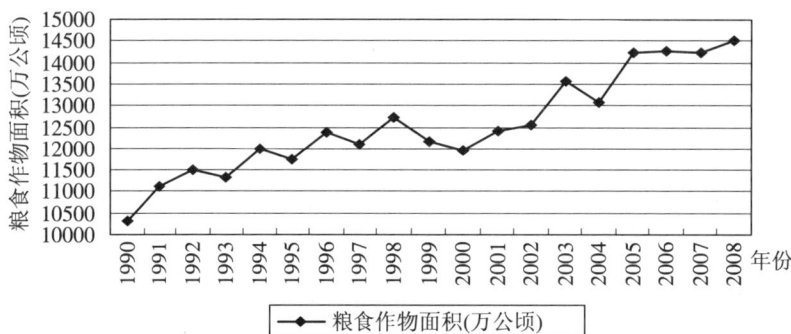

图 3 - 1 - 1　1990～2008 年非洲粮食作物总种植面积

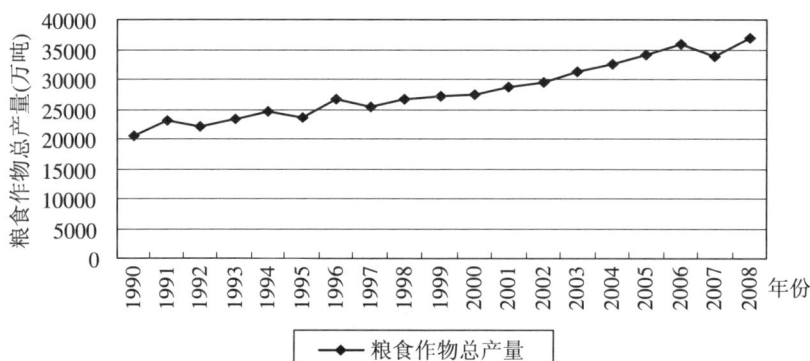

图 3 - 1 - 2　1990～2008 年非洲粮食作物总产量①

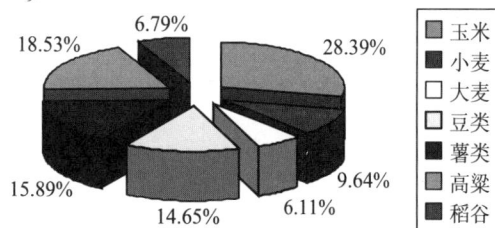

图 3 - 1 - 3　1990 年各种粮食作物种植面积占总面积之比

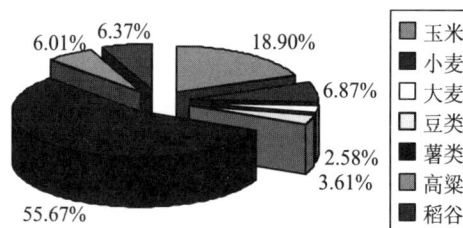

图 3 - 1 - 4　1990 年各种粮食作物产量占总产量之比

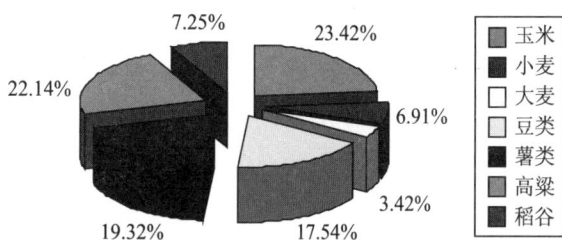

图 3 - 1 - 5　2008 年各种粮食作物种植面积占总面积之比

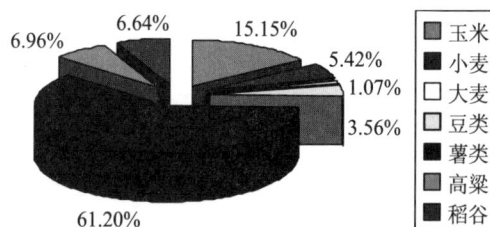

图 3 - 1 - 6　2008 年各种粮食作物产量占总产量之比②

①　根据 FAO 统计制图.
②　根据 FAO 统计制图.

第二节 谷类作物[①]

一、玉米

玉米(如图 3-2-1)是非洲最重要的粮食作物,种植面积、产量与出口量均居非洲首位。1980 年种植面积为 2224 多万公顷,占非洲谷类作物总种植面积的 30%;产量为 2719 多万吨,占非洲谷物总产量的 38%。1998 年,玉米的种植面积达 2473 万公顷,占非洲谷类作物总种植面积的 26%;产量达 3922 万吨,占非洲谷物总产量的 35%。而到 2008 年,种植面积约 2915 万公顷,占非洲谷物作物的 20.3%;产量约为 5527.8 万吨,占非洲谷物作物的 14.3%。玉米在粗粮中不仅单产最高,收益也最大,近一个世纪以来,特别是近 20 年来,玉米种植面积迅速扩张,并逐步取代传统的谷类作物高粱、粟类等成为农村居民的主食,在有些国家和地区,也可作为普通饲料和青贮饲料用于饲养牲畜。玉米也是非洲国家出口量最多的谷类作物,1980 年占非洲各国谷物总出口量的 77.8%,但是非洲的玉米出口比较局限,多在邻国间进行贸易,基本上不输出洲外,其中埃及和南非是非洲最大的玉米出口国。

图 3-2-1 非洲玉米[②]

玉米的种植历史已有 400 多年,最早由哥伦布于 1494 年将玉米从美洲带回欧洲,又于 16 世纪由欧洲传入非洲。玉米的分布极其广泛,到现在为止,几乎每个非洲国家都有玉米种植,其中又以东部、南部非洲的亚热带草原和以干湿季分明的热带草原最为集中,而终年多雨的热带森林带、降水稀少而变率很大的萨赫勒带、冬雨夏干的西北非地中海型气候区的种植面积都比较有限。非洲有 10 国玉米年产量在 100 万吨以上,其中南非、埃及和尼日利亚是非洲玉米的主要生产国,其产量合计占非洲总产量的近 50%。总体上非洲的玉米以自给性生产为主,仅埃及、马拉维、南非、津巴布韦等少数国家会将部分玉米用于出口。

2001~2008 年,非洲玉米产量总体平稳,年均增长为 2.6%。与世界其他大洲相比,非洲在 2008 年的玉米总产量达 5527.8 万吨,是继美洲 43820.7 万吨、亚洲 23809.3 万吨、欧洲 9313.6 万吨之后的第四大玉米生产洲。

非洲最大的玉米产区是南非,1980 年产量为 1023 万吨,占非洲总产量的 1/3;1990 年产量为 918 万吨,占非洲总产量的 24.4%;2000 年产量为 1143.1 万吨,占非洲总产量的 25.8%;到 2008 年产量已达 1270 万吨,占非洲总产量的 23%。尼日利亚、埃及、埃塞俄比亚、坦桑尼亚、马拉维、肯尼亚、赞比亚、莫桑比克、乌干达等也是玉米主要生产国(见表 3-2-1)。

玉米生产大部分由小农经营,单产很低。2008 年,全洲平均每公顷产玉米 1886.9 千克,但增长潜力巨大。津巴布韦、南非、肯尼亚、莫桑比克等国家和地区,注重玉米的品种改良,应用先进技术进行田间管理,又有许多专门农场经营玉米生产,其单产都超过非洲的平均水平。而生产玉米集约化程度较高的埃及,2008 年单产更高达 7977 千克/公顷,为非洲平均单产水平的 4 倍多,如图 3-2-2 所示。

---

① Roy Cole. Survey of Subsaharan Africa—A Regional Geography[M]. London:Oxford University Press,2007:177~216.

② http://www.nhs999.cn/jksp_show.asp? ID=117&LMID=17&Bname

表 3‒2‒1　2008 年非洲玉米主要生产国产量一览表①

国　家	产量(万吨)	占非洲比重(%)	占世界比重(%)
南非	1270.0	23.0	1.54
尼日利亚	752.5	13.6	0.91
埃及	654.4	11.8	0.80
埃塞俄比亚	377.6	6.8	0.46
坦桑尼亚	365.9	6.6	0.44
马拉维	263.4	4.8	0.32
肯尼亚	236.7	4.8	0.29
赞比亚	144.6	2.6	0.18
莫桑比克	128.5	2.4	0.16
乌干达	126.6	2.3	0.15
非洲	5527.8	100	6.69
世界	82662.4		100

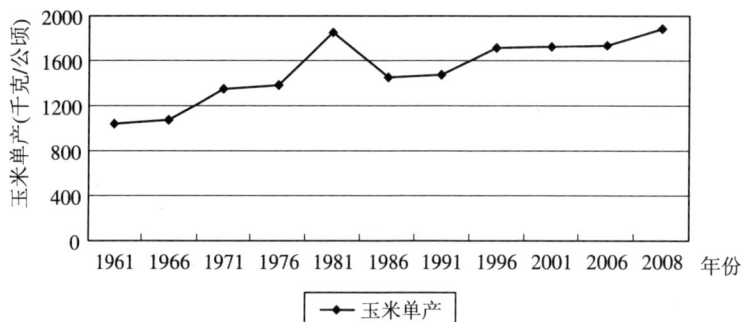

图 3‒2‒2　非洲玉米单产情况②

　　非洲大部分地区的气温条件允许一年连种两季玉米。南非充分利用玉米的这一生长特点,并将此与本地的自然气候条件紧密结合起来,即在降雨相对集中的夏季种植玉米。③ 在南部非洲和撒哈拉沙漠的绿洲都积累了这方面的实践经验,为玉米增产提供了更大的可能性。

二、高粱、粟类

1. 高粱 ▶ ▶ ▶

　　非洲是高粱(如图 3‒2‒3)的起源地,至今在非洲的很多地方还能发现野生高粱。它作为栽培的农作物,也已有上千年历史。很多国家的高粱都是从非洲引进的,包括现在的高粱生产大国——美国,其当初的高粱种苗也是从非洲引进的。

---

①　资料来源:FAO 统计.
②　根据 FAO 统计制图.
③　http://zhidao.baidu.com/question/81850941.html

高粱和玉米一样,都是非洲传统的粮食作物,是当地居民的主食之一,有其广泛的用途和优良的作物特性。它可以作为主食、普通饲料、青贮饲料等,还可以用来酿酒。高粱具有耐旱、耐高温、耐瘠薄的特性,需水量少,适应能力强,所以当地居民在种植粮食作物时,常将玉米种植在水分条件较好的地段,而将高粱种植在偏干旱的地区,从而导致非洲的高粱主要集中在热带草原偏干旱的地区。尼日利亚、尼日尔、埃塞俄比亚、布基纳法索和苏丹是高粱主要生产国。2008年,五国高粱产量占非洲总产量的72.4%,其中产量最多的国家是尼日利亚,产量为931.8万吨,占非洲高粱总产量的37%,见表3-2-2所示。

图 3-2-3　高粱

表 3-2-2　2008 年非洲高粱生产情况一览表[①]

	种植面积		产　量		单　产	
	万公顷	占非洲比重(%)	万吨	占非洲比重(%)	千克/公顷	占非洲平均单产(%)
尼日利亚	761.7	27.6	931.8	37.0	1223.3	134
尼日尔	305.5	11.2	107	4.2	429.1	38.4
埃塞俄比亚	153.4	5.6	231.6	9.2	1510.2	165.4
布基纳法索	109.2	4.0	187.5	7.4	985.9	2.1
苏丹	661.9	24.0	386.9	15.4	584.5	64
喀麦隆	55	2.0	50	2.0	1200	99.6
乍得	87.3	3.2	68.5	2.7	784.8	86
埃及	14.9	0.5	84.4	3.4	5625.8	621.8
马里	98.6	3.6	93	3.7	1036.5	103.3
乌干达	32.1	1.2	47.7	1.9	1485.9	162.8
非洲	2759.5	100	2519.3	100	937.3	100
世界	4491.2		6553.4		1459.1	

高粱为仅次于玉米的主要谷类作物,2008年,种植面积为2759.5万公顷,占非洲谷物种植面积的1/4;产量为2519.3万吨,占非洲谷物总产量的17.5%。

非洲的高粱皆以自给性生产为主,生产经营粗放,以家庭农户型耕种为主,单产水平低下。2008年,非洲平均每公顷产量约937千克,只及世界平均单产水平的63%,增产潜力巨大。埃及是非洲单位面积产量最高的国家,每公顷的产量是5625.8千克。

2. 粟类 ▶ ▶ ▶

粟类和高粱一样,也是非洲的传统粮食作物之一,可作为粮食和饲料。其蛋白质和维生素含量高,植物酸含量低,而富含铁钙等矿物质,营养价值比水稻、小麦、玉米等其他谷类作物高,其耐储存的特性对于解决粮食丰歉不定问题有着积极作用。

非洲的粟类主要有以下几种类型:西非的珍珠粟(如图3-2-4)、撒哈拉沙漠南部的龙爪稷(如图3-2-5)、

---

①　资料来源:FAO统计.

中东非热带地区的食用稷、埃塞俄比亚的台夫、西非热带草原的马唐,以及可以归类为粟类作物的臂形草属种和狗尾草属种。

图 3-2-4 珍珠粟

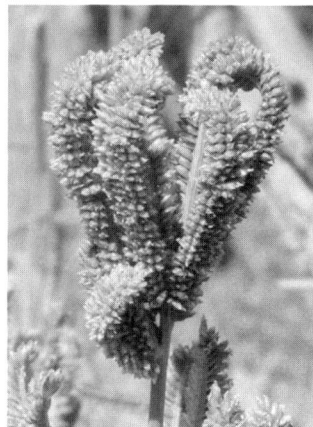

图 3-2-5 龙爪稷[1]

粟类要比高粱更为耐旱、耐贫瘠和耐盐碱,因此粟类的分布范围与高粱相似并更加广泛,种植粟类可以更为有效地解决干旱和半干旱地区的粮食问题。粟类是热带稀树草原和萨赫勒地带占优势的谷类作物,主要分布在尼日利亚、尼日尔、布基纳法索、马里、乌干达、苏丹、塞内加尔、乍得、埃塞俄比亚和坦桑尼亚,其中尼日利亚、尼日尔、布基纳法索和马里四国的产量为 1545 万吨,占非洲粟类总产量的 76.7%。与高粱生产分布相似,粟类产量最多的国家是尼日利亚,2008 年尼日利亚粟类产量为 906.4 万吨,占非洲粟类总产量的 45.0%,见表 3-2-3 所示。

表 3-2-3 2008 年非洲粟类主要生产国情况一览表[2]

	种植面积		产 量		单 产	
	万公顷	占非洲比重(%)	万吨	占非洲比重(%)	千克/公顷	占非洲平均单产(%)
尼日利亚	490.4	21.9	906.4	45.0	1848.2	205.8
尼日尔	682.9	30.5	388.9	19.3	569.4	63.4
布基纳法索	157.7	7.0	125.5	6.2	795.8	88.6
马里	161.5	7.2	124.2	6.2	768.5	85.6
乌干达	44.8	2.0	78.3	3.9	1747.7	194.6
苏丹	233.3	10.4	72.1	3.6	309.1	34.4
塞内加尔	94.3	4.2	60.1	3.0	636.6	70.9
乍得	93.0	4.1	52.3	2.6	562.5	62.6
埃塞俄比亚	40.0	1.8	48.4	2.4	1213.2	135.1
坦桑尼亚	26.5	1.2	21.9	1.1	826.4	92.1
非洲	2242.0	100	2013.4	100	898.0	100
世界	3740.0		3565.1		953.2	

粟米是非洲农村居民的主粮之一。近 30 年来,稳步增长。1980~2008 年,种植面积增长约 0.8 倍,产

---

① 图片来源:http://www.zj.xinhuanet.com

② 资料来源:FAO 统计.

量增长约 1.8 倍。2008 年,全洲粟类种植面积为 2242.0
万公顷,占世界粟类种植面积的 60% 左右;产量为
2013.4 万吨,占世界产量的 56.47%,是世界粟类产量
最多的洲,如图 3-2-6 所示。

非洲粟类单产水平略低于世界平均水平。尼日利
亚是单产最高的国家,每公顷产量为 1848.2 千克,是世
界单产平均水平的 1.9 倍。随着农业的发展、科技的进
步、耕作方法的进步,非洲很多国家的粟类单产已达到
世界先进水平。

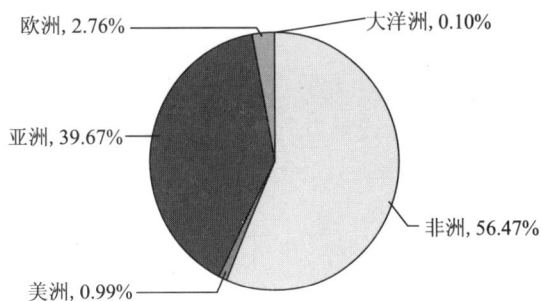

图 3-2-6　世界各大洲的粟类产量百分比①

三、小麦

小麦在谷类作物中居第四位。2008 年非洲小麦种植面积为 945.7 万公顷,占世界小麦种植总面积的
4.2%;产量为 2112.9 万吨,占总产量的 3.1%。小麦种植面积与产量近 30 年来稳定增长。2008 年与
1980 年相比,全洲播种面积增长 16%,产量增长 136%,如图 3-2-7 所示。但与其他各类粮食作物相比,
小麦仍为非洲最缺乏的谷物,大量依靠进口。因此,非洲许多国家正根据各自的条件努力增加小麦的
产量。

小麦(如图 3-2-8)在非洲的生产分布主要集中在三类区域。②

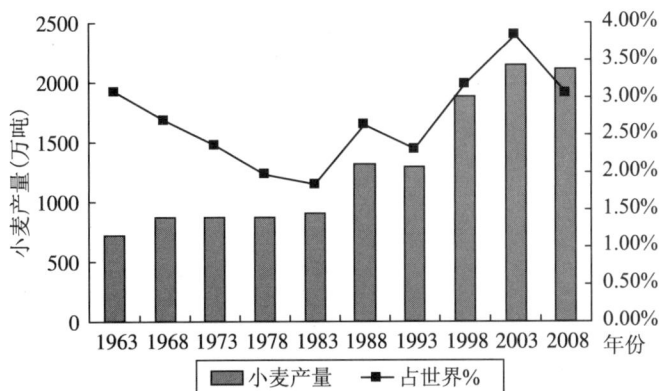

图 3-2-7　非洲小麦产量增长曲线图③

图 3-2-8　非洲小麦④

(1) 热带非洲海拔 1500 米以上气候比较凉爽的山地、高地

以埃塞俄比亚、肯尼亚等国种植较多。2008 年,埃塞俄比亚小麦种植面积为 142.5 万公顷,产量为
246.3 万吨;肯尼亚小麦种植面积为 12.7 万公顷,产量为 28.9 万吨。此类地区属于夏雨冬干区,为使小麦
能充分利用天然降水,多采用春麦类型,以便雨季播种、雨季末旱季初收获。这一地区产量占非洲小麦总
产量的 15.5%。

(2) 非洲南、北两端的地中海型气候带

主要生产小麦的国家有阿尔及利亚、摩洛哥、南非和突尼斯。2008 年,4 国的小麦总产量为 928.8 万

___

① 根据 FAO 统计制图.
② 曾尊固,等.非洲农业地理[M].北京:商务印书馆,1984:92~93.
③ 根据 FAO 统计制图.
④ www.wsqw.zjnm.cn

吨,占非洲小麦总产量的44%。

（3）全年少雨区和夏雨冬干区的灌溉地区

该区域种植生育期与年内气温较低时期相一致的冬小麦。以埃及为代表,其为非洲最大的小麦生产国,2008年小麦产量为797.7万吨,占非洲小麦总产量的37.8%。灌溉地区的小麦生产发展最快,尤其是苏丹等国的灌溉区,已经逐步成为重要的小麦生产基地。在南非高原上的一些地区小麦的种植面积和产量也不断上升,见表3-2-4所示。

小麦除由小农经营外,也有许多由私营和国营农场经营。全洲平均单产不高,2008年每公顷产2234.1千克,与世界平均水平尚有一定差距。但洲内差别较大,埃及、赞比亚等灌溉地区的单产较高,是全洲平均单产水平的两倍以上。

表3-2-4 2008年非洲小麦生产情况一览表①

	种植面积		产量		单产	
	万公顷	占非洲比重(%)	万吨	占非洲比重(%)	千克/公顷	占非洲平均单产(%)
埃及	122.7	13.0	797.7	37.8	6500.9	291.0
摩洛哥	285.8	30.2	376.9	17.8	1318.8	59.0
埃塞俄比亚	142.5	15.1	246.3	11.7	1728.8	77.4
阿尔及利亚	180	19.0	230	10.9	1277.7	57.2
南非	75.3	8.0	230	10.9	356.4	16.0
突尼斯	55.5	5.9	91.9	4.4	1655.8	74.1
苏丹	30.2	3.2	58.7	2.8	1945.7	87.1
肯尼亚	12.7	1.3	28.9	1.4	2271.5	101.7
赞比亚	1.9	0.2	11.3	0.5	5849.8	261.8
利比亚	13.2	1.4	10	0.5	757.5	33.9
非洲	945.7	100	2112.9	100	2234.1	100
世界	22356.4		68994.6		3086.1	

四、稻谷

稻谷在非洲的种植历史悠久。很早以前,热带非洲的一些地区就有种植旱稻的习惯,中世纪时阿拉伯人又将水稻引入非洲。2008年,全洲稻谷（包括旱稻和水稻）种植面积为952.7万公顷,占世界稻谷种植总面积的6.0%;产量为2317.5万吨,占世界总稻谷产量的3.4%,如图3-2-9和图3-2-10所示。

稻谷不仅可以在湿热带地区种植,在干雨季交替的地区和干旱、半干旱有灌溉条件的地区仍可以种植,因此是非洲发展最快、发展潜力最大的一种商品粮食作物。

非洲热量丰富,湖泊河流众多,为发展水田灌溉提供了条件,目前因水利设施不足,稻田仍集中分布在少数国家。埃及、尼日利亚和马达加斯加是三大稻谷生产国,2008年三国稻谷产量合占非洲总产量的62.2%,其他主要生产国还有几内亚、马里、坦桑尼亚等。几内亚湾沿岸、尼日尔河中游、刚果盆地东部正在形成新的稻产区,东非肯尼亚、坦桑尼亚等国境内也出现了新的水稻生产基地,见表3-2-5所示。

---

① 资料来源:FAO统计.

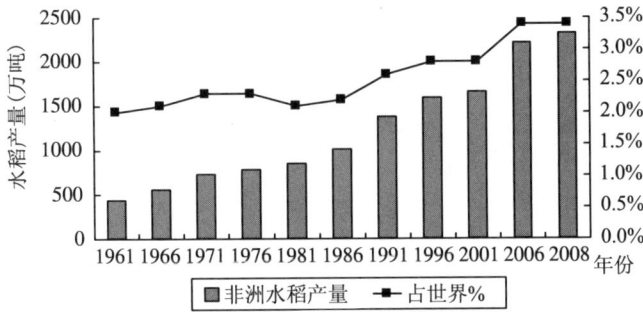

图 3-2-9 非洲水稻产量增长曲线图①

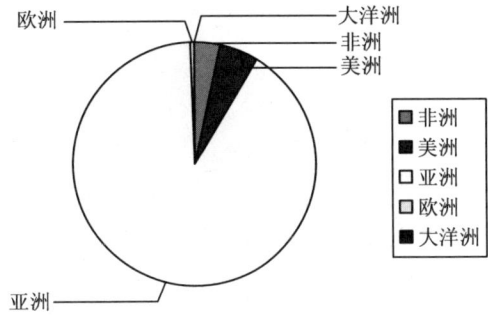

图 3-2-10 2008 年五大洲水稻产量比重②

表 3-2-5 2008 年非洲水稻生产一览表.③

	种植面积		产量	
	万公顷	占非洲比重(%)	万吨	占非洲比重(%)
尼日利亚	238.2	25.0	417.9	18.0
马达加斯加	122	12.8	300	12.9
几内亚	79.5	8.3	153.4	6.6
埃及	74.5	7.8	725.3	31.3
坦桑尼亚	71	7.5	134.2	5.8
马里	48.4	5.1	131	5.7
刚果(金)	41.9	4.4	31.7	1.4
科特迪瓦	40	4.2	68.4	3.0
利比里亚	19	2.0	29.5	1.3
莫桑比克	16.5	1.7	10.2	0.4
非洲	952.7	100	2317.5	100
世界	15895.5		68501.3	

水稻(如图 3-2-11)是许多热带非洲国家重点发展的作物,许多国家通过新修水利和建立国营农场,努力扩大稻谷生产。1980～2008 年间,全洲种植面积扩大了 1 倍,产量增长约 1.7 倍。

在非洲,传统的种稻方式与现代基地式水稻(如图 3-2-12)种植方式并存。稻谷也有不同种类,除常见的水稻与旱稻外,还有浮稻。浮稻是非洲特有的稻谷品种,分布在河口湾、河湖沿岸和沼泽地带,在潮水影响范围内,能在水位大幅度变化的地方取得稳定的产量,因此有"奇迹水稻"之称。马里的稻谷生产中浮稻占据了 70% 左右,另外浮稻在尼日利亚、冈比亚、塞拉利昂、塞内加尔等国也很普遍。

非洲稻谷生产水平极不平衡,除埃及以外稻谷单产水平很低,2008 年全非洲的单产水平只及世界单产水平的 57.6% 左右。因此整个非洲的稻谷产量还远不能满足非洲内部的需求,每年要从美国和东南亚大量进口。④

① 根据 FAO 统计制图.
② 根据 FAO 统计制图.
③ 资料来源:FAO 统计.
④ 文云朝.非洲农业资源开发利用[M].北京:中国财政经济出版社,2000:150.

图 3-2-11　非洲的水稻①

图 3-2-12　非洲水稻种植基地

第三节　薯类作物②

　　非洲是世界重要的薯类产区之一,薯类作物亦是非洲广大农村居民的重要主食。2008 年,全洲薯类作物种植面积达 2410.42 万公顷,占世界薯类总种植面积的 45.41％;产量为 22381.9 万吨,占世界总产量的 30.23％,如图 3-3-1 和图 3-3-2 所示。主要薯类作物有木薯(如图 3-3-3)、薯蓣、芋、马铃薯(如图 3-3-4)等。

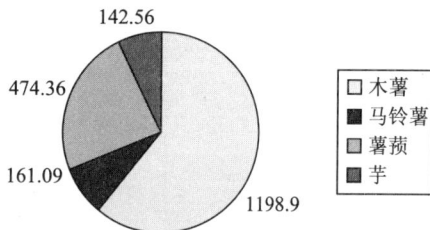

图 3-3-1　2008 年非洲各类薯类作物种植面积(万公顷)

142.56
474.36
161.09
1198.9

□木薯
■马铃薯
▨薯蓣
▨芋

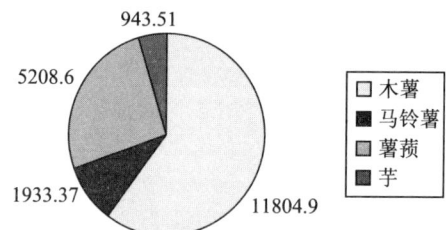

图 3-3-2　2008 年非洲各类薯类作物产量(万吨)③

943.51
5208.6
1933.37
11804.9

□木薯
■马铃薯
▨薯蓣
▨芋

图 3-3-3　非洲木薯④

图 3-3-4　非洲马铃薯⑤

①　www. jiayan. klmyedu. cn
②　Roy Cole. Survey of Subsaharan Africa—A Regional Geography[M]. London:Oxford University Press,2007:217～224.
③　根据 FAO 统计制图。
④　http://bbs. huanqiu. com
⑤　http://www. glulu. com

一、木薯

非洲是世界上最大的木薯产区,2008 年种植面积为 1,198.9 万公顷,产量为 11804.9 万吨,如图 3-3-5 所示,分别占世界总量的 64.1% 和 50.7%。木薯也是非洲重要的薯类作物,一直受到重视,种植面积与产量分别占非洲各类薯类作物总量的 49.7% 和 54.5%。产量每年递增 3% 左右,比同期世界平均增长率高约 1 个百分点。

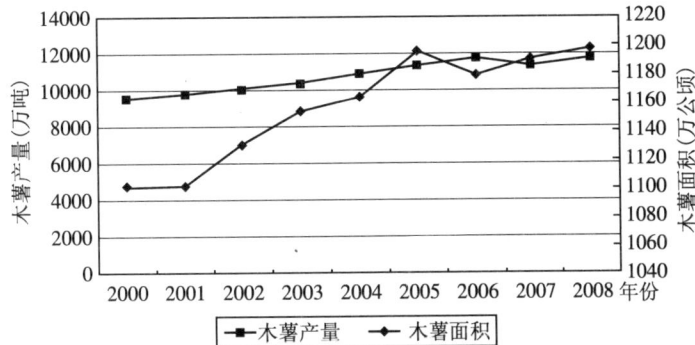

图 3-3-5　木薯产量、面积折线图[①]

木薯属于大戟科多年生灌木,是块根作物,块根重达 5~16 千克,其中富含大量淀粉,可以作为粮食,也可以制成各种食物和作为工业淀粉的原料。木薯性喜暖湿气候,却又耐旱耐瘠,对土壤有很强的适应性,只需很少的田间管理便可正常生长,因此在非洲有“穷人的粮食”之称。木薯种植和收获期长,可依季节灵活选择,成熟木薯的块根可以较长时间保留在土里,想吃即刨,十分方便,既可以解决储藏问题,又可以平衡粮食供应问题。目前木薯分布于热带非洲的 38 个国家,以中非和西非的热带森林带及其周围衍生的热带草原为最大产区,其次是东非的热带草原。尼日利亚、刚果(金)是非洲两个最大的木薯生产国,产量均高于 1500 万吨。年产 100 万吨以上的国家还有加纳、安哥拉、坦桑尼亚、乌干达、莫桑比克、科特迪瓦、马达加斯加、喀麦隆,见表 3-3-1 和图 3-3-6 所示。

表 3-3-1　2008 年木薯生产一览表[②]

	种植面积		产量	
	万公顷	占非洲比重(%)	万吨	占非洲比重(%)
尼日利亚	377.8	31.5	4458.2	37.8
刚果(金)	185.1	15.4	1501.9	12.7
莫桑比克	85	7.1	503.9	4.3
加纳	80	6.7	960	8.1
安哥拉	76	6.3	884	7.5
坦桑尼亚	67.5	5.6	660	5.6
乌干达	39.8	3.3	507.2	4.3
科特迪瓦	39	3.3	295.1	2.5

---

① 根据 FAO 统计制图.

② 资料来源:FAO 统计.

续　表

	种植面积		产　量	
	万公顷	占非洲比重(%)	万吨	占非洲比重(%)
喀麦隆	35	2.9	210	1.8
马达加斯加	32	2.7	245	2.1
非洲	1198.9	100	11804.9	100
世界	1869.5		23300	

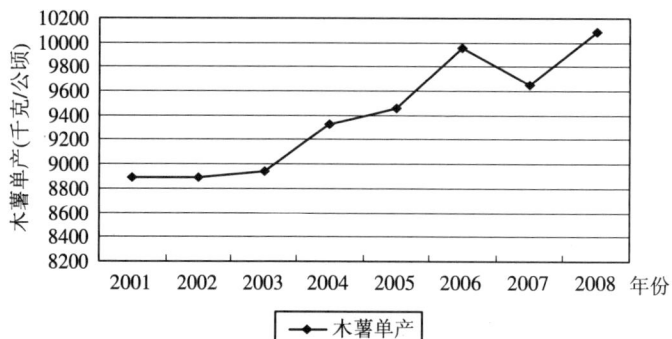

图 3-3-6　非洲木薯单产折线图①

二、薯蓣和芋②

　　薯蓣又称作参薯和怀山药,也是块根作物,味道胜于其他薯类,蛋白质含量亦较高。非洲是世界上最大的薯蓣生产区,2008 年种植面积为 5208.6 万公顷,产量约 474.36 万吨,占世界的比重分别为 96.3% 和 95.6%。1980~2008 年,非洲薯蓣产量增长 370.5%,种植面积扩大 287.8%。薯蓣对环境条件要求比较严格,只有在降水充足、土壤肥沃的地方才能获得较高的产量。薯蓣的集中产区在西非的热带森林,最大生产国是尼日利亚。2008 年,尼日利亚的薯蓣产量达 304.5 万吨,占整个非洲的 64.19% 以上,见表 3-3-2 所示。

表 3-3-2　2008 年非洲薯蓣生产一览表③

	种植面积		产　量	
	万公顷	占非洲比重(%)	万吨	占非洲比重(%)
尼日利亚	3501.7	67.23	304.5	64.19
科特迪瓦	693.3	13.31	82	17.29
加纳	489.49	9.40	34.76	7.33
贝宁	252.73	4.85	18.04	3.80
多哥	63.81	1.23	6.25	1.32

---

① 根据 FAO 统计制图.
② 曾尊固,等.非洲农业地理[M].北京:商务印书馆,1984:95.
③ 资料来源:FAO 统计.

	种植面积		产　量	
	万公顷	占非洲比重(%)	万吨	占非洲比重(%)
苏丹	14.84	0.28	6.23	1.31
中非	40.22	0.77	5.12	1.08
乍得	40.5	0.78	4.25	0.90
喀麦隆	39.96	0.77	3.3	0.70
埃塞俄比亚	22.82	0.44	3.03	0.64
加蓬	16.39	0.31	2.32	0.49
刚果(金)	8.81	0.17	2	0.42
非洲	5208.6	100.00	474.36	100.00
世界	5407.81		496.28	

薯蓣品种众多,可依季节灵活选择,种植期和收获期延续时间长,但贮存比较困难。薯蓣也属于高产作物,平均每公顷产 5000~12000 千克,其中 1/3 需留作种薯,故净产量远低于木薯。因此,在一些地区薯蓣有被木薯取代的趋势。

芋亦为薯类作物,原产于印度,后经埃及传入热带非洲。芋对气候要求很高,要求全年多雨,在沼泽地上生长最佳,性喜荫蔽,常同木本作物间作。芋广泛种植于热带森林带,尼日利亚、加纳、喀麦隆等种植较多,尼日利亚芋的产量超过非洲总芋产量的 50%,产量中 1/3 需用于留种,见表 3-3-3 所示。

表 3-3-3　2008 年非洲芋生产一览表[①]

	种 植 面 积		产　量	
	万公顷	占非洲比重(%)	万吨	占非洲比重(%)
尼日利亚	72.8	50	538.7	58
加纳	26.1	17.9	166.2	17.9
喀麦隆	22	15.1	120	12.9
科特迪瓦	6.8	4.7	9.4	1.0
马达加斯加	3.7	2.5	24	2.6
中非	3.3	2.3	10	1.1
卢旺达	2.6	1.8	13	1.4
刚果(金)	1.6	1.1	6.6	0.7
非洲	145.6	100	928.9	100
世界	164.6		1177.4	

三、马铃薯

马铃薯在非洲的种植较少,2008 年全洲产量为 1949.7 万吨,占世界总产量的 6.2%;种植面积

---

① 资料来源:FAO 统计.

为 186.9 万公顷,占世界总种植面积的 10.3%。2000～2008 年,非洲马铃薯产量稳步增加,年均增长率为 5.4%,占世界比重也由 4% 提高到 6%,如图 3-3-7 所示。

马铃薯主要产于非洲南、北两端的亚热带地区。阿尔及利亚、埃及、南非三国马铃薯产量占全非洲 50% 以上;在热带非洲,东非高原和埃塞俄比亚高原种植较多,埃塞俄比亚、肯尼亚、乌干达、卢旺达、布隆迪五国产量合占非洲总产量的 16.7%。2008 年非洲每公顷平均产量为 12060.4 千克,已达世界平均水平的 67%,其中埃及灌溉地上的马铃薯每公顷产量是 25939 千克,高于世界平均单产。在非洲马铃薯大多供本国消费,唯有阿尔及利亚和埃及的马铃薯向欧洲出口,南非亦少量输出至邻国。

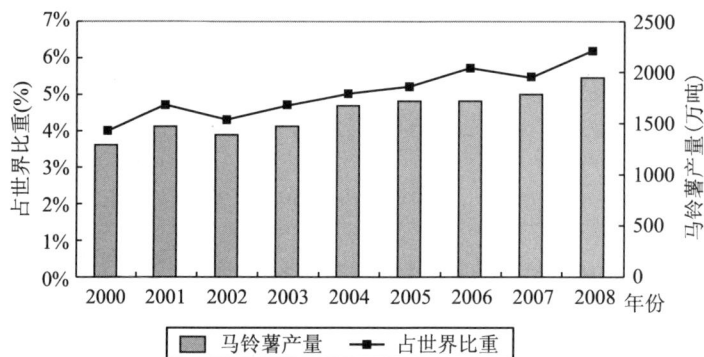

图 3-3-7　非洲马铃薯产量及占世界比重①

第四节　豆类作物

豆类作物在非洲农业中具有重要意义。由于经济发展水平和饮食习惯的影响,肉食在非洲并不普及,大部分非洲居民食肉量不多,豆类是食物蛋白的重要来源之一。豆类作物常与粮食作物间作和轮作,对恢复土壤肥力具有重要作用。特别在热带非洲农田施肥量不高的情况下,这种间作和轮作更是农作制度中的重要环节。2008 年非洲豆类作物种植面积为 2136.1 万公顷,占世界豆类种植面积的 28.8%;产量为 1216.8 万吨,占世界豆类总产量的 20%,如图 3-4-1 和图 3-4-2 所示。

20 世纪 80 年代以来,非洲豆类作物生产发展迅速,2008 年与 1980 年相比,年产量与种植面积均增长约 1.3 倍,平均增长率高于世界平均水平。

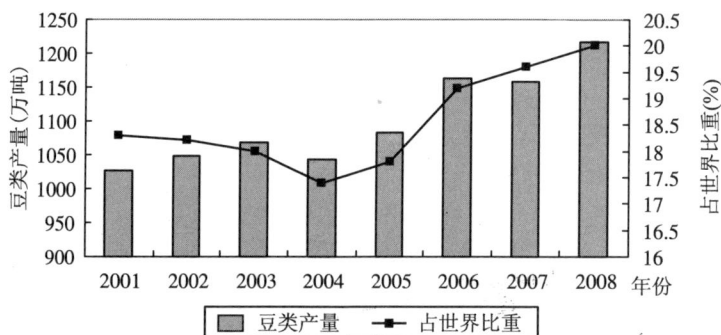

图 3-4-1　非洲豆类作物产量及占世界比重②

① 根据 FAO 统计制图.
② 根据 FAO 统计制图.

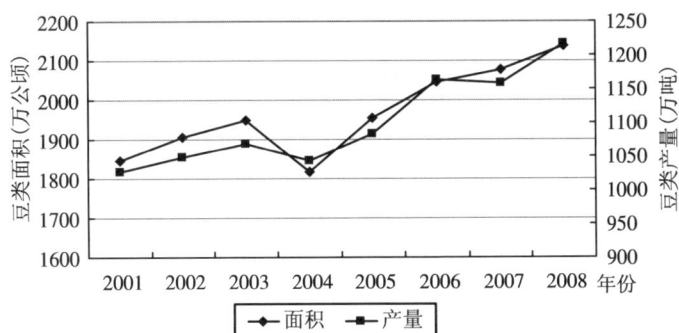

图 3-4-2　非洲豆类种植面积和产量①

　　非洲豆类作物品种繁多，主要有豇豆(如图 3-4-3)、菜豆、蚕豆、豌豆(如图 3-4-4)、羽扇豆(如图 3-4-5)、小扁豆、鹰嘴豆(又名鸡心豆，如图 3-4-6)、大豆和班巴拉豆等。种植面积与产量最大的豆类作物非豇豆和菜豆莫属。非洲是豇豆的原产地，迄今为止仍是世界上最大的豇豆产区，种植面积和产量均占世界总量的 98% 以上。

图 3-4-3　非洲豇豆

图 3-4-4　非洲豌豆

图 3-4-5　非洲羽扇豆

图 3-4-6　非洲鹰嘴豆(鸡心豆)

---

①　根据 FAO 统计制图.

豆类作物虽然遍布非洲各国,但各国种类也各不相同。豇豆的最大生产国是尼日利亚。2008年尼日利亚豇豆产量占整个非洲豇豆总产量的80％以上。菜豆主要分布在乌干达、坦桑尼亚、卢旺达和布隆迪。蚕豆、豌豆、鹰嘴豆和小扁豆的主产地在埃塞俄比亚和摩洛哥。大豆主要分布于尼日利亚、埃及和南非。大豆和班巴拉豆主要集中于加纳等地,而羽扇豆主要产于南非。

豆类作物遍布非洲各国,以尼日利亚和埃塞俄比亚最集中,2008年两国豆类作物产量约占全洲的36％左右,坦桑尼亚、乌干达、肯尼亚、埃及等国家豆类作物产量也占有重要地位,见表3-4-1所示。

表3-4-1 非洲国家豆类作物生产一览表①

	种植面积(万公顷)				产量(万吨)				单产(吨/公顷)			
	2001~2003年	占非洲比重(％)	2008年	占非洲比重(％)	2001~2003年	占非洲比重(％)	2008年	占非洲比重(％)	2001~2003年	占非洲单产(％)	2008年	占非洲单产(％)
贝宁	14.79	0.78	21.1	0.96	10.43	1.01	19.13	1.47	7.04	128.13	9.07	152.33
布基纳法索	89.61	4.75	70.88	3.24	44.85	4.33	37.56	2.88	5.01	91.23	5.3	89.01
布隆迪	31.4	1.67	26.29	1.2	28.38	2.74	22.23	1.71	9.04	164.52	8.46	142.05
喀麦隆	32.84	1.74	36.68	1.68	28.63	2.76	42.78	3.28	8.71	158.62	11.66	195.9
刚果(金)	34.66	1.84	38.13	1.74	18.55	1.79	19.76	1.52	5.36	97.47	5.18	87.07
埃及	16.13	0.86	11.49	0.53	47.93	4.63	36.89	2.83	29.71	540.74	32.11	539.31
埃塞俄比亚	125	6.63	150.98	6.9	107.7	10.4	177.43	13.62	8.65	157.42	11.75	197.41
肯尼亚	128.41	6.81	104.48	4.77	58.69	5.67	40.8	3.13	4.56	83.01	3.91	65.6
马拉维	58.37	3.1	62.3	2.85	33.52	3.24	37.19	2.86	5.74	104.5	5.97	100.29
摩洛哥	39.64	2.1	40.93	1.87	23.06	2.23	22.52	1.73	5.79	105.37	5.5	92.42
莫桑比克	21.13	1.12	30.5	1.39	11	1.06	15.1	1.16	5.2	94.72	4.95	83.17
尼日尔	389.19	20.65	536.82	24.53	58.45	5.65	159.27	12.23	1.5	27.38	2.97	49.84
尼日利亚	384.74	20.42	441.32	20.17	240.79	23.26	296.9	22.79	6.26	113.86	6.73	113.02
卢旺达	38.55	2.05	37.53	1.72	25.95	2.51	32.97	2.53	6.73	122.55	8.79	147.57
苏丹	17.81	0.95	38.04	1.74	26.07	2.52	34.62	2.66	14.72	267.89	9.1	152.9
乌干达	94.01	4.99	109.19	4.99	68.62	6.63	62.85	4.83	7.3	132.88	5.76	96.71
坦桑尼亚	135.24	7.18	160.44	7.33	85.26	8.23	106.6	8.18	6.36	115.81	6.64	111.61
非洲	1884.51	100	2188.09	100	1035.37	100	1302.56	100	5.49	100	5.95	100
世界	6971.53		7233.19		5755.64		6264.71		8.26		8.66	

2008年全洲豆类作物单产达5950千克/公顷,比世界平均水平低2710千克。洲内各国家和地区单产水平差异显著,埃及在2005~2008年平均单产为29269.5千克/公顷。

---

① 资料来源:FAO统计.

第四章

非洲经济作物[①]

第一节 经济作物生产分布特点

　　自然条件和长期的殖民经济使非洲成为世界经济作物,尤其是热带经济作物的重要产地和出口地。在殖民者入侵之前,非洲各地也生产棉花、花生、油棕等经济作物,主要是为了满足当地居民自身的需要。19世纪末,殖民者不仅大量掠夺非洲的自然资源,还把非洲变成宗主国的原料基地,迫使非洲大规模种植商品性经济作物。经济作物的片面发展,使许多地区的经济严重依赖一种或几种经济作物,形成单一经济体制。一些依靠单一经济作物出口的国家也是在殖民政策下形成的,如加纳是世界闻名的"可可之乡",曾经是世界上最大的可可生产和出口国,1927年加纳出口的可可达18万吨,占当年世界总消费量的40%,1931年,这一比例上升到42%。[②] 其他依靠单一经济作物出口的国家还有塞内加尔、冈比亚、布隆迪等。

　　第二次世界大战后,非洲各国相继独立,在60~70年代,许多国家采取了进口替代的工业化政策,力图改变单一经济的状况,但是收效甚微,经济作物仍然在种植业中仍占有重要地位。2009年非洲10种主要经济作物的生产情况见表4-1-1所示。2009年非洲可可产量为277.82万吨,占世界总产量的65.78%,位居世界第一;腰果产量为133.33万吨,居亚洲之后,是世界腰果生产的第二大洲;咖啡产量为96.75万吨,占世界总量的11.71%;花生在非洲几乎遍及整个洲,种植面积占世界的45.07%;油棕和芝麻在世界也占有重要地位,种植面积约为世界的1/3,剑麻约占世界总种植面积的1/4和总产量的1/5,见表4-1-1所示。

表4-1-1 2009年非洲主要经济作物生产[③]

	种植面积(万公顷)			产量(万吨)		
	非洲	世界	非洲/世界(%)	非洲	世界	非洲/世界(%)
腰果	169.09	414.59	40.78	133.33	376.35	35.43
可可	573.13	854.23	67.09	277.82	422.36	65.78
咖啡	204.24	960.06	21.27	96.75	826.15	11.71
花生	1059.56	2350.70	45.07	1087.85	3552.03	30.63
天然橡胶	68.61	899.35	7.63	50.99	1028.09	4.96

---

① 姜忠尽."走非洲,求发展"论文集[M].成都:四川人民出版社,2008:24~45.

② 瓦利·怀特.加纳地理[M].北京:商务印书馆,1973:113~114.

③ 资料来源:FAO统计.

续　表

	种植面积(万公顷)			产量(万吨)		
	非洲	世界	非洲/世界(%)	非洲	世界	非洲/世界(%)
油棕	446.77	1473.12	30.33	1664.17	20732.76	8.03
籽棉	394.91	3116.71	12.67	402.9	6400.22	6.30
芝麻	265.91	752.22	35.35	116.6	351.1	33.21
剑麻	11.10	43.39	25.58	7.88	40.67	19.38
甘蔗	155.65	2372.78	6.56	9288.42	168257.78	5.52

在此情况下,非洲统一组织提出调整现有的发展战略指导,以减少和摆脱对国际市场的依赖,实现真正的经济独立。但是非洲各国均处于经济起飞阶段,因此,除某些石油、矿产等自然资源丰富的国家,大多数非洲国家仍然需要以经济作物出口支撑经济发展。数据显示,1978 年,大多数国家产品出口结构单一,许多国家经济作物的出口比重都在 70%以上,乌干达的咖啡出口占到它全部出口的 95%。2004 年几乎所有的国家经济作物出口比重较 1978 年都有明显下降,经济发展对经济作物的依赖逐步降低,表现最出色的苏丹在 1978 年到 2004 年之间,经济作物出口比重从 71%下降到了 13%,其他国家像乌干达、布隆迪、卢旺达、马里、毛里求斯等下降幅度也都在 40%以上。虽然取得了一定的成就,还应看到现实情况仍很严峻,如马拉维经济作物出口占总出口的比重 2004 年仍高达 80%,贝宁、布基纳法索、冈比亚经济作物出口比重也都在 60%以上,其他大多数国家经济作物出口对出口总值的贡献也在 30%左右,见表 4-1-2所示。

表 4-1-2　经济作物在非洲各国的出口比重(%)①

国家名	经济作物	1978 年	1995 年	2004 年
马拉维	烟草、花生、茶叶、咖啡、橡胶	75.00	86.70	80.00
布隆迪	咖啡	85.00	84.50	45.00
乌干达	咖啡	95.00	82.50	41.00
卢旺达	咖啡、茶叶	80.00	80.00	33.00
布基纳法索	棉花	—	66.20	61.00
埃塞俄比亚	咖啡	79.00	63.40	43.00
贝宁	棉花、油棕	—	63.30	75.00
乍得	棉花	54.00	59.20	50.00
多哥	棉花、咖啡、可可	—	54.00	36.00
坦桑尼亚	咖啡、棉花、烟草、茶叶、可可、剑麻	54.00	47.80	36.00
科特迪瓦	可可、咖啡、橡胶、棉花、烟草	—	45.50	50.00
冈比亚	花生、棉花	76.00	39.40	74.00
马里	棉花	71.00	37.10	25.00
肯尼亚	茶叶、咖啡、剑麻	—	33.30	40.00
喀麦隆	橡胶、棉花、咖啡、可可、烟草	54.00	25.70	25.00
加纳	可可	61.00	22.90	52.00

---

①　资料来源:1978 年数据摘自《非洲农业地理》第 109 页表 10;1995 年数据摘自《非洲农业自然资源开发利用》第 157 页表 3-11;2004 年数据为农产品出口占总出口的比重,摘自 FAO 统计资料.

就整个非洲大陆来看,经济作物出口依然是农业出口收入的重要部分。非洲农业出口收入中约 2/3 来自可可、咖啡、棉花、糖、烟草和茶叶,其中仅可可和咖啡的出口收入在 20 世纪 90 年代中期就占到全部农产品出口收入的 50% 以上,但经济作物出口占世界市场份额却明显下降。1980~1998 年,可可豆从 80% 下降到 65%,花生从 71% 下降到 6.4%,咖啡从 26.4% 下降到 14%,橡胶从 7.5% 下降到 5.3%。[①]

还有一些经济作物在非洲的产量并不高,但对某些国家经济而言有一定的地位,如有较高出口价值的地中海沿岸的水果、东非岛屿上盛产的名贵香料,以及西非和中非沿海国家的橡胶等。

尽管非洲经济作物在世界上占有重要地位,但是总体生产水平不高。2009 年,非洲各类作物单产都在世界平均水平之下,如占世界总种植面积近 1/3 的油棕,产量不到世界的 1/10,其单产水平只有世界的 26.5%,只有可可的单产与世界平均水平不相上下,腰果、咖啡、花生、天然橡胶、芝麻、剑麻、甘蔗的单产水平均为世界平均水平的 60%~80%(见表 4-1-3)。非洲在经济作物的种植技术和生产管理方面有待改善。

表 4-1-3 非洲主要经济作物单产(百克/公顷)与世界比较[②]

	2000 年		2005 年		2007 年		2008 年		2009 年	
	非洲单产	世界单产	非洲单产	世界单产	非洲单产	世界单产	非洲单产	世界单产	非洲单产	世界单产
腰果	8117	5919	7627	7703	7746	8727	7809	9079	7885	9077
可可	4655	4440	4815	4625	4963	5008	5308	5253	4847	4944
咖啡	4710	7014	4827	6854	4371	7512	5083	8470	4736	8605
花生	9533	14929	9763	15942	9999	16908	10000	15535	10267	15110
天然橡胶	7160	9308	7650	10648	7785	11941	7458	11904	7431	11431
油棕	36297	120344	36127	141246	37831	138860	37380	140795	37248	140740
籽棉	9374	16619	9648	19920	9434	21763	9771	20992	10202	20535
芝麻	2379	3847	3608	4516	3961	4736	4115	4782	4385	4667
剑麻	6721	10933	7785	8614	7287	8500	7115	8427	7095	9373
甘蔗	664016	647658	600208	664371	558293	706958	555942	715102	596740	709118

科特迪瓦和尼日利亚是非洲最大的油料作物生产国,2008 年,腰果、油棕、芝麻、花生的总种植面积为 697 万公顷,占非洲此四种作物总种植面积的 36.66%。其他经济作物产量最大的国家,如坦桑尼亚的剑麻占非洲总产量的 42.28%,布基纳法索的籽棉占非洲的 14.11%,南非的甘蔗占 22.2%,苏丹的芝麻占 29.64%,埃塞俄比亚的咖啡占 30.04%,科特迪瓦的可可占 47.20%,肯尼亚的茶叶占 62.41%,科特迪瓦的橡胶占 36.98%。

经济作物种类繁多,其分布状况也颇为复杂,不仅受自然环境的影响,也受到社会、经济等其他因素影响,可以说"相宜的自然条件只是为经济作物的生长提供了客观可能性,而将这种可能性变成现实却取决于必要的社会经济条件"。[③]

自然条件是影响经济作物生产与分布的最基本因素,有些作物对生态环境要求较高,只适合在特定的地区生长。如可可、橡胶、油棕等多年生热带经济作物,它们要求典型的全年高温多雨的低地热带雨林环境,几内亚湾狭窄的沿海平原就成为这些作物的集中分布地区。再如油橄榄、葡萄等作物,它们适合于地中海气候,因此集中分布在地中海沿岸的狭长平原、丘陵以及南非好望角沿海一带。[④] 还有一些对环境条件要求不高的作物,如花生、棉花、烟叶等,在非洲的种植比较广泛。

① 姚佳梅.非洲出口经济作物种植业的形成[J].西亚非洲,1987(1):50.
② 资料来源:FAO 统计.
③ 徐继明.非洲出口经济作物种植业的形成[J].西亚非洲,1987(1):50.
④ 文云朝.非洲农业资源开发利用[M].北京:中国财政经济出版社,2000:159.

　　从社会经济因素角度来看,历史、交通、劳动力、政策等因素会在很大程度上决定一些适应性较强的作物分布。例如,早期西方殖民者对东方香料的掠夺是促进地处印度洋航运要道的东非岛屿香料作物兴起的重要原因之一。交通运输条件是非洲经济作物得以出口的关键,尤其是剑麻、花生等体积巨大的经济作物,对交通运输要求很高,所以剑麻产区一般分布在沿海地带,花生则多分布在铁路沿线。经济作物的种植需要大量的劳动力,属于劳动密集型产业,乌干达南部是人口密集地区,因此成为咖啡、棉花和茶叶等的集中产区。

　　在上述条件下,非洲主要经济作物分布区域情况见表4-1-4所示。

表4-1-4　非洲经济作物分布区域①

作　物	分　　　　　布
油棕	西非和中非的赤道雨林区
花生	遍布全洲,但集中分布于西非萨赫勒稀树草原地区
芝麻	遍布全洲,主要产地在非洲东北部的苏丹、埃塞俄比亚、乌干达、埃及和索马里等国,以及中西部的尼日利亚、喀麦隆和中非
油橄榄	主要分布在地中海沿岸各国
大豆	种植面积有限,主要分布于尼日利亚、埃及和南非
棉花	埃及尼罗河三角洲、苏丹的杰济腊和阿特巴拉河灌区及中南部草原地区,乌干达、科特迪瓦、塞内加尔、马达加斯加、津巴布韦
剑麻	主要产区集中在东非印度洋沿岸国家的坦桑尼亚、肯尼亚、莫桑比克、马达加斯加以及安哥拉等地
可可	主要产地在西非和中非的热带雨林地区,尤其是科特迪瓦、加纳、尼日利亚、喀麦隆
咖啡	从安哥拉到科特迪瓦,从乌干达到埃塞俄比亚等20多个国家
烟草	中南非热带高原的津巴布韦、马拉维等国
茶叶	肯尼亚、马拉维、乌干达、坦桑尼亚、喀麦隆、卢旺达等东非国家
香料	包括丁香、华尼拉、肉桂等品种,分布在非洲大陆东部沿海地带和东非岛屿

第二节　主要经济作物②

一、纤维作物③④

　　非洲纤维作物种类很多,但大量种植的只有棉花、剑麻两种。

1. 棉花 ▶ ▶ ▶

　　非洲多数地区的气候条件适宜棉花生长。北非与南部非洲的干燥区热量丰沛,日照充足,在人工灌溉

①　文云朝.非洲农业资源开发利用[M].北京:中国财政经济出版社,2000:160.
②　Roy Cole. Survey of Subsaharan Africa—A Regional Geography[M]. London:Oxford University Press,224~240.
③　曾尊固.非洲农业地理[M].北京:商务印书馆,1984:115~121.
④　姜忠尽."走非洲,求发展"论坛论文集[M].成都:四川人民出版社,2008:29~32.

的条件下,棉花可以获得稳产、高产;热带草原地带旱雨季分明,有利于安排棉花的播种与收获。

　　非洲种植棉花的历史悠久,种植的棉花主要织成土布供当地消费。大规模的商品性棉花种植大多始于 19 世纪中后期,西欧殖民者为了把非洲变成他们的纺织原料基地,在很多地区大力推广棉花种植技术,造成很多国家的单一棉花经济。2008 年,非洲最大的棉花生产大国是布基纳法索,占非洲总产量的 17.08%,尼日利亚所生产的棉花占非洲总产量的 11.66%,第三大国是坦桑尼亚,棉花产量占非洲总产量的 8.74%,如图 4-2-1 和表 4-2-1 所示。

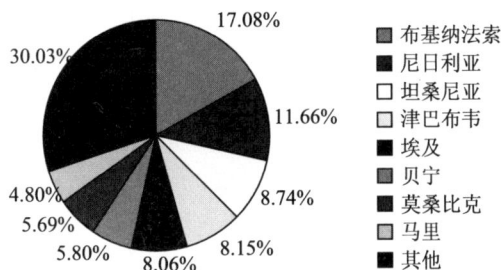

图 4-2-1　2008 年非洲棉花主要生产国所占比重[1]

表 4-2-1　2008 年非洲各国棉花产量及其所占非洲比[2]

国　　家	产量(万吨)	占非洲比(%)	国　　家	产量(万吨)	占非洲比(%)
布基纳法索	72.07	17.08%	赞比亚	16.83	3.99%
尼日利亚	49.20	11.66%	乍得	14.00	3.32%
坦桑尼亚	36.87	8.74%	科特迪瓦	13.50	3.20%
津巴布韦	34.40	8.15%	苏丹	10.70	2.54%
埃及	34.00	8.06%	埃塞俄比亚	8.56	2.03%
贝宁	24.46	5.80%	马拉维	7.68	1.82%
莫桑比克	24.00	5.69%	乌干达	7.50	1.78%
马里	20.27	4.80%	几内亚	4.24	1.00%
喀麦隆	18.50	4.38%			

　　从 1961 年到 2008 年,世界棉花产量总体呈上升趋势,从 1961 年的 2734.39 万吨增长到 2009 年的 6400.21 万吨;非洲棉花产量也基本保持增长趋势,但增长率略低于世界平均水平,从 1961 年的 220.67 万吨增长到 2009 年的 402.89 万吨,占世界棉花总产量的比重由 8.07% 下降到 6.29%,见表 4-2-2 所示。

表 4-2-2　非洲棉花产量占世界比重变化[3]

年份	世界(万吨)	非洲(万吨)	非洲/世界(%)	年份	世界(万吨)	非洲(万吨)	非洲/世界(%)
1961	2734.39	220.67	8.07	1995	5647.32	357.46	6.32
1965	3566.3263	304.21	8.53	2000	5290.07	385.14	7.28
1970	3543.40	384.45	10.85	2005	6965.93	514.10	7.38
1975	3599.51	326.55	9.07	2006	7090.59	474.10	6.68

---

　　[1]　根据 FAO 统计制图.

　　[2]　资料来源:FAO 统计.

　　[3]　资料来源:FAO 统计.

年份	世界(万吨)	非洲(万吨)	非洲/世界(%)	年份	世界(万吨)	非洲(万吨)	非洲/世界(%)
1980	4117.51	325.88	9.91	2007	7299.14	410.44	5.62
1985	5066.62	373.11	7.36	2008	6542.38	389.00	5.94
1990	5398.88	368.89	6.83	2009	6400.21	402.89	6.29

长期以来,非洲的棉花生产一向以小农分散种植为主。现在一些新发展棉花栽培的国家日益注意建立棉花农场,采用现代技术,进行大规模的商品生产。

总的来看,从1961年到2008年,世界单产水平从1961年每公顷8582百克增加到2009年的每公顷20535百克。而非洲水平虽然从1961年每公顷5763百克增加到2009年的每公顷10202百克,呈现稳步增长态势,但与世界单产水平相比,发展较缓慢。2009年,非洲棉花单产水平仅为世界平均水平的49.68%,见表4-2-3所示。

表4-2-3 非洲与世界棉花单产(百克/公顷)水平[①]

年份	世界	非洲	非洲/世界(%)	年份	世界	非洲	非洲/世界(%)
1961	8582	5763	67.15	1995	15913	9774	61.42
1965	10585	7072	66.81	2000	16619	9374	56.40
1970	10377	8002	77.11	2005	19920	9648	48.43
1975	11075	7888	71.22	2006	20430	9742	47.68
1980	11997	9026	75.23	2007	21700	9234	42.55
1985	15155	10586	69.85	2008	21110	9844	46.63
1990	16310	9830	60.26	2009	20535	10202	49.68

非洲各地区的棉花生产特点和水平差异很大。北非以生产长绒棉为主,棉花多种植在水浇地上,耕作管理精心,常使用化肥、农药,单产很高;而撒哈拉以南的非洲,一半生产中短绒棉,多为旱作,粗放经营,单产很低。

2. 剑麻 ▶ ▶ ▶

剑麻(如图4-2-2)是一种常见的龙舌兰科多年生纤维植物,叶片硬且长,呈剑状。由于其质地坚硬、耐摩擦等特性,经过加工后的剑麻用途非常广泛,通常用于制作航海、运输、工业等所需的各种绳索。另外,剑麻还有一定的药用价值。

剑麻原产于墨西哥的尤卡坦半岛,喜温、耐旱,适合生长于年降雨量800~1500毫米、旱雨季分明处。它对低温有一定的适应能力,但以年平均气温23℃左右、最凉月平均气温20℃以上为宜,故剑麻的分布地区多在海拔500米以下。高原山区不宜种植,最高海拔高度不超过700米。因为海拔高处,割叶周期12~15个月不等,产量很

图4-2-2 非洲剑麻

---

① 资料来源:FAO统计.

低,而低海拔地区,割叶周期仅 8～10 个月,经济效益较好。[1] 剑麻主产国有坦桑尼亚、肯尼亚、马达加斯加等。

剑麻栽培 2～3 年后才能开始割叶,而其经济生产年限一般只有 8～10 年,为此每年需要大量资金进行更新。由于剑麻纤维容易变质,割叶后必须及时剥叶加工,这就需要大量劳动力。因此在非洲主要的剑麻产区,一般都是大型种植园配备附属加工厂的模式,并且种植园具有完善的内部运输系统,以便将剑麻及时运输到工厂加工。剑麻对运输的要求也非常高,若作为出口性生产,须选择交通方便之处,早期剑麻园多分布在海港附近,后来逐步向铁路沿线发展。因此东非和中南非是剑麻生产的适宜地区,坦桑尼亚、肯尼亚等国也就成了主要生产国。

剑麻是在 1892 年由德国殖民者从墨西哥引进非洲的,随后发展很快,非洲也一跃成为世界剑麻的主要生产和出口地区。但在地理分布上,主要集中在东非沿海地区,其次为非洲西南部安哥拉等地,其他地区很少种植。

20 世纪 60 年代以后,由于石油工业的发展,剑麻纤维面临聚丙烯等合成纤维的竞争,在国际市场上销售困难,价格猛跌,1970 年的售价只及 1950 年的一半。同时,非洲还受到巴西等拉丁美洲国家新建剑麻园的竞争。在这种情况下,非洲剑麻生产国纷纷淘汰了一批低产剑麻园,或压缩剑麻种植面积,改种其他作物,致使剑麻大大减少。以 1976～1980 年与 1961～1965 年相比,产量和种植面积分别下降 219718.6 吨、193775.4 公顷,按比例分别下降 46.42% 和 56.00%。近年来,非洲剑麻产量和种植面积均相对稳定,但在世界上的地位明显下降,2006～2008 年,仅占世界总产量的 21.17%,与 1961～1965 年的 50.22% 相比下降了 29.05%。

2009 年非洲剑麻总产量 78700 吨,占世界的 19.36%,主要剑麻生产国(如图 4-2-3)有坦桑尼亚、肯尼亚、马达加斯加等。东非是非洲剑麻最主要的产区,2008 年剑麻种植面积为 103650 公顷,产量为 74294 吨,分别占非洲剑麻种植面积和总产量的 93.64% 与 94.32%。坦桑尼亚是最大生产国,独占非洲剑麻总种植面积的 49.69% 和总产量的 42.28%。肯尼亚占非洲剑麻总种植面积的 27.10% 和总产量的 28.70%,马达加斯加占总产量的 21.84%,仅这三个国家,就占非洲总产量的 92.82%。

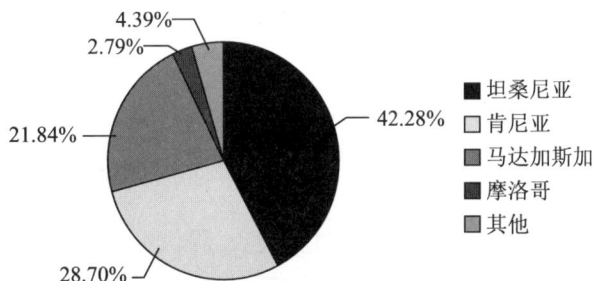

图 4-2-3　非洲各国剑麻产量占非洲总产量之比[2]

1970 年以来,随着国际市场上供需与价格状况的变化,剑麻种植面积有所减少,一些种植园压缩剑麻面积而改种其他作物,但是由于努力提高单产,正常年份的总产量却增加了。目前肯尼亚正在研究提高剑麻质量和降低生产成本的措施,以图提高竞争能力,同时研究剑麻与塑料混合制造塑料板等其他用途,开展剑麻的综合利用。

20 世纪 60 年代以来,剑麻的世界产量和非洲产量均呈现不断下降趋势,世界剑麻产量从历史最高的 80 多万吨一直下降到 40 万吨;非洲剑麻产量从历史最高的 40 多万吨一直下降到现在的 10 万吨以下,高于世界平均下降速度。非洲剑麻生产在世界的地位也相应下降,1961 年非洲产量占世界比重将近一半,到 2009 年已不足 1/4,如图 4-2-4 和表 4-2-4 所示。

---

① 文云朝. 非洲农业资源开发利用[M]. 北京:中国财政经济出版社,2000.

② 根据 FAO 统计制图.

表4-2-4 非洲和世界剑麻产量[1]

年份	世界(万吨)	非洲(万吨)	非洲/世界(%)	年份	世界(万吨)	非洲(万吨)	非洲/世界(%)
1961	76.29	37.18	48.74	1995	31.88	8.37	26.28
1965	82.87	42.08	50.78	2000	40.75	6.11	14.99
1970	78.15	37.21	47.61	2005	33.05	7.60	22.99
1975	77.84	26.78	34.41	2006	36.56	7.70	21.06
1980	54.77	17.38	31.73	2007	36.99	7.85	21.22
1985	49.86	10.91	21.88	2008	37.24	7.87	21.14
1990	37.96	10.27	27.06	2009	40.67	7.87	19.36

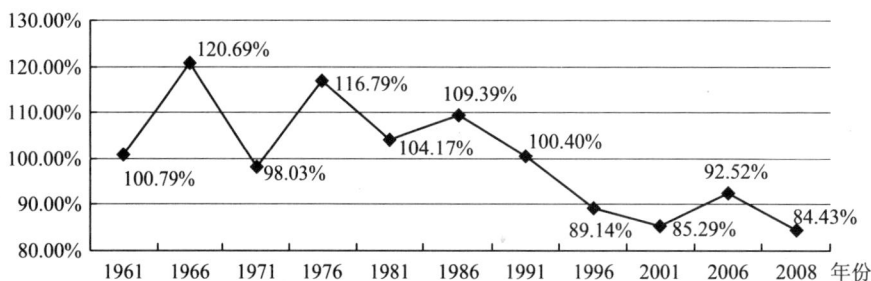

图4-2-4 非洲占世界剑麻单产水平比率[2]

非洲曾是历史上最大剑麻生产地区,在很长一段时间内,其单产水平也曾在世界水平之上。随着世界市场的变化,非洲剑麻的单产水平在1986年后直线下降,2008年,仅为世界平均水平的84.43%。

二、油料作物[3][4]

1. 花生 ▶ ▶ ▶

花生(如图4-2-5),又名落花生,原产于南美洲一带,世界上栽培花生的国家有100多个。

花生被人们誉为"植物肉",含油量高达50%,气味清香,除供食用外,还用于印染、造纸,也有一定的药用价值。花生的栽培管理技术性也相对较强。非洲是仅次于亚洲的世界第二花生生产区,但亚洲花生生产以供当地消费为主,而非洲花生生产则以出口为主,因此非洲是世界上最大的花生出口地区。

2008年世界花生总产量为3820.13万吨,非洲为1005.31万吨,占了世界产量的26.32%,仅次于亚洲的64.17%;非洲花生的种植面积为1005.26万公顷,占世界总种植面积的40.88%。

图4-2-5 非洲花生[5]

---

① 资料来源:FAO 统计.

② 根据 FAO 统计制图.

③ 曾尊固,等.非洲农业地理[M].北京:商务印书馆,1984:122~129.

④ 姜忠尽."走非洲,求发展"论坛论文集[M].成都:四川人民出版社,2008:32~35.

⑤ http://dr.alexchu.blog.163.com

1961～1965 年间,非洲花生的年产量平均为 541.78 万吨,占世界总产量的 35.05%。近 50 年来,产量有所增长,2006～2008 年平均达到 952.13 万吨,但在全世界的占比却在减少,仅有 26.32%,如图 4-2-6 所示。

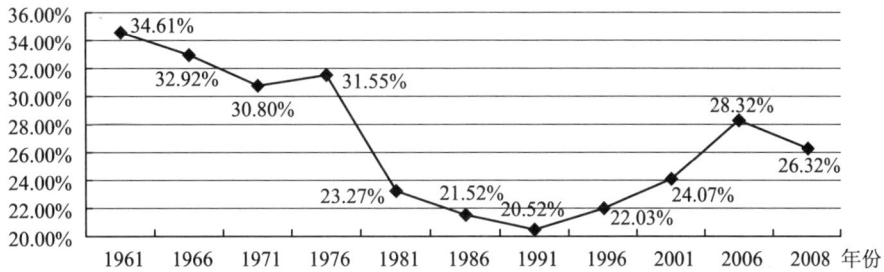

图 4-2-6 非洲花生占世界总产量比率的变化①

花生是非洲热带草原地带代表性作物之一,尤其集中于西非的热带草原带,这里花生产量通常占到非洲总产量的一半以上。非洲花生种植遍布 40 多个国家和地区。2008 年,尼日利亚、塞内加尔两国分居非洲花生产量的前两位,分别占非洲总产量的 38.79% 和 7.12%,合占非洲总产量的 45.91%。其他生产大国依次是苏丹、加纳和乍得,这五国产量占了全非洲的 60.62%,如图 4-2-7 所示。

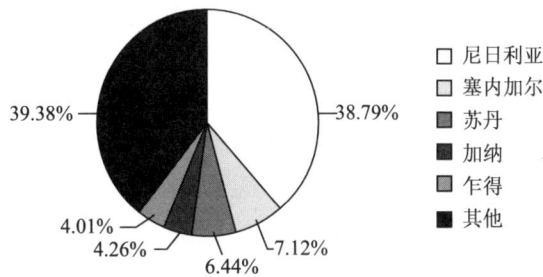

图 4-2-7 2008 年花生主要生产国②

非洲花生种植虽然普遍,但是,多数国家以国内消费为主,能提供大量出口的国家只有埃及、南非、莫桑比克、马拉维等少数国家。

非洲花生产量从 1961 年到 1991 年间,基本维持在 500 万吨左右,而世界花生总产量稳步增加,由 1400 万吨左右升到 2400 万吨;从 1991 年到 2008 年,非洲花生产量由 500 万吨稳步增加至 1000 万吨,而世界则以总体增长的趋势增长到 3820.13 万吨,如图 4-2-8 和图 4-2-9 所示。

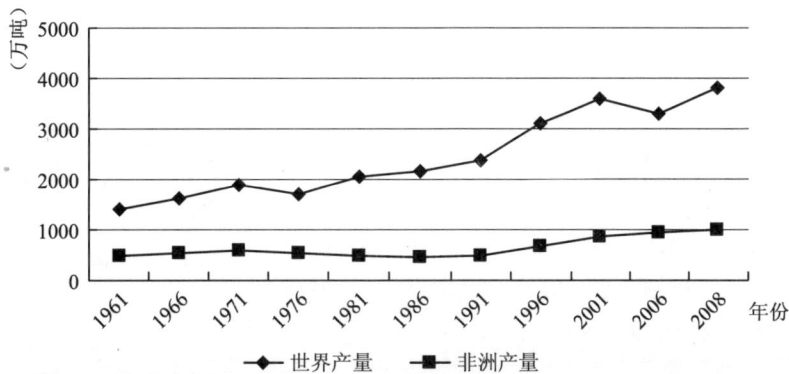

图 4-2-8 1961 年以来世界与非洲花生产量增长趋势③

① 根据 FAO 统计制图.
② 根据 FAO 统计制图.
③ 根据 FAO 统计制图.

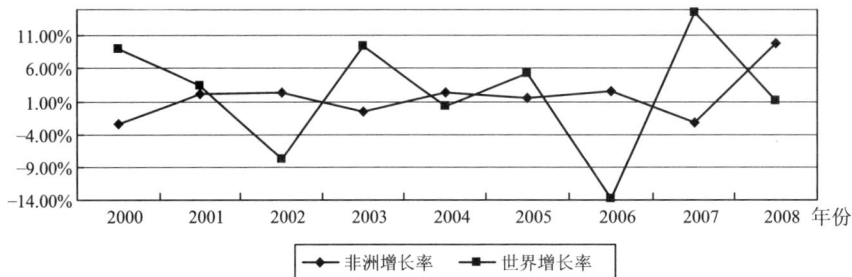

图 4-2-9 非洲和世界花生产量增长率变化[1]

花生一向主要由小农经营,耕作粗放,大都在轮种摞荒地上与谷类作物轮作与混作,单产很低。1961～2009 年,世界单产水平从每公顷 8467 百克增加到每公顷 15110 百克,非洲单产水平从每公顷 8239 百克增加到每公顷 10267 百克。花生非洲单产和世界单产比由 1961 年的 97.31% 降低到 2009 年的 67.94%,见表 4-2-5 所示。

表 4-2-5 非洲和世界花生单产(百克/公顷)[2]

年份	世界	非洲	非洲/世界(%)	年份	世界	非洲	非洲/世界(%)
1961	8467	8239	97.31	1995	12966	7727	59.59
1965	8008	8064	100.69	2000	14929	9533	63.85
1970	9221	7310	79.27	2005	15942	9763	61.24
1975	9559	7121	74.49	2006	15334	10448	68.13
1980	9197	6836	74.32	2007	16892	9919	58.71
1985	11336	7636	67.36	2008	16062	9982	62.15
1990	11696	8168	69.83	2009	15110	10267	67.94

带壳花生体积很大,运输不便、运费高昂,加上种植分散,产品的集散需要的硬性条件除了良好的交通以外,还要有合理的脱壳厂和榨油厂。过去,非洲所产花生的收购、运输、加工和出口全被外国资本所控制。独立后,不少非洲花生生产国设立专门的贸易机构并兴建加工厂,把花生从收购到出口的各个环节都逐步控制起来。

2. 油棕 ▶ ▶ ▶

油棕(如图 4-2-10)属多年生单子叶植物,是热带木本油料作物。植株高大,须根系,茎直立,不分枝,圆柱状。叶片羽状全裂,单叶,肉穗花序(圆锥花序),雌雄同株异序,果实属核果。油棕的果肉、果仁含油丰富,在各种油料作物中,有"世界油王"之称。用棕仁榨的油叫棕油。

油棕是著名的木本油料作物,是 20 世纪 60 年代以来,世界上发展最快的油料作物。油棕的加工成品是从其果实的果肉(棕果皮)榨取的棕油和从棕油种子榨取的棕仁油,它们除供食用外还有多种多样的工业用途。

图 4-2-10 非洲油棕[3]

---

① 根据 FAO 统计制图.

② 数据来源:FAO 统计.

③ www.fjdade.com

油棕性喜高温多湿的气候和深厚肥沃、排水良好的土壤,不耐长期干旱,它原产于非洲,南纬 10°～北纬 15°、海拔 150 米以下的潮湿的森林边缘地区,主要分布在西非和中非等热带雨林及其边缘的衍生热带草原带。在漫长的历史时期中,西非和中非的油棕并不是人工种植的,而是农民在垦荒时有意识地把天然生长的油棕树保存下来,任其继续生长繁衍,不加或者仅加以很少的管理,所以大片大片的油棕林处于野生或半野生状态,果实由农民收取,用土法榨油,主要供自身消费。目前,世界上油棕的主要产地分布在亚洲的马来西亚、印度尼西亚,非洲的西部和中部,南美洲的北部和中美洲。[1]

殖民者入侵非洲后不断加紧掠夺非洲的资源,使天然油棕林的开发不断扩大,从交通方便的西非沿海扩展到处于内地的刚果盆地,同时也开始在刚果(金)等地开辟种植园。至第二次世界大战结束前,非洲一直是世界上最大的油棕产区和出口区。尽管如此,非洲油棕的生产仍以天然林为主,以小农经营、供当地消费为主的消费特点并未改变。二次世界大战结束后,随着世界市场上对植物油脂需求的增长和价格的上涨,油棕的人工种植面积迅速扩大,尤其是东南亚的马来西亚、印度尼西亚在 20 世纪 50 年代都建立了大面积的油棕种植园。与之相比,非洲油棕的人工种植却发展缓慢。

2008 年非洲油棕总产量为 1648.81 万吨,占世界总量的 8.03%。虽然非洲有 20 多个国家生产油棕,但其产量集中在少数国家。主要生产国(如图 4-2-11)有尼日利亚、加纳、喀麦隆等。尼日利亚是非洲最大的油棕生产国,2008 年棕油产量达到 850 万吨,占非洲总产量的一半以上;加纳是非洲第二大油棕生产国,2008 年棕油产量占非洲总量的 11.52%;喀麦隆和科特迪瓦分别占非洲总量的 8.49% 和 7.28%。这四个国家棕油产量占非洲总量的 78.84%,见表 4-2-6 和图 4-2-11 所示。

表 4-2-6　2008 年非洲国家油棕产量占非洲总产量比[2]

国　　家	产量(万吨)	占非洲比重(%)	国　　家	产量(万吨)	占非洲比重(%)
尼日利亚	850.00	51.55	刚果(金)	113.46	6.88
加纳	190.00	11.52	几内亚	83.00	5.03
喀麦隆	140.00	8.49	其他	152.35	9.25
科特迪瓦	120.00	7.28			

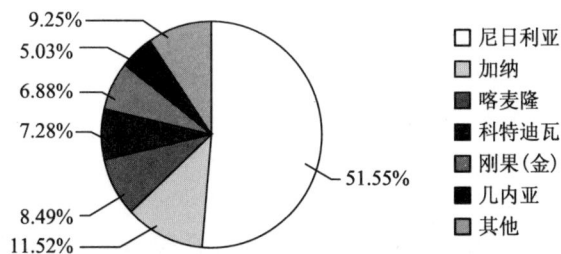

图 4-2-11　2008 年油棕产量占非洲总产量比例[3]

一直以来,非洲油棕单产均低于世界平均水平,而且差距不断拉大。1961 年,非洲油棕单产为 33431 百克/公顷,是世界水平的 88.78%;2009 年,非洲油棕单产为 37248 百克/公顷,只有世界水平的 26.46%,见表 4-2-7 所示。

---

① 百度百科. http://baike.baidu.com/view/14579.htm
② 资料来源:FAO 数据.
③ 根据 FAO 统计制图.

表4-2-7 非洲和世界油棕单产(百克/公顷)比较①

年份	世界单产	非洲单产	非洲/世界(%)	年份	世界单产	非洲单产	非洲/世界(%)
1961	37658	33431	88.78	1995	110166	36541	33.16
1965	38125	33127	86.88	2000	120344	36297	30.16
1970	46361	36043	77.74	2005	141246	36127	25.57
1975	59256	37813	63.81	2006	147493	38183	25.88
1980	69815	36643	52.48	2007	139026	37439	26.93
1985	88231	36477	41.34	2008	141293	36726	25.99
1990	99591	38487	38.64	2009	140740	37248	26.46

　　1961年非洲油棕总产量为1151.71万吨,是当时世界最大的油棕生产地区,占世界油棕产量的84.46%。经过了近50年的发展,非洲油棕产量并没有出现较大增长,而世界产量2009年达到20732.76万吨,是1961年的15.20倍,非洲油棕的产量占比也由1961年的84.46%下降到2009年的8.03%,见表4-2-8所示。

表4-2-8 1961~2008年非洲和世界油棕产量②

年份	世界(万吨)	非洲(万吨)	非洲/世界(%)	年份	世界(万吨)	非洲(万吨)	非洲/世界(%)
1961	1363.63	1151.71	84.46	1995	8810.62	1439.46	16.34
1965	1379.15	1124.55	81.54	2000	12044.02	1490.89	12.38
1970	1512.79	1056.76	69.86	2005	18186.65	1644.43	9.04
1975	2095.22	1103.56	52.67	2006	19542.74	1647.11	8.43
1980	2985.87	1152.54	38.60	2007	19266.51	1625.98	8.44
1985	4322.40	1099.87	25.45	2008	20698.95	1633.49	7.89
1990	6090.21	1240.08	20.36	2009	20732.76	1664.17	8.03

3. 腰果 ▶ ▶ ▶

　　腰果(如图4-2-12)系漆树科常绿乔木,是热带木本油料作物,原产热带美洲地区。腰果是"四大干果"之一,具有多种经济价值,果仁与果壳是主要产品,果壳用于榨油,还可加工成绝缘油漆、防水纸、厚纸板等的胶合剂,畅销国际市场。腰果仁含油率为30%,味香可口,油炸、盐渍、糖钱均适宜,是一种名贵食品。

　　腰果树性喜高温,一般生长在全年平均气温在20℃以上的地区,比较耐旱,对土壤的适应性较强,在海边和贫瘠沙地上也能生长,栽植后三年即可开花结果,结果期30年以上,无需精心管理,而且可以与粮食作物间作,以小农分散经营为主。

　　非洲是世界腰果主要产区之一,2008年总产量为131.35万吨,占世界腰果总产量的35.30%。但是非洲生产腰果的地区并不多,以西非几内亚湾沿岸和东非沿岸最为集中。

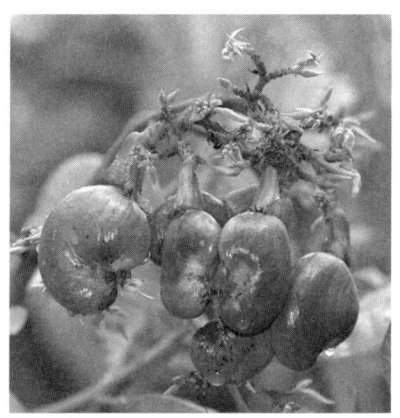

图4-2-12 非洲腰果③

　　2008年,尼日利亚的腰果产量是66.00万吨,占非洲总产量的50.25%,是非洲腰果生产第一大国。科特迪瓦是第二大生产国,2008年产量为28万吨,占非洲产量的21.32%。非洲生产腰果的其他国家还

---

　　① 资料来源:FAO统计.

　　② 资料来源:FAO统计.

　　③ www.fjms.net

有坦桑尼亚、莫桑比克、几内亚比绍、贝宁等。上述 6 国产量合占非洲总产量的 96.48%，见表 4－2－9 和图 4－2－13 所示。

表 4－2－9 非洲各主要腰果生产国产量及占非洲总产量比重①

国 家	产量(万吨)	占非洲比(%)	国 家	产量(万吨)	占非洲比(%)
尼日利亚	66.00	50.25	莫桑比克	8.50	6.47
科特迪瓦	28.00	21.32	几内亚比绍	8.10	6.17
坦桑尼亚	9.91	7.55	贝宁	6.20	4.72

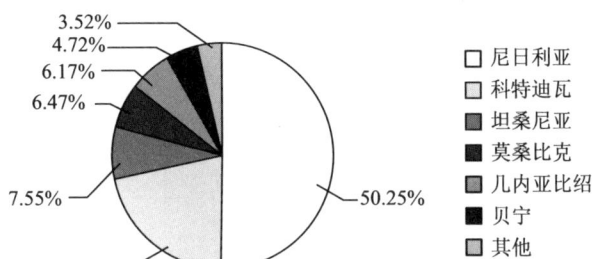

图 4－2－13 2008 年非洲主要腰果生产国产量占非洲总产量的比例②

2009 年，非洲腰果单产水平为 7885 百克/公顷，低于世界平均水平，见表 4－2－10 所示。

非洲曾是世界腰果生产的首位地区，一度产量达到世界总产量的 2/3。但 20 世纪 70 年代后，地位有所下降，至 2008 年，非洲产量仅占世界总产量的 35.5%，如图 4－2－14 所示。

表 4－2－10 1961～2008 年非洲和世界腰果单产(百克/公顷)水平③

年份	世界单产	非洲单产	非洲/世界(%)	年份	世界单产	非洲单产	非洲/世界(%)
1961	5566	5526	99.28	1995	4909	5194	105.80
1965	6114	6329	103.52	2000	5919	8118	137.14
1970	5987	6166	102.99	2005	7704	7628	99.01
1975	5565	6225	111.86	2006	8021	7335	91.44
1980	5117	5537	108.21	2007	8767	7766	88.59
1985	5715	4806	84.10	2008	9142	7890	86.30
1990	4250	4460	104.94	2009	9077	7885	86.87

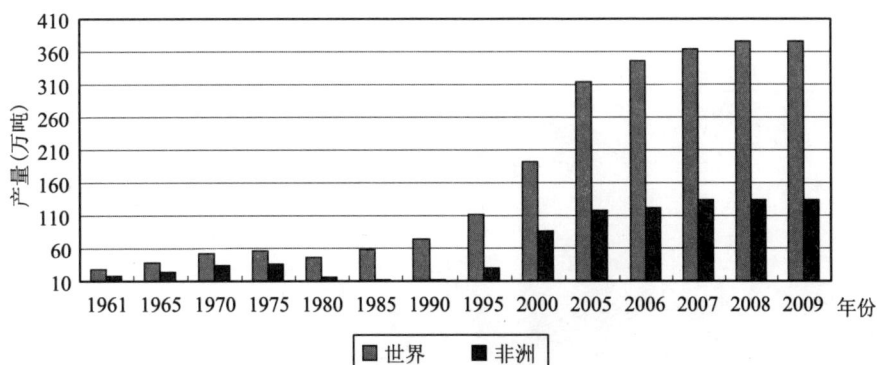

图 4－2－14 非洲和世界的腰果产量④

① 资料来源：FAO 统计.
② 根据 FAO 统计制图.
③ 资料来源：FAO 统计.
④ 根据 FAO 统计制图.

4. 芝麻 ▶ ▶ ▶

芝麻(如图4-2-15)是胡麻的种子,遍布世界上的热带地区。非洲是仅次于亚洲的芝麻产区,2008年非洲芝麻种植面积为286.93万公顷,占世界总种植面积的38.08%;总产量为118.08万吨,占世界总产量的32.77%。

1961年以来,非洲芝麻产量稳步增长,由1961年的40.69万吨增至2008年的118.08万吨,增加了1.9倍;占世界总产量的比重由1961年的28.65%增至2008年的32.77%,见表4-2-11所示。

图4-2-15 非洲芝麻①

表4-2-11 非洲与世界芝麻产量水平比较②

年份	世界(万吨)	非洲(万吨)	非洲/世界(%)	年份	世界(万吨)	非洲(万吨)	非洲/世界(%)
1961	142.00	40.69	28.65	1991	222.36	41.67	18.74
1966	154.33	33.82	21.91	1996	279.17	77.92	27.91
1971	193.65	55.11	28.46	2001	314.81	78.73	25.01
1976	169.54	49.56	29.23	2006	339.27	118.47	34.92
1981	216.64	49.65	22.92	2008	360.30	118.08	32.77
1986	226.85	47.67	21.01				

2008年,非洲芝麻生产第一大国是苏丹,年产量为35万吨,占非洲芝麻总产量的29.64%;居第二、三位的分别是埃塞俄比亚和乌干达,产量分别为18.68万吨和17.30万吨,占非洲总产量的比重依次为15.82%和14.65%;尼日利亚产量是11万吨,占非洲总产量的9.32%。上述四国合计产量占非洲总产量的近70%,见表4-2-12和图4-2-16所示。

表4-2-12 2008年非洲各主要芝麻生产国产量与占比③

国 家	产量(万吨)	占非洲总产量比(%)	国 家	产量(万吨)	占非洲总产量比(%)
苏丹	35.00	29.64	埃塞俄比亚	18.68	15.82
乌干达	17.30	14.65	尼日利亚	11.00	9.32
尼日尔	5.06	4.29	坦桑尼亚	4.80	4.07
中非	4.20	3.56	乍得	3.88	3.29
埃及	3.69	3.13	索马里	3.00	2.54
布基纳法索	2.70	2.29	其他	6.87	5.8
厄立特里亚	1.90	1.61	非洲	118.08	100.00

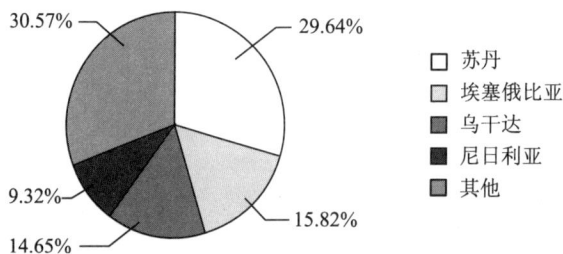

图4-2-16 2008年非洲主要芝麻生产国产量在非洲占比④

---

① http://0513.365ij.com
② 资料来源:FAO统计.
③ 资料来源:FAO统计.
④ 根据FAO统计制图.

2008 年,非洲芝麻单产约每公顷 4110 百克,低于世界平均水平。1961~2009 年,世界芝麻单产水平稳步提升,每公顷产量由 2861 百克增至 4668 百克,增幅约 0.63 倍;而同期非洲单产水平却上下波动,停滞不前,见表 4-2-13 和图 4-2-17 所示。

表 4-2-13　非洲与世界芝麻单产(百克/公顷)水平比较[①]

年份	世界	非洲	非洲/世界(%)	年份	世界	非洲	非洲/世界(%)
1961	2861	4286	149.81	1995	3805	2943	77.33
1965	2790	3657	131.08	2000	3848	2379	61.83
1970	3402	3850	113.14	2005	4516	3609	79.91
1975	2966	3141	105.90	2006	4609	3686	79.97
1980	2773	3044	109.76	2007	4746	3959	83.43
1985	3362	2285	67.98	2008	4775	4110	86.07
1990	3876	3448	88.96	2009	4668	4385	93.95

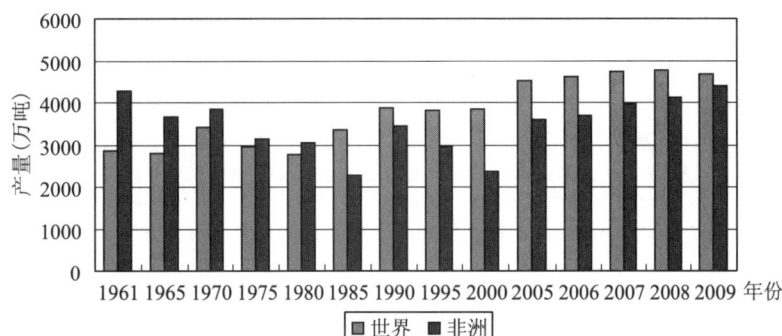

图 4-2-17　非洲与世界芝麻单产水平比较[②]

三、饮料作物[③④]

1. 咖啡(如图 4-2-18) ▶ ▶ ▶

咖啡与茶叶、可可并称为世界三大饮料。咖啡树属茜草科常绿小乔木,日常饮用的咖啡是用咖啡豆配合各种不同的烹煮器具制作出来的,而咖啡豆就是指咖啡树果实内之果仁。

非洲是咖啡的"故乡",现今世界上种植最广泛的一些品种均原产非洲,如罗伯斯塔种原产刚果,阿拉伯种原产埃塞俄比亚,利比里亚种原产利比里亚。

非洲兼种罗伯斯塔种、阿拉伯种和利比里亚种,以罗伯斯塔种为主。罗伯斯塔种主要集中在中非、西非海拔较低、较潮湿的热带雨林区,它不耐寒,但抗锈病能力较强,咖啡豆质量虽次,但

图 4-2-18　非洲咖啡[⑤]

---

①　资料来源:FAO 统计.

②　根据 FAO 统计制图.

③　曾尊固,等.非洲农业地理[M].北京:商务印书馆,1984:130~137.

④　姜忠尽."走非洲,求发展"论坛论文集[M].成都:四川人民出版社,2008:35~37.

⑤　http://zlg.kepu.gov.cn

单产高、价格低廉,并适于加工成速溶咖啡。阿拉伯种咖啡豆质量好,但产量较低,耐寒,不抗锈病,一般种植在海拔 1500 米左右较凉爽的山地,埃塞俄比亚高原、肯尼亚高地和坦桑尼亚的梅鲁山、乞力马扎罗山等地区都是该种咖啡的主要产区。利比里亚种现仅种植于利比里亚、赤道几内亚、圣多美和普林西比等少数国家。

目前,非洲是仅次于美洲的世界第二大咖啡产区和出口地区。咖啡广泛种植于热带非洲 20 多个国家,比如埃塞俄比亚、乌干达、科特迪瓦等,占据这些国家首位或重要出口货物和收入来源的重要地位,并对这些国家的经济产生重大影响作用。2008 年咖啡种植面积最大的几个非洲国家是埃塞俄比亚、乌干达、科特迪瓦三国,合占非洲总种植面积的近一半,肯尼亚、喀麦隆、马达加斯加、坦桑尼亚也有较大面积的咖啡种植,见图 4-2-19 和表 4-2-14 所示。

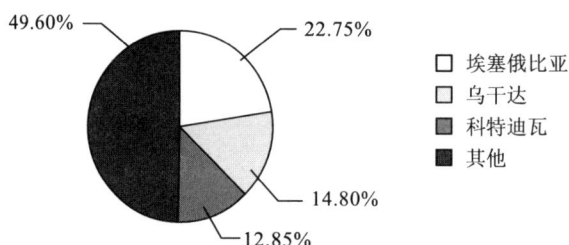

图 4-2-19　非洲主要国家占非洲咖啡总种植面积比重[1]

表 4-2-14　2008 年非洲国家咖啡种植面积及占非洲比重[2]

国　家	种植面积(万公顷)	占非洲比(%)	国　家	种植面积(万公顷)	占非洲比(%)
埃塞俄比亚	40.71	22.75	多哥	3.40	1.90
乌干达	26.50	14.80	利比里亚	1.80	1.01
科特迪瓦	23.00	12.85	布隆迪	1.80	1.01
肯尼亚	15.50	8.66	喀麦隆	13.00	7.26
马达加斯加	12.50	6.98	坦桑尼亚	11.00	6.15
刚果(金)	8.18	4.57	安哥拉	6.55	3.66
卢旺达	4.50	2.51	几内亚	4.00	2.23

表 4-2-15　2009 年非洲主要咖啡生产国咖啡豆产量[3]

国　家	产量(吨)	占非洲比(%)	国　家	产量(吨)	占非洲比(%)
埃塞俄比亚	260239	26.90	肯尼亚	57000	5.89
刚果(金)	24000	2.48	卢旺达	28000	2.89
喀麦隆	48123	4.97	乌干达	195871	20.25
科特迪瓦	150000	15.50			

---

[1]　根据 FAO 统计制图.

[2]　资料来源:FAO 统计.

[3]　资料来源:FAO 统计.

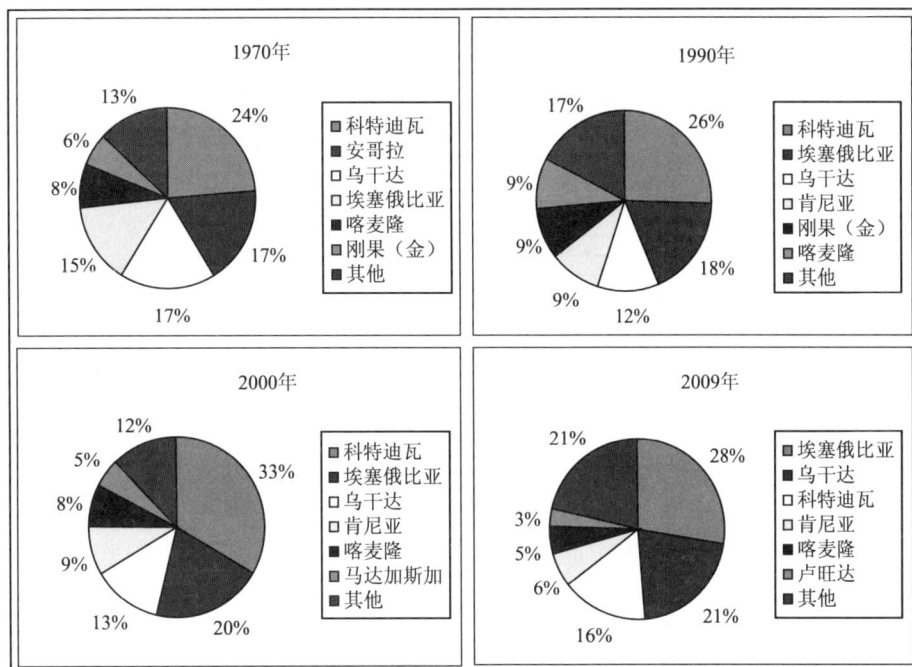

图 4-2-20　1970～2009 年非洲咖啡豆主要生产国情况①

从表 4-2-15 和图 4-2-20 可以看出：非洲整体咖啡豆生产分布极不均衡，非洲咖啡豆生产主要集中在埃塞俄比亚、科特迪瓦、乌干达、肯尼亚、喀麦隆等几个国家，其中埃塞俄比亚、乌干达、科特迪瓦三个国家的产量就占到非洲总产量的 60% 以上。2000 年以前，科特迪瓦一直为非洲咖啡豆生产量最大的国家，2000 年后埃塞俄比亚跃居第一。

从表 4-2-16 和图 4-2-21 可以看出，非洲咖啡豆的总产量不论就其绝对数量还是总量占世界的比重而言，都占重要地位。纵观 1961 年到 2009 年，非洲咖啡豆的总产量从 20 世纪 70 年代占世界总产量的 33% 以上下降到 2009 年的 11.71%，而世界咖啡豆总产量总体则呈增长趋势。

表 4-2-16　非洲与世界咖啡豆生产产量情况②

年份	非洲(吨)	世界(吨)	非洲/世界(%)	年份	非洲(吨)	世界(吨)	非洲/世界(%)
1961	870970	4527876	19.24	1995	1126487	5537023	20.34
1965	1075084	4981569	21.58	2000	1231770	7562713	16.29
1970	1295001	3849638	33.64	2005	900173	7358870	12.23
1975	1312580	4603209	28.51	2006	937037	8017281	11.69
1980	1163648	4839219	24.05	2007	1043339	8151477	12.80
1985	1181857	5824530	20.29	2008	898939	8249012	10.90
1990	1254272	6070955	20.66	2009	967480	8261487	11.71

非洲国家大多数都是以小农户种植为主，由于耕作管理粗放、生产力水平低下、不及时更新老树、不经常施肥、采摘不及时等原因，导致单产较低，一直低于世界平均水平。2009 年，非洲咖啡单产仅占世界平均水平的 55.05%，见表 4-2-17 所示。

---

① 根据 FAO 统计制图.
② 资料来源：FAO 统计.

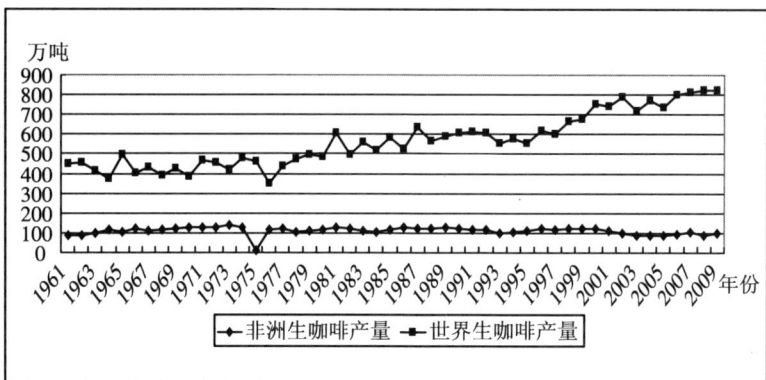

图 4-2-21　非洲与世界咖啡豆生产情况①

表 4-2-17　非洲和世界咖啡单产（百克/公顷）水平比较②

年份	世界	非洲	非洲/世界（%）	年份	世界	非洲	非洲/世界（%）
1961	4640	4031	86.88	1995	5646	4107	72.73
1965	5095	3727	73.16	2000	7015	4711	67.15
1970	4333	4237	97.80	2005	6855	4165	60.76
1975	5116	4169	81.50	2006	7812	4189	53.62
1980	4804	3616	75.27	2007	7791	4334	55.62
1985	5627	3742	66.50	2008	8460	4838	57.19
1990	5348	3675	68.71	2009	8605	4737	55.05

　　非洲虽然大量生产咖啡，但消费很少，主要出口欧洲、北美、澳洲、亚洲等地区，是非洲主要的出口产品。

2. 可可（如图 4-2-22）▶ ▶ ▶

　　可可原产于热带美洲，梧桐科乔木，其果实经发酵及烘焙后可制成可可粉及巧克力。早在哥伦布抵达美洲大陆之前，热带中美洲居民，尤其是玛雅人及阿兹特克人，已知可可豆用途，不但将可可豆做成饮料，更用以作为交易媒介。16 世纪可可豆传入欧洲，精制成可可粉及巧克力，可提炼出可可脂。

　　非洲是世界上生产和出口可可最多的地区，产区主要分散在非洲大西洋沿岸国家，主要生产国有科特迪瓦、加纳、尼日利亚、喀麦隆、多哥五国。2008 年，五国的合计产量多达 283.75 万吨，占非洲可可总产量的 97.8%，占世界总产量的近 66%；种植面积多达 527 万公顷，占非洲总种植面积的 96.38%，占世界总种植面积的 64.38%，见表 4-2-18 所示。

图 4-2-22　非洲可可③

---

　　① 根据 FAO 统计制图.
　　② 资料来源：FAO 统计.
　　③ http://www.mai-miao.com

表 4 - 2 - 18   2008 年非洲可可主要生产国产量及占非洲及世界比重①

国　　家	产量（万吨）	占非洲比重（%）	占世界比重（%）
科特迪瓦	137.00	47.20	31.86
加纳	70.00	24.12	16.28
尼日利亚	50.00	17.23	11.63
喀麦隆	18.75	6.46	4.36
多哥	8.00	2.76	1.86
其他	6.51	2.24	1.51
非洲	290.26	100.00	67.50

第二次世界大战前的几十年,欧美国家可可的消费不断增加,在巧克力工业的推动下,世界可可的产量不断上升。2008 年,非洲可可总产量高达 290.26 万吨,比 1961 年增加了 2.5 倍;世界可可总产量为430 万,比 1961 年增加了 2.6 倍,如图 4 - 2 - 23 所示。

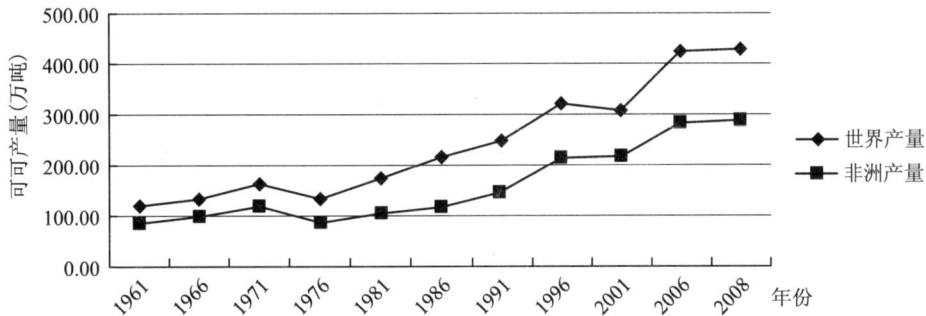

图 4 - 2 - 23   历年来非洲和世界可可产量比较②

1995 年以来,非洲可可单产水平基本与世界平均水平持平,见表 4 - 2 - 19 所示。非洲可可一向以小农经营为主,大型种植园所占比重不大。可可对土壤要求比较严格,适宜栽种在深厚、疏松、肥沃、富含腐殖质而又排水良好的土壤。因此,即使是在可可的集中产区,也很少连片种植,而是小面积择地种植,与粮食作物或其他作物相间分布。可可树在生长过程中需要荫蔽与防风,幼树期要求更严格,故农民多采用与粮食间种的办法,既提供隐蔽条件,又增加收入,等到可可树形成密闭树冠后,停止播种。可可树种植的时候,要细致管理,注意更新老树、病树,防治病虫害,这样可以提高单产水平。

表 4 - 2 - 19   非洲与世界可可单产（百克/公顷）比较③

年份	世界	非洲	非洲/世界（%）	年份	世界	非洲	非洲/世界（%）
1961	2694	2536	94.14	1995	4558	4508	98.90
1965	2677	2538	94.79	2000	4441	4655	104.83
1970	3541	3505	98.98	2005	4626	4815	104.10
1975	3581	3155	88.09	2006	5011	4870	97.17
1980	3524	2989	84.81	2007	5009	4964	99.11
1985	3991	3203	80.25	2008	4956	4864	98.15
1990	4435	4214	95.03	2009	4944	4847	98.04

---

① 资料来源:FAO 统计.

② 根据 FAO 统计制图.

③ 资料来源:FAO 统计.

3. 茶叶 ▶ ▶ ▶

茶属双子叶植物,约 30 属、500 种,分布于热带和亚热带地区。茶叶是非洲发展最快的经济作物之一,2008 年非洲茶叶总种植面积为 271492 公顷,总产量为 554134 吨,分别占世界的 9.67% 和 11.70%。非洲主要茶叶生产国有肯尼亚、马拉维、乌干达、坦桑尼亚等。肯尼亚是非洲最主要的生产国,也是非洲最大的茶叶出口国。2008 年肯尼亚茶叶产量达到 345800 吨,占非洲总产量的 62.40%,是非洲第二大生产国马拉维的 7.5 倍。乌干达和坦桑尼亚是非洲第三、四大生产国,茶叶产量分别占非洲总产量的 7.73% 和 6.28%。这四个国家茶叶产量占非洲总产量的 84.71%,见表 4-2-20、表 4-2-21、图 4-2-24、图 4-2-25 所示。

表 4-2-20 2008 年非洲主要茶叶生产国产量及占非洲总产量比重[①]

国　家	产量(吨)	占非洲比(%)	国　家	产量(吨)	占非洲比(%)
肯尼亚	345800	62.40	卢旺达	19000	3.43
马拉维	46000	8.30	莫桑比克	16866	3.04
乌干达	42808	7.73	布隆迪	7700	1.39
坦桑尼亚	34800	6.28	其他	18841	3.40
津巴布韦	22300	4.02	非洲	554134	100.00

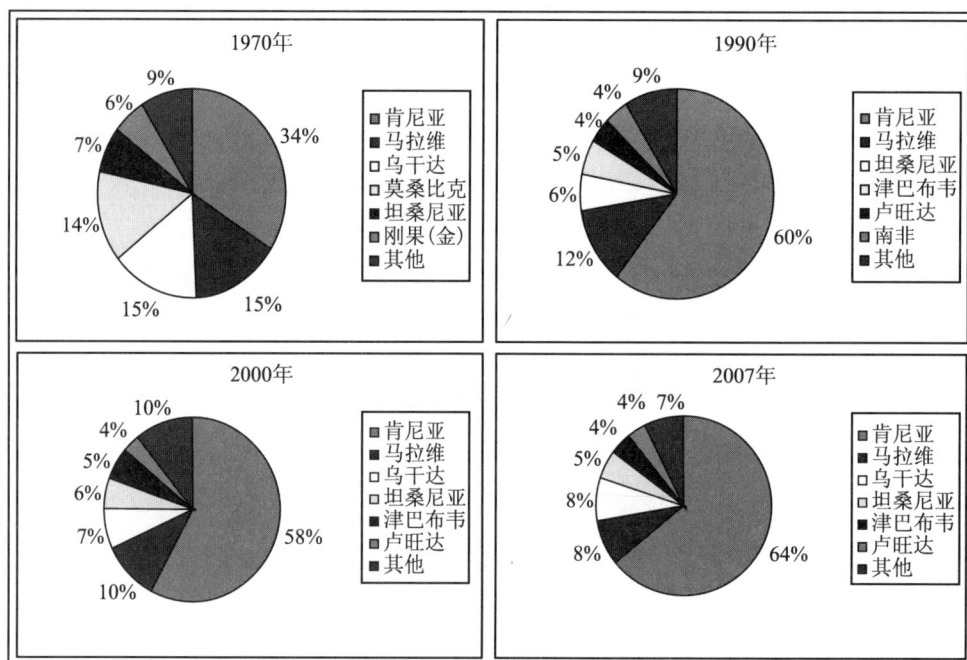

图 4-2-24 1970～2007 年非洲主要产茶国茶产量占非洲总产量的比重[②]

---

① 资料来源:FAO 统计.
② 根据 FAO 统计制图.

表4-2-21　非洲与世界茶生产产量情况①

年份	非洲(吨)	世界(吨)	非洲/世界(%)	年份	非洲(吨)	世界(吨)	非洲/世界(%)
1961	56315	983785	5.72	1995	370578	2621082	14.14
1965	72418	1092631	6.63	2000	411104	2963560	13.87
1970	121398	1286757	9.43	2005	532703	3627197	14.69
1975	154792	1549347	9.99	2006	500414	3671466	13.63
1980	200307	1893527	10.58	2007	579073	3947527	14.67
1985	270108	2307534	11.71	2008	557239	3894029	14.31
1990	324892	2524165	12.87	2009	531242	3885302	13.67

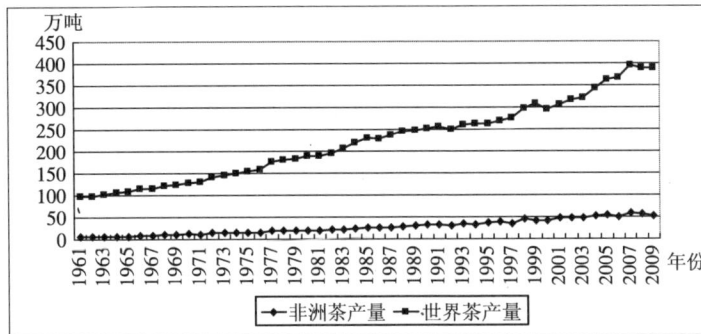

图4-2-25　非洲与世界茶产量②

历史上非洲茶叶主要由种植园经营。迄今在多数茶叶生产国中,种植园仍占很大比重。分布上看,茶园集中在非洲东部海拔1500～2000米以上气候凉爽、雨量较多的山地。除了原有茶区的扩大,喀麦隆、刚果(金)等中非国家和毛里求斯、留尼汪等热带岛屿,种茶业正在不断发展,尤其在一些土地资源较少、发展其他经济作物可能受限制的国家,往往把山区用来发展茶叶生产,作为实行出口多样化的一项措施。

非洲的茶叶采摘面积、产量、单产均居世界第二。从1961年到2009年,非洲茶叶单产一直领先于世界单产水平,是世界单产水平的1倍以上,最高的是2007年的1.63倍,最低的是1961年的1.19倍,见表4-2-22所示。

表4-2-22　非洲与世界茶叶单产(百克/公顷)水平比较③

年份	世界	非洲	非洲/世界(%)	年份	世界	非洲	非洲/世界(%)
1961	7201	8538	118.56	1995	11404	17819	156.25
1965	7576	8967	118.37	2000	12431	18390	147.94
1970	7713	10557	136.87	2005	13362	20907	156.46
1975	7149	10277	143.75	2006	13338	19582	146.82
1980	7991	11799	147.65	2007	13513	22112	163.64
1985	10700	15393	143.86	2008	13312	20624	154.93
1990	11167	17156	153.63	2009	12970	19283	148.67

①　资料来源:FAO统计.

②　根据FAO统计制图.

③　资料来源:FAO统计.

2008 年肯尼亚等非洲 10 国在东非茶叶出口拍卖所的茶叶销量从前一年的 3.03 亿千克降为 2.79 亿千克,降幅为 7.9%。东非茶叶出口拍卖所是世界最大的红碎茶交易市场之一。该拍卖所 1956 年成立于肯尼亚首都内罗毕,1969 年迁至肯尼亚东部港口蒙巴萨,每周定期举行茶叶拍卖。在东非茶叶出口拍卖所拍卖茶叶的 10 个非洲国家为肯尼亚、坦桑尼亚、卢旺达、布隆迪、乌干达、马拉维、莫桑比克、马达加斯加、刚果(金)和赞比亚。2008 年,源自肯尼亚的茶叶成交量为 2.04 亿千克,占到该拍卖所茶叶成交量的 70% 以上。肯尼亚是全球最大的红茶出口国,2008 年出口茶叶约 3.54 亿千克。[1]

四、糖料作物

非洲主要糖料作物是甘蔗(如图 4-2-26)。甘蔗适合栽种于土壤肥沃、阳光充足、冬夏温差大的地区,是温带和热带农作物,是制造蔗糖的原料,且可提炼乙醇作为能源替代品,目前有很多国家已经应用于实际生产。全世界有 100 多个国家出产甘蔗,最大的甘蔗生产国是巴西、印度和中国。

非洲热量丰富,有众多河流以及土壤肥沃的谷地和冲积平原,普遍具备种植甘蔗的良好条件,所以甘蔗在糖料作物中占绝对优势。在长期殖民统治时期,形成了毛里求斯、留尼汪等地的单一蔗糖经济,而非洲绝大部分地区不种植甘蔗,完全依赖进口。独立以后,非洲国家普遍重视发展甘蔗种植业,多数国家发展蔗糖生产主要是为了满足本国需要,减少对从国外进口的过分依赖。

图 4-2-26 非洲甘蔗[2]

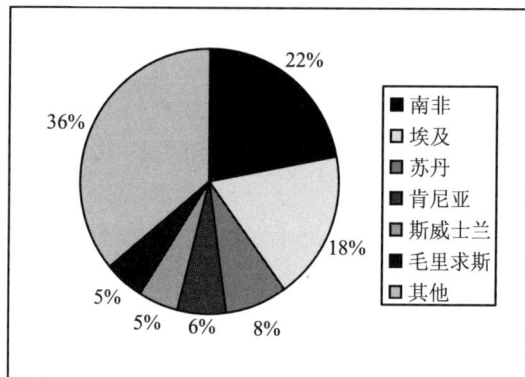

图 4-2-27 2008 年非洲各国甘蔗产量占比[3]

甘蔗在非洲分布很广,有近 40 个国家生产甘蔗。2009 年非洲甘蔗总产量为 9288 万吨,占世界甘蔗总量的 5.52%。非洲主要甘蔗生产国有南非、埃及、苏丹等。南非是非洲最大的甘蔗生产国,2008 年生产甘蔗 2050 万吨,占非洲产量的 22%;埃及是非洲第二大甘蔗生产国,产量达 1646.99 万吨,是非洲总产量的 18%;苏丹和肯尼亚分别占 8% 和 6%,如图 4-2-27 所示。

1961 年至今,世界甘蔗单产从 50267 千克/公顷稳步增长到 2009 年的 70912 千克/公顷,而非洲的单产却有所减少,1961 年曾是世界的 1.3 倍多,到了 2009 年已经降低到世界水平的 84.15%,见表 4-2-23 所示。

---

[1] http://yezhu.yangzhi.com.

[2] www.hn898.com.cn

[3] 根据 FAO 统计制图.

表 4-2-23　非洲与世界历年甘蔗单产(千克/公顷)

年份	世界	非洲	非洲/世界(%)	年份	世界	非洲	非洲/世界(%)
1961	50267	65898	131.1	1995	63100	62172	98.53
1965	52267	59363	113.58	2000	64766	66402	102.53
1970	54765	63084	115.19	2005	66437	60021	90.34
1975	53762	63946	118.94	2006	68448	60434	88.29
1980	55288	61421	111.09	2007	70675	59336	83.96
1985	58517	58509	99.99	2008	71577	59991	83.81
1990	61653	61079	99.07	2009	70912	59674	84.15

世界和非洲的甘蔗产量都不断增加,但非洲甘蔗占世界总产量的比重有所降低。2009 年,非洲甘蔗占世界的比重较 1961 年低约 0.74 个百分点,见图 4-2-28、表 4-2-24、表 4-2-25 所示。

甘蔗是非洲最主要的糖料作物,但多数非洲国家食糖不能自给。至今非洲离食糖的自给还有相当一段距离,存在着日益扩大的市场需求。但以甘蔗为主的糖料作物的发展,主要取决于它在与进口食糖竞争中的价格优势。非洲自产糖的成本价格高于进口糖价格的局面,是非洲发展甘蔗生产的主要障碍。[①]

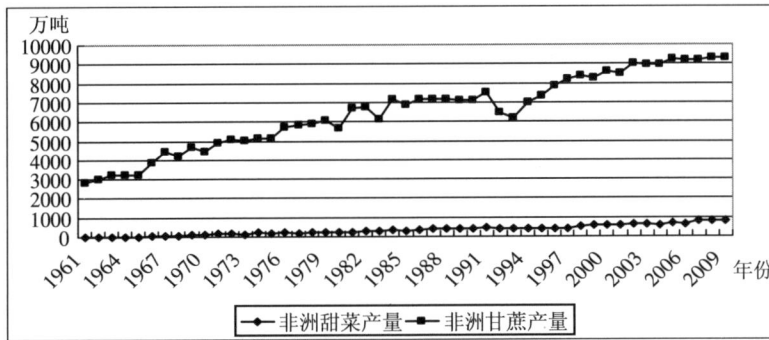

图 4-2-28　1961～2009 年非洲甜菜与甘蔗产量情况[②]

表 4-2-24　1961～2009 年非洲与世界甜菜及甘蔗产量(吨)[③]

产品 年份	非洲		世界		非洲占世界比重(%)	
	甜菜	甘蔗	甜菜	甘蔗	甜菜	甘蔗
1961	106020	28065117	160501987	447977522	0.07	6.26
1965	226499	32641977	197376224	531297486	0.11	6.14
1970	1206908	44257758	224251952	608616105	0.54	7.27
1975	1911050	51275221	251310276	655815792	0.76	7.82
1980	2468841	56926956	267856451	734489200	0.92	7.75
1985	3091800	68657867	284155160	933213589	1.09	7.36
1990	3840035	71331501	309186724	1052997497	1.24	6.77
1995	3907326	73319240	264746777	1172261485	1.48	6.25

---

①　文云朝.非洲农业资源开发利用[M].北京:中国财政经济出版社,2000.

②　根据 FAO 统计制图.

③　资料来源:FAO 统计.

产品\年份	非洲		世界		非洲占世界比重(%)	
	甜菜	甘蔗	甜菜	甘蔗	甜菜	甘蔗
2000	5794460	86179918	250101866	1257498615	2.32	6.85
2005	6731075	92443250	254112863	1321576698	2.65	6.99
2006	6456660	91774701	253949444	1421536602	2.54	6.46
2007	7945945	91684977	246535229	1617175828	3.22	5.67
2008	8062089	92845752	222022704	1736271147	3.63	5.35
2009	8063013	92884227	229490296	1682577768	3.51	5.52

表 4-2-25　2008 年非洲各国甜菜与甘蔗生产产量(吨)情况[①]

产品\国家	甜菜		甘蔗	
	产量	占非洲比(%)	产量	占非洲比(%)
喀麦隆		0.00	1450000	1.56
刚果(金)		0.00	1550000	1.67
科特迪瓦		0.00	1630000	1.76
埃及	5132589	63.66	16469947	17.74
埃塞俄比亚		0.00	2300000	2.48
肯尼亚		0.00	5112000	5.51
马达加斯加		0.00	2600000	2.80
马拉维		0.00	2500000	2.69
毛里求斯		0.00	4533000	4.88
摩洛哥	2925700	36.29	912600	0.98
莫桑比克		0.00	2451170	2.64
尼日利亚		0.00	1500000	1.62
南非		0.00	20500000	22.08
苏丹		0.00	7453400	8.03
斯威士兰		0.00	5000000	5.39
坦桑尼亚		0.00	2370000	2.55
乌干达		0.00	2350000	2.53
赞比亚		0.00	2500000	2.69
津巴布韦		0.00	3100000	3.34
其他	4031	0.05	5635737	6.07
非洲	8062089	100.00	92845752	100.00

非洲由于气候条件的制约,甜菜生产很有限,主要集中于埃及和摩洛哥两国,2008 年两国的甜菜产量为 513.3 万吨和 292.6 万吨,分别占非洲总产量的 64％和 36％。

---

① 资料来源:FAO 统计.

五、其他经济作物

1. 烟草 ▶ ▶ ▶

烟草(如图 4-2-29)是茄科一年生草本植物,烟草属大约有 60 多种,但真正用于制造卷烟和烟丝的,基本只有红花烟草,此外还有少部分使用黄花烟草,其他品种很少用。

图 4-2-29　非洲烟草①

非洲在世界烟草生产中不占重要地位。2008 年,非洲烟草总产量约为 53.18 万吨,占世界总产量的 7.7%;种植面积约为 50 万公顷,占世界烟草总种植面积的 12.4%。在非洲,烟草分布虽然广泛,但单产水平低下,因此多数国家以满足本国消费为主,大量出口的国家并不多。也有许多非洲国家烟草生产不能自给自足,尤其是北非的一些国家需要进口的比较多。

非洲生产的烟草主要为弗吉尼亚品种。

表 4-2-26　2008 年非洲各国烟草产量及占非洲总产量比重②

国　家	产量(万吨)	占非洲比(%)	国　家	产量(万吨)	占非洲比(%)
马拉维	16.02	30.13	南非	2.00	3.76
津巴布韦	7.90	14.86	尼日利亚	1.20	2.26
莫桑比克	6.43	12.10	肯尼亚	1.12	2.10
坦桑尼亚	5.08	9.55	科特迪瓦	1.00	1.88
赞比亚	4.80	9.03	非洲	53.18	100.00
乌干达	2.90	5.46			

非洲烟草主要生产国有马拉维、津巴布韦、莫桑比克、坦桑尼亚等。2008 年,四国总产量占非洲的 66.64%,总种植面积占非洲的 61.41%,见表 4-2-26、表 4-2-27 和图 4-2-30 所示。

表 4-2-27　2008 年非洲国家烟草种植面积(万公顷)及占非洲、世界比重③

国家	种植面积(万公顷)	占非洲比(%)	占世界比(%)	国家	种植面积(万公顷)	占非洲比(%)	占世界比(%)
马拉维	16.16	35.14	4.37	津巴布韦	5.18	11.26	1.40
赞比亚	4.50	9.79	1.22	坦桑尼亚	3.65	7.94	0.99
莫桑比克	3.25	7.07	0.88	科特迪瓦	2.00	4.35	0.54
乌干达	1.80	3.91	0.49	尼日利亚	1.80	3.91	0.49
肯尼亚	1.34	2.91	0.36	南非	0.90	1.96	0.24
刚果(金)	0.85	1.85	0.23	其他	3.98	8.77	1.09
加纳	0.58	1.25	0.16	非洲	45.99	100.00	12.44

---

① www.africawindows.com

② 资料来源:FAO 统计.

③ 资料来源:FAO 统计.

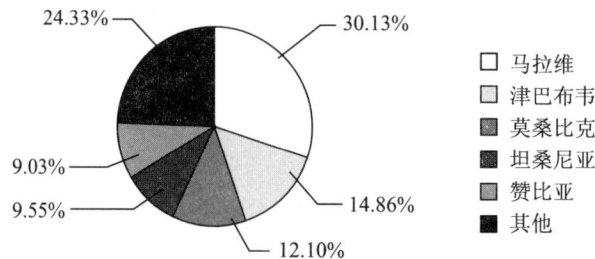

图 4-2-30 2008 年各主要生产国烟草产量占比①

非洲烟草出口国的烟草生产大多为小型农家作业,种植面积一般仅在 1～2 公顷左右,耕作粗放,单产水平低下,使得非洲单产水平 2008 年只及世界平均水平的 62.14%。而欧洲人经营的农场实行集约化的耕作和管理,并配有较完备的烤房,单产和烟叶的质量都比较高。

非洲在世界烟草生产不占主要地位,但发展前景不容小觑。近 30 年间,非洲烟草产量在世界总产量中占比由 1981 年的 4.0% 增至 2008 年的 7.7%,增长势头强劲,如图 4-2-31 所示。

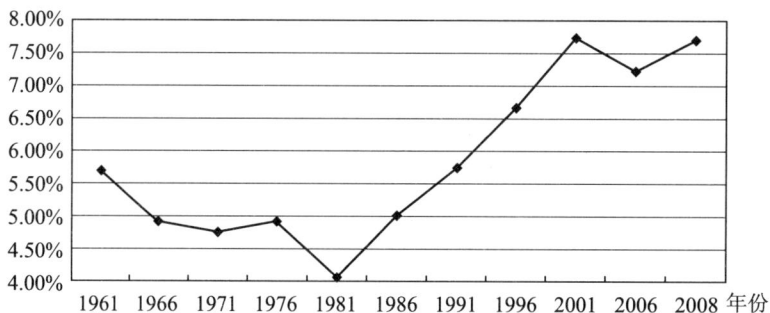

图 4-2-31 非洲烟草产量占世界比重变化②

表 4-2-28 1961～2009 年非洲与世界烟草(未加工)生产产量情况③

年份	非洲(吨)	世界(吨)	非洲/世界(%)	年份	非洲(吨)	世界(吨)	非洲/世界(%)
1961	203815	3573815	5.70	1995	462050	6284606	7.35
1965	241032	4355632	5.53	2000	526990	6690627	7.88
1970	192022	4663176	4.12	2005	493566	6739799	7.32
1975	249993	5418558	4.61	2006	448432	6617071	6.78
1980	307034	5258295	5.84	2007	483428	6264243	7.72
1985	312744	7049189	4.44	2008	532225	6724338	7.91
1990	361053	7137437	5.06	2009	523346	6911395	7.57

从表 4-2-28 和图 4-2-32 可以看出:非洲烟草生产量在世界所占比重在 20 世纪 90 年代开始上升,特别是欧洲实行禁烟之后,烟草生产大幅度下降,烟草商纷纷将目光投向了非洲。

---

① 根据 FAO 统计制图.
② 根据 FAO 统计制图.
③ 资料来源:FAO 统计.

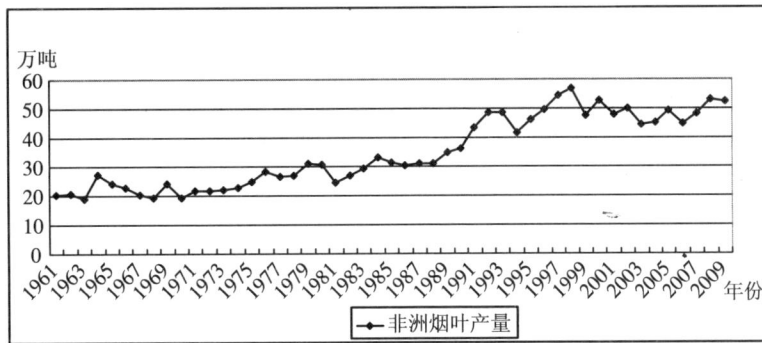

图 4-2-32 1961～2009 年非洲烟草(未加工)生产情况①

2. 橡胶 ▶ ▶ ▶

橡胶(如图 4-2-33)产于西非和中非沿海诸国。早期橡胶完全采自热带雨林的一些野生含胶植物,并且是欧洲殖民者掠夺的对象。之后,随着东南亚、巴西橡胶树种植园的兴起,非洲的野生橡胶受到竞争威胁,产量下降。19 世纪末,巴西橡胶开始引入非洲,1938 年非洲占世界橡胶总产量的1.3%。第二次世界大战期间,东南亚主要橡胶产区被日军占领,促使欧美国家进一步在非洲扩大种植,到 1948 年非洲已占世界总产量的 2.7%。第二次世界大战结束以后,天然橡胶日益受到合成橡胶的挑战。但是,尽管如此,由于天然橡胶具有较强的弹性和耐热性,而且有生产成本低的优点,所以仍

图 4-2-33 非洲橡胶②

能持续增长。1970 年,非洲橡胶产量占世界总产量的比重达到历史最高的 7.52%。之后,非洲橡胶产量占世界比重整体呈下降趋势。2009 年,世界总产量达到 1028 万吨,非洲产量为 51 万吨,占世界总产量的4.96%,见表 4-2-29 所示。

表 4-2-29 非洲橡胶产量及占世界总产量比重③

年份	世界(万吨)	非洲(万吨)	非洲/世界(%)	年份	世界(万吨)	非洲(万吨)	非洲/世界(%)
1961	212	15	6.97	1995	633	28	4.46
1965	238	16	6.83	2000	704	43	6.07
1970	299	22	7.52	2005	938	51	5.41
1975	327	22	6.82	2006	1019	51	5.00
1980	375	20	5.32	2007	1035	53	5.13
1985	425	23	5.49	2008	1057	51	4.82
1990	523	32	6.15	2009	1028	51	4.96

非洲生产天然橡胶的第一大国是科特迪瓦,2008 年橡胶产量为 18.85 万吨,占非洲总产量的 36.98%;第二大国尼日利亚 2008 年橡胶产量为 14.30 万吨,占非洲总产量的 28.05%;利比里亚和喀

---

① 根据 FAO 统计制图.

② www.huaxia.com

③ 资料来源:FAO 统计.

麦隆分居三、四位,2008 年天然橡胶产量分别为 8.10 万吨和 5.20 万吨,分别占非洲总产量的 15.89%和 10.20%。四国 2008 年产量合计约占非洲总产量的 91.12%,见表 4-2-30 和图 4-2-34 所示。

表 4-2-30　2008 年非洲橡胶各主要生产国产量及占非洲总产量比重①

国　家	产量(万吨)	占非洲比(%)	国　家	产量(万吨)	占非洲比(%)
科特迪瓦	18.85	36.98	加蓬	1.20	2.35
尼日利亚	14.30	28.05	利比里亚	8.10	15.89
喀麦隆	5.20	10.20	其他	0.6	1.17
几内亚	1.39	2.73	非洲	50.99	100.00
加纳	1.35	2.65			

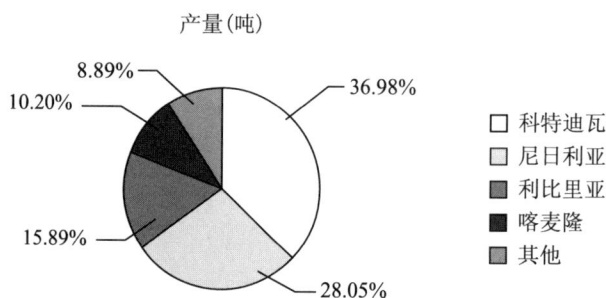

图 4-2-34　2008 年各主要生产国产量占非洲总产量比率②

2008 年,尼日利亚天然橡胶种植面积为 34 万公顷,占非洲总种植面积的 49.73%。利比里亚和科特迪瓦的种植面积次之,分别为 12.70 万公顷和 10.95 万公顷,分别占非洲总种植面积的 18.58%和 16.02%。三国种植面积合计占了非洲总种植面积的 84.3%,见表 4-2-31 所示。

表 4-2-31　2008 年各主要生产国种植面积及占非洲总种植面积比重③

国家	面积(万公顷)	比重(%)	国家	面积(万公顷)	比重(%)
尼日利亚	34.00	49.73	加纳	1.70	2.49
利比里亚	12.70	18.58	多哥	1.52	2.22
科特迪瓦	10.95	16.02	加蓬	1.20	1.76
喀麦隆	5.20	7.61	几内亚	0.80	1.17

非洲橡胶生产以种植园为主,小农经营次之,各国根据本国特点进行生产。2009 年,非洲橡胶单产每公顷约 7431 百克,是世界单产水平的 65.01%,见表 4-2-32 和图 4-2-35 所示。

---

① 资料来源:FAO 统计.

② 根据 FAO 统计制图.

③ 资料来源:FAO 统计.

表 4－2－32　世界与非洲天然橡胶单产(百克/公顷)水平比较①

年份	世界	非洲	非洲/世界(%)	年份	世界	非洲	非洲/世界(%)
1961	5464	4890	89.49	1995	8772	5957	67.90
1965	5422	5307	97.89	2000	9308	7160	76.92
1970	6462	6634	102.66	2005	10649	7651	71.85
1975	6303	6910	109.63	2006	12154	7588	62.44
1980	6926	6599	95.28	2007	12111	7763	64.10
1985	7021	8007	114.05	2008	11801	7431	62.97
1990	7851	7746	98.66	2009	11431	7431	65.01

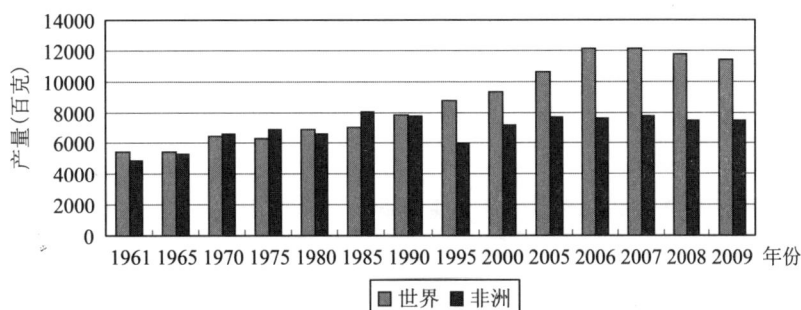

图 4－2－35　世界与非洲天然橡胶单产比率变化②

3. 椰子 ▶ ▶ ▶

椰子(如图 4－2－36),是椰子树的果实,外层为纤维硬壳,内含可食厚肉质。果新鲜时,有清澈的液体,叫做椰汁,产于热带地区。

椰子树为热带喜光作物,在高温、多雨、阳光充足和海风吹拂的条件下生长发育良好。要求年平均温度在 24℃～25℃以上,温差小,全年无霜,椰子树才能正常开花结果,最适生长温度为 26℃～27℃。一年中若有一个月的平均温度为 18℃,其产量则明显下降;若平均温度低于 15℃,就会引起落花、落果和叶片变黄。水分条件应为年降雨量 1500～2000 毫米以上,而且分布均匀,但在地下水源较丰富或能进行灌溉的地区,年降雨量为 600～800 毫米也能良好生长;干旱对椰子产量的影响长达 2～3 年,长期积水也会影响椰子的长势和产量。椰子树适宜在低海拔地区生长。

图 4－2－36　非洲椰子③

椰子有多种用途,除了作为水果供当地消费外,果肉还可以制椰干和椰油,椰树皮纤维可制绳和地毯,含糖的树汁可以用来酿酒,树叶和树干又是当地广泛使用的建筑材料。

椰子广泛分布于东、西非沿海地区和岛屿上,大部分作为水果供当地消费,部分制椰干和椰油。20 世纪 60 年代,非洲椰子产量占世界比重曾达 5％以上。20 世纪 90 年代以来,非洲产量在世界占比在下降。2009 年,非洲椰子产量为 177 万吨,占世界总产量的 2.95％,见表 4－2－33 所示。

---

①　资料来源:FAO 统计.

②　根据 FAO 统计制图.

③　http://waphi.bai.com

表4-2-33 非洲和世界椰子产量①

年份	世界(万吨)	非洲(万吨)	非洲/世界(%)	年份	世界(万吨)	非洲(万吨)	非洲/世界(%)
1961	2384	137	5.76	1995	4897	183	3.73
1965	2552	127	4.98	2000	5080	191	3.77
1970	2632	153	5.80	2005	5740	196	3.42
1975	3074	151	4.91	2006	5758	176	3.05
1980	3225	161	4.99	2007	6055	177	2.93
1985	3594	179	4.98	2008	6071	177	2.91
1990	4248	181	4.26	2009	5986	177	2.95

坦桑尼亚是非洲椰子生产第一大国,2008年产量为37万吨,占非洲总产量的20.98%;列二、三、四位的依次是加纳、莫桑比克和尼日利亚,产量分别是31.6万吨、26.5万吨和23.4万吨,分别占非洲总产量的17.92%、15.02%和13.27%。四国合占非洲总产量的67.19%,见表4-2-34和图4-2-37所示。

表4-2-34 2008年非洲各主要椰子生产国产量及占非洲比重②

国　家	产量(万吨)	占非洲比重(%)	国　家	产量(万吨)	占非洲比重(%)
坦桑尼亚	37.00	20.98	加纳	31.60	17.92
莫桑比克	26.50	15.02	尼日利亚	23.40	13.27
科特迪瓦	15.00	8.50	马达加斯加	9.50	5.39
科摩罗	7.70	4.37	肯尼亚	5.97	3.38
几内亚比绍	4.55	2.58	几内亚	3.57	2.02
圣多美与普林希比共和国	2.80	1.59	其他	67728	3.847
贝宁	2.03	1.15	非洲	1763757	100

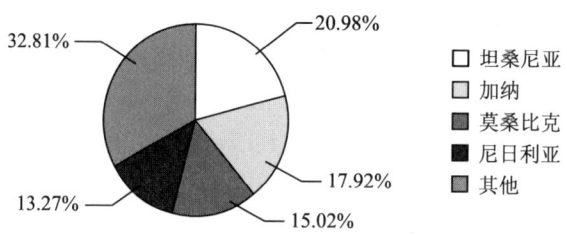

图4-2-37 2008年各主要椰子生产国椰子产量占非洲比重③

非洲椰子单产水平比较低下,呈现总体下降趋势。1961年,非洲椰子单产为31939百克/公顷,是世界单产的70.45%;2009年,非洲椰子单产为26011百克/公顷,只及世界水平的48.70%,见表4-2-35所示。

---

① 资料来源:FAO统计.
② 资料来源:FAO统计.
③ 根据FAO统计制图.

表 4 - 2 - 35　1961～2008 年非洲和世界椰子单产(百克/公顷)水平的变化①

年份	世界	非洲	非洲/世界(%)	年份	世界	非洲	非洲/世界(%)
1961	45337	31939	70.45	1995	46040	28264	61.39
1965	42468	28041	66.03	2000	47937	28252	58.94
1970	39216	30882	78.75	2005	52978	29002	54.74
1975	41448	28820	69.53	2006	52972	26155	49.37
1980	36810	29347	79.73	2007	54276	26246	48.36
1985	38252	30137	78.79	2008	54060	26011	48.11
1990	42380	28276	66.72	2009	53413	26011	48.70

4. 香料 ▶ ▶ ▶

非洲生产各种香料作物,尤其东非一些岛屿是许多名贵香料的主要产区,较著名的有桑给巴尔的丁香,马达加斯加的伊兰伊兰与华尼拉,科摩罗的伊兰伊兰、香茅和魔力,塞舌尔的肉桂、薄荷等。埃塞俄比亚、索马里出产的乳香、没药亦属名贵香料。

2008 年,非洲香料总产量为 30345 吨,占世界总产量的 1.99%。香料虽然产量不高,但有着较高的经济价值。非洲主要的香料出产国有布基纳法索、尼日尔、尼日利亚、赞比亚、摩洛哥、埃塞俄比亚等。其中布基纳法索产量为 5800 吨,是非洲最大的香料生产国,占非洲总产量的 19.11%;尼日尔和尼日利亚分别位列第二和第三,分别占非洲总产量的 16.48% 和 15.16%,如图 4 - 2 - 38 所示。

非洲香料单产水平较低,2009 年只及世界平均水平的一半左右,见表 4 - 2 - 36 所示。

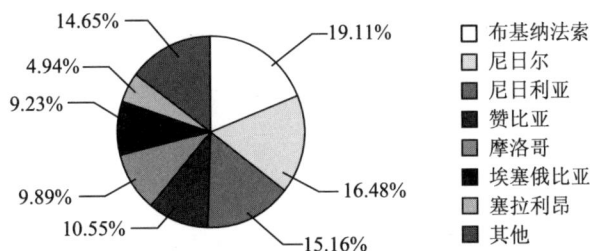

图 4 - 2 - 38　2008 年非洲各主要香料生产国产量占非洲总产量比重②

表 4 - 2 - 36　非洲与世界香料单产(百克/公顷)水平比较③

年份	世界	非洲	非洲/世界(%)	年份	世界	非洲	非洲/世界(%)
1961	59238	18314	30.92	1995	12996	10494	80.75
1965	11653	18047	154.87	2000	17483	10417	59.58
1970	10462	14186	135.60	2005	20043	10130	50.54
1975	11273	12926	114.66	2006	20056	10058	50.15
1980	11997	16001	133.37	2007	19831	10042	50.64
1985	10570	11656	110.28	2008	19265	10042	52.13
1990	12367	12507	101.14	2009	19371	10042	51.84

---

①　资料来源:FAO 统计.

②　根据 FAO 统计制图.

③　资料来源:FAO 统计.

非洲香料产量从 1961 年到 2008 年一直呈稳步增长态势,2008 年产量为 30345 吨,是 1961 年产量的 3.3 倍。近年来,非洲香料产量基本保持在 3 万吨/年,见表 4-2-37 所示。

表 4-2-37　2000～2008 年非洲和世界香料产量及增长率变化①

年份	世界（万吨）	非洲（万吨）	世界增长率(%)	非洲增长率(%)	年份	世界（万吨）	非洲（万吨）	世界增长率(%)	非洲增长率(%)
2000	123.24	2.98	4.28	-2.74	2005	146.55	3.17	10.57	1.93
2001	117.31	2.94	-4.81	-1.34	2006	146.69	3.19	0.09	0.67
2002	108.12	2.96	-7.83	0.65	2007	150.98	3.24	2.93	1.63
2003	128.61	3.08	18.95	4.05	2008	152.69	3.03	1.13	-6.46
2004	132.53	3.11	3.05	0.94	2009	153.08	3.3	0.26	8.91

5. 果类 ▶ ▶ ▶

非洲盛产多种热带和亚热带水果,具有较重要出口价值的有香蕉、柑橘、葡萄、菠萝、椰枣。

（1）香蕉

香蕉在热带非洲普遍种植,多由小农生产,供当地消费,从事出口性生产的国家并不多。香蕉的出口性生产以种植园为主,小农经营所占比重不大,几乎全部销往欧洲。2008 年,非洲香蕉产量占世界的 13.45%。主要生产国有坦桑尼亚、布隆迪、埃及、喀麦隆等,如图 4-2-39 所示。

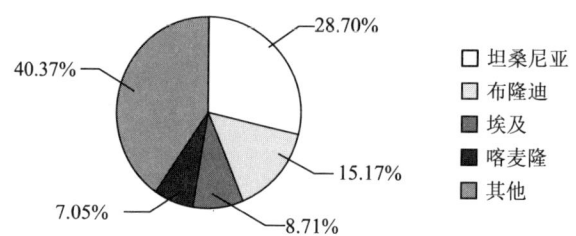

图 4-2-39　非洲各国香蕉产量占比②

坦桑尼亚是非洲最大的香蕉生产国,2008 年产量为 350 万吨,占非洲总产量的 28.70%。布隆迪和埃及分别占非洲总产量的 15.17% 和 8.71%。

科特迪瓦虽不是非洲最大的香蕉生产国,但其出口量达 29 万多吨,占非洲出口总量的一半以上;喀麦隆是非洲第二大香蕉出口国,占出口总量的 39.24%。

（2）柑橘

柑橘主要产于非洲沿海各国,大部分由种植园经营,且主要供当地消费,出口很少。2008 年非洲柑橘总产量为 407.39 万吨,占世界总产量的 54.37%。非洲有近 20 个国家生产柑橘,尼日利亚是最大的生产国,其产量占非洲的 83.91%,但其几乎全部供国内消费,出口很少。其他国家柑橘产量较尼日利亚都相对较少。2007 年,非洲柑橘出口 2321 吨,其中南非是非洲最大的柑橘出口国,出口量 1676 吨,占非洲柑橘出口量的 72.21%,见表 4-2-38 所示。

---

① 资料来源:FAO 统计.
② 根据 FAO 统计制图.

表 4-2-38　2008 年非洲柑橘主要生产国产量及占非洲比①

国　家	产量(万吨)	占非洲比(%)	国　家	产量(万吨)	占非洲比(%)
尼日利亚	340.00	83.91	安哥拉	7.80	1.93
几内亚	21.80	5.38	突尼斯	7.20	1.78
塞拉利昂	9.00	2.22	其他	10.64	2.63
肯尼亚	8.74	2.16	非洲	405.18	100

（3）葡萄

葡萄的集中产区在北非各国和南非,大部分制成葡萄酒供出口。2008 年非洲葡萄产量为 407.98 万吨,占世界总产量的 6.03%。主要生产国有南非、埃及、摩洛哥、阿尔及利亚等。南非不仅是非洲最大的葡萄生产国,也是非洲最大的葡萄出口国。2008 年,南非葡萄产量为 179.16 万吨,占非洲葡萄总产量的 43.92%;阿尔及利亚占 37.54%,是非洲第二大生产国。2007 年南非出口葡萄 28.69 万吨,占非洲出口总量的 77.53%。非洲出口葡萄较多的国家还有埃及,见表 4-2-39 所示。

表 4-2-39　2008 年非洲葡萄主要生产国产量(万吨)与占非洲比重②

国　家	产量(万吨)	占非洲比(%)	国　家	产量(万吨)	占非洲比(%)
南非	179.16	43.92	阿尔及利亚	25.00	6.13
埃及	153.14	37.54	其他	21.60	5.29
摩洛哥	29.08	7.13	非洲	407.98	100

（4）菠萝

非洲菠萝广泛种植于热带非洲和南非,以种植园和欧洲人经营的农场生产为主。

2008 年非洲菠萝总产量为 247.05 万吨,占世界总产量的 12.89%。非洲有近 30 个国家生产菠萝,尼日尔、肯尼亚是非洲两个最主要的生产国,2008 年产量分别为 90 万吨和 42.91 万吨,分别占非洲总产量的 36.43% 和 17.37%,合计超过非洲总产量的一半,见表 4-2-40 所示。但其生产的菠萝大多由本国消费,很少出口。其他产量较多的国家还有刚果、科特迪瓦、南非等。科特迪瓦和加纳是非洲的菠萝出口大国,2007 年科特迪瓦出口菠萝 9.66 万吨,占总出口量的 65.8%;其次是加纳,占 20.11%。

表 4-2-40　2008 年非洲主要菠萝生产国产量和占非洲比重③

国　家	产量(万吨)	占非洲比(%)	国　家	产量(万吨)	占非洲比(%)
尼日尔	90.00	36.43	贝宁	13.61	5.51
肯尼亚	42.91	17.37	几内亚	10.90	4.41
刚果	19.50	7.89	坦桑尼亚	7.80	3.16
科特迪瓦	15.97	6.46	其他	31.67	12.81
南非	14.69	5.95			

（5）椰枣

椰枣是中东北非沙漠的特产,也是撒哈拉沙漠绿洲农业的代表性农业,果实主要作为主食供当地消费,少部分作为果品出口。2008 年,非洲共生产椰枣 260.92 万吨,占世界产量的 37.02%。非洲有 16 个

---

① 资料来源:FAO 统计.

② 资料来源:FAO 统计.

③ 资料来源:FAO 统计.

国家生产椰枣,其中埃及、阿尔及利亚、苏丹为主要生产国。埃及是非洲最大的椰枣生产国,2008 年产量达到 132.61 万吨,占非洲总产量的 50.83%;阿尔及利亚是第二大生产国,产量为 50 万吨,占非洲总量的 19.16%,如图 4-2-40 所示。突尼斯虽然产量不大,却是非洲最大的椰枣出口国,2007 年出口 6.89 万吨,是非洲出口总量的 67.77%;阿尔及利亚是非洲第二大出口国,出口 2.50 万吨,占出口总量的 24.65%。

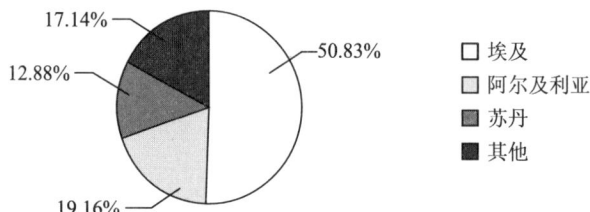

图 4-2-40　2008 年非洲各主要椰枣生产国产量占比①

（5）橄榄

橄榄也是非洲重要的水果之一。2008 年非洲橄榄产量为 265.14 万吨,占世界产量的 14.66%。非洲食用橄榄的最大生产国是突尼斯,2008 年产量是 118.30 万吨,占非洲产量的 44.62%;其次是摩洛哥,产量为 76.54 万吨,占比 28.87%。埃及是非洲唯一的食用橄榄出口国,2007 年出口橄榄 504 吨,约占其产量的 0.1%。

6. 除虫菊 ▶ ▶ ▶

除虫菊(如图 4-2-41)属菊科植物,其花朵晒干制成粉,可制成蚊香和植物性农药。非洲是世界除虫菊主要产区,肯尼亚和坦桑尼亚为两大主要生产国。肯尼亚的除虫菊是在 1928 年引进的,种植于高原地区。第二次世界大战期间,因需要量增大,肯尼亚的除虫菊生产迅速扩大,一跃超过传统生产国南斯拉夫和日本。20 世纪 50 年代,曾因化学合成杀虫剂的竞争而产量减少。此后,由于合成化学药剂造成公害,发展天然制剂的需求又刺激了除虫菊的发展。

图 4-2-41　非洲除虫菊②

非洲除虫菊产量在世界一直占有很大的比重,基本保持在 80%~90% 之间。2008 年,非洲的五个除虫菊生产国总产量为 11900 吨,占世界总产量的 88.7%,其中肯尼亚是最大生产国,占非洲总产量的 67.23%,达 8000 吨;坦桑尼亚是第二大生产国,占非洲总产量的 21.01%,达到 2500 吨;卢旺达是第三大生产国,占非洲的 8.40%,这三个国家的产量之和占非洲总产量的 96.64%,如图 4-2-42 所示。

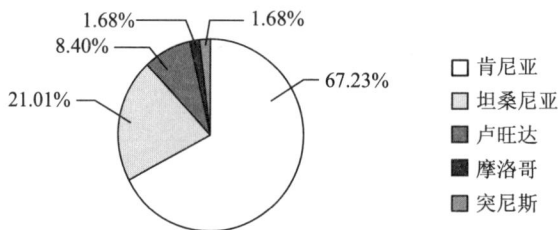

图 4-2-42　非洲五大除虫菊生产国占比③

---

① 根据 FAO 统计制图.
② http://yngarden.cn
③ 根据 FAO 统计制图.

非洲的除虫菊发展至今已经经历了 80 多年,其单产水平也不断提升。2009 年非洲除虫菊单产为 4818 千克/公顷,略低于世界平均水平,见表 4 - 2 - 41 所示。

表 4 - 2 - 41　非洲和世界除虫菊单产(百克/公顷)比较①

年份	世界	非洲	非洲/世界(%)	年份	世界	非洲	非洲/世界(%)
1961	2826	2500	88.47	1995	5938	5905	99.45
1965	2322	2006	86.41	2000	5776	5635	97.56
1970	2158	1862	86.26	2005	5019	4818	96.00
1975	2232	2154	96.52	2006	5019	4818	96.00
1980	4217	4056	96.17	2007	5019	4818	96.00
1985	8139	8116	99.72	2008	5019	4818	96.00
1990	6129	6106	99.62	2009	5019	4818	96.00

---

① 　资料来源:FAO统计.

第五章
非洲畜牧业

第一节　畜牧业的结构特点①

非洲草原面积广大,给畜牧业提供了良好的天然牧场条件,牲畜数量众多,是一种尚未充分利用的丰富资源。

非洲畜牧业是仅次于种植业的第二个农业部门。除热带雨林地区以外,畜牧业在各区均为重要经济部门之一。2008年,全洲畜牧业产值约占农业总产值的20%。在毛里塔尼亚、索马里、博茨瓦纳等国,牧民占总人口的70%以上,苏丹牧民占36%,尼日利亚牧民占20%。但在非洲农业部门中,畜牧业也是最落后的。非洲畜牧业结构特点如下。

一、主要牲畜在世界上的地位

非洲牲畜主要有牛、绵羊、山羊、骆驼、驴、马、骡、猪等,有些牲畜在世界上占有重要地位。各种牲畜因受各自生活习性及自然、经济、人文条件等因素的影响,数量上有明显的区域差异,见表5-1-1所示。

表5-1-1　非洲主要牲畜数量(万头)及比例(%)变化②

年份	牛			山羊			绵羊			骆驼			猪		
	世界	非洲	占世界比例	世界	非洲	占世界比例	世界	非洲	占世界比例	世界	非洲	占世界比例	世界	非洲	占世界比例
2001	131752.7	23190.3	18	75466.5	24356.5	32	103711.3	25187.1	24	2198.3	1836.9	84	88257.4	2011.4	2
2005	13057.2	25151.4	19	82189.7	27347.9	33	109041.1	27492.6	25	2351.8	2003.2	85	90662.3	2359.3	3
2006	136205.0	25541.7	19	82482.8	27762.4	34	109436.4	28044.9	26	2411.0	2032.3	84	92661.8	2440.4	3
2007	136061.4	26147.7	19	83283.5	28581.2	34	109482.5	28554.5	26	2426.6	2055.8	85	92064.2	2538.4	3
2008	137237.9	27075.5	20	86440.1	29453.5	34	108630.7	28965.2	27	2532.6	2153.7	85	93795.3	2760.8	3
2009	138224.1	27067.5	20	86796.8	29487.1	34	107127.4	29212.2	27	2538.5	2151.4	85	94121.2	2764.4	3

---

①　Roy Cole. Survey of Subsaharan Africa—A Regional Geography [M]. London:Oxford University Press,2007:178~182.

②　资料来源:FAO统计.

非洲广阔的天然草场为牛、绵羊、山羊等提供了好的生存条件。2009 年,牛、绵羊、山羊的数量均超过两亿头(只),分别占世界总量的 19.58%、27.27% 和 33.97%;骆驼约 2151 万峰,占世界总量的 84.75%。世界上大部分骆驼都集中在非洲。因为骆驼耐炎热干燥的环境,以有刺灌木的枝叶为食,最能适应荒漠、半荒漠带生态环境,所以骆驼在撒哈拉大沙漠和非洲东角的干燥区的游牧生活中占有重要地位,见表 5-1-2 所示。

表 5-1-2　2008 年非洲主要牲畜数量及占世界比重[①]

非洲主要牲畜	数量(万头)	占世界比(%)	非洲主要牲畜	数量(万头)	占世界比(%)
牛	27067.53	19.58	猪	2764.44	2.94
绵羊	29212.23	27.27	驴	1887.69	43.28
山羊	29487.11	33.97	马	488.88	8.28
骆驼	2151.45	84.75	骡	104.47	9.36

2000 年到 2009 年近 10 年的时间里,非洲主要牲畜的数量不断增长,其中以山羊、猪、绵羊、牛增幅最大。各类牲畜数量占世界的比重相对稳定。

二、主要牲畜的分布

牲畜生存离不开水和植物,其地域分布与水草条件有着密切的关系。非洲草场广泛分布于热带雨林以外的区域,因此牲畜大致分布在热带草原、沙漠和半沙漠及高原山区。总的说来,牲畜集中在四大地区:东非地区、苏丹草原地区、南非地区和北非地区,见表 5-1-3 所示。

表 5-1-3　2008 年非洲主要牲畜的分布

牲畜 \ 分布	地　域	国　家	占非洲总数比(%)
牛	埃塞俄比亚高原、马达加斯加岛、萨赫勒带、非洲南部的亚热带草原	埃塞俄比亚、苏丹、坦桑尼亚、南非、尼日利亚、肯尼亚、马达加斯加	60
绵羊	北非、东北非、南非	南非、埃塞俄比亚、尼日利亚、摩洛哥、阿尔及利亚、苏丹	52.1
山羊	西非、中非、东非	尼日利亚、苏丹、索马里、埃塞俄比亚	48.1
骆驼	撒哈拉沙漠、非洲之角	索马里、苏丹、埃塞俄比亚、毛里塔尼亚、肯尼亚	85.2
马	气候凉爽的埃塞俄比亚高原和大陆两端的亚热带地区	埃塞俄比亚、塞内加尔、南非、乍得、塞拉利昂、尼日利亚、尼日尔、摩洛哥	87.2
猪	东非、西非	尼日利亚、布基纳法索、乌干达、南非、马达加斯加、喀麦隆、马拉维	67.1
骡	主要分布在气候凉爽的埃塞俄比亚高原和大陆两端的亚热带地区	摩洛哥、埃塞俄比亚、突尼斯、阿尔及利亚和索马里	97.3
驴	广泛分布在非洲除湿热带以外的地区,主要集中在荒漠和半荒漠地区	埃塞俄比亚、埃及、马里、尼日尔、布基纳法索和尼日利亚	75.9

---

① 资料来源:FAO 统计.

东非地区是非洲最重要的牧业地区,包括埃塞俄比亚、索马里、肯尼亚、坦桑尼亚、乌干达等,是非洲重要的牧业地区。特别是埃塞俄比亚高原,畜牧业较为发达,该区大约集中了全非洲1/3的牛、1/4的羊和近1/2的骆驼。苏丹草原地区是仅次于东非的牧业地区,包括苏丹和萨赫勒地区,主要牲畜为牛、绵羊、山羊和骆驼,其中萨赫勒热带草原是非洲重要的养牛地区之一。南非地区包括南非、博茨瓦纳、纳米比亚、马达加斯加,主要饲养牛和绵羊,著名的美利奴绵羊和卡拉库尔绵羊就产在这里。北非地区包括北非地区地中海沿岸的国家,主要牲畜有绵羊、山羊、骆驼、牛和马、驴、骡。

三、牲畜地带性组合特征

非洲的牲畜组合有比较明显的地带性。这不仅和自然条件有关,还和经济、社会因素密切相关。

1. 自然条件 ▶ ▶ ▶

热带疏林、稀树草原、萨赫勒干草原带是牛、羊最为集中的区域,但由于受地形和海拔高度的影响,东非和中南非水草条件相对良好,牲畜组合中牛较多,而中西非热带草原较为干旱,水草条件也较差,因而山羊较多。

在中非和西非的热带雨林与高草热带稀树草原区,萃萃蝇猖獗,气候湿热,不适于牛、马、骡的繁殖,而山羊和绵羊较适应此环境,所以山羊和绵羊成为这里的主要家畜。如利比里亚2008年全国有山羊和绵羊52.6万只,牛仅有3.9万头。

非洲南、北两端的亚热带地区以牛、羊为主要牲畜。北端夏季炎热干燥、冬季温和多雨的地中海气候,以及亚热带荒漠与半荒漠都适合羊的生存,所以北方羊占优势。非洲南部的地中海气候区面积很小,而夏季高温多雨、冬季温和干燥的草原和干草原带占很大面积,也适合牛、羊的生存,所以牛、羊同等重要。

在荒漠和半荒漠的生态环境中,以耐干燥和耐粗饲的山羊和骆驼占优势,其中索马里具有代表性。

2. 民族因素 ▶ ▶ ▶

在影响牲畜组合的因素中,民族因素是最重要的。

非洲的牧业民族众多,由于各民族的生产经验和传统习俗不同,导致一些地区的牲畜分布打破了自然因素的影响,随着民族居住地不同而不同。例如,图阿雷格人、索马里人擅长饲养骆驼,其中图阿雷格族历史上还是来往于撒哈拉沙漠南北的骆驼商队的组织者,所以生活在北非和东北非荒漠及半荒漠的民族以骆驼为主要牲畜;相反,非洲南部的赫雷罗、茨瓦那民族虽然也生活在荒漠、半荒漠中,却完全不饲养骆驼,而是以牛为主要牲畜,因为这些民族的祖先居住于热带草原带,迁移到南部非洲后仍保留着养牛的传统。

在热带非洲,不少地区有以牛衡量财富和地位的传统习俗,导致这些地区的牲畜组合中牛占有优势地位。另外,在北非信仰伊斯兰教的国家或地区,很少饲养猪。

3. 经济因素影响下的牲畜组合 ▶ ▶ ▶

在交通不便的西北非山地和东非的埃塞俄比亚高原,牲畜用来满足乘骑和驮载的需要,因此该地区驴和骡成为重要牲畜。

在农业发达但经济相对落后的非洲国家,用机器帮助人们生产是很困难的,所以牲畜就成了最主要的农业助手。例如,埃及灌溉农业较发达,所以牲畜组合同北非其他国家有显著的区别,水牛占有突出的地位。

第二节 主要牲畜[1][2]

一、牛

牛的地区分布受到萃萃蝇的限制,主要分布在无萃萃蝇的热带草原地区和埃塞俄比亚高原。埃塞俄比亚高原、东非高原和萨赫勒带是非洲最重要的养牛地区。从数量来看,主要的养牛国是埃塞俄比亚、苏丹、南非、坦桑尼亚、尼日利亚、马达加斯加、肯尼亚等。2008 年七国牛的头数占非洲牛总头数的 60%,其中埃塞俄比亚一国就占了 16%。

自 20 世纪 60 年代到 2008 年,非洲养牛业不断发展,其中苏丹和坦桑尼亚发展速度最快。

为了发展畜牧业,1974 年发生旱灾之后在埃塞俄比亚首都亚的斯亚贝巴成立了一个国际非洲畜牧研究中心,研究提高畜牧业生产水平的办法,不断加强畜牧业生产的基础设施建设。非洲的牛产量自 1961 年以来基本在逐年增加,占世界的比重也在增加,2009 年非洲牛的数量占世界的比重从 1961 年的 13.01% 增加到 19.58%,见表 5-2-1 和图 5-2-1 所示。

表 5-2-1 非洲与世界养牛的数量(万头)[3]

年份	非洲	世界	非洲/世界(%)	年份	非洲	世界	非洲/世界(%)
1961	12253.9	94217.5	13.01	1995	20290.1	132610.2	15.3
1965	13402.6	100890.8	13.28	2000	22791.8	131587.6	17.32
1970	14859.4	108164.1	13.74	2005	25151.6	135057.2	18.62
1975	15646.1	118792.8	13.17	2006	25541.9	136205.0	18.75
1980	17253.4	121701.8	14.18	2007	26147.9	136061.4	19.22
1985	17651.3	126001.3	14.01	2008	26996.3	134747.3	20.03
1990	18921.2	129840.3	14.57	2009	27067.5	138224.1	19.58

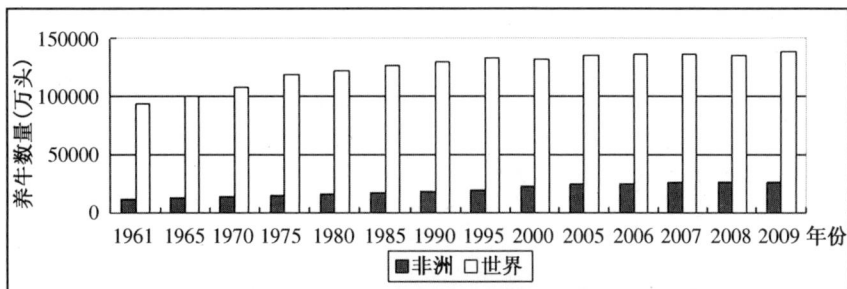

图 5-2-1 非洲与世界养牛的数量[4]

---

① 姜忠尽.非洲畜牧业[J].南京大学地理系非洲经济地理研究室非洲地理资料,1978:15~16,55~75.
② Roy Cole. Survey of Subsaharan—A Regional Geography [M]. London:Oxford University Press,2007:182~191.
③ 资料来源:FAO 统计.
④ 根据 FAO 统计制图.

1. 分布 ▶ ▶ ▶

非洲牛的分布与自然条件密切相关,因为牛的地区分布不仅会受到萃萃蝇的极大限制,还跟水草资源富足与否有很大关系。

在水源缺乏的北非和南部非洲的荒漠与半荒漠带,灌木和草类稀疏质粗,不适合牛生长;在炎热潮湿的热带雨林和高草稀树草原带,萃萃蝇活动猖獗,对锥虫病抵抗能力弱的牛群若在这里生长,也只能九死一生。

东非牛数量最多,是牛的主要分布区,自 1998 年到 2009 年东非牛的数量不断增加,十几年之间增加了 2000 多万头,但在非洲所占比例变化不大,基本上稳定在 42%～43%。

其次是西非,牛的数量占非洲比例基本上在 19.5%～21.7%,10 年间增加了 1500 万头,虽然与东非相比总量上不占优势,但增长速度快,在非洲总量中占比不断提高,有很大发展潜力。

再次是北非,十几年间增加了近 1000 万头。

中非和南非虽也有一定数量的牛,但相比较来看,是分布最少的地区。从表中可清楚看到,中非牛的数量虽然在缓慢增加,但所占比例是处于不断减少的趋势;而南非牛的数量维持在 2000 万头左右,所占比例很明显处于不断下降的状态,见表 5-2-2 所示。

表 5-2-2 非洲牛的主要分布①

年份	东 非		中 非		北 非		南 非		西 非	
	数量(万头)	占非洲比例(%)	数量(万头)	占非洲比例(%)	数量(万头)	占非洲比例(%)	数量(万头)	占非洲比例(%)	数量(万头)	占非洲比例(%)
1998	9532	43.5	1831.3	8.4	4254.9	19.4	1935.6	8.8	4364.3	19.9
1999	10050.3	44	1915.1	8.4	4427.5	19.4	2004.4	8.8	4467.4	19.5
2000	9642.4	42.3	1985.8	8.7	4579	20.1	2000.3	8.8	4584.1	20.1
2005	10673.7	42.4	2103.7	8.4	5009.2	19.9	2056.8	8.2	5307.9	21.1
2006	10899.6	42.7	2119.5	8.3	5080	19.9	1953.4	7.7	5489.2	21.5
2007	11242.4	43	2134.5	8.2	5118.8	19.6	2009.1	7.7	5642.8	21.6
2008	11755.2	43.5	2155.8	8	5171.2	19.2	2066.8	7.7	5847.2	21.7
2009	119826.9	43.7	2180.89	8.1	5195.9	19.2	1991.3	7.4	5872.5	21.7

1998 年主要养牛国家与 2008 年几乎相同,只是各国的数量在非洲的排名稍有变化,最明显的国家是坦桑尼亚。1998 年该国养牛数量低于尼日利亚,位居非洲第四,而 2008 年坦桑尼亚超过尼日利亚,在洲内排名第三。总体上来看,几乎所有国家的养牛数量都在增加,尤其埃塞俄比亚,变化最大,增长最快,10 年增加了 1392.6 万头,将来的发展潜力也相当大。唯独马达加斯加的养牛数量处于不断下降的状态,这与该国内的经济结构转变有很大关系,见表 5-2-3 所示。

---

① 资料来源:FAO 统计.

表 5‑2‑3　1998 年和 2008 年非洲主要养牛国家的养牛数量及占比[①]

国　　家	1998 年			2008 年		
	数量(万头)	占非洲比重(%)	占世界比重(%)	数量(万头)	占非洲比重(%)	占世界比重(%)
埃塞俄比亚	3537.2	16.1	2.7	4929.8	18.3	3.7
苏丹	3458.4	15.8	2.6	4140	15.3	3.1
坦桑尼亚	1379.6	6.3	1.1	1800	6.7	1.3
尼日利亚	1508.6	6.9	1.2	1692.9	6.0	1.2
南非	1370	6.3	1.1	1439.8	5.3	1.2
肯尼亚	1168.7	5.3	0.9	1352.3	5.0	1.0
马达加斯加	1034.2	4.7	0.8	970	3.6	0.7

从平均每人拥有牛的头数来看,占有牛头数最多的国家是博茨瓦纳、纳米比亚、毛里塔尼亚和马达加斯加。博茨瓦纳和纳米比亚平均每人拥有超过 3 头牛。

2. 品种[②] ▶ ▶ ▶

非洲具有丰富养牛经验的民族很多,各民族在长期的养牛过程中,培育出许多适应当地条件的优良品种。

一般来说,牛的品种可分为两大品系:瘤牛型和无瘤牛型。瘤牛型主要为乳用和肉乳兼用型,体型较大,产奶量比无瘤牛多,如图 5‑2‑2 所示。无瘤牛型主要为肉用型,体型小,产奶量少,但对锥虫病有较强的抗病力。在数量上,瘤牛的数量远比无瘤牛多。目前非洲各养牛地区仍以本地种为主。

(1)东非地区主要品种是博兰牛、东非瘤牛和埃塞俄比亚若干牛种

博兰牛是一种体型较大的短角瘤牛,因能忍受长期干旱及长途跋涉,需水量少,并能利用质量差的牧场,所以是东非干旱地区的主要牛种。由于这种牛分布范围广、变种多,体重和产奶量地区差别较大。各地牧民经培育和杂交选育出多种良种博兰牛,有肉用、乳用、乳肉兼用型。

图 5‑2‑2　非洲瘤牛

东非短角瘤牛主要分布在乌干达、肯尼亚、坦桑尼亚三国,体型小于博兰牛,成熟慢,产奶量少,但奶质好。

安科雷牛也是瘤牛的一种,主要分布在布隆迪、卢旺达和乌干达三国,角长大,机瘤小,体重和产奶量大于其他瘤牛,但易感染兽疫,所以主要分布在气候较凉爽的高地。

另外,埃塞俄比亚高原上还有许多土种瘤牛,数量最多的是分布于高原中央的黑色牛。它体型小、角短、毛皮全黑、耐寒耐潮,主要供役用和肉用。

(2)中非和西非的瘤牛

分布在北纬 12°～14°以北,这也就是萃萃蝇分布的北界。瘤牛构成富拉尼族牧民畜群的基础。富拉尼人在长期的游牧生活中,培育了许多种瘤牛品种,如产奶量高的白富拉尼牛,肉用价值大的红富拉尼牛,肉乳兼用的摩尔牛、图阿雷格牛、舒瓦阿拉伯牛、阿扎瓦克牛和索科托牛。

---

① 资料来源:FAO 统计.

② 姜忠尽.非洲畜牧业[J].南京大学地理系非洲经济地理研究室非洲地理资料,1978:15～16,61～63.

（3）无瘤牛分布在北纬10°以南

这些地方多属热带雨林和高草稀树草原区，萃萃蝇猖獗，只有抗疫力强的无瘤牛才能适应，主要有三种类型：恩达马牛、西非短角牛（穆图鲁牛）和乍得牛（库里牛）。

恩达马牛为几内亚高地上的土种牛，体型结实，肌肉发育良好，皮革均一，在热带低蛋白质草地和粗饲情况下生长良好。

西非短角牛分布在沿海，个体矮小，但屠宰率高，是非洲牛中最能抗锥虫病的品种之一。

乍得牛分布在乍得湖沼泽及湖中各岛，个体比恩达马牛大很多。

（4）瘤牛和无瘤牛的杂交种

分布在北纬10°和12°~14°之间，对萃萃蝇具有不完全的抵抗力，肉乳产量均低，且生长缓慢。

（5）苏丹牛

多数为本地种，主要有肯纳那牛、布塔那牛和丁卡牛。

肯纳那牛在苏丹东部和南部，是肉乳兼用型，在良好的饲养条件下，母牛体重可达450千克，公牛可达570千克。

布塔那牛为乳用型，主要分布在尼罗河沿岸和西部平原地区，经选育的母牛在适当的饲养条件下，每个泌乳期可产奶1815千克。

丁卡牛分布在南苏丹，体型小而粗糙。

（6）南非地区

以商品性牛占多数，主要养牛的国家是南非和马达加斯加。

南非乳牛业和肉牛业均较发达。乳牛品种多从欧洲引进，以黑白花牛占多数，其次有娟姗牛、更赛牛和杂种乳牛等。乳牛的产奶水平一般较高，每头乳牛平均年产奶量从草地粗放饲养的1000千克至集约饲养的1960千克不等，最高产奶量可达2700千克。南非的肉牛多是粗放放牧饲养，很少补饲料精。非洲牛是南非经济中最重要的土种肉牛品种。这种牛体型大，成年母牛平均体重630千克，公牛910千克。

马达加斯加3/5的地区适宜养牛，主要分布在中央高地，品种多为瘤牛。

（7）北非国家的牛

主要供役用和肉用。棕色阿特拉斯牛体型小，产奶量低，成年公牛体重约410千克，母牛雨季后体重可达340千克。这种牛雨季牧草丰美时抓膘能力强。

（8）埃及是非洲唯一产水牛的国家

水牛来源于印度，主要有两种类型：在尼罗河三角洲的贝希里型水牛，体型较大；在尼罗河谷地的多赛迪水牛，体型较小。水牛主要为役用和乳用，全国产奶量中，水牛奶占64%，较好的水牛年产奶约700千克。

此外，大多数非洲国家为提高牛的生产能力，采取引进外来品种的做法：主要的外来乳牛有黑白花牛、娟姗牛、更赛牛、爱尔夏牛等，其中以黑白花牛最为普遍；主要的外来肉牛有海福牛、夏洛来牛、西门塔尔牛等，以海福牛为最多。

3. 牛的饲养方式及贸易特点 ▶ ▶ ▶

目前，非洲的养牛业仍然大部分依靠粗放的游牧和半游牧方式，并以自给为主，肉、乳、血是牧民的主要食物来源，商品率低，但每年仍有相当数量的牛进出口。牛的贸易以活牛贸易为主，以邻国贸易为主。主要出口活牛的国家是纳米比亚、乍得、博茨瓦纳、尼日尔、马里、毛里塔尼亚，主要的活牛进口国是南非、尼日利亚、中非、科特迪瓦、加纳等。纳米比亚和博茨瓦纳的活牛以邻国贸易为主，主要运往南非，萨赫勒带的活牛主要运往中、西非沿海的国家。

二、羊

羊在畜牧业中占重要的地位,它不仅能提供肉、乳等食物,还能提供羊毛、皮革等生活用品。传统上,羊是农村地区农牧民的肉乳来源之一,特别是在牧民的游牧生活中起着很重要的作用,它们不仅是牧民的肉、乳来源,而且皮革也是牧民制造各种生活用具的主要材料,例如,牧民用羊皮制作酒囊、水袋、马具、垫子、袋子等生活用具。羊耐粗饲,抗疫能力比牛强,分布范围比牛广泛,几乎遍布非洲各地。非洲主要养羊国是埃塞俄比亚、南非、尼日利亚、摩洛哥、苏丹。非洲的羊分为绵羊和山羊两大类。

1. 分布 ▶ ▶ ▶

山羊比绵羊更耐旱,更适应严峻的自然环境,且抗疫能力强,所以分布范围比绵羊广,既能在崎岖山地放牧,又能在有锥虫病危害的低湿地放牧。放牧山羊可以用于清理土地和控制灌木对农田的侵害,同时还阻止了害虫滋生,达到消灭萃萃蝇的目的。

非洲山羊总量占世界的 1/3,主要集中在尼日利亚、苏丹、埃塞俄比亚、肯尼亚四大山羊饲养国,仅这四国山羊的数量就占非洲的 45.1%。其中最多的是尼日利亚和苏丹,分别占 18.5% 和 14.8%,但在世界中这两国所占比例仅有 5%～6%,这是由于山羊适应环境的能力较强,在世界各国都可以饲养。表 5－2－4 反映了 2008 年主要山羊饲养国家的山羊数量状况。

表 5－2－4　2008 年非洲主要山羊饲养国家的山羊数量及占比[①]

国　家	数量(万只)	占非洲比(%)	占世界比(%)	国　家	数量(万只)	占非洲比(%)	占世界比(%)
尼日利亚	5380.0	18.5	6.2	尼日尔	1264.1	4.34	1.47
苏丹	4310.0	14.8	5.0	坦桑尼亚	1255.0	4.31	1.46
埃塞俄比亚	2188.4	7.5	2.5	布基纳法索	1180.5	4.1	1.4
肯尼亚	1447.8	5.0	1.7	非洲	29110.2	100	33.77
索马里	1270.0	4.4	1.47	世界	86190.2		100

绵羊的分布范围远远小于山羊,虽在东非、西非、中非、南非、北非都有分布,但主要还是集中在北非和西非地区。尼日利亚、南非、埃塞俄比亚、阿尔及利亚、摩洛哥、索马里是非洲六大产绵羊的国家,合占非洲绵羊总只数的 46.8%。表 5－2－5 反映了 2008 年主要绵羊饲养国家的绵羊数量状况。

表 5－2－5　2008 年非洲主要绵羊饲养国家的绵羊数量及占比[②]

国家	数量(万只)	占非洲比(%)	占世界比(%)	国家	数量(万只)	占非洲比(%)	占世界比(%)
尼日利亚	3387.4	11.8	3.1	索马里	1310.0	4.6	1.2
南非	2523.3	8.8	2.34	尼日尔	1019.1	3.5	1.0
埃塞俄比亚	2501.7	8.7	2.32	非洲	28761.8	100	26.7
阿尔及利亚	2000.0	7.0	1.9	世界	107817.9		100
摩洛哥	1707.8	5.9	1.6				

---

① 资料来源:FAO 统计.

② 资料来源:FAO 统计.

自 20 世纪 60 年代至 2009 年,非洲养羊业发展很快,尤其是绵羊。从在世界上的地位看,山羊数量在世界中所占比例基本处于 27%~34% 之间,而绵羊位于 13%~27% 之间。从增长速度来看,在 1961~2009 年的 48 年间,山羊增加了 7 个百分点,绵羊增加了 13 个百分点(见表 5-2-6)。

表 5-2-6　1961~2009 年非洲和世界山羊和绵羊的数量比较[①]

年份	山羊(万头)			绵羊(万头)		
	非洲	世界	非洲/世界(%)	非洲	世界	非洲/世界(%)
1961	9425.5	34872.7	27	13512.6	99426.9	13.6
1965	10104.1	36742.4	27.5	14331.2	103087.9	13.9
1970	11541.1	37768.4	30.6	15925.1	106327.3	14.98
1975	12000.4	40542.2	29.6	16311.2	104792.2	15.57
1980	14110.8	46443.9	30.4	18475.9	109867.4	16.8
1985	14919.4	48643.4	30.7	18919.5	111860.9	16.91
1990	17699.5	59010.3	30	20748.7	120794.1	17.18
1995	20057.2	67023	29.9	21282.3	107501.1	19.8
2000	23410.9	74509.5	31.4	24545	105877	23.2
2005	27347.9	82189.7	33.3	27492.6	109041.1	25.21
2006	27762.4	82482.8	33.7	28044.9	109436.4	25.63
2007	28581.2	83283.5	34.3	28554.5	109482.5	26.08
2008	29110.2	86190.2	33.8	28761.8	107817.9	26.68
2009	29487.1	86796.9	34	29212.2	107127.4	27.3

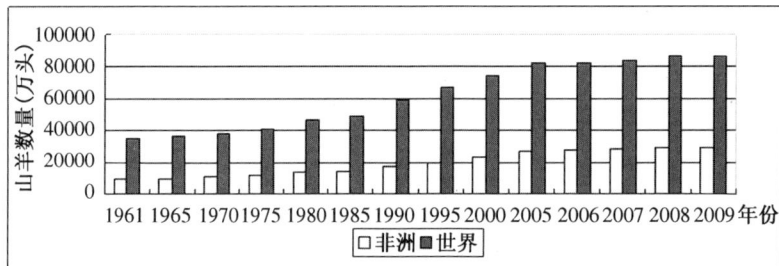

图 5-2-3　非洲与世界山羊发展状况对比[②]

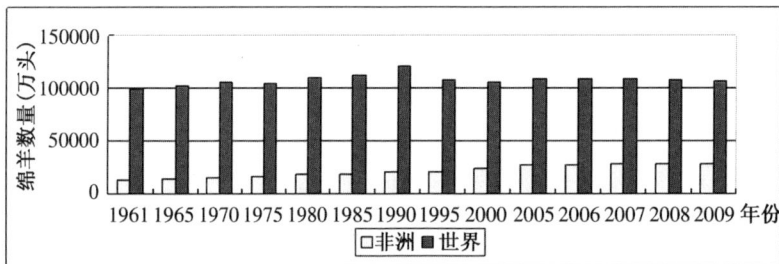

图 5-2-4　非洲与世界绵羊发展状况对比[③]

① 资料来源:FAO 统计.
② 根据 FAO 统计制图.
③ 根据 FAO 统计制图.

结合图 5－2－3、图 5－2－4 与表 5－2－5 来看,世界与非洲山羊数量是持续增长的,非洲的变化更显得平稳而缓慢,从 2000 年开始,非洲山羊的增长速度较以前有所提升,但与世界的差距有逐渐拉大的趋势。世界上绵羊的数量是处于上下波动不定的状态,但最小值不会少于 10 亿只;而非洲的绵羊虽然增长缓慢,但还是呈持续上升的趋势,增长率几乎不变。

2. 品种[①] ▶ ▶ ▶

(1) 山羊品种

山羊(如图 5－2－5)品种繁杂,但以马腊迪山羊、安哥拉山羊和达纳基尔山羊最为著名,除此之外还有波尔山羊。

① 马腊迪山羊主要产于尼日利亚,是著名的皮用羊。这种山羊体小(体重 20～30 千克)、皮革优美,在欧洲市场上以"摩洛哥山羊"而驰名。

② 安哥拉山羊主要产于南非和莱索托,主要作为毛用羊。一年剪一次的毛长平均 30.5 厘米,半年剪一次的毛长平均 15 厘米。细度一般为 18～40 支,净毛率为 83％～85％,每只羊年剪毛 3.2 千克。安哥拉山羊产的羊毛被称为马海毛,可用它来制作窗帘、门帘、绳索、毯子、毛带、人造裘等。马海毛在国际市场上的价格比美利奴细羊毛高一倍。

图 5－2－5　非洲山羊

③ 达纳基尔山羊主要产于埃塞俄比亚的达纳基尔低地,是著名的羔皮用羊,品质优良,在国际市场上颇负盛名。

(2) 绵羊品种

绵羊品种也比较繁杂,命名因地而异。

① 南非地区最著名的绵羊是美利奴绵羊和卡拉库尔绵羊。美利奴绵羊是著名的毛用羊,毛长 9 厘米,细度 70 支左右,年剪毛量为 5.5～6 千克。这种羊能耐较差的自然条件,适应长途放牧,所以主要集中分布在干旱地区。在海拔 1500 米的卡罗高原,美利奴绵羊集中饲养在雨量为 250～500 毫米、植被为小灌木的地区。卡拉库尔绵羊主产于纳米比亚,在纳米比亚草原上号称"黑色的宝石"。这种羊耐干旱、粗饲、长途放牧,且少生疾病、繁殖快、产值高,是世界著名的羔皮用羊,在贸易上常以"波斯羔羊"著称。羔羊生下来仅一天就可宰杀制成羔皮。这种羔皮与其他羔皮不同之处在于具有各种美观的毛卷,毛卷富有光泽和弹性。

② 东非地区绵羊主要产在埃塞俄比亚高原,海拔 3000 米以上的山地到荒漠地区均有饲养。地方品种也较多,肥尾羊和细尾羊都有,主要用来生产肉和皮。羊毛粗,只能用来织地毯,仅高原中部的黑色长毛孟斯羊才定期剪毛。主要品种有孟斯绵羊、阿克勒-古扎绵羊、土库绵羊等。

养羊业在东非高原上历史短,羊的品种随雨量和地区海拔高度而异。主要品种有马赛绵羊,其特点是毛粗、体大、角小、腿长,属肥尾羊。

③ 苏丹绵羊可分为五个生态类型,均属粗毛羊,其中以苏丹沙漠绵羊和苏丹尼罗绵羊为最多。西苏丹地区绵羊分南、北两大品系。北纬 14°以北为长腿绵羊,体大、腿长、毛密,多为肉用型,一般是大群放牧;北纬 14°以南是矮种绵羊,体小、腿短、毛长而密,多为毛用型,一般是定居放牧。

④ 北非地区以摩洛哥本尼哥尔绵羊和阿尔及利亚阿拉伯绵羊为多。前者毛长 15 厘米,后者有耐干

---

① 姜忠尽. 非洲畜牧业[J]. 南京大学地理系非洲经济地理研究室非洲地理资料,1978:15～16,64～65.

旱、粗饲和适应温度剧烈变化等优点。

3. 羊的饲养方式及贸易特点 ▶ ▶ ▶

非洲羊的饲养方式以粗放的游牧和半游牧形式为主。一般来说,牧区的羊群跟牛、骆驼一起长途游牧,即使在商品性牧场较多的南非,牧民也是在天然草场上终年放牧,很少喂人工饲料。农区以种植业为主,牧业仅仅作为副业,羊的产品通常供农民自己消费,很少卖出,商品率很低。

羊的贸易同牛一样,也是以活羊和以邻国为主。主要的活羊出口国有毛里塔尼亚、尼日尔、乍得、马里等,活羊销往北非和西非沿海国家,仅索马里和苏丹的部分羊出售到西亚阿拉伯国家。除了出售乳、肉到非洲外,还有大量的羊毛、皮革、羔皮被销售到欧洲。

三、猪

非洲养猪业很不发达,牧民日常生活食用的肉食主要来自于牛、羊、骆驼,而不是猪。另外,受宗教因素的影响,阿拉伯国家禁食猪肉,也禁忌养猪,所以猪肉均分布在撒哈拉以南的非洲地区。

养猪较多的国家是尼日利亚、布基纳法索、安哥拉、南非、马达加斯加、喀麦隆等国。尼日利亚和布基纳法索是主要的养猪国家,其次为安哥拉和南非,见表 5-2-7 所示。

表 5-2-7　2008 年非洲若干国家猪头数[①]

国　　家	数量(万头)	占非洲比(%)	占世界比(%)
尼日利亚	690.803	25.45	0.74
乌干达	218.6	8.05	0.23
布基纳法索	208.313	7.67	0.22
南非	161.475	5.95	0.17
喀麦隆	150	5.53	0.16
马达加斯加	136	5.01	0.15
莫桑比克	126.635	4.67	0.14
非洲	2714.3	100.00	2.90

非洲养猪业主要分布在东非和西非,分别占非洲猪总数的 30.55% 和 47.58%,合计占非洲的 78.13%。其次为中非,占非洲猪总数的 15.27%,如图 5-2-6 所示。

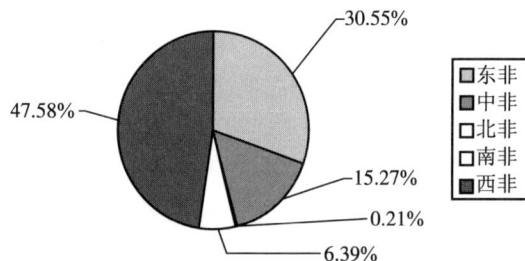

图 5-2-6　2009 年非洲猪的分布[②]

① 资料来源:FAO 统计.
② 根据 FAO 统计制图.

四、骆驼

骆驼是一种耐炎热干燥环境、以有刺灌木的枝叶为食的牲畜,最能适应荒漠、半荒漠带的炎热干燥条件。在条件恶劣的沙漠地区,能忍耐一周不喝水;若气候凉爽、水草丰盛,则可数周不喝水。骆驼在沙漠地区的游牧生活中占有重要地位,驼奶、肉、血是牧民的主食之一,驼毛可制作帐篷,皮可以制作其他生活用具,更重要的是,它还是沙漠中的主要交通运输工具,有"沙漠之舟"的美称。过去,撒哈拉沙漠的游牧民,特别是图阿雷格人组织了成千上万的骆驼商队,每年定期地穿越沙漠来往于北非和沙漠南缘的热带草原地区,以沟通南北交通,商队用沙漠中产的盐和绿洲的椰枣来换取热带草原地区的木材、金、象牙、小米等。第二次世界大战后,由于现代交通工具的发展,这种传统的骆驼商队逐渐衰落,但在不通公路的地区,骆驼仍不失为重要的交通工具。一般来说,每头骆驼可负载 400 千克,日行 30～40 千米。

1. 分布 ▶ ▶ ▶

骆驼主要分布在撒哈拉沙漠和非洲其他的干旱地区(如图 5-2-7),骆驼虽在非洲所有的牲畜中所占比例不大,但在世界上却是数量最多的。

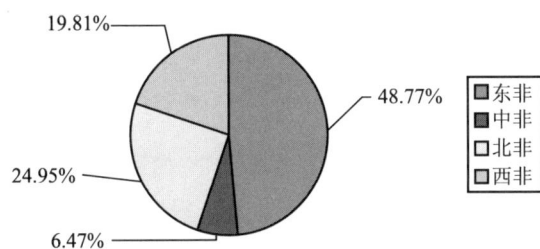

图 5-2-7　2009 年非洲骆驼的主要分布[①]

从非洲骆驼分布的区域来看,主要集中在东非,占非洲总数的 48.77%。其次就是北非和西非,分别占非洲总数的 24.95% 和 19.81%。中非骆驼数量是微乎其微,南非没有骆驼分布。

非洲的骆驼主要集中在索马里,占非洲总头数的 32.5% 和占世界总头数的 27.6%,其次是苏丹、埃塞俄比亚、尼日尔、毛里塔尼亚、肯尼亚等国,见表 5-2-8 所示。

表 5-2-8　2009 年非洲若干国家骆驼数量[②]

国　　家	骆驼数量(万头)	占非洲比例(%)	占世界比例(%)
索马里	700.0	32.5	27.6
苏丹	440.0	20.4	17.3
埃塞俄比亚	240.0	11.1	9.5
尼日尔	162.7	7.6	6.4
毛里塔尼亚	160.0	7.4	6.3
肯尼亚	113.3	5.3	4.5
马里	110.0	5.1	4.3
乍得	75.2	3.5	3.0

① 根据 FAO 统计制图.

② 资料来源:FAO 统计.

2. 骆驼的发展 ▶▶▶

自1961到2009年,非洲的骆驼数量快速增长(见表5-2-9和图5-2-8),占世界总头数的比重也稳步提升。

表5-2-9 非洲骆驼的发展状况(单位:万头)[①]

年份	非洲	世界	非洲/世界(%)	年份	非洲	世界	非洲/世界(%)
1961	862.6	1292.7	66.7	1995	1607.3	2051.5	78.4
1965	1023.3	1458.2	70.2	2000	1803.79	2177.1	82.9
1970	1219.6	1660.5	73.5	2005	2003.2	2351.7	85.2
1975	1272.9	1710.8	74.4	2006	2032.3	2411	84.3
1980	1362.3	1798.8	75.7	2007	2055.8	2426.6	84.7
1985	1464.2	1910.1	76.7	2008	2102.5	2473.2	85
1990	1521.9	1988.4	76.5	2009	2151.5	2538.5	84.75

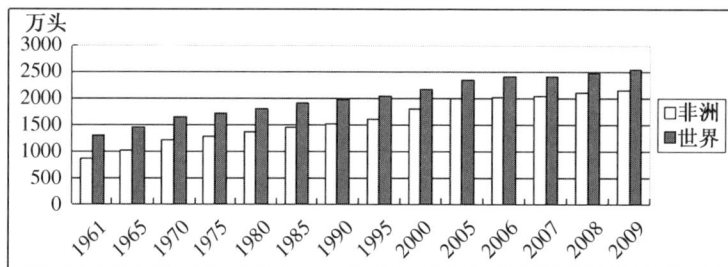

图5-2-8 非洲与世界骆驼的发展状况对比[②]

综合表5-2-13和图5-2-8可看出,非洲的骆驼在世界上占有相当大的比例,并且比例随时间逐渐增加,从1961年的66.7%到2009年的84.75%。

根据骆驼增长速度,可分三个阶段:① 1961~1969年间,非洲骆驼增长迅速,年均增长率为4.3%;② 1970~1994年间,非洲的骆驼数量处于缓慢增长的状况,到后几年还出现了减速增长的趋势,年均增长率为1.1%;③ 1995~2009年间,非洲骆驼的数量出现加速增长的趋势,年均增长率为2.1%。

3. 品种[④] ▶▶▶

非洲骆驼都是单峰驼(如图5-2-9),各地品种与命名不一。索马里有骆驼700万峰,其中60%集中在北部干草原区,主要有4个品种。

(1)北索马里骆驼

分布在北部,既为牧民提供驮载工具和驼奶,也为城镇居民提供肉食。骆驼体格因地而异,平均体重为350~400千克。一般来说,沿海地区的骆驼体格较小,内地和山区的体格较大。东南部多巴汉格部族的草地质量较好,因而骆驼的体格最大。

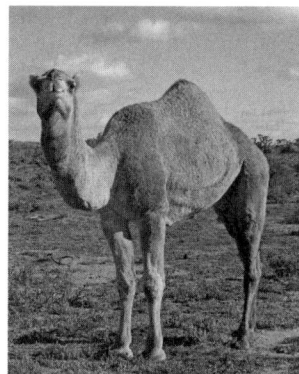

图5-2-9 非洲单峰驼[③]

(2)木杜格骆驼

体格较小,体高170~195厘米,作役用和乳用,但产奶量低。

---

① 资料来源:FAO统计.
② 根据FAO统计制图.
③ http://baike.yzgood.com
④ 姜忠尽.非洲畜牧业[J].南京大学地理系非洲经济地理研究室非洲地理资料,1978:15~16,66~67.

（3）贝纳迪尔骆驼

体格较大，分加里、亨莱和毕莫尔三种类型，其中以亨莱体格最大。加里驼屠宰体重公驼为554千克，母驼为514千克。

（4）赫尔骆驼

体型最小，主要作乳用及驮畜。

五、马、驴、骡

非洲除了骆驼作为役畜和驮畜之外，马、驴、骡也是非洲的主要运输工具。但在非洲的牲畜中，马、驴和骡的数量都相对少得多，但和其他大洲相比，驴的数量在世界所占比例是最高的。

1. 马 ▶ ▶ ▶

非洲气候炎热，兽疫发病和感染率高，不适宜马的繁殖生长，从而导致非洲的养马业不发达，数量也很少。2008年全非洲有马452万匹，占世界总量的7.7％，如图5-2-10所示。

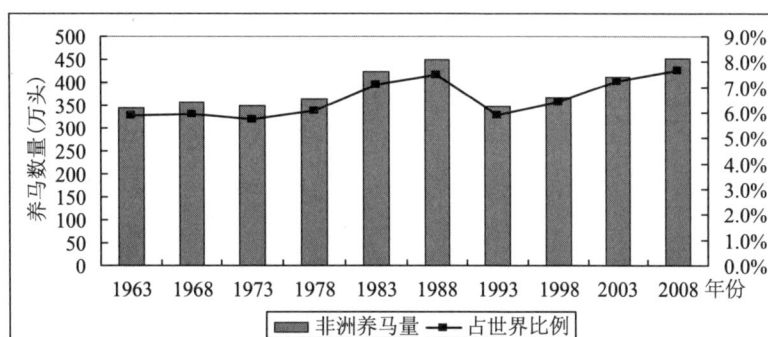

图5-2-10　非洲养马情况一览表[1]

养马较多的是气候凉爽的埃塞俄比亚高原和大陆两端的亚热带地区，主要集中在埃塞俄比亚、塞内加尔、南非、乍得、塞拉利昂、尼日利亚、尼日尔、摩洛哥等国。2008年埃塞俄比亚有马179万匹，占非洲总马量39.6％。其次是塞内加尔、塞拉利昂、乍得、南非、尼日尔和尼日利亚，见表5-2-10所示。

表5-2-10　2008年非洲若干国家马头数[2]

地　域	数量（万匹）	占非洲比（％）	地　域	数量（万匹）	占非洲比（％）
埃塞俄比亚	179	39.6	尼日利亚	21	4.6
塞内加尔	52	11.5	摩洛哥	16	3.5
塞拉利昂	41	9.1	马里	11	2.4
南非	27	6.0	莱索托	6.5	1.4
乍得	28	6.2	阿尔及利亚	4.5	1.0
尼日尔	24	5.3	非洲	452	100.0

非洲最著名的是埃塞俄比亚的矮种马，这种马体型小，平均体高125～145厘米，但体质健壮、持久力强，以盖拉高原的马质量最好，被广泛用作骑乘和驮运，属于非洲的优良品种。

---

① 根据FAO统计制图.

② 资料来源：FAO统计.

2. 驴 ▶ ▶ ▶

非洲驴的数量比马多,分布范围比马广,广泛分布在非洲除湿热带以外的地区。2008年非洲驴的数量1856万头,占世界总量的42.7%。驴体型小,平均体高97厘米,体重135千克以下,耐劳抗病,适应贫瘠的放牧和饲料条件。驴在非洲是重要的运输工具,一般用于短途运输;主要集中在荒漠和半荒漠地区,是当地牧民用于驮载自己的生产工具、生活用品不断迁移的运载工具,可驮载50～60千克,其主要的分布国家是埃塞俄比亚、埃及、马里、尼日尔、布基纳法索和尼日利亚。2008年,埃塞俄比亚驴的数量为542万头,占非洲驴的总数量的29.2%;其次为埃及,驴的数量是307万头,占非洲驴的总数量的16.5%,见表5-2-11所示。

表5-2-11 2008年世界以及非洲若干国家驴头数[①]

	2001～2007年(万头)	2001～2007年占非洲比例(%)	2008年(万头)	2008年占非洲比例(%)
埃塞俄比亚	411	25.6	542	29.2
埃及	306	19.1	307	16.5
马里	126	7.9	176	9.5
尼日尔	145	9.0	156	8.4
布基纳法索	97	6.1	122	6.6
尼日利亚	102	6.4	105	5.7
非洲	1630	100	1856	100
世界	4200		4349	

20世纪60年代以来,非洲驴的数量不断增加,在非洲的运输业中的地位越来越重要。特别是最近几年,非洲驴的数量占世界的比重逐渐加大,超过了40%,如图5-2-11所示。

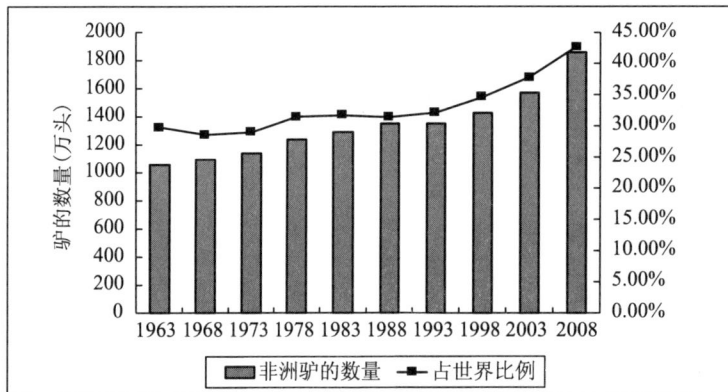

图5-2-11 非洲养驴情况一览表[②]

从品种上看,非洲有非洲野驴(如图5-2-12)和非洲家驴两种,但人们认为野驴是家驴的祖先,其毛色与家驴相像,鸣声与家驴一样,耳壳较长。非洲野驴生活在干燥地区,是一种趋于灭绝的动物。野驴与家马杂交,可得到生命力强、鸣声似驴,但无生殖力的子代。现在非洲多是家驴,用来为居民驮运生产工具、生活用品,如图5-2-13所示。

---

① 资料来源:FAO统计.
② 根据FAO统计制图.

图 5‐2‐12　非洲家驴

图 5‐2‐13　非洲驴的驮运作用

3. 骡子 ▶ ▶ ▶

图 5‐2‐14　非洲骡子

在非洲,骡子分布与马相似,主要分布在气候凉爽的埃塞俄比亚高原和大陆两端的亚热带地区,如图 5‐2‐14 所示。骡子的主要特征为厚实的头,长的耳朵,瘦小的肢体下是狭窄的蹄,短小鬃毛,骡子看似像驴,但在高度和身体、脖子形状上看起来像马。骡子和驴有极其相似的声音,但叫声中夹杂着马嘶的特征。

骡子有雌雄之分,但是没有生育能力,它是马和驴交配产下的后代,分为驴骡和马骡。公驴可以和母马交配,生下的叫"马骡",长得像马,它的特点是:食量较大,力量很大,耐力还很强,寿命 20 年左右;如果是公马和母驴交配,生下的叫"驴骡",驴骡的特点是结合了较多驴的优点和一部分马的优点,它耐力很强,力量较大,食量一般,寿命 30 年左右,性情温顺而倔强。①

非洲当地农民习惯用母马繁殖骡子,这种骡子虽然体型较小,但持久力强,适于骑乘和驮运,特别适合在非洲那些较热而干燥的地区长距离旅行。

与骆驼、马、驴相比,骡子是非洲数量最少的役畜和驮畜。2008 年非洲骡子的数量为 106 万头,占世界总量的 9.5%,主要分布在摩洛哥、埃塞俄比亚、突尼斯、阿尔及利亚和索马里等国。摩洛哥和埃塞俄比亚是骡子最多的两个国家。2008 年,摩洛哥骡子数量为 51 万头,占非洲骡子总数的 48.6%;埃塞俄比亚骡子的数量为 37 万头,占非洲骡子总数的 35.2%。两国合计占到非洲骡子总数的 80% 以上,见表 5‐2‐12 所示。

表 5‐2‐12　2008 年非洲骡子数量②

	产　量(头)	占非洲比例(%)
摩洛哥	515300	48.6
埃塞俄比亚	373519	35.2
突尼斯	81000	7.6
阿尔及利亚	40000	3.8
索马里	22000	2.1
非洲	1060913	100
世界	11206674	

---

① http://baike.baidu.com/view/78245.htm.

② 资料来源:FAO统计.

2000 年以来,非洲骡子总量与在世界中占比呈稳步增长态势,年均增长率为 2.24%,如图 5-2-15 所示。

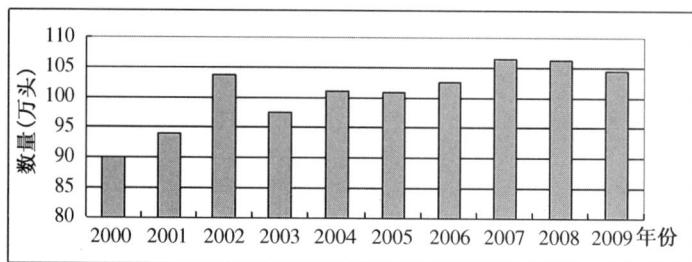

图 5-2-15 非洲骡子最近几年的数量变化情况①

六、家禽

非洲的家禽主要包括鸡(火鸡、珍珠鸡)、鸭、鹅,以养鸡为主,全非洲有将近 5 亿只鸡。各地农村普遍有养鸡的习惯,多饲养本地种鸡,体重和产蛋量都比较低,所产主要供自身消费,是农民的重要食品之一。

表 5-2-13 非洲养鸡数量(千只)②

年 份	鹅、珍珠鸡		占世界比例(%)	火 鸡		占世界比例(%)
	非洲	世界		非洲	世界	
1961	3882	36640	10.59	1212	204241	0.59
1965	4181	43523	9.61	1468	154789	0.95
1970	4607	54577	8.44	1943	178971	1.08
1975	4932	62776	7.85	2207	228195	0.97
1980	4657	69272	6.72	2150	313886	0.68
1985	7843	85032	9.22	3094	343277	0.90
1990	8337	131557	6.33	7293	439502	1.66
1995	10113	231106	4.37	9365	452073	2.07
2000	19387	238246	8.14	91989	537923	17.10
2005	14293	321783	4.44	77469	511577	15.14
2006	13970	333166	4.19	109548	550575	19.89
2007	13900	344776	4.03	93495	526499	17.76
2008	13901	352714	3.94	104071	569888	18.26
2009	13901	357438	3.89	104121	569888	18.27

独立以来,许多非洲国家为增加城市居民的肉蛋供应,纷纷建立机械化养鸡场,积极开发新技术,采用现代化的技术管理,取得良好的效果。但有不少养鸡场的饲料依靠进口,且生产成本高。一些国家为促使养禽业较快较好地发展,正在采取措施,建立许多孵化中心、禽疫防治和品种改良机构、混合饲料工厂等。

---

① 根据 FAO 统计制图.
② 资料来源:FAO 统计.

非洲养鸡业比较发达的国家包括阿尔及利亚、尼日利亚、南非和摩洛哥等。

2008 年非洲珍珠鸡和鹅的数量是 13901 千只,还有非洲鸭的数量是 17782 千只,见表 5-2-13 所示。

摩洛哥、埃及、马达加斯加和突尼斯主要饲养火鸡,而埃及、马达加斯加主要饲养珍珠鸡和鹅。其中埃及是非洲最主要的饲养珍珠鸡和鹅的国家,2008 年的饲养量为 9200 千只,占非洲总饲养量的 74.3%。埃及、马达加斯加、坦桑尼亚主要饲养鸭。埃及无论是鸡的饲养,还是鸭、鹅的饲养量,在非洲都是最多的,可见埃及家禽饲养业比较发达。但从总体上说,非洲家禽饲养量相对世界来说并不很多,如图 5-2-16 所示。

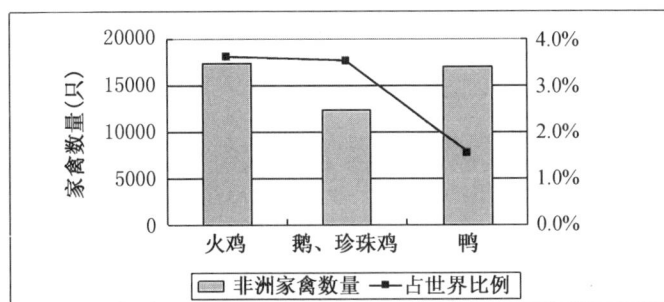

图 5-2-16　非洲家禽数量一览表[①]

第三节　牲畜饲养方式[②]

由于自然环境条件和社会经济条件的制约,牲畜饲养仍以落后而粗放的传统牧养方式为主。深入分析及研究迄今仍盛行的传统饲养方式及其限制性因素和问题,对于合理开发利用水草资源潜力、促进畜牧业合理而科学地发展,具有重要的现实和科学意义。

一、影响牲畜饲养方式的主要因素

牲畜的饲养方式受许多因素的影响,如气候、水草等地理环境因素,以及经济技术、传统习俗、民族因素等社会经济因素,其中最重要的首推水草资源条件和民族因素。

1. 水草资源条件 ▶ ▶ ▶

非洲具有有利于饲养多种牲畜的草场条件。现有的放牧草场主要分布在热带草原、沙漠和半沙漠、高原山区等,其中热带草原是非洲最重要的传统牛、羊饲养基地。

（1）热带稀树草原

非洲热带稀树草原是世界上最典型、面积最广的一种草原类型。草原的主要特征是高大的禾本科草类组成地面层,散生着乔木和灌木。但因各地自然条件特别是降水条件差别很大,植被类型呈现出明显的地区差异,又可分为热带草原林地、热带高草原、热带稀树草原和热带干草原四类。

---

① 资料来源:FAO 统计.

② 姜忠尽. 非洲牲畜饲养方式与热带草原合理开发利用[J]. 西亚非洲,1986(3).

各类草原牧草的特征：

① 牧草的分布规律是从湿润地带的高草(3～4 米)向干旱地带的矮草(0.5 米以下)过渡,从密生的乔木和灌木向稀疏矮小的乔木和灌木过渡,植被覆盖度逐渐减少,植物量也随之减少,载畜能力降低。

② 牧草的生长时间和旺盛期的长短受旱雨两季交替的严格限制。雨季牧草生长茂盛,而旱季枯死,植物量减少,但在河流沿岸、三角洲和湖泊周沿地带,雨季泛滥,旱季植物开始生长,成为重要的旱季牧场。

③ 牧草的营养价值普遍较低,而且缺少豆科植物。营养物质的含量依旱雨两季的长短和交替而异,雨季时牧草蛋白质和氮的含量高而纤维素少,适口性好;到旱季,蛋白质和氮的含量减少而纤维素增加,牧草变得粗硬而适口性差。

④ 草场中常绿和旱季部分时间落叶以及雨季干枯旱季反而吐绿的乔木和灌木,有着重要的营养价值,尽管其数量有限,但富含 20%～30% 的蛋白质,尤其在草本植物稀少的干旱地带,这类植物为牲畜特别是骆驼和山羊提供了宝贵的旱季饲料。

综上所述,热带草原虽然给牲畜提供了良好的天然牧场,但由于降水的地区性和季节性差别很大,严重限制着植被的生长,因此,牧草的产量和营养物质含量的地区性和季节性差别制约着牲畜的生长发育和繁殖,在客观上迫使牧民不得不采取季节性的移牧以适应水草的季节性变化。热带草原雨量处在 1500～2000 毫米之间,从赤道向两侧逐渐减少并出现明显的旱雨两季,北半球雨峰出现在 6～8 月,而南半球则出现在 12～2 月。旱季持续期的长短因地而异,差别很大,但总的趋势是从高草原内的 3 个月向干草原的 9 个月过渡。雨季水草丰美,牲畜膘肥体壮;旱季牧草枯萎,供水缺乏,牲畜严重掉膘,乳牛产奶量大减或断奶。据实验表明,牛旱雨季膘情增减幅度常达 100 多千克。特别严重的是,20 世纪以来,多次出现连年大旱,西非热带草原现在的等雨量线已向南推移了 200 千米,沙漠化日渐严重。每逢大旱,水源干涸,牧草耗尽,大批牲畜死亡,牧民被迫背井离乡、另谋生路,牧业惨遭破坏。

(2) 半荒漠干草原

这类草原主要见于南撒哈拉、非洲东角、北肯尼亚和南非卡罗地区。降水无常且严重不足,大部分地区雨量在 250 毫米以下,仅局部地区多达 500 毫米。植被以稀疏低矮的刺灌木和簇状草类为主,高度一般不超过 50 厘米,质量差,载畜量很低。

(3) 荒漠

非洲真正的干旱区是占大陆面积 40% 的撒哈拉沙漠和卡拉哈迪-纳米布沙漠。年雨量一般不超过 150 毫米,绝大部分地区不足 50 毫米,少数地区终年或多年不降雨。降雨不仅次数少,而且不定时,空间变化大、云量少、日照强,空气极为干燥。植物稀少而富有耐旱的特性,叶小而厚、多针刺,呈簇状零星分布(彼此相距数米以至几十米),矮小而根系发达。沙漠环境的严酷和植物的缺乏,仅能为耐干旱粗饲的骆驼和山羊提供劣质牧草,加之水资源的奇缺,必然迫使牲畜坚持长年不断的迁移才能生存,牧民不得不过着逐水草而居的游牧生活。

(4) 亚热带草原

此类型草原面积小,主要分布于南非海拔 1050～3300 米的高原上,雨量较为丰沛,天然放牧条件较好,特别是"甜草原"提供了良好的牧草,适宜饲养乳牛,是南非重要的养牛区。

(5) 高山草原

这类草原主要见于高原地区,如北非的阿特拉斯山区、埃塞俄比亚高原,东非高原,南非高原和西非的富塔贾隆高原、乔斯高原和巴门达高原。草原主要由矮小的草类组成,通常为牧民提供良好的旱季和雨季牧场。

2. 民族因素 ▶ ▶ ▶

民族是牲畜饲养方式形成的决定性因素。由于各个民族所处的自然环境不同,他们在饲养牲畜的过程中积累了利用各类草原的丰富经验,并形成了各具特点的饲养方式。但各民族的发展很不平衡,传统的牧业社会发生了深刻的变化。有些牧民已从游牧转向定居放牧,从事农牧结合的混合农业和种植业。但在不宜农耕的传统牧业地带,牧民仍然从事着粗放的游牧和半游牧活动。

在北非,常年活动在沙漠中的游牧阿拉伯人,是养骆驼的能手,其中有些阿拉伯人不事耕作,过着随水草而居的非季节性游牧生活,有些则过着与椰枣相结合的半游牧生活。在阿特拉斯山区,牧民过着与种植业相结合的半游牧或山牧生活。分布在广大热带草原的牧民多过着季节性的游牧和半游牧生活,或从事与农牧相结合的混合农业。例如,广布于西非的富拉尼人以养牛著称,他们从 14 世纪开始从塞内加尔河流域向外扩散,有些向南进入富塔贾隆高原,有些则向东扩展至乔斯高原和巴门达高原,除部分已定居外,仍有相当一部分继续过着游牧和半游牧生活。乌干达东北部的吉埃人和肯尼亚北部的图尔卡纳人同源于一个部落,大约在 200 年前分别进入现有的地带,前者已变成兼营种植业的半游牧民,过着比后者更为社会化的生活,而后者仍然过着游牧生活。广大的中、南部非洲,大都为班图语系各族,在长期的发展过程中,各族人民在社会结构和土地利用形式上已发生了深刻的变化。有些班图语族传统上是农民,生活的主要来源依赖种植业,但兼养牲畜,如坦桑尼亚的苏库马人,牛在其家庭经济中占有重要地位。有三种情况值得注意:一是处在同一类或类似自然环境的不同民族,其牲畜饲养方式各不相同;二是同一民族因占据着不同的自然环境,往往采取不同的饲养方式;三是同一地区交错分布着多种民族,各实行着不同的饲养方式,这就构成了地区饲养方式的多样性。

3. 畜产品加工工业基础和交通运输条件 ▶ ▶ ▶

这也是发展畜牧业不可忽视的条件,不仅影响饲养方式从粗放向集约过渡的进程,而且也影响畜产品的商品性生产。牧区主要位于远离消费中心的僻远地带,而畜产品加工则往往布局于消费中心而远离牧区。许多地区缺乏现代化的畜产品加工、保存、冷藏、运输等配套设施,不仅限制了天然水草资源的合理开发利用,同时也限制了畜产品的加工和外运。独立后,许多国家为了改变牧区的落后情况,在牧区建设新的畜产品加工工业和改善交通运输网的同时,大力改善牲畜传统贸易路线的服务设施,如畜栏、牧草、供水、宿营地等。上述条件的改善,加强了牧区和消费区之间以及牧区本身的经济联系,但还远不能满足牧业发展的需要,迄今畜产品的贸易仍不得不采取传统的将活畜赶牧至南部沿海城镇和港口的方式,历时20~60 天。博茨瓦纳牛的出口是从恩加米兰穿过国界赶牧至津巴布韦和赞比亚。在这种长途的赶牧过程中,牲畜往往因沿途水草不足而严重掉膘或死亡。

二、牲畜饲养方式[1][2]

由于非洲各种自然条件及居民在长期的放牧过程中积累的各自的放牧经验,形成了各具特色的放牧形式,主要为游牧、半游牧、山牧、定居放牧、舍饲五类。

1. 游牧 ▶ ▶ ▶

游牧是一种粗放的饲养方式,一种规律性的迁移放牧活动,虽然牧民的迁移范围与游牧路线很难精确划定,但都有相对固定的范围、转场点和重点放牧区域(如图 5 - 3 - 1)。

目前的游牧虽已趋于衰落,但在非洲许多国家依然存在,如撒哈拉沙漠、索马里半岛、东非沙漠、半沙漠、热带干草原、达纳基尔沙漠以及南部非洲的纳米布沙漠等自然条件差、经济水平较落后的地区。这里的牧民不种地,没有定居场所,以牲畜的奶、血、肉作为生活主食,经常还伴有狩猎、捕鱼、采集等原始活动以弥补牲畜产品之不足或改善营

图 5 - 3 - 1 非洲游牧

① Roy Cole. Survey of Subsaharan Africa—A Regional Geography [M]. London:Oxford University Press, 2007:191~194.
② 姜忠尽. 非洲牲畜饲养方式与热带草原合理开发利用[J]. 西亚非洲,1986(3).

不良。另外,牧民的临时住所是用牲畜的皮、毛制成的帐篷以及用植物的枝、叶、草等搭制而成的临时茅舍,简单而又经济。按照气候对水草条件的影响程度将游牧划分为:季节性游牧和非季节性游牧。

（1）季节性游牧

这是非洲热带草原气候影响下的一种游牧方式,雨季水草丰美,旱季植被量少质差。为了能够让牲畜有丰富的食物,牧民遵循着旱雨两季水草条件变化的自然规律,在旱季和雨季的草场之间进行有规律的游牧活动。由于热带草原一年分旱、雨两季,所以通常一年内完成一个游牧循环。

西非的富拉尼人、摩尔人、图阿雷格人和图布人以及苏丹的游牧民主要采用季节性游牧,但牧民之间游牧方式差别很大,主要表现为在河流附近放牧的牧民实行以河流为基地、短距离半循环式的放牧,而远离河流的牧民则实行大范围有规律的季节性游牧。

（2）非季节性游牧

这是一种主要出现在非洲热带沙漠和半沙漠、热带干草原地区的游牧方式,牧民视水草条件而决定放牧地点,没有固定的游牧路线,如在沙漠中的小块绿洲、雨后形成的暂时性草场。

这类游牧方式与季节性游牧相比,放牧条件较差,牲畜的损失相对较大。

2. 半游牧 ▶ ▶ ▶

半游牧和游牧都属于粗放的饲养方式,两者的主要区别是半游牧民有半固定的住所,从事少量种植业和放牧业(其中,老人、妇女、儿童从事农作,青壮年人主要负责放牧),等粮食作物收获后再继续迁移,其牧场就是各种草地、休闲地和留茬地,游牧距离较短。放牧形式复杂多样,大致是旱季畜群呈辐合状向水源处集中,雨季呈放射状散开。目前,半游牧的方式主要存在于西非热带草原、苏丹南部、埃塞俄比亚、索马里、东非高原、阿特拉斯山区和一些沙漠地区。

西非的富拉尼人就采用半游牧的方式。牧民多分散,很少聚居。通常户主在家,儿子离家放牧,当农田备耕或收获时再返回家园,或者雨季户主携带全家老小一并迁移到牧场,旱季再返回家园。

乌干达卡拉莫贾及埃尔人的半游牧形式又具有另一番特色。牧民在常年水源处有相对固定的家园,老人、妇女和儿童常年在家负责种植高粱、小米、豆类等作物,青壮男常年在外从事放牧,每年仅在最干旱的12月份赶牧畜群返回家园,定居1～2个月,定居的时间段内在常年水源(水井、水塘)附近放牧。

3. 定居放牧 ▶ ▶ ▶

定居放牧指的是在村社占有的土地上有固定住所的牧民或农民,在从事种植业的同时还从事畜牧业的一种饲养方式。牧民不再仅仅依靠天然草场,而是在自己的土地上种植牧草,对用不完的牧草加以存储,备旱季喂饲牲畜。

较典型的定居放牧模式是居民点靠近常年水源处分布,耕地则分布于居民点周围,再远一点的便是村社所有的草场。旱季时牲畜集中在居民点附近的草场、休闲地和留茬地上放牧;雨季时牲畜则被赶往草场上放牧,留守的居民从事耕作。

但由于居民所处的自然环境和传统习惯不同,牲畜的饲养方式与经营特点也各异。在农业地区或农牧交叉地区,按照农牧民对农业和牧业的偏重程度,分为两种形式。

（1）以牧业为主兼营种植业

在热带非洲和北非沿岸地区,主要采取以牧业为主兼营种植业的方式。北非沿岸地区由于受气候干燥、水分较少、干旱沙漠半干旱沙漠居多、土质条件差等自然地理条件限制,不适合作物的种植,即使发展农业也都是灌溉农业,如在尼罗河下游的埃及灌溉农业。热带非洲,主要以热带草原气候为主,干湿分明,优质草原主要集中于此,是最利于放牧的地带。

牧民大部分的时间用于放牧,仅在闲暇时间种植少许的农作物、牧草或饲料作物供牧民和牲畜的生活所需,牧民的主要经济收入和食物来源是牧业而非种植业。由于种植的作物少,甚至不能够满足生活需要,在这种情况下,牧民会到集市上购买。

（2）以种植业为主兼营牧业

在南部非洲干草原地区多采用以种植业为主兼营牧业的方式。干草原区水草条件差，草因缺水而很难形成大草原或草场，草质较差，不利于大规模放牧。而南部非洲土地资源丰富，且地势起伏微缓，给种植业的发展提供了条件，该地区的种植业以粮食自给为主，玉米是最重要的作物。牧业中主要以养牛为主。

4. 商业性牧场 ▶ ▶ ▶

商业性牧场是由舍饲进一步扩大发展而来的，两者都是在农业比较发达的地区实行，但不同的是：舍饲家畜多属家庭副业，奶和肉供自给，部分地区饲养牛、马、驴和骡作为农业生产的基本动力，常以喂养和放牧相结合，放牧的地点在居民点附近，辅以作物秸秆和糠麸；而商品性牧场则是由富有的农民或者商人在某地买下一块固定的土地，建设一定规模的饲养设施，然后买进大批的牲畜，以围栏或围网的监管方式为主，由自己或者雇人饲养，通常喂食精细饲料，辅以牧草（牧草通常是自己种植，遇到特殊情况使牧草不充足时，向当地农牧民购买或多喂食饲料），等牲畜长到一定程度后就将牲畜作为商品卖给屠宰场，以盈利为主要目的。目前，非洲商品性牧场分布最广且最发达的国家就是南非。

随着生产力和自然环境的变化，牧民的饲养方式也跟着稍作调整。目前，游牧业逐渐衰落，以前从事游牧的牧民迫于生活压力，要么改为定居或半定居的饲养方式，要么弃牧从工、农、商，半游牧和定居朝综合的方向发展；为了提高畜产品的数量与质量，商业性牧场开始盛行。

第四节　畜牧业发展中的问题[①]

一、水草资源的开发利用问题

非洲用于放牧的草场以热带草原为主，还有一部分半荒漠和荒漠。由于半荒漠和荒漠的植物稀少且改造利用困难大，所以合理开发利用热带草原是一件富有挑战性但具有迫切现实意义的事情。水草资源开发利用中存在的问题如下。

1. 过牧和草场退化 ▶ ▶ ▶

热带草原开发利用上最突出的问题是过牧和草场退化，尤其以常年水源附近的草场最为严重，导致草场过牧与退化的原因如下。

（1）水草条件受旱雨季的严重制约，粗放的游牧方式难以合理利用水草

热带草原雨旱分明的气候特点使水草资源的年内变化大。雨季，水草丰美，牲畜急速添膘，但牧民无青贮习惯，牧草浪费很大；旱季，水大量蒸发，河流水量急速减少，牧草数量、质量都大大下降，牲畜因没有充足的食物被迫向常年水源处集中，所以水源附近草场的牲畜密度增加，草场严重超载，造成过牧和草场退化。例如，尼罗河上游地区的旱季，河边某处往往会出现几千头牲畜同牧的现象，牲畜的抢食和踩踏破坏了植物的正常生长，草场逐渐退化以至难以恢复。

---

① 姜忠尽.非洲牲畜饲养方式与热带草原合理开发与利用[J].西亚非洲,1986(3).

（2）持续大旱导致草场面积不断缩小，沙漠化加速，草场承载能力下降

这一现象在西非热带干草原草场尤为严重。因为热带草原雨季的长短及雨季到来的时间受到副热带高压的严重影响，若副热带高压很强且持续很久，则雨季来得早，北涝南旱；反之则雨季来得晚些，南涝北旱。大旱打破了牧民传统南北移牧的规律，牲畜的饥饿期频繁出现，牧草在未成长之前就被牲畜啃光，长期下来，草场植被破坏严重，加速了沙漠化，承载能力下降。

（3）粮食短缺引起耕地面积扩大，导致农牧争地

非洲虽然土地面积广阔，但适宜种植作物的肥沃良地较少，加上经济技术落后，粮食单位面积的产量很低，缺粮问题严重，所以非洲成为世界上的粮食进口大洲。为了解决饥饿问题，有些热带非洲国家实施了不少农业计划，比较简单的做法就是扩大耕地面积。耕地的不断扩大侵占了较好的牧场，把一部分牲畜挤向其他草场，造成草场载畜量倍增，出现了过牧和草场退化。

（4）传统社会文化和土地占有制不利于草场的合理利用和保护

牛在热带非洲的传统社会文化中占有重要地位，被视为财富、社会地位和威望的象征，使得牧民只追求牲畜的数量而不关心草场的保护和牲畜的质量。另外，牲畜的私人占有和草场的村社公有，降低了牧民合理利用和保护草场的意识，从而出现草场利用的无政府状态，最终导致草场的严重破坏。

（5）水井布局不合理和草场管理不善

主要表现在水井布局密度与草场承载力不相适应。热带非洲国家为解决干旱地带草场的人畜供水条件而开辟新草场，积极挖掘地下水，但人畜不愿舍近求远，往往无控制地向水井附近集中，造成水井周围草场严重的人畜压力。由此可见，在开辟新草场引导牧民定居的过程中，科学地规划以及合理地布局供水点和居民点是合理利用草场的先决条件。

（6）传统的牲畜贸易路线形成了狭长的植物退化带，并随时间推移不断拓宽

放牧牲畜集中在非洲内陆地区，而畜产品的加工厂通常集中于沿海的一些国家，两者之间的距离较远，加上交通很不发达，所以大多数牧民采用徒步的方式将牲畜赶到屠宰场销售。长此以往就形成了传统的牲畜贸易路线，由于人和牲畜的往返踩踏就造成了狭长的植物退化带。

2. 萃萃蝇的危害使水草丰美的草场无法正常利用 ▶ ▶ ▶

萃萃蝇主要分布在北纬12°至南纬15°之间的广阔地带，以热带草原林地最为猖獗，目前热带非洲已发现有21种萃萃蝇。被萃萃蝇叮到的人或牲畜会昏睡不醒，这种病叫锥虫病，所以萃萃蝇的活动不仅大大限制了牛的饲养和草场利用的范围，而且还危害人的生命财产。控制和消灭萃萃蝇不是单纯的一项兽疫防治工作，而且是有效开发利用草场、扩大放牧面积、促进牧业发展的重要措施。

3. 烧荒导致草场退化和破坏 ▶ ▶ ▶

烧荒是热带草原农牧民的一种传统习惯，尽管在大部分国家这已被宣布为非法，但由于传统势力的顽固性，难以做到令行禁止。

牧民烧荒的主要目的有：抑制灌丛过密生长，促进草类生长以利于畜群流动觅食，同时还可避免两三年后因草原过密而可能发生的野火之灾；清除枯草利于牧草新生；消灭萃萃蝇和畜虱等病虫害；烧掉野兽出没的密生高草灌丛，以使人畜免受野兽危害。

反复烧荒会导致草原植物退化、加速沙漠化、载畜能力下降，另外还导致土壤失去腐殖质，造成土壤表层氮和有机质含量减少、硅含量减少、铁铝质富集、酸性加强、肥力下降；同时裸露的地表加剧了土壤侵蚀。

二、牲畜产品率与商品率均很低

非洲不少牧民把牛作为财富和威望的象征，故养牛只追求数量而不重视质量。管理粗放，大小、公母

畜混牧,自由交配,产仔品质差,生产率难以提高。经营方向不明确,肉用牛与奶用牛不分,毛用羊与肉用羊不分,导致这些多用途的牲畜没有被充分利用,不利于产品率的提高和商品生产的发展。例如,非洲牛的每头平均重约 138 千克,低于世界平均水平的 195 千克。乳牛的年产奶量在世界各大洲中也是最低的,平均每头乳牛的年产奶量不超过 500 千克,只及世界平均水平的 1/4。非洲是肉类净进口的大洲。牲畜产品率与商品率低的原因如下:

1. 粗放的饲养方式 ▶ ▶ ▶

游牧和半游牧的粗放的饲养方式使畜牧业的发展严重受气候变化的影响。旱季水草不足,再加上牧民不习惯储存牧草,因而牲畜营养不良,生长缓慢,雨旱两季反复增膘和掉膘,影响了牲畜的正常生长。一旦遇到反自然规律的天灾(大旱或大涝),会给牧民带来很大损失,不稳定因素很大。例如,1972～1973 年间西非和中非发生严重干旱,大批牲畜受灾死亡,1972 年的干旱导致全洲牛减少 1170 万头,绵羊减少 560 万只,山羊减少 210 万只,骆驼减少 60 万头。

游牧和半游牧的饲养方式不利于兽疫防治工作的开展。非洲兽疫较多,较普遍的有锥虫病、牛瘟、炭疽病、布氏杆菌病等。由于牧民视水草为家,不停地流动,居无定所,寻找游牧民的行踪实在很困难,兽疫工作开展起来步履维艰。

2. 畜产品加工工业基础薄弱及分布不合理、交通不发达、技术落后 ▶ ▶ ▶

非洲牧区大都集中于大陆内部,而畜产品加工企业为了便于出口,往往集中于沿海的城镇和港口,远离原料地;加上交通极不发达,牧民将要出售的牲畜徒步赶到沿海收畜场或屠宰场,由于距离遥远,途中水草不足,造成牲畜严重掉膘甚至死亡,肉的质量也有所降低,损失很大。非洲畜产品加工工业基础薄弱,表现为仅有少量工序简单的屠宰场,大批牲畜被迫以活畜的形式运出;非洲许多国家缺乏畜产品加工、保存、冷藏和运输设备,严重影响畜产品的加工质量及其商品率的提高,牧区虽有鲜牛奶却无法运出,沿海城市居民得不到鲜奶和奶制品的供应。

非洲许多国家在采取积极措施,改善牲畜饲养方式和改善畜产品加工条件,以提高畜产品质量和商品系,具体说来,有以下措施:

① 积极发展肉业和乳业,提高畜产品自给率,减少进口;
② 大力发展交通,组成现代化交通网,提高运营效率;
③ 改粗放的饲养方式为集约经营,建立现代化商业性牧场,建立畜牧试验站,进行示范性推广;
④ 积极引进、改良和培育新品种,建立兽医站,防治牲畜的疫情疫病;
⑤ 改善畜产品的加工条件,建立现代化屠宰场(如全自动化),配置冷藏设备。

三、牲畜品种改良与兽疫防治问题

非洲牲畜品种相当繁杂,且以本地种为主,经多年实践证明,通过在本地种中选育来提高牲畜产品率,效果不佳。不少国家为了提高牲畜质量,通过从国外引进良种与本地品种进行杂交改良,但由于非洲牲畜数量具有"小集中,大分散",游牧民的活动范围广、流动性大的特点,使品种改良工作面广量大,再加上交通不发达以及传统习俗的影响,全面推广难度大。

在非洲发展畜牧业所面临的许多问题中,比较突出的问题是牲畜疫病所造成的牲畜死亡和消瘦,主要的疫病有:

(1) 锥虫病(牛睡眠病)

锥虫病主要发生在热带草原林地萃萃蝇猖獗的地区。非洲 36 个国家深受其害,疫区面积 900 万平方千米,患病人数为 30 万～50 万,另有 6500 万人面临染病风险;300 万头牲畜死于该病,另有 5000 万头牲畜面临染病风险,给非洲畜牧业带来45亿美元/年的损失。

锥虫病由萃萃蝇(非洲舌蝇)传播,这种昆虫口器尖利,叮咬人、牲畜或动物时会将携带的锥体寄生虫注入体内,人会由此患上昏睡病,若不及时治疗会有生命危险;牲畜感染后则会患上致命的那加那病,表现为间断发烧、食欲不振、贫血和肿胀,2~12周死亡。

据报道,撒哈拉以南的非洲已发现有21种萃萃蝇,这种毒蝇的分布严格限制了牛的分布地区。目前防治锥虫病的措施有:局部清除河旁灌丛或喷洒杀虫药以破坏萃萃蝇的滋生地,注射杀锥虫剂,治疗病畜,选育抗锥虫病的畜种。

（2）牛瘟

牛瘟是牛的烈性传染病,家畜中牛、羊、猪均能自然感染。

已流行牛瘟的国家可采取疫苗预防接种来控制;受邻国牛瘟威胁的国家,可用建立免疫屏障地带与邻国流行区隔开的办法;还没有该病的国家应采取严格措施防治该病的传入,如禁止从有牛瘟的国家进口牛、羊、猪及其未经加工的畜产品。

（3）口蹄疫

口蹄疫是病毒通过唾液互相传染的,牛、羊、猪、驼均可感染。本病有强烈的传染性,病爆发后迅速蔓延,病畜四蹄鼓胀,造成很大损失。目前,口蹄疫病毒有7个不同类型,每一类型又有若干亚型。非洲为O、A、C型及SAT 1、SAT 2、SAT 3型。目前主要防治措施是封锁疫区,控制家畜流动,扑杀病畜和注射疫苗等。

（4）兰舌病

兰舌病是反刍兽的一种病毒性传染病,主要传染绵羊,其次为牛和山羊。这种病对养羊业有严重影响。传染媒介为吸血昆虫,因此夏季流行最为严重,潮湿季节、低洼地区,更易蔓延。据报道,该病对绵羊的致病率可达30%以上,病羊死亡率高达90%以上。患该病的绵羊表现为:体温升高、口、鼻、耳极度肿大,皮肤苍白发凉,重者死亡。病毒感染孕羊可导致畸形胎。主要防治措施是接种疫苗、屠杀病羊、检疫、控制羊只移动等。

此外,还有很多疫病对家畜均有不同程度的危害,如牛传染性胸膜肺炎、狂犬病、布氏杆菌病、非洲马瘟、非洲猪瘟等。

四、牧民饲养方式改变及农牧结合问题

（1）改变牧民饲养方式的问题

粗放的游牧和半游牧的饲养方式不利于畜牧业稳定健康持续的发展,为了更快发展畜牧业、改善牧民的生产和生活条件,不少国家虽试图通过开发撂荒地、打井、建住房等为游牧民创造定居条件,使游牧民由游牧改成定居,但效果不佳,许多牧民在定居一段时间后又重返牧场。想在很短时间内改变游牧民千百年来形成的生活方式与传统观念困难特别大,所以,游牧民定居是一个长期的过程,政府要在采取经济、技术措施的基础上,结合社会、文化措施。

（2）农牧分离问题

非洲农牧分离较普遍,农民不养畜,牧民不种地,很少有人采取牧草与粮食轮作方式的“混合农业”。其实农牧分离的方式给农牧业都造成了损害:农民缺乏役畜和畜肥,什么都靠人力劳动,浪费了大量本能从事其他行业的劳动力,另外还无法利用畜肥,仅仅依靠灌丛休闲恢复土壤肥力,时间漫长;牧民则缺乏饲料,被迫长期游牧,牲畜生长慢、体型小、肉乳产量低,同时游牧过程中牲畜毁坏庄稼,造成农牧民纠纷。有些国家,已提倡农牧结合的“混合农业”制,取得了一定的效果。

第六章

非洲林业

根据 2006 年联合国粮农组织森林资源评估报告，非洲森林面积为 6.492×10^{10} 公顷，占世界森林总面积的 16.18%。虽然非洲的森林资源并不如有些地区那样多，但是种类丰富，包括热带雨林、热带旱季落叶林、热带稀树草原林和温带混交林等主要林型。这些森林资源不仅给非洲带来了良好的环境效益，还产生了重要的经济价值。在非洲，林业已成为重要的生产活动和经济收入主要来源之一。[①]

第一节 非洲木材生产

一、非洲森林的采伐与加工

非洲的森林工业以木材采伐为主，木材采伐占世界的 16.9%，20 世纪 60 年代以来发展较快，年平均递增 2.8%（如图 6-1-1），增长速度是世界平均水平(1.3%)的 2 倍以上，其中针叶林的采伐增长快于阔叶林。1968～1979 年非洲原木采伐量由 3.1 亿立方米增长到 4.2 亿立方米，12 年间增长了 34%，而同期世界平均增长数仅为 20.6%。针叶林增长了 37%，阔叶林则增长了 33.4%。进入 21 世纪后，增长速度加快，2000 年非洲原木采伐量为 6 亿立方米，到 2007 年增加到 7.2 亿立方米。

非洲森林工业的规模同其资源的潜力很不相称，分布也不平衡。大多数国家森林采伐还主要属于农村自给、半自给经济的组成部分，从埃塞俄比亚到莫桑比克的大多数东非国家都属这种类型，木材采伐主要为了满足本地市场的需要，只有少量剩余供输出。工业性采伐的规模有限，在国民经济中不占重要地位。中、西非沿海国家是最主要的工业采伐区，其中有些国家的木材生产在国民经济中还占有重要地位，成为外汇收入的主要来源。例如，在刚果的国民经济中林产品就占主导地位，占出口总值的 60% 左右；科特迪瓦和加纳的木材出口分别次于咖啡和可可，是第二位的出口物资；加蓬的木材出口历史最久，早在 1903 年森林的采伐和加工就是主要的工业部门，其产值占国民生产总值的一半左右，加蓬还是世界最大的奥堪美榄生产和出口国。中、西非沿海国家现代化的木材采伐，大部分是旧欧洲的公司经营，所采伐的木材大部分以原木的形式出口到欧洲。这些外国采伐公司首先从交通方便的铁路沿线、沿海平原及原木能顺流浮送的河流两岸和下游大量采伐，而后逐渐向内地扩大采伐。目前科特迪瓦阿比让附近地区、加纳西南部、尼日利亚的本代尔州、加蓬的沿海平原及可以通航的河流两岸，特别是奥果韦河下游、刚果南部等交通方便的主要林区，森林资源已经耗竭或趋向耗竭。[②]

---

① 详见本书第二章第四节。
② 曾尊固，等. 非洲农业地理[M]. 北京：商务印书馆，1984.

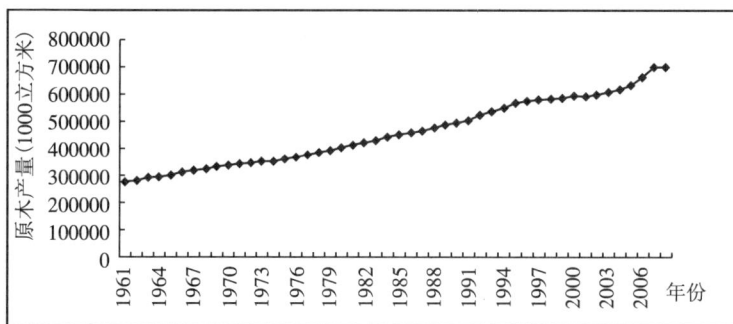

图 6-1-1　非洲原木采伐量增长曲线图①

二、非洲林业生产特点

　　长期以来,非洲林业资源是西方殖民国家掠夺的目标,非洲国家独立后重视林业生产,林业发展迅速。非洲热带森林带是世界热带原木的重要出口地区,如科特迪瓦、喀麦隆、加蓬、加纳等国占据了世界 15 个最大热带原木出口国的 4 个席位。

1. 在林产品结构上,薪炭材占绝对优势 ▶ ▶ ▶

　　非洲是薪材的重要生产区,占全球薪材总产量的 1/4。在 1996 年的 5.88 亿立方米木材中,就有 5.2 亿立方米为薪材,占总采伐量的 88%,远高于世界平均 55% 的份额;而工业用木材只有 6793 万吨,占非洲木材采伐量的 12%,远低于世界平均 45% 的份额,非洲许多国家需要进口工业木材产品。

　　非洲针叶林的采伐量虽只占总采伐的 3%,但针叶林的工业用材产量却占全洲工业用材总产量的 15.6%,占针叶林总采伐量的 58.4%,而阔叶林的工业用材仅占阔叶林总采伐量的 10.6%。可见针叶林生产的工业用材比例远大于阔叶林,这也是近年来许多非洲国家重视并大力发展针叶林的原因之一。中、西非沿海各国是非洲工业性用材的最大采伐区,占非洲工业用材总产量的 43.4%。南非和斯威士兰则占非洲工业用材总数的 25.8%,其特点是人工林为主,针叶林为主,与非洲其他地区截然不同。

2. 森林采伐受外国公司或外国资本控制,采伐方式具选择性 ▶ ▶ ▶

　　非洲森林工业性采伐仅限于 25～35 个树种,如非洲棟、非洲梧桐占科特迪瓦原木出口量的 1/3,占加纳原木出口量的 1/2 以上,红铁木、阿芙苏木、安哥拉密花树、筒状非洲棟、非洲棟五种木材占喀麦隆原木出口量的 80%。加上单位面积商品材蓄积量不大,这种"狩猎式"采伐使得采运费用昂贵、出材率低。据一些林区调查,伐木场每砍伐 25～30 立方米木材,只能出原木 3～4 立方米,树头、树尾、短树干皆弃之不用,造成资源的极大浪费。

3. 森林采伐地区差异大,明显受运输条件的限制,林区开发状况很不平衡 ▶ ▶ ▶

　　非洲森林采伐的地区差异很大,以尼日利亚、刚果(金)、坦桑尼亚、加纳、肯尼亚和埃塞俄比亚六国最多,均在 2000 万立方米以上,合占非洲总采伐量的 58%,其中尼日利亚木材采伐量占非洲的 19%。这些国家同时也是薪炭林的主要采伐者,其中尼日利亚占 20%。南非、埃塞俄比亚、斯威士兰、肯尼亚和阿尔及利亚是采伐针叶林的主要国家,采伐量均在 100 万立方米以上,合占全洲针叶林采伐量的 90%。南非和尼日利亚工业性采伐较大,分别占非洲工业原木采伐量的 26% 和 13%。

---

　　① 　根据 FAO 统计制图.

据调查,在热带林区平均采伐 1000 公顷需修路 10 千米,而当地的气候、植被条件又使道路修建困难大、费用高。因此,林区开发程度往往视其距海岸港口或交通干线的距离而异。像深处内陆的刚果北部和刚果(金)中部林区,丛林密生、沼泽广布、人烟稀少、交通网稀疏,许多珍贵林木早已逾龄,由于得不到及时采伐而任其枯死。相反,如几内亚湾沿岸、刚果、刚果(金)南部等交通便利的林区,森林采伐十分活跃,甚至出现资源枯竭的现象。[①]

4. 木材加工工业薄弱,主要以锯木业为主,原木出口比重大 ▶ ▶ ▶

20 世纪 70 年代以来,热带森林带的原木出口量占工业用材产量的 30%~40%,个别国家如科特迪瓦、加蓬高达 60%~90%,这一比重比非洲平均数高一倍,更大大高于世界平均值。1996 年科特迪瓦木材和木炭产量为 1179.4 万立方米,工业原木 300.8 万立方米,锯材 70.6 万立方米,人造板 27.2 万立方米,纸浆和纸产品的生产为零。这种状况是殖民经济留下的一种痕迹。长期以来,工业发达的资本主义国家为限制非洲木材加工工业的发展和木材制品的出口,采取了各种手段,如对进口的非洲原木免征关税,而对进口锯材、刨花板、胶合板则征税 10%~15% 等。独立以来,非洲一些木材出口国为减少资本主义国家的盘剥,采取一系列旨在保护林权、限制原木出口、发展木材加工工业的措施,并已初见收效。近年来原木出口的比重有明显下降的趋势。

工业用材结构以锯材和板材为主,其他工业用材生产很少。锯木业是非洲最大的木材加工业,产量从 1968 年的 376 万立方米增至 1996 年的 915 万立方米,增长了 1.5 倍;板材产量从 1968 年的 63 万吨增至 1996 年的 182 万吨,增长了近 2 倍。非洲锯材和板材生产普遍,大多数国家可以满足自身需要;而纸浆和造纸业特别薄弱,南非等 7 个国家纸浆产量就占非洲纸浆产量的 100%。在锯材、板材和纸浆这三项林产品中,南非占的份额分别是 18%、31% 和 77%,是非洲最大的林产品加工国;尼日利亚是非洲最大的锯材加工国,锯材占非洲的 31%;喀麦隆的锯材、科特迪瓦的板材在非洲也占有一定的份额(见表 6-1-1)。热带森林带坑木产量仅 4.5 万立方米,造纸材则几乎是空白(在某种程度上同木材树脂含量高、不适造纸有关)。因此,热带森林带虽是重要的木材出口地区,每年却需进口纸和纸板 25.5 万吨,还大量进口人造纤维板。近些年来,一些国家积极利用当地资源并引种桉树、热带松树等速生树种,营造人工林,为发展造纸工业提供原料。

表 6-1-1 非洲林产品产量(千立方米)及占世界比例(%)[②]

	原木	薪炭林	工业原木	锯材	板材	纸浆
生产量	555260	490669	64590	8655	1631	2348
占世界比例	16.9	27	4.3	2	1.2	1.5
主要生产国	尼日利亚、埃塞俄比亚、刚果(金)、肯尼亚、坦桑尼亚	尼日利亚、埃塞俄比亚、刚果(金)、肯尼亚、坦桑尼亚、加纳	南非、尼日利亚	尼日利亚、南非、喀麦隆	南非、科特迪瓦	南非

5. 非洲对林产品消费量较大且具有明显的初级性 ▶ ▶ ▶

非洲是世界最主要的森林消费者,每年消耗着世界 17% 的林木,而且还在继续上升。尼日利亚是非洲最大的原木,特别是薪材的消费者,年消费量超过 1 亿吨,占非洲的 20%;埃塞俄比亚、刚果(金)、肯尼亚、坦桑尼亚和加纳的薪材年消费量也在 2000 万吨以上,各占非洲的 5%~9%。工业原木的消费集中在南非(年消费量 1498 万吨)和尼日利亚(年消费量 830 万吨),两国合占非洲工业原木消费的 40%。尼日利

---

① 周秀慧,张重阳. 非洲森林资源与林业持续经营[J]. 世界地理研究,2007(3):93~95.
② 数据来源:FAO. FAO Forest Products. Yearbook 2006. FAO Production Yearbook,2000~2002.

亚、埃及和南非消费了非洲共计 56％的锯材,每国年消费量在 200 万吨上下。南非(1996 年消费 74 万吨板材)和埃及(年消费板材 20 万吨)消费了非洲 41％的板材。南非是非洲纸浆生产国,也是纸浆的消费大国,1992 年～1996 年间平均消费纸浆 134 万吨,占非洲 73％,但近几年消费量在下降。

非洲林产品消费结构具有明显的初级特点,是世界最主要的林木原料消耗地。消费结构以薪炭林占绝对优势,1996 年消费薪炭林 5.2 亿吨,占当年林木消费量的 88.4％、木材消费量的 89.5％。工业原木消费量为 6117 万吨,仅占世界 4％。林木制成品的消费水平在世界的比重更是微乎其微。非洲原木每千人每年的消费量为 786 立方米,比世界 582 立方米的平均水平高出 35％,这主要是非洲薪材消费水平高的原因,其人均薪材消费量是世界平均水平的 2.2 倍,而工业原木的人均消费只及世界平均水平的 1/3,各种木材加工品的人均消费更是只有世界平均水平的 1/4～1/9。

人均工业原木消费量最高的国家是斯威士兰,高达非洲平均水平的 11.8 倍,南非为 4.5 倍,赤道几内亚、加蓬、科特迪瓦和中非在 2 倍以上。加蓬和留尼旺人均锯材消费量最高,为非洲平均水平的 8 倍,斯威士兰和喀麦隆在 5 倍左右,南非、赞比亚、埃及、利比里亚、莫桑比克、圣多美和普林西比、利比亚和突尼斯的人均锯材消费在全洲水平的 2 倍以上。非洲一些岛国的人均板材消费量最高,留尼旺是全洲水平的 12 倍,毛里求斯、塞舌尔、南非和突尼斯是非洲平均水平的 5 倍以上,其次为科特迪瓦和斯威士兰等国。由于纸浆的生产和消费集中在少数几个国家,所以人均消费量的国际差异很大,南非最高,其次是斯威士兰。

第二节　主要木材产区与生产国家

一、非洲主要林区

非洲主要林业生产区是热带森林带。

1. 几内亚林区 ▶ ▶ ▶

该林区从塞拉利昂至加纳沃尔特平原,长 1280 千米,宽 400 千米,森林面积约 1200 万公顷,仅占整个热带森林带内森林覆盖面积的 6.8％左右,但在工业性采伐、木材加工和出口上却均居首要地位,亦是热带非洲最大的工业用材生产和出口地区。

科特迪瓦是本林区内森林采伐和木材加工最发达的国家,自 1958 年以来林业发展很快,目前科特迪瓦木材产量居西非首位。科特迪瓦主要出口产品是工业原木、锯材和人造板。例如,1996 年出口原木 33.2 万立方米、锯材 50.1 万立方米、人造板 7.4 万立方米。与热带材原木出口量最多的喀麦隆和利比里亚相比,科特迪瓦由于制材和胶合板工业较为发达,成为西非最大的热带锯材和主要的热带胶合板出口国。由于科特迪瓦不生产纸产品,所以国内纸和纸板的消费全部依靠进口。

2. 尼日利亚林区 ▶ ▶ ▶

该林区主要分布于从贝宁、尼日利亚边界向东延伸至喀麦隆山脉宽 100～160 千米的沿海低地,年降水量在 1500 毫米以上,森林生长茂密。稀树草原林分布在年平均降水量 1000～1500 毫米的地域。年均降水量不足 1000 毫米的高原周边地带主要分布的是豆科树木和散生的带刺矮灌木。年均降水量 500 毫米以下的地带仅有散生的矮灌木。

尼日利亚拥有丰富的热带雨林,森林面积约为 1090 万公顷,约占国土面积的 14％,是世界热带木材的传统出口国,主要出产红木、红白坚木、柚木及胡桃木等,大部分木材产于南方低地。伐木业和木材加工业对该国经济具有相当的影响力,1979 年木材产量居非洲首位,但 95％为薪炭材。近 20 年来采伐量不断增长,以薪炭林为主的林产品结构无明显变化,原木出口量在 20 世纪 50 年代和 60 年代不断上升,70 年代急转直下。据 FAO 预测,1995 年尼日利亚木材产品的需求量为锯材 1147.6 万立方米、胶合板 112 万立方米、纸制品 72 吨,分别比 20 年前(1975 年)增加了 4 倍、11 倍和 7 倍,但该国 1993 年的木材产量是 11805.2 万立方米,薪材和木炭 10978.9 万立方米、锯材和薄板材 598.4 万立方米、胶合板 7.2 万立方米。

尼日利亚林业面临资源日益减少的问题,原有森林占国土面积的 33％,由于长期烧垦毁林,森林覆盖率逐年下降。据联合国粮农组织统计,20 世纪初森林覆盖率为 75％,60 年代为 30％,如今不到 5％,其中高价值的硬木森林只占全国国土面积的约 2％。在西非其他两个国家,使用薪材作为燃料的人口已经大幅度减少,但是尼日利亚 70％的人口至今仍然依赖薪材。毁林造成了土壤侵蚀和流失,肥力下降以及农业产量降低。[①]

3. 赤道林区 ▶ ▶ ▶

本林区包括喀麦隆、中非南部、赤道几内亚、加蓬、刚果和刚果(金)中北部。森林面积达 1.54 亿公顷,比几内亚林区大 10 余倍,但无论是总采伐量、工业用材产量还是原木、锯材产量和出口量均远不及几内亚林区,故资源潜力利用极不充分。90％左右的森林既无集约经营,亦无粗放经营,主要原因是受当地交通条件、市场需求和技术力量的限制。正是由于这种种限制,现有森林采伐区的分布很不均衡。

加蓬是人烟稀少、森林资源丰富的国家。加蓬由于人口密度低,石油和采矿业又发达,就业机会较多,加上有较完善的林业管理体制,使森林得到了较好的保护,到处可见郁郁葱葱的森林,在世界上享有森林之国的美称。林业在加蓬国民经济中占有重要地位,1995 年原木产量为 217 万平方米,木材产值占国内生产总值的 3.3％。木材和其他林产品出口在加蓬出口总额中居第 2 位,占出口总值的 35％。加蓬盛产加蓬榄,又称黑檀木,产量居世界首位。

刚果(金)森林资源极为丰富,森林大部分属于非洲赤道稠密林。林业在刚果(金)的国家经济和社会结构中占有很重要的地位。森林可为人们提供薪炭材、建筑材、工业材、纤维、化妆品原料、橡胶、树胶、树脂、蜡、单宁、蘑菇、饲料和药材等各种林产品以及宝贵的水资源。药用植物在当地药典中推广使用,有些药材已出口到欧洲。但木材加工业比较落后,只有少数木材企业生产水平较高。全国有大小 38 家木材生产企业,大部分由外国人经营,主要产品有原木、锯材、旋切单板、刨切单板和胶合板。

喀麦隆是非洲森林资源丰富的国家之一,喀麦隆南部为热带森林地区,山麓地带邻近赤道,覆盖着茂密的热带雨林。喀麦隆是世界主要木材出口国家之一,木材是喀麦隆重要的出口物资。出口的原木中红木占 40％,其他也是一些珍贵材种,木材质硬、耐腐、耐高温,不需做任何处理即可用于建筑,主要出口西欧地区,如德国、荷兰、英国、法国和比利时。

刚果森林资源极为丰富,森林树种成分复杂,但伐区内可伐的用材树种株数并不多,森林采伐机械化程度不高,采伐工具大多数是手锯,油锯只在进行人工林抚育间伐时使用。在刚果的森林采伐量中,82％为加蓬榄、筒状

图 6 - 2 - 1　刚果马永贝地区艳榄仁树人工林(22 龄)

非洲棟、非洲棟、安哥拉非洲棟、艳榄仁树(如图 6 - 2 - 1)、非洲梧桐、坦桑黄叶树及加蓬紫金牛,其中加蓬榄独占 44.6％。在刚果,还有一些树种尚未被人们认识,开发利用不够。

---

① 关百钧. 世界林业［M］. 北京:中国林业出版社,1989.

二、非洲主要林业生产国

1. 刚果（金）林业状况 ▶ ▶ ▶

　　非洲刚果盆地热带雨林的面积仅次于南美洲亚马逊盆地热带雨林,被称为"地球第二肺",它的一半以上面积位于刚果（金）境内。刚果（金）总面积为 234.5 平方千米,森林面积达 1.25 亿公顷,森林覆盖率达到 53%,占非洲热带森林面积的一半。其中 8000 万公顷可供开采,木材年均可采伐量达 62 万公顷。刚果（金）是世界木材资源最丰富的国家之一,有"世界原料库"、"中非宝石"等称号,盛产乌木、红木、花梨木、黄漆木等 22 种贵重木材。

　　据刚果（金）环境、自然保护与旅游部统计,2007 年刚果（金）出口木材达 28 万立方米,比 2006 年增长 30%,出口创汇 5000 万欧元,比 2006 年增长 40%。目前,我国山东、东莞等当地的一些家具厂就使用刚果（金）的木材。

2. 加蓬林业状况 ▶ ▶ ▶

　　加蓬地处中西非地区的刚果河盆地,全国面积为 267667 平方千米,森林面积为 2182 万公顷,森林覆盖率为 85%,有"绿金之国"的美誉,是世界第二"绿肺",非洲的"大氧吧",在 2000 多万公顷的森林里生长着 1.1 万种植物。加蓬的原木储藏量约为 4 亿立方米,位居非洲第三位。加蓬盛产奥库梅木,储量达 1.3 亿立方米,这种木料纹路清晰、气味芳香,做出的家具别具特色。

　　加蓬原木主要出口中国、欧洲、地中海、美洲和亚洲。每年向中国出口约 100 万立方米,占 56%,欧洲市场占 24%,地中海市场占 15%。因为加蓬森林中具有商业开采价值的树种较多,原木加工可以提高产品的附加值,为国民提供更多的就业机会并创造效益,因此加蓬政府一直鼓励木材在当地加工后出口。加蓬木材加工率已经由 1999 年的 7% 上升到 2007 的 30%,根据政府制定的目标,2012 年加工率有望达到 75%,2025 年达到 95%。2007 年,森林行业的直接就业人数为 6000 人,间接就业人员有 10000 多人,林业已成为加蓬国民经济的第二支柱产业,也是加蓬国家财政收入的第二来源。

3. 喀麦隆林业状况 ▶ ▶ ▶

　　喀麦隆位于非洲中西部,地处刚果盆地,森林是喀麦隆一种极为重要的自然资源,主要分布在东、南、西部地区。全国森林面积达 2250 多万公顷,约占国土面积的 47%,其中 80%、约 1750 公顷可供开采,品种达 300 余种,其中大量采伐的树种只有 30 多个,占可采伐树种的比例为 10%。喀麦隆西部和南部森林面积约有 1400 万公顷,以采伐原木为主,并且盛产黑檀木、桃花心木等贵重木材。

　　喀麦隆的林业开发和相关活动在国民经济中有着重要地位,森林工业占其国民经济总产值的 6%。2007 年,森林工业出口额达 5000 亿美元,占该国出口额的 13.3%,欧洲和北美等发达国家是其主要出口国。林业是喀麦隆的经济的重要组成部分,创造就业机会 4.5 万个。

4. 刚果林业状况 ▶ ▶ ▶

　　刚果位于刚果盆地,森林资源丰富,面积达 2134 公顷,占国土面积的 60%,约占非洲大陆森林面积的 10%。刚果林业资源种类丰富,有较大的开发潜力,木材品种有 300 多种。刚果主要出产树种为桉树,是继巴西之后世界第二大桉树原木出口国。刚果的棕榈也负有盛名,主要产于北部省份的桑加和利夸拉,提供当地生产肥皂用的棕榈油。

　　除上述两种树种外,刚果还出产诸如桃花心木、沙皮栎、四宝栎、奥库梅、伦巴木和松树等 30 多个树种,主要销往葡萄牙、法国、意大利、日本和中国,其中销往中国的木材仅占木材出口额的 4%。

刚果木材工业始于第二次世界大战之后，在经济发展中的地位较低，主要是初加工工业，即制材和旋切单板工业。在木材出口中，以原木为主，约占原木产量的60%。刚果从1978年开始，在黑角地区发展桉树工业人工林（如图6-2-2）。到20世纪80年代末，已形成拥有较大规模的造林公司（UAIC），并已造林3万公顷以上。从飞机上往下看，黑角市周围被林海覆盖。到20世纪末，桉树工业人工林已发展到近10万公顷。由于桉树杂交种具有很强的适应性，它们在肥力不足的沿海热带草原长势很好。刚果最初发展桉树工业人工林的目标是保护沿刚果河流域的热带雨林，并为拟建的一座年产20万吨纸浆厂准备原料。当

图6-2-2　刚果黑角地区桉树工业人工林

然由于刚果政局动荡，后来这片现代化人工林落入了国际壳牌公司之手，公司名称也改了。20世纪90年代中期，刚果制定了一个人工林计划，已经种植的桉树和松树约4.4万公顷，并计划在下一个10年再种植7.7万公顷，特别是在沿海地区，但因后来筹措不到巨额资金，计划破产，从而也使原料林的产品出路陷入困境。1993年，由世界银行投资在刚果黑角市筹建了薪材协会。薪材协会对城市每年木材能源消耗进行调查后指出，在城市附近大量发展薪材不但有可能，而且还可以缓解经济困境。刚果在首都布拉柴维尔附近营造了4000～5000公顷薪材林，在黑角附近营造了2000公顷薪炭林，以满足城市居民对燃料的需求。

5. 中非林业状况 ▶ ▶ ▶

中非共和国森林覆盖率为12%，森林资源由南向北可分为5个地质带：密集而潮湿森林的几内亚地带、半潮湿森林的苏丹-班吉地带、干旱森林的苏丹-几内亚地带、无立木平原的苏丹—萨赫勒地带、带有荒漠草原的萨赫勒地带。

中非共和国盛产热带名贵木材，热带森林面积达522.36万公顷，为该国面积的12%。人工林大约有4000公顷，主要造林树种有桉树cedrela和framire。该国林业发展较快，2000年出产原木约80.68万立方米，比1999年增长21%，甚至超过钻石出口量，成为该国第一出口创汇产业。[①]

6. 马达加斯加林业状况 ▶ ▶ ▶

马达加斯加位于非洲大陆的东南部，是非洲最大的岛国，森林覆盖面积约为931万公顷，占国土面积的15.7%，其中商业开采量约600多万立方米。其森林类型多样，原生性的森林群落主要有常绿林、落叶林和落叶灌木丛。树种以针叶林为主，也有红木、香木、紫檀、黑木、玫瑰木（红木）及巴厘桑木（即黄檀、花梨）等名贵树种。作为世界第四大岛，马达加斯加有着极其丰富的森林资源，14000种植物中有90%在世界其他地方是不存在的。正是由于该国某些树种的稀缺性，近年来，该国的红木、紫檀木和巴厘桑木等珍贵木材供不应求，数量急剧减少。[②]

7. 几内亚林业状况 ▶ ▶ ▶

几内亚森林面积为220万公顷，森林覆盖率达80%，主要分布在西非大陆和漂移大陆的海岛上。几内亚森林区属于赤道森林范畴，一般分为三层，分别生长着成材林木、攀援植物和灌木。林业曾经是几内亚的支柱产业，但是随着石油的大规模开发，林业已不占主导地位。

---

① 王明. 中非旅游商务网[EB/OL][2009-12-22]. http://www.africatb.com/html/200801/31/20080131091406.htm.

② Chan Kai Marcel, Su Zhi Yao, Chen Bei Guang. The Tropical Forest Resource of Madagascar Island[J]. Journal of South China Agricultural University(Natural Science Edition),2002,23(3):21~23.

几内亚木材品种繁多且质地优良,主要树种有蓬榄、红木、紫檀木和红铁木等,主要出口中国、法国、西班牙、日本、葡萄牙和摩洛哥。[①]

第三节　非洲主要林副产品

非洲森林经济价值较高的木材主要有红木、檀木、花梨木、奥堪美榄、乌木、樟树、栲树、胡桃木、黄漆木、栓皮栎等。非洲森林的集中分布区是在热带森林带,热带森林带主要商品木材约40余种。这里所产的木材在物理性能和使用价值上具有热带木材的一般特点。按天然干木(含水率为12%~15%)比重可分轻木(0~0.49克/立方厘米)、中重木(0.5~0.69克/立方厘米)、重木(0.7~0.99)和特重木(>1)四类。轻木包括桃花心木、奥堪美榄、非洲梧桐、非洲胡桃木、安哥拉密花树、刚果苏木等,易于加工,可用于制造胶合板及室内家具、车厢、乐器、雕刻艺术品等。中重木有非洲楝、马科列、艳榄仁树、科特迪瓦榄仁树、驼峰楝、图拉花等,可用于屋梁、拼花地板、修饰镶嵌板,亦可做胶合板。重木以大绿柄桑、毒拜伦木、阿荚苏木、西非乌檀等最多见,可用于重型建筑、整板家具、拼花地板,亦可做镕嵌薄板。特重木以红铁木最著名,由于承压大,多用于水下结构、重型屋梁、桥梁、铁路枕木等。主要非洲热带木材见表6-3-1所示。

此外,非洲还生产一些林副产品,主要有阿拉伯树胶、栲胶、乳香、没药和栓皮等。在萨赫勒和苏丹草原地带,从阿拉伯胶树提取阿拉伯树胶,用于食品、橡胶、陶瓷、皮革、塑料、纺织、医药和化工等。苏丹是世界阿拉伯树胶的最大生产出口国,生产量占世界产量的90%左右。在东非的乳香树和没药树分泌物中可提取乳香和没药用于医药工业,主要生产国为埃塞俄比亚和索马里。在西北非,典型的地中海式树木为栓皮栎,其树皮是软的优质材料,世界主要软木产地是摩洛哥、阿尔及利亚和突尼斯。在非洲许多地方如南非、摩洛哥、坦桑尼亚和马达加斯加等地,从富含单宁的黑荆树红树、栓皮栎、冬青栎等植物中提取栲胶,用于制革、冶金、选矿等工业,以及渔业、石油钻探、锅炉防垢、交通运输等。[②]

表6-3-1　主要非洲热带木材一览表[③]

名　称	商品材名称	科　属	分　布	主　要　特　性	主　要　用　途
奥堪美榄 Aucoumeaklaineana	Okoume	橄榄科 Burseraceae	加蓬、刚果、赤道几内亚等	大乔木,心浅红褐-白色;材轻,强度弱,光泽强,结构细匀,干燥快,无开裂和翘曲,加工容易,耐腐性能良好	主要用于生产装饰单板、胶合板、家具、包装箱、盒、木模等
中非蜡烛木 Daoryodesbuettneri	Ozigo	橄榄科 Burseraceae	加蓬、刚果、扎伊尔、喀麦隆、赤道几内亚	大乔木,主干直圆,浅黄褐色灰白色;具光泽,结构细匀,重量中,干缩甚大,强度中至高,略有变形,开裂较严重,不耐腐	造船、车辆、家具、室内装修、地板、包装箱、板条箱、胶合板等
厚瓣乌木 Diospyros Crassiflora	Ebene	柿树科 Ebenaceae	尼日利亚、喀麦隆、加蓬、赤道几内亚等中非地区	大乔木,干形好;木材散孔材;心材近黑色或浅黑色,边材红褐色;木材光泽强;无特殊气味,结构甚细、均匀,木材甚重,干缩甚大,强度高;木材干燥速度中等,性能良好,几乎无开裂和变形	高级家具、乐器、雕刻工艺品、剑柄等

① 丁沪闽.非洲主要林业国家木材资源概况[J].河北农业科学,2010,14(2):88~90.
② 曾尊固,等.非洲农业地理[M].北京:商务印书馆,1984.
③ 侯元兆,等.热带林学[M].北京:中国林业出版社,2002.

续　表

名　称	商品材名称	科　属	分　布	主 要 特 性	主要用途
大美木豆 Pericopsis Elata	Afrormosia	豆科 Leguminosae	加纳、科特迪瓦、尼日利亚、喀麦隆、中非等	大乔木，具板根，木材散孔材；心材黄褐色，久露大气材色加深，边材浅黄褐；木材具光泽；无特殊气味，结构甚细、均匀，重量中，干缩大，强度高；木材干燥慢，性能良好，略有开裂和变形，很耐腐	高级家具、地板、装饰单板、造船、车辆等
缅茄 Africa Spp	Doussie	豆科 Leguminosae	加纳、尼日利亚、喀麦隆、刚果、安哥拉、刚果(金)、科特迪瓦、莫桑比克等中非至西非广大地区	大乔木，木材散孔材；心材红褐色，边材浅黄白色；木材具光泽，无特殊气味，结构细，略均匀，木材重，干缩中，强度高；木材干燥慢，但性能良好，几乎无开裂和变形；耐腐性强，加工性能中等	高级家具、室内装修、化工用木桶等
两蕊苏木 Distemonanthus Benthamianus	Ayan，Movingui	豆科 Leguminosae	科特迪瓦、加纳、尼日利亚、喀麦隆、加蓬、刚果(金)等中非至西非	大乔木，主干直圆，有脆心材发生；木材散孔材；心材黄色至黄褐色，边材草黄色，木材具光泽，无特殊气味，结构细匀，重量及干缩中等，强度高；木材干燥略慢，几乎无开裂和变形，略耐腐，加工容易，切面光滑，胶黏性能好，具有一定抗硫酸性能	装饰单板、家具、室内外装修、造船、化工用木桶等
古夷苏木 Guibourtia Spp	Bubinga Waka	豆科 Leguminosae	喀麦隆、赤道几内亚、加蓬、刚果(金)等中非地区	大乔木，主干直圆；心材红褐色或粉红褐色，具紫色条纹，边材乳白色；木材具光泽；无特殊气味，结构细匀，木材重，干缩甚大，强度高；木材耐腐，加工不难，切面光滑	上等家具、装饰板材
葱叶状铁木豆 Swartzia Fistuloides	Dina， Pao Rosa	豆科 Leguminosae	科特迪瓦、加蓬、中非共和国、刚果、刚果(金)、莫桑比克等	大乔木，木材散孔材；心材紫红褐色，具深浅相间条纹，边材黄白色；木材具光泽；无特殊气味，结构细，略均匀，木材甚重，干缩大，强度高，很耐腐，加工较困难，表面光滑	高级家具、细木工、装饰单板、乐器、雕刻等
艳榄仁 Telrminalia Superba	Limba	使君子科 Combretaceae	塞拉利昂、加纳、尼日利亚、喀麦隆、刚果(金)、刚果等西非至中非广大地区	大乔木，树干直圆，木材散孔材；心材浅黄，边材色浅；木材光泽强，无特殊气味，结构略细，均匀，木材轻，干缩大，强度中；木材干燥快，几乎无开裂和变形；不耐腐，加工容易	刨切装饰单板、胶合板、室内装修、木模、食品包装、车旋制品等
黑黄檀 Dalbergia Melanoxylon	African Grenadillo	豆科 Leguminosae	塞内加尔、莫桑比克、坦桑尼亚、乌干达、苏丹等西非至东非地区	乔木，木材散孔材；心材深紫褐色，边材浅黄白色；木材具光泽，无特殊气味，纹理直，结构甚细均匀，木材甚重，强度高；木材干燥慢，变形小，开裂较严重，很耐腐，易胶黏	木材适宜生产高级家具、乐器部件、雕刻工艺品、车旋制品、手杖等

续 表

名 称	商品材名称	科 属	分 布	主 要 特 性	主 要 用 途
非洲紫檀 Pterocarpus Soyauxii	African Padauk	豆科 Leguminosae	产于刚果(金)，其次是刚果、喀麦隆、莫桑比克、坦桑尼亚等	大乔木，主干直，心材新切面黄褐色，久则呈紫褐色，带深色条纹，边材近白色；木材具光泽，无特殊气味，结构略粗不均匀，木材重，干缩甚大，强度高；木材干燥慢，略有翘曲；很耐腐	高级家具(俗称鸡翅木)、刨切装饰单板、雕刻工艺品、车旋制品、地板等
非洲楝 Entandrophragma Cylindrcum	Sapeeli, Sapele	楝科 Meliaceae	加纳、科特迪瓦、尼日利亚、喀麦隆、刚果(金)、刚果、安哥拉、乌干达等西非到东非广大地区	大乔木，树干通直，木材散孔材；心材红褐色至紫褐色，边材灰白至浅黄色；木材具光泽，新切面有雪松气味，结构细匀，重量中，干缩大，强度中到高；木材干燥略快，几乎无开裂，但有变形发生，加工容易	高级家具、刨切装饰单板、胶合板、墙壁板、地板、雕刻及车旋制品等
卡雅楝 Khaya Ivorensis	Acajou, African Mahogany	楝科 Meliaceae	科特迪瓦、喀麦隆、加蓬、加纳、尼日利亚等	大乔木，木材散孔材；心材金黄色，边材乳白色至浅黄色；木材具光泽，无特殊气味，结构细匀，木材轻，干缩大，强度中；易开裂和变形，加工容易，切面光滑	刨切装饰单板，用于家具、细木工、车厢等表面装饰板，也可生产家具、乐器及室内装修等
毛洛沃楝 Lovoa Trichilioides	African Walnut, Dibetou	楝科 Meliaceae	塞拉利昂、加蓬、尼日利亚、加纳、喀麦隆、刚果(金)等西非至中非地区	大乔木，树干通直，木材散孔材；心材金黄褐色，边材浅黄色；木材光泽强，无特殊气味，结构细匀，木材轻，干缩中，强度中；木材干燥速度中等，几乎无开裂和变形，加工容易	家具、细木工、室内装修、食品包装、刨切装饰单板
大绿柄桑 Chlorophora Excelsa	Iroko	桑科 Moraceae	在热带非洲广泛分布	大乔木，树干通直；木材散孔材；心材黄褐色至暗褐色，边材黄白色；木材略有光泽，无特殊气味，结构均匀，重量及干缩中，强度中至高；木材干燥速度中，略有开裂和变形，很耐腐，加工较容易	上等家具、细木工、室内外装修、地板、造船、化工用木桶、刨切装饰单板等
翼红铁木 Lophira Alata	Azobe, Ekki	金莲木科 Ochnaceae	科特迪瓦、塞拉利昂、加纳、尼日利亚、喀麦隆、加蓬、刚果、赤道几内亚等	大乔木，树干通直；木材散孔材；心材暗红至紫褐色，边材粉色；木材具光泽，无特殊气味，结构均匀；木材甚重，干缩甚大，强度高；木材干燥困难，易发生开裂和变形，是非洲已知木材中最耐腐的一种；木材加工困难	桥墩、码头桩木、枕木、载重地板、卡车车底板等
犹氏黄胆木 Nauclea Diderrichii	Bilinga, Opepe	茜草科 Rubiaceae	从塞拉利昂、加纳、科特迪瓦、加蓬、喀麦隆、刚果、乌干达到安哥拉等广大地区	大乔木，木材散孔材；心材黄至橘黄色，边材浅黄白色；木材具光泽，无特殊气味，结构细均匀，重量中，干缩甚大，强度中至高；木材干燥慢，略变形，开裂较严重；木材耐腐，抗蚁性强	枕木、造船、建筑、车辆、地板、刨切装饰单板等

续 表

名 称	商品材名称	科 属	分 布	主要特性	主要用途
猴子果 Tieghemella	Makore, Douka	山榄科 Sapotaceae	加纳、加蓬、尼日利亚、科特迪瓦、塞拉利昂等西非至中非	大乔木,主干圆形,木材散孔材;心材浅红至暗红褐色,边材白至浅粉色;木材光泽强,无特殊气味,结构细,略均匀,重量中,干缩甚大,强度高;木材干燥慢,几乎无开裂和变形,很耐腐,加工不难	家具、细木工、造船、室内装修、胶合板、雕刻等
曼森梧桐 Mansoniaaltissima	Mansonia, Bete	梧桐科 Sterculiaceae	科特迪瓦、加纳、尼日利亚、喀麦隆、刚果(金)等	大乔木,树干通直,木材散孔材;心材黄褐至褐紫色,边材近白色;木材具光泽,无特殊气味,纹理直,结构细而匀,重量中,干缩甚大,强度中至高;木材干燥快,略有变形,开裂较严重,耐腐,加工容易,切面光滑,胶黏、弯曲性能好	高级家具、细木工、室内外装修、车旋制品等

第四节 非洲森林资源开发利用方向与对策

　　非洲森林资源退化严重,目前非洲多数国家均存在森林严重退化问题。土地的不合理利用是造成目前森林资源紧张的主要原因。干旱区的农业扩展、薪材采集和过度放牧,也是森林退化的主要原因。非洲林业的突出问题在于木材加工工业薄弱,林木采伐量高,但又需大量进口锯木、板材和木浆等的结构性矛盾。

　　针对非洲目前林业及资源状况,合理开采现有采伐区和开发新林区,是林业最直接有效的持续经营措施。目前,非洲热带森林采伐主要集中在几内亚湾沿海和刚果盆地沿海狭窄地带。虽然森林资源可以更新,但超过森林资源利用极限就会使之枯竭退化,并破坏生态平衡。目前热带森林带的现有采伐区里,单位面积的采伐量一般都超过自然增长量(每公顷 2.6 立方米),亦超过世界平均每公顷 1.6 立方米的水平,特别是沿海林区大多已处于过伐状态,如科特迪瓦东部老林区严重过伐,资源枯竭。为此,科特迪瓦等国对这些林区实行制止掠夺性采伐、扩大采伐树种、限制珍贵树种采伐、采育结合、富植作业等控制保护措施,促进森林资源更新及合理利用。

　　非洲热带森林带现有采伐区仅占森林面积的 1/5。幅员辽阔、资源丰富的刚果盆地及其周围,几内亚湾部分地区,由于交通不便,至今尚未开发。随着木材需求量的增加和现有采伐区资源枯竭,今后非洲林业发展的重点应将逐步转向新林区的开发。将采伐基地由沿海向内陆推移,关键在于改善交通运输条件。交通运输条件的改善也将面临很多困难:一是在内陆新林区修建道路网施工条件很差,改造交通运输需要投入大量资金和人力;二是当前非洲主要林业国多数经济比较落后,存在着资金不足和工程技术人员匮乏等问题,这也是限制新林区开发的重要因素之一。

　　多途径控制薪材消耗增加也是非洲绝大部分国家的一项普遍任务。具体措施:一是改变能源消费结构,改烧柴、烧炭为用煤、气、电,如在塞内加尔首都达喀尔规定城里的面包房不许用木炭,结果有效控制了木炭消耗量的增加;二是在农村推广节柴灶,当前非洲农村绝大部分是烧柴,如果这项措施能推广,可以改变非洲森林资源利用不合理的现状;三是根据各国能源资源潜力,积极开发新能源,如在非洲干旱、半干旱地区,太阳能发电每年每平方米可获得5.86度电,这些国家可以大力发展太阳能。[①]

根据非洲的经济社会背景,根据新的理念可以提出系统的林业发展对策。

1. 合理开采现有采伐区,开发新林区,控制薪材消耗 ▶ ▶ ▶

合理开采现有采伐区和开发新林区,是林业最直接有效的可持续经营措施。今后非洲林业发展的重点应将逐步转向新林区的开发,将采伐基地由沿海向内陆推移,但关键是改善交通运输条件。

2. 弱干扰采伐利用方式 ▶ ▶

目前国际上非常强调弱干扰采伐方式。一般来说,弱干扰包括几个方面。一是进入林区的道路修建以及运材方式设计,尽可能少毁林修路;二是尽量减少采伐强度及延长回归周期,以稳定生态系统;三是伐木时精心设计及控制倒向。

3. 制定并实行森林可持续经营标准与指标及生态认证 ▶ ▶

最成功的森林可持续经营标准指标,当属国际热带木材组织(ITTO)制定的热带天然林可持续经营标准与指标,这个标准值得非洲国家参考。

4. 开发森林欠知名树种,发展非木材产品和非木材产业 ▶ ▶

非洲热带森林除了西非(特别是加蓬)的天然林,其他地区树种极其混杂,"开发欠知名树种"就是要研究和开发其他那些天然林乔木木材的用途和材性。

偌大的非洲森林生态系统除了知名和欠知名的乔木树种外,还存在大量可用于人类衣食住行及作为工业原料的植物供开发利用。

5. 生物多样化保护和热带次生林经营 ▶ ▶

非洲热带次生林面积为3.132公顷,占热带林的58.9%,面积广大的次生林多呈散碎状态。生物多样性保护,既是现代林业经营中的一项目标,也是森林可持续经营的一个措施。

6. 发展森林采伐业的替代产业,农林牧加工业平衡发展 ▶ ▶

原有森林采伐业在森林限伐后,如果要解决原来以伐木为生的居民的生活出路问题,那就要利用当地其他资源优势,发展替代产业,如森林旅游业、果树栽培业、养殖业、特产配置业、茶业、蜂业、香蕉种植业、草药种植业、竹藤栽培与加工业等。发展种植加工一体化、现代化人工林及其木材加工工业体系,构成一个现代化林业产业带,这是森林现代发展很重要的措施,是一种新的依靠现代林学技术和密集资本投入建立的专业化生产体系的林业生产方式——"树木的集约化栽培"。比较典型的例子是刚果黑角地区的国际壳牌公司的桉树集团。[②]

① 侯元兆,等.热带林学[M].北京:中国林业出版社,2002.
② 周秀慧,张重阳.非洲森林资源与林业持续经营[J].世界地理研究,2007(3):93~95.

第七章
非洲渔业

第一节　非洲渔业概述

非洲具有辽阔的海域,海岸线长达3万余千米,沿海岸水温较低,尤其在大西洋沿岸水域有本格拉寒流和加那利寒流流经,而且大多数寒流流经区域,沿岸都伴有上升流出现。丰富的深水营养盐类被带到上层,且含氧量高,因而这些区域富含各种水族赖以生存的营养盐类,浮游生物多,鱼类资源丰富。非洲内陆河流众多,湖泊星罗棋布,丰富的淡水资源为发展内陆渔业提供了有利的条件。

从古到今,非洲居住在沿海、沿湖、沿河的居民都以捕鱼作为主要的生产活动之一,如图7-1-1所示。20世纪60年代,非洲渔业总产量只有约264万吨,70年代超过400万吨,但近三十年来,非洲的渔业有了很大的发展。据

图7-1-1　渔民推渔船捕鱼(尼日尔)

FAO统计,2007年非洲总获渔量已达到713.4万吨,仅占世界的7.92%,但内陆总获鱼量占据了世界内陆总获鱼量的1/4,成为世界上渔业生产发展很快的一个洲(见表7-1-1)。

表7-1-1　2001～2007年非洲获鱼量(吨)及占世界比例(%)①

年　份		2001	2002	2003	2004	2005	2006	2007
总获鱼量	非洲	7123258	7014735	7327670	7534195	7604198	7004337	7134050
	世界	90758152	90990801	88243068	92279764	92182739	89863279	90063851
	比例	7.85	7.71	8.30	8.16	8.25	7.79	7.92
海洋水域	非洲	5005561	4856939	5105790	5188299	5160486	4629290	4670075
	世界	82198386	82561932	79607688	83667559	82790031	80068385	80029324
	比例	6.09	5.88	6.41	6.20	6.23	5.78	5.84
内陆水域	非洲	2117697	2157796	2221880	2345896	2443712	2375047	2463975
	世界	8559766	8428869	8635380	8612205	9392708	9794894	10034527
	比例	24.74	25.60	25.73	27.24	26.02	24.25	24.55

---

①　资料来源:FAO统计.

　　非洲渔业生产落后,传统渔业居于主导地位,渔具和捕捞方法比较简单原始,捕捞往往仅限于沿海沿湖地区,产量低下。

　　然而,渔业是非洲国家主要农业部门之一,在非洲国家的国民经济和人民生活中都占有重要地位,鱼类是许多非洲国家人民食物蛋白质的主要来源。大多数非洲国家居民大量食用谷物和块根类植物,往往导致蛋白质摄入不足,又由于牲畜饲养方面的社会和经济问题,肉类供应量低,广大居民对肉类的需求量很大且难以得到满足,鱼类因富含高蛋白且价格便宜成为肉类的替代品。在大西洋沿岸的西非国家塞内加尔、加纳、贝宁、刚果、安哥拉等国居民的动物性蛋白质摄入量中,鱼类占40%以上,刚果高达70%。此外,鱼类及鱼制品还是一些国家外汇收入的重要来源之一,如毛里塔尼亚和纳米比亚,鱼类是第二大出口货物,莫桑比克的捕虾业占国家外贸的40%。[①]

　　非洲最大的渔业生产国为摩洛哥,2007年总获鱼量为88万吨,占非洲总获鱼量的13.1%;次之是南非,获鱼量为67万吨;尼日利亚、乌干达、塞内加尔、纳米比亚、埃及、坦桑尼亚、加纳、安哥拉等国获鱼量在非洲也占一定比例。

第二节　海洋渔业

　　非洲渔业以海洋捕捞为主。2007年非洲海洋渔业获鱼量占非洲总获鱼量的65.5%,而内陆渔业获鱼量只占非洲总获鱼量的34.5%,见表7-2-1所示。

表7-2-1　2006年、2007年非洲渔业主要生产国获鱼量(吨)

国家	2006年	2007年	增幅(%)	国家	2006年	2007年	增幅(%)
摩洛哥	867877	880443	1.45	埃及	375894	372491	−0.91
南非	618616	670571	8.40	坦桑尼亚	334189	328817	−1.61
尼日利亚	552323	530420	−3.97	加纳	366919	320725	−12.59
乌干达	367099	500000	36.20	安哥拉	225449	312440	38.59
塞内加尔	378927	421317	11.19	非洲合计	7004337	7134050	1.85
纳米比亚	509395	415518	−18.43				

　　海洋渔业是非洲沿海国家的重要生产部门,流经南安哥拉、纳米比亚、南非的本格拉寒流给沿海带来了丰富的鱼群,渔船进出十分频繁。大西洋海域是世界著名的渔业水域,欧洲、日本、韩国等的渔船出入于从摩洛哥到几内亚湾的广大海域。根据2007年的获鱼量数据,东南大西洋海域捕捞143.6万吨,占全非洲海上获鱼量的20.1%;中东大西洋海域捕捞317.1万吨,占全非洲海上获鱼量的44.4%;西印度洋海域捕捞84.1万吨,占全非洲海上

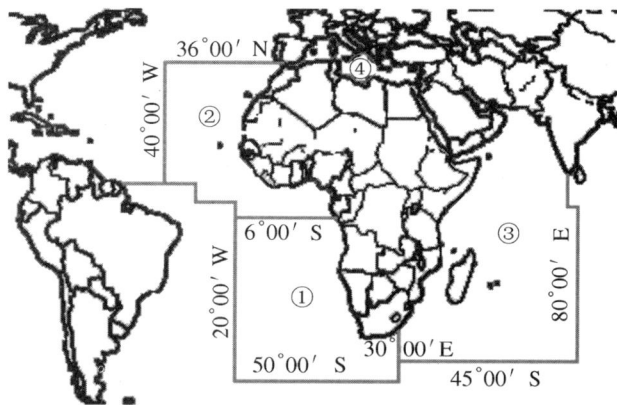

图7-2-1　非洲四大海洋捕捞区地理位置示意图[②]

---

① 中国水产企业投资非洲应谨慎对待.非洲投资网,2006年10月20日.
② 根据FAO 2002年渔业统计年鉴重绘.

获鱼量的 11.8％;地中海和黑海海域捕捞 168.6 万吨,占全非洲海上获鱼量的 23.7％(如图 7-2-1)。

一、海洋渔业分布

1. 东南大西洋捕捞区(南纬 6°～50°,西经 20°至非洲西海岸) ▶ ▶ ▶

近非洲沿岸有本格拉寒流自南向北经过,从而使海水水温降低,寒流流经处往往伴随着上升流,引起近岸下层海水上泛,把底层大量的硝酸盐、磷酸盐等营养盐类带到表层,因此海水中浮游生物及藻类密度大,有利于鱼类的繁衍。捕捞到的主要鱼类有鲱鱼类、鲹鱼类、鳀鱼类和金枪鱼等。鲱鱼类和鲹鱼类等大小鱼群每年 3 月至 11 月出现在沃尔维斯港南北近海的水域,此时是捕捞旺季。鱼产除少量供附近市场消费外,大部分制成鱼肉、鱼油和鱼罐头供出口。

南非、纳米比亚、安哥拉是这一海域的主要渔业生产国。主要渔港有开普敦、卢得立次、沃尔维斯、木萨米迪什、本格拉、昂博因等渔港。

图 7-2-2　鲫鱼①

图 7-2-3　鲈鱼②

2. 中东大西洋捕捞区(北纬 36°～南纬 6°,西经 40°至非洲西海岸) ▶ ▶ ▶

南部水温较高,热带水产资源极为丰富,大陆架较宽广,特别是几内亚沿岸大陆架宽超过 50 千米,还有许多河流注入饵料。北部有加那利寒流自北向南流入,有许多大群洄游鱼类出现。这里鱼的种类繁多,有鲱鱼类、黄花鱼类、鲹鱼类、板鳃鱼类、马鲛鱼类、金枪鱼类等,特别是几内亚湾盛产的虾类,具有高蛋白、经济价值高的特点。这里还将鱼产制成鱼干和罐头鱼等出口到欧美等地区,获得很好的经济收入。

主要的渔业生产国有塞内加尔、摩洛哥、尼日利亚、加纳等,主要的渔港有达喀尔、阿加迪尔、萨非、科纳克里、弗里敦、阿比让、阿克拉、洛美、努瓦迪尔等。

3. 西印度洋捕捞区(苏伊士运河至南纬 50°,非洲东海岸至东经 80°) ▶ ▶ ▶

该地区沿岸有许多岛屿和珊瑚礁,对于深海捕捞有较大的阻碍,因此捕捞仅限于近海或浅水海湾,捕捞量低。此处捕捞的主要鱼类有鲱鱼类、鲭鱼类、金枪鱼类,还有海洋甲壳类即海虾类和海贝类等。这里聚集着很多海龟,但由于人类的破坏和环境污染,海龟日益减少,当地政府为保护海龟,提出了许多建议和颁布了一些法规。这里还有许多鱼产品加工业,制作一些珍珠项链、装饰用的海贝壳和海龟壳等。

鱼类日晒或低温烘干,磨成鱼粉装包出口,有的制成干鱼、咸鱼和熏鱼出口。还有一些量小利大的干

① www.tieba.baidu.com

② www.huanbao.gongyi.ifeng.com

制海翅、海参等特产远销远东和欧美市场。

主要的渔港和鱼类加工中心有吉布提、摩加迪沙、蒙巴萨、桑给巴尔、达累斯萨拉姆、纳卡拉、贝拉、马普托和马任加。

4. 地中海和黑海捕捞区，面积为 298 万平方千米 ▶ ▶ ▶

鱼的种类很多，但鱼类资源并不丰富，主要捕捞的鱼类为鲱鱼类、鲭鱼类、鳀鱼类、金枪鱼和斧足类，还会捕捞到一些鲈鱼类、鳎鱼类和鲽鱼类等。在这类地区，除摩洛哥的大部分鱼产制成罐头鱼、鱼粉、鱼油外销到欧美外，其他国家的获鱼量不高，大部分供内销。2007 年，摩洛哥鱼粉出口量为 964 吨，为其带来很好的经济效益。

2007 年，地中海和黑海海域捕捞区获鱼 168.6 万吨。阿尔及利亚、埃及、利比亚、突尼斯是这里的主要渔业生产国，主要渔港和鱼类加工中心有达米埃塔、亚历山大、斯法克斯、马赫迪亚、苏萨、突尼斯、宾泽特、阿尔及尔、梅利利亚、休达、丹吉尔等。2007 年四大捕渔区获鱼量见表 7-2-2 和图 7-2-4 所示。

表 7-2-2 非洲四大捕捞区获鱼量（万吨）及占比（%）

渔 区	获鱼量	占非洲比例
东南大西洋捕捞区	1436420	20.13
中东大西洋捕捞区	3170589	44.44
西印度洋捕捞区	840690	11.78
地中海和黑海捕捞区	1686351	23.64
总计	7134050	100

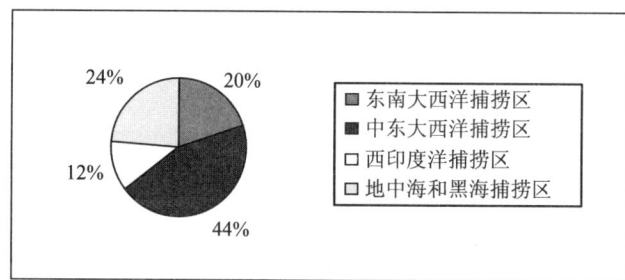

图 7-2-4 非洲四大捕捞区获鱼量占非洲比例分析图

二、海洋渔业的生产和存在的主要问题

非洲海洋渔业分为传统渔业和工业化捕捞业两部分，其中大部分国家的海洋获鱼量主要由传统渔业提供，而且非洲海洋渔业的加工设备、冷藏设备和港口条件等都不完善。

1. 传统渔业 ▶ ▶ ▶

传统渔业通常以渔民家庭或几户家庭组成一个单位进行作业，多数国家均使用大树干挖空制成的独木舟，渔具简陋，主要用小型刺网、延绳钓和手抛网，只能在近海作业，无力追逐鱼汛，导致渔业资源远未充分利用。在西非一些主要渔业生产国，雨季时盛行的西南风常引起巨浪，使独木舟下水和靠岸困难，因此，在专属经济区大部分海域的渔业资源都要与外国合作才能进行开发利用。

西印度洋海域的获鱼量只占到资源蕴藏量的 10%。那里的大部分鱼类被非洲以外的国家捕捞了。

2. 工业化捕捞业 ▶ ▶ ▶

工业化捕捞包括建立现代化渔船队和加工、储藏、冷冻、码头等相应设施,捕捞的鱼类多用于工业加工。目前只有安哥拉、塞内加尔、尼日利亚、摩洛哥和埃及等国的现代化技术装备较好,可以到深海地区进行捕捞,这些国家捕捞到的鱼类大多用于加工工业。而多数非洲国家的工业性捕捞规模很小或处于工业性捕捞的初级阶段。纳米比亚是非洲工业性捕捞规模最大、获鱼量最多的国家,其次是安哥拉、摩洛哥等。

摩洛哥为非洲第一大渔业生产国,现拥有近海渔船约 3000 多艘、远洋渔船 400 多艘,另有数千艘小型渔船。数据显示,2008 年,摩洛哥渔业总产值约为 79 亿迪拉姆(8.5 迪拉姆约合 1 美元),较上年增长 24%。其中,近海渔业船队的捕鱼总量约为 94.3 万吨,比上年增长 15%,收入约为 45 亿迪拉姆,比上年增长 22%;远洋船队捕鱼总量约为 5 万吨,比上年增长 24%,收入约为 34 亿迪拉姆,比上年增长 38%。

非洲海洋渔业的发展水平还很低。多数国家以传统渔业为主,不能充分开发利用周边海域的渔业资源,导致这一区域的渔业资源遭到超级大国和发达资本主义国家的掠捕。如 2007 年西印度洋捕捞区获鱼量仅 84.1 万吨,与印度相比,只是印度获鱼量的 1/5。

3. 海洋渔业的加工、冷藏设备条件 ▶ ▶ ▶

加工、冷冻设备不足是非洲海洋渔业的突出问题之一。

鱼类产品易腐烂变质,水产品作为食品的这一特性是与农产品、林产品不同的。鱼类产品容易变质,必须用现代化的保鲜和加工技术,以保质和提高其产值。但对大多非洲国家而言,由于加工技术成本较大,目前还缺乏广泛实施的可能性。因缺乏冷冻设备,渔产收益大大减少。非洲如要实现捕鱼的工业化,就必须建设一系列冷藏设备,才可使渔业淡旺季平衡生产。

4. 海洋渔港 ▶ ▶ ▶

非洲国家独立后,海港作为国家发展民族经济的重要工具之一,设施条件才有较大改善。非洲目前有海港 310 个,平均每 98 千米就有一个港口,但大多数港口的泊位数不超过 30 个,有相当数量的较为出名的港口泊位数也在 10 个以下,例如班加西、普拉亚、博博拉等(见表 7-2-3)。

表 7-2-3　非洲部分重要海港泊位数统计表[①]

区域	港口名	泊位数	区域	港口名	泊位数	区域	港口名	泊位数
南非	德班	60	西非	科托奴	13	西非	弗里敦	7
南非	开普敦	40	东非	吉布提	12	南非	蒂斯格勒特斯	7
西非	拉各斯	31	西非	考拉克	6	东非	达累斯萨拉姆	11
西非	达喀尔	≥30	北非	苏丹港	10	东非	摩加迪沙	6
北非	阿尔及尔	18	东非	蒙巴萨	10	北非	班加西	4
南非	路易斯港	16	西非	科纳克里	10	东非	博博拉	3
中非	黑角	15	西非	荣罗维亚	10	西非	普拉亚	3
中非	杜阿拉	14	南非	沃尔维斯	8	中非	马拉博	2

非洲港口分布不均,北非 90 个、南非 82 个、西非 74 个、中非 43 个、东非 21 个,如图 7-2-5 所示。这种格局的形成与各地的历史发展、资源储量、国家经济发展有关。非洲港口中,有一些重要的商港,例如亚历山大、达尔贝达、蒙巴萨、德班港等;还有些重要的专用港,如利伯维尔、布鲁图等。

---

① 资料来源:世贸人才网,www.wtojob.com

南非, 26.50%

西非, 23.90%

东非, 6.80%

中非, 13.90%

北非, 29.00%

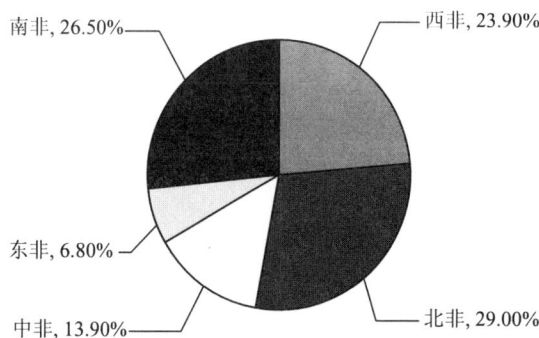

图 7-2-5　港口区域分布比例图

第三节　内陆渔业

　　非洲内陆渔业在世界上居于重要地位,2007 年获鱼量为 246.4 万吨,仅次于亚洲的 657.7 万吨,占世界总获鱼量的 24.55%,如图 7-3-1 所示。据统计,非洲内陆水域总面积约在 45 万平方千米以上,约占非洲大陆总面积的 2%左右(见表 7-3-1)。因此,自古以来,捕鱼就是沿海、沿河湖水域的居民们的主要生产活动之一。

表 7-3-1　非洲大陆有渔业活动的水域面积(平方千米)[①]

水 域 类 型	面 积	水 域 类 型	面 积
大湖(大于 100 平方千米)	196800	沿海潟湖(大于 1 平方千米)	10200
大型水库(大于 10 平方千米)	40000	河口(大于 1 平方千米)	16900
漫滩	169200	红树林区(林地、小湾和田水)	34500
合 计			467600

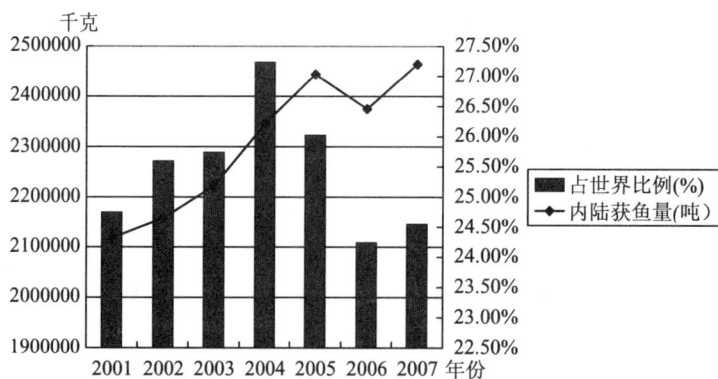

图 7-3-1　非洲内陆获鱼量及其在世界地位

（图例：■ 占世界比例(%)　◆ 内陆获鱼量(吨)）

---

① 文云朝.非洲农业资源开发利用[M].北京:中国财政经济出版社,2000:100.

一、内陆渔业的生产分布

非洲内陆渔获中大约一半产自湖泊和水库,一半产自河流和沼泽。捕捞的主要鱼类有丽鱼类、鲶鱼类、鲈鱼类、鲱鱼类、鳍鲤类、鲤鱼类等。

非洲内陆渔业发达的国家主要有赞比亚、坦桑尼亚、埃及、乌干达、刚果(金)、尼日利亚等国,肯尼亚、马里、加纳、乍得等国获鱼量在非洲也占一定比重(见表7-3-2)。

这类国家地处热带,水温高,有利于浮游生物和水生植物繁殖,为鱼类提供了丰富的饵料。

表 7-3-2　2004 年非洲内陆水域获鱼量(万吨)前 10 名国家总览表[①]

排　名	国　家	获鱼量	排　名	国　家	获鱼量
1	赞比亚	37.18	6	尼比利亚	18.23
2	坦桑尼亚	29.85	7	肯尼亚	11.91*
3	埃及	20.2	8	马里	10.00*
4	乌干达	22.0	9	加纳	7.50*
5	刚果(金)	21.50*	10	乍得	7.00*
非洲内陆水域总渔获量为 227.98 万吨,上述十国合占 81.3%。					

注:* 为 FAO 根据现有资料或者依据某种设想计算出来的估计数。

非洲 7 大天然湖泊维多利亚湖、艾伯特湖、爱德华湖、坦噶尼喀湖、图尔卡纳湖、马拉维湖和乍得湖,是淡水鱼捕捞和养殖集中的水域。

维多利亚湖是非洲最大世界第二大淡水湖,地处肯尼亚、乌干达和坦桑尼亚交界处。湖面海拔为1134 米,面积为 68100 平方千米,平均水深为 40 米,最深为 80 米。湖岸曲折,岸线有 7000 多千米,有很多优良渔港,该湖主要出产非洲鲫鱼。

艾伯特湖在赤道北侧刚果(金)和乌干达交界处,湖面海拔为 619 米,面积为 4500 平方千米,平均宽约45 千米,最大水深为 48 米,湖内有丰富的鱼类资源。

爱德华湖位于赤道南侧乌干达和刚果(金)边界,湖面海拔为 912 米,面积为 2150 平方千米,平均深度为 34 米,最深为 117 米,主要产非洲鲫鱼。

坦噶尼喀湖在刚果(金)、坦桑尼亚、布隆迪、赞比亚交界处,与刚果河流水系连通,湖面海拔为 773 米,面积为 32900 平方千米,最大水深为 1600 米以上,平均水深为 700 米。该湖主要捕捞沙丁鱼等。

图尔卡纳湖在肯尼亚的西北部,北接埃塞俄比亚,湖面海拔为 375 米,面积为 6405 平方千米,最大水深 73 米。此湖生产力很高,湖中的罗非鱼体重能达到 5 千克。

马拉维湖在马拉维、莫桑比克、坦桑尼亚交界处,湖面海拔为 472 米,面积为 30800 平方千米,平均水深 273 米。湖内有鱼类 200 多种,80% 为稀有鱼种,但渔业以捕捞罗非鱼为主。

乍得湖是非洲位置最靠西北的大型湖泊,平均水深为 1.5 米,最深为 12 米,面积最小时为 10000 平方千米,最大时有 27000 平方千米。该湖中有大量定居和洄游的高档鱼类。

非洲鱼类资源丰富的河流主要有尼日尔河、刚果河、尼罗河、赞比亚河和塞内加尔河。刚果河中有许多种鱼,仅马莱博湖中就有 230 多种。

尼日尔河是西非最大河流,长 4160 千米,流域面积为 209 万平方千米,在非洲是次于尼罗河和刚果河的第三大河,是西非重要通航河流,通航河段占河长 75%,水力资源丰富,蕴藏量为 3000 万千瓦。

---

① 资料来源:FAO 统计.

二、内陆渔业的发展

　　非洲内陆渔业几乎都是传统渔业,主要由渔民自己单独驾驶渔船,而且渔具、捕捞设备等都比较落后,现代化的捕捞仅见于维多利亚湖、坦噶尼喀湖及尼罗河等少数地区,生产规模有限。至今,有些大湖和大型水库的鱼类资源开发较为充分,但其他内陆鱼类资源有较大开发潜力,如大片沼泽、宽阔的大湖泊水域等难以到达的湿地水域亦尚未充分开发利用。普遍缺乏专门的加工和冷冻设备,当地妇女只能将腐败的鱼制成鱼干和鱼粉,这样就大大影响了鱼的质量和价值,因此改善加工方法,对非洲经济发展将有很大的促进作用。

　　非洲的渔业主要以捕捞为主,水产养殖极少,且渔业养殖产量很低,甚至非洲的本土鱼——罗非鱼的产量都不高。水产养殖业具有较大的发展潜力,例如莫桑比克、南非都有养虾的潜力。在南非的淡水水域,养殖牡蛎和蚌类也有潜力。但发展养殖业需要大量的投资,因此,尽管纳米比亚、南非、赞比亚、莫桑比克、津巴布韦、马拉维的水产养殖业发展取得了一定成功,但仍然较为落后。在全世界范围内,水产养殖业生产量占整个渔业生产的38%,但在非洲所占的比例还不到2%。

　　水产养殖业能补充农产品的不足,提供可供消费的代替品。目前尼日利亚鲶鱼、罗非鱼等淡水鱼的产量达到4.4万吨。非洲北部则是埃及的产量最高,埃及现在是世界上第二大罗非鱼生产大国、最大的胭脂鱼生产国。1990年,非洲渔业产量每年人均为8.8千克,到2001年下降到7.8千克,到2007年,撒哈拉沙漠以南地区,人均渔业年产量仅有6.6千克。据专家估计,非洲水产养殖业的潜力只要开发5%,上述渔业问题就能得到解决。而全球鲶鱼和罗非鱼都很紧俏,它可成为非洲的主要养殖品种。另外,在马达加斯加岛养殖黑虎虾,在坦桑尼亚养殖海藻、麒麟菜,在南非养殖鲍鱼等都大有潜力。

第八章
非洲农产品加工工业

第一节　食品加工

一、粮食加工

非洲粮食作物和经济作物是非洲种植业的两大部门。非洲粮食作物共有 20 多种,除麦、稻、玉米、小米及御谷、高粱、薯类外,还有非洲特产的木薯、大蕉、椰枣、薯芋、芭蕉等。其中以玉米、高粱、小米、木薯、大麦等粗粮为主,合计占粮食总产量的 70%以上,细粮作物小麦和稻谷仅占 20%左右。

1. 麦类 ▶ ▶ ▶

小麦和大麦是冬季作物,主要分布在地中海沿岸各国和南部非洲。

表 8 - 1 - 1　1961～2007 年主要年份非洲与世界小麦加工量变化情况[①]

年份	世界(吨)	非洲(吨)	非洲/世界(%)	年份	世界(吨)	非洲(吨)	非洲/世界(%)
1961	161880121.97	8309741.42	5.13	1990	349275591.28	28278508.45	8.10
1965	184476724.78	9850155.12	5.34	1995	398050715.59	31527312.17	7.92
1970	202791793.40	12126308.30	5.98	2000	408665289.57	35939392.68	8.79
1975	229024075.00	15299641.73	6.68	2005	425791469.87	42033210.41	9.87
1980	278108934.69	21479809.56	7.72	2006	433158946.93	42808880.24	9.88
1985	323279027.71	25034030.18	7.74	2007	433882596.15	43482738.54	10.02

从表 8 - 1 - 1 和图 8 - 1 - 1 可以看出非洲和世界小麦加工业发展具有以下特点:非洲小麦年加工量不断增加,20 世纪 60～70 年代增长平缓,70～80 年代增长速度较快,之后一直到 2007 年都是平稳增长,至 2007 年,加工量几乎是 1961 年加工量的 5 倍,占世界小麦加工量的比例也增加了近一倍;世界小麦的年加工量从 60 年代到 90 年代增长迅速,从 90 年代到 2007 年呈现平缓的增长趋势。

从表 8 - 1 - 2 和图 8 - 1 - 2 可以看到非洲和世界的大麦加工业的发展有以下的特征:对于非洲的大麦加工业来说,加工量的年增长率总体呈上升趋势,尤其是 20 世纪 60～90 年代期间,非洲大麦加工量增长

---

① 资料来源:FAO 统计.

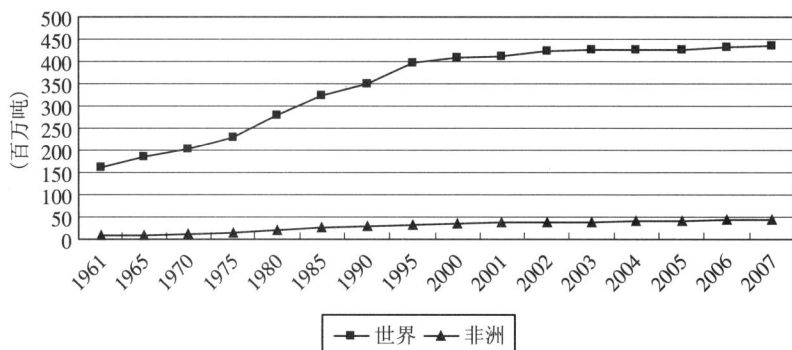

图 8-1-1 1961～2007 年主要年份非洲与世界小麦加工量变化情况[1]

迅速,90 年代中期加工量有所下降,后又平稳上升;而世界大麦总加工量总体呈下滑趋势,尤其是 70～80 年代期间,下滑速度明显加快。从图中可以看出,非洲的大麦加工业在整个世界大麦业加工中的比例和地位越来越高。可见,非洲正在逐渐成为世界的大麦加工工厂。

表 8-1-2 1961～2007 年主要年份非洲与世界大麦加工量变化情况[2]

年份	世界(吨)	非洲(吨)	非洲/世界(%)	年份	世界(吨)	非洲(吨)	非洲/世界(%)
1961	11960801.78	1577447.86	13.19	1990	7461213.44	3013580.55	40.39
1965	11662287.35	1796680.90	15.41	1995	7835823.98	3253596.2	41.52
1970	9972883.45	2237299.72	22.43	2001	6793360.43	2712802.17	39.93
1975	11393740.31	2192153.97	19.24	2005	6662330.52	3027487.21	45.44
1980	8571180.78	2568079.64	29.96	2006	6602804.10	3238488.41	49.05
1985	7514059.11	2605515.05	34.68	2007	6093480.83	3199943.04	52.51

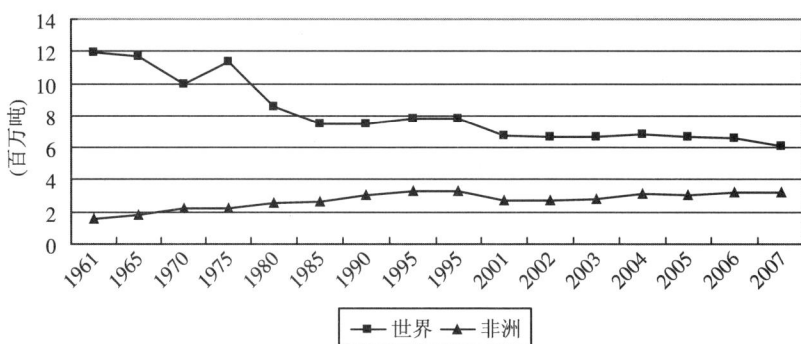

图 8-1-2 1961～2007 年主要年份非洲与世界大麦加工量变化情况[3]

2. 谷类 ▶ ▶ ▶

谷类生产集中分布在埃及和马达加斯加等少数国家。近年来,几内亚湾沿岸、尼日尔河中游和刚果盆地东部地区也开始大量种植。

从表 8-1-3 和图 8-1-3 可以得出以下的结论:非洲的谷类加工量从 20 世纪 60 年代开始一直到 70

---

① 根据 FAO 统计制图.
② 资料来源:FAO 统计.
③ 根据 FAO 统计制图.

年代中期呈现先上升后下降的趋势,之后经过生产加工的改革,从 90 年代开始到 2007 年期间,虽然还有部分年份略有下降,但总体还是呈上升的趋势,尤其在 90 年代到 20 世纪初,增长速度较快,到 2007 年已接近世界加工产量的 52.31%;而世界谷类加工产量从 70 年代起一直到 90 年代下滑明显,到 2000 年才又基本恢复了增长,发展平稳。

表 8-1-3 1961～2007 年主要年份非洲与世界谷类加工量变化情况①

年份	世界(吨)	非洲(吨)	非洲/世界(%)	年份	世界(吨)	非洲(吨)	非洲/世界(%)
1961	3315403.08	1252722.39	37.78	1990	3167121.42	1410817.86	44.55
1965	3856582.27	1394529.29	36.16	1995	3340122.22	1729527.43	51.78
1970	3803085.92	1255064.86	33.00	2000	4610437.46	2121511.89	46.02
1975	4605130.23	1272453.96	27.63	2005	5264453.64	2714118.19	51.56
1980	4130905.92	1607670.69	38.92	2006	5094686.60	2509884.15	49.26
1985	3570798.03	1365898.51	38.25	2007	5699570.12	2981529.59	52.31

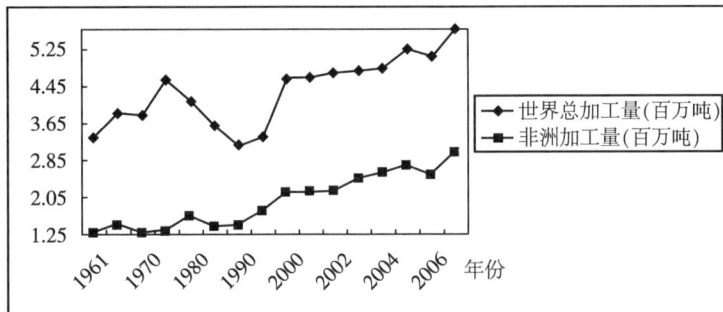

图 8-1-3 1961～2007 年主要年份非洲与世界谷类加工量变化情况②

3. 玉米 ▶ ▶ ▶

玉米是一般居民的主粮,种植历史悠久,分布范围较广,以南部非洲最为集中,南非、津巴布韦和马拉维是主要生产国;东非高地也广泛种植,肯尼亚、乌干达有大型玉米农场;北非的埃及、摩洛哥和西非的加纳、几内亚、贝宁等国也均有较多分布。

表 8-1-4 1961～2007 年主要年份非洲与世界玉米加工量变化情况③

年份	世界(吨)	非洲(吨)	非洲/世界(%)	年份	世界(吨)	非洲(吨)	非洲/世界(%)
1961	33454211.46	10009862.77	29.92	1990	78407439.34	25284500.19	32.25
1965	38197786.48	11752369.95	30.77	1995	90121054.25	30003885.03	33.29
1970	44138241.19	13086288.10	29.65	2000	96096650.41	33255284.09	34.61
1975	49686492.53	15537206.34	31.27	2005	106786430.15	37344502.30	34.97
1980	57410525.63	17460554.34	30.41	2006	106817127.07	37810122.26	35.40
1985	66015374.56	20986009.66	31.79	2007	110331913.5	39061257.45	35.40

---

① 资料来源:FAO 统计.

② 根据 FAO 统计制图.

③ 资料来源:FAO 统计.

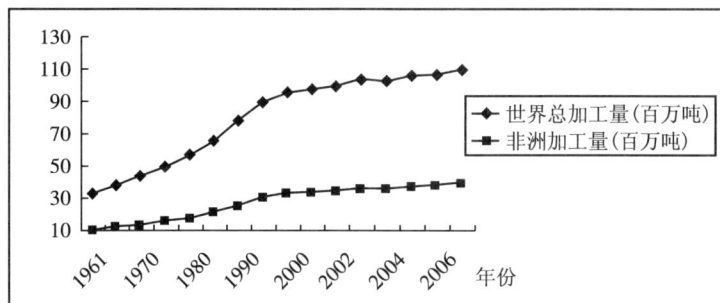

图 8-1-4　1961～2007 年主要年份非洲与世界玉米加工量变化情况①

　　从表 8-1-4 和图 8-1-4 可以看出非洲和世界玉米加工产量有以下几个特点:不管是世界的玉米加工,还是非洲的玉米加工,都呈现出上升的趋势,尤其是 20 世纪 80 年代到 21 世纪初增长迅速,之后呈现平缓增长。非洲的玉米加工几乎和世界的玉米加工同步增长。

4. 高粱 ▶ ▶ ▶

　　高粱和粟类是非洲传统的粮食作物,尼日尔河和尼罗河中游地带是两大高粱产区。粟类分布比较广泛,尼日利亚、尼日尔、乍得是主要生产国。

　　从表 8-1-5 和图 8-1-5 可以看出非洲和世界高粱加工量的变化:非洲的高粱加工产量一直持续增长,20 世纪 90 年代到 21 世纪初增长迅速;而世界高粱加工产量从 20 世纪 60 年代到 2007 年都只是平稳地增长,有部分年份还有下滑的趋势。所以可以看出,非洲的高粱加工量在世界高粱加工量的比重越来越高,正慢慢地成为世界的高粱加工基地。

表 8-1-5　1961～2007 年主要年份非洲与世界高粱加工量变化情况②

年份	世界(吨)	非洲(吨)	非洲/世界(%)	年份	世界(吨)	非洲(吨)	非洲/世界(%)
1961	20482641.24	6759689.50	33.00	1990	24122085.62	9986470.21	41.40
1965	20858367.78	6551047.60	31.41	1995	24628067.00	13075090.98	53.09
1970	22506997.13	7360928.09	32.71	2000	23056967.24	14081705.05	61.07
1975	23430906.01	7214762.29	30.79	2005	24464133.50	15771112.44	64.47
1980	23247565.78	8222467.35	35.37	2006	26186410.97	16945300.58	64.71
1985	23337280.71	9675588.05	41.46	2007	26167427.29	17563057.79	67.12

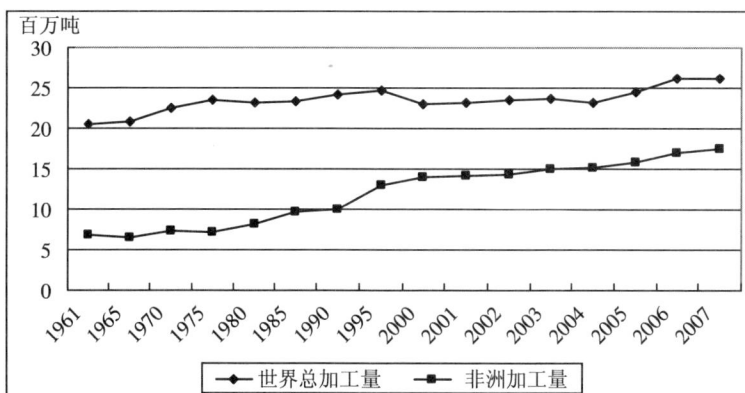

图 8-1-5　1961～2007 年主要年份非洲与世界高粱加工量变化情况③

---

　　①　根据 FAO 统计制图.
　　②　资料来源:FAO 统计.
　　③　根据 FAO 统计制图.

二、榨油

非洲的油料作物的种类很多,主要有花生、芝麻、油橄榄、油棕、腰果、椰子等,因此其榨的油的种类也很多,有很多种油的产量在世界占有重要的地位。

1. 花生油 ▶▶▶▷

非洲是世界上仅次于亚洲的第二大花生产区,占世界花生总产量的1/4,非洲的花生油产量也很高,是非洲各种油产量中最高的。其中尼日利亚和苏丹是非洲花生油产量最高的两个国家,分别达到了整个非洲的52.24%和10.82%。

从表8-1-6和图8-1-6中可以看出,非洲的花生和花生油生产分布十分广泛,生产花生油的国家多达38个,其中尼日利亚2008年花生油的产量达到了76.5万吨,已经超过了整个非洲产量的一半;其次是苏丹,2008年花生油的产量达到了15.84万吨。相比而言,其他国家的花生油产量较低。

表8-1-6 2008年非洲主要国家花生油产量及占非洲总产量比重[1]

国 家	花生油(吨)	占非洲比(%)	国 家	花生油(吨)	占非洲比(%)
阿尔及利亚	14682	1.00	马拉维	21600	1.48
喀麦隆	17500	1.20	马里	27900	1.91
中非	37566	2.57	尼日尔	22000	1.50
乍得	32000	2.19	尼日利亚	765000	52.24
刚果(金)	17748	1.21	塞内加尔	53800	3.67
埃及	20000	1.37	苏丹	158400	10.82
冈比亚	24306	1.66	其他	122951	8.40
加纳	55979	3.82	总计	1464294	100.00
几内亚	72862	4.98			

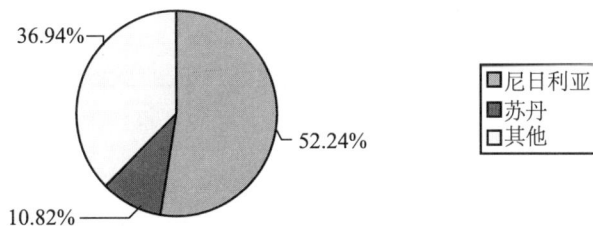

图8-1-6 2008年非洲主要国家花生油产量占非洲总产量的比重[2]

---

① 资料来源:FAO统计.
② 根据FAO统计制图.

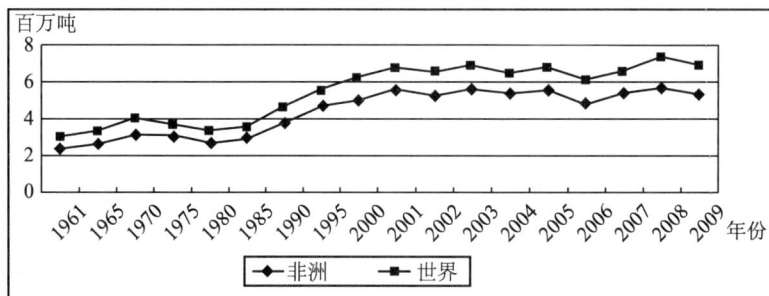

图 8-1-7　各主要年份世界与非洲花生油产量①

表 8-1-7　各主要年份非洲花生油产量及占世界总产量比重②

年份	世界(吨)	非洲(吨)	非洲/世界(%)	年份	世界(吨)	非洲(吨)	非洲/世界(%)
1961	2512309	448435	17.85%	1995	4657513	840603	18.05%
1965	2694018	647224	24.02%	2000	5056891	1155516	22.85%
1970	3229076	761522	23.58%	2005	5616271	1183923	21.08%
1975	3085358	666470	21.60%	2006	4862827	1193265	24.54%
1980	2729527	599319	21.96%	2007	5360931	1194647	22.28%
1985	3067921	461856	15.05%	2008	5797109	1464304	25.26%
1990	3812668	830896	21.79%	2009	5297709	1556876	29.39%

从图 8-1-7 和表 8-1-7 可以看出:非洲花生油产量从 20 世纪 60 年代到 80 年代期间先增后减,后又呈现上升趋势,但是上升的趋势渐趋缓慢。

2. 芝麻油 ▶ ▶ ▶

非洲是仅次于亚洲的世界第二大芝麻产区,因而芝麻油的产量也很高。

表 8-1-8　2008 年非洲主要国家芝麻油产量及占非洲总产量比重③

国　家	芝麻油(吨)	占非洲比重(%)	国　家	芝麻油(吨)	占非洲比重(%)
中非	7680	6.21	坦桑尼亚	11066	8.95
莫桑比克	1800	1.46	乌干达	25800	20.87
尼日利亚	3600	2.91	其他	1734	1.4
索马里	8550	6.92	总计	123630	100.00
苏丹	63400	51.28			

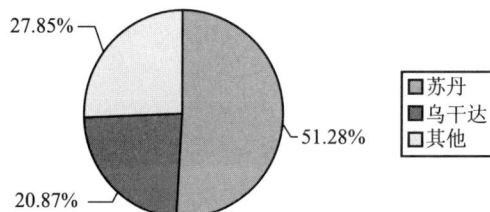

图 8-1-8　2008 年非洲主要国家芝麻油产量占非洲总产量的比重④

---

① 根据 FAO 统计制图.
② 资料来源:FAO 统计.
③ 资料来源:FAO 统计.
④ 根据 FAO 统计制图.

从图 8-1-8 和表 8-1-8 中可以看出,2008 年非洲生产芝麻油的国家超过 7 个。苏丹和乌干达是主要的芝麻油产地,尤其是苏丹,2008 年的芝麻油产量达 63400 吨,占整个非洲的 51.28%。乌干达 2008 年的芝麻油产量达 25800 吨,占非洲总产量的 20.87%。相比而言,其他国家的产量较少。

表 8-1-9　各主要年份非洲芝麻油产量及占世界总产量比重①

年份	世界(吨)	非洲(吨)	非洲/世界(%)	年份	世界(吨)	非洲(吨)	非洲/世界(%)
1961	399137	23723	5.94	1995	679592	82103	12.08
1965	483670	29730	6.15	2000	738070	106683	14.45
1970	595287	100097	16.81	2005	910263	123574	13.58
1975	477483	81163	17.00	2006	872906	109870	12.59
1980	539206	87825	16.29	2007	907854	112930	12.44
1985	655590	72587	11.07	2008	944111	123630	13.09
1990	677089	72895	10.77	2009	908508	125332	13.80

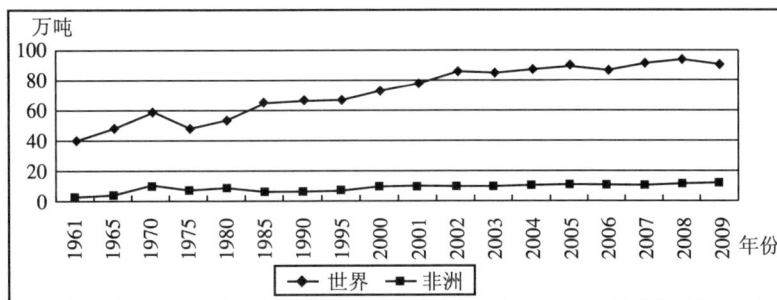

图 8-1-9　各主要年份世界与非洲芝麻油产量②

从以上图表可以看出:非洲的芝麻油产量变化历年较平缓,而世界的总产量在 20 世纪 70~90 年代期间有所浮动,之后出现稳定增长的态势。

3. 橄榄油 ▶ ▶ ▶

油橄榄是生产橄榄油的原料,是地中海型气候区的代表性作物,因此在非洲仅产于北非地中海沿岸国家。非洲橄榄油的产量很高,仅次于南欧,居世界第二位。

表 8-1-10　2008 年非洲主要国家橄榄油(未加工)产量及占非洲总产量比重③

国　家	橄榄油(吨)	占非洲比重(%)	国　家	橄榄油(吨)	占非洲比重(%)
阿尔及利亚	27600	7.81	摩洛哥	90000	25.47
埃及	7700	2.18	突尼斯	201700	57.07
利比亚	26400	7.47	总计	353400	100.00

---

① 资料来源:FAO 统计.
② 根据 FAO 统计制图.
③ 资料来源:FAO 统计.

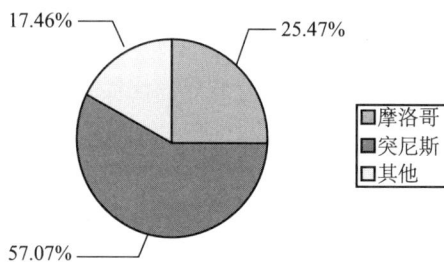

图 8－1－10　2008 年非洲主要国家橄榄油(未处理)产量占非洲总产量的比重①

从图 8－1－10 和表 8－1－10 中可以得出以下结论:突尼斯是整个非洲橄榄油最主要的生产大国,2008 年的产量有 201700 吨之多,占到了整个非洲产量的 57.07%;摩洛哥仅次于突尼斯,列第二位,2008 年的产量为 90000 吨,占非洲橄榄油总产量的 1/4。

从表 8－1－11 和图 8－1－11 可以看出:非洲未处理的橄榄油产量增长较缓慢,而世界橄榄油产量波动较大。近年来非洲橄榄油加工量占世界产量的比重稳定在 11% 左右,虽占据一定份额,但并不是世界主要的橄榄油加工地。

表 8－1－11　各主要年份非洲橄榄油(未处理)产量及占世界总产量比重②

年份	世界(吨)	非洲(吨)	非洲/世界(%)	年份	世界(吨)	非洲(吨)	非洲/世界(%)
1961	1359339	77143	5.68	1995	1657887	115608	6.97
1965	1244506	112610	9.05	2000	2518387	191488	7.60
1970	1405283	128704	9.16	2005	2596723	308794	11.89
1975	1822233	271041	14.87	2006	2815098	305117	10.84
1980	1979793	178121	9.00	2007	2843493	340495	11.97
1985	1717762	185258	10.78	2008	2886019	353400	12.25
1990	1495510	271486	18.15	2009	2907985	323600	11.13

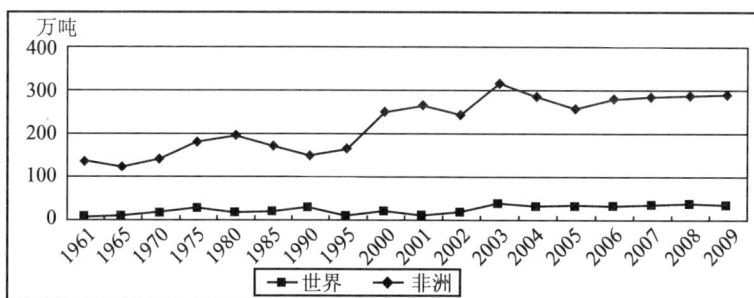

图 8－1－11　各主要年份世界与非洲橄榄油(未加工)产量③

4. 棕榈油 ▶ ▶ ▶

油棕原产于非洲,主要分布于西非和中非的热带雨林及其边缘的热带草原地区,其单位面积产量高,

---

① 根据 FAO 统计制图.
② 资料来源:FAO 统计.
③ 根据 FAO 统计制图.

素有"世界油王"之誉。由于历史原因,现在非洲的油棕产量已退居东南亚之后,因而其棕榈油的生产也受到了一些影响,但生产棕榈油的国家仍很多,达到了 22 个。

从表 8－1－12 和图 8－1－12 可以看出,尼日利亚和科特迪瓦是非洲最主要的棕榈油生产国,2008 年的产量分别为 130 万吨和 29 万吨,分别占到了整个非洲总产量的 54.96％和 12.26％,尽管其他生产棕榈油的国家较多,但产量相比之下较少,棕榈油加工生产区域分布十分不均衡。

表 8－1－12 2008 年非洲主要国家棕榈油产量及占非洲总产量比重①

国　　家	棕榈油产量(吨)	占非洲比重(%)	国　　家	棕榈油产量(吨)	占非洲比重(%)
安哥拉	55000	2.33	刚果(金)	182000	7.70
贝宁	42000	1.78	几内亚	50000	2.11
喀麦隆	182100	7.70	利比亚	44000	1.86
刚果	25000	1.06	尼日利亚	1300000	54.96
科特迪瓦	290000	12.26	其他	50050	2.11
塞拉利昂	36000	1.52	总计	2365150	100.00
加纳	109000	4.61			

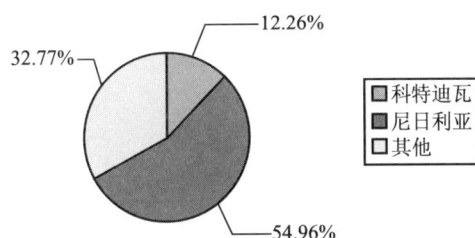

图 8－1－12 2008 年非洲主要国家棕榈油产量占非洲总产量的比重②

表 8－1－13 各主要年份非洲棕榈油产量及占世界总产量比重③

年份	世界(吨)	非洲(吨)	非洲/世界(%)	年份	世界(吨)	非洲(吨)	非洲/世界(%)
1961	1478901	1131882	76.54	1995	15913981	1800381	11.31
1965	1576213	1138860	72.25	2000	22027259	1850438	8.40
1970	1937339	1077079	55.6	2005	34296184	2140850	6.24
1975	3128853	1176662	37.61	2006	37682650	2319460	6.16
1980	5082953	1357485	26.71	2007	38787984	2349319	6.06
1985	7585207	1333142	17.58	2008	38936925	2365150	6.07
1990	11443981	1639101	14.32	2009	41340178	2521800	6.10

---

① 资料来源:FAO 统计.
② 根据 FAO 统计制图.
③ 资料来源:FAO 统计.

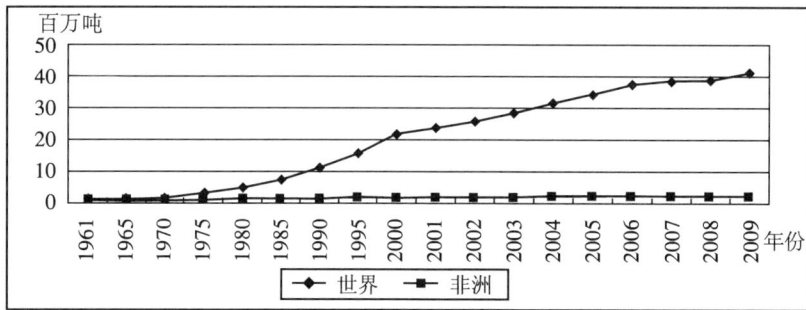

图 8-1-13　各主要年份世界与非洲棕榈油产量①

从表 8-1-13 和图 8-8-1-13 可以得出以下结论:非洲棕榈油产量占世界总产量的比重逐渐下滑,虽然油棕资源丰富,但加工方式落后,大多为手工作坊式,出油率低,在世界棕榈油加工产业中竞争力弱。

5. 其他油料作物产油 ▶ ▶ ▶

非洲种植的油料作物还有亚麻、向日葵、油菜、红花、大豆、玉米、椰子等,因此其榨油种类很多,有椰子油、棉籽油、亚麻籽油、玉米油、油菜籽油、大豆油和葵花籽油等。

从表 8-1-14 中可以得出以下结论:从世界范围来看,花生油、芝麻油和橄榄油是非洲的主要三大油种,其中花生油占世界的 1/4,芝麻油占世界的 1/7 左右,虽然生产橄榄油的非洲国家只有 5 个,但是其总产量达到了世界的 1/8 左右,其他油种相对来说占的比重很低。

表 8-1-14　2008 年非洲各种油产量及占世界总产量比重②

种类	世界(吨)	非洲(吨)	占世界比重(%)	种类	世界(吨)	非洲(吨)	占世界比重(%)
椰子油	3682904	133750	3.63	棕榈油	41340178	2521800	6.10
棉籽油	4764261	241483	5.07	油菜籽油	21222886	37196	0.18
花生油	5297709	1556876	29.39	芝麻油	908508	125332	13.80
亚麻籽油	604470	63040	10.43	大豆油	36124591	360895	1.00
玉米油	2294470	146860	6.40	葵花籽油	13056040	474587	3.63
橄榄油	2886019	353400	12.15				

三、畜产品加工

非洲有不少牲畜数量在世界上占有突出地位,如骆驼占 2/3,山羊和毛驴分别占 1/3 与 1/4。但由于经营粗放,多游牧、半游牧,生产率和商品率都很低,出肉率、产奶量、产蛋量等都处于世界较低水平。

---

① 根据 FAO 统计制图.
② 资料来源:FAO 统计.

1. 骆驼肉 ▶ ▶ ▶

从图 8-1-14 和表 8-1-15 可以得出以下的结论：苏丹、索马里、埃及、肯尼亚和毛里塔尼亚是非洲主要的骆驼肉生产国,五国 2008 年的骆驼肉产量分别为 45000 吨、44200 吨、34900 吨、27000 吨和 24000 吨,其合计产量达到非洲总产量的 73% 左右。

表 8-1-15　2008 年非洲主要国家骆驼肉产量及占非洲总产量比重[①]

国　家	骆驼肉（吨）	占非洲比重（%）	国　家	骆驼肉（吨）	占非洲比重（%）
阿尔及利亚	3850	1.61	毛里塔尼亚	24000	10.06
埃及	34900	14.63	尼日尔	13155	5.51
埃塞俄比亚	17000	7.12	索马里	44200	18.52
肯尼亚	27000	11.32	苏丹	45000	18.86
利比亚	3700	1.55	其他	8208	3.44
马里	17600	7.38	总计	238602	100.00

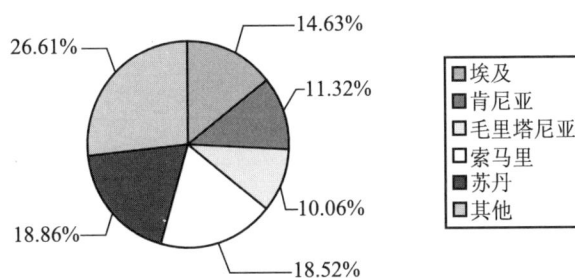

图 8-1-14　2008 年非洲主要国家骆驼肉产量占非洲总产量的比重[②]

2. 骆驼奶 ▶ ▶ ▶

表 8-1-16　2008 年非洲主要国家骆驼奶产量及占非洲总产量比重[③]

国　家	全脂鲜骆驼奶（吨）	占非洲比重（%）	国　家	全脂鲜骆驼奶（吨）	占非洲比重（%）
乍得	22620	1.55	尼日尔	41800	2.87
埃塞俄比亚	194000	13.31	索马里	870000	59.69
肯尼亚	27000	1.85	苏丹	115000	7.89
马里	128700	8.83	其他	30314	2.08
毛里塔尼亚	28000	1.92	总计	1457420	100.00

---

①　资料来源：FAO 统计.

②　根据 FAO 统计制图.

③　资料来源：FAO 统计.

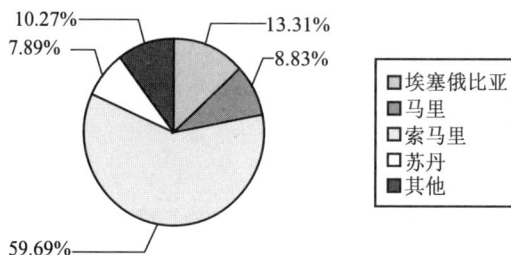

图 8‐1‐15　2008 年非洲主要国家骆驼奶产量占非洲总产量的比重①

从图 8‐1‐15 和表 8‐1‐16 中可以看出:生产骆驼奶的非洲国家超过 8 个,索马里是非洲最主要的骆驼奶生产大国,2008 年的产量达到了 870000 吨,占到非洲骆驼奶总产量的近 60%;埃塞俄比亚位居第二,2008 年的骆驼奶产量为 194000 吨,占非洲骆驼奶总产量的 13.31%。

3. 牛肉 ▶ ▶ ▶

表 8‐1‐17　2008 年非洲主要国家牛肉产量及占非洲总产量比重②

国 家	牛肉(吨)	占非洲比重(%)	国 家	牛肉(吨)	占非洲比重(%)
阿尔及利亚	123000	2.53	马达加斯加	150450	3.10
安哥拉	85350	1.76	马里	129142	2.66
布基纳法索	115687	2.38	摩洛哥	172000	3.54
喀麦隆	94000	1.94	尼日尔	219772	4.53
中非	76000	1.57	尼日利亚	287450	5.92
乍得	85935	1.77	塞内加尔	65937	1.36
埃及	320000	6.59	南非	805000	16.59
索马里	66000	1.36	苏丹	340000	7.01
埃塞俄比亚	380000	7.83	突尼斯	53000	1.09
几内亚	49442	1.02	乌干达	106000	2.18
坦桑尼亚	247000	5.09	肯尼亚	365000	7.52
赞比亚	58400	1.20	其他	362027	7.46
津巴布韦	97000	2.00	总计	4852905	100.00

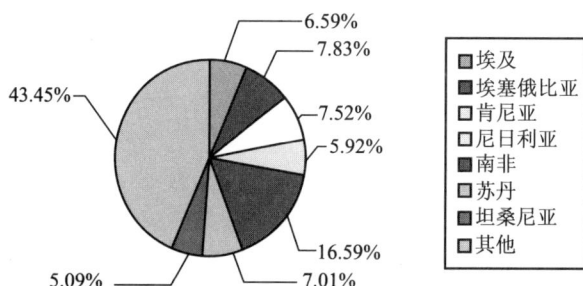

图 8‐1‐16　2008 年非洲主要国家牛肉产量占非洲总产量的比重③

---

① 根据 FAO 统计制图.
② 资料来源:FAO 统计.
③ 根据 FAO 统计制图.

从表 8-1-17 和图 8-1-16 可以看出,几乎每个非洲国家都生产牛肉,牛肉生产在非洲十分普遍。相对来说,南非的牛肉加工产量比其他非洲国家稍多一些,其他国家牛肉产量分布较均衡,各国加工能力较平均,进出口也主要供非洲国家之间贸易往来,加工能力与拥有的牲畜数量不相匹配。

4. 牛奶 ▶ ▶ ▶

表 8-1-18 和图 8-1-17 说明:和牛肉一样,牛奶的生产在非洲也很普遍,几乎每个非洲国家都生产牛奶;相对来说,苏丹的牛奶产量较其他非洲国家产量更高一些,非洲各国的牛奶产量也相对均衡,但加工能力弱,产奶量普遍不高。

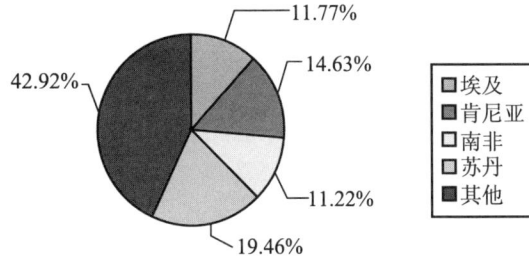

图 8-1-17　2008 年非洲主要国家牛奶产量占非洲总产量的比重①

表 8-1-18　2008 年非洲主要国家牛奶产量及占非洲总产量比重②

国　家	牛奶(吨)	占非洲比重(%)	国　家	牛奶(吨)	占非洲比重(%)
阿尔及利亚	1500000	5.50	索马里	435000	1.59
埃及	3211364	11.77	南非	3060000	11.22
埃塞俄比亚	1350000	4.95	苏丹	5309003	19.46
肯尼亚	3990000	14.63	坦桑尼亚	850000	3.12
马达加斯加	530000	1.94	突尼斯	1046000	3.83
马里	283955	1.04	乌干达	735000	2.69
摩洛哥	1700000	6.23	其他	2375721	8.71
尼日尔	437000	1.60	总计	27275788	100.00
尼日利亚	469250	1.72			

5. 水牛肉 ▶ ▶ ▶

整个非洲仅埃及生产水牛肉,故埃及是非洲最大的而且是唯一的水牛肉生产国。从图 8-1-18 可以看出:非洲的水牛肉产量虽然少,但是是仅次于亚洲的世界第二大水牛肉加工区。

6. 水牛奶 ▶ ▶ ▶

和水牛肉一样,埃及是非洲最大且唯一一个水牛奶的生产国。从图 8-1-19 可以看出,非洲的水牛奶产量和水牛肉一样,产量虽然不多,但却是世界第二大水牛奶加工区。

---

① 资料来源:FAO 统计.
② 根据 FAO 统计制图.

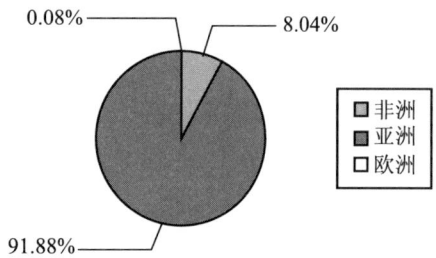

图 8－1－18　2008 年各大洲水牛肉产量
占世界总产量的比重①

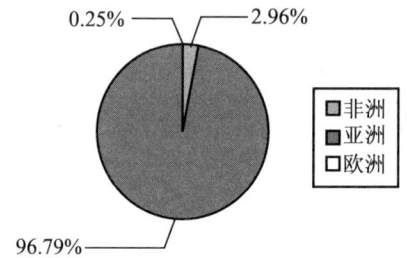

图 8－1－19　2008 年各大洲水牛奶产量
占世界总产量的比重②

7. 山羊肉 ▶ ▶ ▶

从表 8－1－19 和图 8－1－20 可以看出：几乎每个非洲国家都生产山羊肉，其中尼日利亚、苏丹和埃塞俄比亚的山羊肉产量位居非洲前三位，其产量分别为 270742 吨、186000 吨、64600 吨。

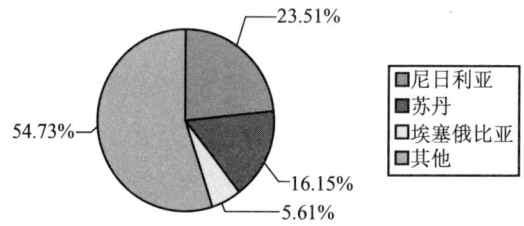

图 8－1－20　2008 年非洲主要国家山羊肉产量占非洲总产量的比重③

表 8－1－19　2008 年非洲主要国家山羊肉产量及占非洲总产量比重④

国　家	山羊肉（吨）	占非洲比重（%）	国　家	山羊肉（吨）	占非洲比重（%）
阿尔及利亚	14000	1.22	马拉维	19557	1.70
马里	42631	3.70	毛里塔尼亚	14550	1.26
布基纳法索	30259	2.63	摩洛哥	22000	1.91
喀麦隆	15700	1.36	莫桑比克	25200	2.19
中非	11500	1.00	尼日尔	52800	4.58
乍得	22678	1.97	尼日利亚	270742	23.51
刚果（金）	17753	1.54	塞内加尔	13736	1.19
埃及	18000	1.56	索马里	42250	3.67
埃塞俄比亚	64600	5.61	苏丹	186000	16.15
坦桑尼亚	30600	2.66	南非	36500	3.17
加纳	11736	1.02	乌干达	29000	2.52
肯尼亚	45100	3.92	其他	101802	8.84
津巴布韦	12840	1.11	总计	1151607	100.00

---

① 根据 FAO 统计制图.
② 根据 FAO 统计制图.
③ 根据 FAO 统计制图.
④ 资料来源：FAO 统计.

8. 山羊奶 ▶ ▶ ▶

从图 8-1-21 和表 8-1-20 可以看出：几乎有半数的非洲国家加工山羊奶，苏丹和索马里是其中最主要的两个国家，2008 年的产量分别为 1474926 吨和 393000 吨，占到了整个非洲山羊奶产量的 46.08% 和 12.28%。

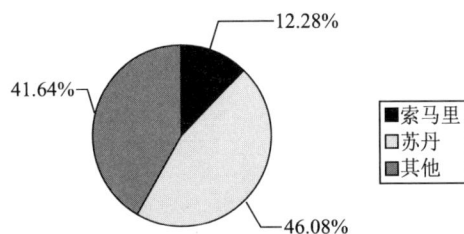

图 8-1-21　2008 年非洲主要国家山羊奶产量占非洲总产量的比重①

表 8-1-20　2008 年非洲主要国家山羊奶产量及占非洲总产量比重②

国　家	山羊奶（吨）	占非洲比重（%）	国　家	山羊奶（吨）	占非洲比重（%）
阿尔及利亚	230000	7.19	马里	213159	6.66
毛里塔尼亚	109800	3.43	摩洛哥	34000	1.06
布基纳法索	42500	1.33	尼日尔	200000	6.25
喀麦隆	42100	1.32	乍得	37346	1.17
索马里	393000	12.28	苏丹	1474926	46.08
埃塞俄比亚	50000	1.56	其他	158435	4.95
坦桑尼亚	105000	3.28	总计	3200707	100.00
肯尼亚	110000	3.44			

9. 绵羊肉 ▶ ▶ ▶

绵羊肉的生产加工在非洲也很常见，主要生产国有阿尔及利亚、摩洛哥、尼日利亚、南非、苏丹等，各国之间占的份额较平均，其他国家的产量较少，见表 8-1-21 和图 8-1-22 所示。

表 8-1-21　2008 年非洲主要国家绵羊肉产量及占非洲总产量比重③

国　家	绵羊肉（吨）	占非洲比重（%）	国　家	绵羊肉（吨）	占非洲比重（%）
阿尔及利亚	187000	14.81	尼日尔	35200	2.79
布基纳法索	17065	1.35	尼日利亚	145321	11.51
喀麦隆	16380	1.30	塞内加尔	20891	1.65
乍得	15391	1.22	索马里	48100	3.81
埃及	42500	3.37	南非	118000	9.35
埃塞俄比亚	81500	6.46	摩洛哥	120000	9.51
肯尼亚	33600	2.66	苏丹	148000	11.72

---

① 根据 FAO 统计制图.

② 资料来源：FAO 统计.

③ 资料来源：FAO 统计.

国 家	绵羊肉(吨)	占非洲比重(%)	国 家	绵羊肉(吨)	占非洲比重(%)
利比亚	28000	2.22	突尼斯	52200	4.13
马里	41562	3.29	其他	168540	13.35
毛里塔尼亚	24750	1.96	总计	1262471	100.00

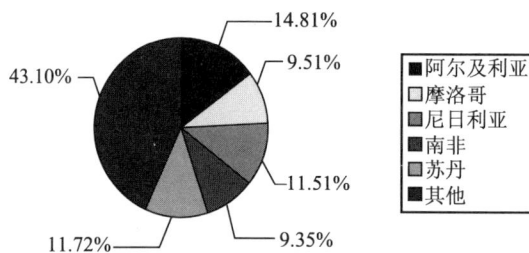

图 8-1-22　2008 年非洲主要国家绵羊肉产量占非洲总产量的比重①

10. 绵羊奶 ▶ ▶ ▶

苏丹和索马里是非洲生产绵羊奶的主要国家,其产量分别占非洲总产量的 28.20% 和 26.18%。生产绵羊奶的非洲国家达 20 个,见表 8-1-22 和图 8-1-23 所示,但大部分加工能力较低,产奶量处于世界较低水平。

表 8-1-22　2008 年非洲主要国家绵羊奶产量及占非洲总产量比重②

国家	绵羊奶(吨)	占非洲比重(%)	国家	绵羊奶(吨)	占非洲比重(%)
阿尔及利亚	220000	12.31	马里	142500	7.97
埃及	93000	5.20	尼日尔	36400	2.04
埃塞俄比亚	44000	2.46	索马里	468000	26.18
肯尼亚	31000	1.73	苏丹	503976	28.20
利比亚	56000	3.13	突尼斯	18500	1.04
毛里塔尼亚	96250	5.39	其他	50760	2.84
摩洛哥	27000	1.51	总计	1787309	100.00

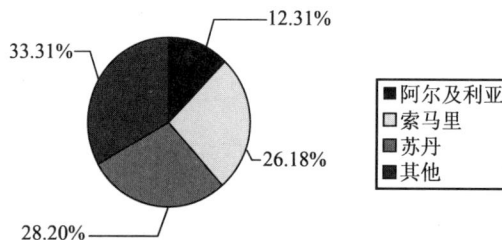

图 8-1-23　2008 年非洲主要国家绵羊奶产量占非洲总产量的比重③

---

① 根据 FAO 统计制图.
② 资料来源:FAO 统计.
③ 根据 FAO 统计制图.

11. 马肉 ▶ ▶ ▶

表 8 - 1 - 23　2008 年非洲主要国家马肉产量及占非洲总产量比重[1]

国家	马肉（吨）	占非洲比重（%）	国家	马肉（吨）	占非洲比重（%）
阿尔及利亚	415	2.91	尼日尔	1040	7.29
布基纳法索	309	2.17	塞内加尔	7198	50.48
喀麦隆	273	1.91	南非	1500	10.52
乍得	300	2.10	突尼斯	450	3.16
马里	554	3.88	其他	19	0.13
毛里塔尼亚	202	1.42	总计	14260	100.00
摩洛哥	2000	14.03			

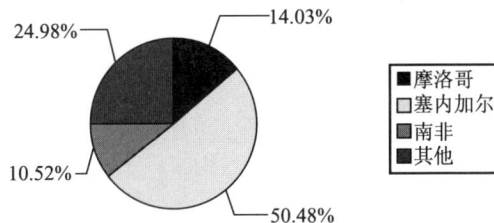

图 8 - 1 - 24　2008 年非洲主要国家马肉产量占非洲总产量的比重[2]

如图 8 - 1 - 24 所示,塞内加尔是非洲最主要的马肉加工国家,2008 年的产量达到了 7198 吨,占非洲总产量的一半。但从表 8 - 1 - 23 可以看出,马肉加工量非常低,在非洲畜产品加工中不占重要地位。

12. 肉、奶加工概况 ▶ ▶ ▶

（1）肉类

非洲的肉类加工在世界范围内来说,产量所占比重仅高于大洋洲,如图 8 - 1 - 25 和表 8 - 1 - 24 所示。

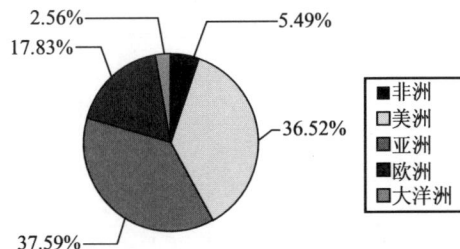

图 8 - 1 - 25　2008 年各大洲肉类产量占世界总产量的比重[3]

（2）奶类

非洲的奶类产量仅占世界总量的 5.24%,在世界奶类产量所占比重仅高于大洋洲,加工能力与水平很低,属产量较低的区域,如图 8 - 1 - 26 和表 8 - 1 - 24 所示。

---

① 资料来源:FAO 统计.

② 根据 FAO 统计制图.

③ 根据 FAO 统计制图.

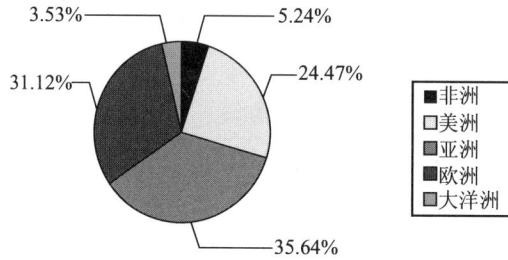

图 8 - 1 - 26　2008 年各大洲奶类产量占世界总产量的比重①

13. 蛋类 ▶ ▶ ▶

从世界总产量看,非洲蛋类的产量也很小,仅占世界产量的 3.73％,饲养方式落后,产蛋量少。如图 8 - 1 - 27 和表 8 - 1 - 24 所示。

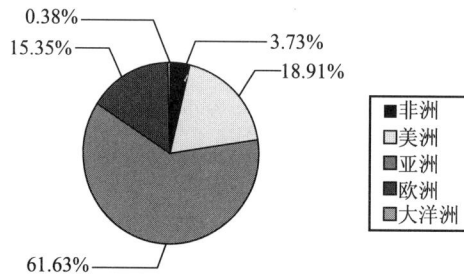

图 8 - 1 - 27　2008 年各大洲蛋类产量占世界总产量的比重②

14. 畜产品加工小结 ▶ ▶ ▶

表 8 - 1 - 24　2008 年各大洲主要畜产品产量及占世界总产量比重③

	世界(吨)	非 洲		美洲(吨)	亚洲(吨)	欧洲(吨)	大洋洲(吨)
		单产(吨)	占世界比重(％)				
全脂鲜山羊奶	15215006	3200708	21.04	542757	8887830	2583671	40
全脂鲜水牛奶	89277195	2640638	2.96	—	86409264	227293	0
全脂鲜牛奶	578450488	27275788	4.72	169158492	147535430	209974244	24506534
全脂鲜绵羊奶	9129480	1787309	19.58	35670	4196338	3110163	—
全脂鲜骆驼奶	1635175	1457420	89.13	—	177675	80	—
山羊肉	4918696	1151612	23.41	149530	3469818	124139	23595
水牛肉	3358946	270000	8.04	—	3086328	2617	0
牛肉	62363306	4852907	7.78	30818119	12765794	10971968	2954517
绵羊肉	8255295	1262476	15.29	404666	4111405	1185587	1291159
马肉	752913	14261	1.89	241440	343432	127586	26193
骆驼肉	336475	238602	70.91	—	97701	172	—

---

① 根据 FAO 统计制图.
② 根据 FAO 统计制图.
③ 资料来源:FAO 统计.

	世界(吨)	非　洲		美洲(吨)	亚洲(吨)	欧洲(吨)	大洋洲(吨)
		单产(吨)	占世界比重(%)				
奶　类	693707346	36361865	5.24	169736919	247206537	215895451	24506574
肉　类	450549799	24756775	5.49	164562789	169353865	80319846	11554508
蛋	65585809	2445356	3.73	12399116	40422916	10069112	249307

从表 8-1-24 可以看出,非洲是世界全脂鲜骆驼奶、骆驼肉的最大产区,是世界全脂鲜山羊奶、全脂鲜绵羊奶、山羊肉、绵羊肉的主要产区,其他畜产品加工产量较小。

四、水产品加工

渔业是一些非洲国家的主要农业部门之一,目前生产以海洋捕捞为主,淡水捕捞次之。尼日利亚、纳米比亚、塞内加尔、摩洛哥、坦桑尼亚、加纳和安哥拉等为非洲主要海洋渔业生产国;主要淡水渔业生产国有乍得、马里、刚果(金)、尼日利亚、埃及、喀麦隆和坦桑尼亚等。

非洲的年获鱼量 1970 年为 400 万吨,占世界获鱼量的 5.88%;1978 年为 430 万吨,占世界获鱼量的 5.97%,人均年消费量为 9 千克;2008 年的获鱼量达到了 822 万吨,占世界的 5.17%,如图 8-1-28 所示。

非洲的渔业加工在世界范围来说产量较小。加工方式也很落后,2007 年非洲产鱼肝油仅 52 吨,世界鱼肝油总产量达 17664 吨,非洲仅占其中的 0.3%,产量相当少。

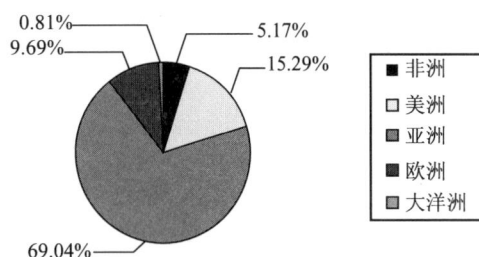

图 8-1-28　2008 年各大洲渔业产量占世界总产量的比重[1]

第二节　饮料工业

一、酒料

非洲酒料生产在世界酒料生产中不占重要地位,仅占 4%～5% 左右。非洲的主要酒料有大麦啤酒、葡萄酒。2009 年大麦啤酒的产量占世界的 5.24%,葡萄酒的产量占世界的百分比与大麦啤酒相近,占到 4.36%,见表 8-2-1 所示。

表 8-2-1　2009 年非洲酒料生产情况[2]

酒料类别	非洲(吨)	世界(吨)	占世界比重(%)
大麦啤酒	8817781	168151500	5.24
葡萄酒	1181037	27106670	4.36

---

① 　根据 FAO 统计制图.

② 　资料来源:FAO 统计.

1. 大麦啤酒 ▶ ▶ ▶

传统的非洲啤酒使用陶罐酿造,利用野生酵母发酵。这类酒混浊而香甜,碳化程度低,营养成分和维生素含量高,不但是一种饮料,也是一种食品。因为非洲大陆上多数地区气候不适于种植大麦,除南非自己种植大麦以外,其他地区使用的大麦都靠进口。

从表8-2-2和图8-2-1可以看出非洲大麦啤酒的生产分布比较普遍,但各国所占的产量比重很不均衡,主要集中在几个国家,南非占20.63%,居于首位;尼日利亚占18.15%,位居其次;埃塞俄比亚占8.03%;安哥拉占7.79%。四国合占大麦啤酒总产量的54.6%,超过了总量的一半。

表8-2-2　2009年非洲各国大麦啤酒产量及占非洲比重①

国　家	产量(吨)	占非洲比重(%)	国　家	产量(吨)	占非洲比重(%)
阿尔及利亚	140000	1.59	肯尼亚	300000	3.40
安哥拉	686900	7.79	马达加斯加	92100	1.04
贝宁	120000	1.36	摩洛哥	91494	1.04
布隆迪	140000	1.59	纳米比亚	130000	1.47
刚果(金)	179881	2.04	尼日利亚	1600000	18.15
科特迪瓦	400000	4.54	南非	1818923	20.63
埃及	290000	3.29	坦桑尼亚	338100	3.83
埃塞俄比亚	707676	8.03	乌干达	191000	2.17
加蓬	110000	1.25	津巴布韦	192634	2.18
加纳	142000	1.61			

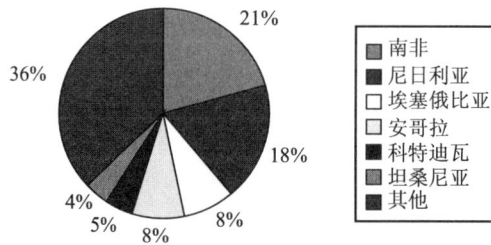

图8-2-1　2009年非洲大麦啤酒主要生产国产量占非洲总产量的百分比②

表8-2-3　非洲与世界大麦啤酒产量变化情况③

年份	非洲(吨)	世界(吨)	非洲/世界(%)	年份	非洲(吨)	世界(吨)	非洲/世界(%)
1961	963413	43675102	2.21	1995	5891585	121528006	4.85
1965	1406541	51909778	2.71	2000	6267207	136863848	4.58
1970	2044857	65402845	3.13	2005	7794305	155874622	5.00
1975	3057048	79049936	3.87	2006	7979943	165232851	4.83
1980	3972595	91499047	4.34	2007	8691618	173772484	5.00
1985	5279699	97680895	5.41	2008	8553064	176177756	4.85
1990	5653242	111400201	5.07	2009	8817781	168151500	5.24

① 资料来源:FAO统计.
② 根据FAO统计制图.
③ 资料来源:FAO统计.

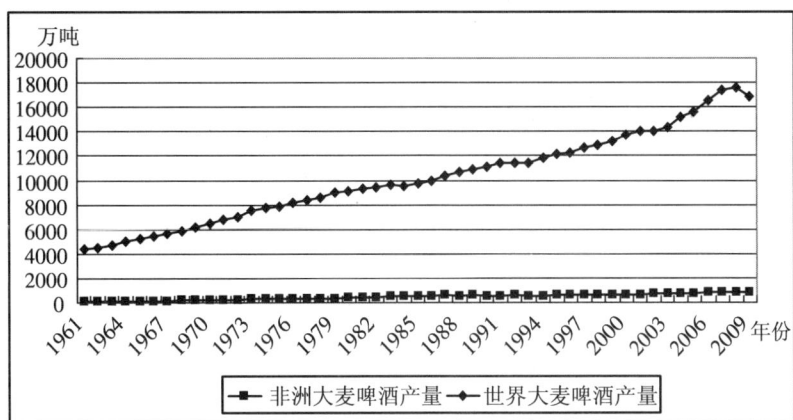

图 8-2-2　非洲与世界历年大麦啤酒产量变化情况[①]

　　从表 8-2-3 可以看出从 1961 年到 2009 年非洲大麦啤酒产量占世界的比重在不断上升,从 2.21%上升到 5.24%;1994 年之后的几年中比重呈现回落趋势,从 1994 年到 2001 年占世界的比重在回落中出现波动;到 2002 年非洲大麦啤酒产量占世界产量的比重回升到了 4.84%。非洲大麦啤酒产量占世界的比重总体呈现上升趋势,但上升很缓慢。

　　从图 8-2-2 可以看出非洲历年的大麦啤酒生产量总体呈上升趋势。折线图的变化趋势比较平滑,只在 1994 年和 2000 年出现异常。非洲大麦啤酒的产量只占世界产量很小的一部分,对世界大麦啤酒生产的影响不大。

2. 葡萄酒 ▶▶▶

　　非洲葡萄酒产区分布极不均衡。南非是非洲最大的葡萄酒产地,同时也是世界六大葡萄酒产区之一,见表 8-2-4 所示。南非的葡萄酒产业与其国内的许多行业一样,在过去深受南非种族隔离政策的毒害,其产品受到许多国家的限制进口。受惠于 20 世纪 90 年代初的政治巨变,南非的葡萄酒产业近十几年有着突飞猛进的发展和提高,葡萄酒出口量也从 20 世纪 90 年代初的 2000 万升猛增到目前的近 3 亿升的水平,成为 21 世纪产酒国中发展最迅猛的一个。

表 8-2-4　2008 年非洲各国葡萄酒产量[②]

国　家	产量(吨)	占非洲生产国产量比(%)	国　家	产量(吨)	占非洲生产国产量比(%)
阿尔及利亚	52000	4.50	南非	1026100	88.74
摩洛哥	35000	3.03	突尼斯	29070	2.51
总计			1157137		

　　从图 8-2-3 可以看出 2008 年非洲葡萄酒生产国只占非洲全部国家和地区的 17% 左右,并且各国葡萄酒的产量占非洲总产量的比重极不均衡,其中南非占非洲总产量的 88.74%,居于首位,而其他生产国仅占很小的比重,首位国家与第二位生产国之间的差距极大,产量极不均衡。其中南非、阿尔及利亚、摩洛哥和突尼斯四国葡萄酒的产量合占非洲总产量的 98.78%,是非洲的主要生产区。

---

①　根据 FAO 统计制图.
②　资料来源:FAO 统计.

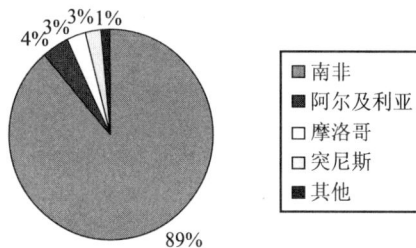

图 8-2-3 2008 年非洲葡萄酒主要生产国产量占非洲总产量的百分比①

表 8-2-5 非洲与世界葡萄酒产量变化情况②

年份	非洲（吨）	世界（吨）	非洲/世界（%）	年份	非洲（吨）	世界（吨）	非洲/世界（%）
1961	2041926	21492265	9.50	1995	866259	25358960	3.42
1965	2389869	28092547	8.51	2000	819989	28326734	2.89
1970	1481259	30191265	4.91	2005	1011636	28521647	3.55
1975	1227090	31047867	3.95	2006	1130780	28483721	3.97
1980	1153595	35232797	3.27	2007	1104692	26351472	4.19
1985	928887	29395911	3.16	2008	1157137	26900685	4.30
1990	886005	28512644	3.11	2009	1181037	27106670	4.36

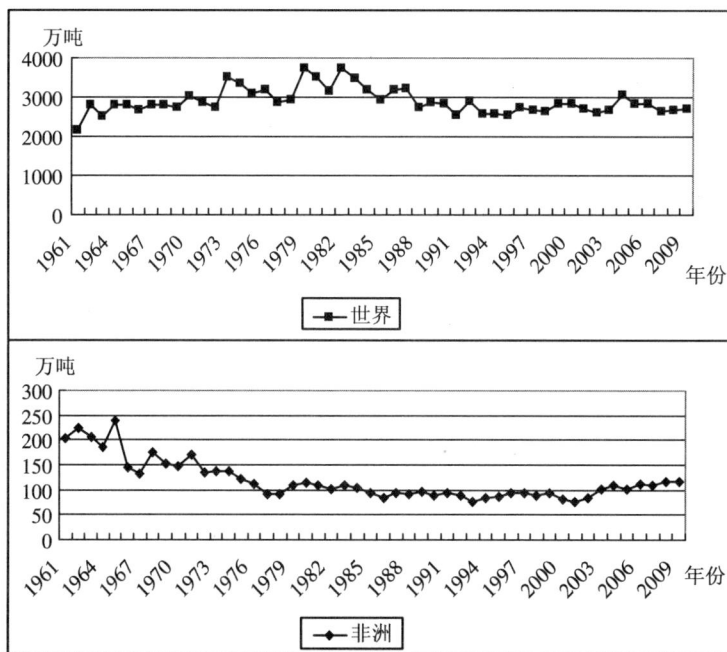

图 8-2-4 非洲与世界历年葡萄酒产量变化情况③

---

① 根据 FAO 统计制图.
② 资料来源：FAO 统计.
③ 根据 FAO 统计制图.

从表 8-2-5 和图 8-2-4 中可以看出,现在非洲的葡萄酒产量在各大洲中是最低的。1961 年时非洲葡萄酒产量还仅次于美洲,是世界第二大产区,20 世纪 60 年代到 80 年代是世界葡萄酒需求攀升的时期,但非洲由于受政治局势等的影响,葡萄酒的产量在逐年下滑。90 年代以来,世界市场对高品质葡萄酒的需求越来越多,非洲的葡萄酒生产也出现了稳步上升的态势。

二、饮料

1. 酒精类饮料 ▶ ▶ ▶

从表 8-2-6 可以看出非洲酒精类饮料产量只占世界的 2.97%,而发酵类饮料产量却占世界的 76.55%,几乎是酒精类饮料的 35 倍,在世界范围内占有重要地位。

表 8-2-6　2007 年非洲饮料生产情况

饮料类别	非洲(吨)	世界(吨)	非洲/世界(%)
酒精类	605678	20416348	2.97
发酵类	21616876	28240511	76.55

表 8-2-7　2007 年非洲国家酒精类饮料生产产量情况及占非洲比重[①]

国　家	产量(吨)	占非洲生产国产量比重(%)	国　家	产量(吨)	占非洲生产国产量比重(%)
安哥拉	23038	3.80	苏丹	12912	2.13
埃塞俄比亚	13815	2.28	坦桑尼亚	10410	1.72
肯尼亚	23234	3.84	乌干达	6693	1.11
利比里亚	14664	2.42	津巴布韦	59493	9.82
莫桑比克	18783	3.10	其他	58630	9.68
南非	364002	60.10	总计	605678	

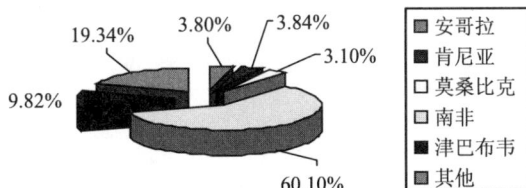

图 8-2-5　2007 年非洲酒精类饮料主要生产国产量占非洲总产量的比重[②]

从表 8-2-7 和图 8-2-5 可以看出,在非洲酒精类饮料的生产虽比较广泛,有 51 个国家和地区,但产量分布很不均衡,其中南非的产量居于绝对领先地位,达到 36.4 万吨,占整个非洲总产量的 60.10%。南非、肯尼亚、津巴布韦、安哥拉和莫桑比克这五个国家是非洲酒类饮料的主要生产国,其合计产量占到非洲总产量的 80.66%。

---

① 资料来源:FAO 统计.

② 根据 FAO 统计制图.

表 8-2-8 和图 8-2-6 可以看出,非洲酒精类饮料无论在其绝对数量还是总量占世界的比重相对于世界总量而言,都只占很小的一部分,占比不超过 3%,增长速度也比较缓慢。

表 8-2-8 非洲与世界酒精类饮料产量情况①

年份	非洲(吨)	世界(吨)	非洲/世界(%)	年份	非洲(吨)	世界(吨)	非洲/世界(%)
1961	126641	6802736	1.86	1990	487493	18848119	2.59
1965	140576	8301948	1.69	1995	422545	20614292	2.05
1970	169401	10102856	1.68	2000	436781	16338383	2.67
1975	278068	12062103	2.31	2005	533680	19294373	2.77
1980	296105	15192048	1.95	2006	576887	19808446	2.91
1985	395401	17254091	2.29	2007	605678	20416348	2.97

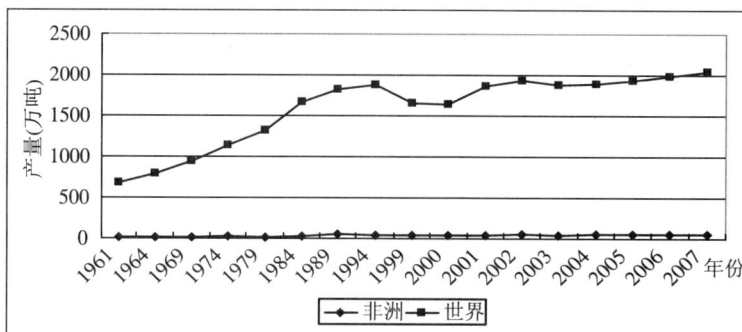

图 8-2-6 非洲与世界酒精类饮料生产情况②

2. 发酵类饮料 ▶ ▶ ▶

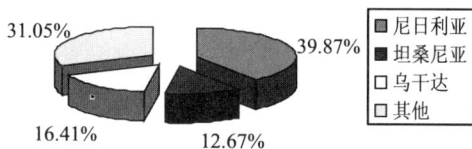

图 8-2-7 2007 年非洲发酵类饮料主要生产国产量占非洲总产量的比重③

表 8-2-9 2007 年非洲国家发酵类饮料产量情况④

国家	产量(吨)	占非洲比重(%)	国家	产量(吨)	占非洲比重(%)
布基纳法索	735610	3.40	卢旺达	437915	2.03
布隆迪	360703	1.67	塞拉利昂	220029	1.02
喀麦隆	562022	2.60	苏丹	777407	3.60
刚果(金)	992058	4.59	坦桑尼亚	2738093	12.67
科特迪瓦	476046	2.20	乌干达	3547510	16.41

---

① 资料来源:FAO 统计.
② 根据 FAO 统计制图.
③ 根据 FAO 统计制图.
④ 资料来源:FAO 统计.

续 表

国家	产量	占非洲比重(%)	国家	产量	占非洲比重(%)
埃塞俄比亚	276810	1.28	赞比亚	260641	1.21
加纳	364684	1.69	其他	1022478	4.73
肯尼亚	222014	1.03	总计	21616876	100
尼日利亚	8618802	39.87			

从表8-2-9和图8-2-7可以看出,在非洲发酵类饮料的生产也比较广泛,但产量分布很不均衡,其中尼日利亚的产量居于首位,达到861.88万吨,占非洲总产量的39.87%。尼日利亚、坦桑尼亚和乌干达三国是非洲发酵类饮料的主要生产国,其合计产量占到非洲总产量的68.95%。

从表8-2-10和图8-2-8可以看出,非洲发酵类饮料无论就其绝对数量还是总量占世界的比重而言,都占很重要的地位,2007年产量达到2161.69万吨,占世界的76.55%,其历年的产量占世界的百分比基本都超过70%。

表8-2-10 非洲与世界发酵类饮料生产产量情况[1]

年份	非洲(吨)	世界(吨)	非洲/世界(%)	年份	非洲(吨)	世界(吨)	非洲/世界(%)
1961	7055950	9639372	73.20	1994	15553866	20071659	77.49
1964	7513552	10421897	72.09	1999	18323860	24278470	75.47
1969	8261340	12002709	68.83	2000	18375720	24247391	75.78
1974	11176796	16099409	69.42	2005	20391203	26667348	76.47
1979	13617057	18498951	73.61	2006	20989486	27456440	76.45
1984	12615535	17030909	74.07	2007	21616876	28240511	76.55
1989	14470006	18710848	77.33				

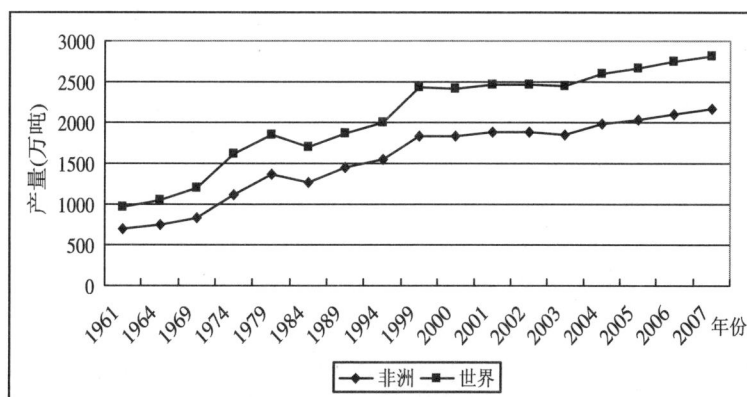

图8-2-8 非洲与世界发酵类饮料生产情况[2]

从1961年到2007年非洲发酵类饮料的产量增长速度比较平缓,与世界总产量的增长速度基本保持一致。非洲发酵类饮料加工业已经在世界上占据了一席之地。

---

① 资料来源:FAO统计.
② 根据FAO统计制图.

205

三、制茶

非洲是仅次于亚洲的茶叶生产地和出口地。肯尼亚已成为世界第四大茶叶生产国,占世界总产量的8％,主要生产CTC红碎茶,是全球最大的红茶出口国。

从表8-2-11可以看出,非洲国家的茶叶出口在世界占有一定市场,产量和出口量都居于世界前列,但从出口单价上看,非洲和其他国家的差距很大。茶叶出口价格位于世界前20以内的国家都超过了每吨11000美元以上,而非洲茶产品出口价格很低,因为非洲出口的茶制品多为原料性的散装初级产品,技术含量和产品附加值低,且缺乏自主品牌。

表8-2-11　2007年非洲主要茶叶生产国出口情况[①]

国　　家	产量(吨)	出口量(吨)	出口额(1000美元)	单价(美元/吨)	出口量世界排名
肯尼亚	369600	374329	698790	1867	1
马拉维	48140	54397	55415	1019	8
乌干达	44923	44015	47629	1082	9
坦桑尼亚	31300	30506	39146	1283	10
卢旺达	20474	20056	30369	1514	14
津巴布韦	22300	6840	7977	1166	20

肯尼亚是全球最大的红茶出口国,茶叶是肯尼亚重要的出口支柱产业之一。肯尼亚茶产业发展局认为,肯尼亚茶产品虽然出口到世界各地,但大多是原料出口或者代工出口,导致国际消费者对肯尼亚茶产品的印象不深,而且肯尼亚茶产品的大部分利润被进口商拿走,肯尼亚茶农获利甚微。肯尼亚今后将大力发展茶加工产业,尽量出口肯尼亚自有品牌的成品红茶和绿茶,大力推进茶产业的产品及市场多元化。

四、咖啡

20世纪70年代,非洲的咖啡豆产量一度占据全世界咖啡年产量的30％以上,咖啡豆是部分非洲国家重要的出口创汇商品。但由于2000年以后国际咖啡市场供大于求,导致咖啡价格持续下跌,非洲国家被迫减少了咖啡豆生产。近年来,咖啡国际市场价格回升,特别是对高品质咖啡的需求逐年增加。据国际咖啡组织(ICO)统计,全球咖啡需求正以每年2.4％的速度增长,预计未来10年咖啡需求将达每年1.7亿袋,目前的咖啡产量难以满足市场需求。但非洲各国由于政府对咖啡业补贴少、生产成本高以及气候变化等因素影响,近年来咖啡豆产量持续下降。

非洲咖啡种植业与加工业面临巨大的市场机遇,但尚需重视咖啡品质与加工问题。非洲咖啡在高品质咖啡中正占有越来越高的比例,不断增长的需求让一些农场主提前收获咖啡豆并出售,这种短视行为会影响咖啡的品质,并最终影响对非洲咖啡的需求。

---

① 资料来源:FAO统计.

从表 8-2-12 可以看出：非洲主要出口的咖啡类产品都是原材料直接出口，总体上非洲咖啡的加工能力比较薄弱，除了原材料出口外，大多为初级加工产品或半成品，如咖啡壳及咖啡皮等，附加值很低。即便是加工能力最强的科特迪瓦（咖啡及咖啡替代品的出口产量 2007 年在世界排名第 2 位），咖啡的加工能力也仅占总产量的 12%，目前在科特迪瓦的咖啡加工企业只有一家 CAPRA/NESTLE 公司，是隶属瑞士的 NESTLE 集团，有一个加工厂，加工能力约为 30000 吨咖啡豆。有加工能力的国家进口 500 万美元的咖啡豆，经过加工后获得的收益是 7000 万美元，翻了 14 倍，所以科特迪瓦政府把发展本地加工业作为振兴和持续发展本国可可和咖啡业的首要任务。科巴博总统在 2004 年的国际研讨会上宣布，10 年之后科特迪瓦的绝大部分可可和咖啡要在本地加工，原料出口只能占 5%～10%。[1] 近年来的数据表明，科特迪瓦对半成品减税的政策促进了本地加工业的发展，咖啡及咖啡替代品的出口日益增长。

表 8-2-12　2007 年世界排名前 20 内的非洲国家咖啡类产品出口情况[2]

产品 国家	咖啡豆			咖啡壳及咖啡皮	
	产量（吨）	出口量（吨）	世界排名	产量（吨）	世界排名
埃塞俄比亚	325800	158234	9	233	11
乌干达	175346	153987	10	6025	1
科特迪瓦	170849	120016	13		
肯尼亚	53368	55151	18	4160	2
坦桑尼亚	54800	51909	20	1481	3
马拉维	1403			606	6
加纳	1650			468	7
津巴布韦	4600			316	9
南非				31	17
塞内加尔				7	19
赞比亚	4500				

第三节　其他加工

一、制烟

烟草经济在撒哈拉以南非洲的存在形式是多种多样的，埃塞俄比亚偏僻的小农场里生长着烟叶，跨国公司的工厂里加工着烟叶。随着欧洲各国对当地烟草种植业采取严控、削减补贴的措施，欧洲本地烟叶产量迅速减少，这将为非洲的烟草种植业和加工业提供难得的市场机遇。

从非洲主要烟草生产国的出口情况可以看出，烟草加工能力比较薄弱，出口的主要是未加工的烟叶，而香烟、雪茄以及其他烟草制品所占比重极小（见表 8-3-1 和图 8-3-1）。制烟品主要有烤烟、晒烟、明火烤

① 科特迪瓦可可咖啡业的现状及提供的机遇. http://ci. mofcom. gov. cn/aarticle/ztdy/200501/20050100332513. html
② 资料来源：FAO 统计.

烟、白肋烟等,出口则以烤烟为主。非洲国家制烟业中仅有南非烟草加工业相对较发达,其他国家都以出口初级产品为主。

表 8 - 3 - 1　2007 年非洲主要烟草生产国烟草制品出口量(单位:吨)[1]

	烟草(未加工)	香烟	雪茄烟	其他烟草制品
马拉维	130183	0	0	0
津巴布韦	65511	150	3	6889
莫桑比克	44452	4	0	4
坦桑尼亚	40743	73	22	175
赞比亚	36649	126	0	16
乌干达	25055	32	7	28
南非	14087	9852	116	17822
尼日利亚	11	760	0	0
肯尼亚	24970	7641	0	209
非洲	404500	26731	151	31281
世界	2628912	975138	31787	369582

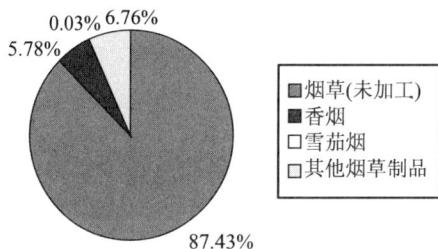

图 8 - 3 - 1　2007 年非洲主要烟草生产国烟草制品出口情况[2]

二、制糖

从表 8 - 3 - 2、图 8 - 3 - 2、图 8 - 3 - 3、图 8 - 3 - 4 中可以看出:非洲制糖业发展已有一定基础,主要加工成原糖、精制糖和糖浆,除满足国内消费外,成为主要出口产品之一。从非洲国家的糖类出口,大体能反映出其制糖的生产能力。除了原糖出口外,精制糖和糖浆的出口比重也较大。2007 年南非、加纳的精制糖出口都在世界前 20 名以内,埃及、苏丹、毛里求斯的糖浆出口也进入了世界前 20 名,其中埃及糖浆出口量排在第 4 位。但大部分非洲国家仍以出口原糖为主,原糖出口占糖类产品出口量的 57%;其次是精制糖和糖浆,分别占 22% 和 19%。制糖业在许多非洲国家是经济支柱产业。

南非是非洲最大的产蔗国,2009 年南非的食糖产量大概在 218 万吨(226 万吨原糖值),甘蔗的出糖率约为 8.57%。[3] 南非出口以原糖为主,占糖类产品出口的 69%,其次是精制糖,占 29%,而其他糖类产品所占比例极低。

埃及是继南非之后的非洲第二大产糖国,近 10 多年来其产量一直占非洲总产糖量的 13%～16%。埃

---

① 资料来源:FAO 统计.
② 根据 FAO 统计制图.
③ 国际糖市半年报之南非篇. http://www. sugarinfo. net/front/infosend/colligate/topicsClickAction. do? topicsID=80554

及平均每年提炼成品糖 103 万吨,是非洲产糖大国,但仅占甘蔗加工总量的 10%。埃及政府把糖作为国家的战略物资之一,非常重视制糖业的发展。蔗糖的生产与加工主要由国营企业垄断,民营企业只能从事甜菜糖的业务。目前,埃及主要有 8 家国营蔗糖加工厂,主要分布在上埃及;有三家成品糖提炼厂,主要分布在下埃及。民营企业主要从事甜菜糖加工,主要集中在尼罗河三角洲、Nubaria 地区和亚历山大南部地带。埃及蔗糖产量占总产量的 70%~90%,这样就可以保证应急之需。埃及国内产糖量有限,无法满足市场需求,每年需进口约 100 万吨的成品糖。为了减少进口量,埃及 Nubaria 制糖公司将新建一家甜菜糖加工厂,投产后预计每年可减少进口费用 4000 万美元。[①]

毛里求斯的制糖业是最大的经济支柱产业,自 18 世纪至 20 世纪 70 年代,其经济一直是以糖业为支柱的单一经济,糖业在国民经济中的比重超过 1/3,蔗糖出口占全部出口总额的 99%。毛里求斯自 20 世纪 70 年代开始调整经济结构,兴办出口加工区,发展旅游业,糖业在国民经济中的地位逐步下降,但糖业至今仍是其一大支柱产业。据毛里求斯中央统计局统计显示,2009 年第二季度经济增长率为 2.3%,其中,制糖业增长 18.2%,居各行业增长之首。但随着欧盟糖业补贴体制改革的不断深入,毛里求斯部分制糖企业面临经营困难,部分企业开始积极转变经营战略,寻求新的利润增长点。毛里求斯老牌制糖企业 St Aubin 在传统糖制品利润逐渐减少的情况下,投资 3.5 亿卢比对原有设备进行更换升级,并转变经营路线,生产高附加值的生态糖、特种糖,利用甘蔗汁蒸馏朗姆酒。

表 8-3-2 2010 年非洲主要原糖产国分布

国 家	产量(吨)	占非洲总产量百分比	国 家	产量(吨)	占非洲总产量百分比
南非	2069380	20.45%	埃塞俄比亚	345000	3.41%
埃及	1775000	17.54%	莫桑比克	340000	3.36%
斯威士兰	650000	6.42%	津巴布韦	335012	3.31%
苏丹	621000	6.14%	乌干达	313000	3.09%
肯尼亚	523652	5.18%	坦桑尼亚	288832	2.85%
毛里求斯	452473	4.47%	马拉维	278688	2.75%
摩洛哥	410000	4.05%	科特迪瓦	150000	1.48%
赞比亚	409494	4.05%	塞内加尔	102191	1.01%
留尼旺	397500	3.93%			

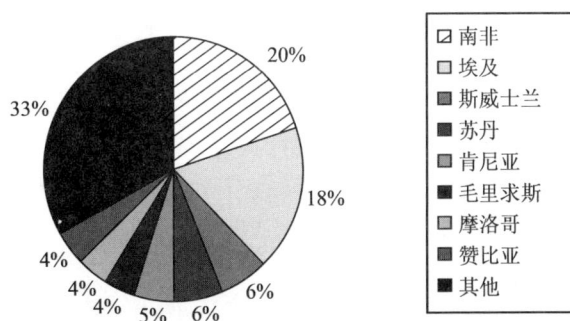

图 8-3-2 2010 年非洲主要原糖产国分布

---

① 驻埃及使馆经商处. 埃及制糖业分析及建议. http://eg.mofcom.gov.cn/aarticle/ztdy/200608/20060802907240.html

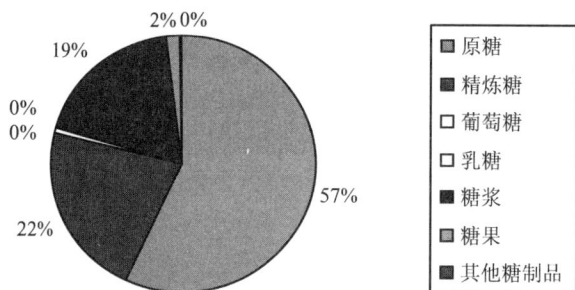

图 8-3-3　2007 年非洲糖类产品出口①

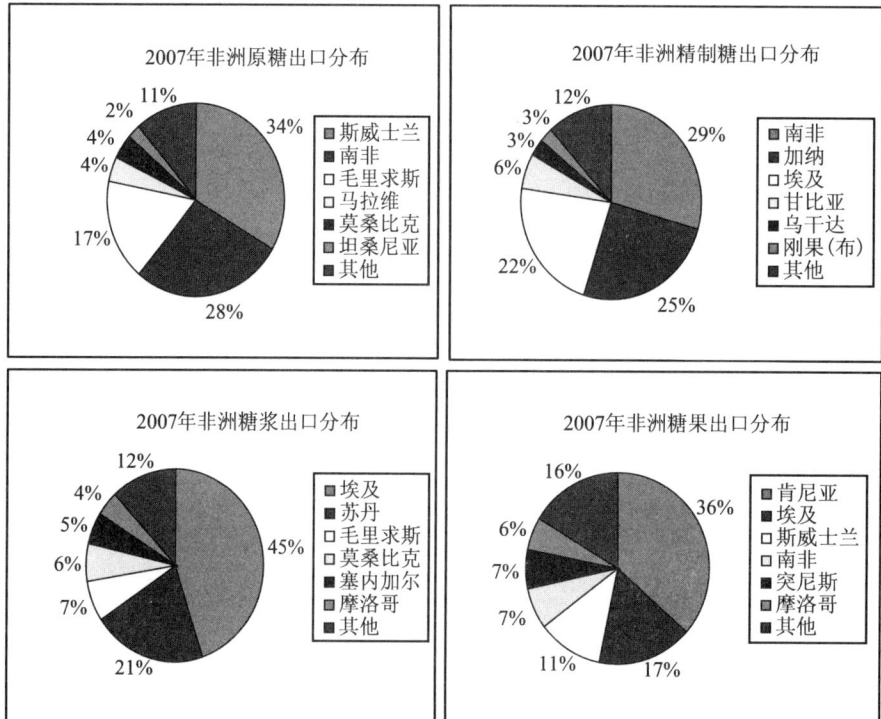

图 8-3-4　2007 年非洲主要糖类产品出口分布情况②

三、饲料

非洲的饲料加工业基础薄弱。非洲的饲料产品进口远远大于出口(见表 8-3-3 和图 8-3-5)。非洲缺乏饲料加工设备和企业,价格昂贵的添加饲料难以在养殖户中广泛使用,用作饲料的作物大多不经加工几乎全部直接用作牲畜的饲料,只有少量进一步加工成动物的精饲料,如高粱、玉米、棉籽榨油后所剩余的渣饼等。

2007 年非洲玉米进口量占全世界玉米进口量的 11.47%,而出口量仅占到世界出口量的 0.69%,可以看出非洲玉米主要以进口为主。从国家分布看,除赤道几内亚的进出口数据不可得外,其余 52 个国家玉米全部有进口。仅有马拉维、坦桑尼亚、乌干达等少数几个国家玉米出口量大于进口量,如图 8-3-6 所示,其他国家进口量均远高于出口量。其中埃及、阿尔及利亚、摩洛哥在 2007 年世界玉米进口国中分别处

---

① 根据 FAO 统计制图.
② 根据 FAO 统计制图.

于第 6、14、15 位,马拉维在 2007 年世界玉米出口国中处于第 14 位。由于玉米等饲料作物产量不断增长,以及引进中国等国的农业技术,非洲的饲料产业近年来发展较好。

表 8-3-3　1961～2007 年非洲与世界饲料进出口量

年份	非洲饲料出口量(吨)	世界饲料出口量(吨)	非洲/世界(%)	非洲饲料进口量(吨)	世界饲料进口量(吨)	非洲/世界(%)
1961	587	245656	0.24	12602	172272	7.32
1965	10680	363358	2.94	1181	380355	0.31
1970	7142	338918	2.11	1184	973855	0.12
1975	8475	411278	2.06	11405	636794	1.79
1980	4129	328582	1.26	26287	901787	2.91
1985	3659	563555	0.65	55697	1281758	4.35
1990	1820	778536	0.23	154054	2226133	6.92
1995	1958	2373053	0.08	108785	2917379	3.73
2000	1481	3244373	0.05	4450	3538717	0.13
2005	2250	3187370	0.07	5376	3911091	0.14
2006	2745	3139132	0.09	3410	4030527	0.08
2007	891	3409976	0.03	3316	4325482	0.08

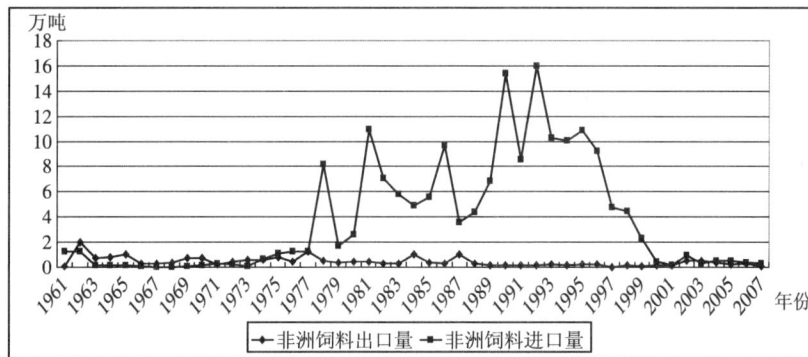

图 8-3-5　1961～2007 年非洲饲料进出口发展情况[1]

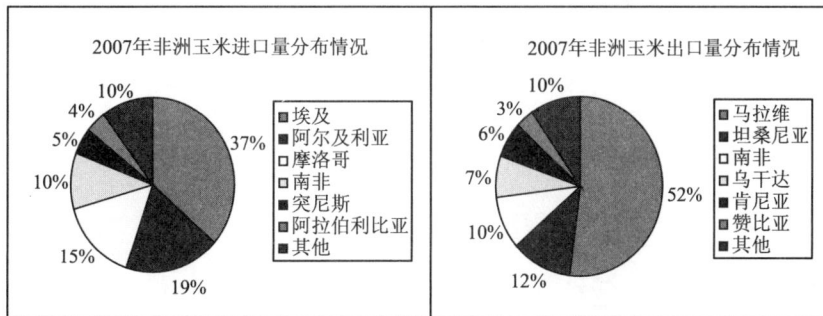

图 8-3-6　2007 年非洲玉米进出口分布情况[2]

埃及是非洲最大的玉米进口国,而进口的玉米绝大部分都用于饲料生产加工。埃及近年来扩大了玉米种植面积,以便增加玉米、麸皮等饲料的本地产量,而不是过多依赖进口,从而降低养殖的成本。

---

① 根据 FAO 统计制图.
② 根据 FAO 统计制图.

阿尔及利亚也是世界上主要的玉米进口国,玉米仍然主要用于畜牧饲料。近年来阿尔及利亚加快饲料产业发展步伐,饲料产量从2008年的195万吨提高到2009年的400万吨。[①]

南非2010～2011年度玉米出口量预计为250万吨,与2009～2010年度持平;国内用量预计为1030万吨,相比之下,2009～2010年度为1010万吨,其中饲料用量预计为460万吨,高于2009～2010年度的440万吨。[②]

第四节 制革与纺织

一、制革

许多非洲国家由于缺乏资金、技术设备相对落后,致使制革业发展较慢。但是,从长远来看,由于需求的不断增长以及原料资源供给状况的不断改变,这些非洲国家制革业的发展具有巨大的潜力,特别是摩洛哥、埃塞俄比亚、肯尼亚、马拉维、纳米比亚、苏丹、乌干达、坦桑尼亚、赞比亚、津巴布韦等几个国家。

以摩洛哥为例,摩洛哥皮革工业是该国的支柱工业,皮革工业中绝大多数属于小型企业。目前,摩洛哥皮革工业共有企业435家,其中中型企业是摩洛哥皮革工业的主力军。摩洛哥皮革工业占全国加工工业出口总额的3%左右,并呈现逐渐增加的趋势。摩洛哥是个畜牧大国,牛羊存栏达2300多万头只,毛皮资源十分丰富,但由于缺少资金和技术,大量毛皮无法进行深加工。即使是从事毛皮加工的企业,也几乎全部是手工作坊式的,产品质量难以保证。[③]

1. 牛皮 ▶ ▶ ▶

表8-4-1 2008年非洲国家牛皮产量及占非洲比重(%)[④]

国　家	产量(吨)	占非洲比重	国　家	产量(吨)	占非洲比重
阿尔及利亚	12800	1.82	摩洛哥	21125	3.00
安哥拉	12980	1.84	尼日尔	34940	4.96
布基纳法索	18930	2.69	尼日利亚	45200	6.42
喀麦隆	13000	1.85	塞内加尔	9095	1.29
中非	10780	1.53	索马里	12000	1.70
乍得	16260	2.31	南非	89670	12.74
埃及	34307	4.87	苏丹	58800	8.35
埃塞俄比亚	73499	10.44	坦桑尼亚	48300	6.86
几内亚	8729	1.24	乌干达	14847	2.11
肯尼亚	51450	7.31	赞比亚	7665	1.09
马达加斯加	21240	3.02	津巴布韦	9240	1.31
马里	19868	2.82	总计	704103	

① 驻阿尔及利亚经商参处. http://dz.mofcom.gov.cn/aarticle/jmxw/200909/20090906507843.html
② http://www.afdata.cn/html/hygz/nyly/20100805/25205.html
③ 世界制革工业市场报告. http://www.shoes.hc360.com/daquan2007/web/yjbg/yjbg_2.htm
④ 资料来源:FAO统计.

2008 年非洲主要牛皮生产国产量分布情况

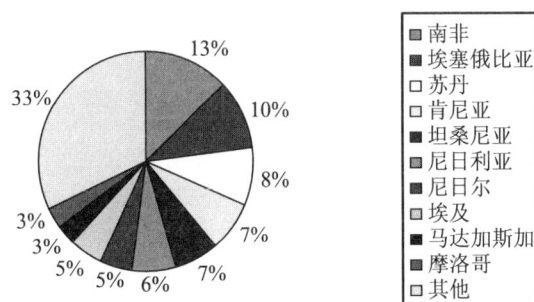

图 8-4-1　2008 年非洲牛皮主要生产国产量占非洲总产量的比重①

从表 8-4-1 和图 8-4-1 可以看出 2008 年非洲牛皮的生产分布比较普遍,在 53 个国家都有分布,各国所占的产量比重相对均衡,集中程度不高,即使是产量比重最高的南非,其占整个非洲总产量的比重也不超过 13%。

表 8-4-2　非洲与世界牛皮产量情况②

年份	非洲(吨)	世界(吨)	非洲/世界(%)	年份	非洲(吨)	世界(吨)	非洲/世界(%)
1961	291884	4083664	7.15	1995	523199	6854659	7.63
1965	313186	4520571	6.93	2000	596515	7393408	8.07
1970	351843	5103738	6.89	2005	669931	7679339	8.72
1975	367124	5577097	6.58	2006	690791	7809751	8.85
1980	447470	5658314	7.91	2007	699560	7848000	8.91
1985	469793	5999602	7.83	2008	704103	7860278	8.96
1990	493181	6307585	7.82	2009	706473	7869020	8.98

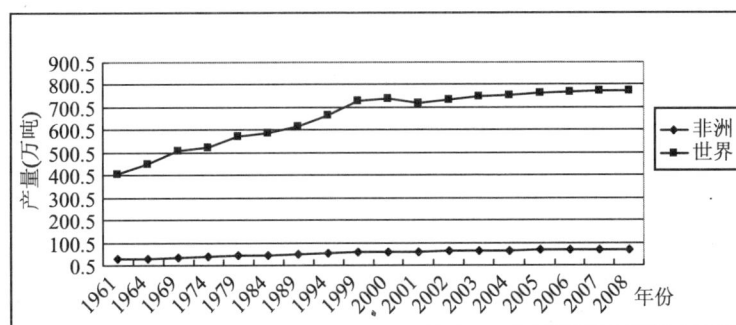

图 8-4-2　非洲与世界牛皮生产情况③

从表 8-4-2 可以看出,非洲牛皮占世界的比重是不断变化的,纵观 1961 年到 2008 年,非洲牛皮产量占世界总产量的比重呈波动式发展趋势。从 1962 年到 1970 年非洲牛皮的生产水平占世界的比重均低于 7%,从 1971 年到 1974 年这四年间非洲占世界的比重一直维持在 7% 以上,大体呈上升趋势,之后的三年又出现回落而低于 7%。从 1978 年至 2008 年非洲占世界的比重总体是平稳上升的。从图 8-4-2 可以

---

① 根据 FAO 统计制图.

② 资料来源:FAO 统计.

③ 根据 FAO 统计制图.

看出非洲历年的牛皮生产量总体呈上升趋势,折线图的变化趋势比较平滑,增长速度平缓,而世界的总体产量的增长速度是先快后慢。

2. 山羊皮 ▶ ▶ ▶

从表8-4-3和图8-4-3可以看出2008年非洲山羊皮的生产分布虽比较普遍,但各国所占的产量比重不均衡,主要集中在几个国家,尼日利亚占21.02%,居于首位,苏丹占17.63%,位居其次,肯尼亚占7.08%,埃塞俄比亚占6.75%。这四个国家就占到了总产量52.48%,超过了总量的一半。

表8-4-3　2008年非洲国家山羊皮产量情况及占非洲比重①

国　家	产量(吨)	占非洲比(%)	国　家	产量(吨)	占非洲比(%)
阿尔及利亚	2800	1.38	莫桑比克	5250	2.59
布基纳法索	7844	3.87	尼日尔	8800	4.34
乍得	4535	2.24	尼日利亚	42636	21.02
刚果(金)	3203	1.58	塞内加尔	3047	1.50
埃及	2425	1.20	索马里	6500	3.21
埃塞俄比亚	13680	6.75	苏丹	35750	17.63
加纳	2222	1.10	坦桑尼亚	6375	3.14
肯尼亚	14350	7.08	乌干达	6000	2.96
马拉维	3422	1.69	津巴布韦	2140	1.06
马里	6090	3.00	其他	21679	10.69
摩洛哥	4000	1.97	总计	202797	100

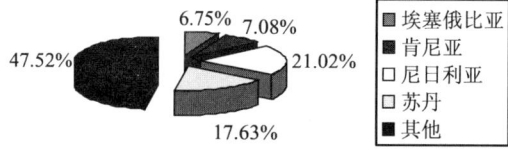

图8-4-3　2008年非洲山羊皮主要生产国产量占非洲总产量的比重②

表8-4-4　非洲与世界山羊皮生产产量情况③

年份	非洲(吨)	世界(吨)	非洲/世界(%)	年份	非洲(吨)	世界(吨)	非洲/世界(%)
1961	58439	263395	22.19	1995	130059	731513	17.78
1965	62704	296312	21.16	2000	152086	852842	17.83
1970	69770	298580	23.37	2005	189867	1032581	18.39
1975	73078	349850	20.89	2006	195241	1004635	19.43
1980	86999	392168	22.18	2007	201201	1044152	19.27
1985	92834	467157	19.87	2008	202809	1053808	19.25
1990	115553	581050	19.89				

① 资料来源:FAO统计.
② 根据FAO统计制图.
③ 资料来源:FAO统计.

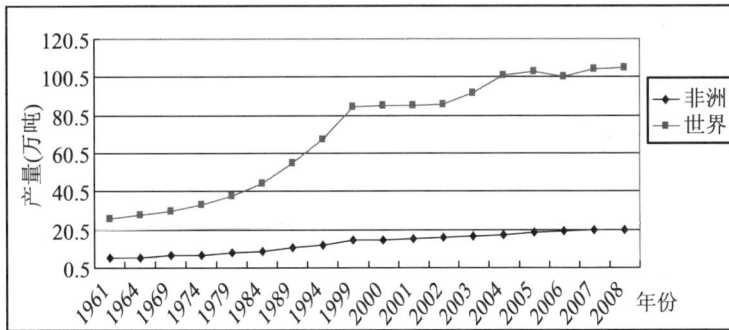

图 8 - 4 - 4　非洲与世界山羊皮生产情况①

从表 8 - 4 - 4 可以看出,非洲山羊皮占世界的比重是不断变化的,纵观 1961 年到 2008 年非洲山羊皮的产量占世界总产量的比重呈波动式发展趋势。从 1961 年到 1989 年非洲山羊皮的生产水平占世界的比重总体在 20％以上,20 世纪 90 年代占世界的比重呈现下降趋势,1999 年降到占世界的 17.75％。从 2000 年至 2008 年非洲占世界的比重总体是平稳上升的。从图 8 - 4 - 4 可以看出非洲历年的山羊皮生产量总体呈上升趋势,折线图的变化趋势比较平滑,增长速度平缓,而世界的总体产量的增长速度是先快后慢。相比于世界的年增长水平,非洲的年增长水平与世界年增长水平一直都保持着较大的差距。

3. 绵羊皮 ▶ ▶ ▶

从表 8 - 4 - 5 和图 8 - 4 - 5 可以看出非洲绵羊皮主要生产国家有 9 个,其中苏丹占非洲生产总量的 24.9％,尼日利亚占 10.74％,阿尔及利亚占 10.67％。其他产绵羊皮的国家还有南非、摩洛哥、埃塞俄比亚、马里、索马里、突尼斯等。

表 8 - 4 - 5　2008 年非洲国家绵羊皮生产产量情况②

国　　家	产量(吨)	占非洲比(％)
苏丹	61443	24.97
尼日利亚	26422	10.74
阿尔及利亚	26250	10.67
南非	18750	7.62
摩洛哥	17040	6.93
埃塞俄比亚	14670	5.96
马里	9404	3.82
索马里	9250	3.76
突尼斯	7900	3.21
其他	54893	22.31
总计	246022	100.00

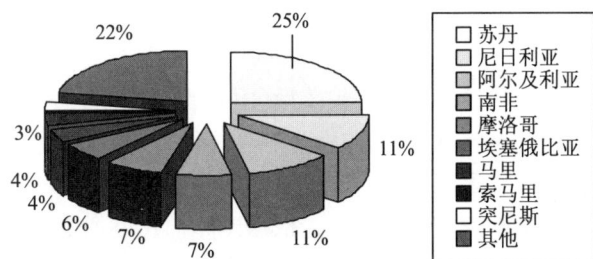

图 8 - 4 - 5　2008 年非洲绵羊皮主要生产国产量占非洲总产量的比重③

从表 8 - 4 - 6 和图 8 - 4 - 6 可以看出,非洲绵羊皮的生产无论是从其产量还是其占世界的比重而言,都是很微小的一部分。非洲绵羊皮产量增长缓慢,占世界的比重从 1961 年一直到 2008 年从未达到 0.5％。

---

①　根据 FAO 统计制图.
②　资料来源:FAO 统计.
③　根据 FAO 统计制图.

表 8-4-6　非洲与世界绵羊皮产量情况①

年份	非洲（吨）	世界（吨）	非洲/世界（%）	年份	非洲（吨）	世界（吨）	非洲/世界（%）
1961	805	241426	0.33	1995	1473	537532	0.27
1965	842	248857	0.34	2000	1791	522506	0.34
1970	729	309739	0.24	2005	2065	539353	0.38
1975	750	260274	0.29	2006	2077	526034	0.39
1980	862	277101	0.31	2007	2112	622499	0.34
1985	1177	299851	0.39	2008	2147	649754	0.33
1990	1324	432477	0.31				

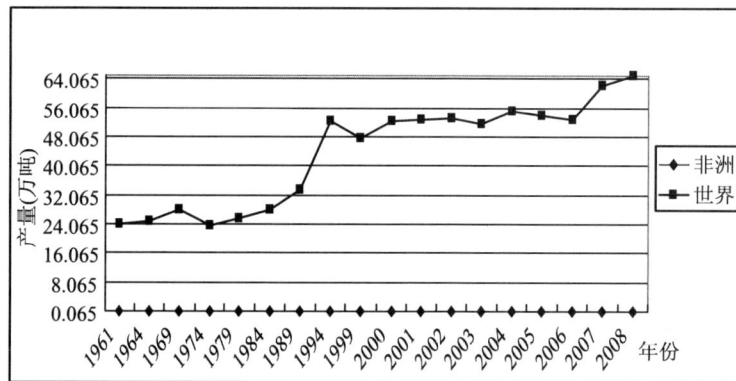

图 8-4-6　非洲与世界绵羊皮生产情况②

二、棉花加工

　　非洲的纺织工业比较落后,因此非洲棉花的90%以上用于出口换汇。虽然棉花种植在非洲国家产业经济中占重要地位,但非洲生产者往往在当地把棉花脱粒后就直接送到市场出售,而忽视了如纺纱、榨油和饲料加工等棉花相关产业在地区的发展。目前非洲棉花生产面临很大困难。2005年以来,一些国家的棉花产量减少了一半以上。根据国际棉花咨询委员会(ICAC)的统计,布基纳法索、塞内加尔、坦桑尼亚和赞比亚的棉花产量减少了25%～50%,而贝宁、喀麦隆、乍得、科特迪瓦、马里、多哥以及南非和乌干达的产量则减少了一半以上。和2004年非洲产量达到高峰时相比,现在西非棉花的优势已经明显减弱(见表8-4-7和图8-4-7)。因此,很多国家寻求引进棉花深加工设备及技术,逐步实现植棉现代化以及原材料加工本地化。

---

① 资料来源:FAO统计.
② 根据FAO统计制图.

表 8-4-7　1961～2007 年非洲与世界皮棉出口情况[①]

年份	非洲(吨)	世界(吨)	非洲/世界(%)	年份	非洲(吨)	世界(吨)	非洲/世界(%)
1961	675936	3755157	18.00	1990	740381	5119641	14.46
1965	725279	3779623	19.19	1995	799053	5815693	13.74
1970	967314	4000211	24.18	2000	1044086	5696358	18.33
1975	602776	3994924	15.09	2005	1400275	8804133	15.90
1980	632446	4834236	13.08	2006	1172801	9109324	12.87
1985	639091	4136978	15.45	2007	1127265	8676210	12.99

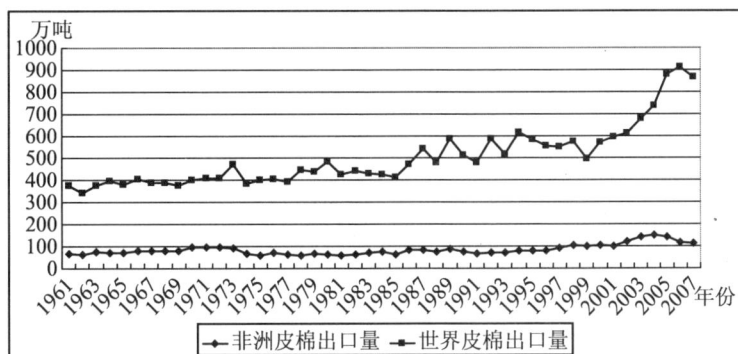

图 8-4-7　1961～2007 年非洲及世界皮棉出口情况[②]

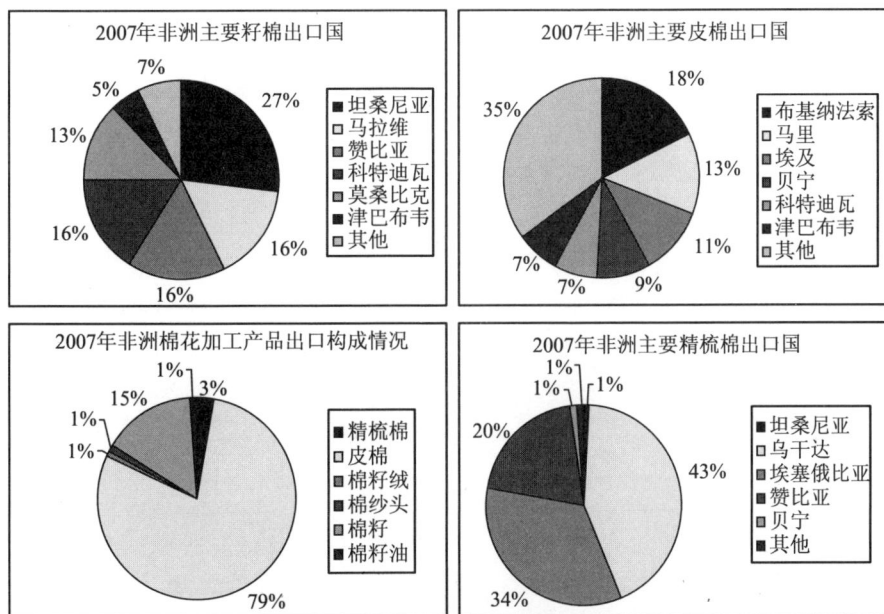

图 8-4-8　2007 年非洲主要棉花加工产品出口分布情况[③]

----

① 资料来源:FAO 统计.
② 根据 FAO 统计制图.
③ 根据 FAO 统计制图.

从图 8-4-8 中可以看出：非洲主要棉花加工产品以皮棉为主，占到棉花加工产品出口量的 79％，其次是棉籽（15％）、精梳棉（3％左右）。皮棉的出口分布比较广泛，有 30 多个国家出口皮棉，布基纳法索、马里、埃及、贝宁、科特迪瓦、津巴布韦、喀麦隆、乍得的皮棉出口量分别处于世界第 6、9、11、13、14、15、16、20 位。从世界精梳棉出口情况看，2007 年非洲精梳棉出口已占世界总出口量的 30％，成为仅次于美洲的世界第二大精梳棉出口地。其中坦桑尼亚、乌干达、埃塞俄比亚、赞比亚、贝宁几国的精梳棉出口量分别占据了世界第 2、4、5、16、17 位，乌干达、坦桑尼亚、埃塞俄比亚、赞比亚的出口额则排到了世界第 2、3、6、20 位。

虽然非洲的棉花种植和加工产业有着巨大的发展潜力，但由于近年来欧美发达国家对棉花出口的大量补贴，导致国际棉价波动不断，很多非洲国家的棉花加工产业都陷入了困境。

三、纺织服装

非洲大多数国家纺织工业基础落后、设施陈旧、专业技术人才缺乏、管理较为混乱，无法跟上国际纺织服装市场的潮流，纺织服装业的潜力尚未得到充分开发。非洲各个国家纺织服装方面的基础、设备和政策不同，纺织服装产业的状况也不尽相同。

20 世纪 90 年代，由进口自由化引起的进口激增，南非服装来自中国的进口急速扩大，2005 年，中国所占的比例达到了 72％。肯尼亚也是从 90 年代开始扩大服装进口，但进口量约 70％是从发达国家进口，其中旧服装占大半，新服装以中国为中心从亚洲、欧洲进口。在非洲，除了本国产品占有率较高的南非以外，在非洲的零售店所摆设的服装，几乎都被进口所占有。

2000 年美国通过《非洲增长和机遇法案》，规定许多非洲国家的多种商品免税免配额进入美国市场，许多国家利用这一法案的优惠到非洲国家设立工厂，非洲的纺织业迅速发展起来。但是 2005 年 1 月 1 日，全球纺织品配额取消，非洲纺织业面临中国和印度等国的巨大冲击，很多工厂纷纷倒闭，非洲纺织品出口锐减。

非洲主要纺织品种类有羊毛、马海毛、棉、剑麻、人造纤维等。莱索托是撒哈拉以南非洲销往美国成衣量最多的国家，其生产的纺织与成衣制品有 80％出口至美国。南非则为莱索托成衣第二大买家，次之为加拿大与欧盟，莱索托小量成衣也贩卖至迪拜、卡塔尔、智利、日本及中国台湾。

第九章

非洲农产品消费与营养安全

第一节 食物结构类型

什么是食物结构,因分析的角度不同而有不同的理解。一般地说,可以把食物结构分为膳食结构、食物营养结构、食物品种结构。现在说的食物结构把以上三个方面都包括在内。因各地的资源不同,食物结构也会有差异。非洲食物结构状况表现为食物结构与营养构成不合理,动物性食品偏少,植物性食品主要以淀粉质食品为主,蛋白质与脂肪摄入量少,特别是动物蛋白与大豆蛋白等全价蛋白质少,营养处于低水平。

在非洲,很多家庭的恩格尔系数(即食品消费占日常消费的比例)很高,超过了50%。近年来,非洲人逐渐开始喜欢食用面粉和大米,但这些需要进口才能满足需求。木薯仍是非洲主要的粮食作物和当家饭,它的主要成分是纤维素,淀粉占35%,蛋白质含量为 0.5%~0.75%,葡萄糖占0.33%,蔗糖占1%,不含脂肪。食用木薯等粗粮既有利于身体健康,有利于人类食品安全,更有利于非洲利用自身的自然地理条件保证粮食的自给自足和可持续发展。因此,世界粮农组织和卫生组织的专家建议非洲人尽可能地保持传统的饮食习惯。另外,芭蕉、玉米也是非洲人的主要食物来源。

表 9-1-1 非洲人均年食品消费量(千克)[①]

食品	非洲		世界		食品	非洲		世界	
	1990	2007	1990	2007		1990	2007	1990	2007
谷物(啤酒除外)	136.5	144.1	150.3	146.6	土豆	9.8	14	27.3	31.7
蔬菜	47.3	57.1	77.2	119.4	啤酒	8.9	9.2	21.0	26.2
淀粉类根茎	119.7	130.8	60.2	61.8	糖(原糖当量)	13.4	14.5	20.1	20.3
水果(葡萄酒除外)	51.7	56.3	50.0	69.0	玉米	39.8	40.8	15.1	16.8
肉类	14.3	15.6	33.5	40.1	木薯	79.6	73.5	15.2	16.4
酒精饮料	32.4	32.9	32.5	37.3	番茄	12.2	16.5	12.8	17.9
糖及甜味料	13.8	15.1	24.3	24.2	猪肉	0.9	1.1	13.1	15.0
鱼和海产品	8.5	8.4	13.5	16.7	禽肉	3.2	4.5	7.6	12.6
植物油	7.7	8.6	9.3	11.4	柑橘	5.2	5.5	9.7	12.8
蛋类	2.0	2.1	6.4	8.6	甘薯	8.1	12.1	14.2	8.4
油料作物	4.2	4.9	5.6	6.9	牛肉	5.8	5.9	10.3	9.6

[①] 资料来源:FAO统计.

食 品	非洲		世界		食 品	非洲		世界	
	1990	2007	1990	2007		1990	2007	1990	2007
糖料作物	4.9	6.1	3.4	3.7	香蕉	6.8	9.3	7.2	10.8
动物脂肪	1.0	0.8	3.7	3.3	苹果	0.9	1.9	7.0	9.1
可食用下水	1.6	1.7	1.9	2.2	洋葱	3.7	5.4	5.3	9.6
坚果	0.8	1.5	1.0	1.8	淡水鱼	2.9	2.9	2.9	5.4
奶类（黄油除外）	35.7	39.3	77.2	85.1	酿酒	21.9	22.5	3.5	4.3
小麦	44.3	45.3	67.4	65.9	甘蔗	4.9	6.1	3.4	3.7
稻米（大米当量）	16	19.6	54.5	52.9					

非洲的水果非常丰富，主要有木瓜、柑橘、橙子、芒果、菠萝、椰子、奶油果、西红柿、西瓜、甘蔗、荔枝等。沙漠的绿洲出产椰枣，地中海沿岸盛产无花果和橄榄，南非的开普敦盛产葡萄、苹果和梨。不缺乏一般禽畜和鱼类，但肉类是否新鲜，要视地区和情况而定。由于一些国家信奉伊斯兰教不吃猪肉，因而牛肉和羊肉最受非洲人欢迎。

总体而言，非洲是一个食品短缺的大陆。从表9-1-1可以看出，绝大部分农产品的人均年消费量都低于世界平均水平，只有淀粉类根茎产品高于世界人均年消费量。具体农产品上，则是玉米、木薯远高于世界平均消费量，甘薯和甘蔗略高于世界平均消费量；谷物的人均消费量差距逐渐缩小，但其他大部分农产品消费的差距却扩大了，尤其是蔬菜，非洲的蔬菜人均年消费量从1990年到2003年仅增长了12.2%，而同期世界增长了51.9%。

见表9-1-2所示，在各大类农产品中，非洲消费最多的是淀粉类根茎作物，2003年共消耗17958万吨，比1990年增加了6955万吨，增长了63%；人均消耗量也从1990年的119.8千克增长到130.3千克。除动物脂肪消耗量略有下降外，其他所有产品的总消耗量均有所上升。具体产品的消费，则是木薯、甘蔗、玉米、小麦和山药处于前列。其中木薯总消费量从1990年的6962万吨增长到2003年的10386万吨，人均消费量只是稍有减少。而就人均消费量的变化来讲，甘蔗、山药、番茄、甘薯和花生增长较多，均增长了20%以上；而鱼和海产品、动物脂肪、大麦与香蕉的消费却下降了，其中鱼和海产品的消费下降了15%，这无疑减少了非洲人民的蛋白质摄入量。

表9-1-2 非洲主要农产品消费情况①

	1990 年				2007 年			
	国内消耗（千吨）	损耗量（千吨）	直接消费量（千吨）	人均年消耗量（千克）	国内消耗（千吨）	损耗量（千吨）	直接消费量（千吨）	人均年消耗量（千克）
淀粉类根茎	110289	12173	76637	119.7	210303	23628	125949	130.8
谷物（啤酒除外）	119216	8681	87420	136.5	188864	13738	138687	144.1
糖料作物	73381	1469	3169	4.9	97410	2430	5853	6.1
水果（葡萄酒除外）	45969	5176	33088	51.7	70216	7030	54158	56.3
蔬菜	33713	3214	30310	47.3	60856	5643	54928	57.1
酒精饮料	22069	785	20731	32.4	33487	1295	31721	32.9

① 资料来源：FAO统计.

	1990 年				2007 年			
	国内消耗 （千吨）	损耗量 （千吨）	直接消费量 （千吨）	人均年 消耗量 （千克）	国内消耗 （千吨）	损耗量 （千吨）	直接消 费量 （千吨）	人均年 消耗量 （千克）
油料作物	12763	517	2674	4.2	21704	952	4748	4.9
糖与甜味料	9066	—	8837	13.8	15313	—	14498	15.1
肉类	9152	—	9141	14.3	15016	—	15002	15.6
植物油	6099	27	4946	7.7	12125	57	8247	8.6
鱼和海产品	6606	—	5454	8.5	9041	—	8116	8.4
蛋类	1552	107	1309	2	2465	178	2069	2.1
可食用下水	1041	—	1004	1.6	1646	—	1598	1.7
动物脂肪	1045		633	1	1085		736	0.8
坚果	545	22	513	0.8	1436	29	1400	1.5
木薯	69339	7591	50961	79.6	118366	12025	70782	73.5
甘蔗	69541	1469	3169	4.9	89464	2430	5853	6.1
玉米	39813	2952	25513	39.8	62493	4764	39274	40.8
小麦	32727	1844	28393	44.3	50451	2851	43610	45.3
山药	20767	2193	9778	15.3	45396	4779	21328	22.2
奶类（黄油除外）	25560	709	22882	35.7	42053	1284	37844	39.3
车前草	18762	2471	10789	16.8	24517	2121	16094	16.7
高粱	14517	1281	10173	15.9	24930	2219	17726	18.4
酿酒	14831	784	14036	21.9	22926	1294	21617	22.5
稻米（大米当量）	12006	917	10250	16	21616	1423	18908	19.6
小米	11597	1223	8578	13.4	17607	1861	12868	13.4
番茄	8641	816	7822	12.2	17462	1617	15842	16.5
土豆	8179	745	6295	9.8	18067	1804	13503	14
糖（原糖当量）	8766	—	8569	13.4	14685	—	13912	14.5
甘薯	5949	601	5183	8.1	13729	1800	11644	12.1
大麦	6557	363	3014	4.7	7666	362	3200	3.3
香蕉	5896	556	4372	6.8	11589	1658	8930	9.3
啤酒	5691	—	5686	8.9	8844	—	8837	9.2
甜菜	3840	—	—	—	7946	—	—	—
花生（带壳）	3172	180	1065	1.7	6734	406	1942	2

第二节 粮食消费

2007年非洲的谷物产量在1.43亿吨左右,其中小麦为2080万吨,粗粮为10050万吨,稻谷为2160万吨。由于2007年非洲人口已经是9.6368亿,人均粮食占有量为148.4千克。非洲每年需进口粮食和接受粮援2267万吨,占其需求总量的20%,其中粮食援助为242万吨。目前,非洲许多国家谷物自给率在50%以下。除了玉米基本能满足地区需求、国际市场进口额仅占非洲消费总量的5%以外,非洲国家消费的小麦和水稻中,45%的小麦和80%的水稻都依赖进口。2007年谷物的进口量接近产量的一半,且在五大洲中,除了大洋洲,非洲的谷物产量是最低的,远远不能满足庞大的人口需求(如图9-2-1)。

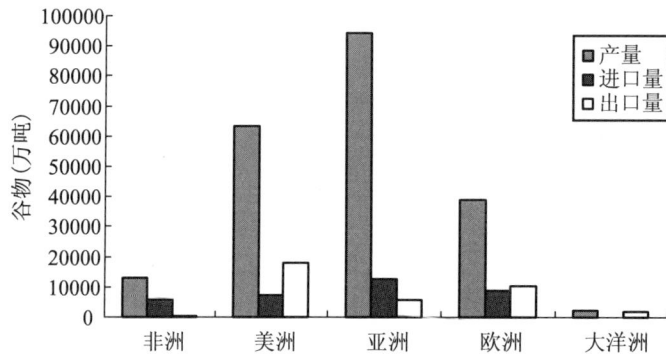

图9-2-1 2007年谷物产量及进出口量对比图 ①

从粮食消费的结构看,非洲的淀粉类根茎消费比重在各大洲中是最高的(如图9-2-2)。从淀粉类根茎的产量对比中也可以看出其在非洲粮食消费中的重要地位(如图9-2-3),在各大洲中非洲的淀粉类根茎产量位居第二,且进出口量都很少,基本能够自给自足。非洲豆类的产量在五大洲中位居第三(如图9-2-4),且在粮食消费中所占比例与其他大洲相比也是较高的,说明豆类也是非洲粮食消费结构的重要组成部分。

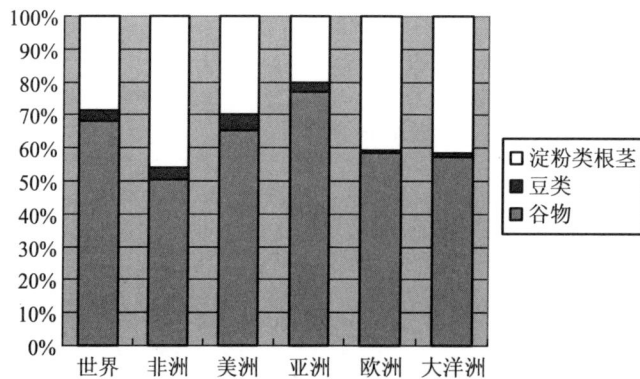

图9-2-2 2007年谷物、豆类、淀粉类根茎消费比重图 ②

① 资料来源:FAO统计.
② 根据FAO统计制图.

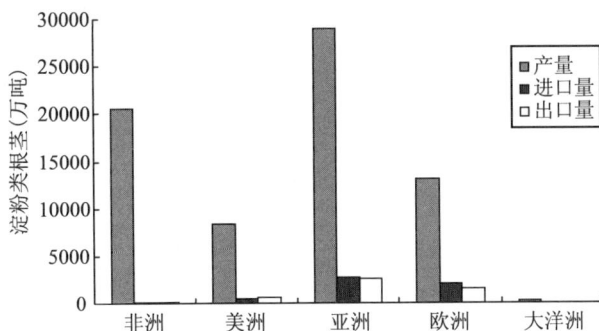

图 9-2-3　2007 年淀粉类根茎产量及进出口量对比图①

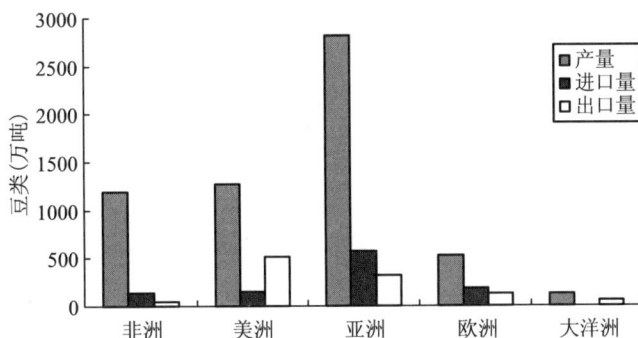

图 9-2-4　2007 年豆类产量及进出口量对比图②

　　粮食是食物的主要组成部分,为人类提供所需的主要能量,其中谷物是主要的供给者,其次为淀粉类根茎。非洲的淀粉类根茎提供能量尤为突出,远高出其他大洲,另外非洲豆类的人均能量摄取量在各大洲中也是最高的(如图 9-2-5)。

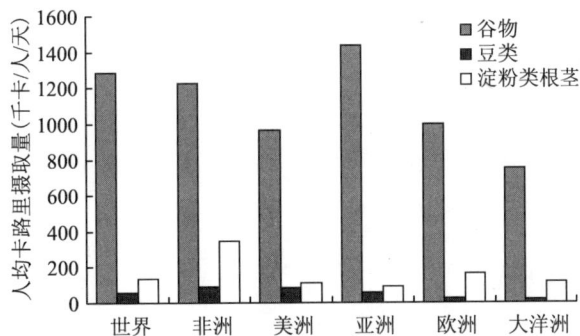

图 9-2-5　2007 年粮食的人均卡路里摄取量③

　　整体来看,世界人均粮食消费有了显著提高,已经从 20 世纪 60 年代初平均 2280 千卡/人/日上升至 2800 千卡/人/日(如图 9-2-6)。世界平均粮食消费增长集中反映在发展中国家,因为发达国家在 21 世纪 60 年代中期已经有了较高水平的人均粮食消费,发展中国家所获得的总体增长主要归因于东亚的显著增长。

　　在撒哈拉以南非洲的 11 个国家(安哥拉、佛得角、厄立特里亚、冈比亚、莱索托、利比里亚、毛里塔尼

---

　　① 根据 FAO 统计制图.
　　② 根据 FAO 统计制图.
　　③ 根据 FAO 统计制图.

千卡/人/日

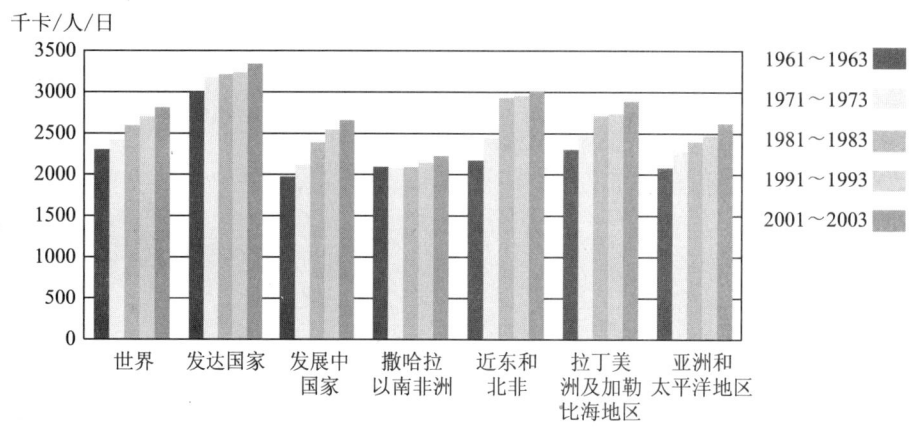

图 9-2-6　人均粮食消费量变化图①

亚、塞内加尔、索马里、斯威士兰和津巴布韦)中,2005~2006 年粮食供应量的一半以上依赖进口。在其他 7 个国家(贝宁、喀麦隆、科特迪瓦、刚果(金)、加纳、几内亚比绍、莫桑比克)中,进口比例在 30％至 50％ 之间。

　　撒哈拉以南非洲是世界上粮食最不安全的区域,该区域的人均热能摄入量勉强超过每日必需的 2100 千卡,这无疑是全世界最低水平。区域内许多国家没有足够的粮食供给,而收入不均使问题更加恶化。

第三节　畜禽产品消费

　　2007 年非洲的畜产品(肉类、奶类、蛋类)消费量远低于其他大洲(大洋洲除外),说明非洲的食物结构 不平衡,动物性食品消费不足(如图 9-3-1)。动物源性食品能够提供难以从植物源性食品中足量获取的 高质量蛋白及多种微量营养素。尽管谷物食品中也含有一些基本矿物质,如铁、锌,但由于植物源性食品 的形式以及其中存在肌醇六磷酸等吸收抑制剂,因此它们的生物利用率较低,而在动物源性食品中的矿物 质则更易于被吸收利用。非洲的畜产品消费量不足,导致畜产品的人均蛋白质摄取量也很低,中非最低 (如图 9-3-2)。

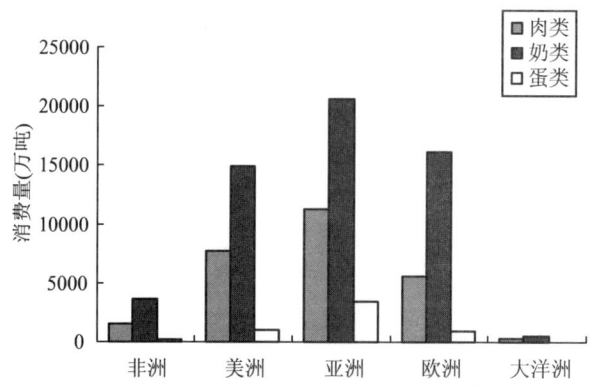

图 9-3-1　2007 年畜产品消费量②

---

① 根据 FAO 统计制图.
② 根据 FAO 统计制图.

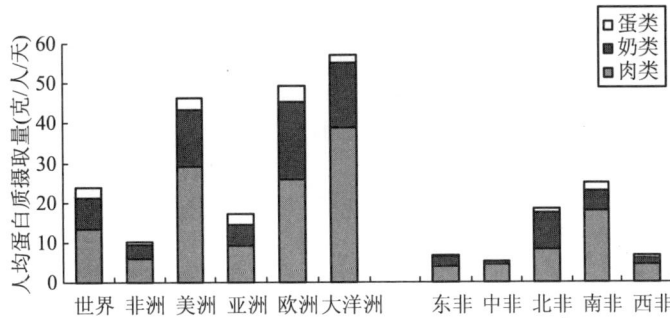

图 9-3-2 2007 年畜产品的人均蛋白质摄取量①

　　畜产品为人类提供了大量的热量,非洲的畜产品人均卡路里摄入量在世界范围内最低,其中中非、西非、东非的蛋类消费非常少,中非畜产品消费严重不足(如图 9-3-3)。1961~2005 年撒哈拉以南非洲的畜产品人均能量摄入量一直处于较低的水平,且除撒哈拉以南非洲外,所有区域的畜产品消费量均呈上涨趋势(如图 9-3-4)。1985~2007 年北非肉类、奶类、蛋类消费量增长 30% 以上;南非肉类消费量增长29%,蛋类增长 68%,但奶类消费有所减少;中非肉、蛋、奶消费都有所减少,其中奶类下降最多,减少了59%;东非肉、蛋、奶消费也呈下降趋势,其中蛋类下降最多,减少了 26%;西非肉类、蛋类消费增加,但奶类消费量稍有下降(见表 9-3-1)。

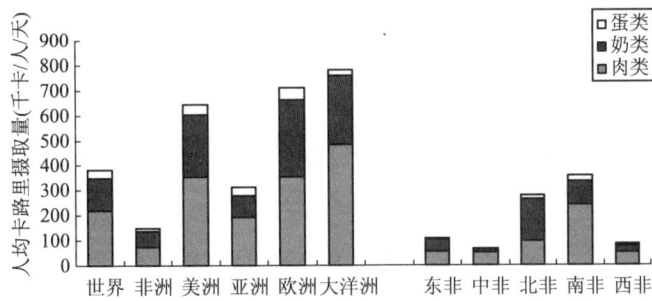

图 9-3-3 畜产品的人均卡路里摄取量②

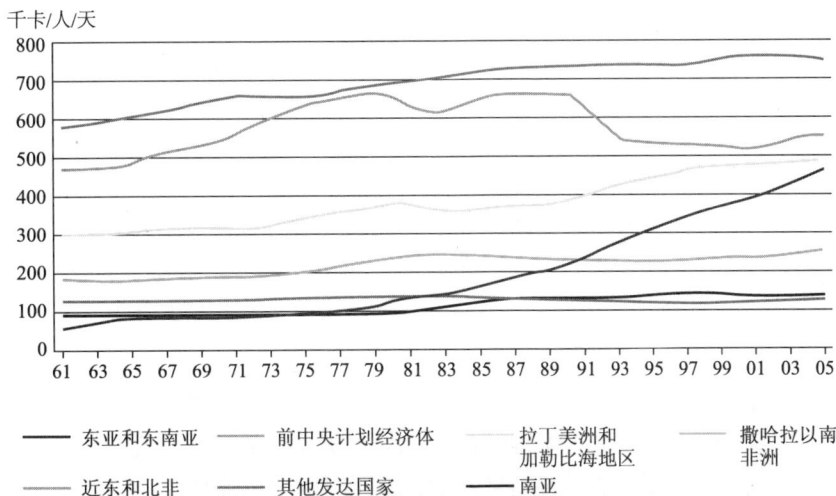

注:畜产品包括肉类、蛋类、奶类和乳制品(不包括黄油)。

图 9-3-4 1961~2005 年畜产品的人均热能摄入量(按区域计)③

---

① 根据 FAO 统计制图.
② 根据 FAO 统计制图.
③ 根据 FAO 统计制图.

表 9 - 3 - 1 人均畜产品消费量①

区 域	肉类(千克/人/年)			奶类(千克/人/年)			蛋类(千克/人/年)		
	1985 年	1997 年	2007 年	1985 年	1997 年	2007 年	1985 年	1997 年	2007 年
世界	31.48	36.25	40.09	79.04	76.87	84.93	6.07	7.66	8.57
非洲	14.34	14.14	15.51	35.68	32.05	37.92	1.85	1.83	2.17
东非	11.42	10.11	10.51	30.66	25.89	28.77	1.2	0.99	0.89
中非	11.26	10.17	11.09	19.67	9.17	8.01	0.36	0.39	0.33
北非	16.93	20.12	22.16	67.32	71.66	94.92	2.76	3.13	3.65
南非	35.74	36.4	45.97	59.27	57.66	58.06	3.78	4.44	6.34
西非	11.37	10.3	11.76	15.65	11.46	15.36	1.87	1.7	2.38
美洲	67.81	77.15	85.39	157.81	160.64	164.43	9.87	9.79	11.18
亚洲	13.88	24.22	28.34	30.48	39.43	52.14	3.77	7.56	8.76
欧洲	74.45	69.96	76.97	214.82	206.97	221.5	14.09	11.91	12.76
大洋洲	103.64	99.63	115.34	226.15	209.91	195.46	9.99	6.36	6.54

所有迹象表明,全球对畜产品的需求将会持续增长。2007 年,国际粮食政策研究所(IFPRI)开发的"影响"模型按区域并在"一如既往情形"下预测,全球人均肉类需求增长将在 6 至 23 千克之间(见表 9 - 3 - 2)。大部分增长集中在发展中国家,数值增加最多的可能是拉丁美洲和加勒比海地区,东亚、南亚和太平洋区域,但现有水平低的撒哈拉以南非洲则预计会出现倍数增长。

表 9 - 3 - 2 2000 年和 2050 年(预测)各区域肉类消费量②

区 域	人均肉类消费量(千克/人/年)	
	2000 年	2050 年
中亚、西亚和北非	20	33
东亚、南亚和太平洋地区	28	51
拉丁美洲和加勒比海地区	58	77
北美洲和欧洲	83	89
撒哈拉以南非洲	11	22

大量文献资料显示,缺乏营养会给儿童成长和智力发育带来影响,包括发育不良、传染病发病率和死亡率增加等。从长远看,营养不足会影响儿童的认知发育和学习成绩。它不仅从道义上令人难以接受,同时还让社会付出了巨大的经济代价。对于成年人而言,营养不足会削弱工作绩效和生产力,阻碍人力资本发展,制约国家经济增长潜力。营养不足还令男女老幼更易遭受疟疾、肺结核和艾滋病等疾病的侵袭。

基本素食中含量较低、主要靠动物源性食品提供的 6 种营养素包括维生素 A、维生素 B_{12}、核黄素、钙、铁和锌。若对这些营养素摄入不足,会产生相关健康问题,包括贫血、发育不良、弱视、眼盲、软骨病、认知障碍以及传染病发病率和死亡率增加等,特别是在婴幼儿当中。动物源性食品是这 6 种营养素的丰富来源,在素食中只需添加少量动物源性食品即能显著提高营养水平。

动物食品营养素密度高,在针对婴儿、儿童和艾滋病患者等脆弱人群采取的食物干预措施中更具优

---

① 资料来源:FAO 统计.
② 资料来源:FAO 统计.

势,因为他们可能很难大量进食来满足自身的营养需要。

已有证据表明,缺乏微量元素在最贫困国家非常普遍,适度摄取动物源性食品将能提高膳食营养充足水平,改善健康状况。据营养合作研究支持计划报告,通过对世界上不同的生态和文化区域,如埃及、肯尼亚和墨西哥等地开展的三个纵向平行观察性研究显示,动物源性食品的摄入与改善儿童发育、认知能力和体力活动,获得良好的妊娠结果和减少发病率之间存在着紧密联系。即便排除社会经济地位、发病率、父母文化水平和营养状况等因素后,这些联系仍成正相关。

因此,可以考虑在发展畜牧业的同时通过营养教育来改善对动物源性食品的获取,可将此视为避免陷入贫困—微量营养素缺乏—营养不良这一困境的战略干预措施。对畜牧的干预措施及其在改善营养和扶贫方面发挥的作用所做的研究工作虽然有限,但可以表明,畜牧业能够在人类营养和健康以及发展中国家的减贫方面发挥重要作用。无论是发展畜牧业,还是营养教育,这些干预措施应具有针对性,以确保它们是有效针对粮食不安全和脆弱人群的。

第四节　水产品消费

2007 年世界水产品消费亚洲最多,占 66.2%,非洲占 7%,其中西非占 3%,南非最低,只有 0.4%(如图 9-4-1)。而水产品的人均卡路里摄入量是东非最低,且逐年下降,北非和西非逐年上升(如图 9-4-2)。

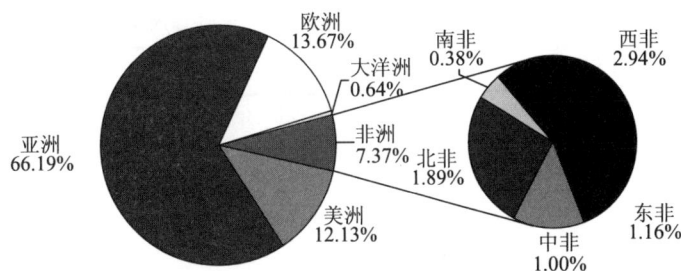

图 9-4-1　2007 年水产品消费量①

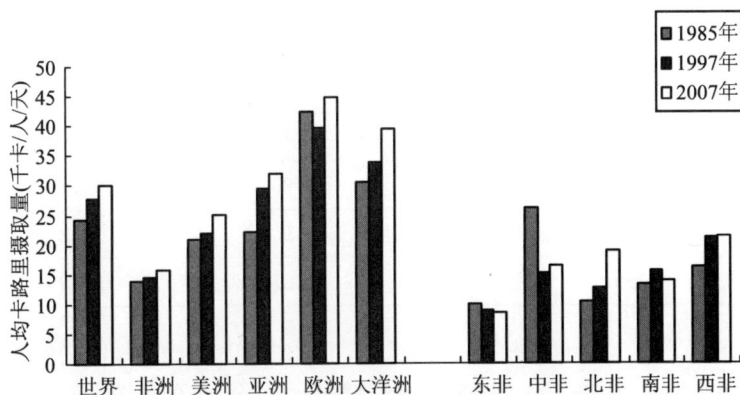

图 9-4-2　水产品的人均卡路里摄取量②

---

① 根据 FAO 统计制图.
② 根据 FAO 统计制图.

过去40多年水产品消费发生了重大变化,世界人均水产品消费稳定增加,从20世纪60年代平均9.9
千克到70年代的11.5千克、80年代的12.5千克、90年代的14.4千克和2005年的16.4千克,但区域间
增长情况不平衡。过去30年,撒哈拉以南非洲区域人均水产品供应量增长几乎停滞。相反,在东亚(主要
在中国)和近东/北非区域急剧增长。世界各国和区域之间在人类消费的水产品供应量方面变化很大,反
映了饮食习惯和传统,鱼及其他食品的可获得性、价格,社会经济水平和季节的不同(如图9-4-3),人均
水产品消费可以从一个国家人均不足1千克到另一个国家的超过100千克。在国家内部也有差异,沿岸
区域消费通常更高。

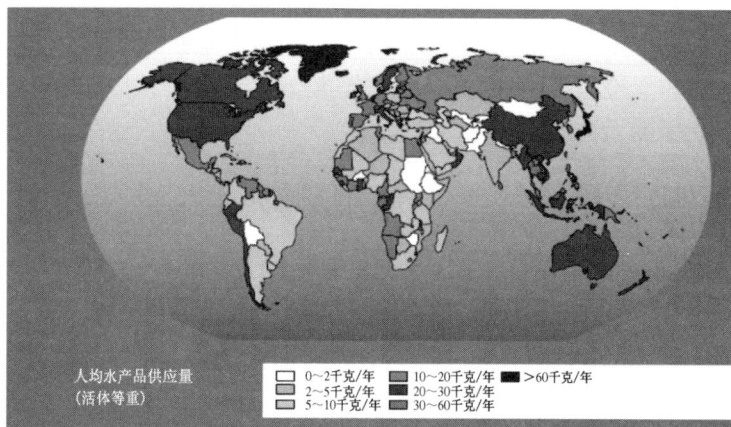

图9-4-3 水产品人均供应量(2003~2005年平均值)①

表9-4-1 1985~2007年人均水产品消费量及其变化②

区域		人均水产品消费量(千克/人/年)			变化率(%)	
		1985年	1997年	2007年	1985~1997年	1997~2007年
世界		12.57	15.41	16.69	22.59	8.31
非洲		7.51	7.47	8.48	−0.53	13.52
	东非	5.34	4.58	4.33	−14.23	−5.46
	中非	13.62	8.42	9.26	−38.18	9.98
	北非	5.33	6.54	10.28	22.70	57.19
	南非	8.06	7.98	7.43	−0.99	−6.89
	西非	8.97	10.63	11.36	18.51	6.87
美洲		12.62	13.83	14.71	9.59	6.36
亚洲		10.92	16.61	18.34	52.11	10.42
欧洲		21.97	19.36	20.55	−11.88	6.15
大洋洲		19.00	22.76	25.57	19.79	12.35

1985~2007年人均水产品消费量非洲都是最低的,且东非和南非的人均消费量呈下降趋势,而北非
和西非的消费有所增加(见表9-4-1)。2005年的数据显示,水产品在北美洲和中美洲提供了约7.6%的
动物蛋白,在欧洲超过11%,在非洲为约19%,在亚洲为近21%。非洲的水产品人均蛋白质摄取量有所升

① 资料来源:FAO统计.
② 资料来源:FAO统计.

高,但在世界范围内来说仍然处于最低水平(如图 9 - 4 - 4)。

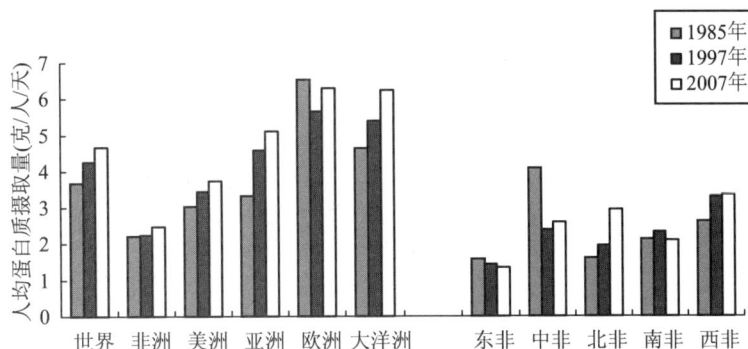

图 9 - 4 - 4　水产品的人均蛋白质摄入量①

　　水产品对动物蛋白供应的贡献超过 20% 的国家主要集中在撒哈拉以南非洲,说明水产品对撒哈拉以南非洲居民蛋白质的获取非常重要(如图 9 - 4 - 5)。如果他们有经济能力的话,撒哈拉以南非洲的居民似乎愿意购买更多的鱼品。到 2015 年撒哈拉以南非洲水产品的消费可能比 2005 年增加 150~200 万吨,如果水产品供应量与需求量同步增长的话,这将使水产品消费量每年增加约 3%。按相对值计,这比世界上其他可比较的区域的预测要高。需求增长的大约 70% 来自人口增加,意味着需求稳定并且巨大。鱼在非洲人饮食中是重要的,它既不是劣质产品,也不是奢侈产品。一些非洲国家中鱼蛋白占消费的动物总蛋白的比例超过 30%。因此,对政府和国际社会来说,有充足的理由设法确保非洲家庭至少维持目前的水产品消费水平。非洲普通穷人将占增加的人口的大多数,因此奢侈水产品需求即便有增长,增长也很小,水产品需求增长不会仅局限在城市区域。

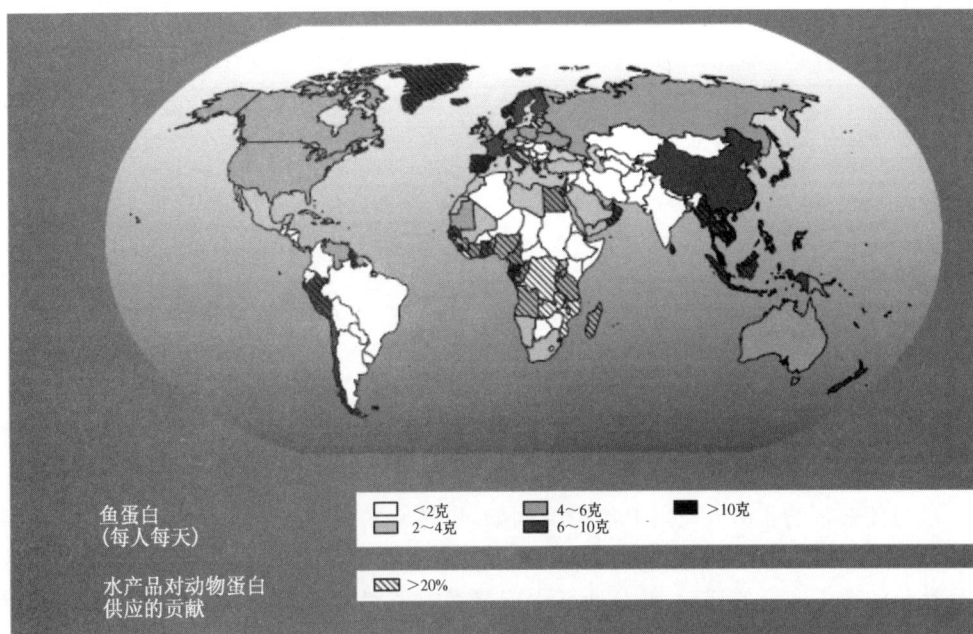

图 9 - 4 - 5　水产品对动物总蛋白供应的贡献(2003~2005 年平均值)②

① 根据 FAO 统计制图.
② 资料来源:FAO 统计.

第五节　粮食安全

一、非洲粮食危机重重,走出缺粮困境步履艰难

　　许多非洲国家粮食自给率在 20 世纪 60 年代初为 98％,70 年代末下降到 82％,80 年代再下降到 60％～70％,90 年代只有 50％左右。目前,许多非洲国家粮食自给率已降到了 50％以下,粮食进口逐年增加。自1980 年起,非洲成为农产品净进口洲。2003 年 23 个国家粮食短缺,进口粮食 3820 万吨。除玉米能基本满足地区需求外,45％的小麦或 80％的大米依赖进口。2006 年,撒哈拉以南非洲人均粮食产量只有 84 千克,只及全球人均 339 千克的 24.8％,如图 9－5－1 所示。

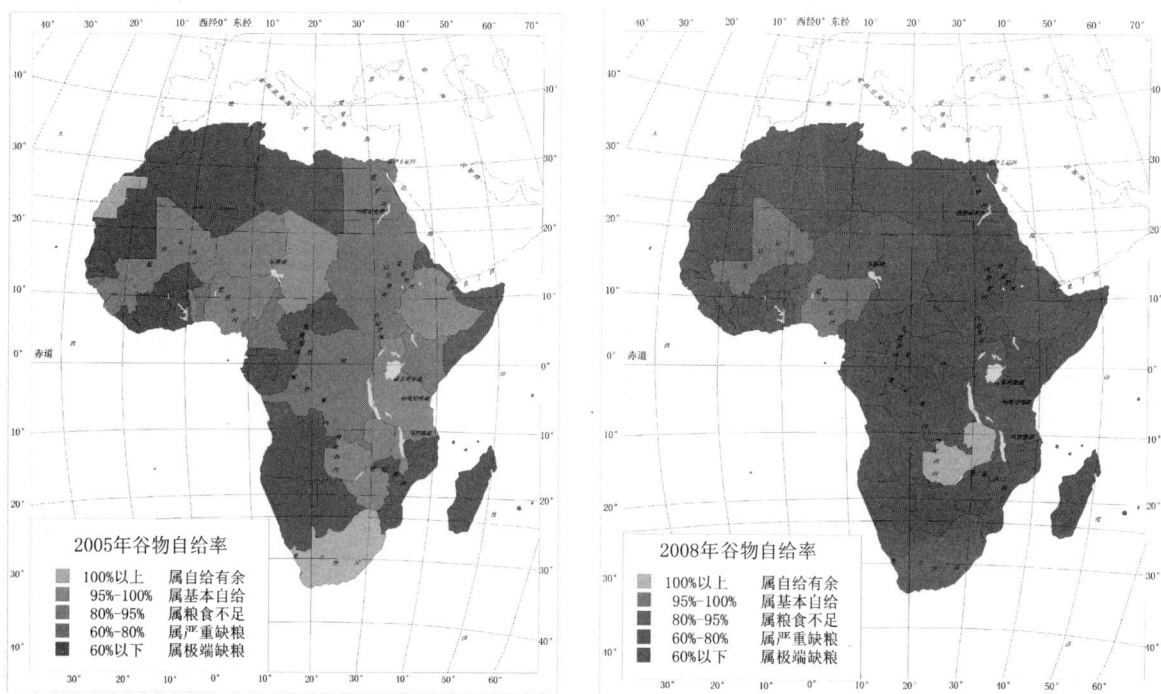

图 9－5－1　2005 年和 2008 年非洲国家谷类自给率示意图①

　　世界粮食危机使贫苦的非洲人民雪上加霜。例如,极端缺粮的塞拉利昂,大米价格猛涨了三倍;严重缺粮的科特迪瓦、塞内加尔和粮食不足的喀麦隆,大米价格也涨了一倍;粮食自给有余的埃及,全国爆发了多起抗议食品涨价的罢工和示威活动,部分地区引起骚乱。资料显示 40 多个国家粮食不足,特别是撒哈拉以南非洲近 30 个国家,人均粮食供应低于最低需求量,其中马拉维、津巴布韦、莫桑比克等国,至少有 1200 万人严重缺粮,全洲约有 2 亿多人长期忍受饥饿,3700 万 5 岁以下儿童营养不良。

---

　　① 资料来源:FAO统计.

二、非洲粮食自给率长期低下的原因分析

非洲缺粮日益严重,是自然、经济、社会等多种因素综合作用造成的。

1. 粮食缓慢的增长不能满足激增的人口需求,缺口越来越大 ▶ ▶ ▶

缓慢的粮食增长远不能满足快速增长的人口需要,是非洲粮食危机最根本的原因之一。2007年非洲人口达到9.44亿人,比2004年增加了0.59亿,若以2006年世界人均粮食消费量为314千克计算,则需1852.6万吨粮食来满足新增的人口需求,如图9-5-2所示。但据FAO统计,2007年粮食产量只比2004年增加了452.55万吨,也就是说,仅新增人口就存在1000多万吨的粮食缺口。另据人口调查局推断,到2025年非洲人口将达到13.58亿人,人口爆炸式的增长,使缺粮问题雪上加霜。谁来养活快速增长的非洲人成为非洲国家必须应对的现实挑战,见表9-5-1所示。

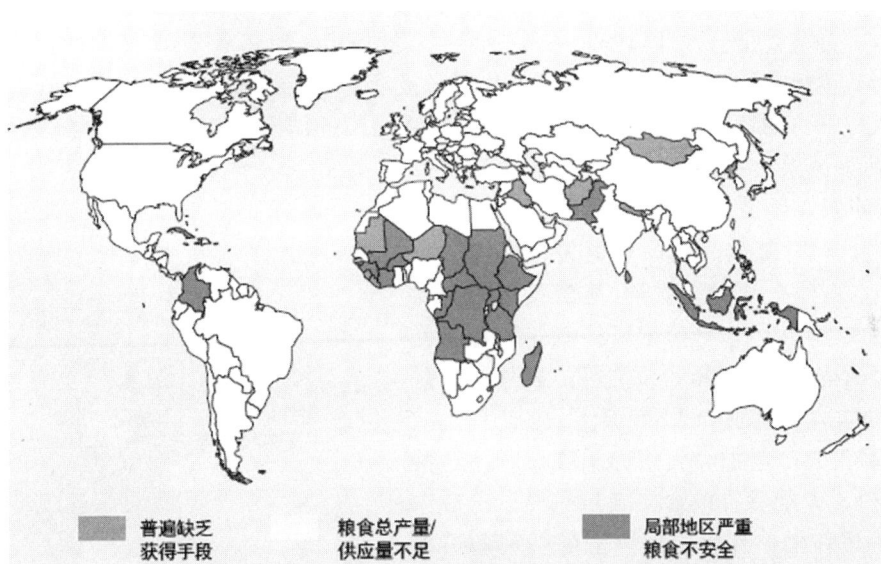

图9-5-2　处于危机中需要外部援助的国家[①]

表9-5-1　非洲营养不足发生率和实现"千年发展目标"、世界粮食首脑会议目标的进展[②]

地区	总人口（百万）	营养不足人口（百万）	比例（%）	与基线发生率之比（千年发展目标比率＝0.5）	与基线人数之比（世界粮食首脑会议目标比率＝0.5）
北非	144.4	6.1	4	1.0	1.1
中部非洲	82.0	45.2	55	1.5	2.0
东非	217.7	86.2	40	0.9	1.1
南部非洲	90.1	35.7	40	0.8	1.1
西非	230.3	36.4	16	0.7	1.0

[①] 资料来源:联合国粮农组织. 2006年粮食及农业状况[R]. 2006:5.

[②] 资料来源:联合国粮农组织. 世界粮食不安全状况[R]. 2005:33.

2. 重工轻农，重经轻粮 ▶ ▶ ▶

轻视粮食作物生产，重视出口经济作物生产，是造成粮食短缺的重要原因之一。非洲国家独立之前被迫按照殖民主义者的需要去种植咖啡、油棕、剑麻、可可等商品性极强的出口作物，以满足宗主国的需要。传统的农业生产结构遭到破坏，面向出口的经济作物得到畸形片面的发展，粮食种植面积大大压缩，使粮食生产的增长日趋缓慢，粮食自给率逐渐下降。独立以后，许多国家为了取得发展民族经济所需的外汇收入，依然继续发展以出口为目的的经济作物，忽视了粮食生产。多数国家把最好的土地、大部分水利设施、资金、劳动力、肥料和农药等都投入经济作物生产。相反，生产粮食的土地则经营粗放，产量很低。另有一些国家，投入大量的资金、人力和物力用来片面发展采矿业，忽视农业，尤其是粮食作物生产，农业衰退，甚至从粮食出口国变成粮食进口国，从单一农产品经济转变为单一矿产经济。具有代表性的就是尼日利亚，随着石油工业大发展，已从粮食出口国变为粮食进口国。

3. 粮食生产布局与消费不相协调，加剧了粮食供求矛盾 ▶ ▶ ▶

从 20 世纪 60 年代初到 90 年代初的 30 年间，非洲城市人口的年均增长率为 5%，是世界上最快的地区。据联合国非洲经济委员会预计，1990～2010 年间，非洲城市人口将从 2.01 亿增加到 4.68 亿，到 2025 年非洲将有一半人生活在城市。目前，非洲城市化水平接近 40%，到 2030 年估计将上升到 53%。非洲畸形城市化是在人口爆炸的背景下，大量农村人口盲目拥入城市的结果，而不是经济社会发展的结果。这一趋势必然造成两种结果：一方面，农村大量的青壮年劳动力背井离乡，使农业生产的主力军不断减少，导致农村经济缺乏活力。同时艾滋病的肆虐也大大削弱了农业的再生产能力，有些土地无人耕种，甚至直接影响到作物布局结构的改变，从原来种植出口经济作物转向更多地种植粗放经营的玉米、高粱和薯类等。衰落的农村迫使越来越多的农村青年拥向城市谋生，造成恶性循环。另一方面，城市人口增加大大增加了城市居民的粮食供应压力，不得不大量进口粮食来满足需要。出口作物的减少使单一依赖出口作物换取外汇的国家购买粮食的能力每况愈下，加剧了业已存在的粮荒。

城市居民与农民的消费结构不同也是造成粮荒的原因之一。农民消费的主要粮食是玉米、高粱、薯类等杂粮，城市主要消费面粉和大米。农民为了解决自己的温饱问题，首选种植自己需要的粮食，很少生产小麦和稻谷，自给自足的小农经济无力向城市提供商品粮。这也就加剧了大多数非洲国家城市细粮供应不足的严重程度，不得不仰仗进口，如图 9 - 5 - 3 所示。

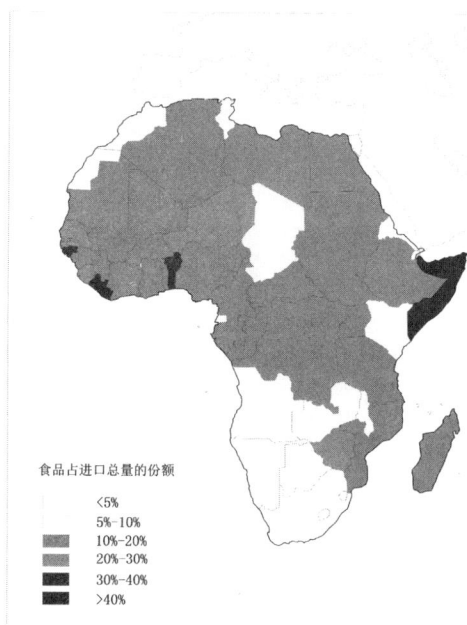

食品占进口总量的份额
- <5%
- 5%-10%
- 10%-20%
- 20%-30%
- 30%-40%
- >40%

图 9 - 5 - 3　2004～2006 年食品占进口总量的份额

4. 全球气候变暖，造成厄尔尼诺现象不断加强，使得非洲许多国家气候反常 ▶ ▶ ▶

非洲大约每 4～7 年出现一次厄尔尼诺现象，对玉米生产影响最大。在南部非洲，农作物减产 20%～50%。2007 年西非地区暴雨成灾，粮食产量大降，许多农民颗粒未收。东非地区持续干旱，作为人民主粮的玉米减产。面对全球粮价上涨，为稳定国内粮食供应形势，世界一些粮食主产国限制粮食出口，使得一些粮食进口国陷入粮食危机，粮价飙升。

第六节　营养水平与营养安全

从世界范围来看,2003~2005 年非洲的膳食能量消费量较低,尤其是撒哈拉以南非洲,大部分区域低于 2400 卡路里/人/天,而北非膳食能量消费量高于 3000 卡路里/人/天(如图 9-6-1),说明非洲膳食能量消费地域差异较大。另外,非洲总蛋白供应量在各大洲中最低,且以植物蛋白为主,动物蛋白供应量较低(如图 9-6-2)。

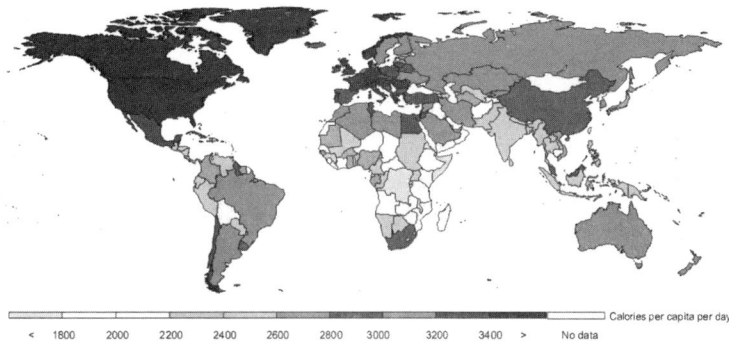

图 9-6-1　2003~2005 年膳食能量消费量[①]

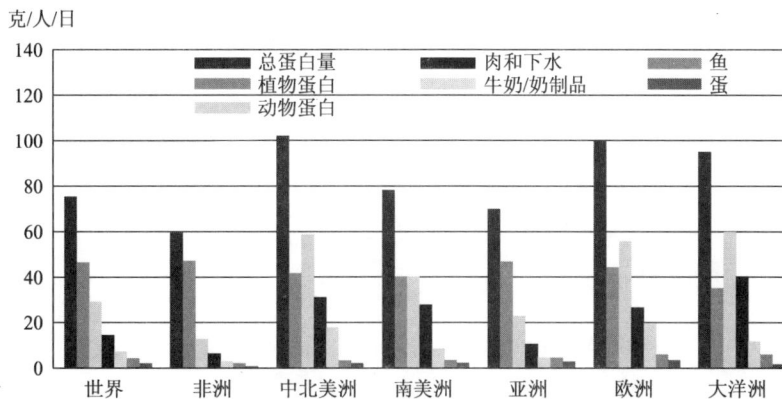

图 9-6-2　各大洲主要食品组的总蛋白供应量(2003~2005 年平均值)[②]

营养不足系指热量摄入低于最低膳食热能要求。最低膳食热能要求是指保证轻度体力活动和相对于一定身高的最低可接受体重所需的热量值,该项要求依各国和各年份而存在差异,取决于人口的性别和年龄结构。估计非洲有 2.18 亿人正在遭受长期饥饿和营养不良,约占总人口的 30%;在撒哈拉以南非洲,38%五岁以下儿童(因长期营养不良而)发育迟缓,如图 9-6-3 和图 9-6-4 所示。

世界粮食首脑会议(WFS)以 1990~1992 年为基准期制定了到 2015 年将世界营养不足人数减半的目标。"千年发展目标"的目的是在同期(1990~2015 年)将饥饿人口的比例减少一半。在撒哈拉以南非洲,最近在减少营养不足发生率方面取得的进展值得关注。该区域营养不足人数在人口所占的比例数 10 年

---

①　资料来源:FAO.

②　资料来源:FAO.

来第一次显著下降,从 1990～1992 年的 35％降至 2001～2003 年的 32％,这一比例曾在 1995～1997 年间
升至 36％。中部非洲的营养不足人数和发生率剧增,而在南部非洲、西非、东非却有所下降。加纳已经达
到世界粮食首脑会议将营养不足人数减半的目标,安哥拉、贝宁、乍得、刚果、埃塞俄比亚、几内亚、莱索托、
马拉维、毛里塔尼亚、莫桑比克和纳米比亚也都减少了营养不足人数。虽然这些国家对其成功的原因有不
同解释,但多数是因为良好的经济增长和人均粮食产量迅速增加。该区域营养不足发生率的下降令人鼓
舞,但撒哈拉以南非洲仍面临极为艰巨的任务。该区域营养不足人口占整个发展中世界营养不足人口的
25％,长期饥饿人口的比例也最高(1/3)。在该区域的 14 个国家中,2001～2003 年间有 35％或更多的人
口处于长期营养不足状态,营养不足人数从 1990～1992 年的 1.69 亿上升至 2001～2003 年的 2.06 亿。
在提供数据的 39 个国家中,只有 15 个国家报告了其营养不足人数有所减少。

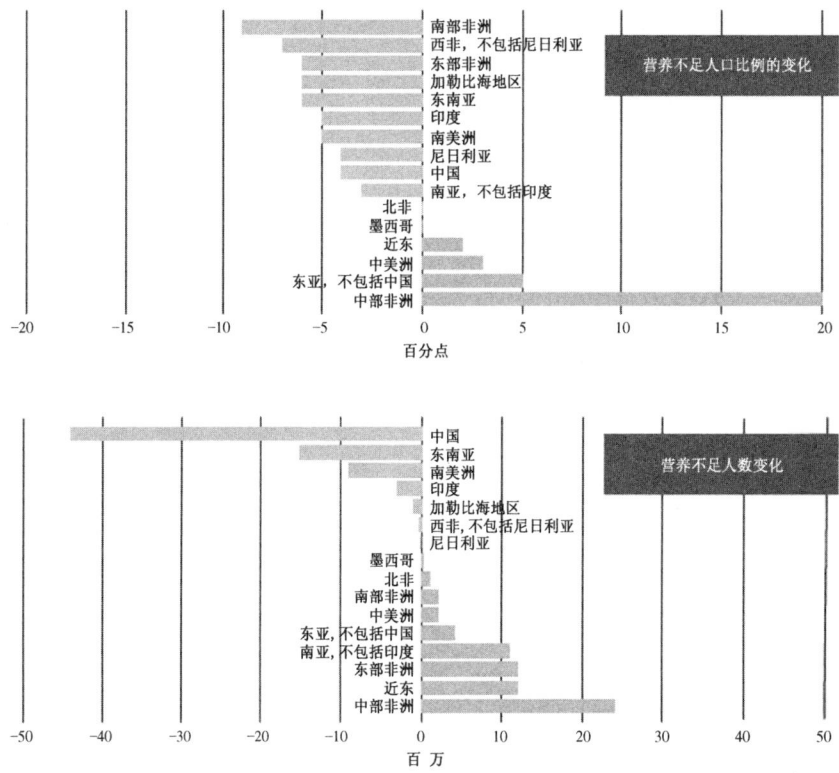

图 9‑6‑3 1990～1992 年至 2001～2003 年各区域营养不足人数和比例的变化①

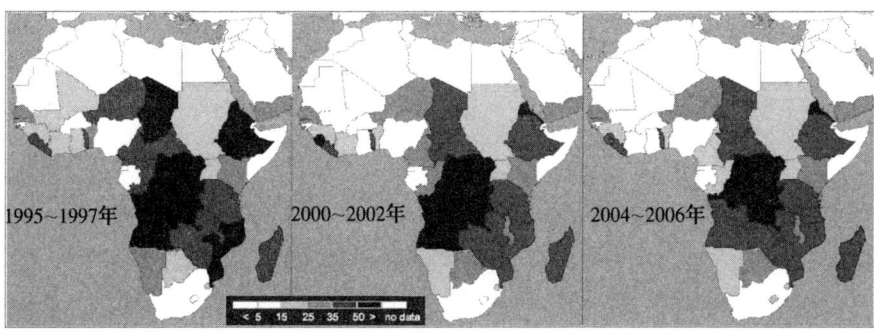

图 9‑6‑4 非洲国家营养不良人数占总人口的比例分布图②

① 资料来源:FAO.
② 资料来源:FAO.

世界上大部分食物不足人口居住在发展中国家,其中 2/3 居住在 7 个国家(孟加拉国、中国、刚果(金)、埃塞俄比亚、印度、印度尼西亚和巴基斯坦),超过 40% 居住在中国和印度这两个国家,如图 9-6-5 所示。世界粮食首脑会议的目标是将食物不足人口的数量减半,而"千年发展目标"则旨在将食物不足人口的比例减半。因为世界人口仍在增长(虽然近几十年来有所减缓),所以饥饿人口数量不变就代表着饥饿人口比例的下降。事实上,发展中国家这一群体在实现世界粮食首脑会议目标方面均有所倒退(食物不足人口数量从 1990~1992 年的 8.27 亿增至 2010 年的 9.06 亿),但就实现"千年发展目标"而言已有所进展(饥饿发生率从 1990~1992 年间的 20% 降至 2010 年的 16%)。食物不足人口比例最高的区域依然是撒哈拉以南非洲,2010 年达到 30%(如图 9-6-6),但各国取得的进展差异很大。2005~2007 年间,刚果、加纳、马里和尼日利亚已实现"千年发展目标",埃塞俄比亚等国也接近实现;而在刚果(金),食物不足人口比例已从 1990~1992 年间的 26% 升至 69%。

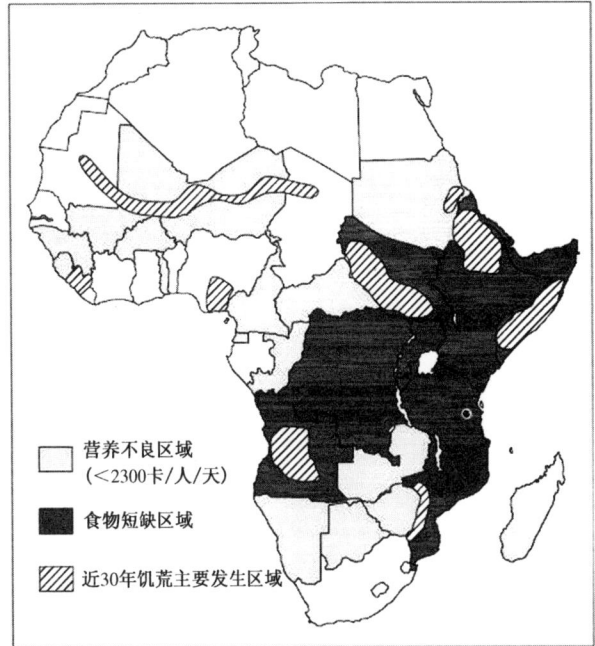

图 9-6-5　非洲营养不良、食物短缺、饥荒区域分布图[①]

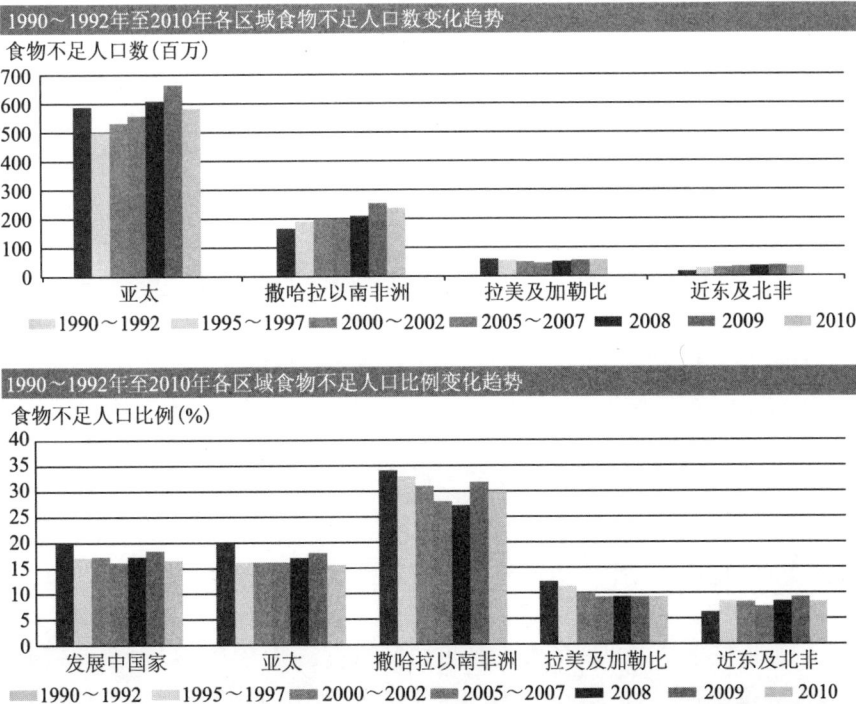

图 9-6-6　1990~1992 年至 2010 年各区域食物不足人口比例变化趋势[②]

---

① Roy Cole. Survey of Subsaharan Africa—A Regional Geography [M]. London:Oxford University Press,2007:250.

② 资料来源:FAO.

---·第十章·---
非洲农产品贸易

第一节 农产品贸易结构

一、农产品贸易总量

1. 农产品出口贸易总量 ▶ ▶ ▶

迄今为止,非洲的多数国家,尤其是撒哈拉以南的国家基本上仍属于传统农业国,农业是国民经济的重要支柱。农业是非洲经济的支柱,70%的非洲人口靠农业生存,64%的劳动力在农业部门就业,90%的农村人口的主要收入来源于农业,34%的国内生产总值来源于农业。[①] 在非洲,农业除了对国民经济有十分重要的贡献之外,对进出口贸易的作用也十分重要,尤其对非洲这样一个以农业为经济支柱的大陆,之所以形成以经济作物种植为主的农业生产结构,也正是由于农产品贸易对其出口创汇的重要意义。部分非洲国家,如冈比亚、乌干达等,高度依赖单一的经济作物出口而获得国家发展所需的外汇。

根据 FAO 的统计,2008 年非洲大陆有 7 个国家农业出口额占到其出口总额的 50%以上,其中几内亚比绍农业出口额占到其国家出口额的 98.1%,卢旺达占到 89.7%;有 9 个国家的出口额占到其出口额比重的 30%~50%,如埃塞俄比亚、布隆迪、坦桑尼亚等;有 22 个国家农业出口额所占的份额不足 10%,其中大部分是矿产出口国,如尼日利亚、阿尔及利亚、利比里亚和安哥拉是石油主要输出国,南非则是工矿产品出口国等。2009 年农业出口额占出口总额 50%以上的国家达到了 10 个,其中马拉维达 96.07%,布隆迪占 94.14%。

非洲农产品的出口贸易格局比较稳定,几十年来没发生大的变化。由于绝大部分国家曾长期处于殖民地地位,受宗主国的掠夺统治,形成了单一畸形的经济结构,也注定了非洲国家农产品出口的单一性。主要的出口农产品仍是咖啡、可可、烟草、纤维植物(棉花、剑麻等)、油料(花生和芝麻)、水果和蔬菜、鱼及其制品。

表 10-1-1 显示了近三十年来非洲的农产品出口额情况。从表中可以看出近三十年来农产品出口总额持续稳定增长,大约每年有 4%的增长率,但和世界农产品出口额相比,虽然非洲是以农业发展为主的大陆,但是在世界农产品出口额中所占的份额都比较低,并且农产品出口额在非洲地区总出口额中所占的比例在逐年下降。其主要原因是石油等矿产资源的开发大大改变了非洲的出口商品结构,如尼日利亚

---

① ECA. Economic Report on Africa[J]. Addis Ababa: Economic Commission for Africa, 2011: 64.

236

原本也是以农业出口为主要创收项目,但目前石油出口已占出口收入的 90% 以上。[1] 从图 10-1-1 可以看出,非洲农产品出口贸易额在世界上不占重要地位。

表 10-1-1 非洲农业出口总额[2]

	1979~1981 年	1989~1991 年	1999~2001 年	2003 年	2004 年	2006 年	2008 年
农业出口总额(百万美元)	12538	12298	15067	18731	20729	23193	30829
占世界的份额(%)	5.59	3.85	3.64	3.58	3.43	3.21	2.91
占非洲总出口额的份额(%)	44.94	36.15	26.67	26.69	24.76	6.44	5.52

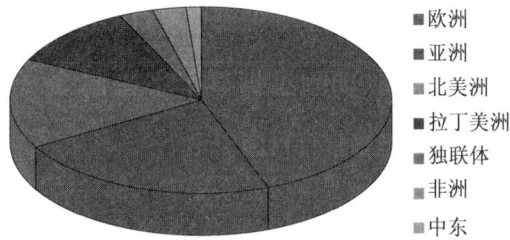

图 10-1-1 2009 年世界各大洲农产品出口额分布[3]

2. 农产品进口贸易总量 ▶ ▶ ▶

非洲农产品的进口贸易业也十分活跃。从表 10-1-2 中的数据来看,非洲农业进口额在过去的近三十年里都保持着较高的增幅,但在世界农业进口额中所占的份额基本上维持在 5%~6% 的水平。不过在非洲地区总进口贸易额中所占的份额却有所上升,这说明非洲农业对外依附性较强。

表 10-1-2 非洲农业进口总额[4]

	1979~1981 年	1989~1991 年	1999~2001 年	2003 年	2004 年	2006 年	2008 年
农业进口总额(百万美元)	16662	18904	24583	28797	34057	35818	58973
占世界的份额(%)	6.81	5.47	5.6	5.32	5.37	4.8	5.34
占非洲总进口额的份额(%)	19.37	21.1	20.32	20.88	22.49	11.95	12.58

总的来说,与其他国家和地区相比,非洲国家农产品的进出口贸易在该地区总贸易额中占较大的比重,农产品的供应受国际市场的影响程度也比较深,体现了非洲国家经济发展的依附性。

由于非洲农业生产结构的单一性,再加上农业物质技术设备较落后,洲内平均粮食自给率很低,所以对农产品进口需求量也很大,非洲进口的农产品主要是粮食。2007 年非洲谷物进口额达到 69.44031 亿美元。除进口粮食外,非洲进口的主要农产品还有肉类、乳产品、糖和蜂蜜以及林产品。农产品的进口,尤其是关系到国际民生的粮食产品,使得非洲的许多国家背上了沉重的经济负担,本应用于发展经济建设的有限资金和外汇不得不进口食品,国际市场上粮价的上升更使非洲粮食进口国不堪重负。大部分非洲国家农业进口额都要高于出口额,是农业净进口国。2009 年全洲只有 12 个国家和地区是净出口国。总的来讲,非洲的农业是在不断进步的,这种逆差情况正在逐步改善,但这种逆差现象在短时间内不会有所改变,甚至会出现扩大趋势。

① 何秀荣,王秀清,李平.非洲农产品市场和贸易[M].北京:中国财政经济出版社,2000:173.
② 资料来源:FAO 统计.
③ 资料来源:WTO. International Trade Statistics,2010.
④ 资料来源:FAO 统计.

二、主要农产品对外贸易情况

1. 粮食作物及加工制品 ▶ ▶ ▶

非洲作为粮食供给市场,在世界上的地位是比较低的,谷物贸易基本上处于逆差状态,除少数年份外,大部分年份是进口额大大高于出口额。自 20 世纪 60 年代以来,非洲粮食进口量以每年 9% 的速度增长,1961~1970 年间年均进口食品 400 万吨,1982~1984 年非洲连续三年大旱,1985 年粮食进口达 2878 万吨。1985~1986 年风调雨顺,多数受灾国农业生产已有恢复,但是仍有 40 多个国家为缺粮国,1986 年仍进口 2529 万吨。[①]

2007 年非洲人均粮食占有量仅有 148.4 千克,远小于联合国粮农组织给出的"年人均粮食达 400 千克以上"的粮食安全衡量标准。非洲的谷物供求关系长期处于不平衡状态,供给远远不能满足需求,许多非洲国家依赖国际援助粮食。非洲每年需进口粮食和接受粮援 2267 万吨,占其需求总量的 20%,其中粮食援助为 242 万吨。目前,非洲许多国家谷物自给率在 50% 以下。除了玉米基本能满足地区需求,国际市场进口额仅占非洲消费总量的 5% 以外,非洲国家消费的小麦和大米中,45% 的小麦和 80% 的大米都依赖进口。表 10-1-3、图 10-1-2 是近 10 年间非洲谷物的进出口量,可以看出 1997~2005 年间,净进口量一直递增,由于气候条件良好,农业出现了连续几年的大丰收,2005 年之后净出口量开始减少,2007 年降到了 3152.4003 万吨,但 2011 年,非洲又出现了严重的干旱天气,导致农业收成量减少。由于全球气候变暖这一现实情况,预计非洲未来几年农作物产量仍将下降,净出口量也将再次出现增长。

表 10-1-3 非洲谷物进出口总量(万吨)[②]

年份	进口量	出口量	净进口量	年份	进口量	出口量	净进口量
1997	3962.416	324.5896	3637.8264	2005	5465.7481	414.4196	5051.3285
1998	3804.0892	264.2316	3539.8576	2006	5122.8587	261.3678	4861.4909
1999	3972.3461	194.6178	3777.7283	2007	3493.335	340.9347	3152.4003
2000	4504.0071	212.5698	4291.4373				

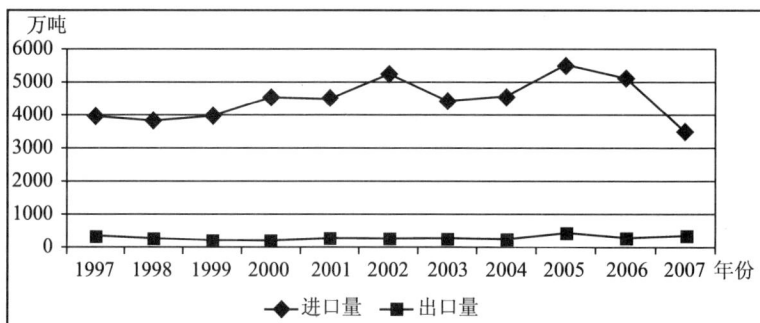

图 10-1-2 1997~2007 年非洲谷物进出口总量(万吨)变化趋势[③]

1961~1963 年谷物的平均年净进口量为 191.5 万吨,但随着非洲谷物市场的不断扩大,1996~1998

---

① 何秀荣,王秀清,李平.非洲农产品市场和贸易[M].北京:中国财政经济出版社,2000:175.
② 资料来源:FAO 统计.
③ 根据 FAO 统计制图.

年与 1961～1963 年相比,谷物的净进口市场以年均 8.49％的速率扩大,1996～1998 年的年平均谷物净进口量上升到了 3314.1 万吨,是 1961～1963 年的 17.3 倍。粮食进出口的严重不平衡对许多非洲国家来说是沉重的经济负担。表 10-1-4 和图 10-1-3 是近 10 年间非洲谷物的进出口额,净进口金额一直处于递增状态,2007 年有所下降。但随着气候条件的恶化,未来几年进口额不断增加的现象不可避免。

表 10-1-4　非洲谷物进出口额(百万美元)[①]

年份	进口额	出口额	净支出外汇	年份	进口额	出口额	净支出外汇
1997	6856.209	587.089	6269.12	2005	10383.25	773.153	9610.097
1998	7022.132	485.549	6536.583	2006	10985.215	776.213	10209.002
1999	6176.804	335.723	5841.081	2007	6944.031	524.372	6419.659
2000	7074.857	362.245	6712.612				

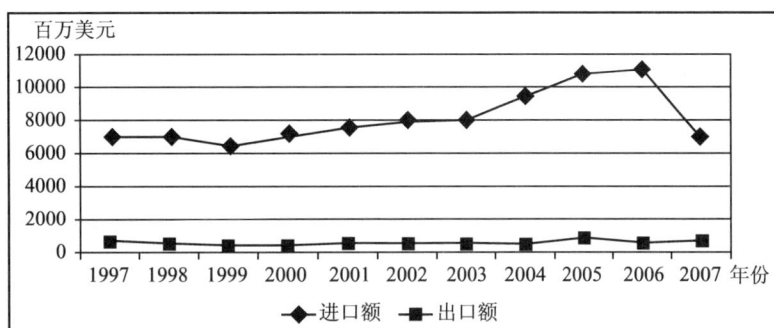

图 10-1-3　1997～2007 年非洲谷物进出口总额变化趋势[②]

(1) 小麦

小麦是非洲的主要粮食之一。非洲自产的小麦远远不能满足自身的消费,小麦自给率大约只有 40％左右,每年需进口大批小麦或面粉。2009 年非洲进口小麦 2906.3124 万吨,出口小麦 12.5656 万吨,净进口额为 84.89267 亿美元。

(2) 稻米

非洲各国独立初期的稻米消费量是不大的,1961～1963 年的平均年进口量为 24.8 万吨,但随着大米逐渐成为供应城市消费的主要粮食之一,非洲的稻米市场也得到不断扩大,1996～1998 年与 1961～1963 年相比,大米的进口市场以年均 8.22％的速率扩大,1996～1998 年的年平均大米进口量达到了 393.5 万吨,是 1961～1963 年的 15.87 倍。[③] 2009 年非洲进口稻米 715.9603 万吨,出口 90.9774 万吨,净进口额为 29.22363 亿美元。

(3) 玉米

玉米是非洲居民的主要粮食,种植地区很广,非洲各国几乎均种植玉米。玉米也是非洲自给率最高的粮食作物。2009 年玉米进口量为 1062.2041 万吨,出口量为 180.5892 万吨,净进口额为 22.30995 亿美元。

(4) 小米

非洲是世界上最重要的小米产区,小米也是非洲最重要的粮食作物之一。非洲最主要的小米生产国是尼日利亚、尼日尔、苏丹、布基纳法索、塞内加尔、马里等。非洲的小米市场一直处于供给略大于需求的

---

① 资料来源:FAO 统计.

② 根据 FAO 统计制图.

③ 何秀荣,王秀清,李平.非洲农产品市场和贸易[M].北京:中国财政经济出版社,2000:97.

状态。2009 年小米进口 33395 吨,出口 20778 吨,净进口额为 443.8 万美元。

(5)高粱

非洲是世界上主要的高粱产区之一,高粱的主要产区在尼日尔河和尼罗河中游地区。非洲原是世界重要的高粱出口地区,但进入 20 世纪 80 年代后,非洲已成为一个进口高粱的大陆。20 世纪 60 年代非洲净出口高粱 101.3 万吨,70 年代净出口 118 万吨,80 年代转为净进口 15.6 万吨,90 年代净进口扩大到 155.7 万吨。[①] 2009 年高粱进口 118.2837 万吨,出口 30383 吨,净进口额 3.19 亿美元。

非洲的粮食生产商品率极低,但出口经济作物则不然,它从一开始就是作为商品经济发展起来的,因此具有很高的商品率和出口率,成为许多非洲国家财政收入及外汇的重要来源。非洲出口经济作物的种类很多。其中最重要的是咖啡、可可和棉花,2009 年在全洲农产品出口总额中合计占 31.37%,其他较重要的还有蔗糖、烟草、茶叶、橡胶、剑麻、香料和花生等。

2. 畜禽产品 ▶ ▶ ▶

畜牧业在许多非洲国家的国民经济中占有重要地位,特别在撒哈拉以南地区,一些国家以经营畜牧业为主。非洲国家独立前,畜牧业比较落后,以自给性生产为主,产品率和商品率低下。独立后,非洲国家积极采取各种措施促进畜牧业的发展。目前,非洲的畜产品除了自给之外,还有一定数量的出口,但主要是非洲国家之间的贸易往来,而且以出口活畜为主。此外非洲每年还出口一定数量的皮革,绵羊羔皮和山羊皮在国际市场上颇有声誉。

非洲有广阔的草原,是发展畜牧业的天然牧场,非洲人民历来也十分重视牛、羊等牲畜的饲养,但非洲的牲畜肉乳产量普遍较低,与其牲畜数量在世界上的地位很不相称。非洲人均乳肉产量远远低于世界水平,是最少的大洲,这使非洲不可避免地成为净进口肉类的大洲。

南部非洲和萨赫勒地带是大量出口活畜和肉类的地区,其余能出口一些的仅有肯尼亚和马达加斯加等少数国家。其他的都是净进口国,其中埃及每年进口肉类及制品 5～10 万吨。表 10-1-5 是 2007 年非洲主要的牲畜和禽肉的进出口量。

表 10-1-5　2007 年畜禽肉进出口量[②]

	肉类	牛肉	羊肉	猪肉	家禽肉类
进口量(万吨)	153.6198	1.6045	6.2985	10.619	77.0996
出口量(万吨)	9.3647	0.7869	2.6203	0.6381	1.6876
进口额(百万美元)	2074.487	64.995	109.143	223.834	804.267
出口额(百万美元)	311.718	20.372	26.203	17.348	16.876

由于北非国家多信伊斯兰教,他们禁食猪肉,也禁忌养猪,所以猪的数量很少,但是非洲在现代历史上是一个进口猪肉的大陆,1982 年以前,非洲的猪肉贸易处于进口略大于出口的状态,1982 年以后猪肉的净进口就处于不断扩大的状态。2009 年进口 7521 头猪,出口 575 头猪,净进口额 53 万美元;进口猪肉 11.93 万吨,出口 7153 吨,净进口额 2.54 亿美元。

牛的贸易特点是活牛为主,邻国贸易为主。2009 年进口活牛 111.2279 万头,出口 104.0597 万头,净进口额 1.18 亿美元。

羊的贸易同样以活羊为主,邻国贸易为主。索马里和西非萨赫勒地带的毛里塔尼亚、尼日尔、乍得、马里等国是主要活羊出口国,供应北非和西非沿海国家肉食需求。索马里和苏丹还有部分羊只售向西亚阿拉伯国家。2009 年进口活羊 204.5 万头,出口 468.4 万头,净出口额 2.65 亿美元。除此之外,非洲每年还

---

① FAO Production Yearbook,1997.
② 资料来源:FAO 统计.

出口大量羊毛、羔皮和皮革,主要销往欧洲市场。

非洲的家禽以养鸡为主,各地农村普遍有养鸡的习惯,但主要供自身消费。独立以来,许多非洲国家为增加城市居民的肉蛋供应,纷纷建立养殖场,采用现代化的机械设备,取得了良好的效果,禽类商品化率有所提高,进出口也逐渐增长,主要以进口为主,2009 年蛋类产品净进口额约为 1 亿美元。

3. 水产品 ▶ ▶ ▶

非洲有长达 3 万多千米的海岸线和辽阔的海域面积,尤其大西洋沿海水域有本格拉寒流和那利寒流流经,富含各种水族赖以生存的营养盐类,浮游生物众多,鱼类资源十分丰富,形成了著名的几大渔场。而内陆又多湖泊、河流、沼泽和大小水库,为发展内陆渔业提供了非常有利的条件。非洲的内陆渔业在世界上的地位和重要性仅次于亚洲。自古以来,捕鱼就是沿海、沿河湖水域居民们的主要生产活动之一。像西非的伊菲尤塔人、芳蒂人、摩尔人、埃维人、伊杰布人和伊拉叶人等都是素以捕鱼著称的民族;东非基奥加湖和班韦乌卢湖周围沼泽地区的居民,也有不少是靠捕鱼业为生的。

鱼是非洲居民补充食物蛋白的重要品种。刚果居民的动物性蛋白摄入量中,鱼类占了 70%。鱼类及其制品还是一些国家和地区外汇收入的重要来源之一。在毛里塔尼亚和纳米比亚,鱼类占出口货物第二位;在塞内加尔,鱼类占出口货物第三位;而在摩洛哥、乍得、马里等国,鱼类也都是重要的出口商品之一。

随着非洲国家民族经济的发展,渔业生产在过去的几十年间有了很大的增长。据统计,从 1965 年至 1975 年的 10 年间,非洲渔获量从 317 万吨上升至 481 万吨,即增长了 51%。到了 80 年代与 90 年代又增长至 500 多万吨。2008 年,非洲捕捞渔业和水产养殖产量达到 816.6 万吨。在非洲人口迅速增长和粮食供应日趋紧张的形势下,许多国家都很重视鱼类资源的开发。南非和纳米比亚的海洋渔业生产方式比较现代化,规模也大,其绝大部分渔获量来自东南大西洋海域。2008 年,埃及、尼日利亚、南非、乌干达、加纳、塞内加尔、纳米比亚几个国家的渔业产量占到了全非洲的 70% 以上。除部分以鲜鱼形式供直接消费外,多数加工成罐头、冻鱼、鱼粉、鱼油等。南非的渔业及其出口额居非洲各国之首,加上纳米比亚则占非洲同类产品出口额的 1/3。

三、农产品贸易商品结构

1. 出口商品结构 ▶ ▶ ▶

表 10－1－6　2008 年非洲主要农产品出口情况[①]

位序	商　品	出口量(吨)			出口额(千美元)		
		非洲	世界	占比(%)	非洲	世界	占比(%)
1	可可豆	1819765	2729925	66.66	3917679	6113976	64.08
2	生咖啡	639635	6353963	10.07	1570548	16627170	9.45
3	未加工烟草	374588	2652572	14.12	1395595	10169755	13.72
4	皮棉	902717	6329707	14.26	1359009	9648569	14.09
5	茶	551616	1895807	29.10	1242189	5520560	22.50
6	柑橘	1824734	5647077	32.31	915404	3811223	24.02
7	原糖	1636065	24926966	6.56	865384	8028128	10.78

---

① 资料来源:FAO 统计.

位序	商品	出口量(吨)			出口额（千美元）		
		非洲	世界	占比(%)	非洲	世界	占比(%)
8	天然橡胶	390806	6069785	6.44	832160	15812910	5.26
9	葡萄酒	457025	8967774	5.10	790430	29619992	2.67
10	优级初榨橄榄油	172973	1311284	13.19	632518	5797464	10.91
11	玉米	1406649	102114115	1.38	623973	26932880	2.32
12	芝麻	431380	937680	46.01	567670	1385158	40.98
13	棕榈油	573398	33360974	1.72	553719	30436062	1.82
14	带壳腰果	649266	708844	91.60	518343	579194	89.49
15	葡萄	343506	3867715	8.88	478772	5616769	8.52
16	可可酱	142674	403010	35.40	459161	1405803	32.66
17	食品类(Food Prep Nes)	188114	10932644	1.72	435808	38236166	1.14
18	可可脂	83523	699877	11.93	414629	4294896	9.65
19	香蕉	588822	17979651	3.27	379497	8504260	4.46
20	精制糖	745372	21219097	3.51	370325	10328049	3.59
	农产品总出口额	—	—	—	30829422	1059857464	3.48

从表10-1-6中可以看出非洲目前出口农产品主要以可可、腰果、芝麻、咖啡、烟草、皮棉、茶叶、蔬菜水果为主。其中可可是非洲产量最高的经济作物,2008年非洲可可豆出口量占据了世界总出口量的66.66%,出口额也达到了64.08%之多,相关制品可可酱和可可脂也位于非洲出口额前20位的农产品之列,可可和可可制品成为非洲最重要的外汇收入来源。此外,非洲的茶叶出口也仅次于亚洲,是世界第二大生产地和出口地,占到了世界出口量的将近30%。非洲的蔬菜水果如腰果、柑橘等也在世界出口贸易中占有重要地位,特别是带壳腰果占据了世界总出口量的91.6%。

从出口商品结构看(如图10-1-4),非洲和世界的出口产品结构有很大差别,世界主要出口农产品以小麦、大豆、玉米等粮食为主,而非洲粮食除玉米出口量稍多外,其他粮食作物出口极少。这主要是因为非洲面临着极其严重的粮食短缺问题,特别是近年来连年少雨更造成粮食产量锐减,很多国家都出现了粮食危机。因此,经济作物的出口成为非洲最主要的收入来源。

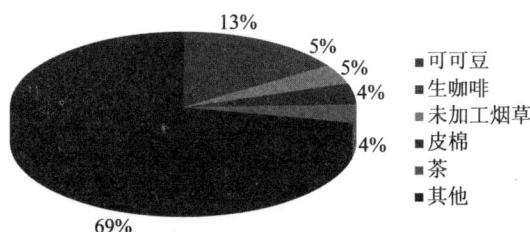

13%
5%
5%
4%
■可可豆
■生咖啡
■未加工烟草
■皮棉
4%
■茶
■其他
69%

图10-1-4　2008年非洲农产品出口商品结构图①

---

① 根据FAO统计制图.

2. 进口商品结构 ▶ ▶

表 10 - 1 - 7 2008 年非洲主要农产品进口情况①

位序	商 品	进口量(吨)			进口额(千美元)		
		非洲	世界	占比(%)	非洲	世界	占比(%)
1	小麦	31691549	128308649	24.70	12159247	50297252	24.17
2	棕榈油	3949734	32942295	11.99	3912169	29289874	13.36
3	玉米	11574257	103608395	11.17	3192722	31751413	10.06
4	大豆油	1864986	11154473	16.72	2469397	13323103	18.53
5	大米	4413242	19960936	22.11	2443961	14155886	17.26
6	原糖	4690576	25377103	18.48	1664810	9776729	17.03
7	全脂奶粉	364270	1892997	19.24	1661419	8367147	19.86
8	精制糖	3852368	20041030	19.22	1517488	10342789	14.67
9	食品类(Food Prep Nes)	692625	11896886	5.82	1508572	41858491	3.60
10	碎米	2258369	4040699	55.89	1206580	2091554	57.69
11	小麦粉	1738572	11007502	15.79	985601	5700176	17.29
12	鸡肉	735591	9601003	7.66	928428	17055787	5.44
13	脱脂奶粉	238525	1726500	13.82	879971	6324557	13.91
14	豆饼	2548998	59635574	4.27	878166	25485962	3.45
15	未加工烟草	237817	2578378	9.22	816228	10520355	7.76
16	大豆	1682977	78672940	2.14	713446	43746329	1.63
17	去骨肉(牛肉和小牛肉)	199224	4764760	4.18	692515	22682601	3.05
18	香烟	60321	871236	6.92	689286	19862191	3.47
19	生咖啡	247056	5968636	4.14	591544	16800166	3.52
20	葵花籽油	435593	4861911	8.96	578579	7389942	7.83
	农产品总进口额	—	—	—	58973394	1104776202	2.86

从表 10 - 1 - 7 和图 10 - 1 - 5 中可以看出,2008 年非洲主要进口农产品以谷物、食用油、畜产品等为主。其中谷物所占比重最大,碎米的进口量占世界总进口量的 55.89%,进口量最大、进口额最高的小麦占世界总量的将近 1/4。除了玉米、大米、小麦粉、豆饼等粮食产品以及棕榈油、大豆油、葵花籽油等食用油外,奶粉的进口量也在世界进口量中占据了不少的份额,全脂奶粉占到将近 20%,脱脂奶粉占到将近 14%。

综上所述,非洲在可可、芝麻、皮棉、茶叶、烟草和蔬菜水果等产品上具有比较优势。其中,可可是非洲比较优势最强劲的农产品。而另外一方面,非洲在小麦、大米、玉米、食糖、植物油、油籽、禽肉和猪肉等产品上不具有比较优势,反映了非洲农业经济结构单一的特点。其中,粮食是非洲比较优势最弱的农产品,实际上,非洲 35% 的人口完全依赖外来粮食援助,粮食一直是非洲的"老大难"问题。

---

① 资料来源:FAO 统计.

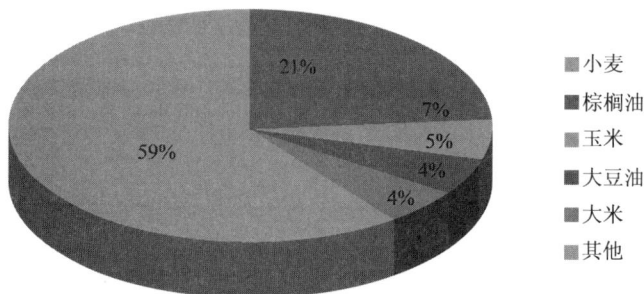

图 10‑1‑5　2008 年非洲农产品进口商品结构图

第二节　农产品贸易对象

一、非洲农产品出口目的地

由于历史原因,非洲各国经济受其原殖民宗主国影响甚大,农产品的出口也是如此,其主要出口目的地集中于欧洲原殖民国家,如法国、英国、葡萄牙、西班牙、荷兰等,当然这也与西方国家的经济援助有关。近年来我国与非洲农产品贸易量有所增加,我国主要从非洲进口烤烟,2000 年共计进口 2 万吨、1 亿美元,约占我国从非洲农产品进口总值(下同)的 41％;其次是冻鳕鱼,2000 年共计进口 0.45 万吨、0.25 亿美元,约占 11％;再次是磷酸氢二铵约占 8％,原棉约占 4.6％,此外还有天然橡胶、冻鱼、可可豆、羊毛、亚麻等。

表 10‑2‑1　非洲农产品贸易出口流向及分地区份额[①]

项　目 年　份	贸易额(10亿美元)	分地区出口份额(%)		占世界出口份额(%)		年递增百分比(%)		
	2009	2000	2009	2000	2009	2000~2009	2008	2009
世界	39	100.0	100.0	3.4	3.3	9	18	−7
欧洲	19	49.6	47.7	1.7	1.6	8	15	−12
非洲	8	17.5	21.0	0.6	0.7	11	28	−2
亚洲	6	19.3	16.6	0.7	0.6	7	14	−3
北美洲	2	5.4	5.3	0.2	0.2	8	18	−4
中东	2	6.1	5.0	0.2	0.2	6	23	−2
独联体	1	0.9	2.1	0.0	0.1	19	44	−14
拉丁美洲	0	0.8	0.6	0.0	0.0	4	87	−49

从表 10‑2‑1 中可以看出,非洲农产品出口在世界不占重要地位,2000 年农产品出口总额占世界出口总额的比例仅为 3.4％,2009 年对世界出口总额达到 390 亿美元,也仅占世界出口总额的 3.3％;从 2000 年到 2009 年,年均递增 9％。2009 年由于受到灾害影响和资金流动等因素影响,世界范围内农产品出口都出现了下降的趋势。

从贸易对象看,非洲主要出口贸易对象为欧洲,2000 年农产品对欧洲出口占总出口贸易额的 49.6％,

----

① 资料来源:WTO. International Trade Statistics,2010.

2009 年占 47.7%，将近一半份额。其次是非洲国家内部出口份额，在 2000 年和 2009 年分别占到了 17.5% 和 21%。第三大出口贸易对象为亚洲，2000 年和 2009 年分别达到 19.3% 和 16.6%。从数据看，非洲的农产品对世界的出口份额在降低，除了独联体因为粮食减产，减少了出口、增加了进口之外，非洲对其他各大洲和地区的农产品出口都有所下降，如图 10-2-1 所示。

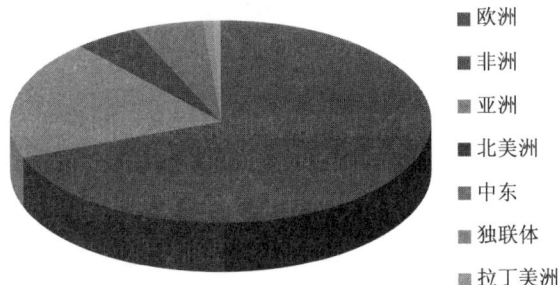

图 10-2-1　2009 年非洲农产品贸易出口流向图[①]

　　非洲的经济作物如咖啡和可可在世界上占有一定份额。每年产自非洲国家的可可约为 350 万吨，占世界可可年总产量的 70%。而非洲国家出口的可可豆总额超过 30 亿美元，占世界可可豆出口总量的 80%。科特迪瓦位居世界可可产量第一，年产 130 万吨；加纳位居第二，年产 74 万吨。非洲地区其他的可可生产大国还包括尼日利亚和喀麦隆，估计年产量分别为 16 万吨和 12.9 万吨。科特迪瓦出产的可可主要出口至美国，2006 年其对美出口的可可豆总量约为 30 万至 55 万吨。而加纳出产的所有可可几乎全部出口至欧洲，2009 年可可出口收入达 17 亿美元。

　　埃塞俄比亚、肯尼亚、坦桑尼亚是非洲重要的咖啡生产国，咖啡主要出口至美国、意大利、英国、瑞典、挪威、希腊、法国、比利时、德国、澳大利亚和阿拉伯国家等。布基纳法索、津巴布韦、喀麦隆、坦桑尼亚、埃及是非洲重要的棉花出口国。布基纳法索、埃及、坦桑尼亚主要向印度、中国、东南亚出口棉花。进口埃及棉花较多的还有巴西和美国，坦桑尼亚的棉花还向中东和西欧出口。津巴布韦的棉花的最大进口国是南非，中国则是喀麦隆棉花的最大进口国。埃及也是非洲重要的大米出口国，2009 年埃及年产大米 552 万吨，国内年消费量约为 487 万吨，盈余约 65 万吨，主要出口到中东、北非地区。津巴布韦是世界第三大药草出口国，产品主要出口到美国及欧洲各国，每年创汇在 4 亿美元左右。

二、非洲农产品进口来源地

　　非洲 80% 的国家和地区粮食不能自给，每年进口大批粮食。据统计，2009 年非洲国家用于进口粮食的款项高达 439.85 亿美元。[②]

　　世界商品小麦主要产区是美国、加拿大、法国、澳大利亚和阿根廷，其中美国约占 1/3，欧盟 15 国约占 1/3，其次是加拿大、澳大利亚、阿根廷。世界稻谷出口量每年有 2000 万吨左右，主要出口国有泰国、越南、美国、巴基斯坦、缅甸、中国、印度等。美国是世界上最大的玉米生产国，中国玉米产量居第二，巴西为第三位。主要出口国是美国（74%）、阿根廷（7%）、中国、南非等国。美国、加拿大、法国、澳大利亚和阿根廷占世界粮食出口总量的 80%。非洲粮食主要从上述国家进口。

　　以南非为例，根据 FAO 的数据，2009 年南非农产品进口额为 43.62 亿美元，进口较大的农产品有动物饲料（不包括谷物饲料）、大米、小麦，其进口额为 28.29 亿美元，占农产品进口总额的 64.87%。其他进

---

①　资料来源：WTO. International Trade Statistics, 2010.

②　FAO统计.

口金额较大的农产品有食用油、鸡肉、酒精类饮料、烟草、烟叶及其附属品、可食用产品等,其进口额为5.66亿美元,占农产品进口总额的29%。进口金额逐年增加的农产品有鱼类及海产品、玉米(除甜玉米)、谷类淀粉等。进口金额呈下降趋势的农产品有黄油和干酪、大麦等。南非进口农产品的来源地主要包括:亚洲占26%,拉丁美洲占24%,欧洲占22%。这三个地区出口到南非的农产品占到了南非农产品进口总量的近3/4。依据农产品进口量由多到少,按国家依次排列为巴西、美国、荷兰、澳大利亚、意大利、中国、英国、法国等;按鱼类及海产品进口量由大到小,按国家或地区依次排列为泰国、菲律宾、莫桑比克、印度、西班牙、挪威、中国台湾等。

我国与非洲地区的农产品贸易规模不大,但增长迅速。我国主要对非洲出口大米、绿茶等,从非洲进口烤烟、冻鳕鱼等产品。2005年中国出口南非的主要农产品有:① 食用蔬菜,占农产品出口总额的25%;② 其他动物产品,占农产品出口总额的25%;③ 蔬菜、水果、坚果等制品,占农产品出口总额的14%;④ 水、海产品,占农产品出口总额的6%;⑤ 其他农产品出口,占农产品出口总额的6%;⑥ 水产品制品,占农产品出口总额的5%;⑦ 烟草及其制品等,占农产品出口总额的5%;⑧ 糖及糖食,占农产品出口总额的5%。2000年我国对非洲出口农产品的市场分布是科特迪瓦29%、摩洛哥15%、南非10%、埃及10%、塞内加尔5%、利比亚5%等。目前,非洲进口中国的农产品共有415种,前10种是茶叶、大米、豆类、冻鸡、卷烟、各类蔬菜、烟草、烟丝、米粉干和烤烟。

2010年非洲农产品进口来源地最重要的是欧洲,进口额占比达37.1%;其次是非洲,占非洲进口总额的19.2%;再次是亚洲,占非洲进口总额的15.5%;中东、北美、独联体、南美地区分别占11.7%、5.0%、2.4%、0.9%。[①] 从2005~2010年的数据看,欧洲、亚洲对非洲进口比重有所下降,而非洲和中东地区对非洲进口额所占比重有所增加。这也说明了区域经济共同体内部的贸易发展要快于区域之间的贸易发展,但随着非洲气候条件的不断恶化,粮食危机不断扩大,非洲粮食形势堪忧。

总的来说,世界粮食形势不容乐观,非洲各国需提高自身农产品生产能力。

---

① WTO. International Trade Statistics,2011.

附　图

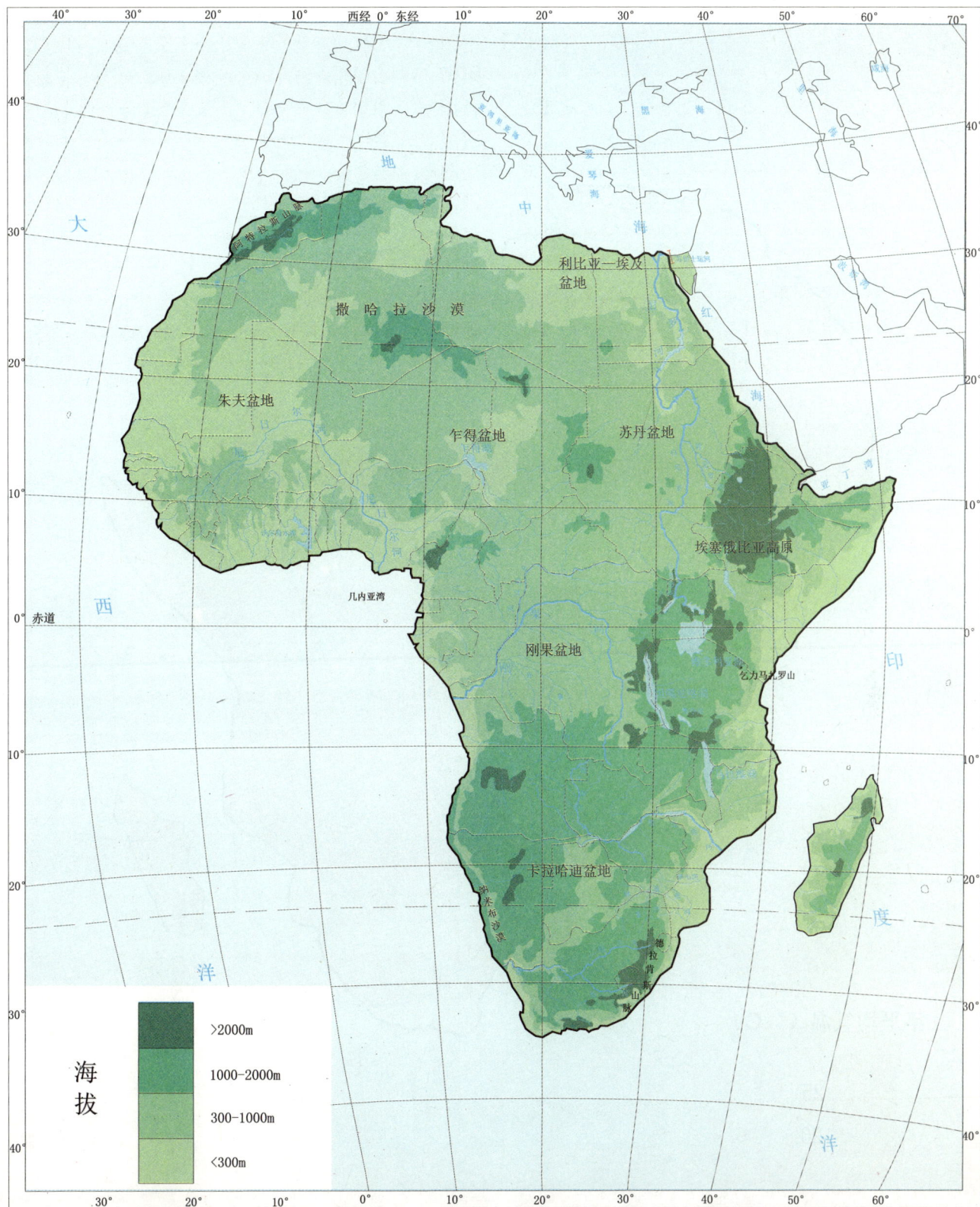

附图1　地形图

海拔

>2000m

1000-2000m

300-1000m

<300m

大　西　洋

地　中　海

红　海

印　度　洋

赤道

几内亚湾

亚丁湾

阿特拉斯山脉

撒 哈 拉 沙 漠

利比亚—埃及
盆地

朱夫盆地

乍得盆地

苏丹盆地

埃塞俄比亚高原

刚果盆地

乞力马扎罗山

卡拉哈迪盆地

纳米布沙漠

德拉肯斯山脉

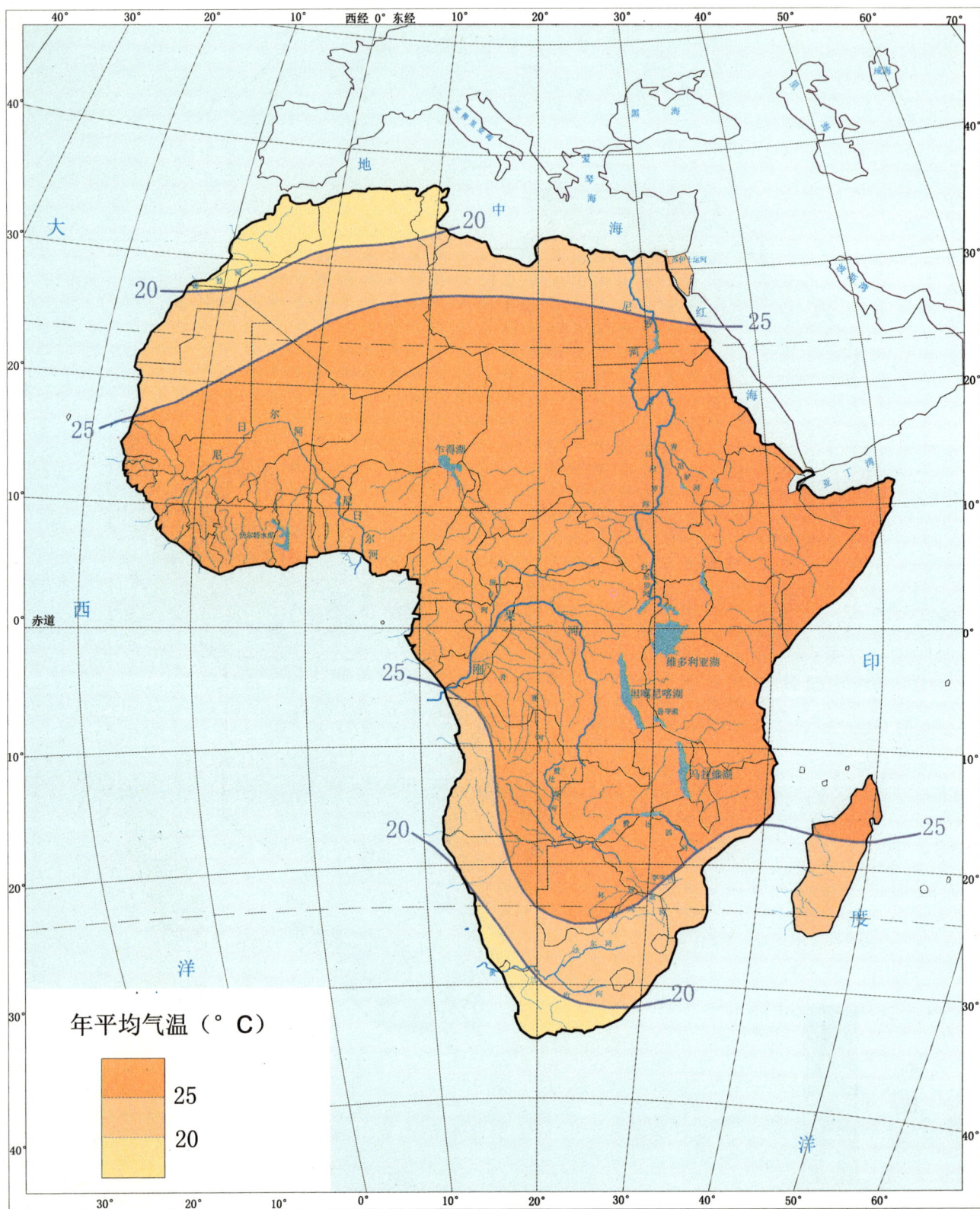

年平均气温（°C）

25

20

附图2　年平均气温

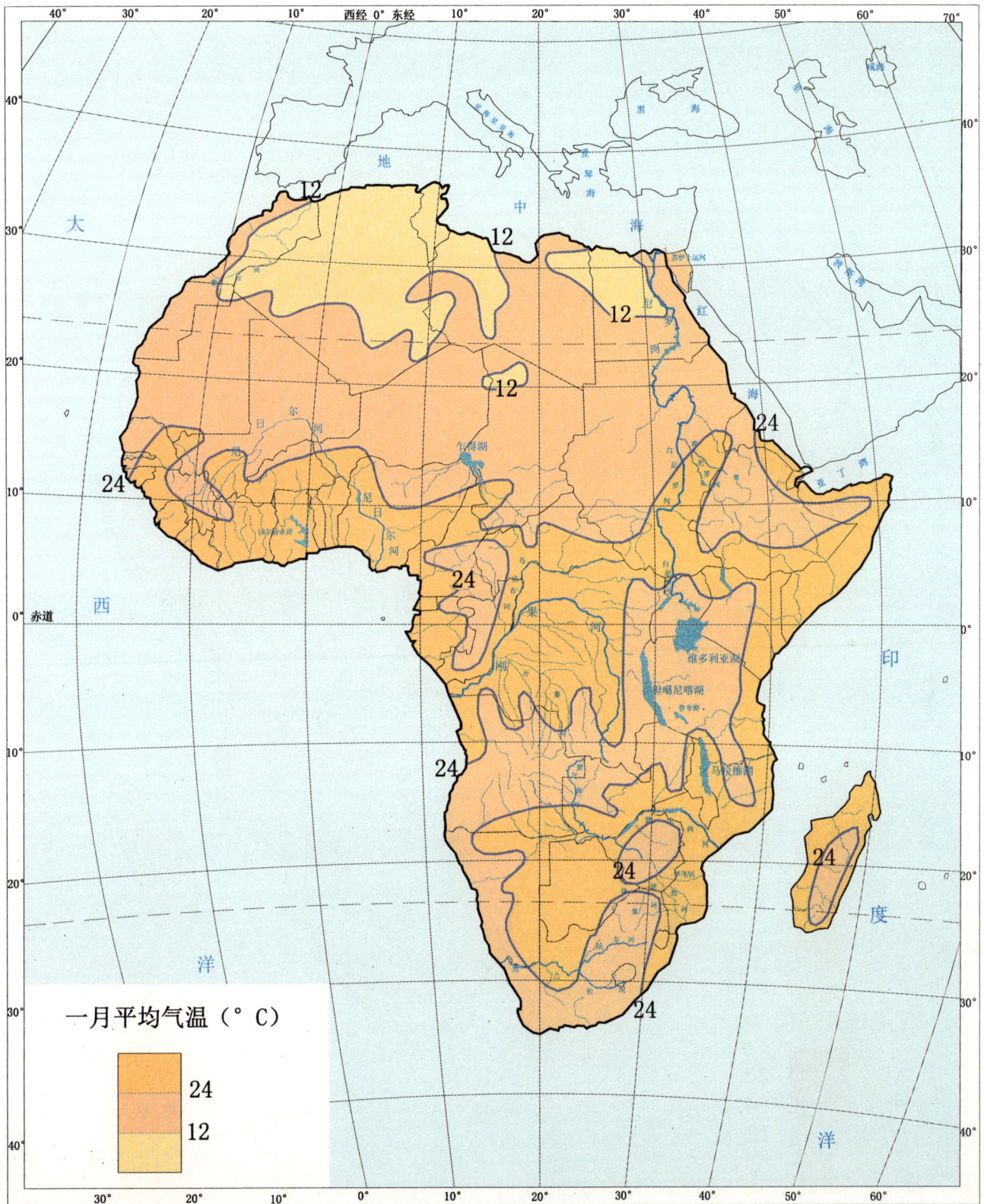

附图3　一月平均气温

一月平均气温（°C）

24

12

大 西 洋

地 中 海

赤道 西

印 度 洋

维多利亚湖

坦噶尼喀湖

马拉维湖

24

24

24

24

12 12

七月平均气温（°C）

32
24
12

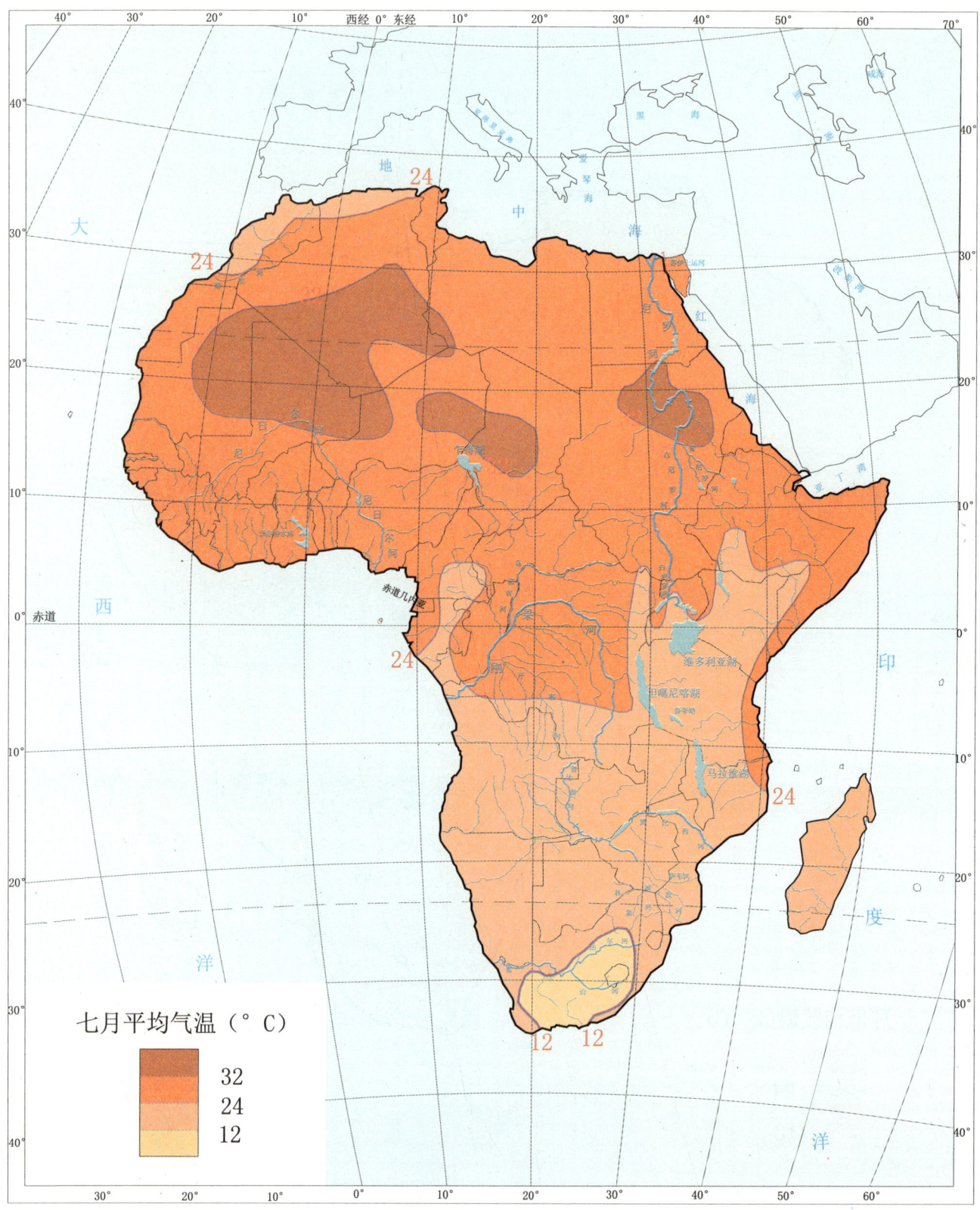

附图4　七月平均气温

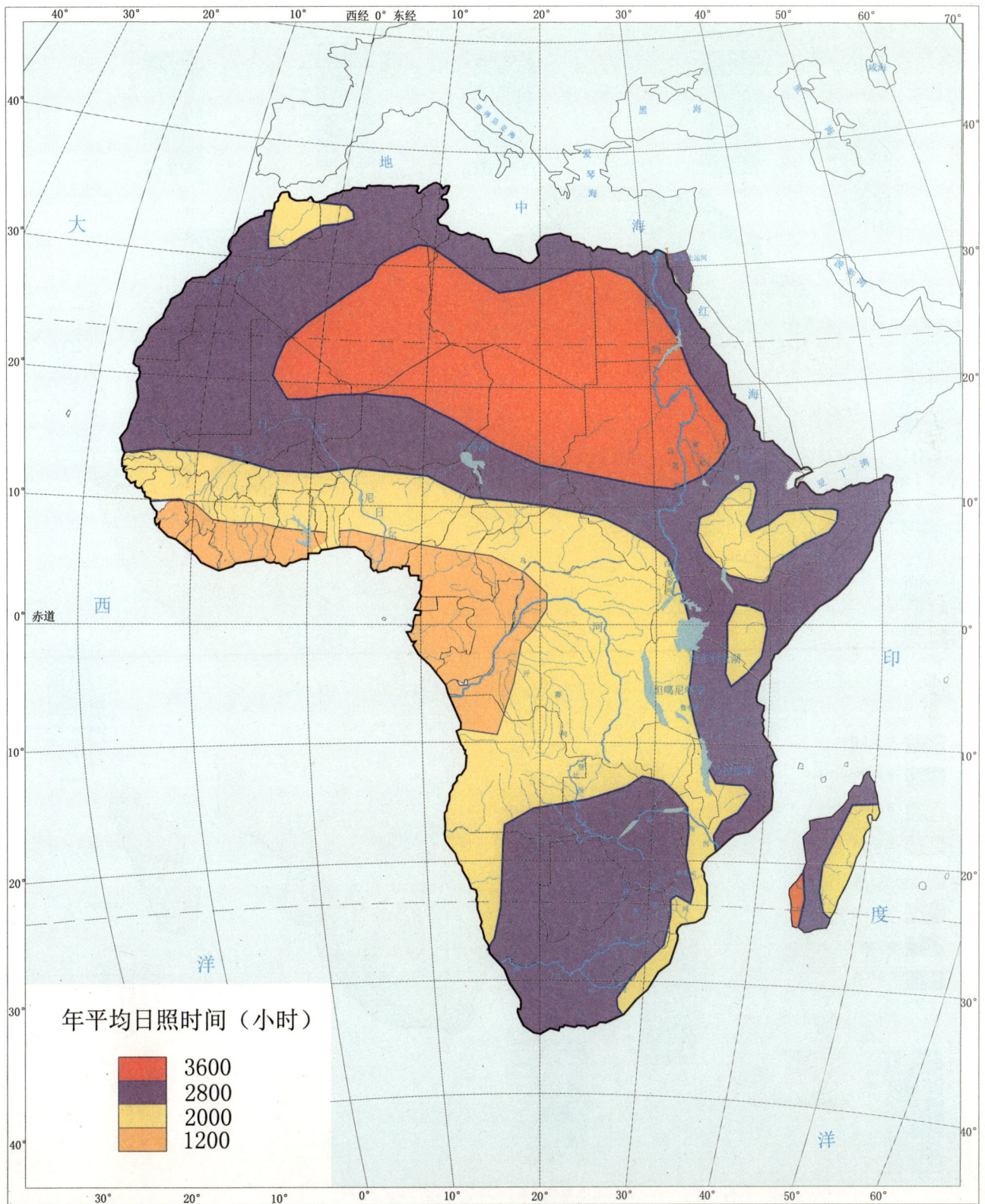

附图5　年平均日照时间

努瓦克肖特

阿尔及尔 艾因萨拉赫 开罗 达赫莱

咸海

喀土穆

恩贾梅纳 亚的斯亚贝巴

雅温得

纳米贝 内罗毕

卢萨卡 阿马西纳

图阿马西纳

诺洛斯港 马普托

开普敦

图例：
- 亚热带夏干气候
- 亚热带湿润气候
- 亚热带干旱与半干旱气候
- 热带干旱气候
- 热带干湿气候
- 赤道多雨气候
- 热带海洋性气候
- 高山气候

地中海 爱琴海 红海 亚丁湾

西经0东经 阿尔及尔 艾因萨拉赫 达赫莱 开罗 喀土穆 亚的斯亚贝巴

尼罗河 尼日河 乍得湖 恩贾梅纳 维多利亚湖 坦噶尼喀湖 马拉维湖 内罗毕

刚果河 卢萨卡 马普托

赤道 西经0东经

南回归线

诺洛斯港 开普敦

典型测站水热年分布

大西洋 印度洋

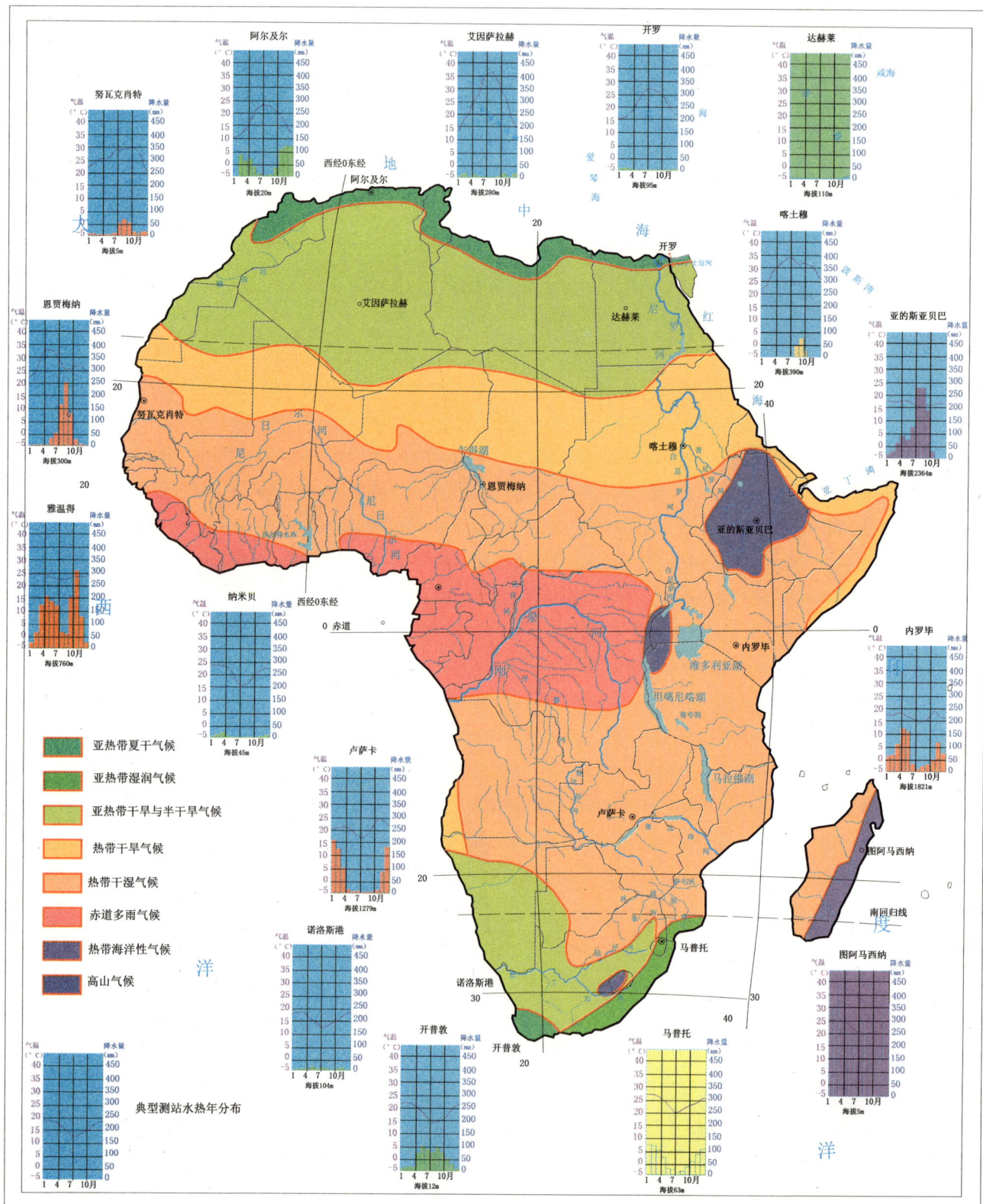

附图6 非洲主要气象台站气温和雨量

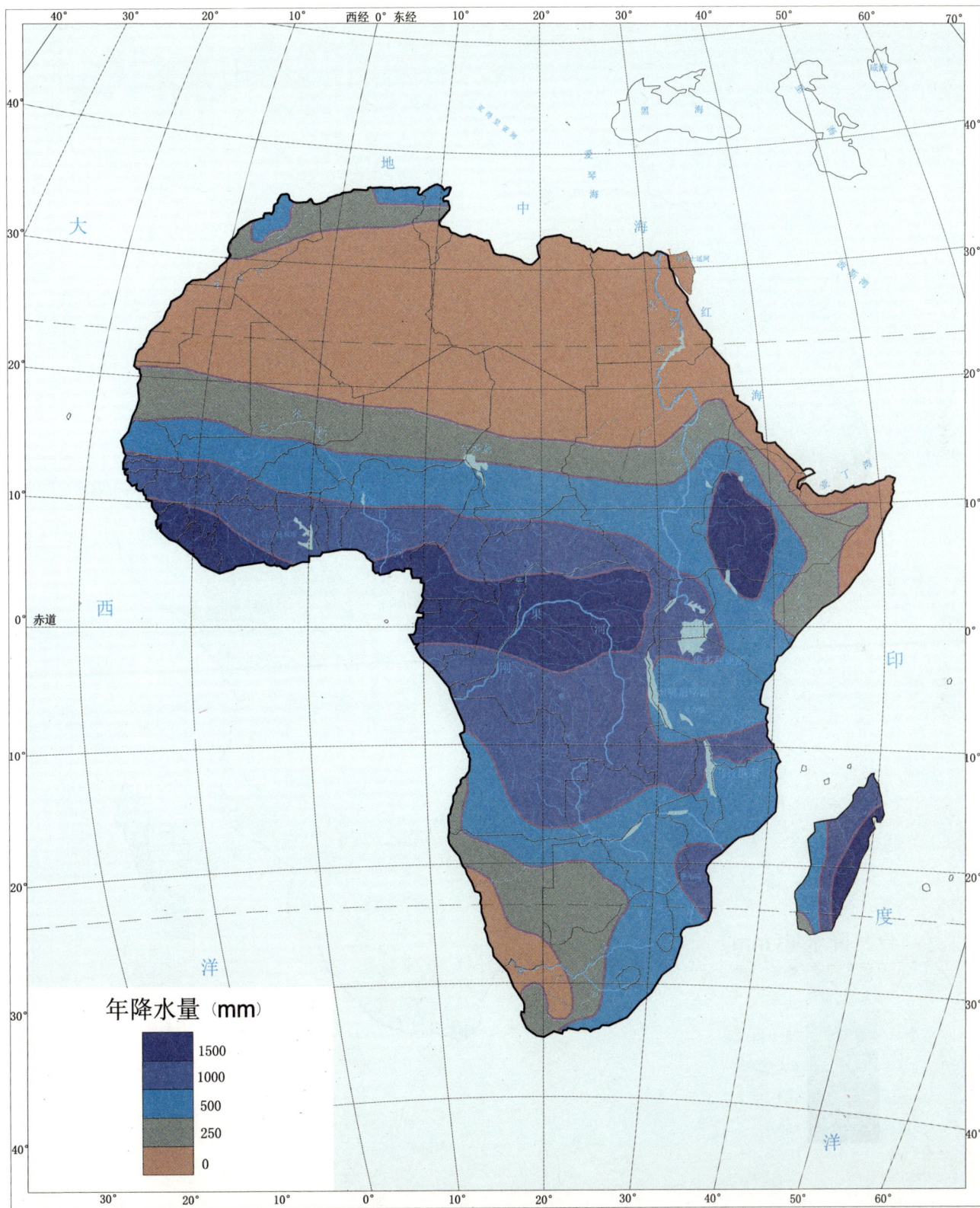

附图7　年降水量

年降水量（mm）

■	1500
■	1000
■	500
■	250
■	0

40° 30° 20° 10° 西经 0° 东经 10° 20° 30° 40° 50° 60° 70°

大

西

洋

地 中 海

红 海

亚丁湾

印

度

洋

赤道

刚果河

尼罗河

苏伊士运河

维多利亚湖

坦噶尼喀湖

马拉维湖

一月降水量（mm）

<1	<2.5
1-2	25-51
2-4	25-102
4-8	102-203
8-12	203-305
>12	>305

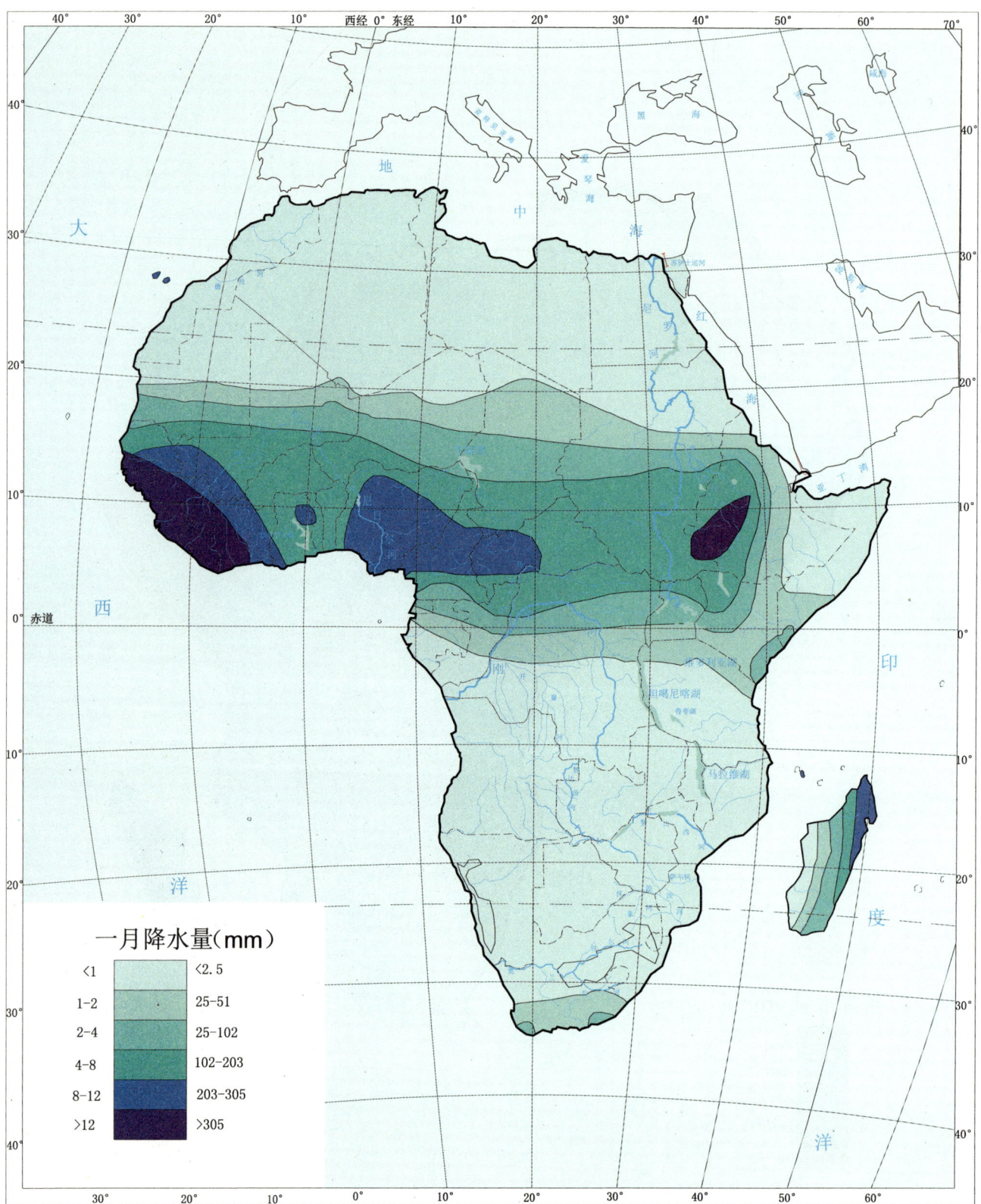

附图8 一月降水量

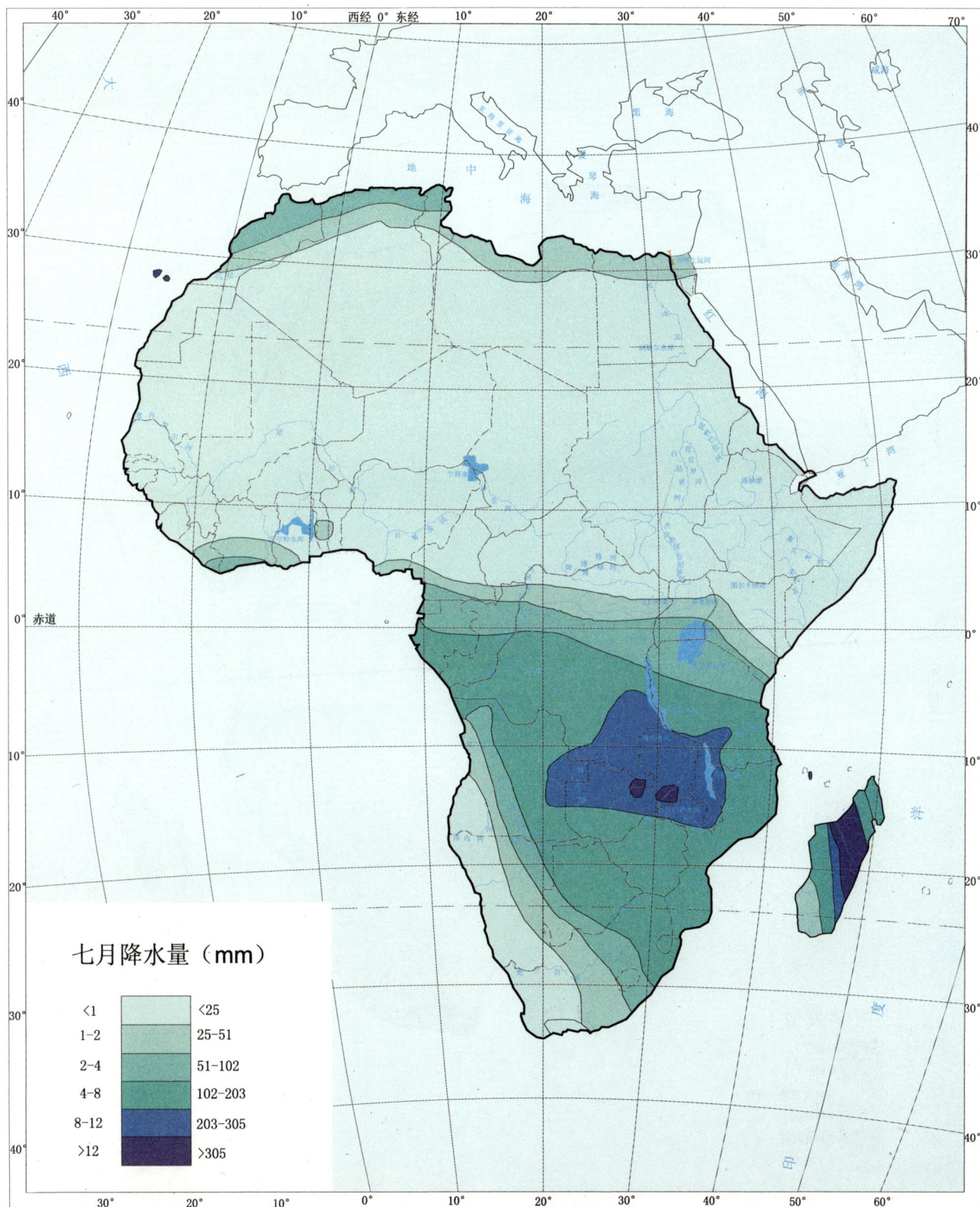

七月降水量（mm）

<1		<25
1-2		25-51
2-4		51-102
4-8		102-203
8-12		203-305
>12		>305

附图9 七月降水量

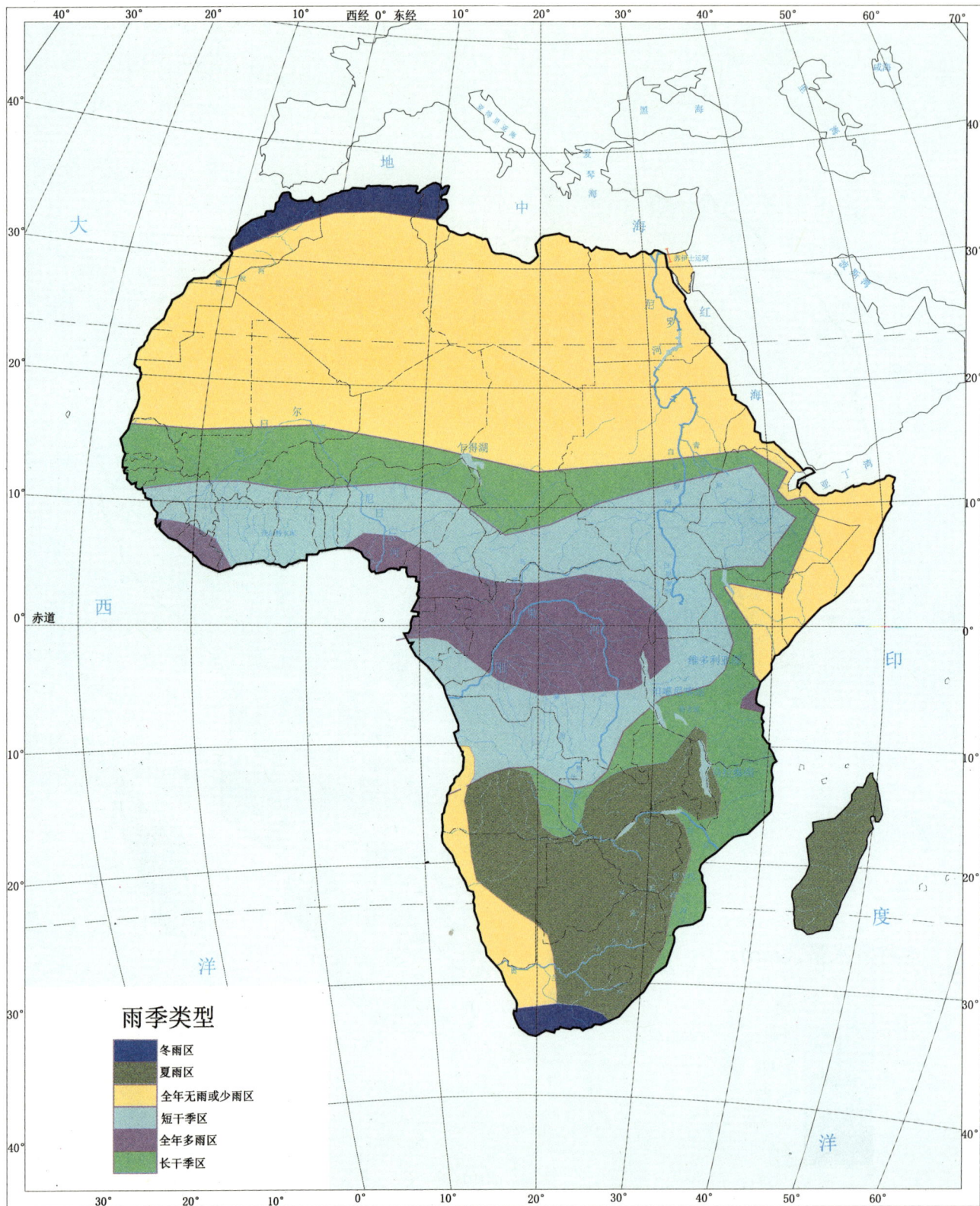

雨季类型

■ 冬雨区
■ 夏雨区
□ 全年无雨或少雨区
□ 短干季区
■ 全年多雨区
■ 长干季区

附图 10　气候区

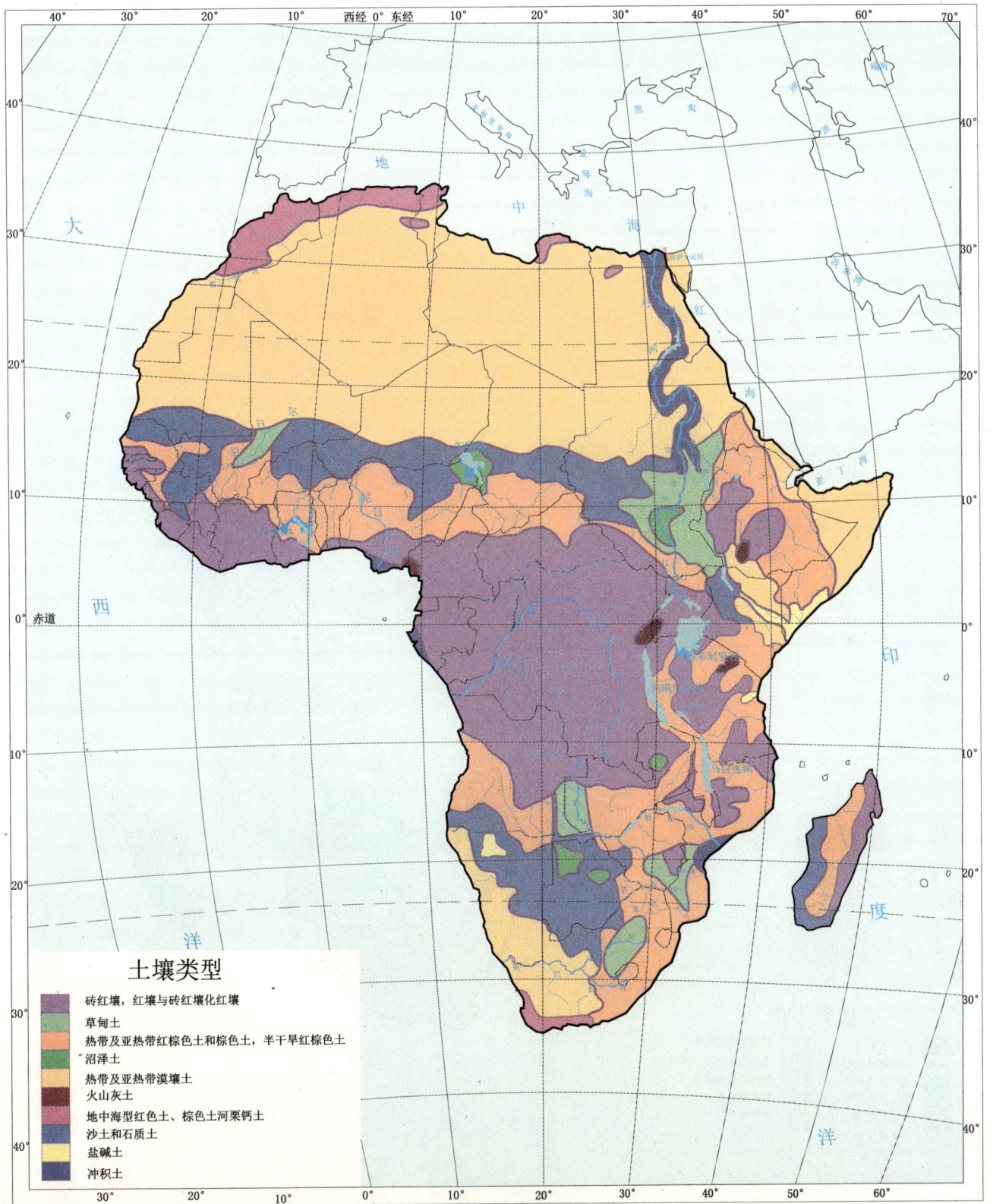

土壤类型

- 砖红壤，红壤与砖红壤化红壤
- 草甸土
- 热带及亚热带红棕色土和棕色土，半干旱红棕色土
- 沼泽土
- 热带及亚热带漠壤土
- 火山灰土
- 地中海型红色土、棕色土河栗钙土
- 沙土和石质土
- 盐碱土
- 冲积土

附图 11　土壤类型

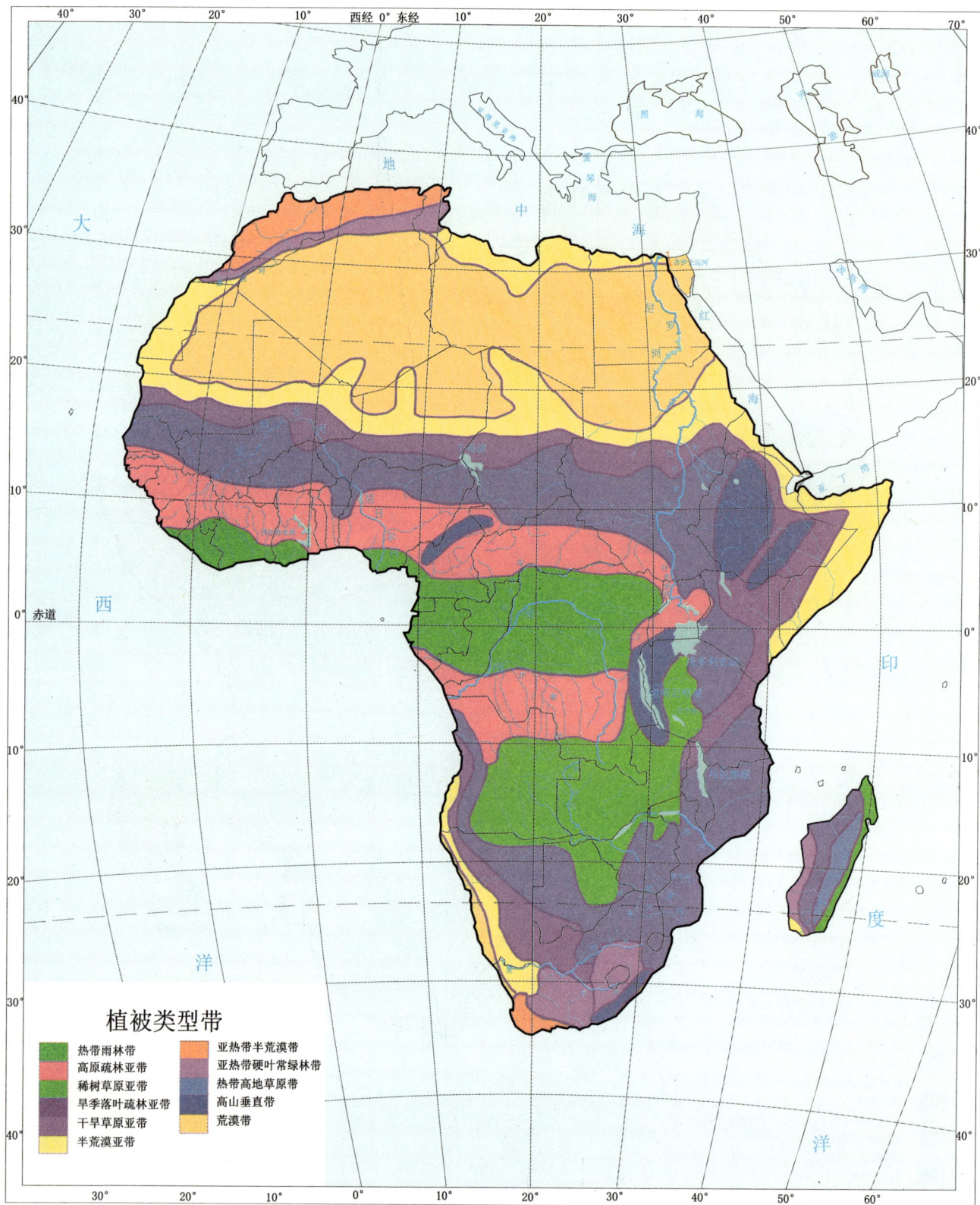

植被类型带

■ 热带雨林带		■ 亚热带半荒漠带	
■ 高原疏林亚带		■ 亚热带硬叶常绿林带	
■ 稀树草原亚带		■ 热带高地草原带	
■ 旱季落叶疏林亚带		■ 高山垂直带	
■ 干旱草原亚带		■ 荒漠带	
■ 半荒漠亚带			

附图 12　植被类型带

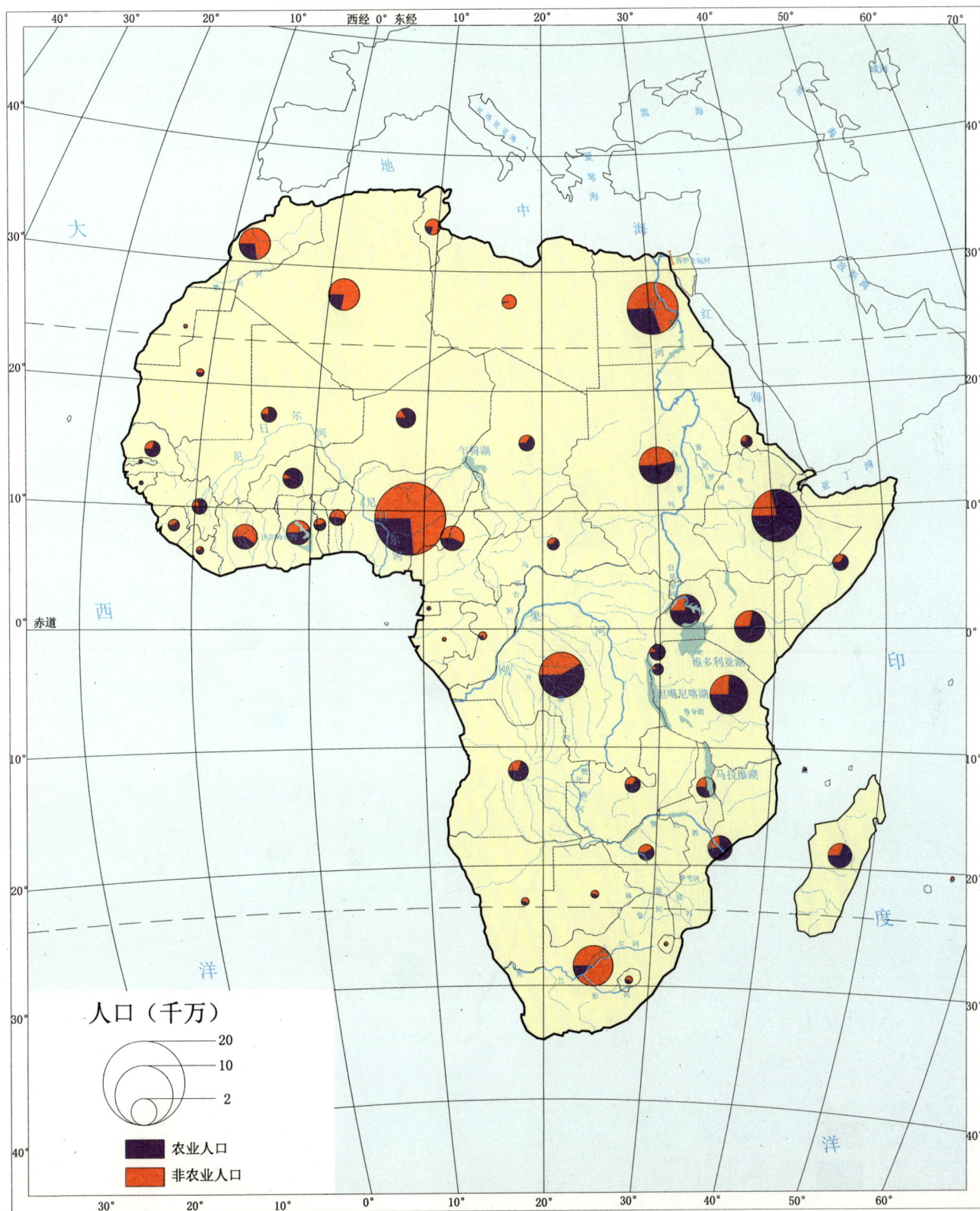

附图13　人口

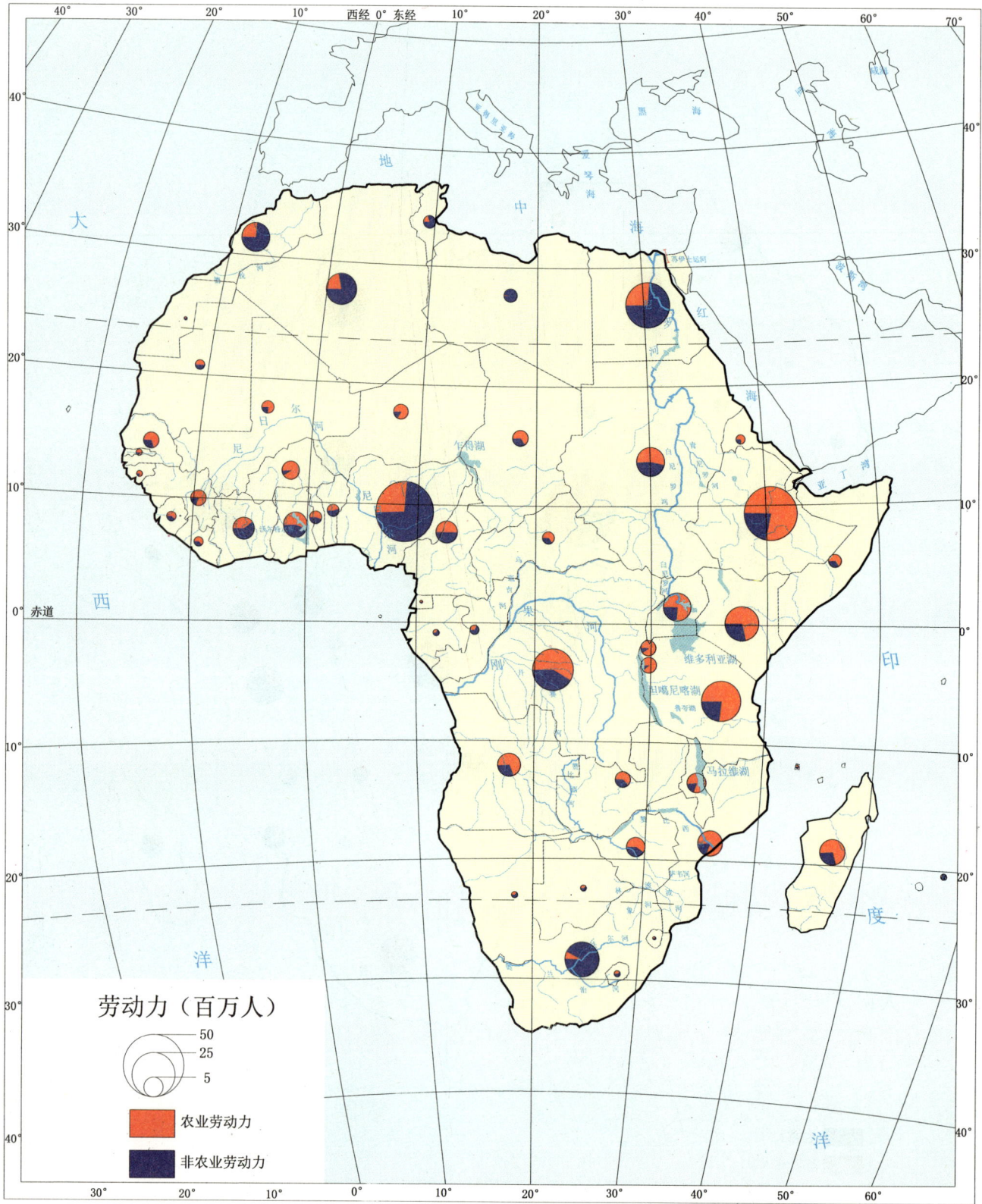

劳动力（百万人）

50
25
5

农业劳动力

非农业劳动力

附图14　劳动力

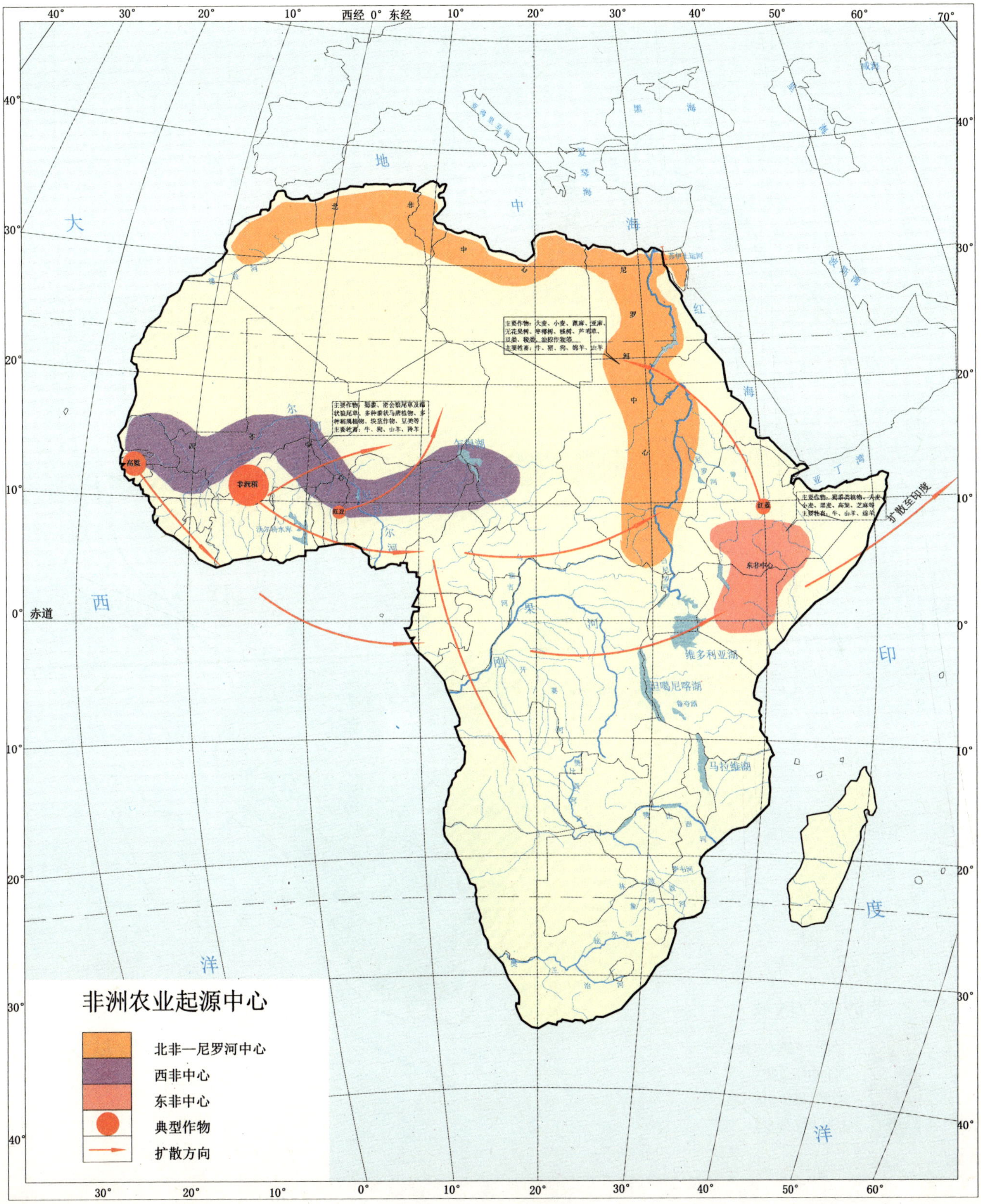

主要作物：大麦、小麦、黑麦、亚麻、无花果树、枣椰树、核桃、芦荟苗、豆类、橄榄、旋花作物等
主要牲畜：牛、驴、驴、绵羊、山羊

主要作物：福喜、密会狼尾草及穗状狼尾草、多种薯类与薯根物、多种油料植物、块茎作物、豆类等
主要牲畜：牛、驴、山羊、珍珠

主要作物：咖啡类植物、高粱、小麦、黑麦、高粱、芝麻等
主要牲畜：牛、山羊、绵羊

扩散至印度

非洲农业起源中心

🟧	北非—尼罗河中心
🟪	西非中心
🟥	东非中心
🔴	典型作物
➝	扩散方向

附图 15　非洲农业起源中心

主要作物：大麦、小麦、无花果、蚕豆、
鹰嘴豆、亚麻、芝麻、葡萄、椰枣树、橄
榄树、无花果、胡椒、梨等
主要牲畜：绵羊、山羊、马、驴、
骡、鸡等

主要作物：大麦、小麦、亚麻、蔬
菜、葡萄、橄榄、纸草、香料、苜
蓿、豆类、葱、蒜、粟、西瓜、甘
蔗、棉花等
主要牲畜：绵羊、牛、驴、猪等

主要作物：稻谷、高粱、蔬菜、
棉花、小米、槐蓝等
主要牲畜：马、驴、骡、牛、山
羊、绵羊等

东非高原农业区

主要作物：大麦、小麦、扁豆、
豌豆（还种植棉花、芝麻、花
生、葡萄、烟草等
主要牲畜：牛、山羊、绵羊、
马、驴、骡等

主要作物：木薯、甘薯、高粱、
玉米、香蕉粟类作物、花生、地
豆、蚕豆、葫芦、西瓜、南瓜、
红薯、稷等
主要牲畜：狗、鸡、牛、绵羊、山
羊、马、驴、骡、猪等

非洲农业区域

北非—尼罗河农业区
西非内陆农业区
东非高原农业区
赤道以南农业区

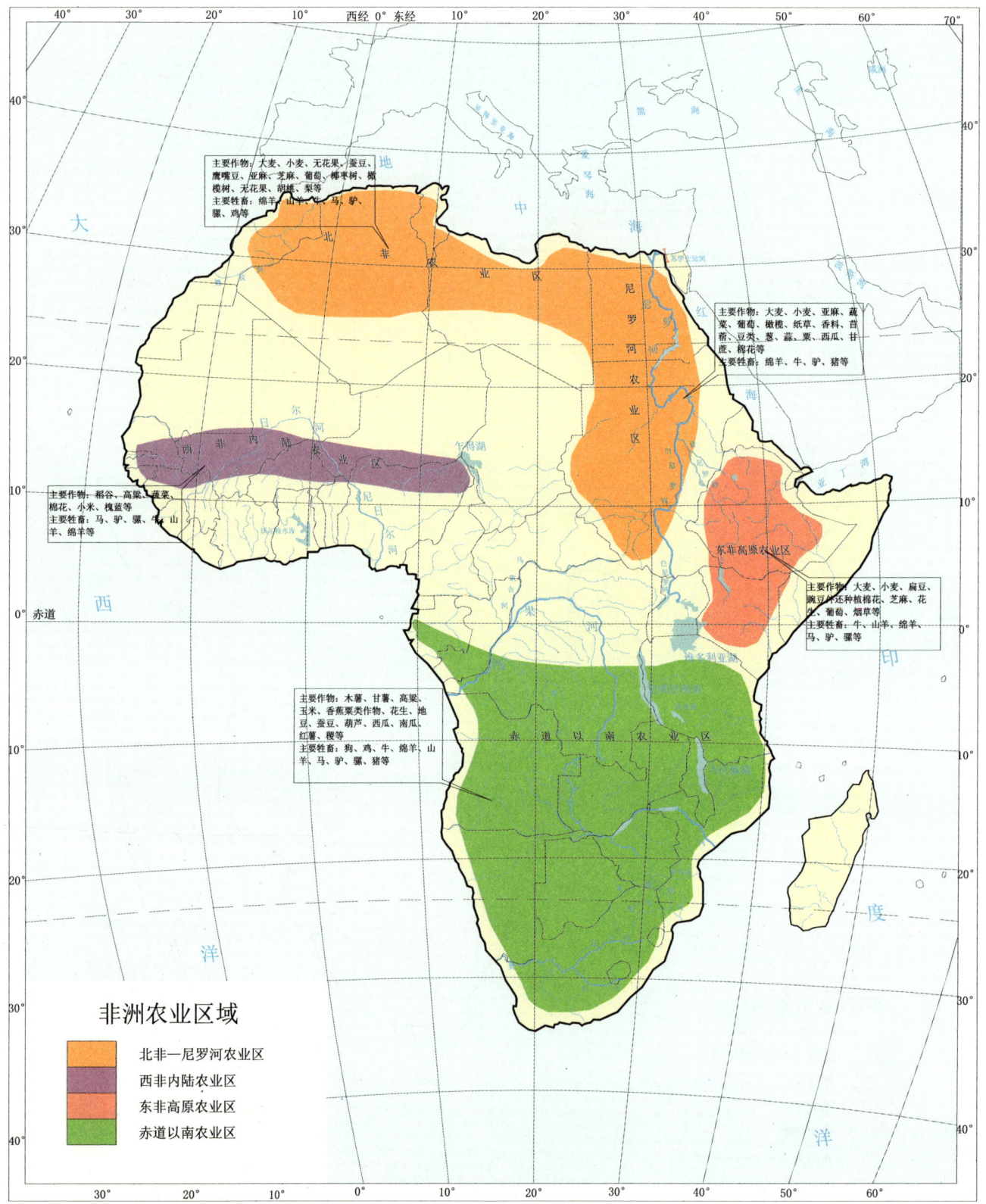

附图16　非洲农业区域

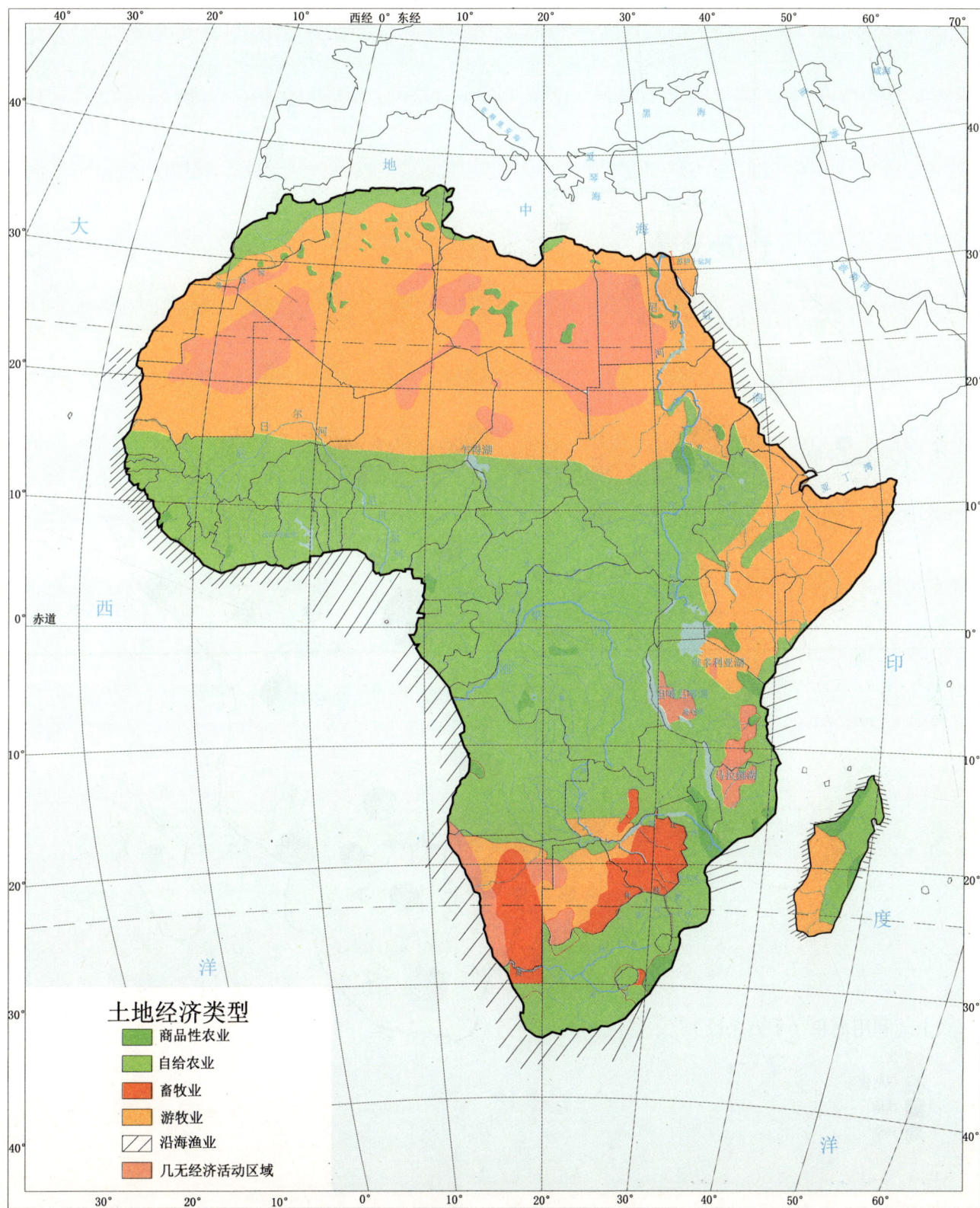

土地经济类型

- 商品性农业
- 自给农业
- 畜牧业
- 游牧业
- 沿海渔业
- 几无经济活动区域

附图17　土地经济类型

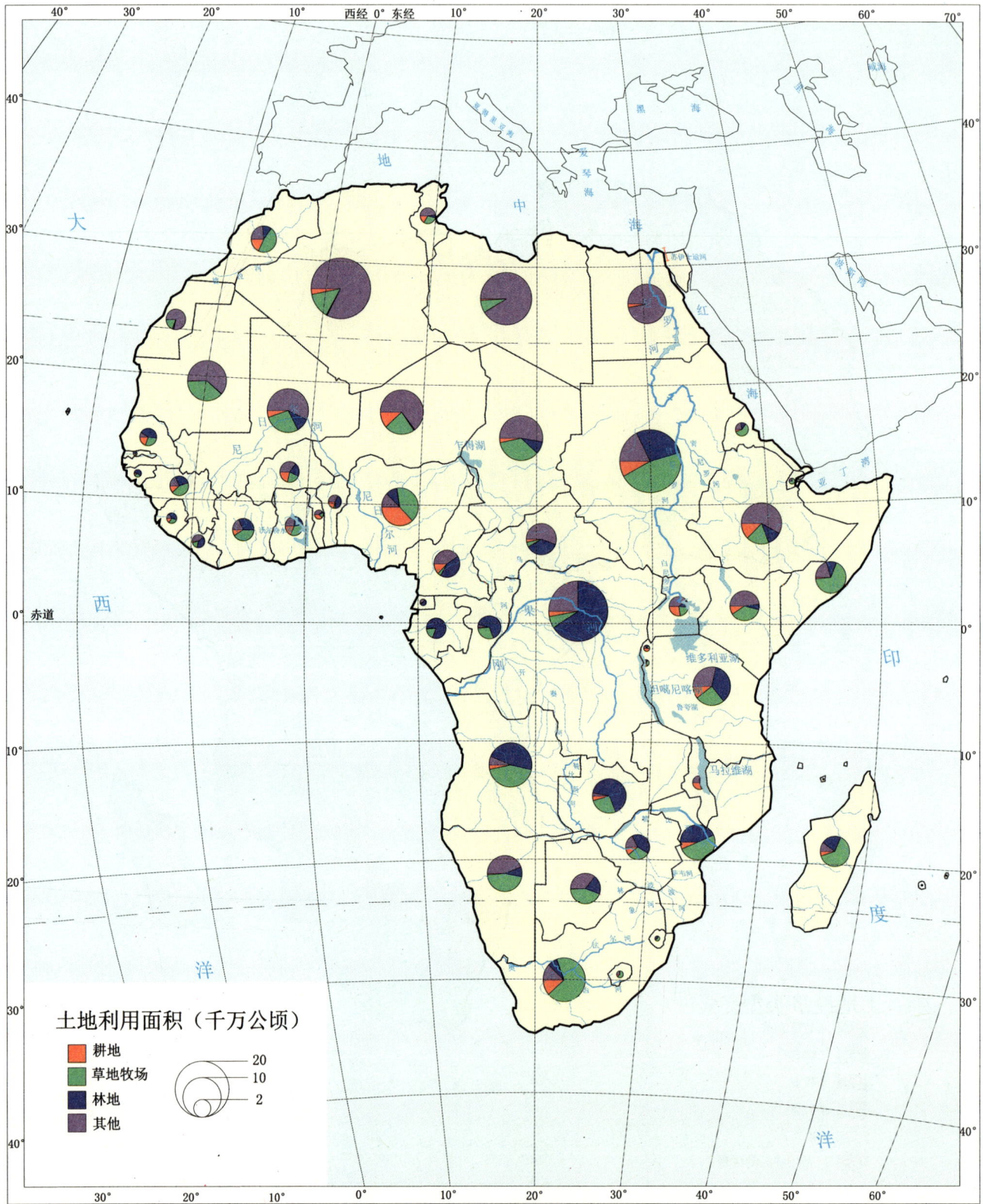

土地利用面积（千万公顷）

耕地
草地牧场
林地
其他

20
10
2

附图18 土地利用面积

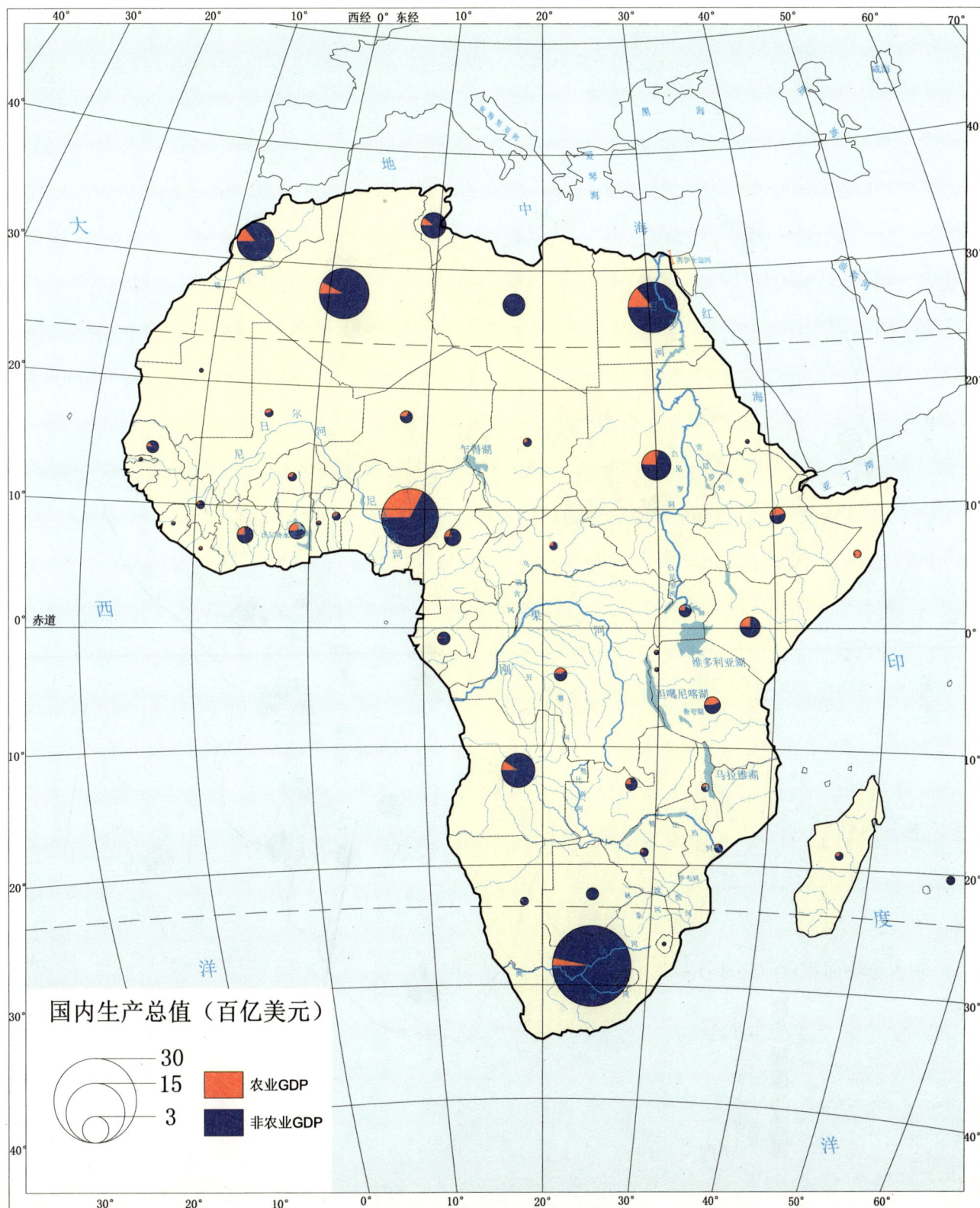

国内生产总值（百亿美元）

农业GDP

非农业GDP

附图 19　国内生产总值

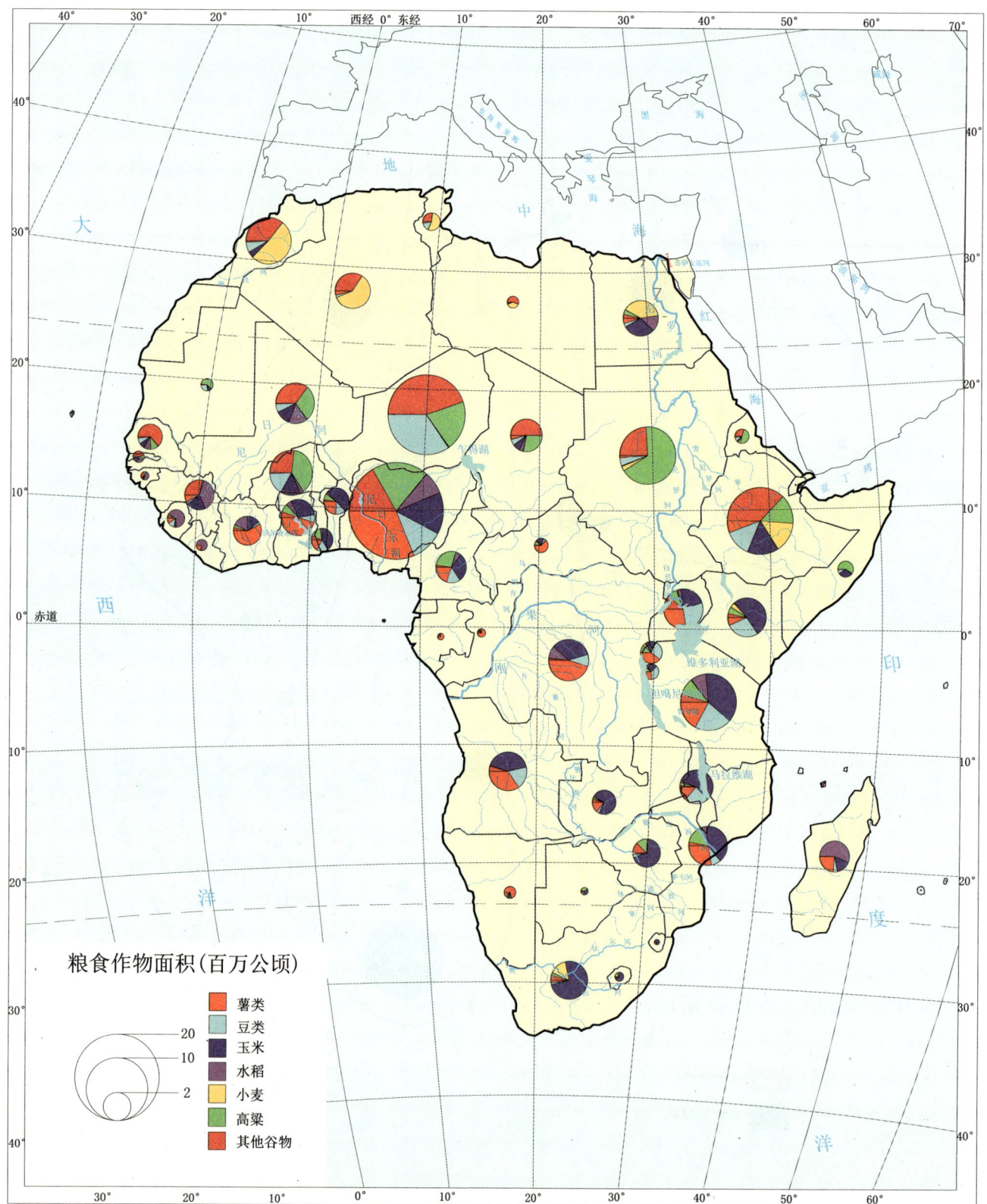

粮食作物面积(百万公顷)

薯类
豆类
玉米
水稻
小麦
高粱
其他谷物

20
10
2

附图20　粮食作物面积

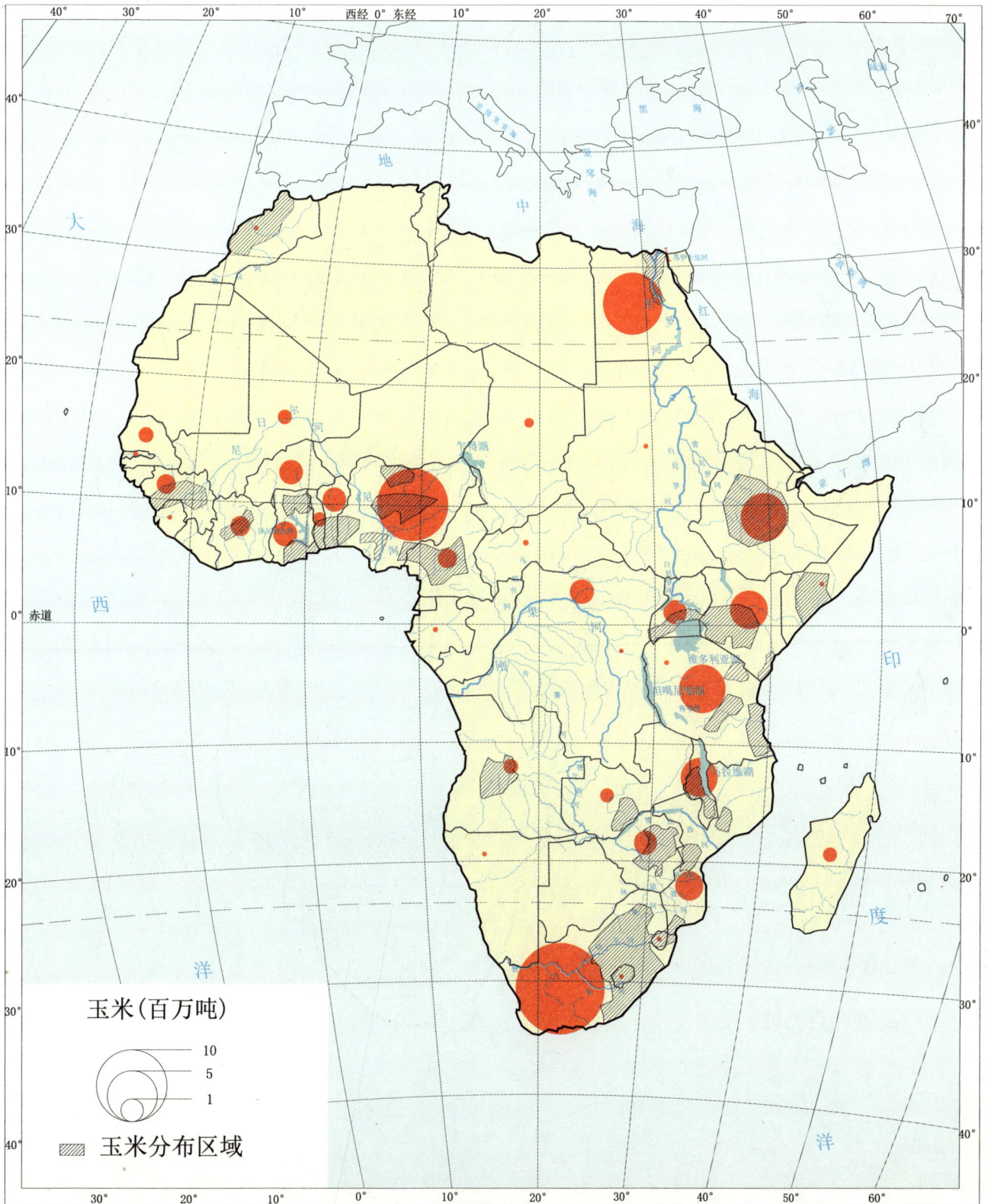

附图21　玉米

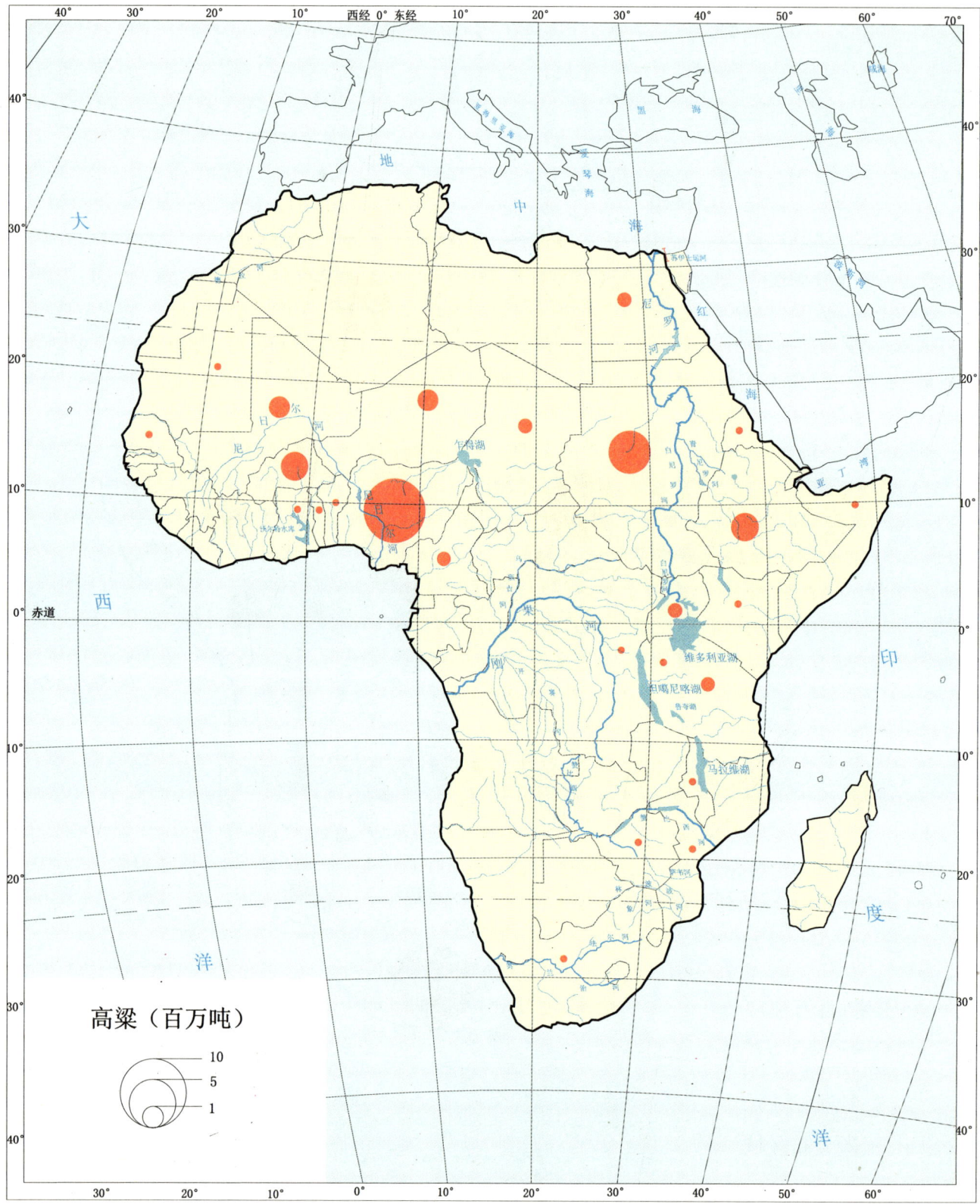

附图22　高粱

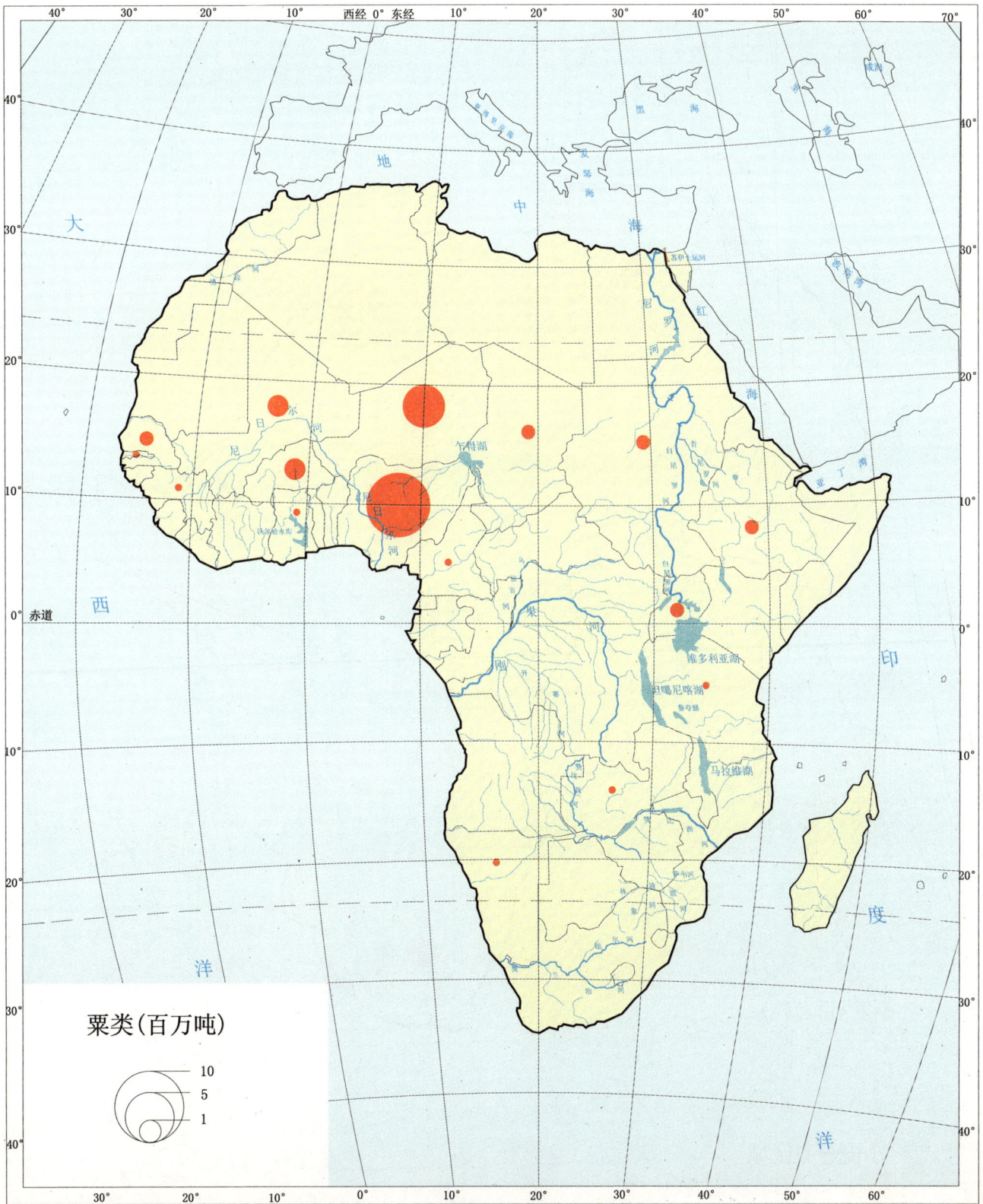

附图 23　粟类

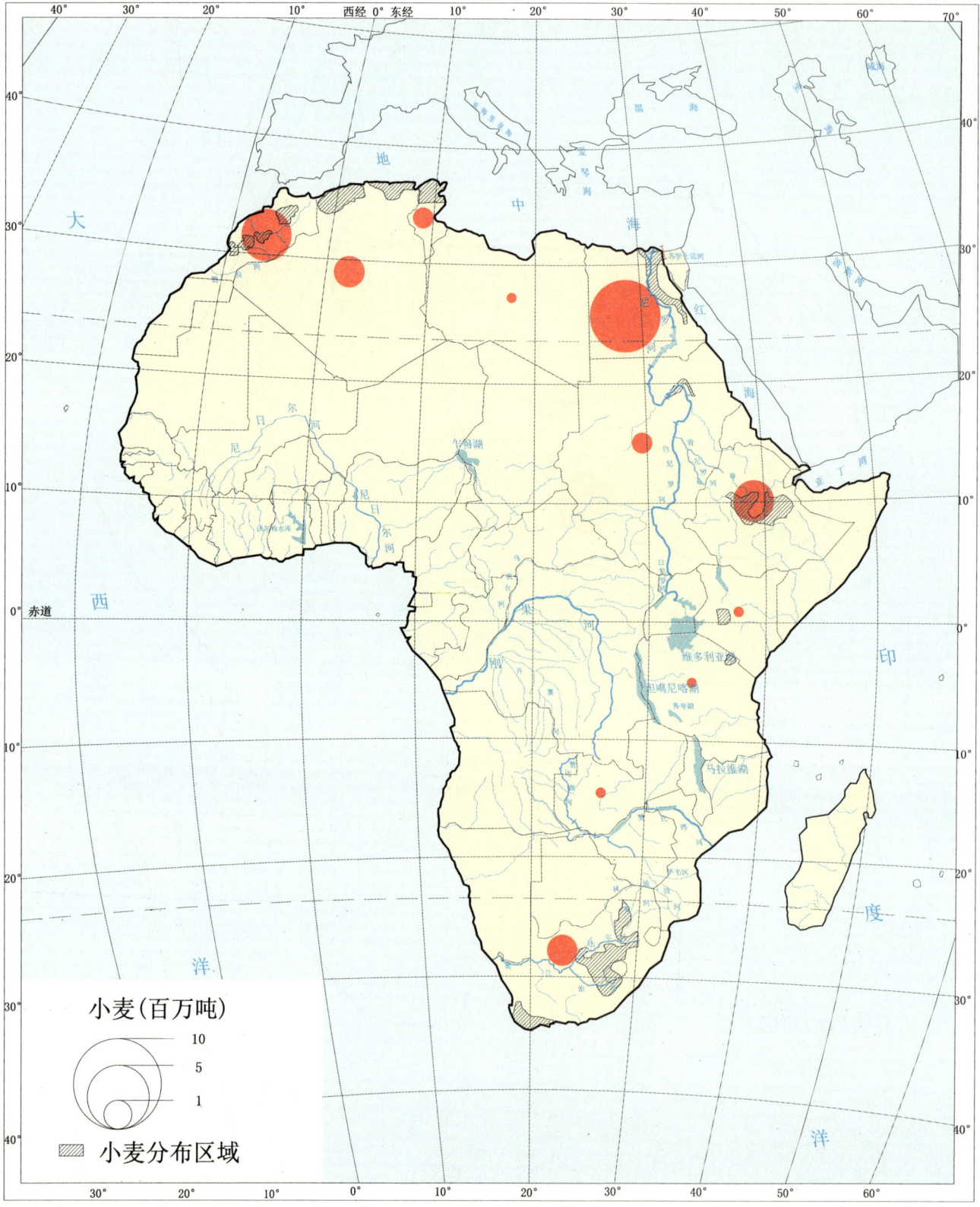

小麦（百万吨）

10
5
1

小麦分布区域

附图24 小麦

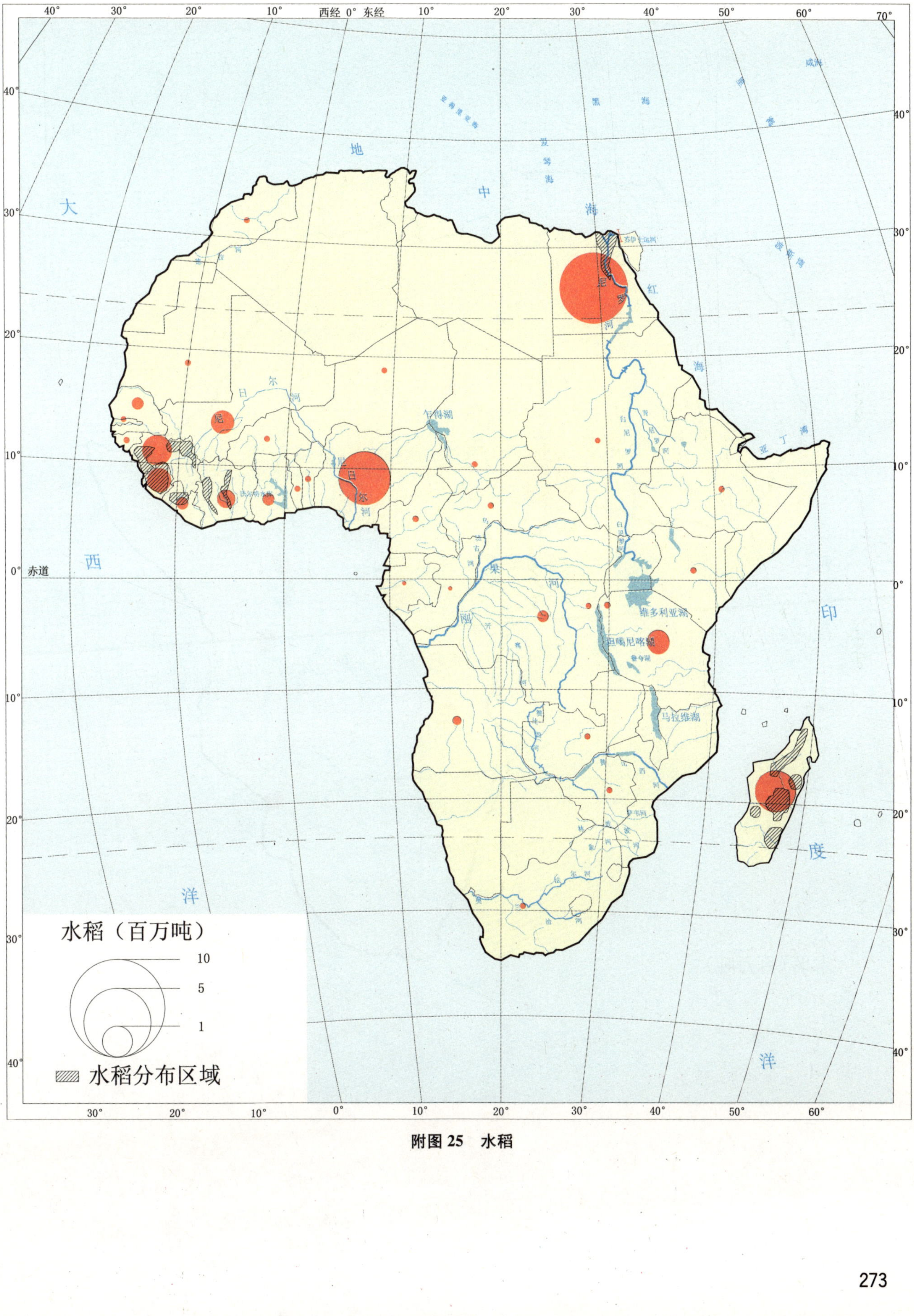

附图 25 水稻

水稻（百万吨）

10
5
1

水稻分布区域

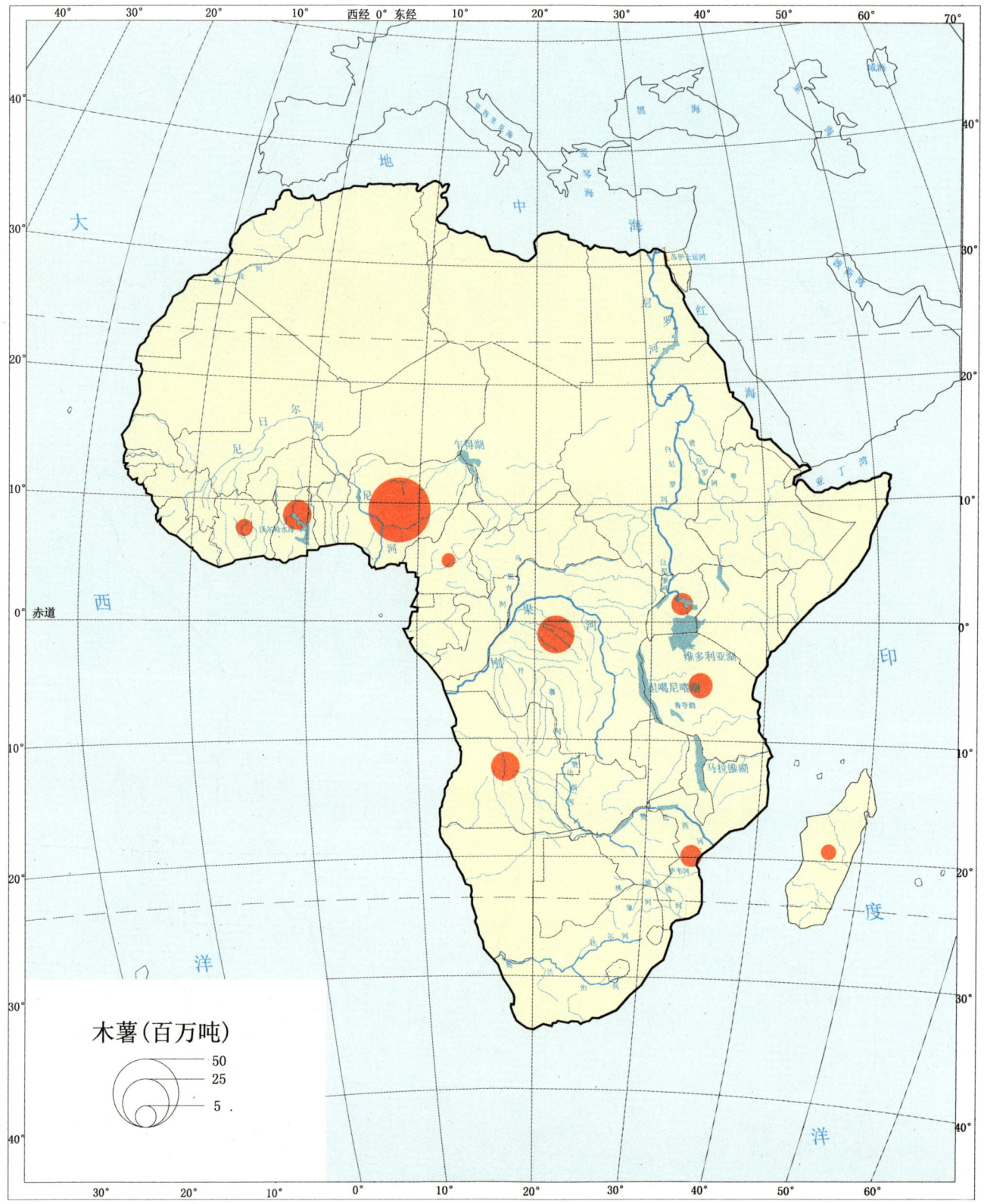

木薯（百万吨）

50
25
5

附图26 木薯

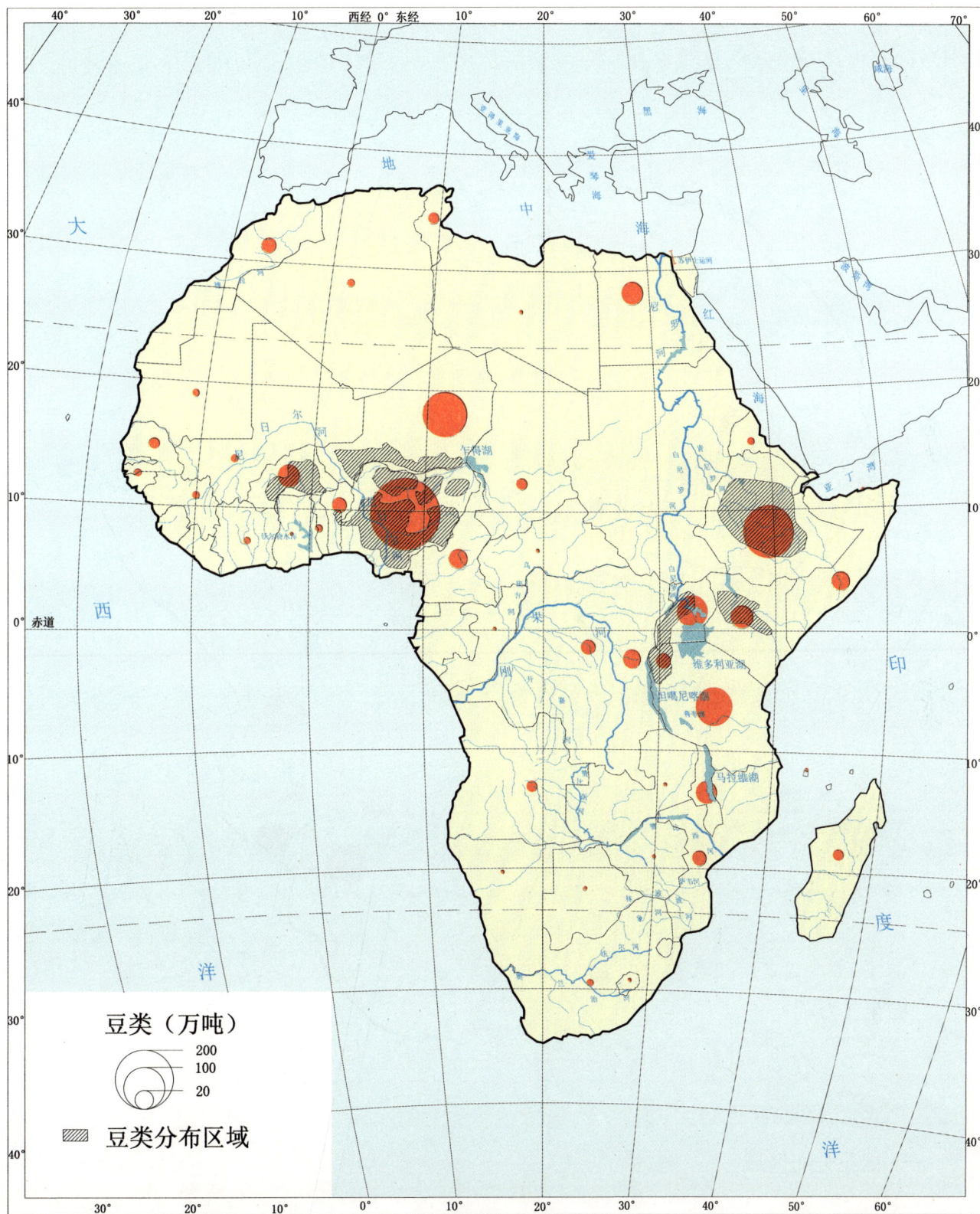

附图 27 豆类

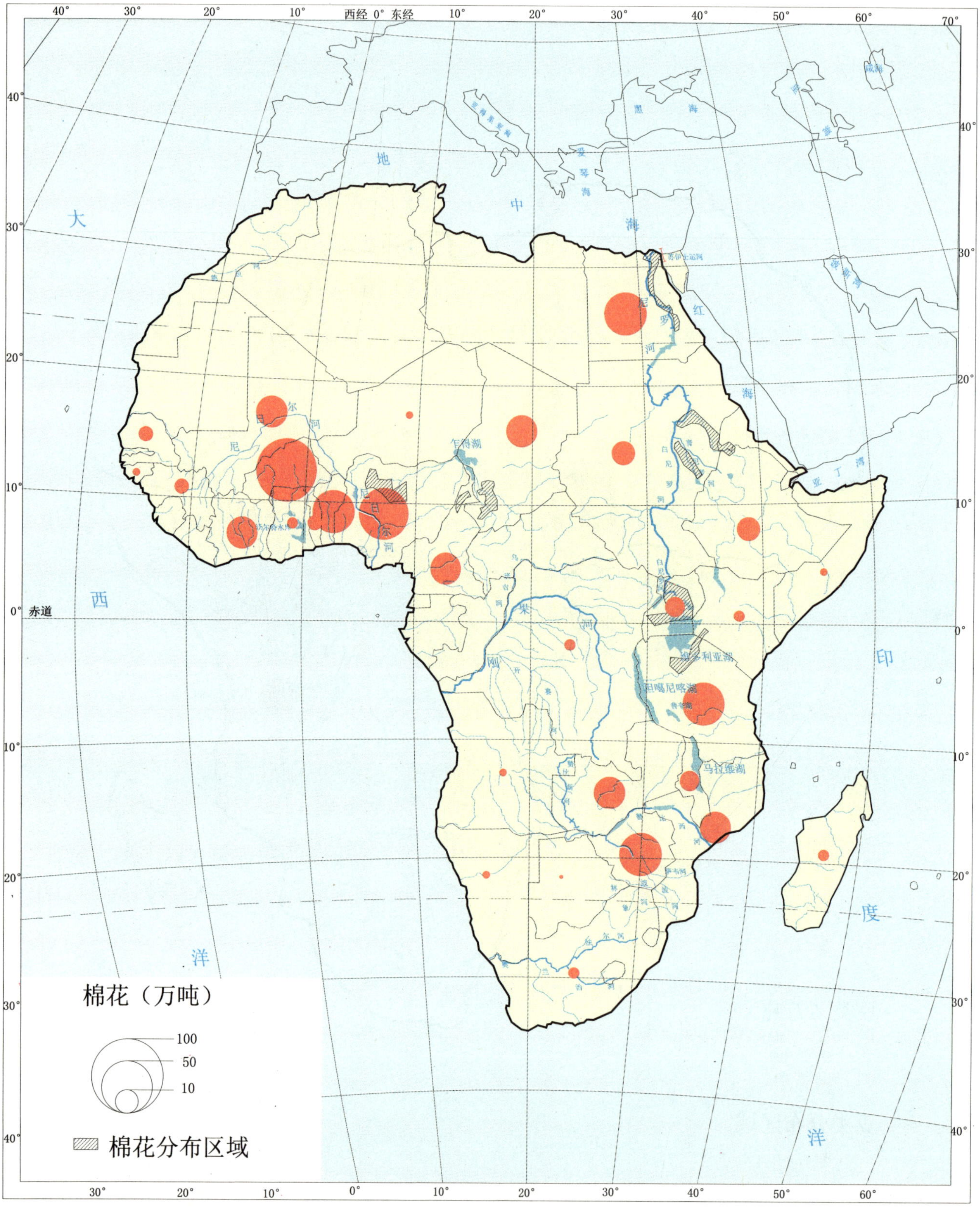
棉花（万吨）
100
50
10
棉花分布区域
西经 0° 东经
赤道
大
西
洋
印
度
洋
地
中
海
红
海
亚丁湾
黑海
尼罗河
白尼罗河
尼日尔河
贝努埃河
刚果河
乍得湖
维多利亚湖
坦噶尼喀湖
马拉维湖
苏伊士运河
40°
30°
20°
10°
0°
10°
20°
30°
40°
50°
60°
70°

附图 28　棉花

附图 29　剑麻

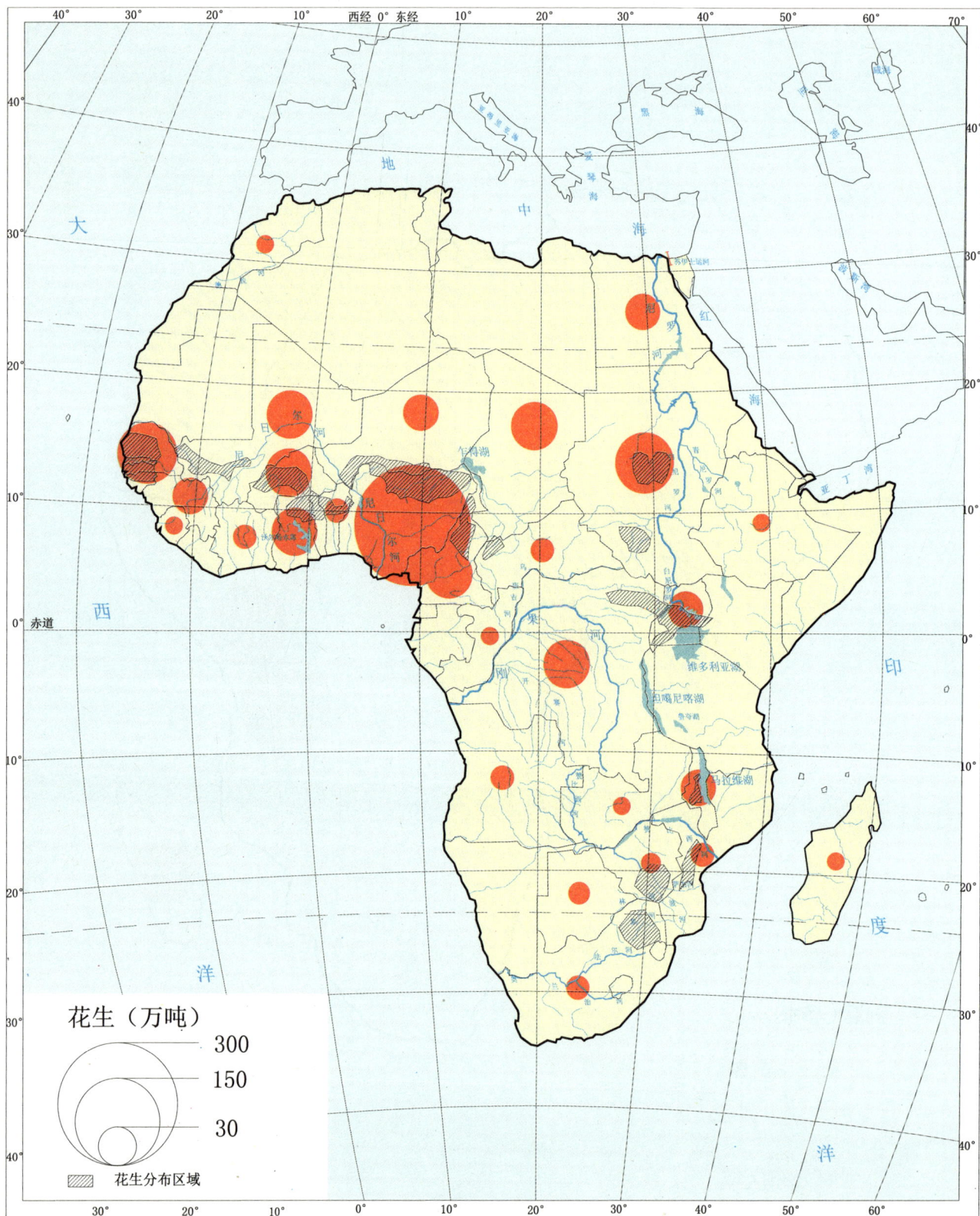

附图30　花生

油棕（百万吨）

- 10
- 5
- 1

油棕分布区域

附图31　油棕

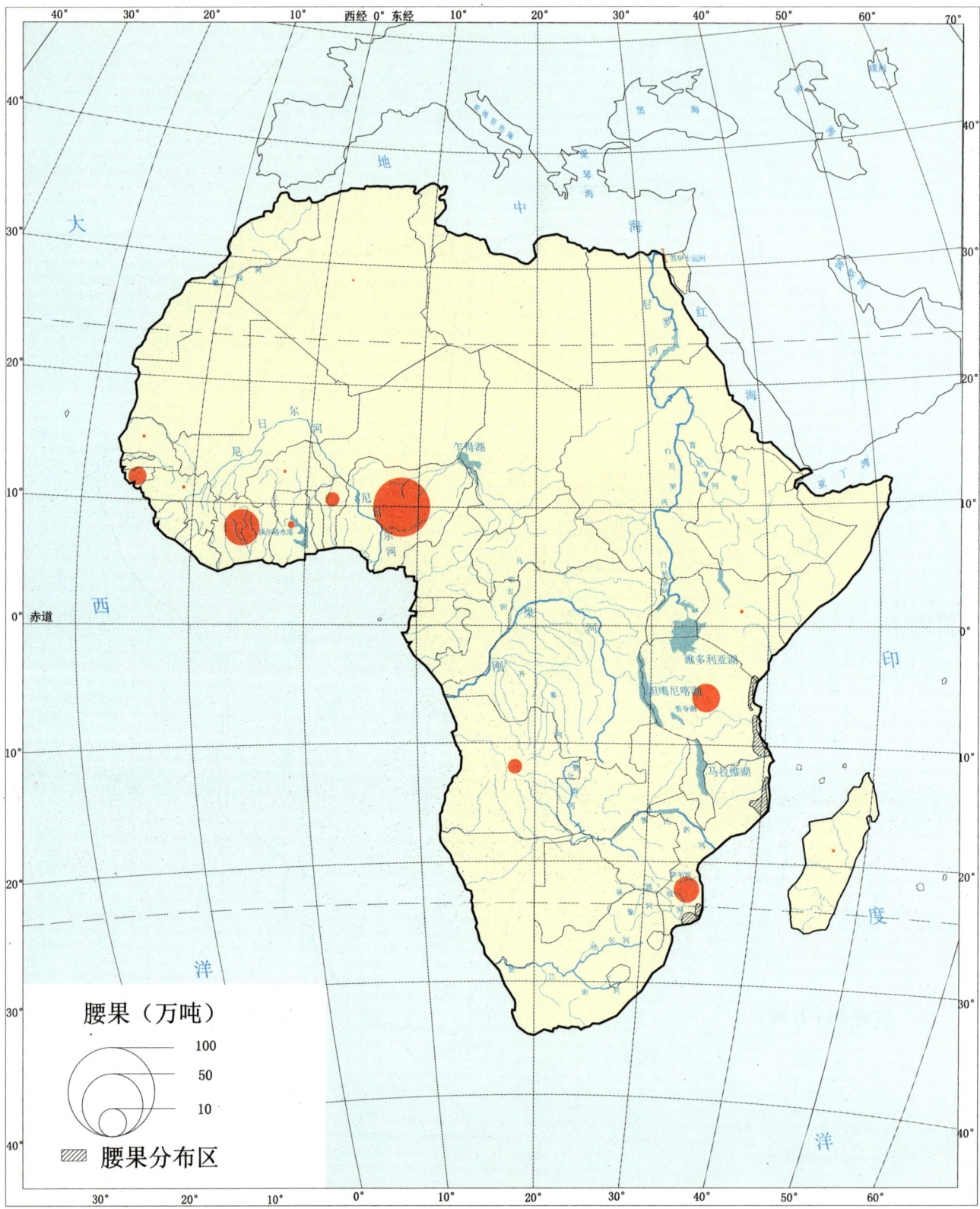

附图32 腰果

腰果（万吨）

100
50
10

腰果分布区

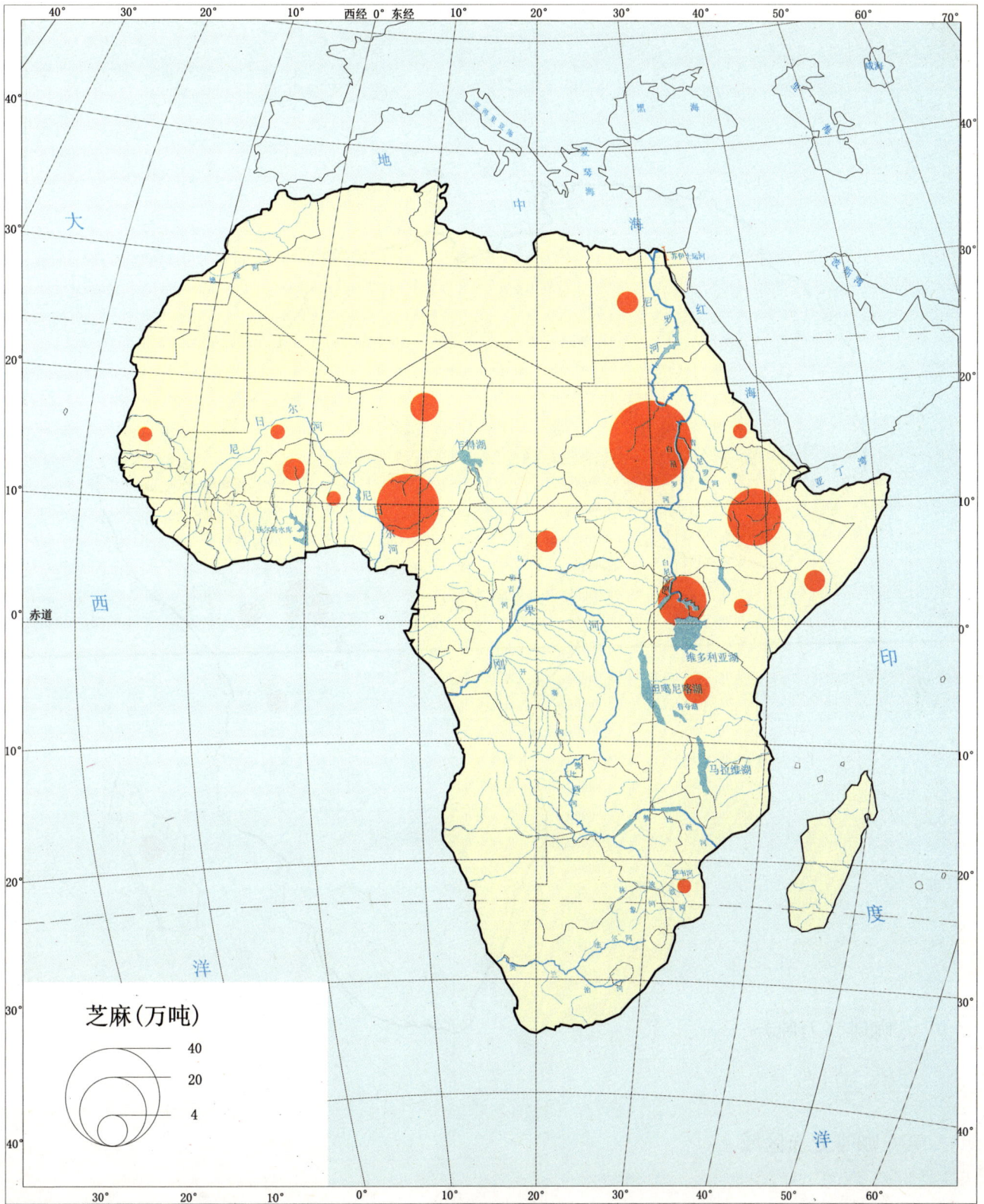

附图33　芝麻

芝麻(万吨)

40
20
4

附图34 咖啡

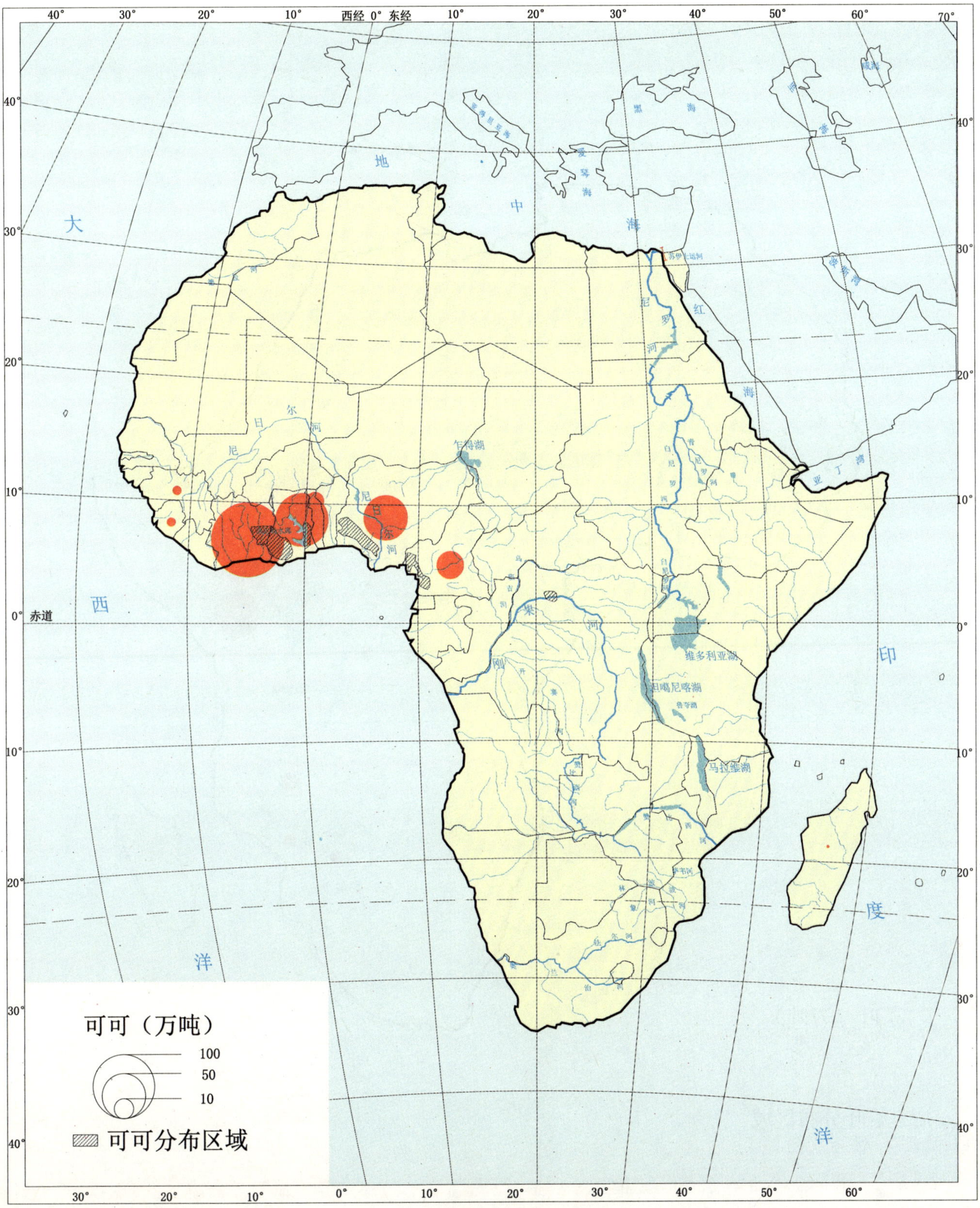

可可（万吨）

⬤ 100
⬤ 50
⬤ 10

▨ 可可分布区域

附图35　可可

附图36　茶叶

茶叶（万吨）

40
20
4

茶叶分布区域

大 西 洋

赤道

地 中 海

红 海

亚 丁 湾

印 度 洋

维多利亚湖

坦噶尼喀湖

马拉维湖

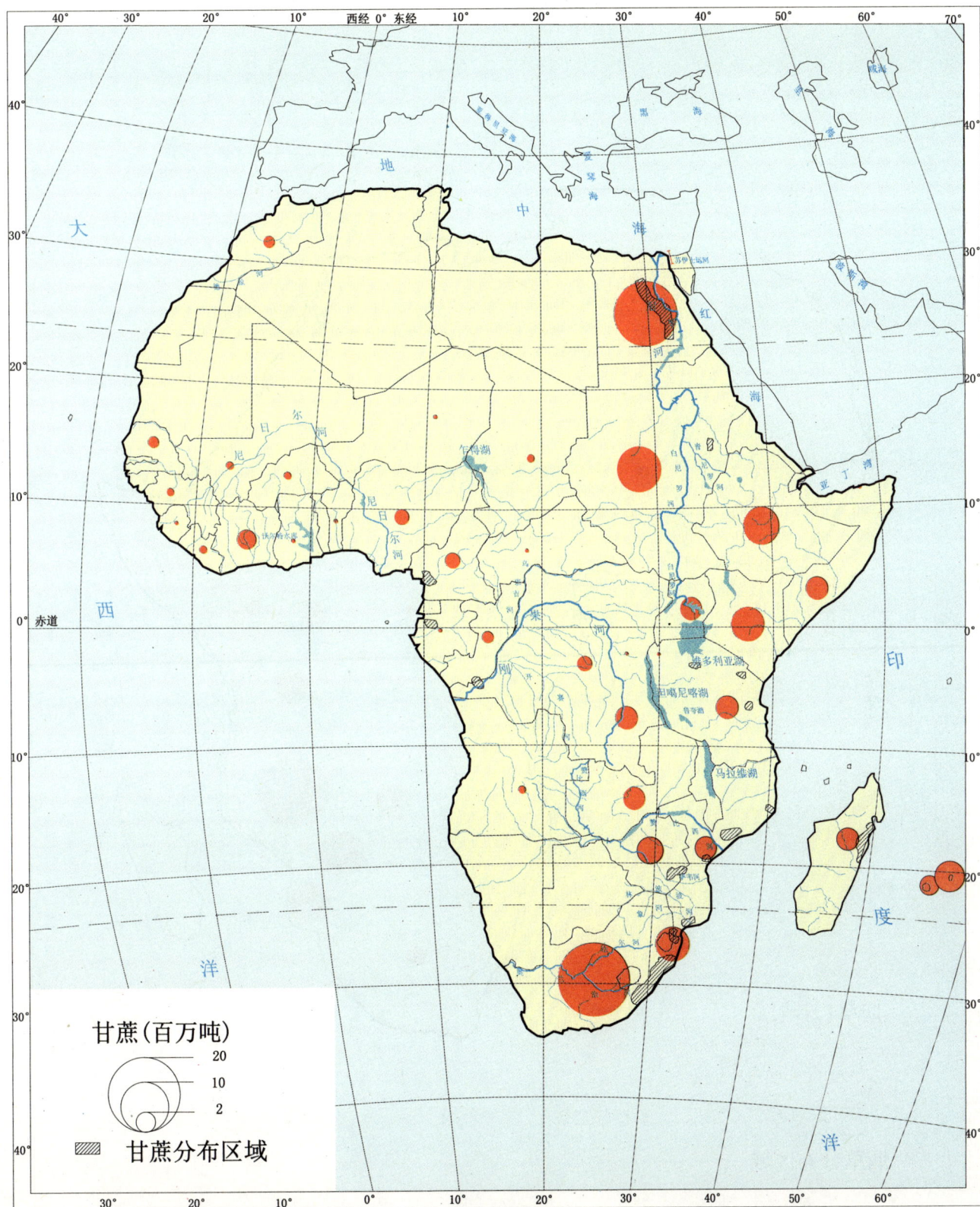

附图 37　甘蔗

甘蔗（百万吨）

　20
　10
　2

甘蔗分布区域

烟草（万吨）

———— 20

———— 10

———— 2

烟草分布区域

附图38　烟草

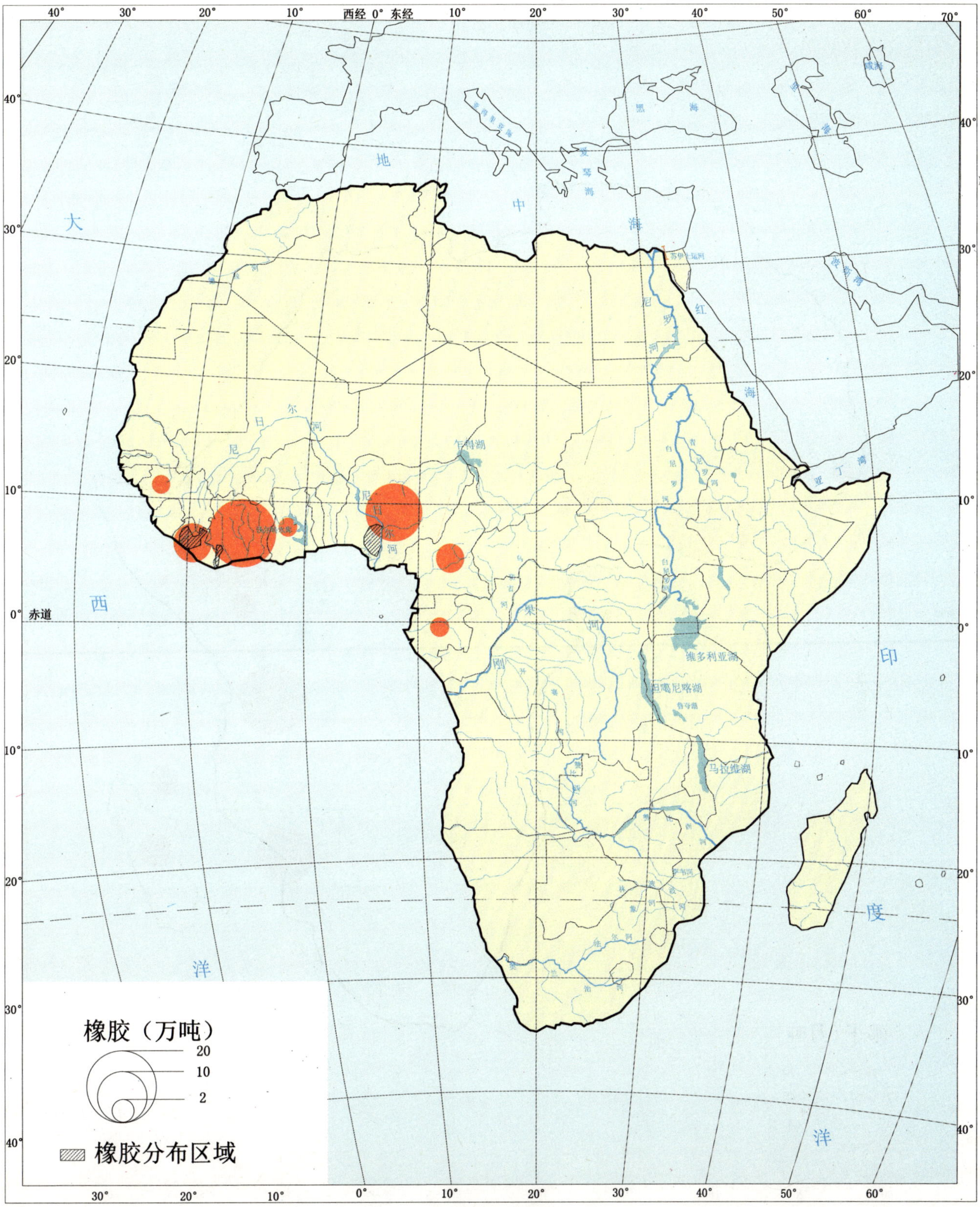

附图39　橡胶

橡胶（万吨）
20
10
2

橡胶分布区域

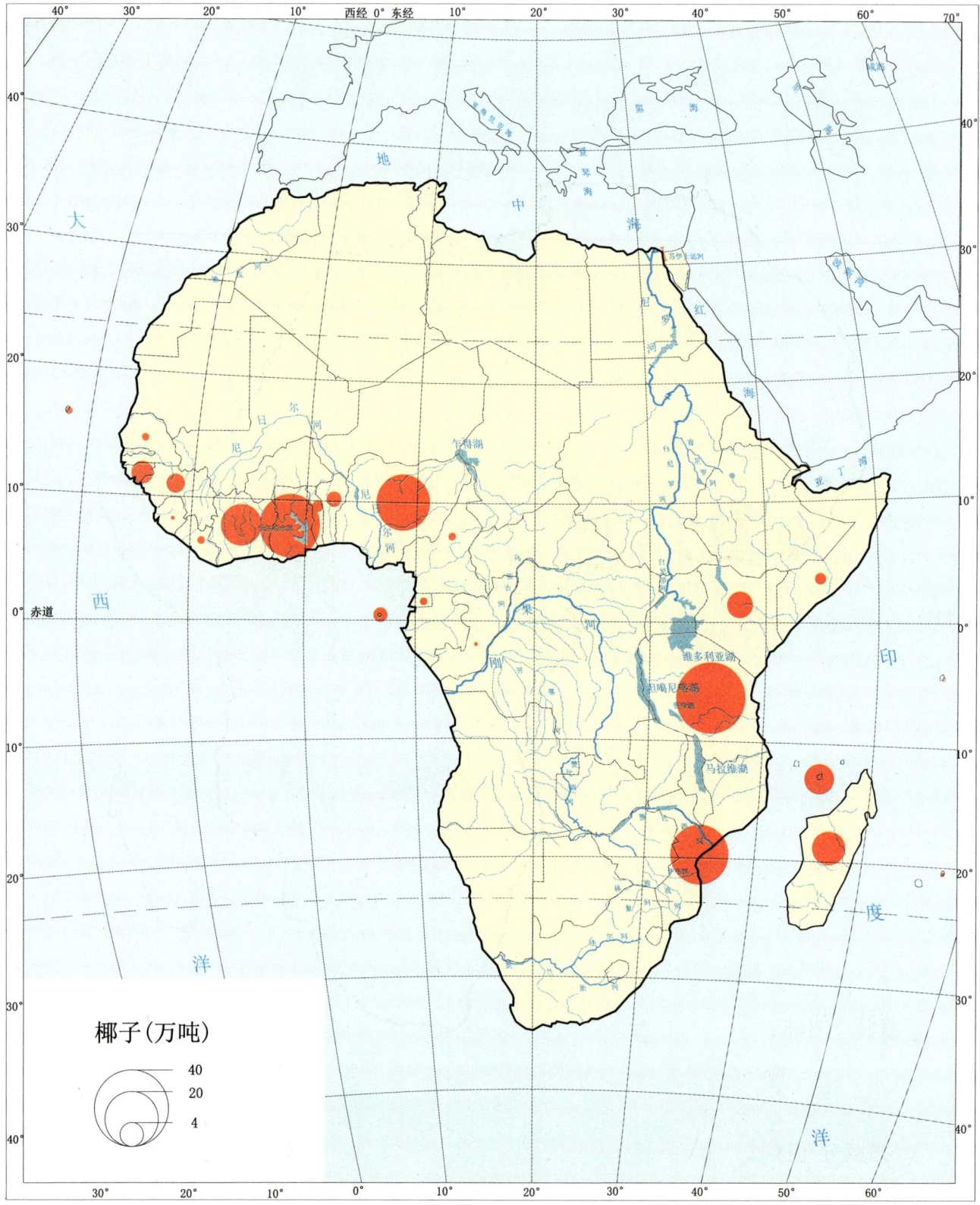

| 西经 0° 东经 | | | | | | | | | | | |

地 中 海

大

尼 罗 河

红 海

西

尼 日 尔 河

乍 得 湖

亚 丁 湾

赤道

刚 果 河

维多利亚湖

印

坦噶尼喀湖

马拉维湖

度

洋

赞 比 西 河

洋

椰子（万吨）

- 40
- 20
- 4

附图 40　椰子

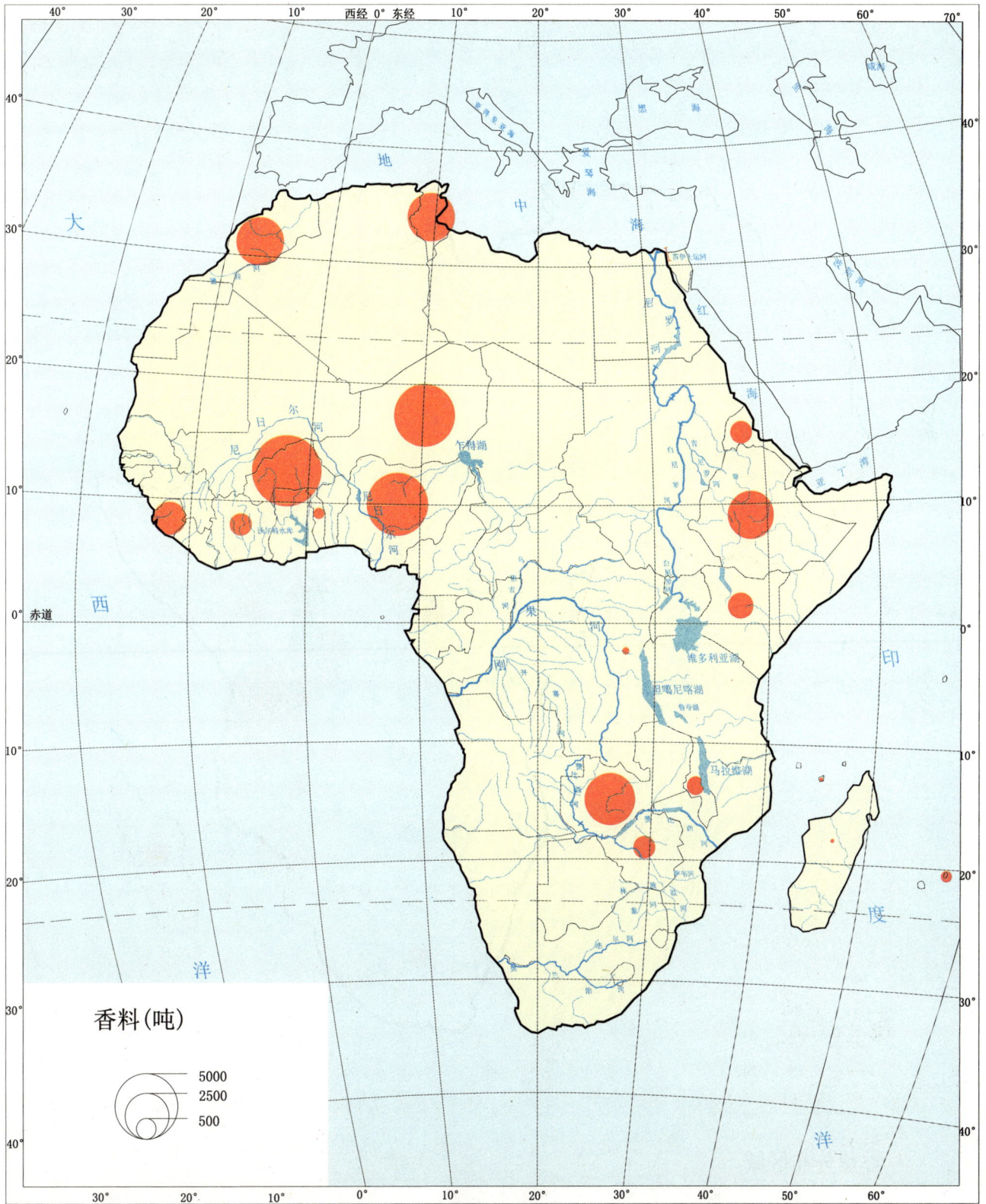

附图41　香料

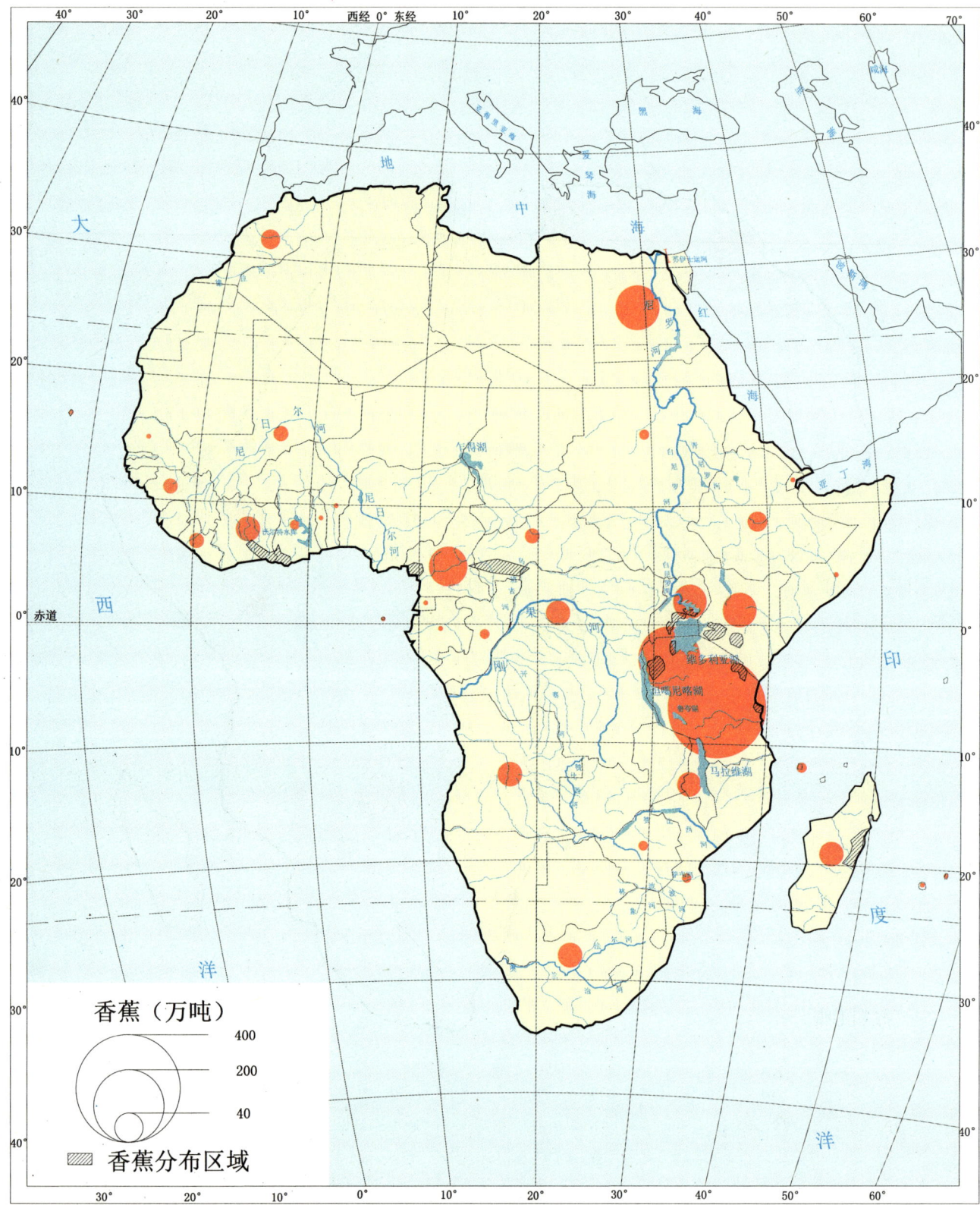

香蕉（万吨）

- 400
- 200
- 40

▨ 香蕉分布区域

附图 42　香蕉

附图 43 柑橘

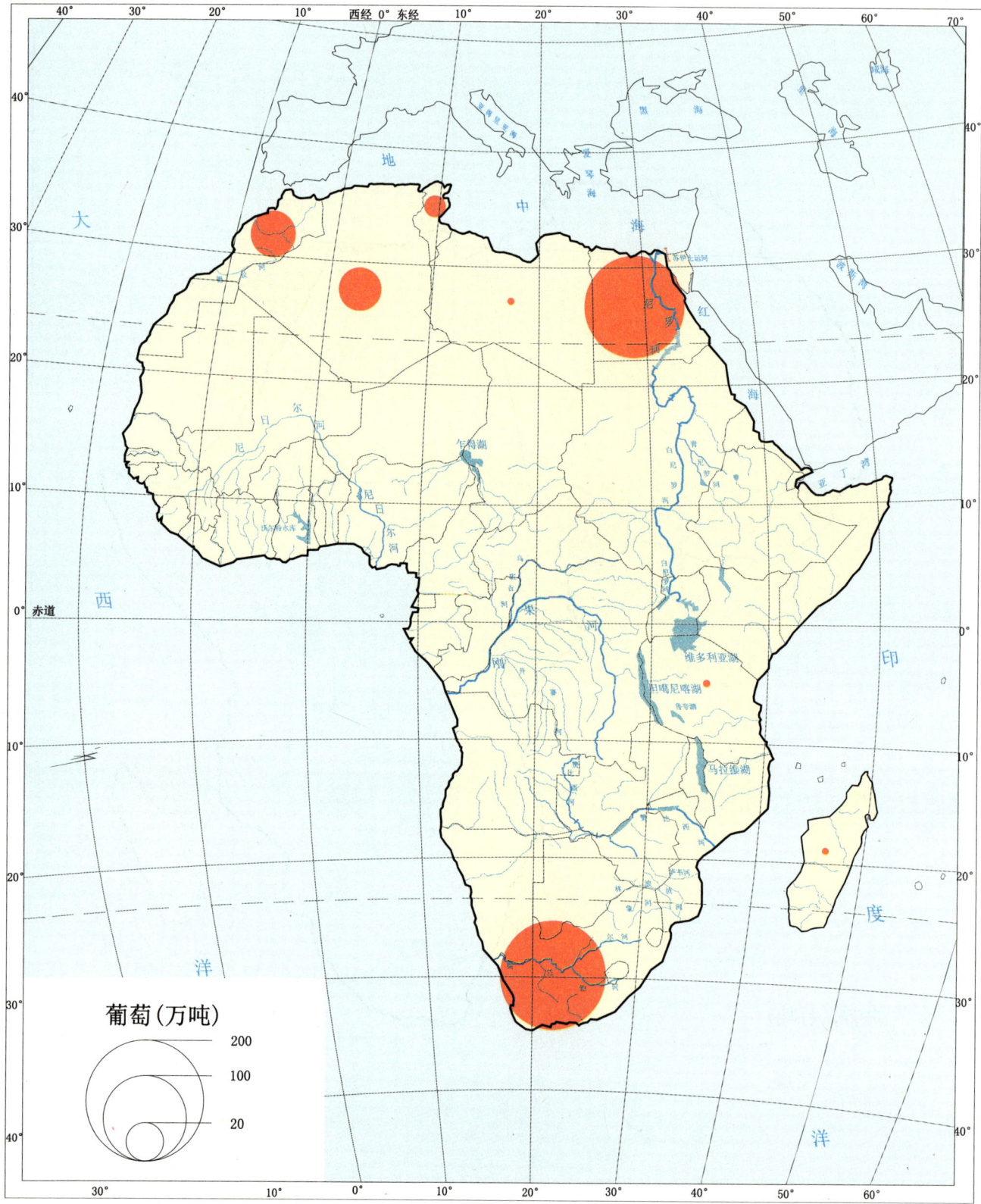

葡萄(万吨)

附图44 葡萄

附图45 菠萝

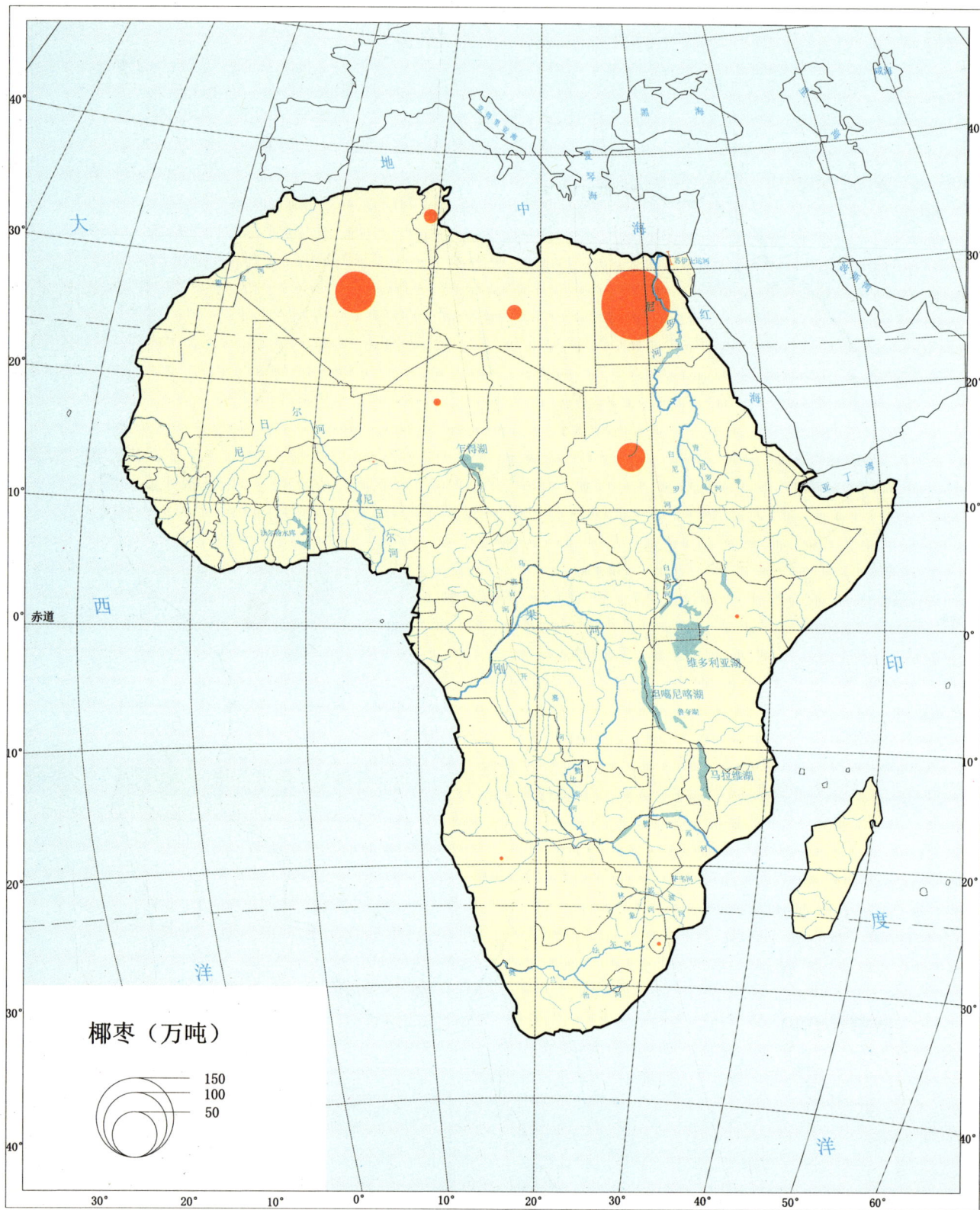

大

西

洋

地 中 海

尼 罗 河

红 海

亚 丁 海

印

度

洋

赤道

尼 日 尔 河

乍得湖

沃尔特水库

尼 日 尔 河

刚 果 河

维多利亚湖

坦噶尼喀湖

马拉维湖

赞比西河

苏伊士运河

椰枣（万吨）

150
100
50

附图46　椰枣

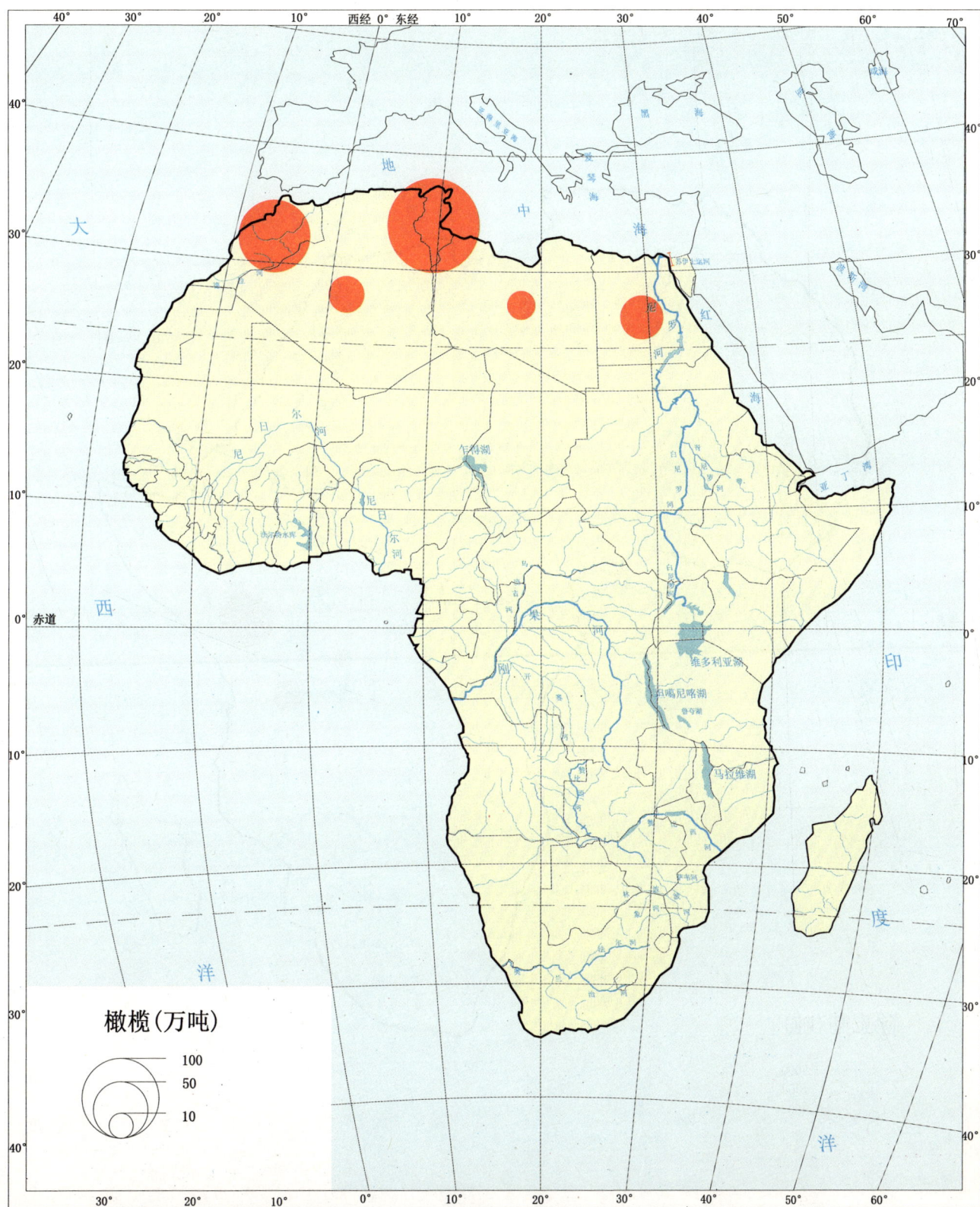

附图47　橄榄

除虫菊（吨）

8000
4000
800

附图48　除虫菊

主要牲畜分布

牛

羊

骆驼

附图49　主要牲畜分布

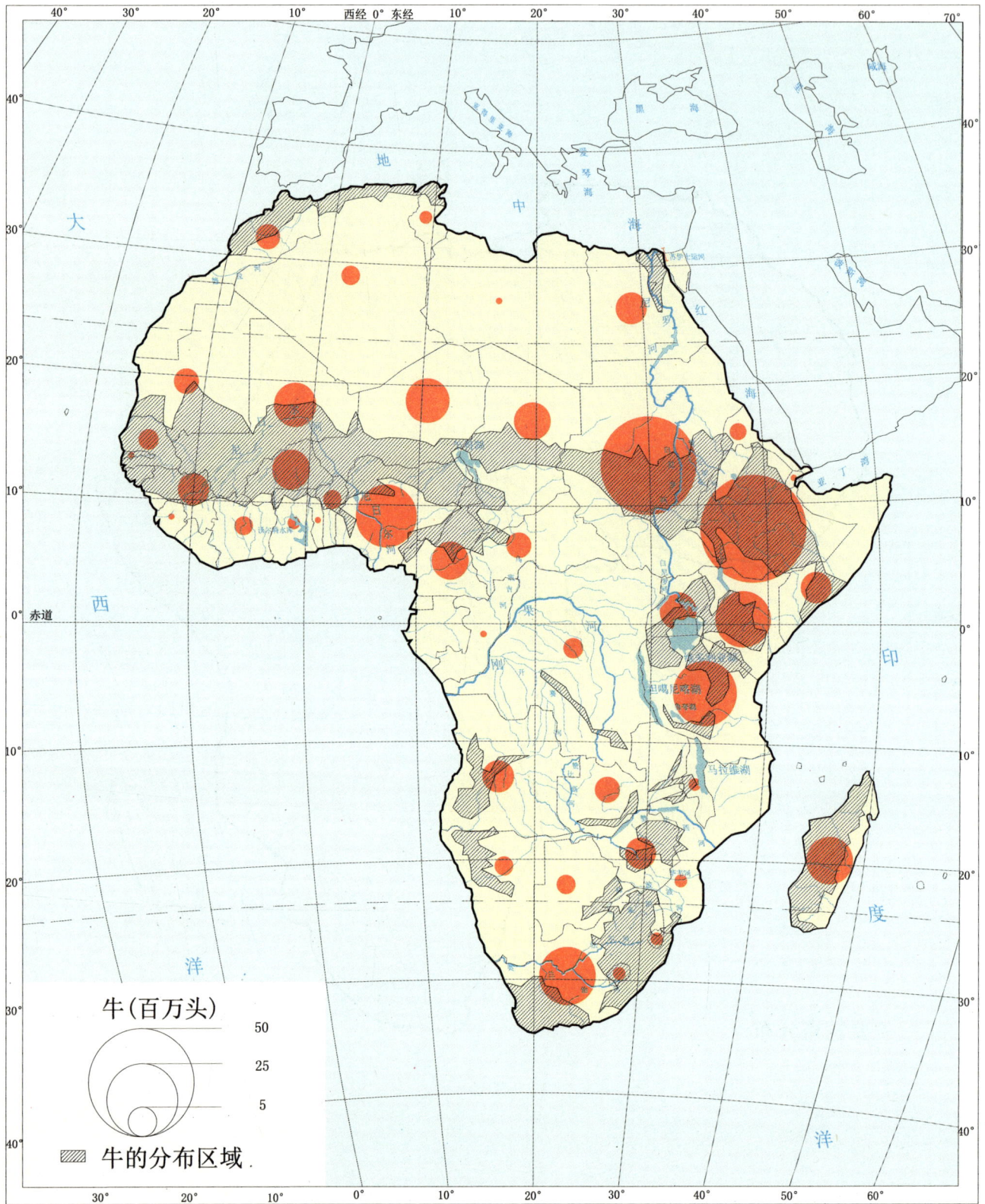

附图50 牛

牛（百万头）

50

25

5

牛的分布区域

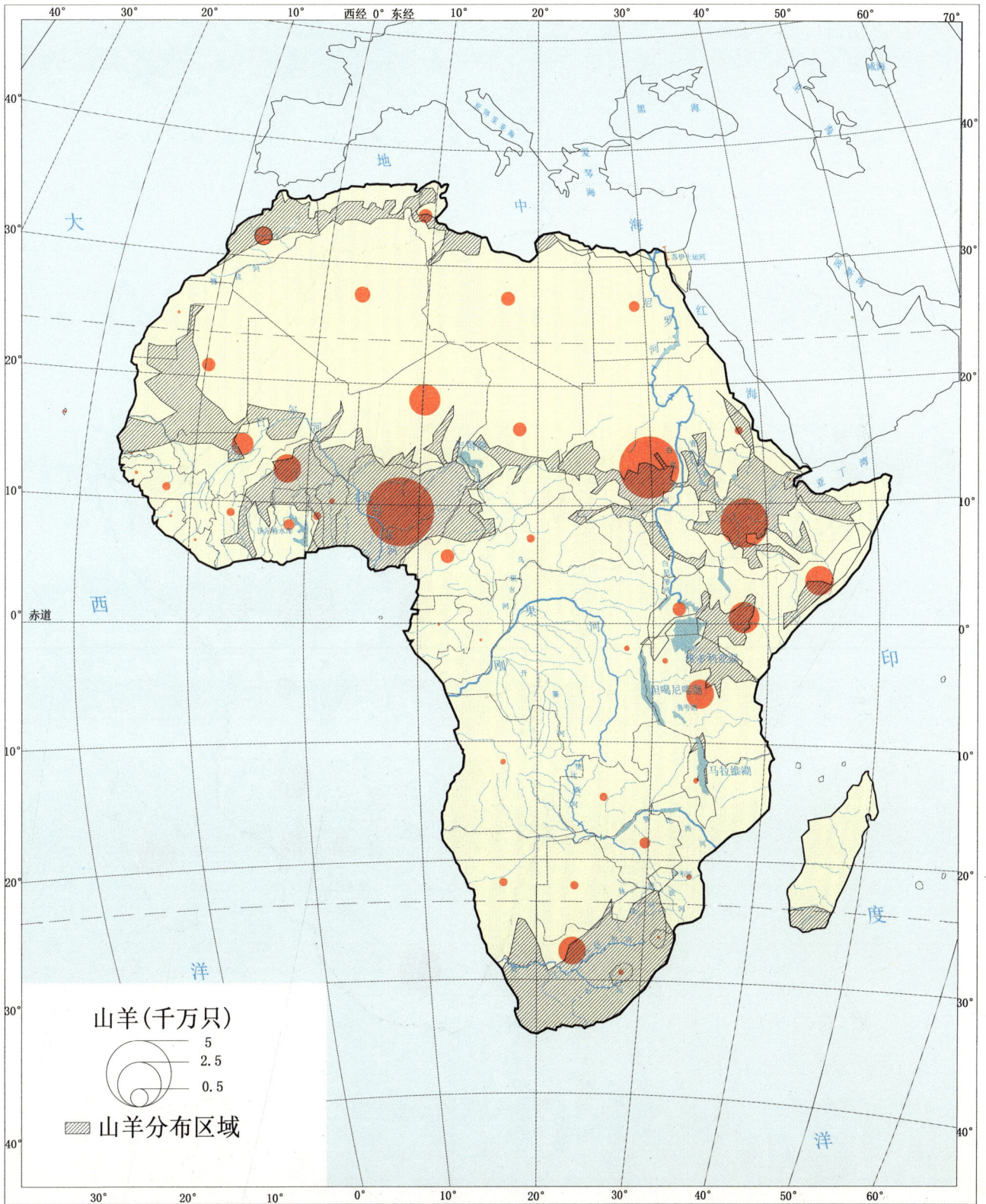

附图51　山羊

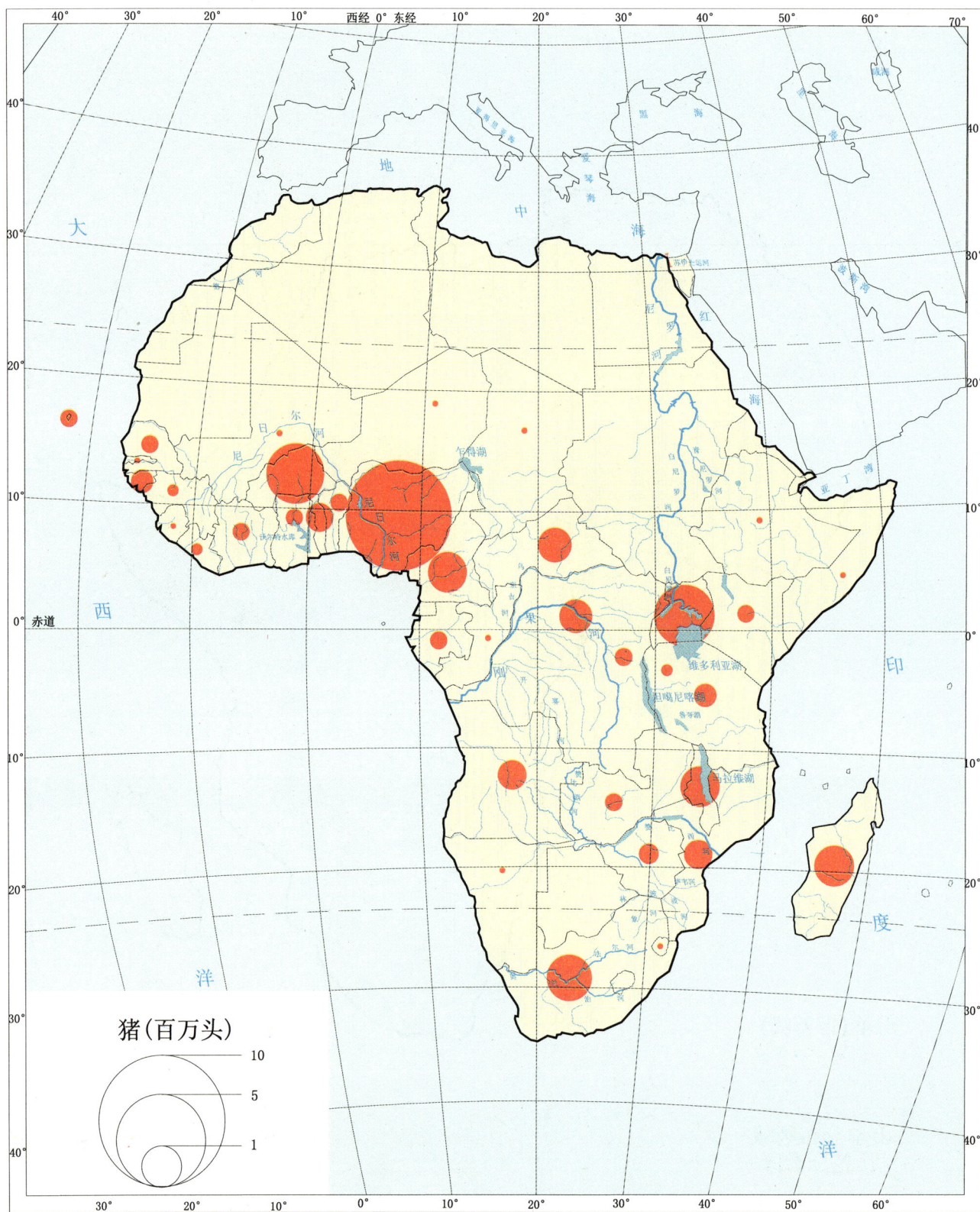

猪（百万头）

附图52　猪

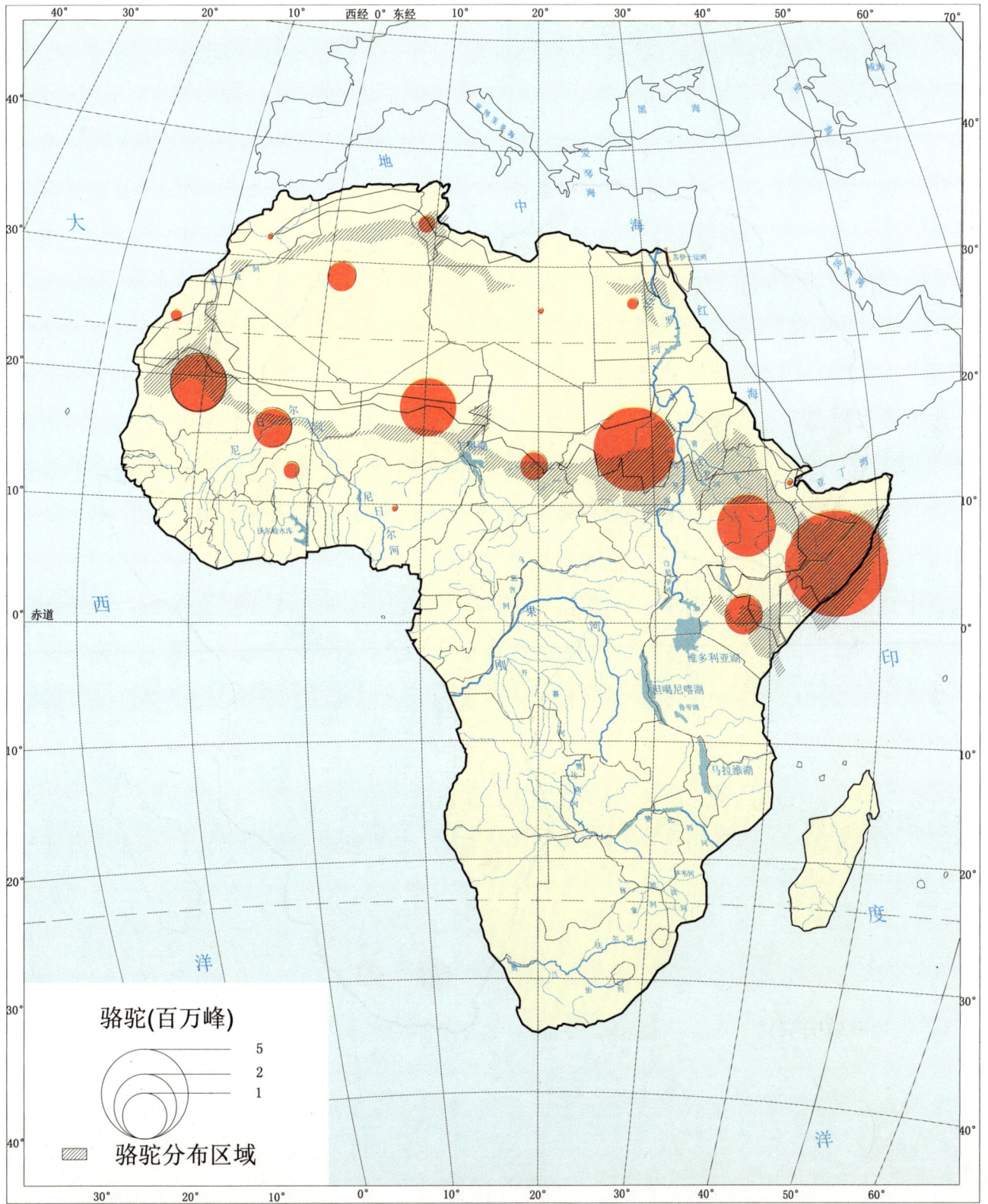

附图53　骆驼

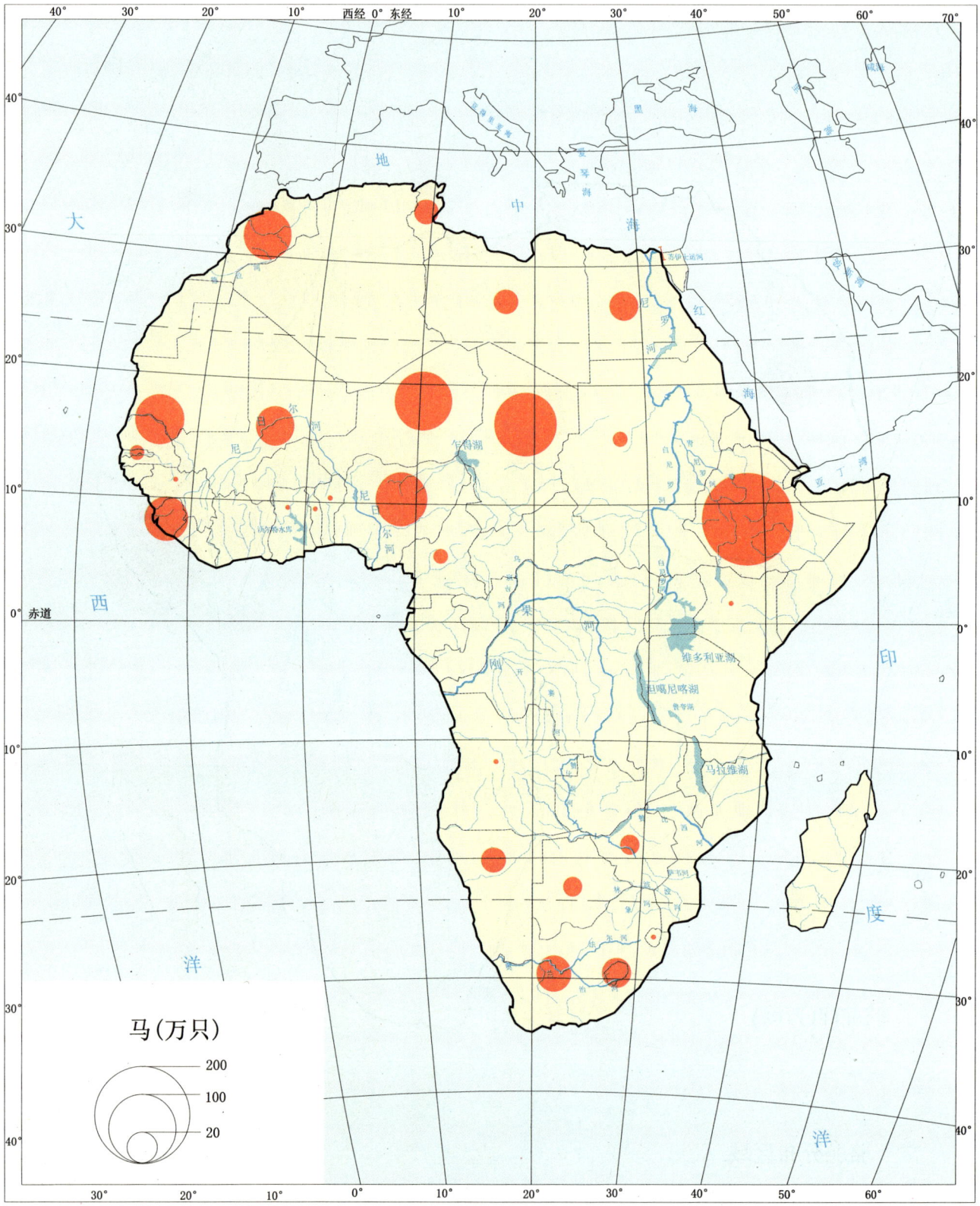

马（万只）

200

100

20

附图54　马

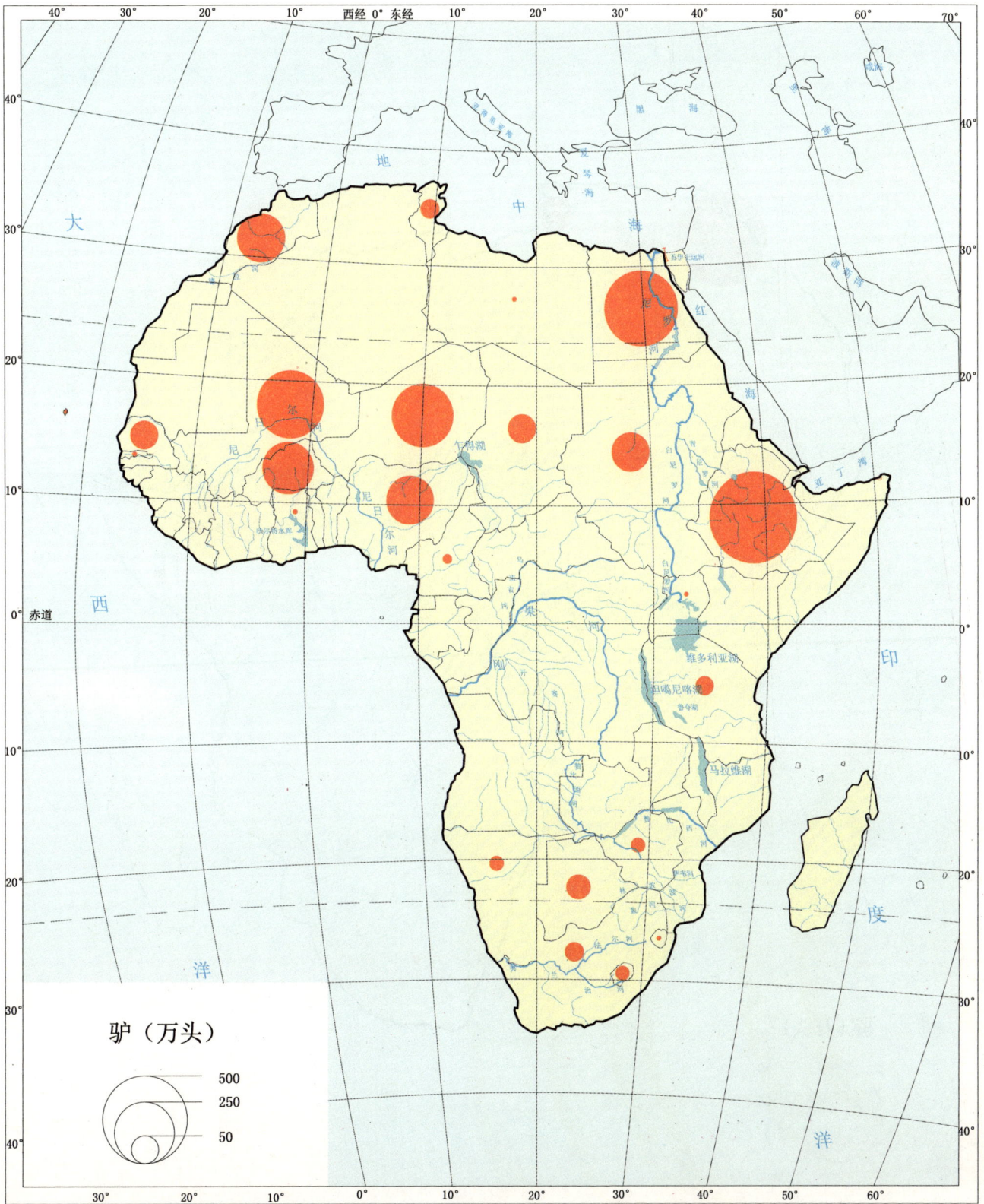

驴（万头）

附图55　驴

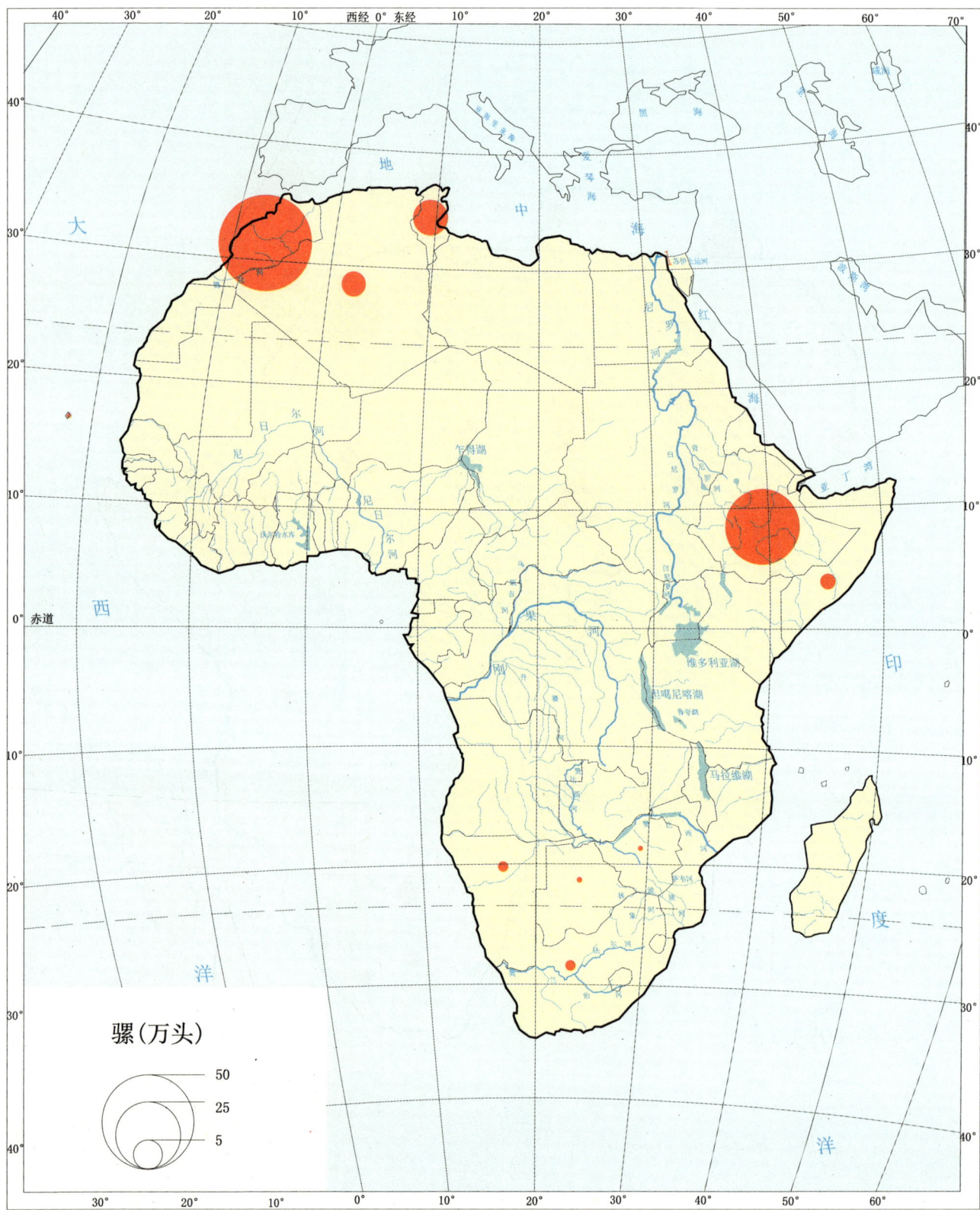

骡(万头)

50
25
5

附图56 骡

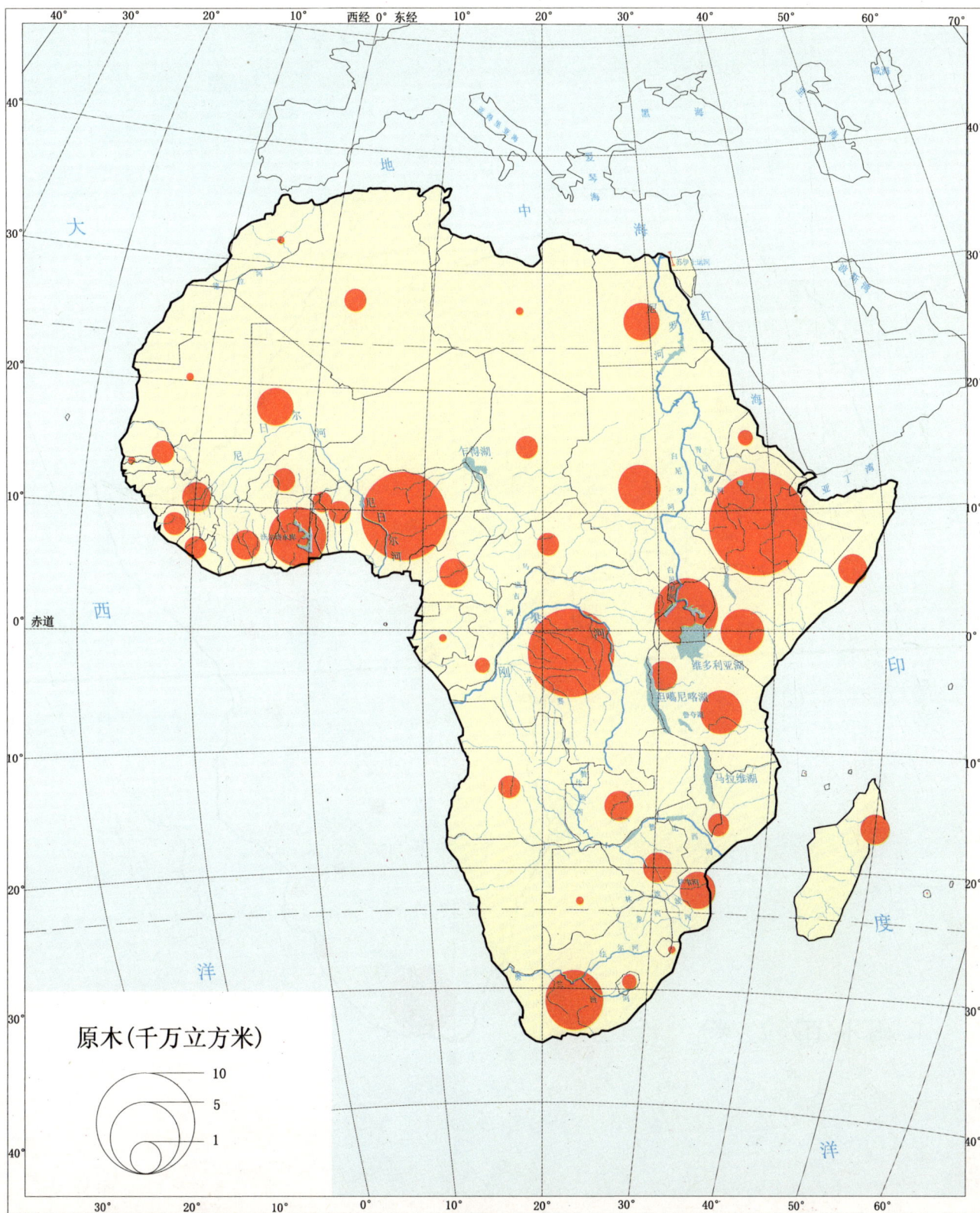

40° 30° 20° 10° 西经 0° 东经 10° 20° 30° 40° 50° 60° 70°

地 中 海

大

西

洋

西

洋

赤道 0°

印

度

洋

原木(千万立方米)

10
5
1

附图57 原木

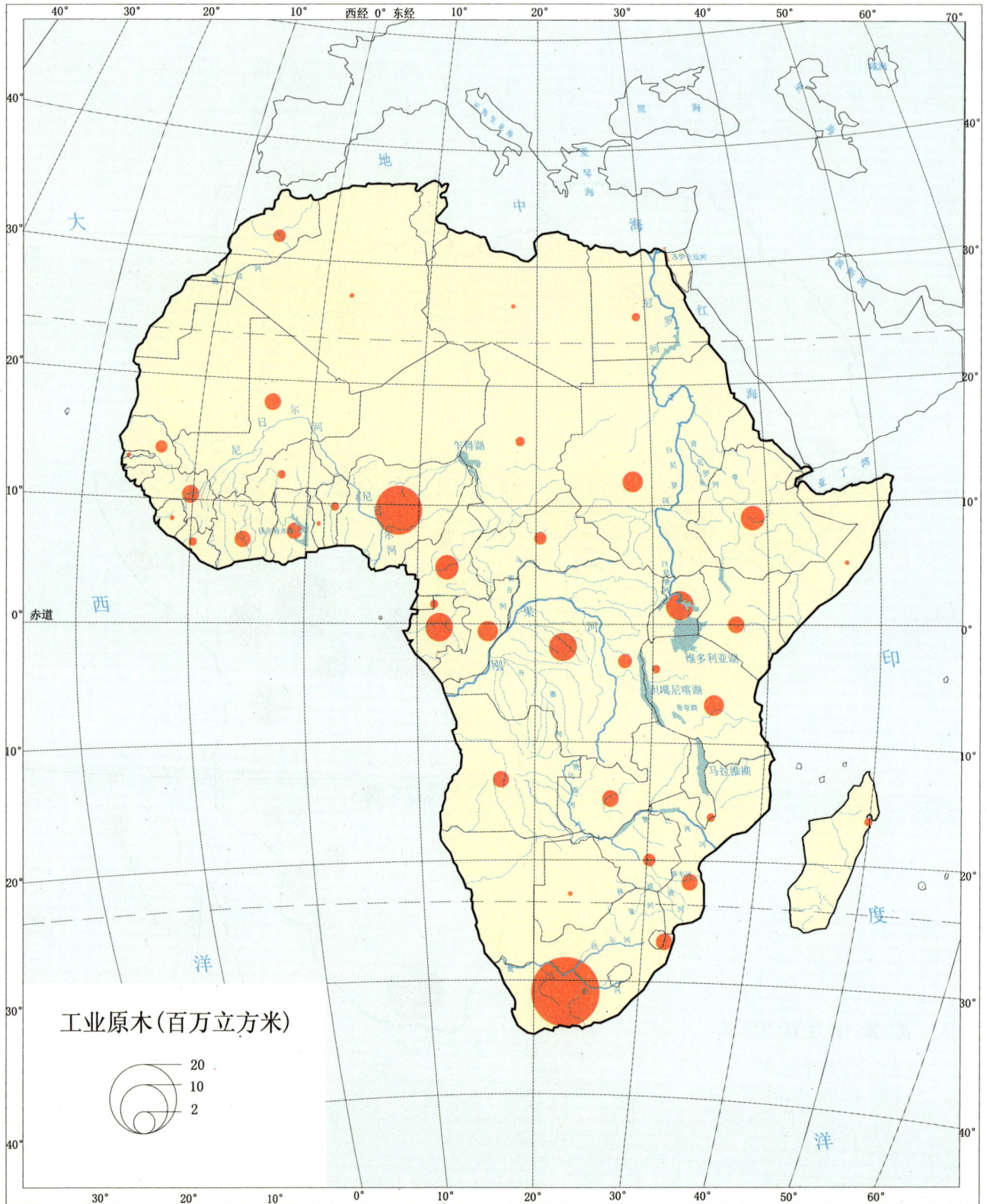

工业原木（百万立方米）

20
10
2

附图58　工业原木

锯木（万吨）

200
100
20

附图59　锯木

锯木板和原木板(万立方米)

500
250
100

附图60　锯木板和原木板

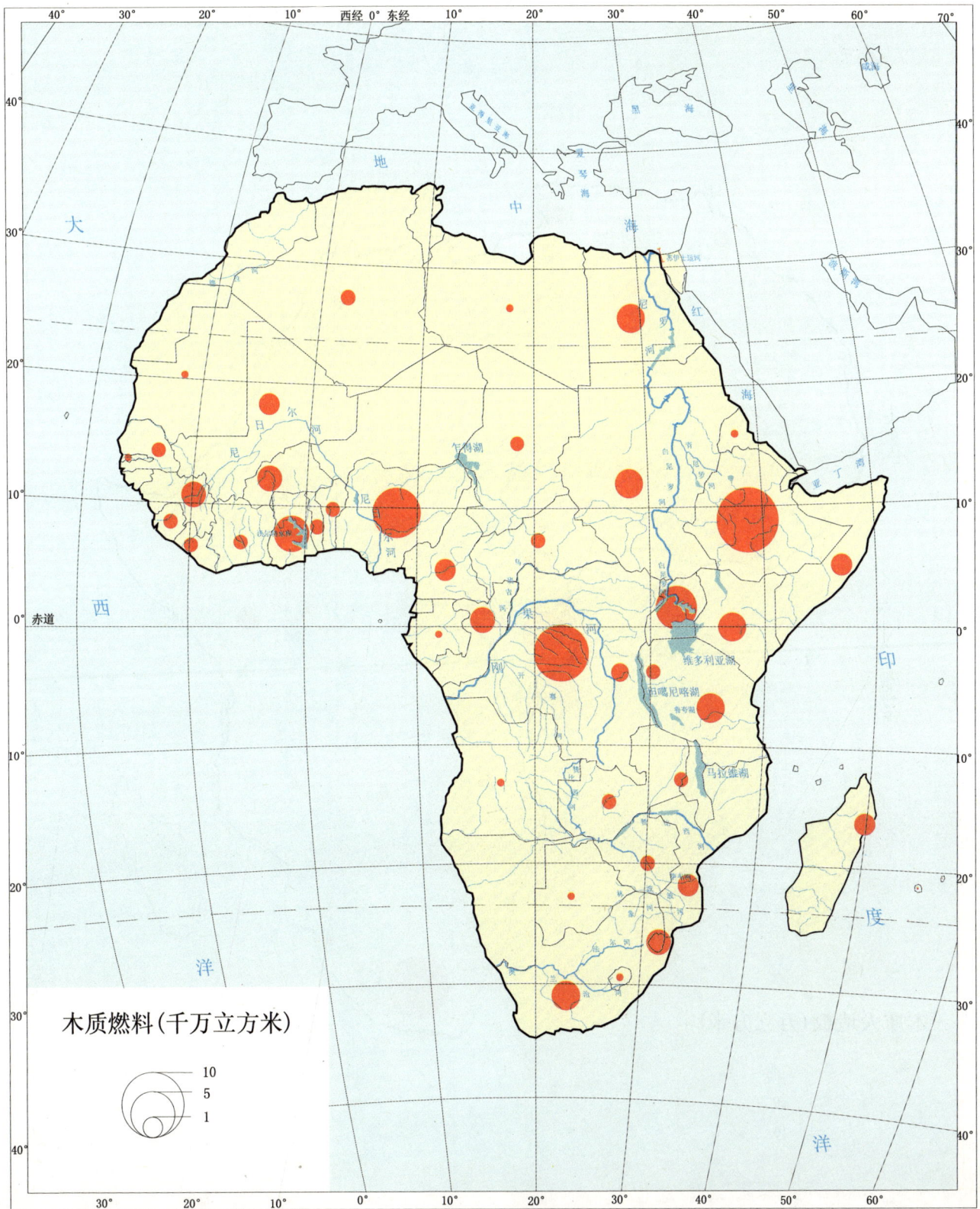

木质燃料（千万立方米）

附图61　木质燃料

木质人造板（万立方米）

100
50
10

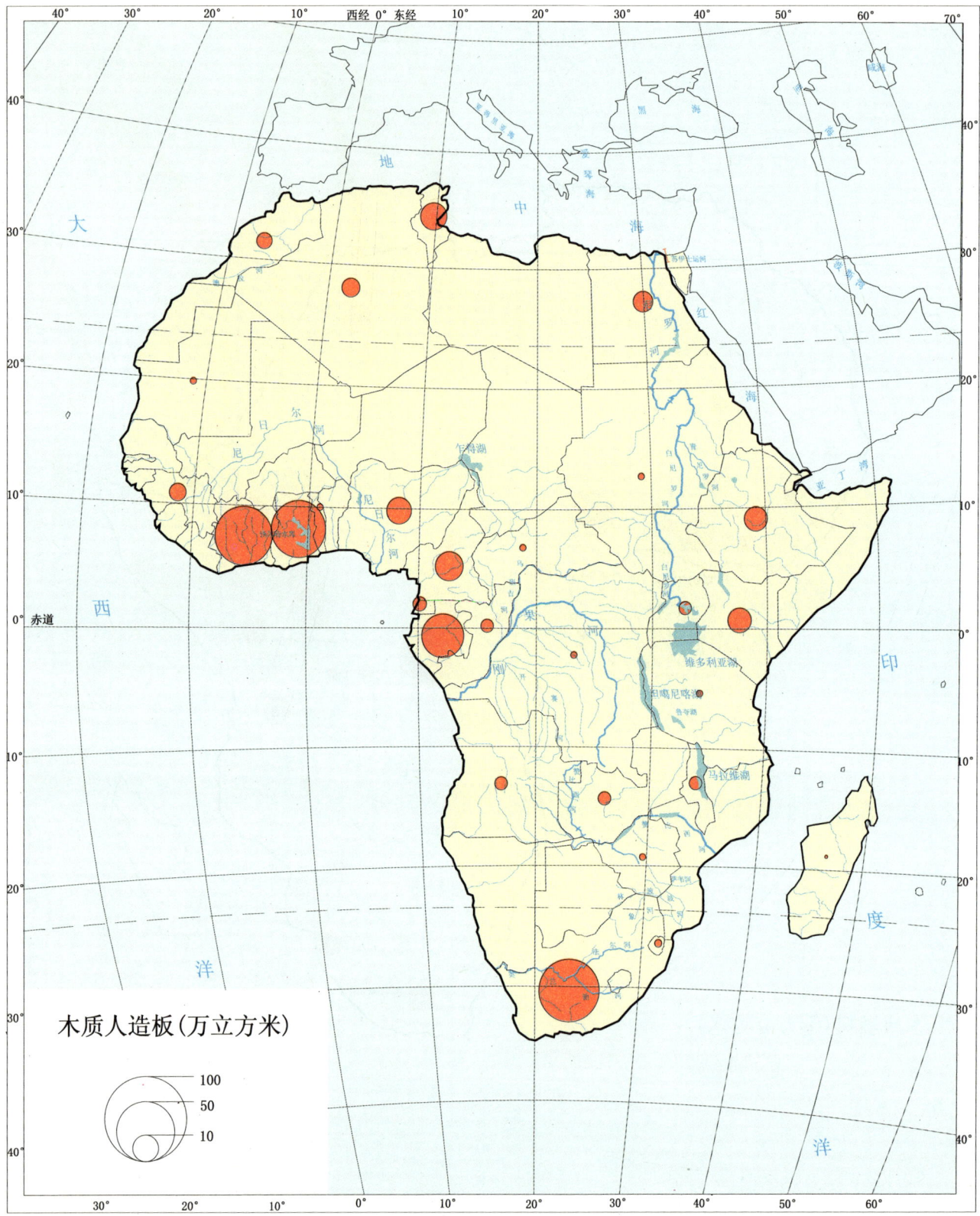

附图62 木质人造板

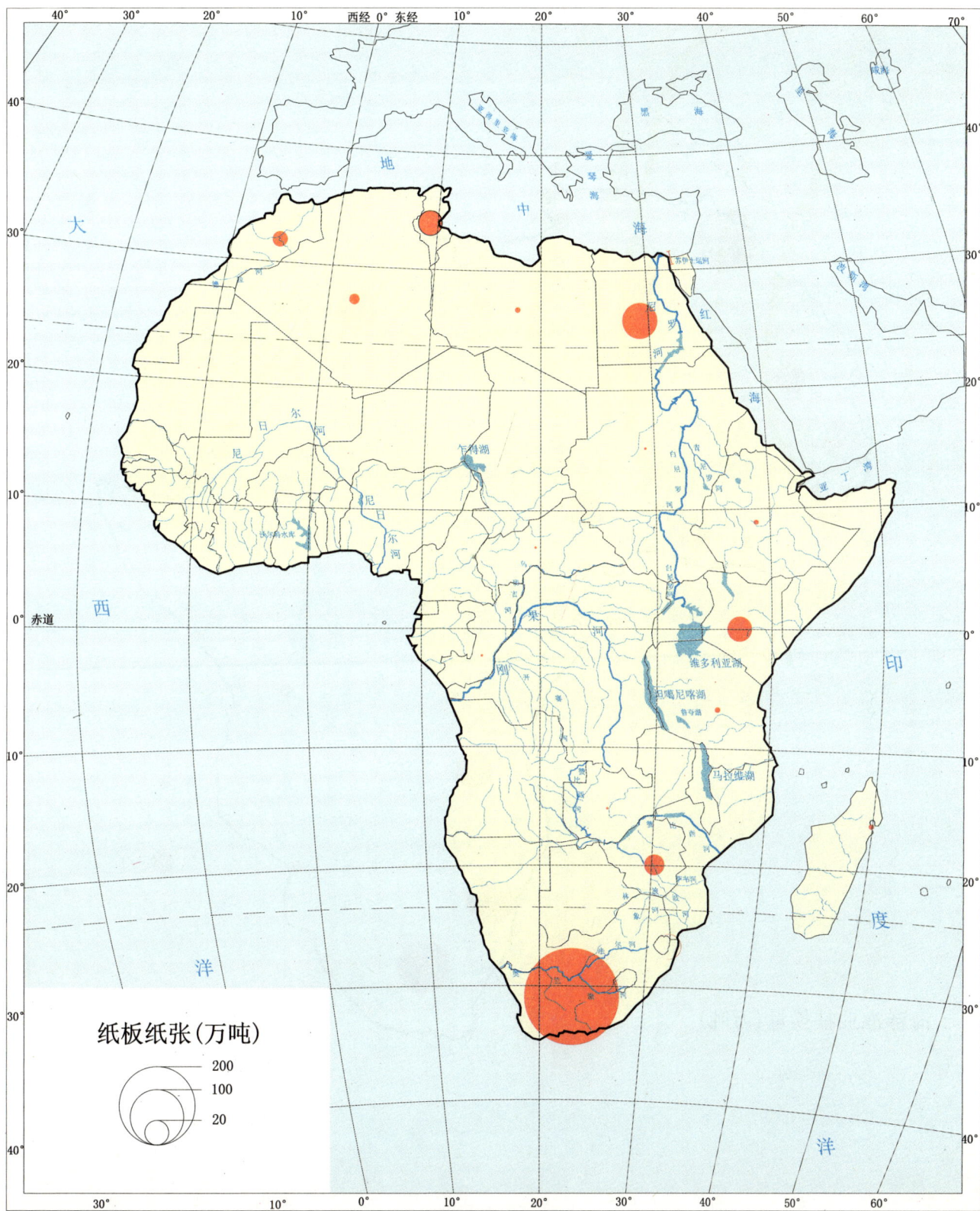

纸板纸张(万吨)

```
      ─── 200
       ── 100
        ○ 20
```

附图63　纸板纸张

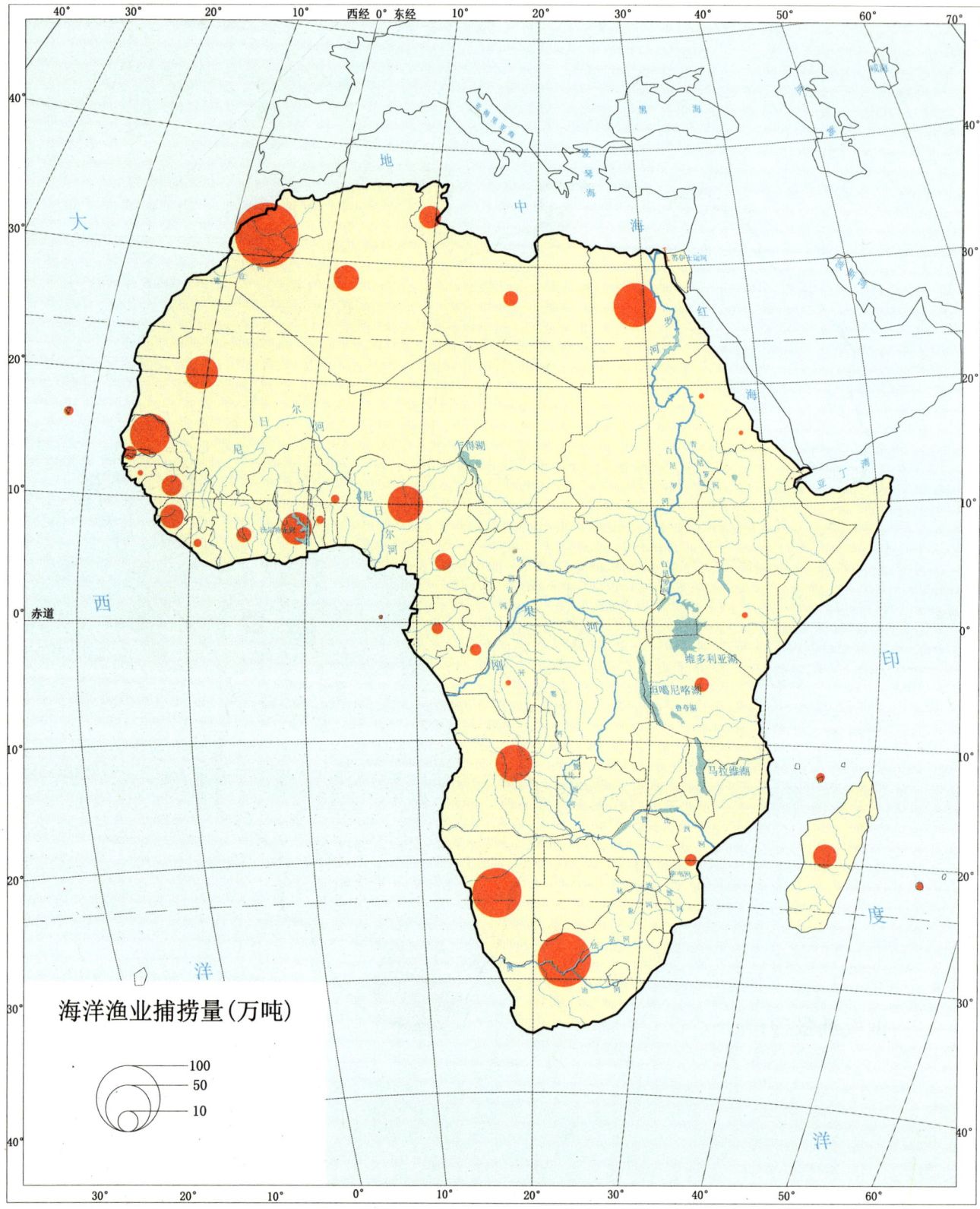

海洋渔业捕捞量(万吨)

100
50
10

附图64　海洋渔业捕捞

花生油（万吨）

100
50
10

附图65　花生油

芝麻油(万吨)

10
5
1

附图66　芝麻油

橄榄油（万吨）

20
10
2

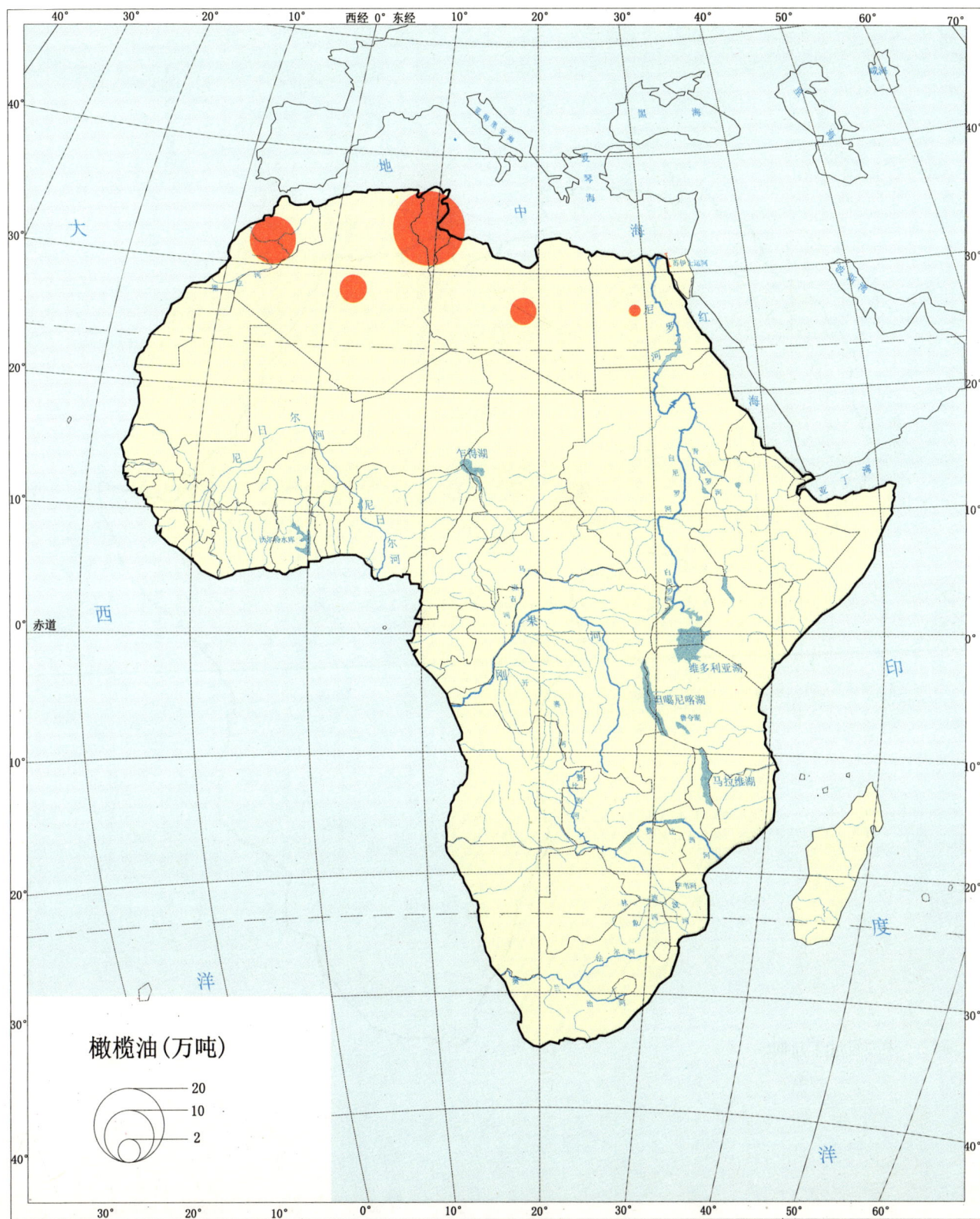

附图67　橄榄油

棕榈油(万吨)

100
50
10

附图68 棕榈油

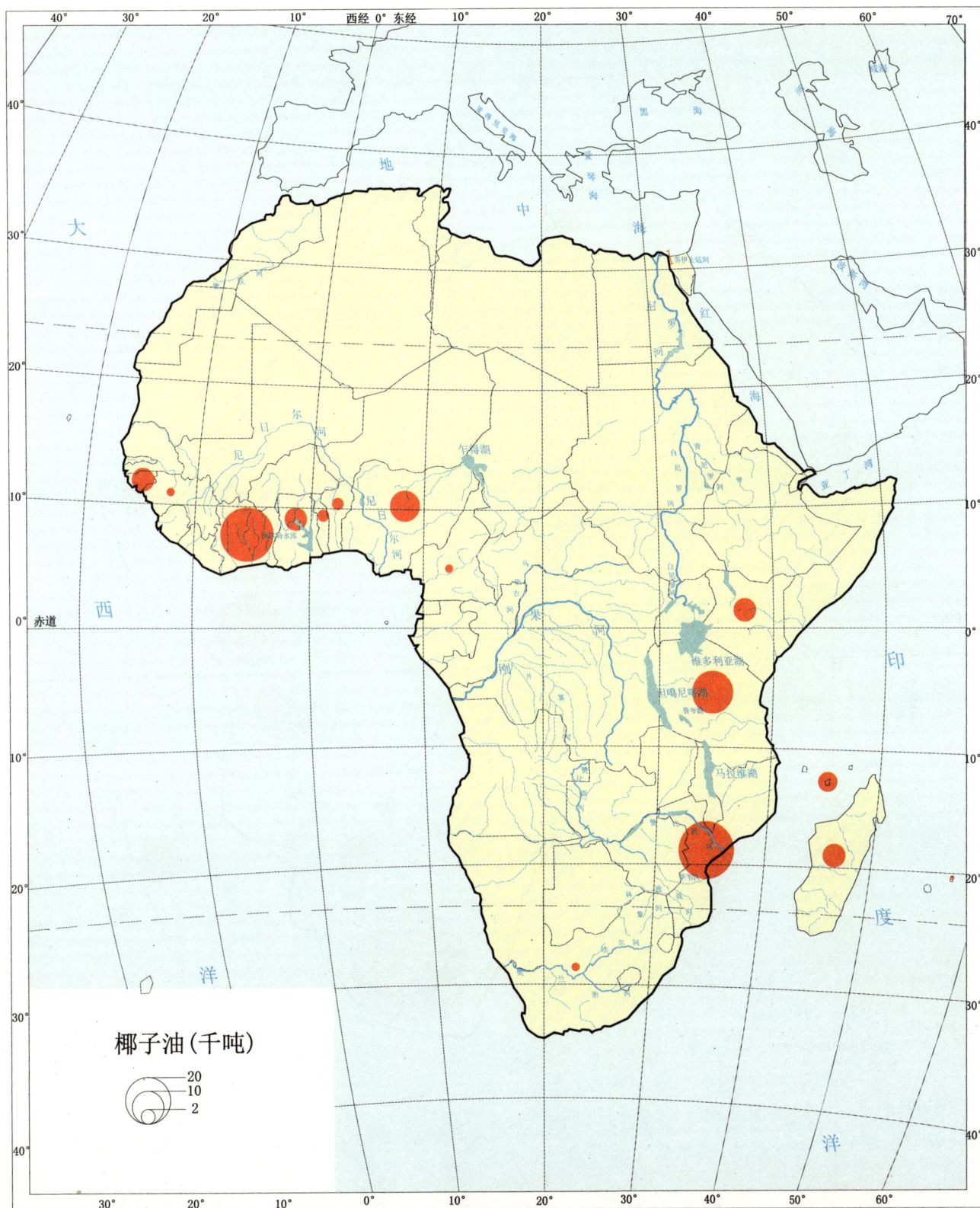

椰子油(千吨)

20
10
2

附图69　椰子油

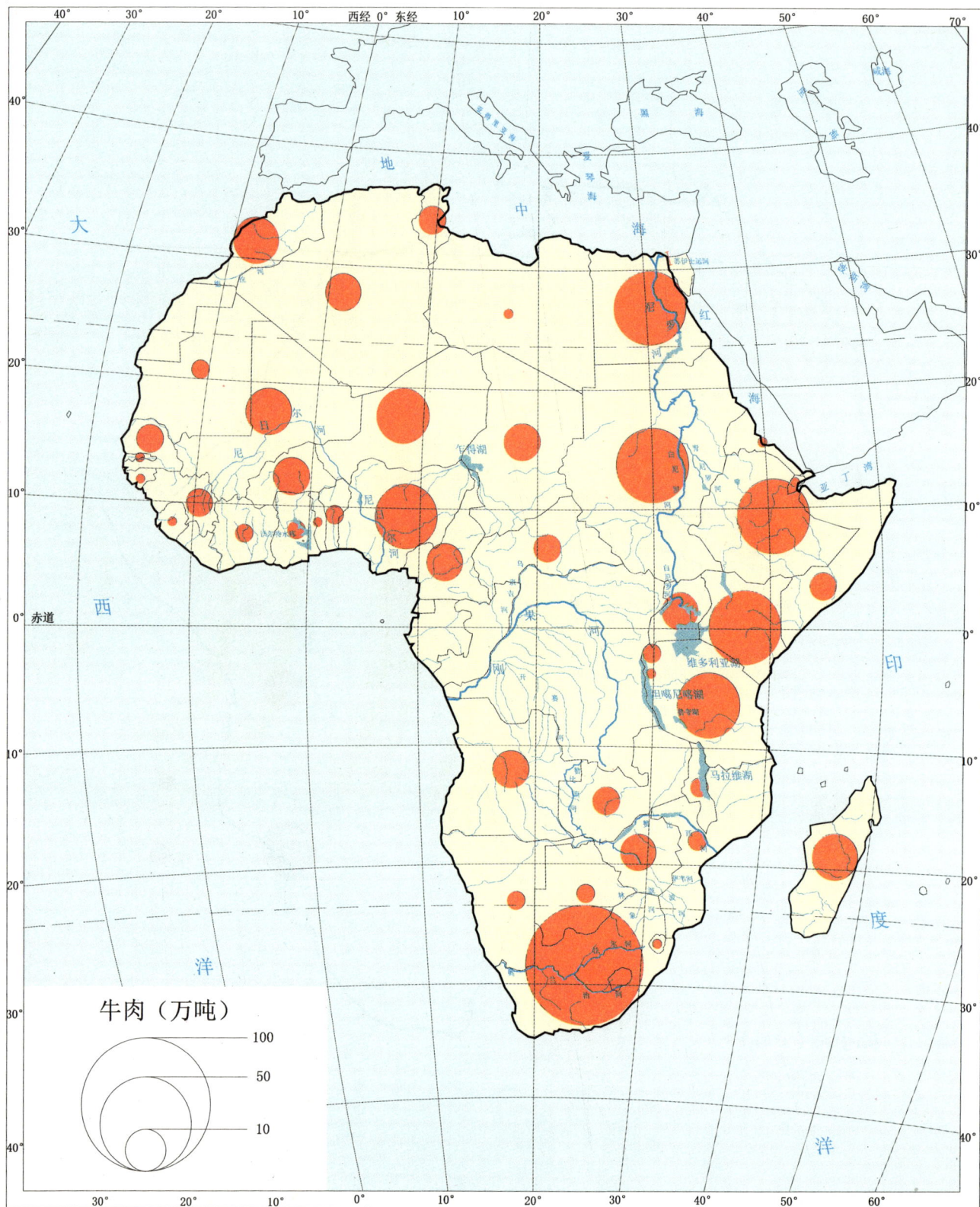

牛肉（万吨）

附图70　牛肉

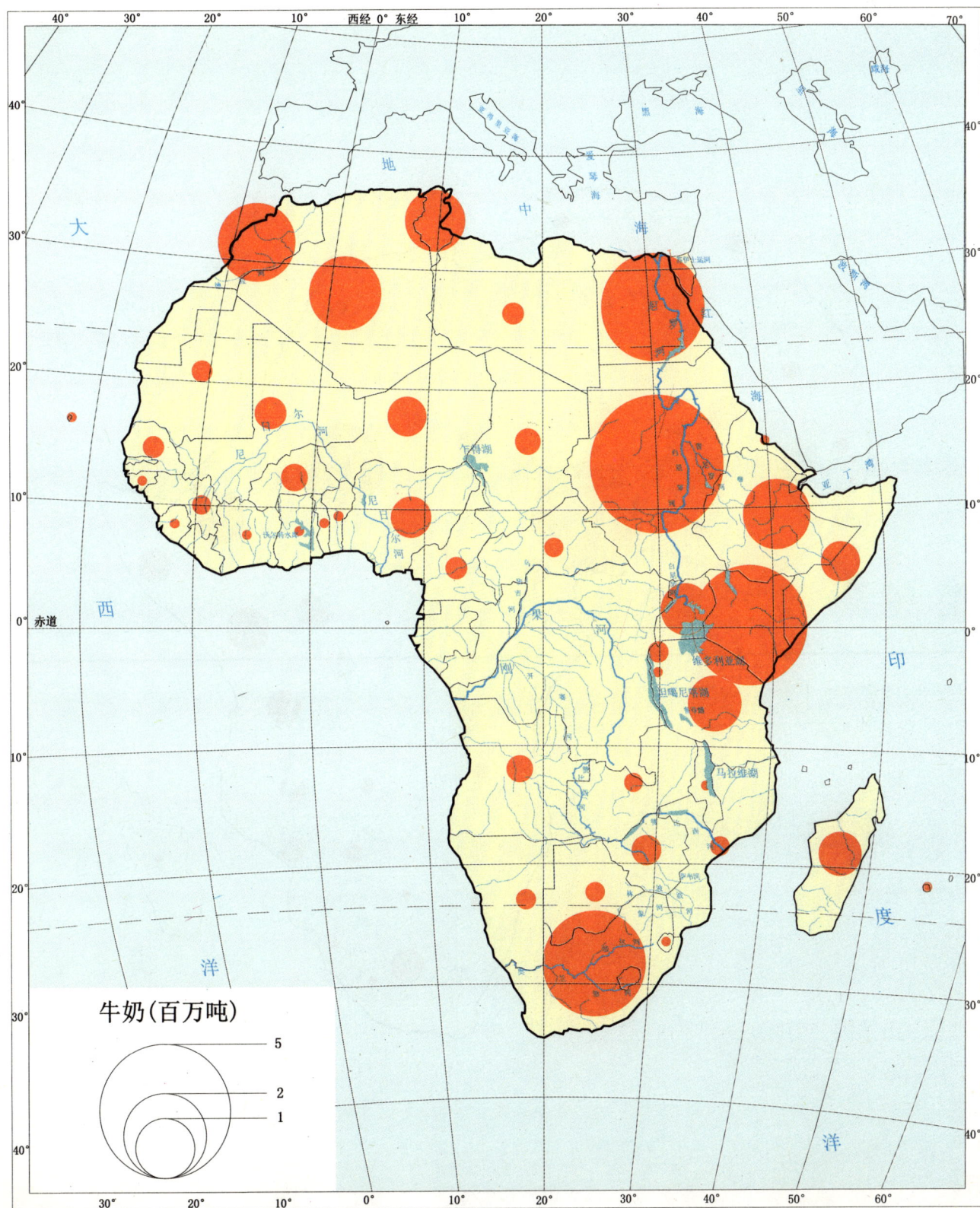

牛奶（百万吨）

5
2
1

附图71　牛奶

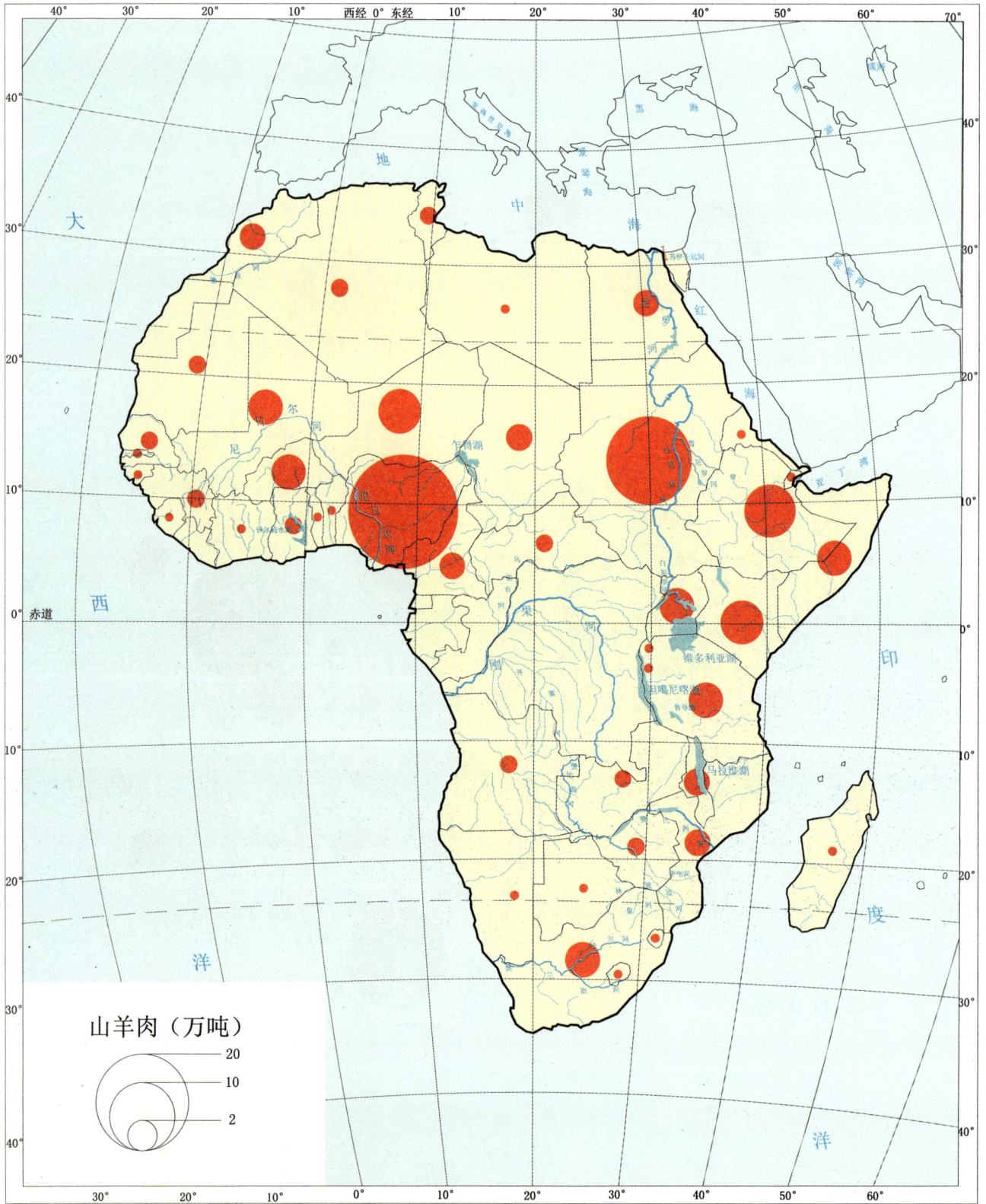

山羊肉（万吨）

20
10
2

附图72　山羊肉

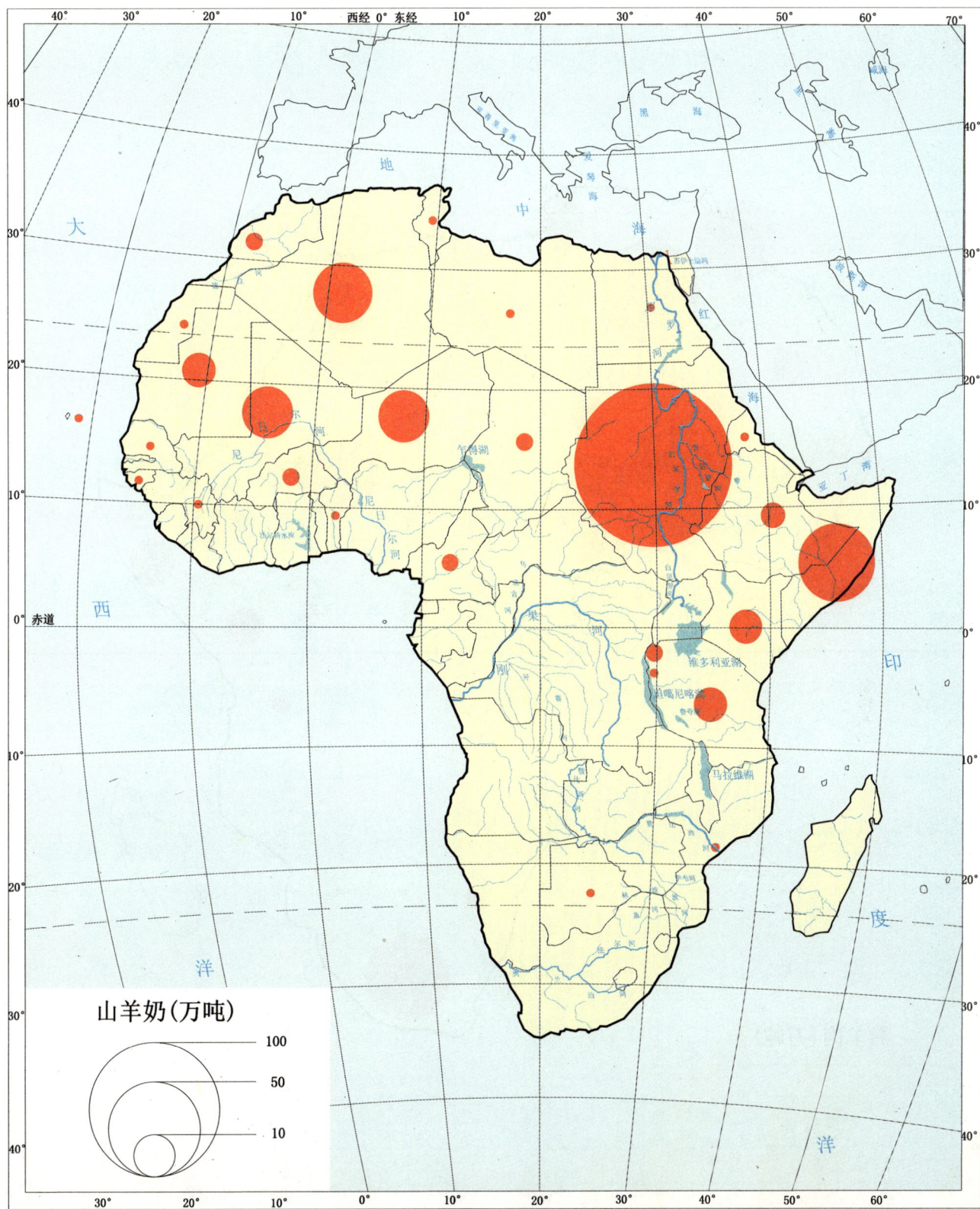

山羊奶(万吨)

100
50
10

附图73　山羊奶

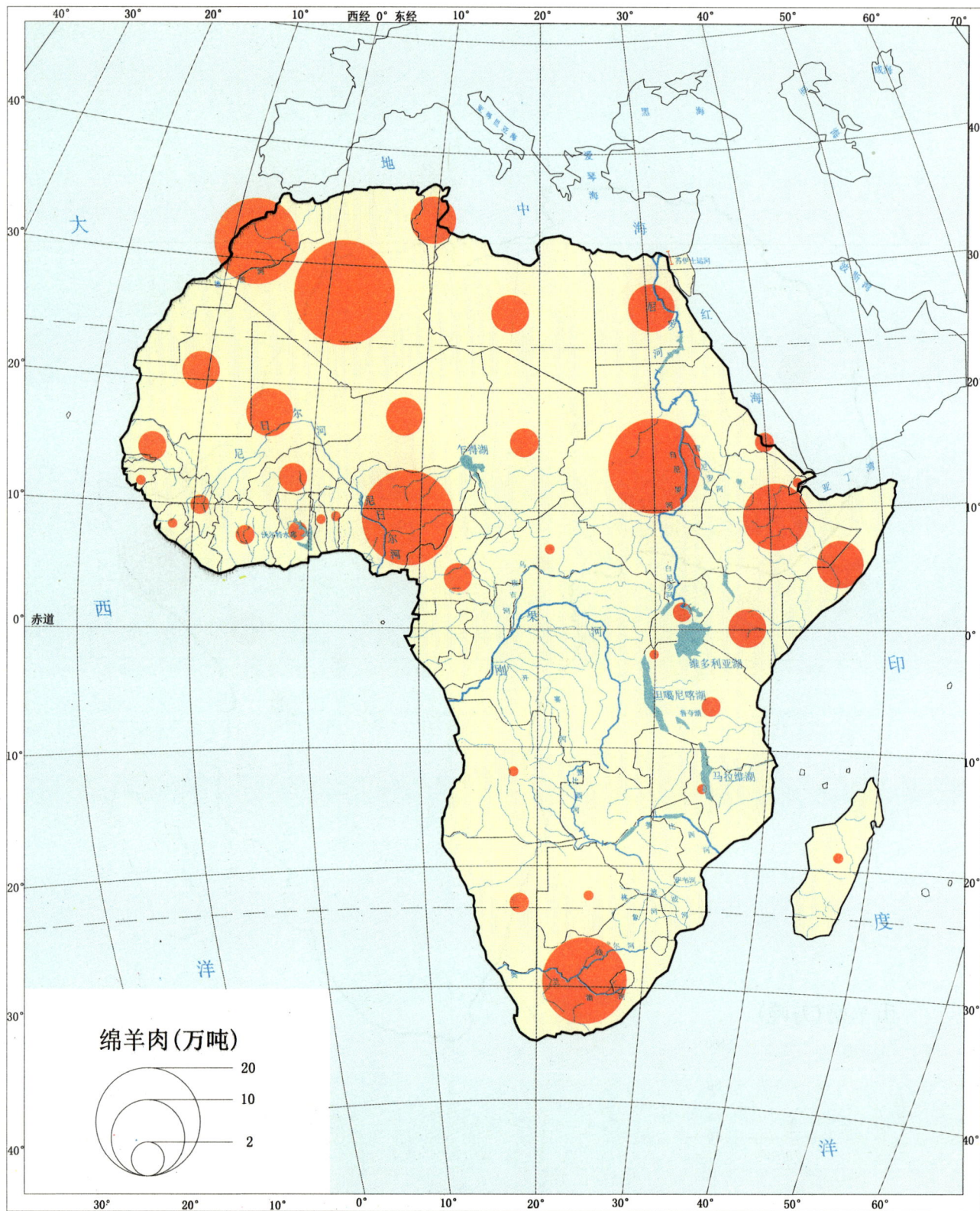

绵羊肉（万吨）

20
10
2

附图74　绵羊肉

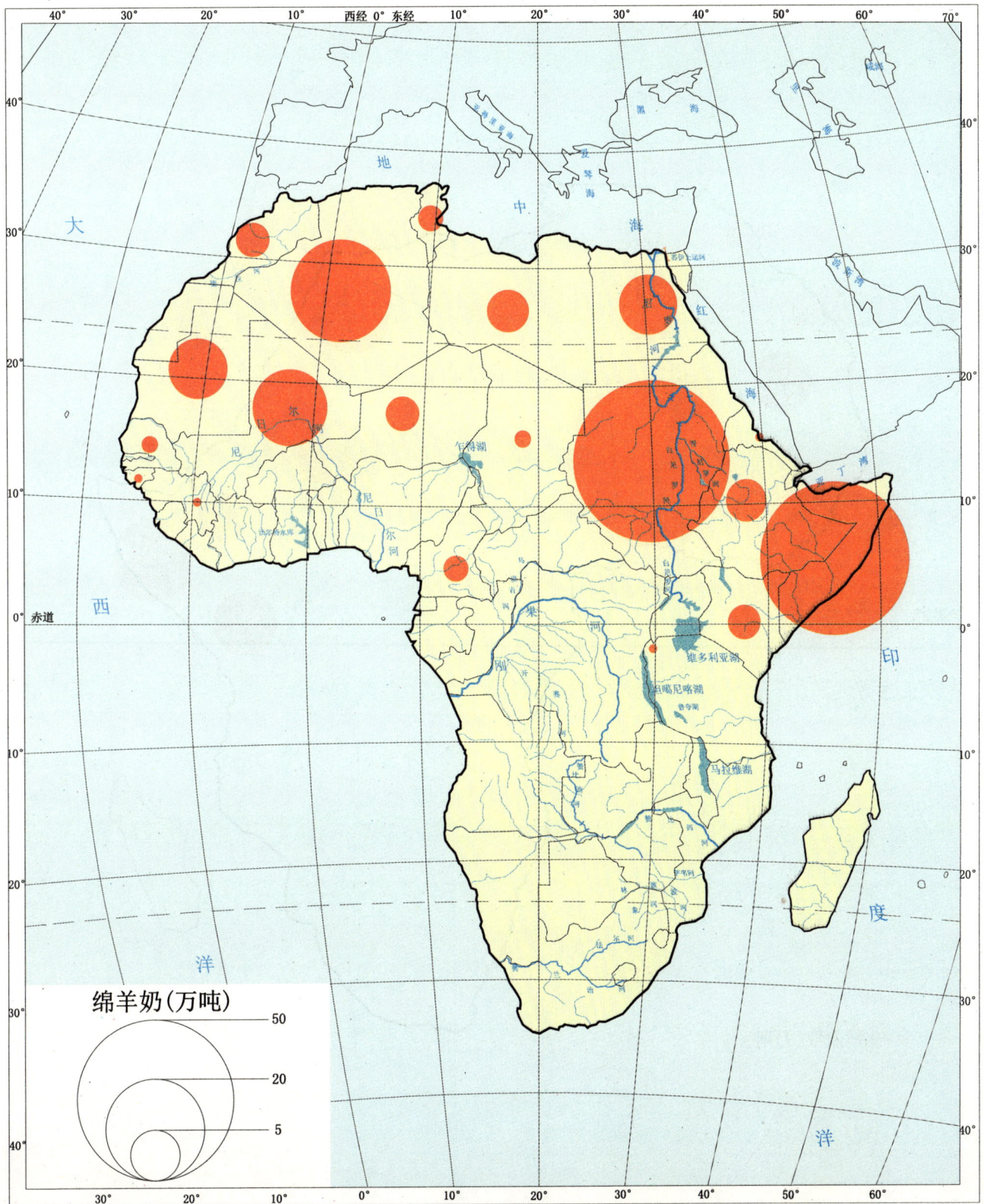

附图75　绵羊奶

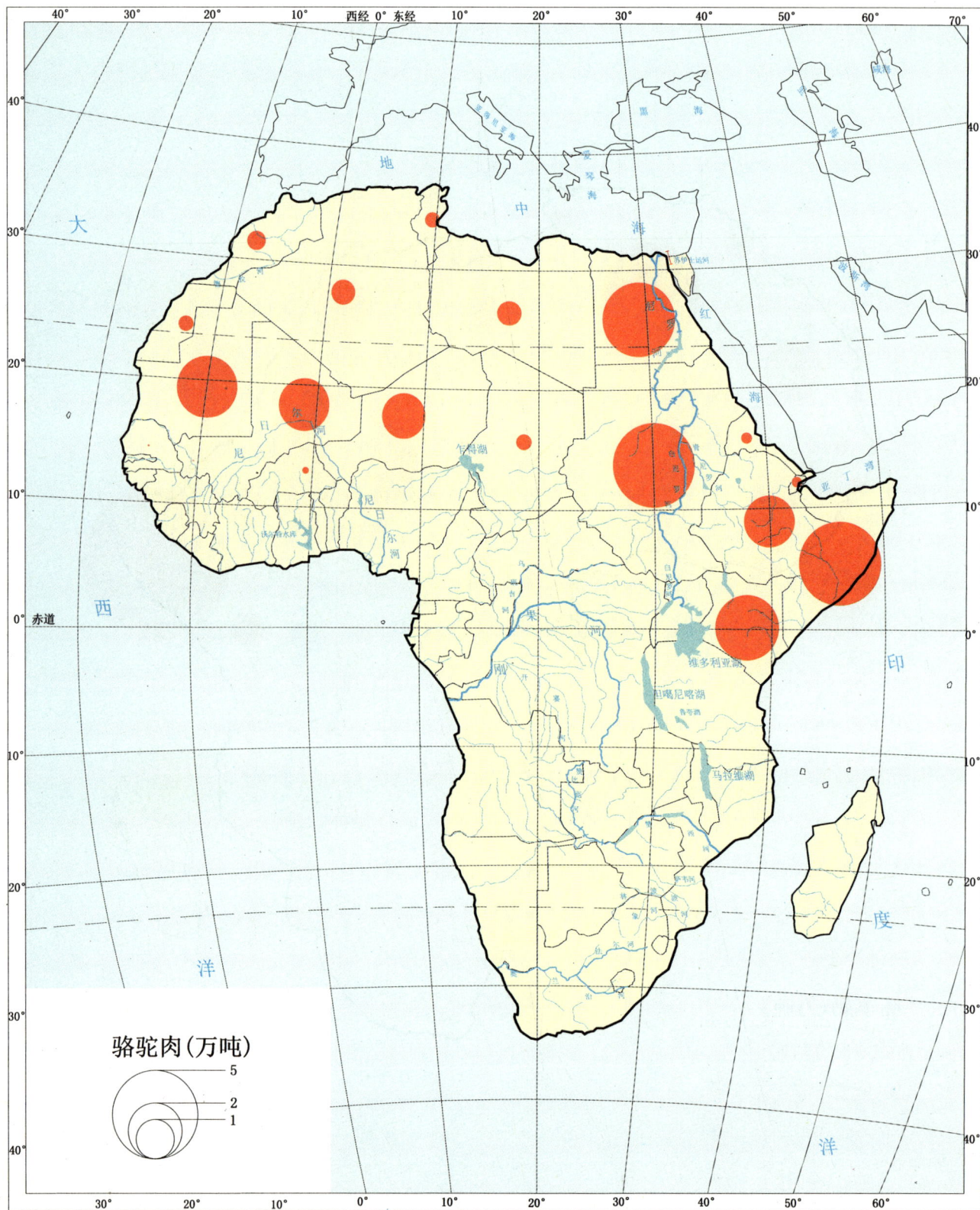

骆驼肉（万吨）

附图76　骆驼肉

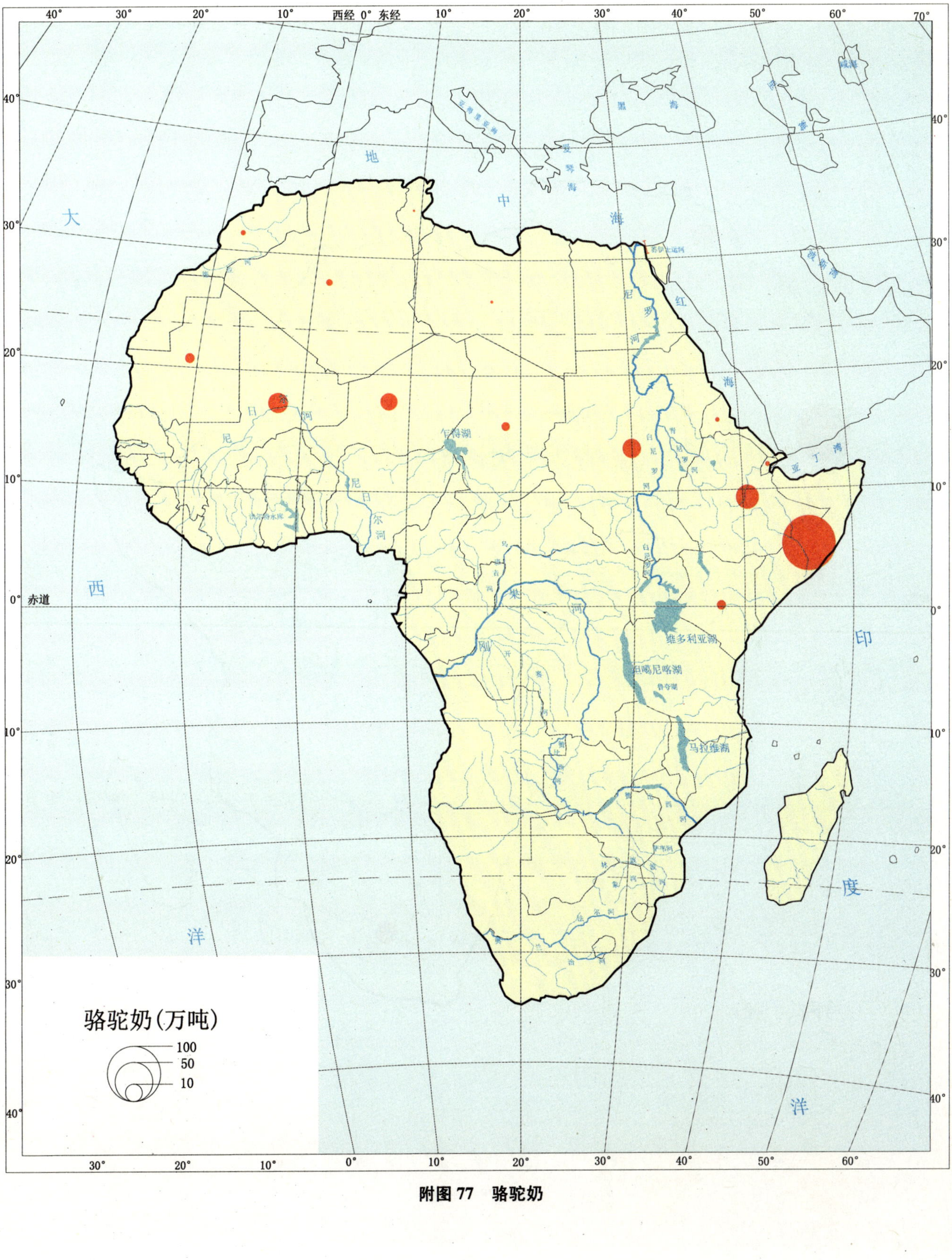

骆驼奶(万吨)
100
50
10

附图 77　骆驼奶

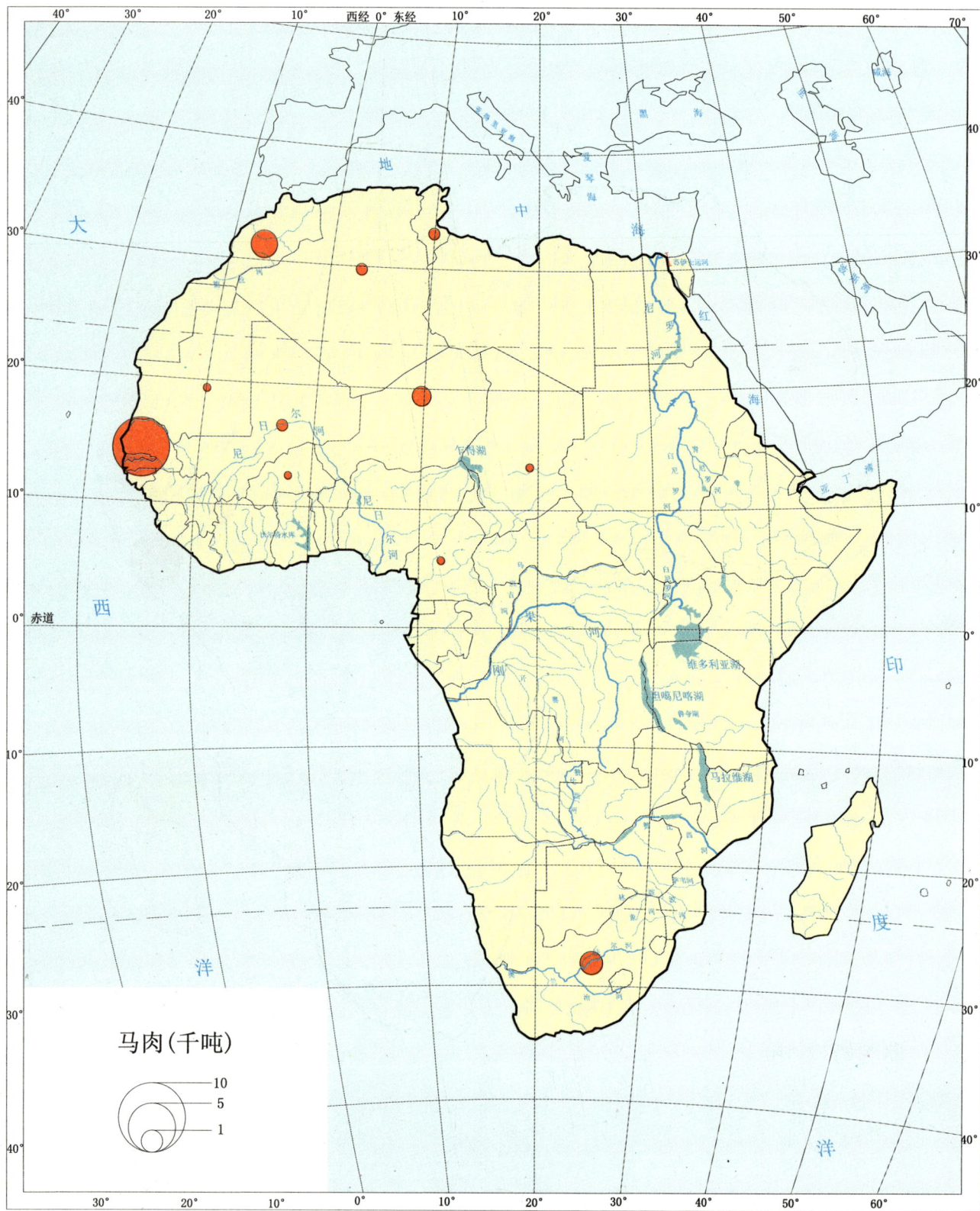

马肉(千吨)

————— 10
————— 5
————— 1

附图78 马肉

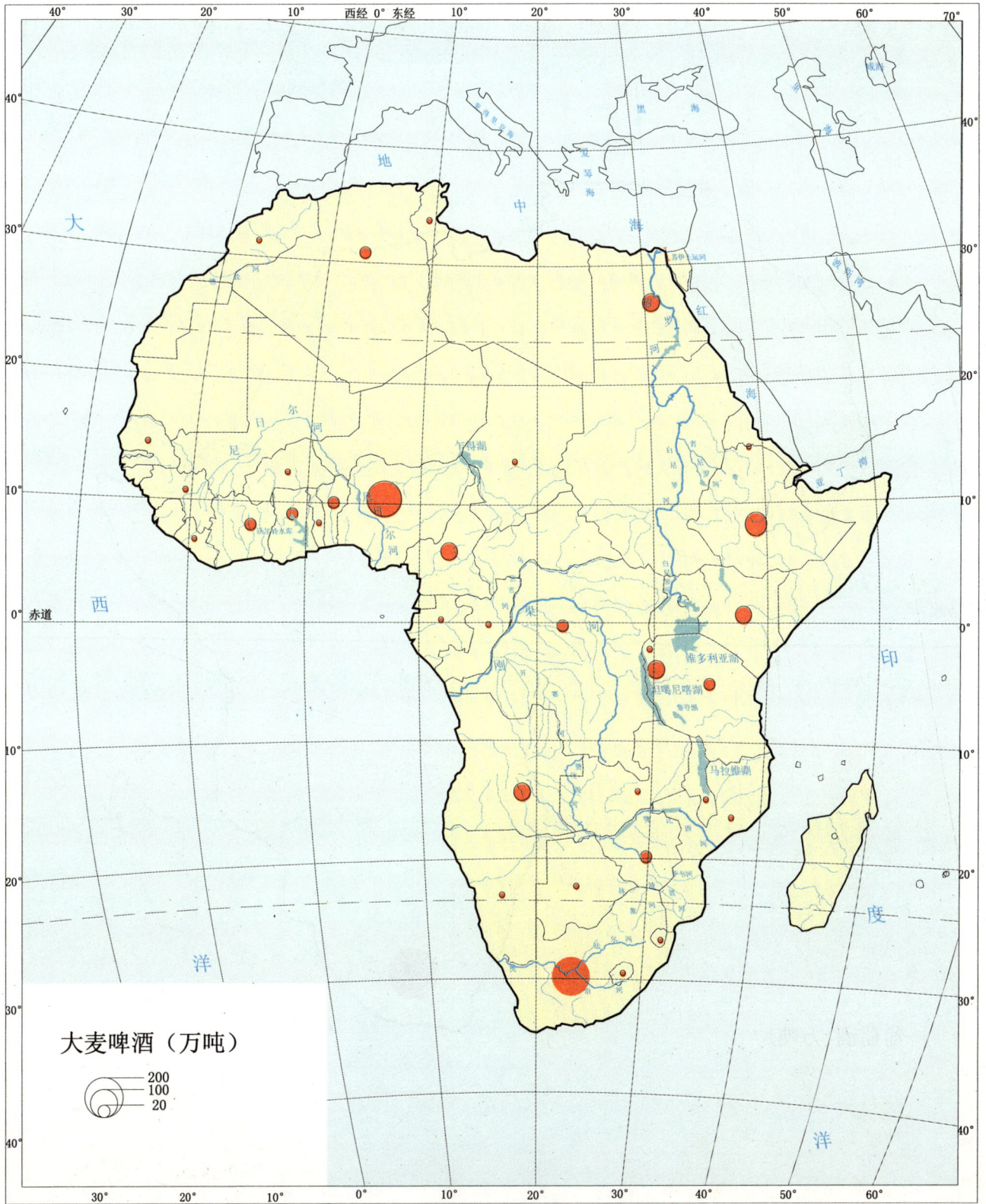

附图79 大麦啤酒

附图80　葡萄酒

葡萄酒(万吨)

100
50
10

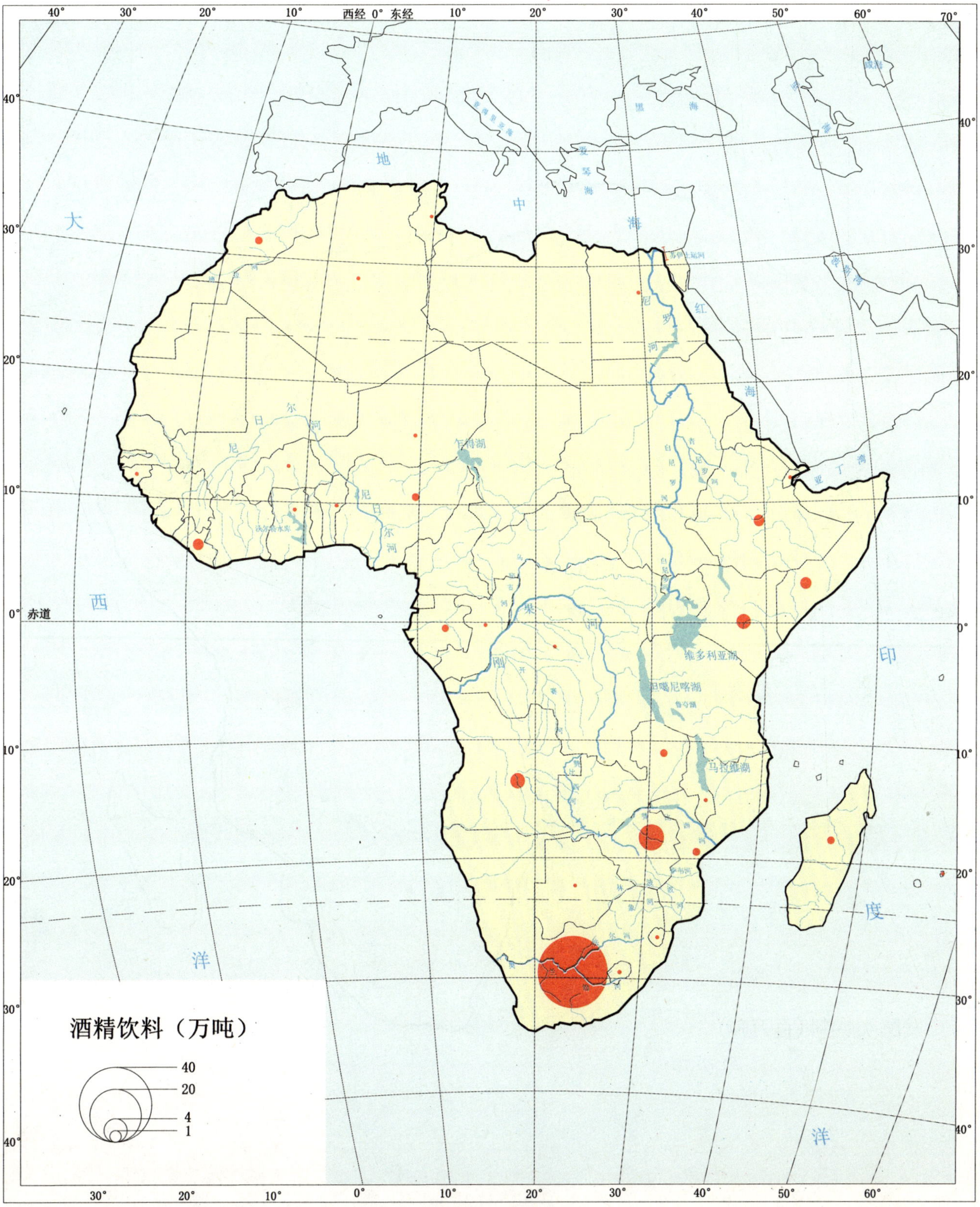

附图81 酒精饮料

发酵类饮料(百万吨)

10
5
1

附图82　发酵类饮料

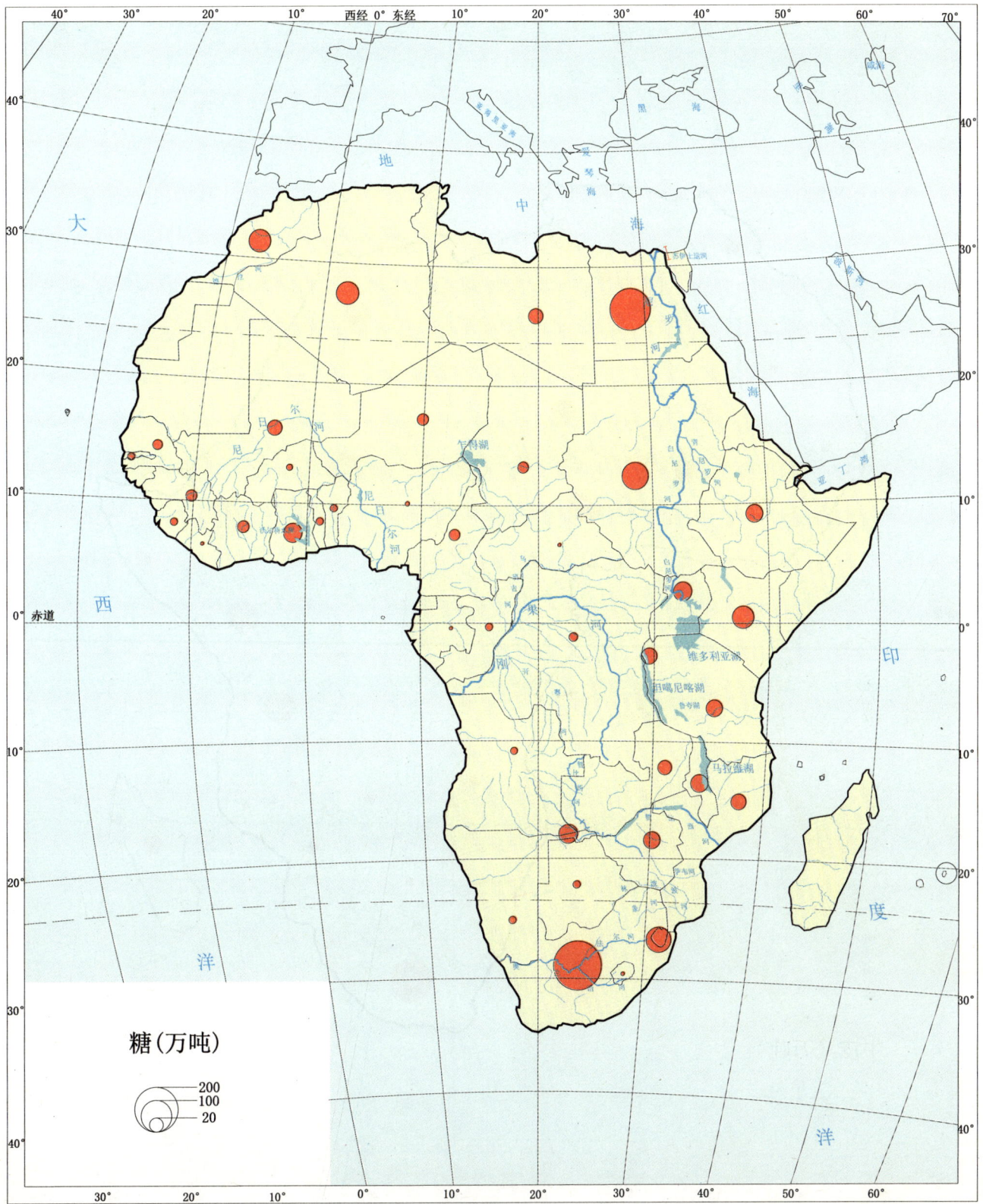

糖(万吨)

200
100
20

附图83 糖

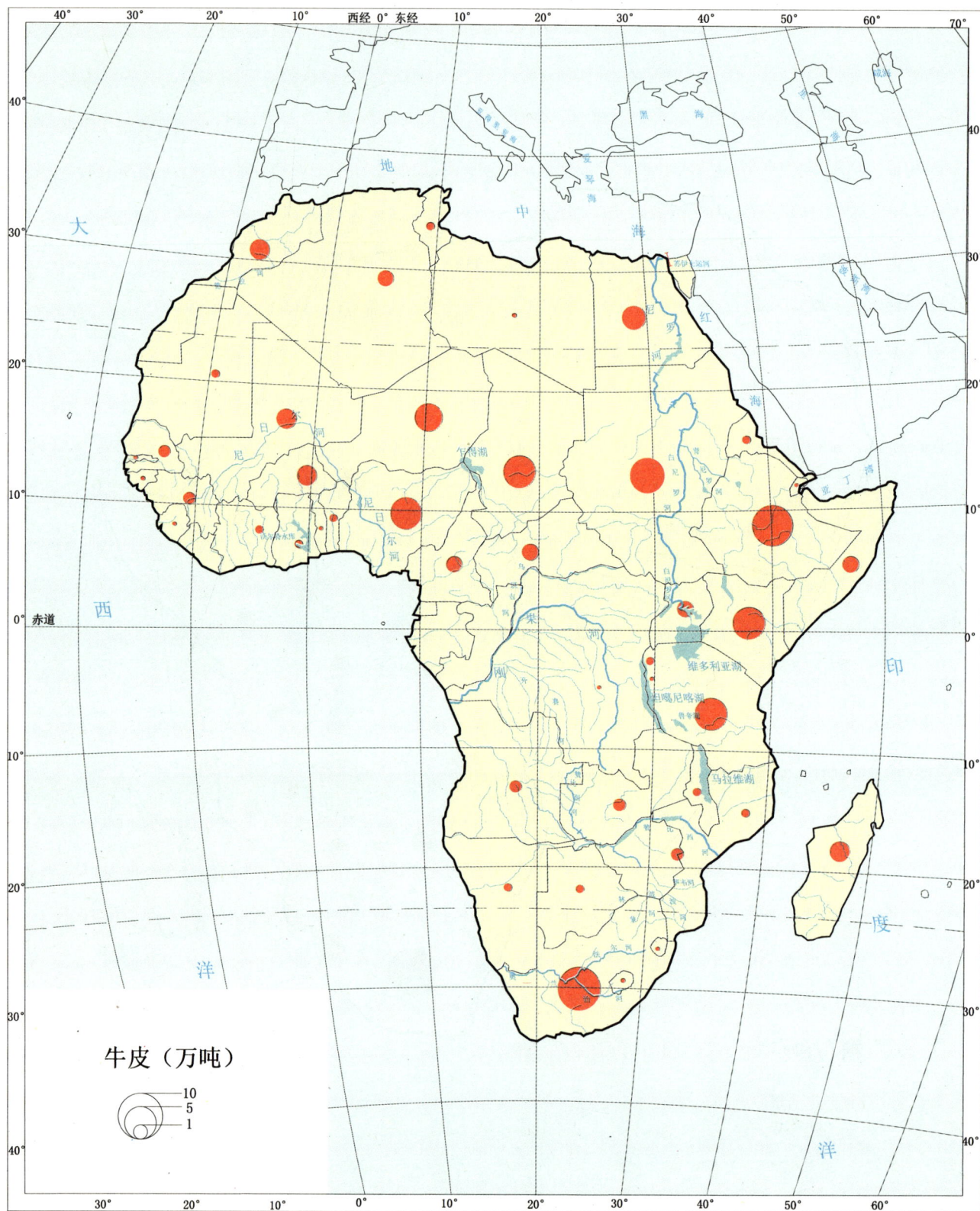

牛皮（万吨）

10
5
1

附图84　牛皮

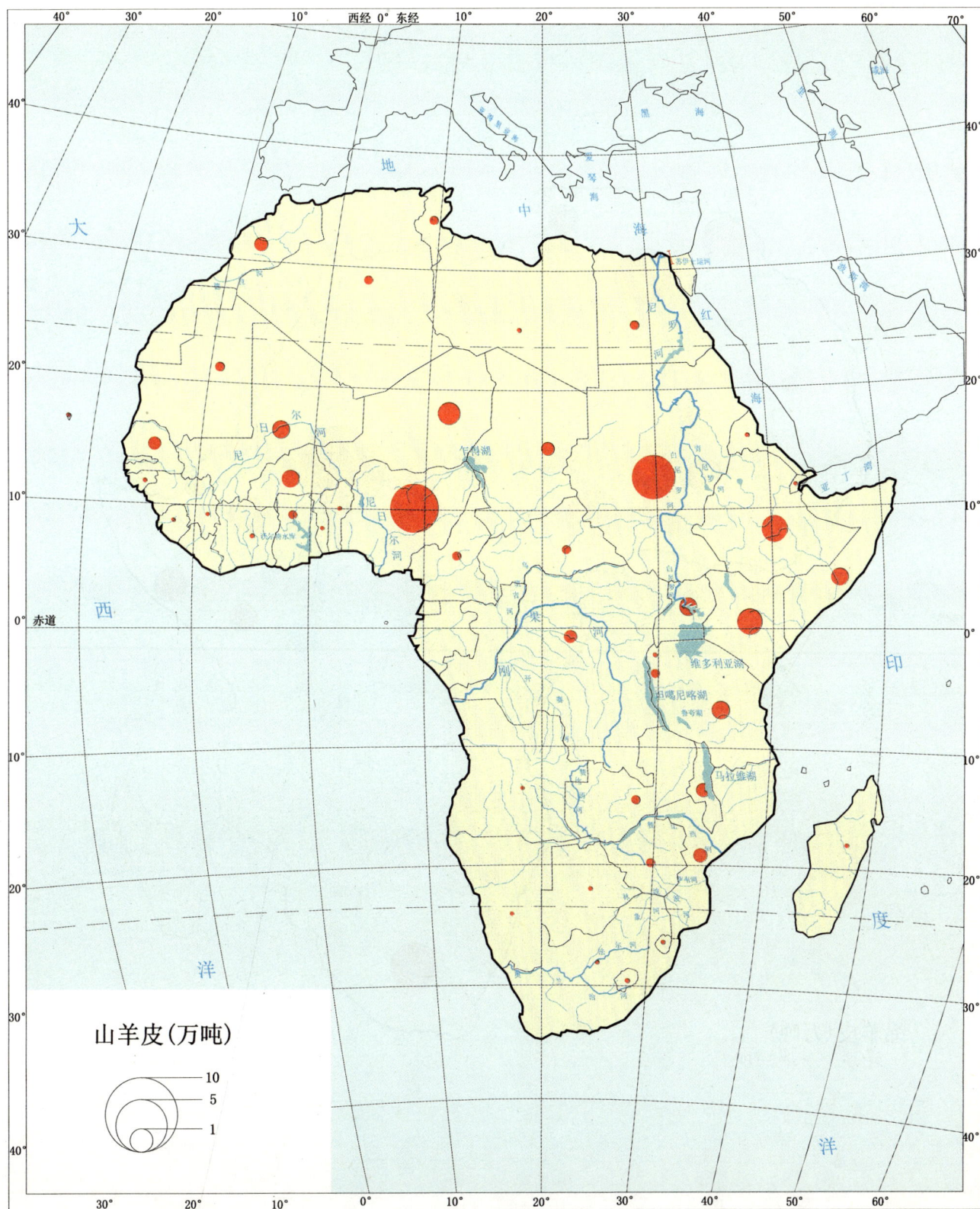

山羊皮（万吨）

10
5
1

附图85　山羊皮

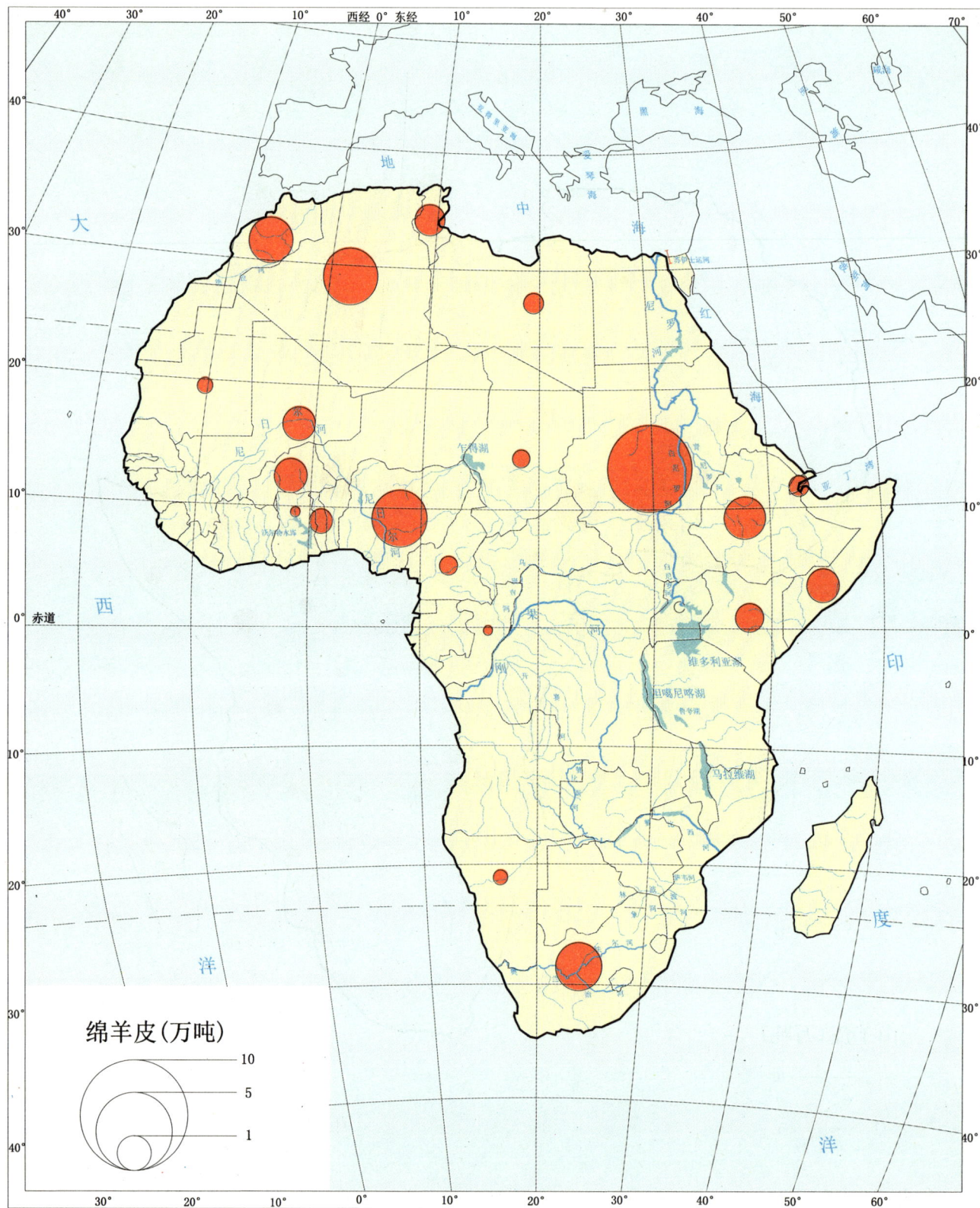

绵羊皮（万吨）

10
5
1

附图86　绵羊皮

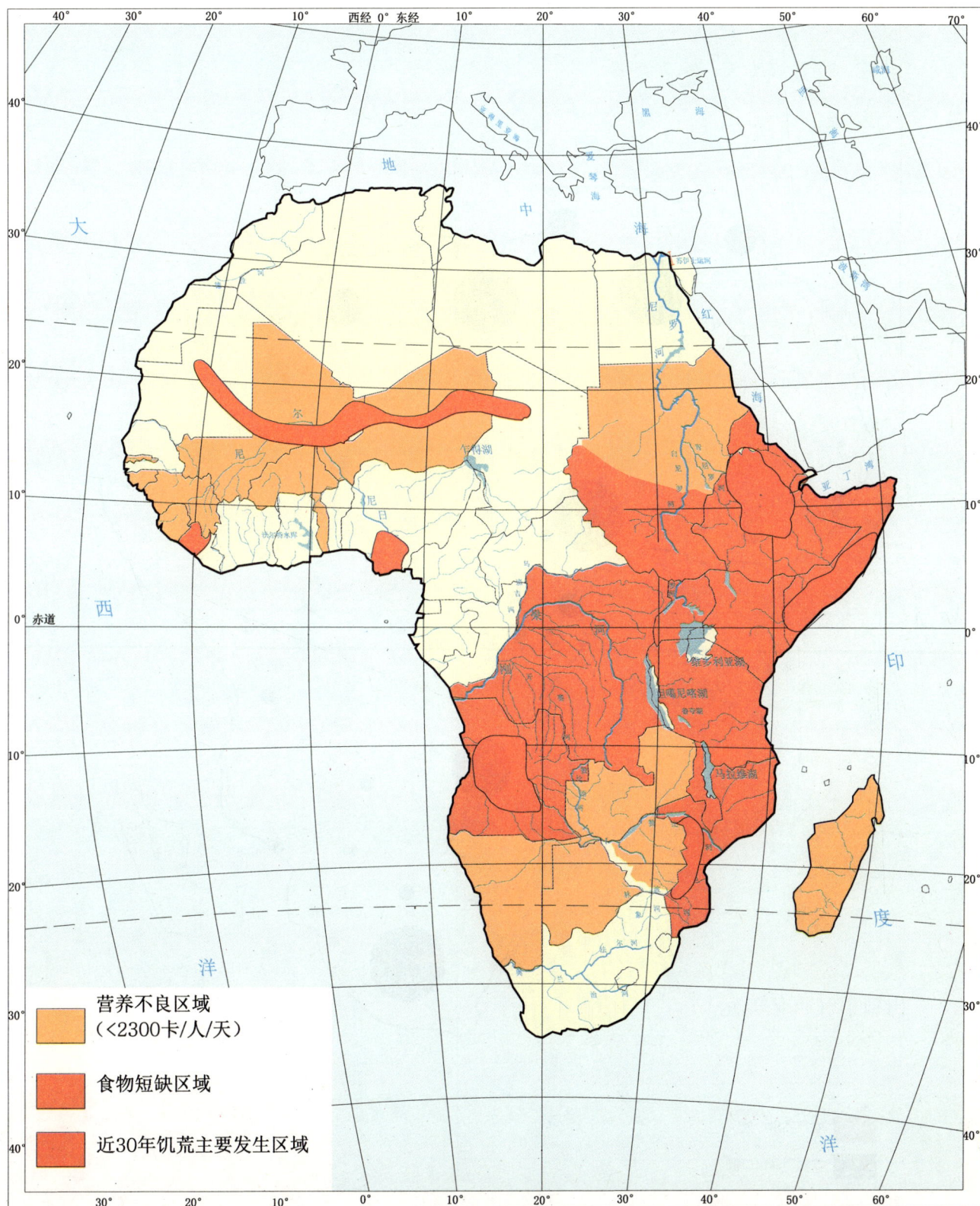

图例	
营养不良区域 （<2300卡/人/天）	
食物短缺区域	
近30年饥荒主要发生区域	

附图 87　营养安全

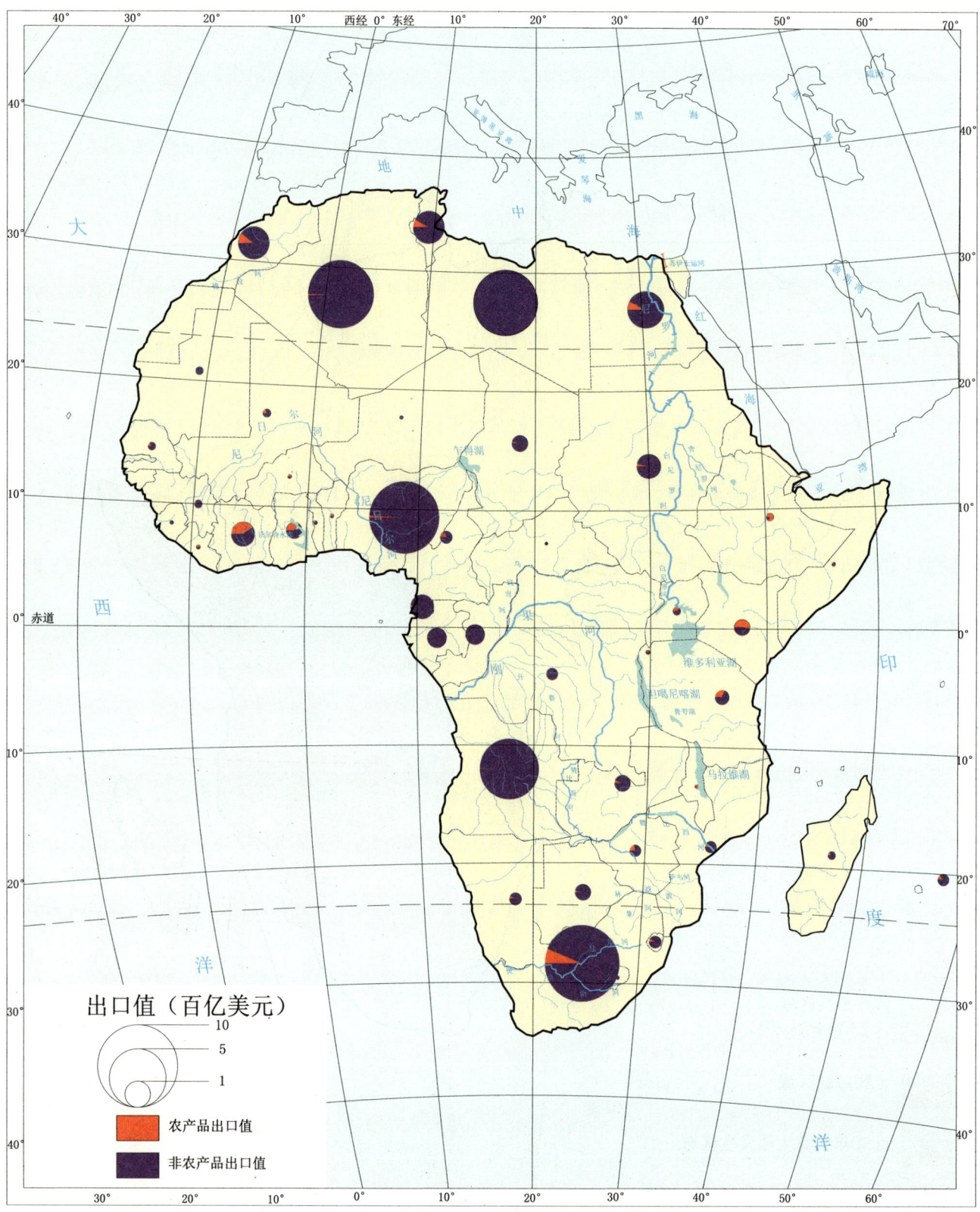

附图88 出口值

出口值（百亿美元）

10
5
1

农产品出口值

非农产品出口值

茶叶出口(万吨)

40
20
4

附图89　茶叶出口

芝麻出口(万吨)

10
5
1

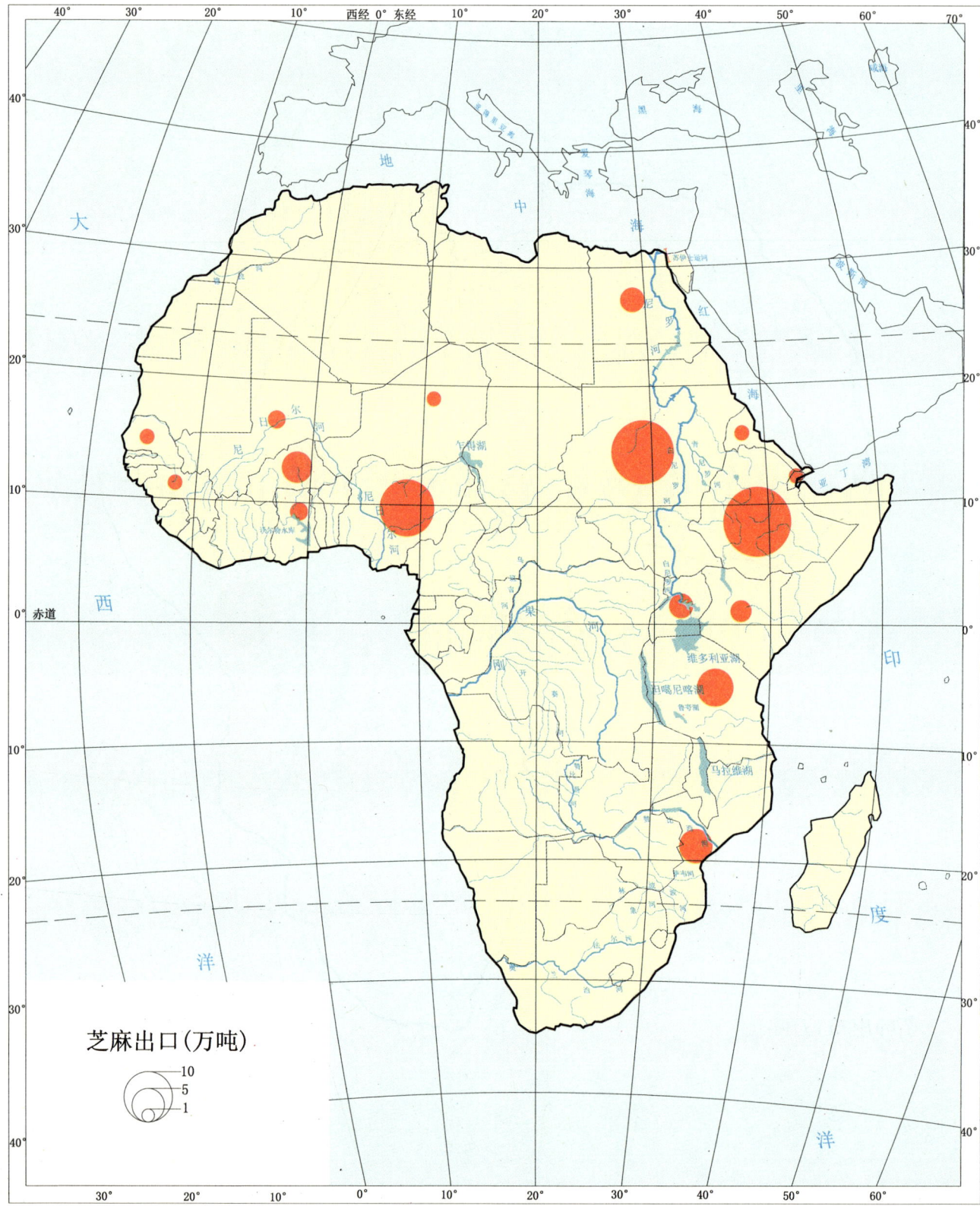

附图90 芝麻出口

附图91　剑麻出口

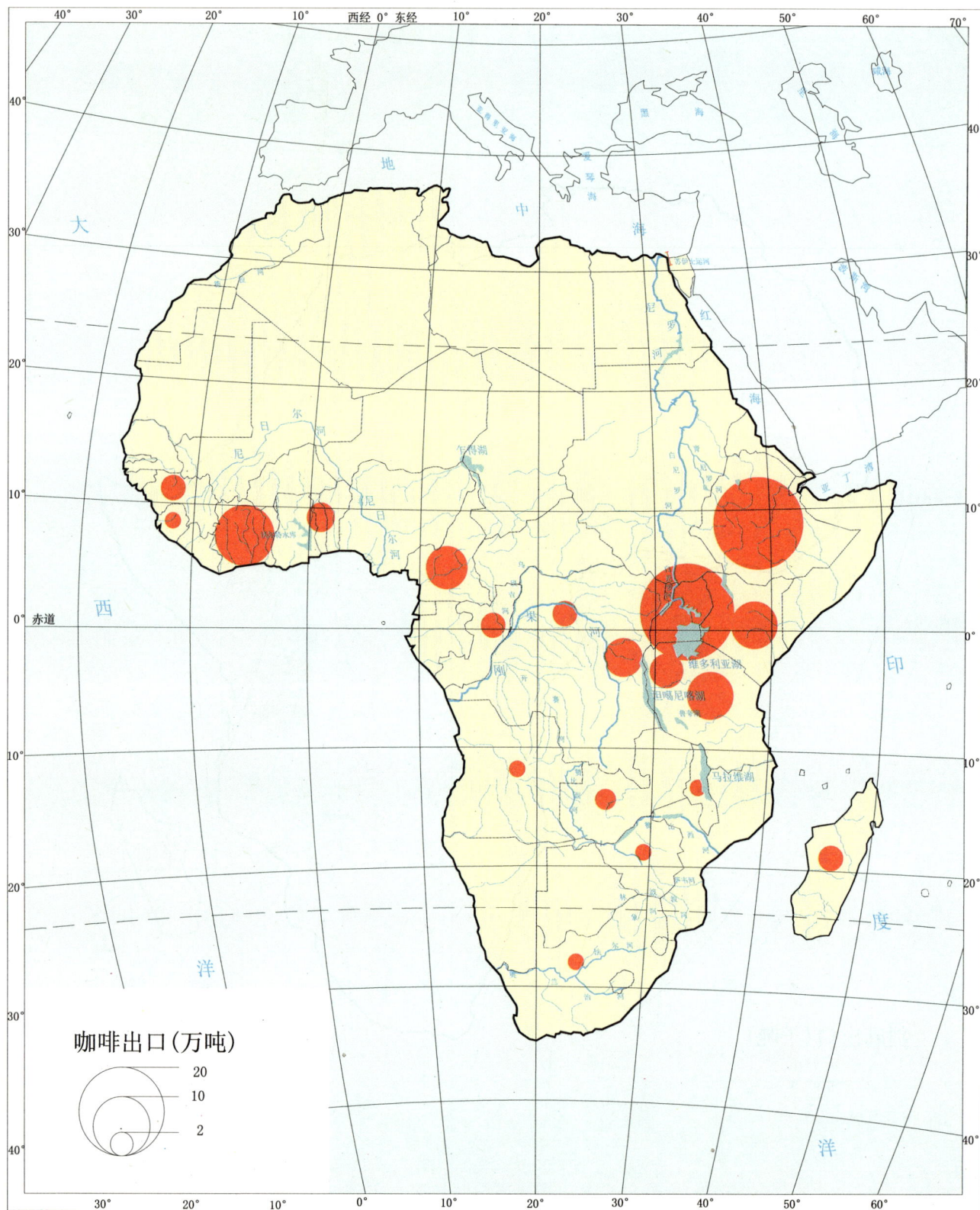

附图92　咖啡出口

咖啡出口（万吨）

20
10
2

棉花出口（万吨）

20

10

2

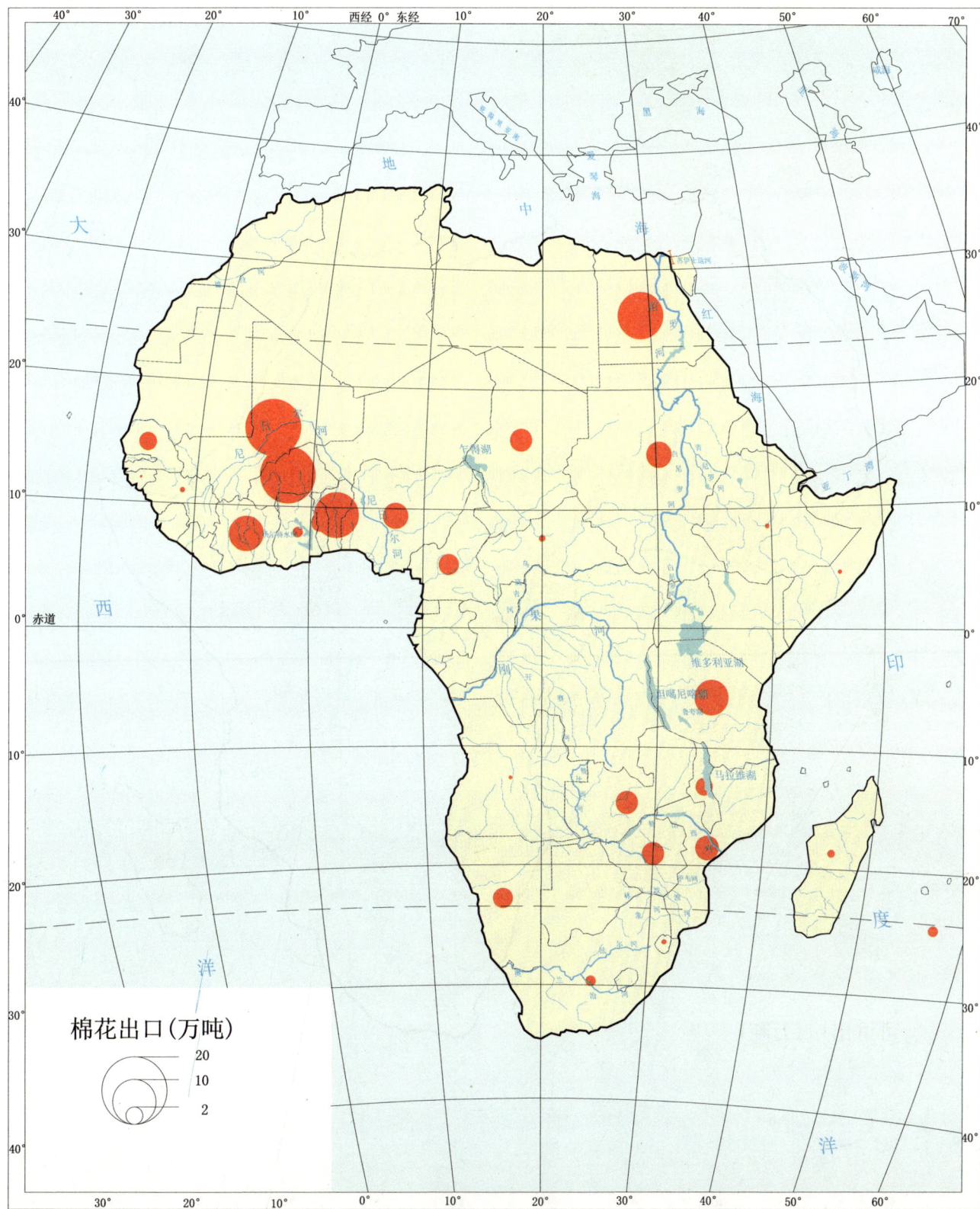

附图93 棉花出口

可可出口(万吨)

100
50
10

附图94　可可出口